絶対に
「学ぶこと」を
あきらめたくない
人のための
55の技法

独学大全

Self-study
ENCYCLOPEDIA

読書猿

DOKUSHO ZARU

ダイヤモンド社

混沌に順応することはむずかしいけれども、それはできる。
このわたしが生きた証拠だ――やればできる。

カート・ヴォネガット・ジュニア著／浅倉久志訳『チャンピオンたちの朝食』（ハヤカワ文庫SF、1989）

無知くんと親父さんの対話 0

無知をどうにかしたいんです

無知くん：たのもう！　たのもう！
たのもう！　たのもう！

親父さん：なんだかうるさい奴が来たぞ。おい、そこのバカ、口を縫いとじてやるからこっちへ来い。

無知くん：しくしく。そうです、バカなんです……。

親父さん：なんだ、泣き始めたぞ。見かけない顔だな。

無知くん：物を知らない若者で「無知」と申します。教えを請いに参りました。

親父さん：聞きもしないのに自己紹介を始めたな。それに自分で「若者」と名乗る奴は初めて見た。

無知くん：ついでに言うと就学・就労・職業訓練のいずれもしてません。

親父さん：平日にうちに来てるくらいだから察するが、どれか一つでもやったらどうだ？

無知くん：まずこの「無知」をどうにかしたいんです。というわけで独学の仕方を残らず教えてください。

親父さん：どういうわけかまるでわからんが、最初から「やり方」を気にするようでは見込みがない。普通に学校へ行ったらどうだ？

無知くん：いきなり徒弟制っぽい拒絶！　五体投地〈1〉するので理由を聞かせてください。

〈1〉両膝・両肘・額を順に地につけて、尊者・仏像などを拝すること。最高の礼法とされる。

親父さん：人の家の前で寝そべるな。いいか、ダイエットを試みると長期的には必ず体重が増加する〈2〉のと同様に、独学というのはほぼ確実に挫折する。

無知くん：チョット待って！　出だしからそれでは誰も読んでくれませんよ。ビジネス書みたいに「この本を読めば何でもとにかくうまくいくんだ」と読者をいい気分にさせないと（読者はその気分にお金を払っているのに）。ダイエットにまで流れ弾があたって書店が火の海になります。

親父さん：自分でいつでも始められて、いつでもやめることができるからこそ独学だろう。この自由さと、中途で挫折することは表裏一体だ。独学はいつだってどこにいたって始められる。何度あきらめても、また戻ってくればいいだけの話だ。

無知くん：ちょっとはやる気があるみたいで安心しました。

親父さん：というお前は何様だ？

無知くん：で、どうして勉強のやり方を気にすると見込みがないんですか？

親父さん：聞いちゃいねえな。お勉強のハウツーなんてのは、せいぜい、似たような勉強本を粗製濫造するのに役立つだけで、少々効率がよくなったところで大した違いはない。あっても、せいぜい数倍程度だ。

無知くん：大違いじゃないですか。

〈2〉よく知られた研究ではDianne Neumark-Sztainer, Melanie Wall, Mary Story, Amber R.Standish (2012) "Dieting and Unhealthy Weight Control Behaviors During Adolescence: Associations With 10-Year Changes in Body Mass Index" Journal of Adolescent Health, 50 (1), 80-86.

この研究を行った研究者たちは、後にダイエットが逆説的な結果に終わる理由を4つにまとめている。1．体重を減らそうとする努力（＝ダイエット）はごく短期的なものであり、運動の習慣や規則正しい朝食や食事内容の永続的な変更とは異なること。2．ダイエッティング・サイクルと呼ばれる負のサイクル（ダイエット↓飢餓状態↓強い空腹感↓過食↓再びダイエットの繰り返し）が形成されること。3．意識的な摂食コントロールがかえって脱抑制のリスクを高めること。4．ダイエットにより代親父さん：違いが出るのは、学ぶのに同じ時間を費やした者同士の話だ。根本的な差は、結局のところ、やった奴・やり続けた奴と、やらなかった奴の間に生じる。

無知くん：水が高いところから低い方へ流れるくらい、当たり前です。

親父さん：では、こう言えばいいか。誰かが勉強できない最大の理由は、勉強にそれだけの時間を配分してないから、もっと言えば、人生の中で勉強の優先順位を高くするのに失敗してきたからだ。これは勿論、本人の心がけだけの問題じゃない。勉強を軽んじる奴、憎んでいる連中は数多いし、そういう奴らは自分の近くで誰かが学んでいると「自分を否定された」と思って熱心に邪魔しに来る。「勉強しろ」と口先では言う大人は少なくないが、そういう大人が誰かを勉強させることに成功しないのは、そう口にする当人が「勉強なんてできれば避けて通りたい」と思ってるからだ。

無知くん：身も蓋もない。でも、本屋に行けば、勉強本があふれてますよ。そもそも勉強に興味も関心もないなら、誰もお金を出して勉強本なんて買わないでしょ？

親父さん：勉強本を買うほどに、学ぶことに関心を持つことができた者は、それだけ恵まれているということだ。現代では、格差はまず動機付けの段階で現れ

謝が下がり、より太りやすい体質が獲得されること。
Dianne Neumark-Sztainer, Katie A.Loth (2018) "The Impact of Dieting" Eating Disorders and Obesity (Third Edition), Kelly D.Brownell, B.Timothy Walsh, USA, 109-115.

る〈3〉。そのことを薄々感じるからこそ、学ぶ動機付けを持てなかった者は「勉強・学問なんて役に立たない」と吐き捨てるだけで済まさず、僻み根性を拗らせて、幸運にも動機付けを持てた〈めぐまれた連中〉に嫌がらせまでするようになる。これに対して、そうした連中を見下したい〈意識の高い連中〉は、自分が学ぶ動機付けを持った人間だと思いたい一心で、あれこれの勉強本を買い漁る。

無知くん：じゃあ、学ぶことに振り向けたなけなしのモチベーションを餌食にする、ハウツーを押し付ける勉強本はやりがい搾取ですか？　でも勉強のハウツー書がたくさん出版されるのは、それだけのニーズがあるからでしょ？

親父さん：自分が勉強できない本当の理由なんて誰も知りたくないからだろう。「ひょっとしてやり方が悪いかも」と信じさせておけば、傷も浅くて済むし、何より新しい勉強本がまた売れる。もっとも本当にハウツーを提供しているならまだましで、書店に並ぶ学習法ものや勉強法本は、成功した著者の自慢話か、そうでないなら、レジ近くに平積みされた健康法本と同じだ。つまり、一方では「あなたのやり方・努力は間違ってる！」と脅し付け、もう一方では「〇〇だけすればいい」と安易な道へそそのかす。その先には著者が主催する高額なセミナーなんかが待ち構えているという仕掛

〈3〉苅谷剛彦『階層化日本と教育危機―不平等再生産から意欲格差（インセンティブ・ディバイド）社会へ』（有信堂高文社、2001）

けだな。面倒くささから逃げたい連中に、言い訳を提供することで金をむしり取ってるんだ。

無知くん：「身も蓋も」どころか、立っている地面までなくなりそうです。では、本物のハウツーを教えてください。……あれ、もっと重要なことがあるんでしたっけ？　すぐに忘れてしまうので、大事なことは二度言ってください。

親父さん：どれほど効果があるやり方も、持続可能でなければ何の意味もない。またろくでもないものを効率的に学んでも、余計害があるだけだ。つまり影響の大きさで言えば、「どのように学ぶか」よりも「何を学ぶか」が大事だし、「何を学ぶか」よりも「学び続けるか否か」の方が重大だという話だ。だから、この本も、そういう順番で書いてある。

序文　学ぶことをあきらめられなかったすべての人へ

独学者とは、学ぶ機会も条件も与えられないうちに、自ら学びの中に飛び込む人である。

例えば、あなたが小学生で学校では教えてくれない三角関数について知りたいと思ったら、あるいは引退を迎えたのを機にかつて断念した研究を再開しようと決意したなら、あるいは困難の壁に何度もぶちあたり今の自分の力では乗り越えられないと思い知ったなら、自分のバカさ加減に悔し涙を浮かべ「変わりたい」と心の底から願ったなら、その時はもう人は学びの中にいる。機会も条件も整わないのに取り組もうというのだから、独学者の行く道はいつも平坦なものではない。

時に無理解の逆風にあおられ、時に時間や資金や学習リソースの不足という壁に行く手を立ち塞がれるかもしれない。何から手をつけたらよいかわからず途方に暮れ、あるいはろくでもないアドバイスに迷わされ混乱に陥るかもしれない。

本書は、そうした独学者を支え援護するために書かれた。

独学者に必要なもの

独学者は、学ぶことを誰かに要求されたわけでも、強いられたわけでもない。

独学者の学びは、何事にも責任を負わず拘束されないかわりに、何によっても保障されない。一方的に与えられる教材もなければ、口うるさくもお節介に進捗を監視してくれる指導者もいない。

怠けても留年するわけでも退学になるわけでもないが、どれだけ励んでもそれだけでは利益や称賛が得られるわけでもない。

学び始めるのもやめるのも、何を選んで学ぶかも独学者の自由だが、その反面、挫折・中断しがちであり、また安易な道や視野の狭い思い込みにも陥りやすい。

それゆえに、独学者に必要な支援は、〈脳科学に基づく学習法〉といった神経神話〈1〉や、生存バイアス〈2〉に満ちた〈独学で成功した〉著名人や学歴エリートの自慢話ではないはずだ。

〈1〉脳科学をよそおった非科学的な理論群の総称。代表的なものに「人間は脳の10%しか使っていない」「男女の脳には違いがある」「右脳人間・左脳人間が存在する」「幼児期に速やかに学習しないと後々影響が出る」などがある。ＯＥＣＤ（経済協力開発機構）が教育に関連する脳科学の知見をまとめた、ＯＥＣＤ教育研究革新センター編著／小泉英明監修／小山麻紀、徳永優子訳『脳からみた学習 新しい学習科学の誕生』（明石書店、２０１０）は、その1章を「神経神話」にあてている。

〈2〉生き残った例のみを基準とすることで誤った判断を行ってしまう認識の偏り。例えばある薬の効果を判断するのに、生き残った人だけからデータを集めては正しい判断ができない。

独学者は、自分で何を学ぶかを決め、自分のために自ら教材などの学習リソースを探して入手し、必要な時間を何とかやりくりして、試行錯誤を重ねて、様々な制約の内で学習を続けなくてはならない。

自信がへし折られたら自力で継ぎ直し、暮らしに忙殺されて吹き飛ばされそうなモチベーションをかき集め、挫折する度に繰り返し学ぶ意欲を立て直さなくてはならない。

では、独学者にはどんな知識が必要なのだろうか。

まず何を学ぶかを自分で決めるためには、学習の対象である知識がどのようなものであるのかを知る必要がある。

「知識についての知識」があってこそ、自分に何が必要なのかを考え、どこにどんな知識があるかを手がかりに学ぶべきものを探し、手に入れ、その信頼性を吟味することができる。

独学者はまた、どのように学ぶかを自分で選び、決定しなくてはならない。

加えて自らの学びがうまくいっているかどうかを点検し、必要なら学び方や学ぶ対象を修正する必要がある。

学ぶことで人は変わる。変わるためにこそ人は学ぶ。

そうして変化した後には、これまでの学び方は最適ではなくなっているかもしれない。

ただ与えられたノウハウを使い回すだけでは、いずれ行き詰まる。必要な技法を探し出し、組み合わせ、あるいは自分に合わせて作り直す必要に迫られるだろう。そうした再構築を行うためには、それぞれの技法のよって立つところを理解しなければならない。

つまり自律した学習者である独学者は、自分の変化に応じて自らの学びをデザインし直す必要がある。

さらに、独学者には、計画を完遂する技術が要る。そのためにモチベーションを維持する、誘惑に負けないといった自己コントロールについての技術知が必要だ。

ほとんど常に吹く周囲からの逆風、そして自身の中から絶えず湧き上がる怠け心をうまくあしらいながら、吹き消されそうなモチベーションを灯し続けながら先へ進むためには、月へ行くような大事業を成し遂げながらダイエット一つままならない度し難いヒトという生き物を知ることが必要である。

二重過程説（Double Process Theory）

「知識とは何か?」「学ぶとは何か?」さらには「人間とは何か?」までを考えようというのは、独学の実用書であるべき本書で扱うには大きすぎるテーマにも思える。

けれど、前提を見つめ直し根源を問うことは、必ずしも実践から縁遠いものではない。そうした問いは、逆立ちしても読めそうにない難解な専門書に封じ込められているのではなく、現に何かに取り組んでいる人たちが思わず口にしてしまうような問いから生まれてくるのだ。

確かに、足取り軽く先へ進めるうちは、我々は前だけを見つめ、足元を確かめることをしないだろう。しかし、順調にいかなくなった時、努力が空回りするのを感じた時、これまで真摯に物事に取り組んできたからこそ、「くそ、なんでこんなことになったんだ?」「なんでこんなことしなきゃならないんだ?」という言葉が脳裏に浮かぶ(あるいは独り言となって漏れる)。

ヒトは「なぜ?」と問うてしまう生き物である。そしてこの問いかけずにはいられない性質こそが我々の学びを支え、どのように学ぶべきか考えることを可能にしている。

無論、そうした「なぜ?」の多くは、答える者はおろか、受け止める者もないままに、消えていくだろう。日常生活を円滑に送るためには、いちいち立ち止まらず、次に進まなくてはならないことが少なくない。

しかし我々が今問おうとしているのは、学ぶことを支え可能にしている、人間存在の深い場所にある硬い岩盤に届くような問いだ。それは独学に向かう人を助けることを目的とする本書が、看過できない問いである。

これらの問いに答えるために、知識や経験を獲得し思考することに関わる認知的スキルだけでなく、自制心や忍耐力など非認知スキルにも関わる、ヒトの「仕様」を統一的に理解できる枠組みとして、以下では二重過程説〈3〉を紹介しよう。

二重過程説（Double Process Theory）は、ヒトの認知や行動は大きく分けて二つのシステム（プロセス）から形成されるという理論である。

システム1は、無意識的で自動的、迅速で直感的に働く。これに対してシステム2は、意識的に制御され、処理が遅く、熟慮的に働く。

システム1は、昔気質の職人たちにたとえられる。

「職人たち」と複数形で言ったのは、このシステムが複数の専門機関であるモジュールの集合体であると考えられているからである。

システム1の特徴である、長い進化の過程で鍛えられた熟練は、それぞれに得意な仕事については実に優秀で、なおかつ時間も認知資源もほとんど費やさない。

しかしシステム1が適応した環境〈4〉は、人類が進化的時間を過ごしたサバンナの平原でせいぜい百数十人規模の集団で暮らしていた時のものである。これは現在我々が生きる世界とは違っている。

〈3〉理性と感情の相克など、ヒトの心を二つに分けて考える思考は古くからあったが、現在の二重過程説のルーツは、1960年代以降、心理学の複数の分野で積み重ねられた研究にある。記憶・学習における暗黙的学習（implicit learning）の実験的証明、演繹的推論における論理的な過程と信念バイアスに影響される非論理的な過程とが競合することの発見、社会心理学における明示的に述べられた態度と実際の社会的行動が乖離することの制御されたプロセスと自動的プロセスによる説明、そして行動経済学につながったカーネマンとトヴェルスキーの意思決定の研究など。これら各領域での知見は統合され、二重過程説に発展した。

〈4〉進化的適応環境（Environment of Evolutionary Adaptedness：EEA）と呼ばれ、およそ200万年前から数万年前の間（更新世、旧石器時代）が想定される。

今も多くの場面で、システム1は意識する必要さえなく正しい判断を下す。しかし、かつてと大きく異なる環境下ではうまく作動しないことがあっても不思議ではない。今日ではシステム1が持つ脆弱性は広く知られており、これを敢えて突くトリックに対しては無防備である。

一方、システム2は、のろまで理屈っぽい新人にたとえられる。この新人は、職人たちが苦手な「もし〜だったら」と仮定を入れた思考もできるし、新しい課題にも対応できる。しかし、その仕事は遅く、必要な認知資源も膨大である。他の課題に認知資源やエネルギー（グルコース）が取られているとうまく働かない〈5〉。

二重過程説を使って、我々の意志や認知に関する問題をいくつか分析してみよう。

例えばダイエットがうまくいかないのは、システム2に対してシステム1が勝利してしまうからである。

システム2では、知識と仮説思考を使うことで「もしこれを全部食べてしまったら体重が増えるだろう」と予想がつく。しかし

二重過程説〈6〉

システム1　直感的、ヒューリスティック	システム2　合理的、分析的
無意識、自動的	指示ならびに意向に対応する
迅速、大規模並列処理	低速、直列処理
連想型	言語および反省意識と関連
プラグマティック（従前の知識や信念に照らし、問題を文脈にあてはめる）	抽象的・仮説的思考が可能
ワーキングメモリという中心的資源をほとんど必要としない	ワーキングメモリと一般知識に結合
一般知識の個人差に関係なく機能する	
低労力	高労力

システム1は違う判断をする。甘くカロリーが高い食品に飛びつくよう、システム1はあなたを突き動かす。システム1が培われた旧石器時代の環境では、「甘い」という味は、主要な栄養源だった果実が最も栄養価が高くなったタイミングを知らせてくれるものだった。また高カロリーの食物はめったに手に入らず「見つけたらできるだけ食う」というルールが、生き延びるためには適応的だった。

問題は、我々に生まれつき備わっているメカニズムはほとんどそのままなのに、我々が生きる環境は大きく異なっていることだ。かつての環境では希少だった甘い果実や高カロリー食品は、現代の先進国では安価で簡単に手に入ってしまう。この環境下で、我々の脳の生まれつきの好みや衝動のまま飲み食いすれば、どうなることか。しかし理性的に考えて予想がつくにもかかわらず、多くの場合システム2よりもシステム1が優先され、人類が経験したことのないほど多くの人が肥満に陥っている。

しかし二重過程説はため息以外のものをもたらす。

システム1の優位は覆すことができなくとも、我々はその特性を理解し、利用することができる。基本的に〈今ここ〉に反応するシステム1は環境依存的である。つまり環境にどのように反

〈5〉Matthew T.Gailliot, Roy F.Baumeister (2018) "The Physiology of Willpower: Linking Blood Glucose to Self-Control" Self-Regulation and Self-Control, Roy F Baumeister, UK, 129-172.
〈6〉ジョセフ・ヒース著／栗原百代訳『啓蒙思想2・0 政治・経済・生活を正気に戻すために』（NTT出版、2014）、69‐70頁を基に著者作成。

応するかを理解できれば、環境をデザインし直すことで、システム1を誘導することができる。システム2は、知識と仮説思考を使ってこの環境を再デザインし、間接的にならばシステム1をコントロールできる。

例えば心理学者のワンシンクは、システム1の環境依存性に基づくシンプルな環境変更、例えば食事に使う食器のサイズを小さくすることが、様々に提案されて流行していくダイエット法や意志の力よりも、有効であることを巧妙な実験で示している〈7〉。

もう少し、我々のテーマに関連のある問題を考えてみよう。

一般的に言って、我々が勉強を苦手としているのは、長期記憶やパターンマッチングを受け持っているシステム1にとって、勉強で提示される情報が見慣れぬもの、そして生存に直結しない優先順位の低いものであるからだ。

生命にとって重要な情報にシステム1は適合している。例えば、食べた後で体調が悪くなった食べ物については、我々は一回で記憶でき、これを生涯記憶し続ける〈8〉。

これに対して、我々の多くは、学校で習ったことをほとんど忘れてしまう。旧石器時代には数式はおろか、文字さえ存在しなかったことを思えば、システム1を恨むのは筋違いかもしれない。

しかし、ここでもシステム1が適応した環境とその特性を理解することは役に立つ。

例えば、写真や録音などの複製技術がない旧石器時代の世界では、繰り返し出会うことは実際に頻繁な接触があったことを意味し、次に出会う可能性が高く記憶する価値があるものだった。このためシステム1には、今日、真理の錯誤効果（Illusory truth effect / Illusion-of-truth effect）〈9〉として知られる脆弱性がある。

勉強法というのも憚られるほど、学習でよく用いられる〈繰り返し〉は、この脆弱性を突いてシステム1に重要な情報であると錯覚させるための方法である。これは同時に、広告やプロパガンダで長年用いられてきた基本的テクニックでもある。

我々はなぜ学ぶのか？

二重過程説は、認知的スキルのみならず、自己コントロールのような非認知的スキルを考える

〈7〉ブライアン・ワンシンク著／中井京子訳『そのひとクチがブタのもと』（集英社、2007）

〈8〉初めてある食べ物を食べた後で体の調子が悪くなるなど不快症状を体験すると、その食べ物の味を長く記憶に留め、二度と同じものを口にしなくなる。この現象をガルシア効果Garcia effectあるいは味覚嫌悪条件付けtaste aversion conditioningと呼ぶ。この現象は、1回の食経験により獲得される学習効果であり、味覚情報と内臓感覚情報の脳内連合学習の結果生じることが実験により確かめられている。J Garcia, D.J.Kimeldorf, R.A.Koelling (1955) "Conditioned aversion to saccharin resulting from exposure to gamma radiation" Science, USA, 122(3160), 157-158.

〈9〉Lynn Hasher, David Goldstein, Thomas Toppino (1977) "Frequency and the conference of referential validity" Journal of Verbal Learning and Verbal Behavior, 16(1), 107-112.

のにも使える枠組みである。しかし、それだけでなく、我々がなぜ学ぶのか、あるいは知識はなぜ存在するのかについても考える基盤を与えてくれる。

システム1は、それが培われた長い旧石器時代の環境に適応的だったと考えられる。しかし我々が生きている環境は、それと異なっている。これが汎用だがのろまで大食らいのシステム2を我々が使わなくてはならない理由である。環境が大きく変わってしまったのは、ヒトの歴史（つまり困難と克服の繰り返し）が人間が暮らす世界を大きく変えてしまったからである。

生物が周囲の環境に働きかけ、自分に都合がよいように環境を改変することをニッチ構築と呼ぶ。

ニッチ構築は多くの生物で見られる。小さく短期的なものでは、犬などが縄張りを示すために尿で行うマーキング、もっと大規模で世代を超えるほど長期的なものでは、ビーバーが川の流れをせき止め作るダムなどが、その例である。

ヒトという生き物もまた、ニッチ構築を行い、その環境を変え、文明を築いてきた。そしてそれはビーバーのダムとは比べようがないほど、大規模で長期に影響を残すものだった。しかしヒトのニッチ構築の最も際立った特徴は、それが物理的な環境改変だけにとどまらず、認知的なものでもあったこと、そしてこの認知的ニッチ構築を介して大規模かつ長期的な環境改変が可能となったことである。このヒトが積み重ねた認知的ニッチの一部を、我々は知識と呼んでいる〈10〉。

この認知的ニッチ構築には、システム2が大きく関わってきたと思われる。

システム2の特徴は、言葉を使って考えることができることだ。その遅さや一度に一つずつしか考えられないことなどの欠点も、これに由来する。

しかし長所もまた言葉の特性に由来する。否定形を使って「現にある」のとは異なる状況を表せることが「もし~だったら」を考える仮説的思考を可能にする。言語はまた目の前に在るモノと一対一に対応するのとは異なるレベルの抽象的思考を可能にする。さらに言語が入れ子構造を持つことが、「自分は何をしているのか、何を考えているのか」についての反省的思考を可能にする。

加えて、こうした思考を言葉で伝え合うことが、学び習うことと知識を可能にする。目にできるものを観察するだけでは生まれないフィクション(これもまた世界の見方を変える認知的ニッチの一つだ)、例えば「我々は同じ神の子孫である」といった神話を語ることが可能となり、血縁的に近い者たちの小集団を超えて、大きな集団を作ることが可能となる。こうして農耕や都市が生まれ、文明を築くことが可能となる。

さらに言語は、他人に意思を伝えるだけでなく、自分に命令することを通じて自己コントロールにも深く関わっている。小さな子は、慣れない作業を行う際に、一つひとつのステップを独り

〈10〉知識を認知的ニッチ構築という観点から捉える視点は、植原亮『実在論と知識の自然化』(勁草書房、2013)の第7章から示唆を受けた。

言しながら実行していく。これらを土台として、言葉は制度や法などの基礎（これらも認知的ニッチの一つだ）すなわち道徳感情だけでは維持できない大社会を支えるための社会コントロールの基礎ともなった。

知識が維持されるためには、それが学び伝えられることが不可欠だが、逆に言えば、学び手・担い手さえいれば、物理的な耐久年数に制限されないために、認知的ニッチは物理的ニッチよりもはるかに永続的なものとなり得る。

多くの生物が絶滅したにもかかわらず、今なお生命の営みが継続しているように、失われてしまった知識は数多いけれど、知の営みは今も続いている。歴代の知的営為の上に立ち、我々はさらに知識を積み上げることができる。こうした認知的ニッチ構築の比類なき力によって、進化が培った生得的な認知機能（システム1）が追いつけないほどに、我々は急速にその環境を改変してきたのである。

今の話を個人レベルで考え直してみるならば、我々がなぜ学ばなければならないのか、その答えの一つが明らかになる。

我々がシステム1が進化してきたのと変わらぬ環境で生きているなら、つまり生得的な認知機能だけを頼りに生きていけるならば、新たに学ぶ必要はなかっただろう。

しかしヒトは生得的な認知機能だけでは解決できない問題を解き、そのために知識という認知的ニッチを構築し、自らが生きる環境を改変してきた。知識を学び、次代に伝えることを続けてきた。こうしたヒトと知識の共生＝共進化は、ますますヒトが生きる世界を変えていき、我々が生きる世界をかつてヒトが進化した環境からますます遠ざけることになった。

我々は、直感と感情が優先する脳を持っていながら、生得的な認知機能だけでは適応しがたい世界に、言い換えれば理性と知識なしには社会と文明を維持できない世界に生きている。

ヒトは賢くなったのか？

では長年認知的ニッチ構築を行ってきたヒトはその分「賢く」なったのだろうか。「知恵の実」を食べたゆえに、かつていた「楽園」を追放され、没落しただけではないのだろうか。例えば科学や合理的な組織運営を知ったがために、より効率的に殺し合うようになっただけではないのか。

本書は、そうは考えない。

何より、我々は、ヒトがかつてないほど効率的に殺し合うことができると、既に知っている。そして、その知が、様々な国際組織を、安全保障の研究を、平和を目指す大小様々な動きを、生み出したことを知っている。

また、我々はすべてを解決する〈銀の弾丸〈11〉〉がないことも、何のコストも要しない〈フリーランチ〈12〉がないことも、知っている。

そしてこうして知ることのすべてが、我々の思考と行動を変えている。知識は何かを変える力がある。しかしすべてを変えられるわけではない。二重過程説に戻って、このことを確認しよう。

ダイエットを思い出そう。「これを食べれば太るだろう」と予測できたのは、食品やカロリーなどの栄養学／生理学の知識と、「もし〜ならば」という仮説思考を使うことができたシステム2の働きによるものだった。システム1は太古の環境で身に付けた「高カロリーそうな食物はありったけ食べろ」というルールに相変わらず従いつづけた。

知識によって変わることができるのは、知識を外部オプションとして接続し、仮説思考にそれを展開できるシステム2の方である。

認知バイアスの源泉であるシステム1は知識によって変わらない。しかも、大抵の場面で、システム1はシステム2よりも強力だ。道徳心理学者のジョナサン・ハイトの比喩を使えば、我々は「象（欲求・感情）の背中に乗った象使い（意志・理性）」である。「私は手綱を握り、あっちへ引っ張ったり、こっちへ引っ張ったりして、象に回れ、止まれ、進めなどと命令することができる。象に指令することはできるが、それは象が自分自身の欲望を持たない時だけだ。象が本当に何かしたいと思ったら、私はもはや彼にかなわない〈13〉。」

ハイトの指摘には抵抗を覚えるものの、真実であることも理解できる。では打つ手はないのか？

　我々は先にダイエットと学習の例で、その特性を理解し環境をデザインすることで間接的にシステム1をコントロールできることを見た。もう一つ、システム1だけでは対処できない問題を、システム2が解決した例を見てみよう。集団を作り維持するための必要条件は、集団から恩恵を受けるが集団に貢献しないフリーライダー（ただ乗りする者）の発生を抑制することである。フリーライダーを許していては、最初は少数であっても「そっちの方が割がいい。咎められもしないし」とどんどんフリーライダーが増えてしまい、集団は維持されなくなる。

　システム1に含まれる身内びいきと報復感情がフリーライダーを抑制する機能を担う。やられたらやり返す報復感情があると、他人に損害を与える行為は報復を通じて自分への損害につながるから、他人への損害行為は抑制される。しかし報復感情だけでは、スタートが敵対的だと協力

〈11〉西洋の俗信において狼男や悪魔などを撃退できるとされる銀で作られた弾丸のこと。転じて、「普通の手段では対処し難い困難な対象を一撃で解決するもの」という比喩表現として用いられる。フレデリック・P・ブルックスJr.がその著書『人月の神話―狼人間を撃つ銀の弾はない』（アジソン・ウェスレイ・パブリッシャーズ・ジャパン、1996）の中で「『どんな場合であれ通用する』ような、『万能な解決策』は存在しない」という喩えとして用いた「銀の弾などない」というフレーズがよく知られる。

〈12〉ロバート・A・ハインラインのSF小説『月は無慈悲な夜の女王』（ハヤカワ文庫SF、2010）で有名になった格言のThere ain't no such thing as a free lunch.（無料の昼食なんてあるはずがない）。ただしこの格言自体はハインラインの創作ではなく、1949年には既に用例がある。（参考）Martin, Gary (1996–2009). "There's no such thing as a free lunch" The Phrase Finder. https://www.phrases.org.uk/meanings/tanstaafl.html

〈13〉ジョナサン・ハイト『しあわせ仮説』（新曜社、2011）

行動がそもそも成り立たない。身内びいきの感情は、仲間には親切にする（協力行動する）ことをデフォルトにする。こうして身内内では協力行動が連鎖し、集団が維持される。

しかしこのメカニズムには脆弱性がある。

最も深刻な事態をもたらすのは、意図的でない事故を起点にした復讐の連鎖である。報復感情がある場合、意図的な損害行為は抑制されるが、誤認や不注意などからわざとでなく他人に損害を与えることは起こり得る。集団が大きくなると、こうした事故の頻度は高まり、また次のような分派行動に発展しやすい。身内びいき感情は、親密度によって差をつけ、同じ事実について異なる解釈を生む。損害をもたらしたAに近しい人たちは、Aの損害行動が故意でないことを重視し温情があってしかるべきだと制裁に反対する。しかし損害を直接受けたBに近しい人たちは反対に、Aが損害を与えた結果の方を重く見て当然制裁を受けるべきだと考える。Bに近しい人がAに対して私的制裁を行えば、Aに近しい人たちは不当な損害行為を受けたとして、B側に報復として私的制裁を行うだろう。こうして復讐は復讐を呼び、集団全体に深刻な損害を与える。

この脆弱性は広く知られており、多くの文明で私的制裁の禁止と法による刑罰が考え出された。これは「もし復讐が私的に行われれば、集団全体に大きな損害が及ぶ」ことを仮説思考し、システム1の身内びいきと報復感情による行動の抑制を要請する、システム2による解決に他ならない。

人が長い歴史の中で作り上げてきた様々な制度、例えば国家や市場や基本的人権は、どれもシステム1に基づく感情と直感だけでは解決できない問題への対処法である。そのため、それらの解決法は、しばしば我々の感情と直感に反する。つまり直感的には理解することが難しく、感情的には納得し辛い。

これらの諸制度は、より大規模な社会における解決を目的とするものであるため、我々が生まれ育つ／日常生活を送る小集団では自然に学ぶ機会がない。しかも何世代もかけて、社会での試行錯誤を経て作り上げられたものなので、込み入った説明が必要なほど複雑でもある。

またこれら制度の必要性を理解するためには、感情・直感というシステム1の働きを一旦抑制し、仮説思考を使えるシステム2を作動させることが必須である。と同時に、制度の歴史やその働きを抽象化し理論化した知識を習得することが必要となる。

しかし我々の日常には、誰かが一方的に長時間続けて語る機会、そして耳を傾けるような機会はあまりない。これが、巨大で複雑な社会を維持するために、生活のコミュニティから切り離された教育の場＝学校が必要な理由の一つである。

学校もまた、変わらないヒトの仕様と、問題と克服の繰り返しによって変化し続ける環境の両方に適応するために進化してきた。

数十分間沈黙を保ったまま話を聞き続ける授業という場、好みでもなければ興味も湧かない科目やトピックを計画的に学ぶカリキュラム、定期テスト、そして成績表など、我々が悪感情を抱く様々な学校の諸要素は、自己コントロールが苦手で環境依存的なシステム1を安定させるために必須の要素である。学校は、我々が生まれ育ったコミュニティでは学ぶことができない知識を長期にわたって系統的に学習する人工環境であると同時に、感情と直感だけでは解決できない問題への対処法がシステム1の抑制を伴うことを体験する場でもある。

独学を始めれば、多くの人が自身の不安定さに翻弄される。自身が立てた学習計画を守れない、新しい分野に目移りする、今日くらいサボってもと手綱を緩めてそのまま立ち直ることなく学習を中断してしまう等々……。裏返せば、学校がいかに様々な手段によって、不完全な自己コントロールをサポートし安定化させていたかがわかる。

独学者は、こうした学校が与えていた多くの認知的・非認知的サポートを、自前で用意する必要がある。そして賢くなるには、学び続けるためには何が必要であるかを考えるために、ヒトという生き物の知・情・意を俯瞰的に捉えることのできる二重過程説は有用なのだ。

私は賢くなれるのか?

社会レベルにおいて、システム1の脆弱性をシステム2と知識が補完することを見てきた。次に個人レベルで、その意味するところを検討していこう。

システム1だけでは生きられない世界で、システム2を（とくにその拡張性を）活かして生きることを考えれば、学ぶことはただ知識を脳の外から脳内へ移し替えるだけでなく、それ以上のものであると考えたくなる。

自分が作り上げたわけではない知識によって、システム2が持つ認知機能を拡張することもできれば、システム1に根差す意志や持続力といった非認知機能についても改善できることこそ、認知的ニッチ構築を行う、そしてそれらを学習によって「装備」できるヒトの誇るべき特性である。

認知機能の拡張のわかりやすい例として、筆算がある。暗算（つまりヒトの認知機能単独）では、普通の人間は3桁の掛け算すら難しい。しかし紙と筆記具を使って筆算を行えば、遥かに多くの桁数の掛け算を実行できる。つまりヒトの演算能力は顕著に拡張する。

より複雑なものでは、様々な知識を使って、我々は五感で直接捉えることのできない原子や分子の挙動を理解し予想を立てることもできるし、巨大な建造物を作ることも、巨大な組織をデザインし運営することも、人を月に送ることもできる。

こうした我々の知識の多くは、より高度で込み入っており習得に時間を要するが、筆算と同様にヒトの認知能力を拡張するものである。

賢さの定義は難しいが、その反対の「愚かさ」なら、我々自身のことなのでよりよく知っている。それは次のように定義できるだろう。

後になって冷静に考えてみて「どうしてこんなことしてしまったのだろう！」と後悔する場合、我々は愚かな行動を取ったのだと言える。こう考えれば、システム1は我々の優れた直感や人生の豊かさを彩る感情の源泉であるのと同様に、我々の愚かさの源泉でもある。

システム1の脆弱性を理解し、システム2によって必要な修正や補完ができるならば、我々は自身の愚かさを減らし、その限りで（ささやかではあるが）賢くなったと言うことができるのではないか。

これは理想として思い描く賢さには程遠いかもしれない。しかし我々が学び続けるには、そうして賢くなり続けるためには、最低限足りる賢さである。

賢くなるための独学書

本書は、賢くなり続けるのに必要なもの、すなわち学び続けるための賢さを提供するためのものである。

そのためにヒトの認知と行動についての「仕様」を知り、それに基づいて知識とは何か、学ぶとは何かを考察し、歴代の独学者たちが開発してきた方法をそれらの基礎の上に再構成した。

独学を成功させるには理性が必要だが、理性は知ることと学ぶことによって強化できる。我々が学ぶこと、考えること、自己コントロールすること等を助けるツールたちを、アンディ・クラークに倣って外部足場（Scaffold）〈14〉と呼ぼう。ヴィゴツキー（の発達の最近接領域説）を祖父、ブルーナーを父として心理学で提唱され、学習科学に継承された足場作り（Scaffolding）という概念は、子どもが主体的に問題を解決できるように、子どもの発達に合わせ大人が行う援助を指し、やがて「取り外される」ことを含意している。

これに対してクラークが言う外部足場（Scaffold）は、我々の思考と行動を助けるものとして取り外されることなく利用され続ける。再び筆算を例にすれば、この方法をマスターした人は、紙と筆記具という外部装置を使うことで、自分の計算能力を拡張できる。あるいはプログラミングを学んだ人はコンピュータを使って、より複雑な計算や情報処理を行う能力を拡張できる。科学理論の様々なモデルは、我々の自然を理解する能力を拡張する。最後の例の場合、必ずしも理論の詳細を記憶しなくても、必要なら書物を見て例えば公式等を確認することで、理論モデルを活用することもできる。我々はただ脳のみで思考するのではなく、外部環境にあるこれらの外部足場と協同しながら思考し行動している。

〈14〉アンディ・クラーク著／池上高志、森本元太郎監訳『現れる存在 脳と身体と世界の再統合』（NTT出版、2012）

我々は外部足場（Scaffold）に助けられることで、認知的にも非認知的にも、自身の能力を向上させることができる。

独学は、船を修繕しながら続ける航海のようなものだ。外部足場の概念を使って言い換えれば、この足場を使いながら／探し集めながら「船」を修理し拡張し、我々は独学という航海を続けるのである。

この本を書く資格と義務

一口に独学と言っても、学校や塾や予備校に頼らない自学自習から、所属機関を持たない独立研究者の在野研究、社会人の学び直しまで、意味するところは様々である。

本書では、以上の分析からもわかる通り、「独学」の意味するところを可能な限り広く捉えている。これは冒頭に述べた独学者の定義と、独学者を援護するという本書の目的から半ば必然であった。何を目指す人であれ、またどの段階にいる人であれ、自ら学びの中に飛び込む者（独学者）を捨て置くわけにはいかなかった。

しかし、それだけでなく、知的営為を分類し無用の垣根と階梯を設けることは、益よりも害が多いと信じるからでもある。例えば「学習」と「研究」を別物だと分断するより、同じ知的営為という連続体の一部としてみなした方が得られるものは大きい〈15〉。

何より、そうすることで我々は歴史の中に多くの独学の先人を見出すことができる。誰もがその名を知る知の探求者たちの仕事は見上げる程に高く大きいが、彼らの知的営為は我々のそれと確かに陸続きである。でなければ、なぜ、彼らの知ったこと考え抜いたことを、我々が今この場所で読み、我々の糧にすることができるのだろうか。

加えて、彼らもまた必ずしも恵まれなかった状況でその知的営為を続けたのだと知ることは、これから幾多の困難を越えようとする我々を勇気づけるだろう。彼らの存在が知らせているのは、それでもヒトは知ることを、学ぶことをあきらめることができなかったという事実である。

このような独学を援護する書物を書く資格が私にあるか正直疑わしい。

けれども、この本を書かなければならない義務のようなものなら確かに私にあると思う。

私は、今も悪戦苦闘を続ける一人の独学者としてこの本を書き上げた。

〈15〉例えば歴史を学ぶ時、出来事の年号や順序を暗記するより、歴史家がするように、史料にあたり仮説を立て議論を戦わせて妥当な推論を組み立てた方が、より深い知識が学べる。(National Center for History in the Schools (1996) National Standards for History in the school (Basic Edition), USA: UCLA Public History Initiative)。こうして得られた、より深い知識は、表面的な知識のように試験の後に忘れられることなく保持され、また現実世界で活用されやすい。(John D.Bransford, Ann L.Brown, and Rodney R.Cocking (2000) How People Learn: Brain, Mind, Experience, and School (Expanded Edition), USA: National Academy Press)

この本に書いた内容は、私が今まで続けてきた独学の経験に由来するとともに、より多くを独学の先人たちに負っている。そうして受け取ったたくさんのものを、私は次の人たちに手渡す義務があるだろう。

私がもっと賢い、あるいは忍耐強い人間であったなら、おそらくまったく違った本を書いていたはずだ。

しかしその本は、今の私よりもずっと賢くて忍耐強い人にしか使えないものになっていただろう。

この本は確かにあまり賢くなく、すぐに飽きるしあきらめてしまう人たちのために書かれた。

独学の凡人である私には、これが精一杯である。

しかし独学の達人が書いた書物よりもきっと、繰り返し挫折し、しかしあきらめきれず、また学ぶことを再開したような、独学の凡人であるあなたの役に立つだろう。

知識の大海にこぎ出ていくあなたにエールを。お互いの航海の無事を祈りつつ。

Bon voyage!

本書の構成と取説

この本は

1

本書は独学のための道具箱である。独学者のそばに置かれ、繰り返し参照されることを期待して構成されている。

2

独学を34ページの図のように「流れ」と「広がり」という2つの軸で捉えるならば、本書はその「流れ」にそって構成されている。

独学者が特定のテーマや課題について学ぼう（取り組もう）とする時、そのテーマ／課題は次のページの「広がり」のいずれかに位置するだろう〈1〉。

独学の「広がり」については、独学の土台になる3項目のみを、第4部で扱った。

独学の全体像

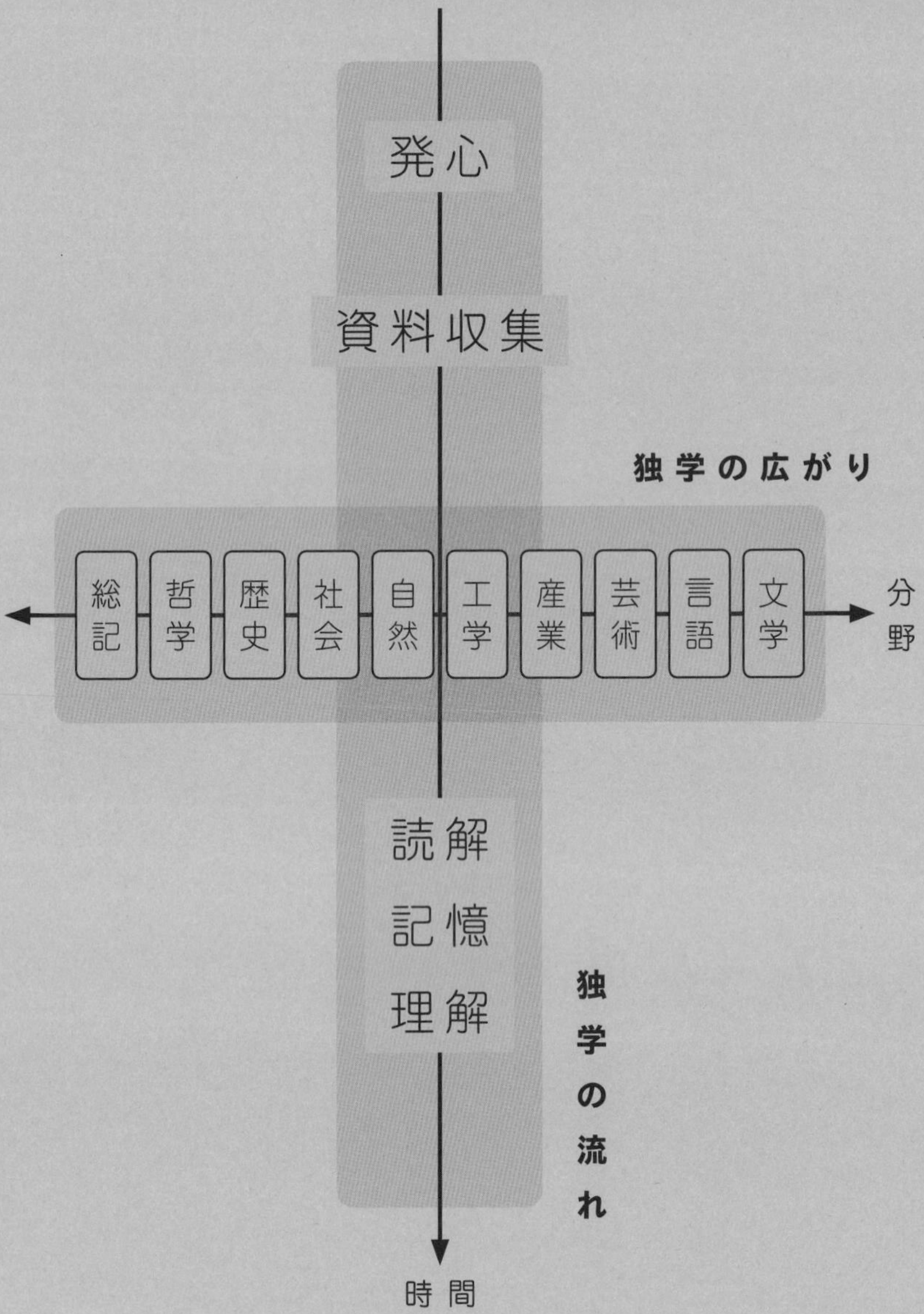
発心
資料収集
独学の広がり
総記
哲学
歴史
社会
自然
工学
産業
芸術
言語
文学
分野
読解
記憶
理解
独学の流れ
時間

3

独学者は何を学ぶかを自分で決める者でもある。『大全』を名乗る以上、何を目指す独学者にも役立つことを目的としている。このため、本書では汎用性に重きを置き、どの分野・トピックを学ぶ場合にも共通して役立つ技法を中心に編成し、前のページの図の横軸〈独学の〈広がり〉〉に合わせた学習分野ごとの編成を取らなかった。

4

また、これから独学を始めようとしている人から、既に長年取り組んでいる人まで、どの段階にいる独学者にも役立つことを目指した。このため、本書では、前のページの図の時間にそった縦軸〈独学の〈流れ〉〉を扱い、独学を志すところ（発心）から何を学ぶか選択し、学習に必要な資料を集めることなど、集めた資料・学習資源を読み、記憶し、理解することまでを取り上げている。

5

それぞれの章は独立して読める。関連のある事項についてはは文中にそれぞれの参照すべきページが記されている。

〈1〉前のページの図では「広がり」を表すのに、日本の図書館でよく用いられる日本十進分類の大項目を配した。日本十進分類には様々な問題があるが、公共図書館（パブリックライブラリー）で、すなわち誰もが利用できる=誰が来るかあらかじめ想定することができないゆえにどんな情報ニーズに対しても準備しなければならない施設で、あらゆる資料を受け入れ配置するために採用されているもので、独学者が必要な資料を探し始める端緒として利用することができるだろう。

6

独学をしていて困ったら

既に独学に取り組んでいる人、そして本書を読み独学を始めた人が行き詰まった時、「困りごと索引」を調べることで必要な道具や情報を見つけることができるだろう。

7

全体構成

本書は次のような3＋1部構成となっている。

第1部は、独学者の内なる準備を、すなわち独学を支える非認知的能力に関わる技術を扱う。why to learn（なぜ学ぶべきか）という問いに答えるものである。

第2部は、独学者の外にある資源、すなわち独学者の外にある知識と出会うための技術を扱う。what to learn（何を学ぶべきか）という問いに答えるものである。

第3部は、独学者と知識が切り結ぶ技術を、すなわち知識を学び理解するための技術を扱う。how to learn（どのように学ぶべきか）という問いに答えるものである。

第4部は、第1部から第3部で紹介した各技法を、実際の独学の場面でどう組み合わせて使っていくかのケーススタディである。

8

第1部

これから独学に取り組もうという人には、本書を最初から読むことを勧める。本書は概ね効果の高いものから順に配列されている。まず始めること、そして続けることが最も重要である。このための技法が第1部に集められている。

9

第2部

独学者は何を学ぶかはもちろん、またどんな資料・教材を使って学ぶかを、自分で決める者である。第2部はこのための技法と情報がまとめられている。

第3部

10

いわゆる「勉強のやり方」については第3部にまとめられている。特に効果の高いものを技法として選び、関連する方法は解説で併せて紹介することにした。

第4部

11

第3部までで紹介した技法をどう組み合わせて実践するかを例示する。ここでは3つのケースを取り上げた。国語、英語（外国語）、数学という、様々な分野を学んでいく際に基礎となる3つである。

各章の構成

12

各章のはじめには、導入として対話を置いた。時間がない人や多くの文章を読むことが得意でない人は、まずはこの部分だけを読むことを勧める。対話だけでも通読すれば、本書で扱う内容の概要を知ることができるだろう。

13

各章の中心は、技法を扱ったパートである。具体的に何をどんな順で行えばいいか手順を説明し、技法の使用例と解説をつけた。

目次

第2部 何を学べばよいかを見つけよう

第7章 知りたいことを発見する

第8章 資料を探し出す

第9章 知識への扉を使う

第12章 読む

第4部 独学の「土台」を作ろう

国語独学の骨法

英語（外国語）独学の骨法

数学独学の骨法

第1部 なぜ学ぶのかに立ち返ろう

〈独学の足場を作るために〉

1916（大正5）年8月21日、50歳の夏目漱石は、当時二十代だった才能あふれる二人（芥川龍之介と久米正雄）に、次のような激励の手紙〈1〉を送っている。

勉強をしますか。
何か書きますか。
君方は新時代の作家になる積《つもり》でせう。
僕も其積《そのつもり》であなた方の将来を見てゐます。
どうぞ偉くなつて下さい。
然し無暗にあせつては不可《いけ》ません。
たゞ牛のやうに図々しく進んで行くのが大事です。

そして直後の8月24日に、もう一通〈2〉。

牛になる事はどうしても必要です。吾々はとかく馬になりたがるが、牛には中々なりきれないです。僕のような老猾《ろうかつ》なものでも、只今《ただいま》牛と馬とつがって孕める事ある相の子位な程度のものです。

あせっては不可《いけ》ません。頭を悪くしては不可《いけ》ません。根気づくでお出でなさい。世の中は根気の前に頭を下げる事を知っていますが、火花の前には一瞬の記憶しか与えて呉れません。うんうん死ぬ迄押すのです。それ丈《だけ》です。

決して相手を拵《こし》らへてそれを押しちゃ不可《いけ》ません。

〈1〉三好行雄編『漱石書簡集』(岩波文庫、1990)、308頁。
〈2〉三好行雄編『漱石書簡集』(岩波文庫、1990)、311・312頁。

相手はいくらでも後から後からと出てきます。

そうして我々を悩ませます。

牛は超然として押して行くのです。

何を押すかと聞くなら申します。

人間を押すのです。

文士を押すのではありません。


我々の期待と願いに反して、天才はサボらない。

凡人である我々は、ウサギとカメの寓話を思い出して、「もしも自分がウサギ（天才）なら、今苦しんでいる課題をさっさと片付けて、今頃昼寝でもしているのに」とため息をつく。

しかし実際は、課題をさっさと片付けた天才は、すぐに別の課題に取り掛かるか、同じ課題にもう一度取り組んでいる。

正確には、サボるような天才は、速やかに消え去るか凡人の中に埋もれるかするので、我々の目につかないか、目についてもすぐに忘れ去られてしまう。

漱石の手紙の言葉を繰り返そう。


世の中は根気の前に頭を下げる事を知っていますが、

火花の前には一瞬の記憶しか与えて呉れません。

結局のところ、天才は、努力することをやめられなくなった者の中にいるのだ。

同じことを本居宣長は、もう少しマイルドに説いている。

詮ずるところ学問は、ただ年月長く倦《うま》ず怠《おこた》らずして、はげみつとむるぞ肝要にて、学びやうは、いかやうにてもよかるべく、さのみかかはるまじきこと也。いかほど学びかたよくても、怠りてつとめざれば、功はなし〈3〉。

(ようするに、学問は、ただ年月長く倦まず怠らず、励みつとめることが肝要なのだ。学び方はどのようであってもよく、さほどこだわることはない。どんなに学び方がよくても、怠けてしまってはその成果はおぼつかない。)

独学を始めることは難しくない。しかし続けることは容易くない。

我々の誰もが継続の重要性を理解している。しかしまた計画倒れを経験してもいる。続けることの難しさを痛感している。

ヒトという生き物は、他の哺乳類と同様に、体温を一定に保つ優れたメカニズムを持っている。

〈3〉本居宣長著/白石良夫訳注『うひ山ぶみ』(講談社学術文庫、2009)、53-54頁。

しかし、その意志を一定に保つための、自己コントロールについては不完全な機能しか持っていないのだ。

一言で言えば、ヒトは体温は保てても意志は保てない。

では、どうするか。

教訓を得るために、他の生物に目を向けよう。

例えば変温動物であるトカゲはよく日光浴をしたり日陰に引きこもったりしている〈4〉。これは体温を適切にコントロールするために、温度の高いところや低いところに移動しているのである。つまり、トカゲは哺乳類のような恒温メカニズムを持たない代わりに、体温を保つのに外部環境を利用しているのだ。

我々の直感や感情（そして衝動）を生み出すシステム1は基本的に「今ここ」に対応するよう進化の過程で形作られている。つまり、他の生き物と同様に、現在の環境に左右されるようにできている。

この特性を理解するならば、我々は衝動を抑え込み、意志の力を強化するために外部環境を使うことを思いつく。

しかもヒトは、トカゲと違って、適した場所へ移動することで外部環境を利用するだけでなく、外部環境を目的に合わせてデザインすることもできる。

GTD（Getting Things Done）を開発したデビッド・アレンは、このことを「さほど賢くない自分」が正しく反応するように「賢い自分」がお膳立てする、と表現する〈5〉。

これこそ、どこでどのように学ぶかを自分で決める独学者にふさわしい解決法である。

第1部では、計画実行や継続に関わる非認知的スキルと、これに関する技法を取り上げる。

これらは、我々の意志力、持続力などを強化するために、先人によってデザインされてきた外部環境と見なすことができる。

これらの非認知的スキルは、不足しがちな独学のためのリソースのうち、学習分野に特定されないもの、時間や動機付け等を調達し管理する技法を含んでいる。

なお独学のリソースのうち、教材や学習資源に関係する技法については、第2部で扱う。

最初にこれらを取り扱うのは、何をどのように学ぶかよりも、結果に与える影響が最も大きいからである。

学び続けることは、うまく学ぶことよりもずっと難しく、また遥かに重要である。

〈4〉ヒトが認知において「外温動物」であるという指摘とトカゲの例はジョセフ・ヒース著/栗原百代訳『啓蒙思想2・0 政治・経済・生活を正気に戻すために』(NTT出版、2014)、91頁。
〈5〉デビッド・アレン著/田口元監訳『全面改訂版 はじめてのGTD ストレスフリーの整理術』(二見書房、2015)

第1章

志を立てる

無知くんと親父さんの対話1

学ぶことをやめない理由は何か

無知くん：たのもう、たのもう！

親父さん：朝から騒々しい。今日は何の用だ？

無知くん：いきなりですが心が折れました。もう独学を続けられそうにありません。なんとかしてください。

親父さん：まだ始まったところだっていうのに不景気な話だが、やめたきゃやめればいいだろう。

無知くん：そこは「何かあったのか」と聞くとこでしょう？

親父さん：じゃあまあ聞いてやるが、どんなつまらんことで心折れたんだ？

無知くん：もっと気をつかって!!「お前みたいなバカは何を学んでもろくなことがない」と言われたんです。

親父さん：それは俺が常々言ってることだろ。

無知くん：そうでしたか。いつも聞き漏らしてました。

親父さん：何度も言うが、独学は誰に強いられたものでもない。やりたいならやればいいし、やめたくなったらやめればいい。それだけのことだ。

無知くん：やめられるくらいなら、相談に来ませんよ。

親父さん：そこだ。

無知くん：え、どこ？

親父さん：やめようにもやめられないなら、挫折してもまた性懲りもなく始めてしまうなら、そこにお前さんの独学を動機付ける核があるんだろう。

無知くん：そうかもしれませんが、よくわかりません。

親父さん：うまく言葉にならんかもしれんが、掘れば何か出てくるかもしれん。直接関係なさそうに見えても、自分で夢中になったことや、学び始めたきっかけを思い起こしてみると、いろいろ出てくるもんだ。

無知くん：なんか開いたらいけないような記憶の扉を開けそうです。

親父さん：そういうこともあるだろうな。

無知くん：学びだしたきっかけって、文盲をブンモウと読んで嗤われたとか、「18世紀イギリスのヴィクトリア朝〈1〉」と言い間違えて「どこのパラレルワールドの話だ？」と嘲られたとか、そういうのですよ。

親父さん：そんなもんだ。偉そうにものを書いてる連中の誰もが、そういう黒歴史の一束を抱えている。

無知くん：でも、バカにされて心折れた経験を思い出しても、余計落ち込むだけなん

〈1〉ヴィクトリア朝（英語：Victorian era）。ヴィクトリア女王がイギリスを統治していた1837年から1901年の期間を指し、概ね19世紀の一時期と考えるのが正しい。イギリス史上最も隆盛した時期とされ、産業革命による経済の発展が成熟に達したイギリス帝国の絶頂期であった。

じゃ？　思えば、いつも同じようなことでバカにされて落ち込んでる気がします。

親父さん：だったら「にもかかわらず」〈2〉なところを掘ってみろ。ネガティブな経験にもかかわらず、お前はなぜ学ぶことをあきらめなかったのか？　挫折しても中断しても再開してしまったのはなぜなのか？　何がお前の「にもかかわらず」を支えているのか？　憧れか？　励ましか？　学ぶ中で出会った何かしらの快楽か？　小さなもの、他人が見たらバカらしいくらい些細なものかもしれん。だが、どんな大河も源流をたどれば、小さな湧き出しから、あるいはその一滴から始まるんだ。

〈2〉神学者のパウル・ティリッヒは『生きる勇気』（大木英夫訳、平凡社ライブラリー、1995）（原題はcourage to be「存在しようとする勇気」とも訳せる）の中で、「勇気とは『それ（無と不安）にもかかわらず』自己を肯定することである」（56頁）と述べる。全知全能である神が人として（それも罪人として）殺されるという〈逆説〉の上に築かれたキリスト教神学から受け取った伝統を、自由であるがゆえに罪を犯し、信仰や神を信じることができず懐疑することすら引き受け肯定に転じる、「にもかかわらず（in spite of）」は、ティリッヒ神学の中核である。

技法1

やる気の資源を掘り起こす

学びの動機付けマップ

① 学びのきっかけとなった出来事を探す

そもそも自分が学ぼうと思ったのはなぜか、その理由を考え、そう思うようになったきっかけ、出来事や（人や書物との）出会いを書き出してみる。複数あるなら、まずはすべてを箇条書きする。

書き出したら、一番重要そうなものを選んで、それがいつ頃、どこにいて、誰と一緒で（あるいは独りで）、とできるだけ詳しく思い出し書き出す。その時どんな感情を抱いたかも、できれば書き出す。最後にその大切なきっかけに、自分なりの名前（タイトル）をつける。できるだけ通り一遍でない名前がいい。ぴったりのものが見つかるまで、名前を付け直すことになるだろう。

著者の場合、いろんなものに手を出し学んだり挫折したりの繰り返しを思い出すうち、おそらく一番古い記憶として次の出来事を思い出し、これを〈老生物学者との出会い〉と名付けた。

小学3年生で参加した子ども向け野鳥観察会で、老生物学者に会った。その野鳥観察会では、大人たちが「あの人は偉い先生だから話を聞いておいで」と子どもたちを老人の周りに集めた。

老生物学者は一言「わしは虫屋やった」と自己紹介してから、話しだした。

「あんたらぐらいの歳からずっと虫をとってきた。コレクションするようなきれいな虫やなかったけどな。あるとき、わしが狙《ねろ》とった虫を、魚に食われた。イワナや。それから釣りをするようになって、今度はイワナを鳥に食われた。そこで考えたんや。虫を魚が食うやろ。魚を鳥が食うやろ。人はどちらも食うが、魚は水の中泳ぎよるし、鳥は空を飛ぶ。井の中の蛙の頭上にも空がある。空は世界に広がっとる。目の前のもん、しっかり離さずたぐりよせてたら、いつか広いところに出とるやろ。そうやって生き物ぜんぶのことを考えるようになったんや」

②その出来事の影響範囲をマッピングする

大切なきっかけに自分なりの名前がつけられたら、そのきっかけが与えた影響を考える。

きっかけが変えた自分の行動や習慣や考え方、そうして変わった行動、習慣、考え方が、周りの人たちに与えた影響……といった具合に直接的なものから間接的なものへ進む。

著者の場合は次の3つの影響があった。

まず彼は、子ども心にも遊びに過ぎないと思っていた虫取りを、大人の今なら生物学や生態学のことだとわかる学問の世界につなげてくれた（影響1）。

それから、彼が鮮やかに描いてみせた生き物同士のつながりは、知識の世界もまたバラバラにあるのでなく、互いに結びついていることを印象づけた（影響2）。

そしてまた、生き物のつながりを追いかけるままに広がった彼の学問遍歴は、知ることはそうしたつながりをたどることに他ならないという考えを私の中に残していった（影響3）。

③影響の評価を行う

影響が自分にとって「ポジティブ」か「ネガティブ」かを評価する。

著者にとって、「老生物学者との出会い」の影響は、打ち込む分野やテーマが定まらず色んな分野の間をさまよう「拡散的」とも言える自分の学習スタイルの根っこになっている。

このおかげ（せい）で「専門を持つことができない」と悩んだこともあったが、今はこの影響をポジティブなものだと考えている。

④評価に理由付けをする

大切なきっかけが生んだ影響がよいものであるなら、そう評価する理由は何かと自問自答

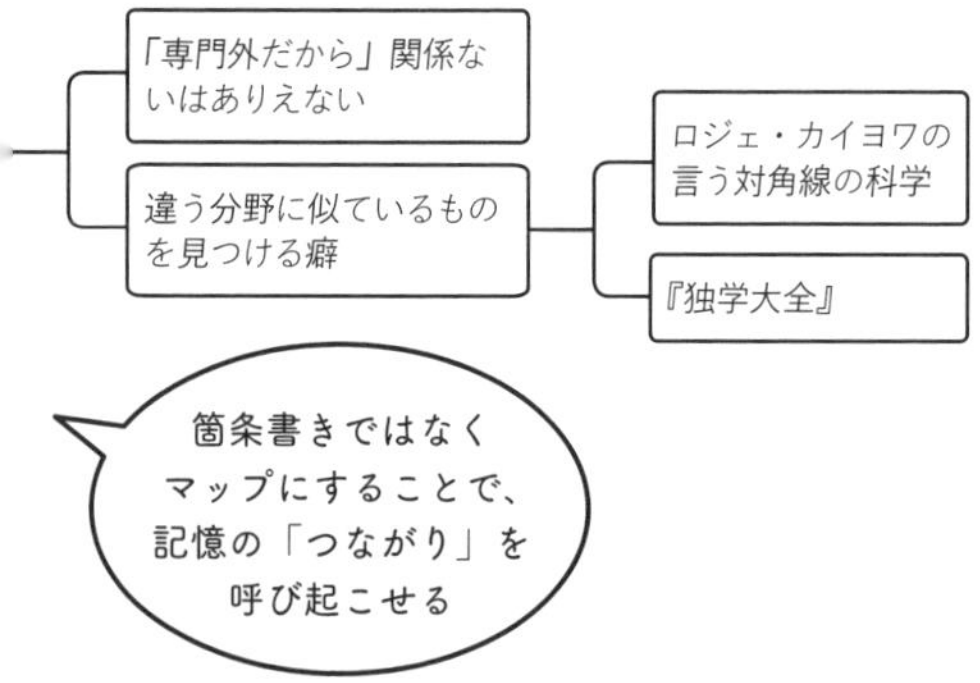

「専門外だから」関係ないはありえない
違う分野に似ているものを見つける癖
ロジェ・カイヨワの言う対角線の科学
『独学大全』
箇条書きではなくマップにすることで、記憶の「つながり」を呼び起こせる

する。こうすることで、大切なきっかけがもたらした出来事を、もう一度自分や自分の学びに結びつけることで、動機付けを支える援軍に変えられる。著者の場合、影響を肯定的に評価する理由は、次の通り。

（影響1）自分の普段の行い（例えば虫を追うこと、図鑑で調べること）と学問の世界はつながっているという感覚を持てたことで、「そんなもの学んでも実際の生活には役に立たない」という横やりがあっても持ちこたえることができた。

（影響2）知識の世界が互いに結びついているという強い印象は、違う分野に類似したものを見つける知的習慣のきっかけとなった。

（影響3）〈知る〉ということはそうした〈つながり〉を辿っていくことと考える、参考文献をたどる癖や調べものの習慣につながった。

これらは本書で説明する独学を支える技術のベースになっている。

⑤ ①～④を必要なだけ繰り返す

影響をたどり、その出来事がなぜ自分にとってよいことか考えるうちに、関連したり類似したりする別の出来事を思い出すことが多い。

読書猿の学びの動機付けマップ

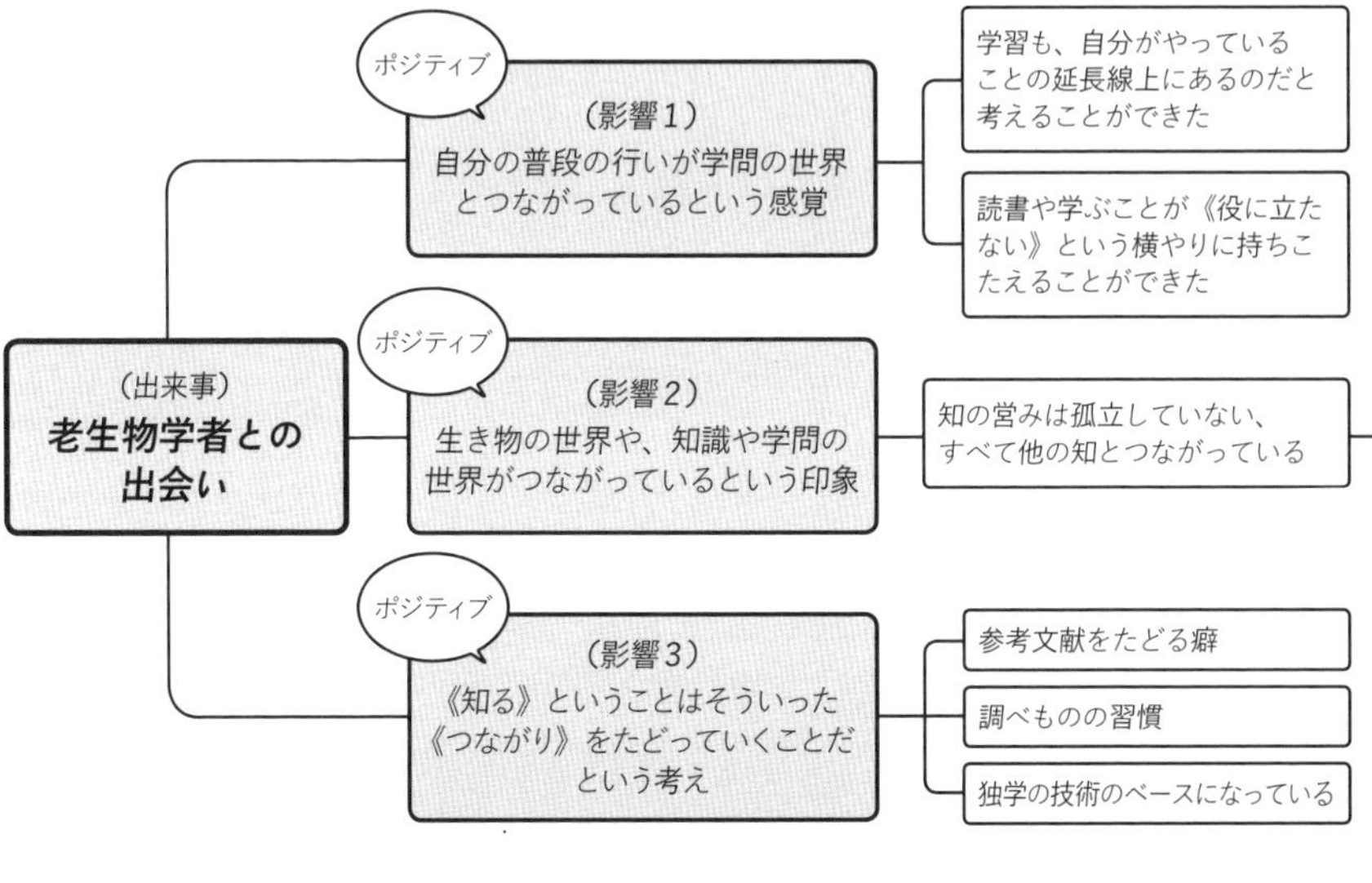

意志と意欲をメンテナンスする

学びの動機付けマップは、〈学びの始まり〉に立ち戻り、そこから現在につながる影響を繰り返し語り直すことで、学びの意欲と意志を育てメンテナンスする技法である。

独学しようと望む人なら、学ぼうと思いなしたきっかけを何か持っているだろう。

それは、自分を知識の世界へ導いた年長者との出会いであるかもしれず、あるいは遠い昔に心を打った書物の一節や、書物やネットを介して遭遇した他の独学者への憧れかもしれない。

あるいは、自分の無知や不明に直面し、恥をかいたり悔しい思いをした体験かもしれない。

学ぶことへ導いたきっかけは、何かを学ぶ体験を生み、学んだ体験はまた別の学びへ向かわせるきっかけを呼んでくる。

こうした好循環を通じて、人は自ら学ぶ者になっていくのである。

いやむしろ、知と無知にまつわる様々な出来事を拾い集めながら、こうして旅していくことを、我々は〈学び〉と呼ぶのだ。

学びの動機付けマップを作るうちに、自分を知へと導いたいくつものきっかけを拾い集めることになるだろう。また、それぞれのきっかけがもたらした影響を追いかけるうちに、自分の学びへの意志がいくつもの出来事や知や人との出会いに支えられていることを思い出すことになるだろう。

知識がスタンドアローンでは存立し得ず、必ずや他の知識と支え合う形でしかあり得ないように、人の学びもまた他の学びとつながり支え合う。

一人で学ぶことに向かい、長い時間を過ごすことになるために忘れがちだが、独学は孤学ではない。

学びが進む中で確信することになるだろうこの事実を、学びの動機付けマップは、学びの〈きっかけ〉を過去から拾い集め組織化する中で、先取りする。

立志という古くて新しい方法

学ぶことは長期にわたる大事業であり、それゆえ、古人の多くは志を立ててきた。孔子は「志学」（吾、十有五にして学に志し）という言葉を残し、佐藤一斎〈3〉の

〈3〉江戸時代後期の儒学者、林家塾頭、昌平坂学問所の教官などを務め、渡辺崋山・佐久間象山・山田方谷・横井小楠・大橋訥庵などの多彩な人材を育てた。

孔　子
（Kongzi こうし、紀元前552 - 前479）
中国、春秋時代の思想家。その教えは儒教として中国思想の根幹となり、後世に大きな影響を及ぼした。「弟子三千人、六芸に通ずる者七十二人」と伝えられ、優れた弟子を数多く育てた教育者でもあったが、自身は孤児として育ちながらも、身寄りも後ろ盾もない境遇で苦労しながら礼楽を修めた独学者であった。「我は生まれながらにして之《これ》を知る者に非ず。古《いにしへ》を好み、敏にして以て之を求めたる者なり」（わたしは決して生まれながら物事を知っている者ではない。昔の聖人の学を好み、努力してこれを探求した者である）（『論語』述而）

『言志四録』は「学は立志より要なるはなし」と主張する。

また橋本左内が15歳の時著した『啓発録』には、「去稚心」（稚心を去る）や「択交友」（交友を択ぶ）と並んで「立志」の項があり、「志を立つるとは、この心の向ふ所を急度《きっと》相定め、一度《ひとたび》右の如く思ひ詰め候へば、弥〻《いよいよ》切にその向きを立て、常常その心持を失はぬやうに持ちこたへ候事にて候」（「志を立てるというのは、自分の心の向かい赴くところをしっかりと決定し、一度こうと決心したからには真っ直ぐにその方向を目指して、絶えずその決心を失わぬよう努力することである」）とある。

「立志伝中の人」（努力と苦労とを積み重ねて、事業などに成功し、社会的に認められるようになった人）という慣用句もあるように、志を立てることは成功の必須条件であると考えられている。

しかし、これはレトロスペクティブ（回顧的）なものの見方であることに注意が必要である。

つまり、成功した人が振り返った時、その長い努力と苦労の始まりに志があることを見出すのであって、志した人が必ず成功するわけではない。

橋本左内

（はしもとさない、1834 - 1859）

福井藩士。幕末に活躍した開明派志士。藩医を父とし、若年より秀才として知られる。15歳で『啓発録』を著した翌年から大坂の緒方洪庵の塾に学び、蘭学、西洋医術を習得。後に江戸に遊学し、英語・ドイツ語を読むようになり、藤田東湖、西郷隆盛らとも交友。藩校の学監となり、洋書習学所を設けた。国際連合的機構の出現を予想し、富国強兵による統一国家を構想した。藩主松平慶永の命のもと一橋派のブレーンとなるが、安政の大獄がおこると将軍継嗣問題に介入した責任を問われて処刑された。享年26。

志とともに自身を育てる

志を立てることは誰もが行う。ぜひそうしろと多くの者が勧める。今がどれだけ受け入れがたい状態でも、目指そうとする未来は理想的で美しい。立志には、いい気分になれる、という効果がある。しかし志すだけでは、得られるのはこの気分だけだ。

志した人を多数集めて、将来にわたって彼らを観察すれば（このアプローチをレトロスペクティブに対してプロスペクティブという）、多くの者は志半ばで挫折しているはずである。

同じ立志する者同士なのに、成功者と挫折者は何が違うのか？　元々の才能か、はたまた運か？

実を言えば、**志の強さは、それを立てた瞬間にではなく、自身の行為や思考を絶えず志に結び直した、その繰り返しの中に生じる。**

ある人の行動が予想可能であるのは、我々が「その人らしさ」と思うものを（まったく同じではないにしても）、その人も「自分らしさ」の一部として織り込み、普段の行動と意志決定にそれを反映しているからだ。

なぜそれをしたのか？　しなかったのか？　と自問自答し理由付けすることで、出来事と行動と人格をできるだけ一貫したものになるよう、結びつけ直す。こうして人は、自分がどういう人間であるかを説明する自己物語を、半ば無自覚に、繰り返し語り直し、さらに演じ直している〈4〉。

この自己物語に照らして行動し、また行動の結果を物語に織り込み改訂することを繰り返すからこそ、人は環境の刺激に翻弄される以上の存在でいることができる。例えば、よりよい条件を持ちかけられても裏切ることをせず、怒り狂いそうになる場面でも落ち着こうと努め、逃げ出したくなるような場面でも踏みとどまる。たとえその場は逃げても、そのことを後悔し、次は逃げずにいられるよう、決意を新たにし、対策を講じる。

意志の強さとは、決して揺るがない心に宿るのではなく、弱い心を持ちながら、そのことに抗い続ける者として自己を紡ぎ出し、織り上げようという繰り返しの中に生まれるのだ。

進展や成果を寿ぎ、志に結びつけて、その力を積み増しする。失敗や挫折に打ちひしがれた時は、志に立ち返って気力を回復し、再挑戦の時を待つ。こうした繰り返しが、行為や思考が拡散するのを留め、最初は未熟で自己中心的な夢想に過ぎなかった志を、地に足が着いたものとして育てるのである。

学びの動機付けマップは、この語り直し＝結び直しにフォーカスした技法である〈5〉。自覚的に志を立てた人にも、そうでない人にも、ともに役立つ。

〈4〉物語ることから生まれる自己というアイデアは様々な論者が論じている。ここではダニエル・C・デネット著／山口泰司訳『解明される意識』（青土社、1998）の物語的自己の議論を参照した。

〈5〉自己を語る物語を取り扱うのにマップ（地図）を活用するメリットはマイケル・ホワイト著／小森康永、奥野光訳『ナラティヴ実践地図』（金剛出版、2009）を参照。また動機付けのきっかけを引き出す4つの質問は、同書36頁以下で紹介される「立場表明地図」をヒントにしたものである。

第2章

目標を描く

無知くんと親父さんの対話2

夢は巨人の肩の上で見る

無知くん：たのもう、たのもう！
親父さん：お断りだ、帰ってくれ。
無知くん：せめて何しに来たかくらい聞いてください。
親父さん：聞きたくないが、何しに来た？
無知くん：今日は大志を抱きに来ました。大きな夢を描かせてください。
親父さん：自分の家で一人でやってくれ。
無知くん：そんな、バカみたいじゃないですか。
親父さん：バカにもなれんようなら夢なんか見るな。地に足つけて蟻のように働け。
無知くん：あんな複雑で効率的な社会〈6〉で生きていける気がしません。
親父さん：で、夢がどうした？　白昼夢でも見たいのか？
無知くん：いいえ、大きな夢を描くだけ描いて、努力なしに実現したいんです。
親父さん：白昼夢よりひどい寝言を言い切ったぞ。
無知くん：ポジティブ・シンキング〈7〉さえすれば、いやな上司を左遷させたり、何だって好き勝手に実現できるんじゃないんですか？
親父さん：何の話をしてるかわからんが、願うだけで叶うと思うなら、方法も努力も

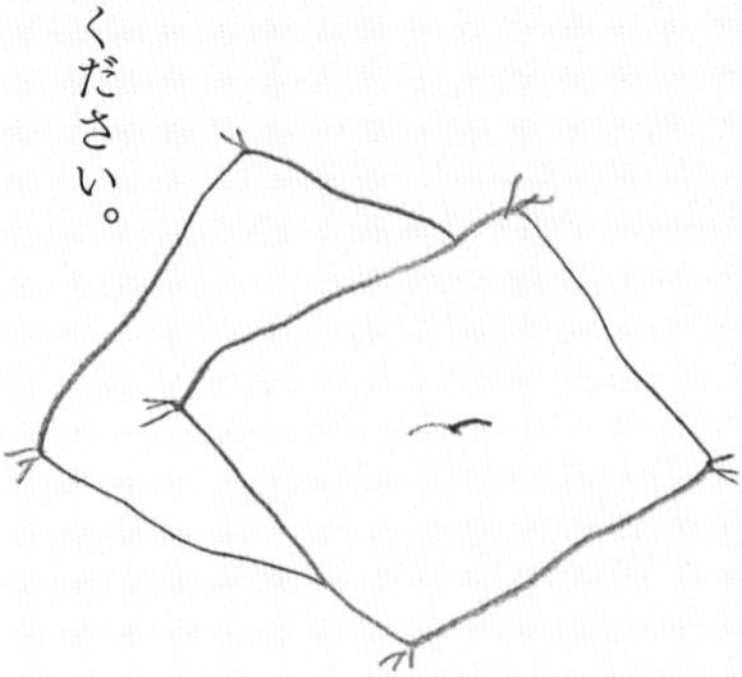

〈6〉蟻の社会については、蟻に関する百科全書的著作である、バート・ヘルドブラー、エドワード・O・ウィルソン著／辻和希、松本忠夫訳『蟻の自然誌』（朝日新聞社、1997）を参照。

〈7〉Positive Thinking。プラス思考、積極思考とも言う。一般には、物事を肯定的な方向に捉える考え方や思考傾向を言うが、ここではさらに、19世紀半ばにアメリカで起こったキリスト教の異端的潮流ニューソートに由来する「なんでも前向きに物事を考えればそれは実現し、人生はうまくいく、という考え方」。思考を変えることで現実を変えることを目指す思考法を指す。（参考）小池靖『セラピー文化の社会学　ネットワークビジネス・自己啓発・トラウマ』（勁草書房、2007）

不要だろう。達者でな。

無知くん：ああ、待ってください。自己啓発の呪いにかかってました。いつも大層な目標を立てて、すぐに挫折するので何とかしたいんです。力を貸してください。

親父さん：では、そんなお前に言葉を与えよう。ドワイト・D・アイゼンハワー〈8〉は「計画 Plan は役に立たないが、計画作り Planning は不可欠である」と言っている。

無知くん：うまいこと言っているみたいですが、全然意味がわかりません。

親父さん：俺たちは全知じゃない。未来には想定外のことがいろいろ起こるし、相手がいるなら裏をかこうと行動を変えるかもしれない。せっかく作ったプラン通りに事態が進まないのは、いつものことだ。

無知くん：なのに、計画を立てることに意味があるんですか？

親父さん：そうだ。**真面目に計画するからこそ、人は自分にできることとできないこと、自分の置かれた状況のよい面悪い面をまともに考えようとする。**プランニングは、俺たちの行動と未来に、言わば神経を行き渡らせる行為だ。また自分の思考を客観視できる能力をメタ認知と言うが、プランニングはこのメタ認知を鍛えるのにもってこいだ。

〈8〉アメリカの軍人、政治家。陸軍参謀総長、NATO軍最高司令官、第34代アメリカ合衆国大統領などを歴任した。

無知くん：平たく言うと、プランニングをやっていくと賢くなるんですね。

親父さん：まあな。

無知くん：でも計画倒れの常習犯であることから来る、この挫折感はどうしましょう？

親父さん：かみしめろ。挫折はメタ認知にとって一番の教材だ。自分の見込みが違っていたことを、この上なく教えてくれる。挫折抜きに、ヒトは自分を知ることができない。そして計画を立ててみなければ、そもそも計画倒れしようがない。「どうせうまくいかないから、計画しない」のでは、進歩がない。計画倒れという学習機会を得るためにプランニングしろ。

無知くん：失敗から学ぶにはどうしたらよいですか？

親父さん：何が想定外だったか、具体的にチェックし、その原因を考えることだ。繰り返しになるが、そのためには起こりそうなことをきちんと想定することが大事だ。つまり、ここでもプランニングだな。最低限、何をどれだけいつまでにやり遂げればよいかを書き出し、それぞれについて、そのためには何が必要かを考え、準備すれば、それだけプランの実効性も増す。何より、細かく設定すればそれだけ、プランニングから学べるものは増えていく。

技法 2

可能の階梯《かいてい》

学びの出発点を見極める

① 学びたいものを一つ選び、できること／知っていることを書き出す

「数学ができるようになりたい」。

……しかし、これだけでは具体的でなく、何から取り掛かればいいかわからない。

そこで「数学」に関して、自分が今できること／知っていることを書き出していく。

- 分数・小数
- 一次方程式
- 文字式
- 微積分
- 二次方程式
- 行列
- 三角関数

②①のテーマについて、自分が今できること／知っていることを、簡単なもの・初歩的なものから順に並べる

順不同で思いつく限り書き出した後、ここで書き出した項目を簡単なもの・初歩的なものから順に並べ替える。

例えば、

・分数・小数わかる
・文字式わかる
・一次・二次方程式わかる
・三角関数、行列、微分積分……そういうのがあったことは覚えているが、どうやればいいかは忘れている

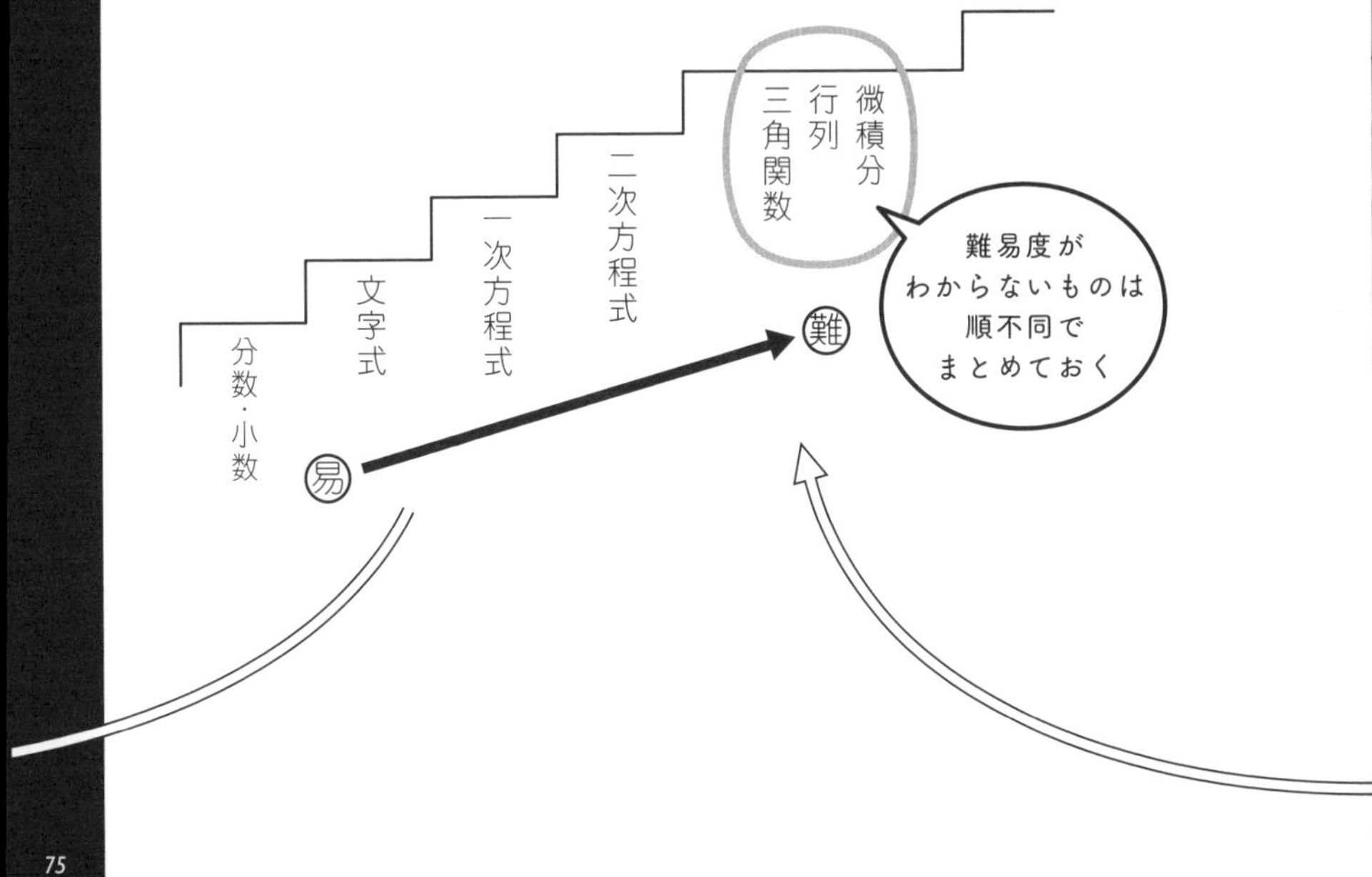

③学びの出発点を見極める

②のリストを作っていくと、次第に複雑で高度なものに向かい、そのうち、なんとかできるもの、できるが怪しいもの、学んだことはあるが忘れてしまったもの、どちらが難しいのか判断が難しいもの等に行き着く。これを階梯の「踊り場」と呼ぶ。

その2段下あたりが、今の学び始める地点となる。

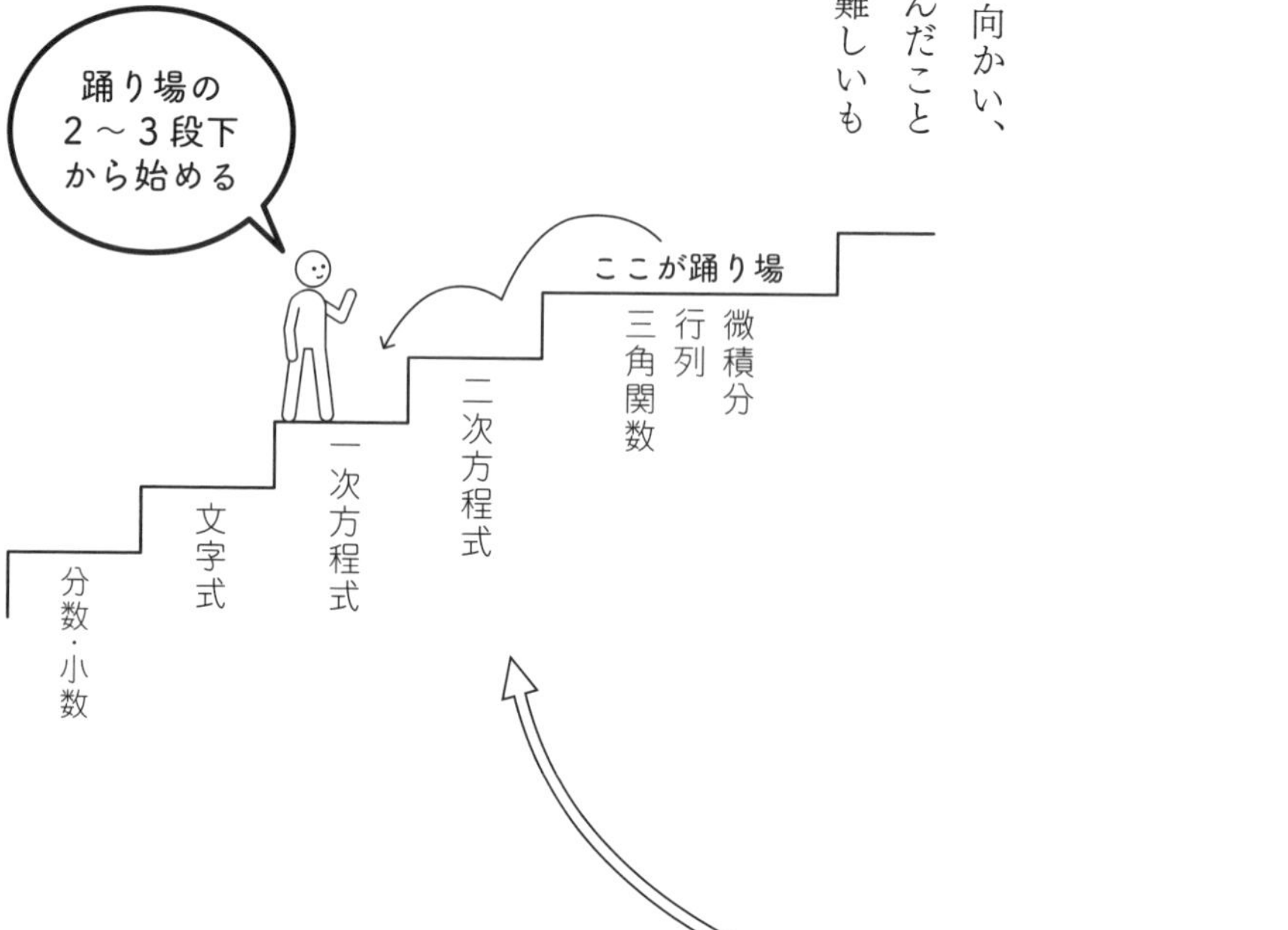

「知っていることと知らないことの境界線」を探せ

この技法は、あることが学びたいが何から取り掛かればよいかわからない時、自分の状況とリソースを整理するのに役立つものである。

ある分野やトピックについて学ぼうという時、その分野・トピックについてまるで知らないということはない。知識が皆無なら、そもそもその分野・トピックについて思いつくこともなく、学ぼうと動機付けられることもないからだ。

もちろん、その分野・トピックについて多くは知らないだろう。だからこそ、自分がどこまで／何なら知っているか（そして知らないか）を書き出すことは、〈次〉に進む手掛かりとなる。

私が知っていることと知らないことの境界は、私の知の最前線であり、学習が生じるべき境界である。

知っていることを、やさしいことからより難しいことに向かって順に並べていくと、やがて自分の理解があやふやだったり、記憶が不確かであるところに行き着く。

それこそが、学び直しのスタートとすべき地点だ。現実的には、その少し手前から

（自分がわかると思うところから）始めることを勧める。

全員が同じ教材を使い、同じ一人の教授者から学ぶ教室では、共通の「スタート地点」を設定することは意味がある。

誰もが同じ順序とペースで学習を進めるためには、同じところから始める必要があるからだ。そして学習者が前もって持っている知識が異なるならば、知識の少ない者に合わせて「一から順番に」教授することが望ましい。

しかしあなたは今、独学している。

ここでは、あなた以外の誰かに合わせる必要はない。あなたの今の知識と実力に合わせて、学び始める地点を自分で決めてよいし、またそうすべきだ。

基礎から一つひとつ積み上げていく、あるいは山のふもとから一歩一歩登っていく学習に対して、**「可能の階梯」は山の中腹から始めることを勧める。**

いきなり山頂から始める「パラシュート学習法」

さらに今の実力でなくニーズに合わせて、最終目的となる「山頂」からいきなり始めるのが、野口悠紀雄のパラシュート学習法〈9〉である。

　飛行機で上空まで行きパラシュートで落下して目的地にダイレクトに到着することに見立てた、この学習法は、最終目的にできるだけ近いところから学習を始めることを提唱する。

　例えば試験勉強ならば試験問題に答えるのが最終目的であり、それにできるだけ近いものとして試験の過去問に最初から挑戦することになる。問題を解き解説を読んでもわからない場合は、理解するのに必要なことを参考書などで調べることになる。

　最終目的の付近から学習するこの方法の長所は、次の通りだ。

・最終目的を常に意識するのでモチベーションが維持しやすい
・わからないのがどこか、足りない知識が何かを明確にしやすい
・最終目的に必要なことしか勉強しないために無駄がなく時間短縮になる

〈9〉野口悠紀雄『「超」勉強法』（講談社文庫、2000）第4章

必要になるまで学習しない「遅延評価学習法」

パラシュート学習法と同様の、ニーズ志向のアプローチに遅延評価学習法〈10〉がある。遅延評価とは、評価しなければならない値について必要になるまで実際の計算を行わないことを指すコンピュータ科学の用語である。

これと同様に、あらかじめ学習しておくのではなく、必要が生じてから必要な学習を行うのが遅延評価学習法である。

プログラマーたちにこの学習法が受け入れられたのは、プログラミングの世界が絶えざる学習を必要とするからだろう。

技術進歩の速いこの世界では、「必要な知識はあらかじめ学んでおける」という妄想を抱くことは難しい。

いや、むしろこう言うべきだろう。もしも誰かがいくらかのコードを書き、プログラム（の断片）をこの世界に生み出せば、世界はそれだけ変化する。真に創造的なものはその一部だけであったとしても、プログラマーは皆、不断に世界の創造と改造に参加しているのだ。そして、世界の変化は、その程度は様々であるが、新しい学習の必要を生み出す可能性を有している。

自分たちの知的営為が知識を更新し、今後の知的営為がそれに直接に影響を受けることを、コンピュータの世界の住人は身をもって（しかも頻繁に）知る。そこでは、学ぶことをやめることは知識の更新から脱落すること、すなわち世界から拒絶されることにも等しい。

だからこそ、その都度生じる学習ニーズに突き動かされて（needs-driven）、必要な時必要なことを学ぶアプローチは支持される。

ここには教訓がある。プログラミングの世界ほど知識更新が速くなくとも、どの知的領域も変化と更新から免れるものはない。**学び終えることはあり得ない。**

遅延評価学習法は、技法というよりむしろ、知識が我々に求める要請である。

〈10〉https://amachang.hatenablog.com/entry/20080204/1202104260

技法3 学習ルートマップ

学びの地図を自分で描く

① 紙の両端に現状と目標を書く

現状とは、学習の前提条件であり、「私（学習者）は既に何を知っているのか」そして「何を知らないのか」を簡潔に記したものとなる。

目標は「○○を学ぶ」といった学習対象ではなく、「学習した後にどうなっていればよいか」の答えを簡潔に記したものとなる。

現状が「フランス語全然わからん」場合は、「フランス語できるようになりたい！」というぼんやりしたものになるが、まずは書き出し、後でより具体的なものに修正する。

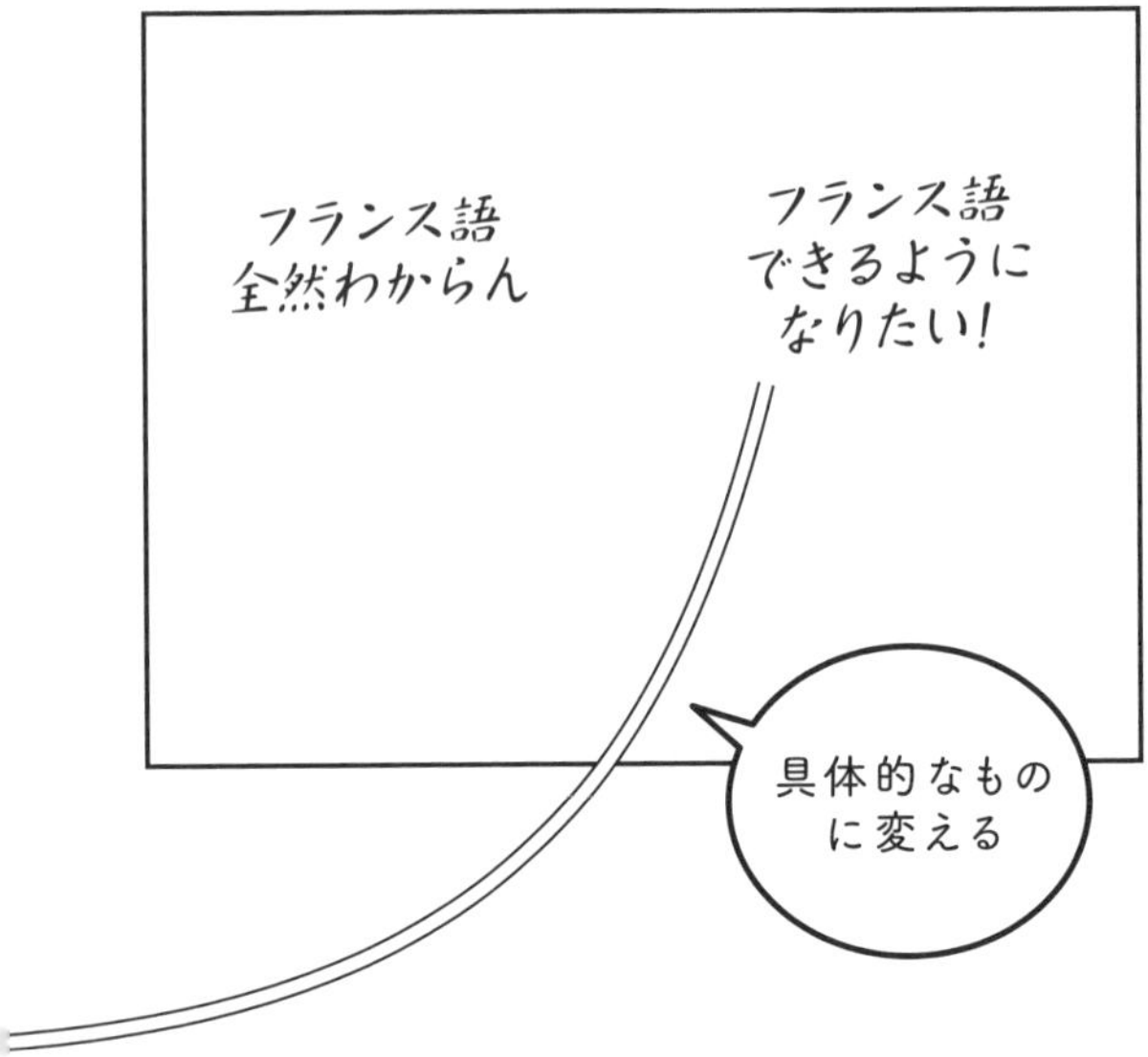
フランス語できるようになりたい!
フランス語全然わからん
具体的なものに変える

② ステップを書き加えて、現状と目標をつなぐルートを作る

ルートは、実行可能なステップのつながりである。

できるだけ細かいステップを考えた方が実行しやすく、別ルートも考えやすいが、最初は大まかなステップでつなぎ、後からそれぞれのステップを詳細化していくといい。

③ 他のルートも考える

現状と目標をつなぐルートができたら、他のルートを考えてみるとよい。

より厳しいが短いルートや、より長いが易しいルートなど、複数のルートを考えることで、元のルートが持っていた長所や弱点が明らかになる。

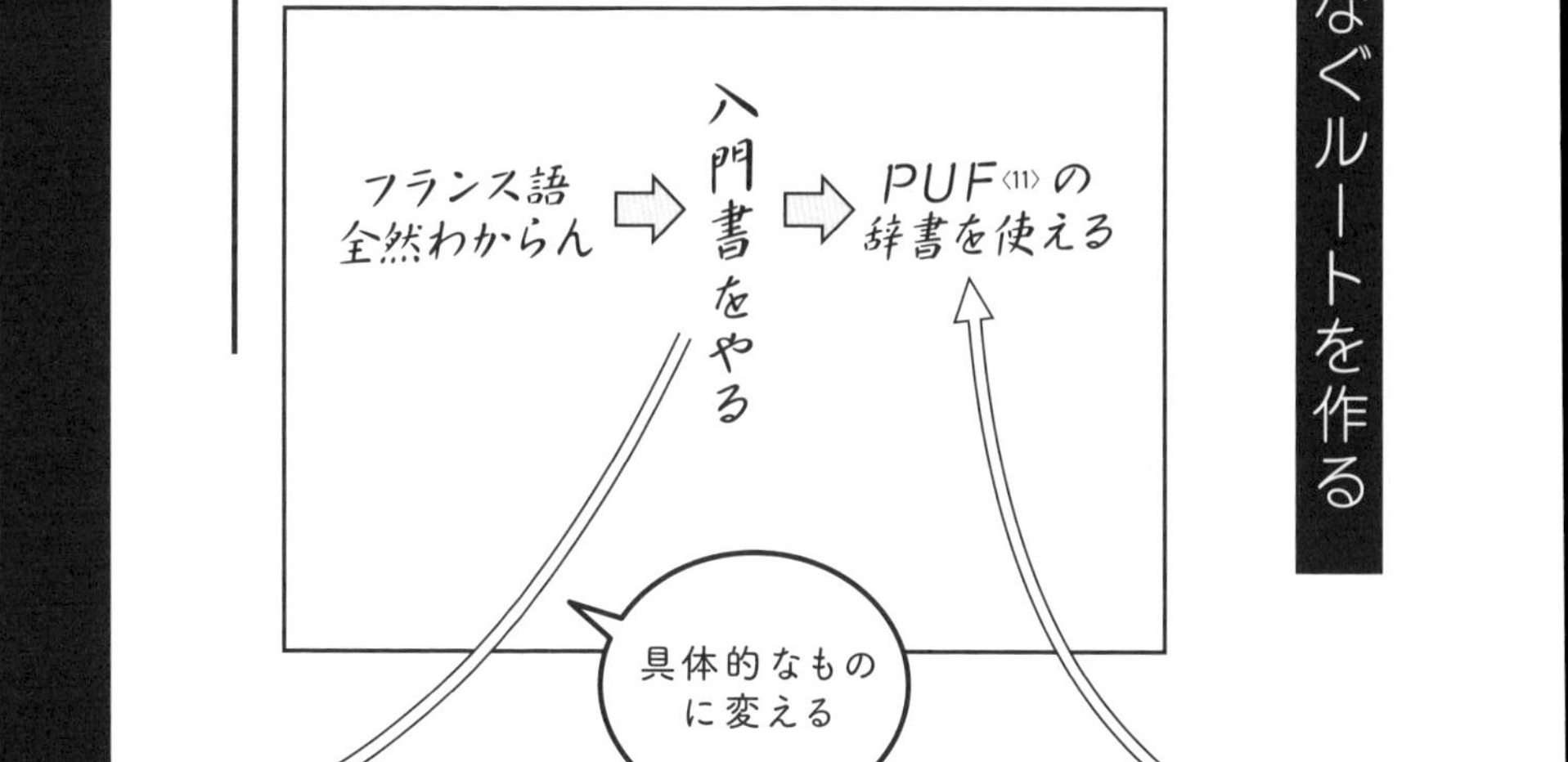

〈11〉PUF（Presses universitaires de France、フランス大学出版局）

④複数のルートから実際に学習するルートを選ぶ

先に様々な可能性を書き出した上で選んだ方が、後で学習法を転々と渡り歩くはめに陥りにくい。

⑤実際の学習を進めながらルートマップに修正を加えていく

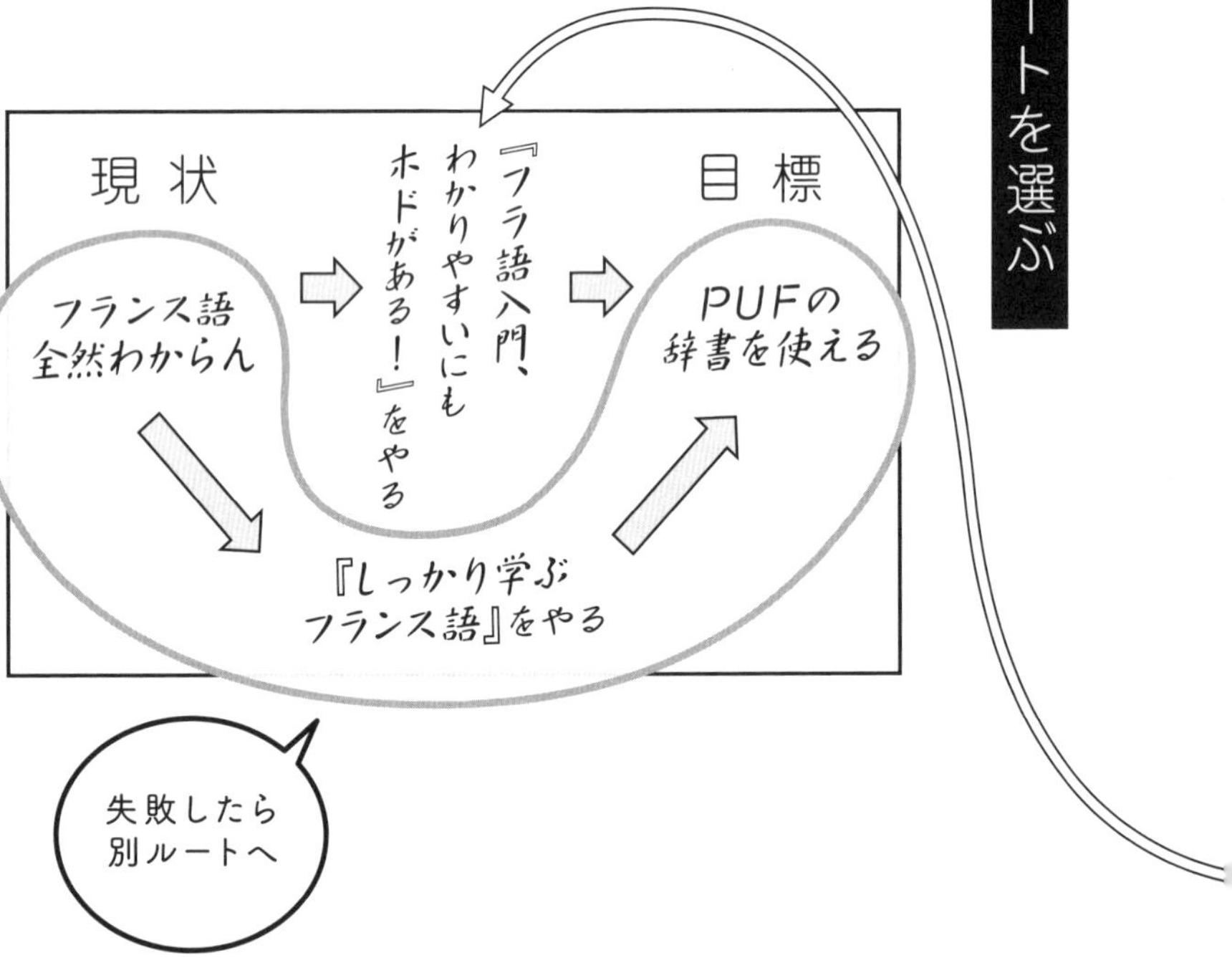
現状
目標
フランス語全然わからん
『フラ語入門、わかりやすいにもホドがある！』をやる
PUFの辞書を使える
『しっかり学ぶフランス語』をやる
失敗したら別ルートへ

独学者の「地図」は、常に変わり続ける

学習ルートマップは、独学の行程を俯瞰し、デザインするための技法である。

独学では、何を学ぶか、そして、どのように学ぶかを、誰かに命じられたり指定されたりしない。独学者は、どの道を選ぶか、そしてどう進むかを、自分で考え決めなくてはならない。

その一方で、学習者は今学んでいる一点に集中するものである。自分の足元だけを見つめて歩き続けるなら、自分がどこにいるか、そしてどちらを向いているか／どちらへ向かっているかさえ、見失ったとしても無理はない。

加えて、学習は、当初思い描いたとおりには進まない。学習の計画は、多くの場合、変更がつきものだ。

理由は大きく分けて2つある。

一つは、**我々が学習を進めようとしている、その「地形」をあまり知らないまま、計画せざるを得ないから**である。

我々は学習対象について、あまり知らないからこそ学び始めるのだが、多くを知らな

い状態で決めた計画には、不備や欠陥があっても不思議ではない。我々が当初描くことができる地図は、あまりにも不完全である。

もう一つの理由は、**我々が進む道行きは、他ならぬ我々が学ぶことによって／学ぶことを通じて、変化してしまう**からである。

学ぶことは、つまるところ自分を変えることである。一つ新しい経験を積めば、わずかでも知識を獲得すれば、人は否応なく変化する。そして学習者が変われば、学習対象の方も以前と同じ姿では現れないだろう。

つまり学習者は、地形を変動させながら進むことになる。

独学者は、自分の地図を必要とするが、不断にその地図を描き直しながら進むことになる。

このため、自分が何を目指しているのかと、今取り組んでいることとを、繰り返し結び直さなくては、迷走してしまう。

学習ルートマップは、この要求に応えるため、計画しながら行動し、行動しながら計画を改訂していく過程決定計画図〈12〉という手法をベースに、条件分岐などを省略し可能な限り簡略化したものである。

学習者の計画は変更を余儀なくされるが、幸いにして、学習についてはどんな場合も

〈入り口〉と〈出口〉を考えることができる。

つまり、何年もかかる大規模な学習でも、数分間で終わる最小の学習タスクにも、始まりと終わりがあり、当初の状態と達成すべき目標がある。

学習ルートマップは、この学習の入り口と出口から始めて、その間をつなぐステップを考えていくことで、独学の進行を認識しコントロールする方法である。

〈12〉過程決定計画図（ＰＤＰＣ：Process Decision Program Chart）は、交渉相手や競争相手など、問題解決者の意図通りに制御できない要素を含む問題解決のプロセスを有向グラフの形で随時視覚化することで、計画を修正したり、要所要所で的確な判断を行う方法。航空力学者・システム工学者である近藤次郎が１９６８年に考案。（参考）近藤次郎『意思決定の方法 ＰＤＰＣのすすめ』（ＮＨＫ出版、１９８１）

第3章

動機付けを高める

無知くんと親父さんの対話3
まずは1分間、勉強しろ

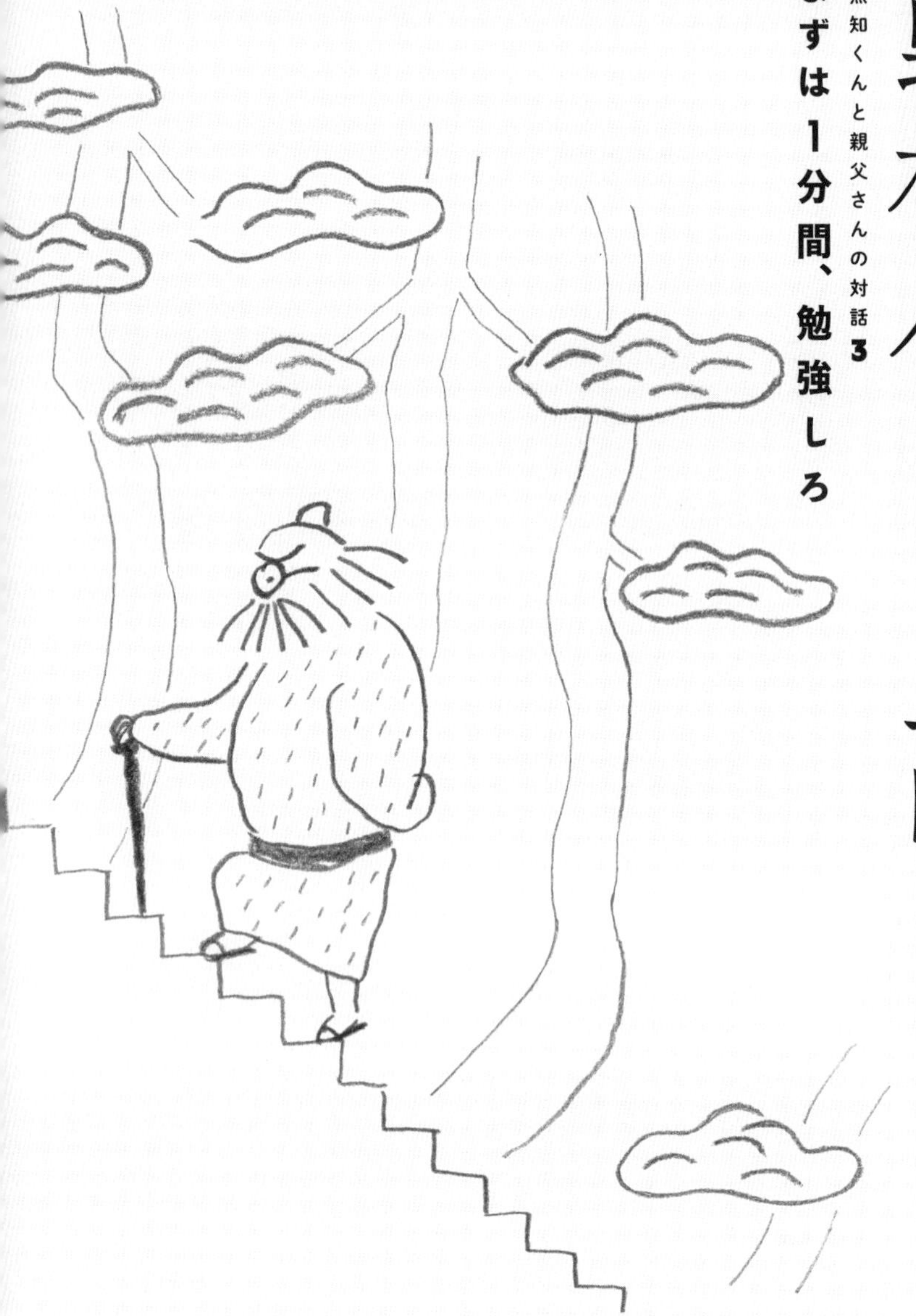

無知くん：やる気が出ません。なんとかしてください。

親父さん：「やる気」なんて言ってる時点で論外だ。強いられたものならまだわかるが、誰もお前に独学しろと言ったわけじゃない。

無知くん：それってクリエーターに「好きでやってることなら金取るな」と言うのと同じ理屈では？

親父さん：まったく違う。だいたい「やる気」を起こして行動を生み出そうなんてのは、スピードメーターの針をひっぱって自動車を加速させるようなものだ。

無知くん：文学的すぎてよくわかりません。

親父さん：スピードメーターは自動車の速度の上がり下がりに応じて動くのであって、逆じゃない。

無知くん：そりゃそうですが。

親父さん：それと同じことで、やる気から行動が生まれるんじゃなく、行動からやる気が生まれるんだ。

無知くん：四の五の言わず、とにかくやれ、ということですか。

親父さん：正確に言うなら、うまくやれ、だな。行動がうまくいって、いい結果が出た時、やる気が生まれる。

無知くん：当たり前です。

親父さん：そう、当たり前だ。なのに、世間の親も子も、やる気から入って勉強させようとするから失敗する。独学でも同じことだ。やる気は、行動→いい結果→やる気→行動→いい結果→やる気→行動……という好循環の中で生まれるものだ。

無知くん：おお、そういうのを待ってました。では、どうすれば、やる気の好循環をうまく回せますか？

親父さん：勉強のハウツーは後で具体的にやるが（→第3部、449ページ）、ここでは一般的なことを言ってやろう。できるだけ**スモール・ステップ**〈13〉で進むこと

〈13〉スモール・ステップ原理は、もともと、スキナーらによって開発されたプログラム学習の原理の一つとして提案されたもの。学習を進めるためには、誤る可能性を小さくし正解できる可能性を高くするという考えに基づき、学習内容を、すぐにできるぐらい小さな単位に分割する。これによって正しい行動が生まれやすくなり、成功体験も重ねやすくなる。（参考）L．M．ストリュロウ著／東洋、芝祐順訳『プログラム学習の心理学 フィードバックのある学習』（国土社、1963）

だ。うまくいかなくて心折れる時は大抵目標設定がでかすぎる。

無知くん：よく言われます。お前は志と目標だけは立派だと。

親父さん：大きな目標は達成するまで時間がかかるし、その分、挫折する可能性も上がる。大目標までのルートを小分けにして、すぐに実現できる小目標をたくさん設けて、次々に達成していけば、成功体験が続いてやる気も高まるだろう。

無知くん：それは名案です。でも、小目標に分けるのが面倒で難しいです。

親父さん：何も詳細な計画まで立てろっていうんじゃない。分けるのが面倒なら、小さな最初の一歩だけでも考えて、やってみろ。

無知くん：なるほど。

親父さん：慣れないうちは「この一冊を読め」「これから2時間勉強しろ」と言われても、火の上を歩くような難行に思えるだろう。

無知くん：僕に死ねと言うんですか？

親父さん：だったら**「まずは3行読め」「1分間、勉強しろ」**でどうだ？

無知くん：僕をバカにしてるんですか？

親父さん：こっちの台詞だ。バカでも一冊300ページを100分割したら3ページになることくらいわかる。しかし、俺たちの気分を受け持ってる脳の部分（ちゃんと言えばシステム1）は、実は計算があまり得意じゃない。ざっとした見た目に反応する。俺たちの感情は朝三暮四〈14〉のサルを笑えるほどできた奴じゃない。「見た目に騙されるな」とわざわざ言わなきゃならないくらい見た目に反応する。だから、見た目を減らすことは思った以上に役に立つ。とにかく取り掛からないと、何も始まらんからな。

無知くん：わかりました。では、この巨大すぎる志は、ゴミ箱に捨ててしまいます。

親父さん：拾ってこい。お前のようなものにこそ大志は必要だ。

無知くん：なぜですか？

親父さん：そもそも何のために学んでいるのかを思い出すことは、モチベーションに再び火をつけたりサボったり手を抜いたりすることをいくらか予防するからだ。そして、自分がなぜ学び出したのか、その始まりに何度も立ち戻ることは、志とお前自身を成長させるだろう（↓技法1「学びの動機付けマップ」、60ページ）

無知くん：おお「少年よ大志に戻れ」ですね。他には？

親父さん：明日が、大きく言うと未来が、今日とは違う日と思わんことだ。自分に思い知らせるために、今日から1週間（あるいは1カ月でもいい）今日とまったく同じ時間にまったく同じことをしてサボることをスケジュールに入れ

〈14〉中国、宋に狙公《そこう》という人があり、自分の手飼いのサル（狙）にトチの実を与えるのに「朝3つ、夕方に4つ与える」としたところサルたちは怒り、「それでは朝4つ、夕方3つにしよう」と言うとサルはみな大喜びをした、という。この故事成語の出典である『列子』黄帝篇では、これに「聖人の智を以って愚衆を籠絡するさまは、狙公の智を以って衆狙を籠するが如し」と聖人の政治に対する批判が続く。

てみろ。

無知くん：勉強する時間が霧散して、ほとんど消えてしまいました！

親父さん：「今日ぐらいいいよね」とサボった人間は、明日も同じように言い訳をこさえてサボる。今日学べば、明日もその次も学ぶ。我々の一日はこうして未来へつながっているんだ。

技法4

未来のミニチュアを組み立てる 1/100プランニング

①「実現したいこと」を数値目標に変換する

・量を考えることができるものなら仮の数値を決めてみる
・「実現したいこと」が抽象的なものなら特定の書物と結びつける

そのために例えば実現したいことに関する入門書や参考書を探索する（→技法26「書籍探索」、340ページ）。

書籍が決まれば、その総ページ数が数値目標に使える。

他にも総ボリュームがわかる教材であればそれでもいい。

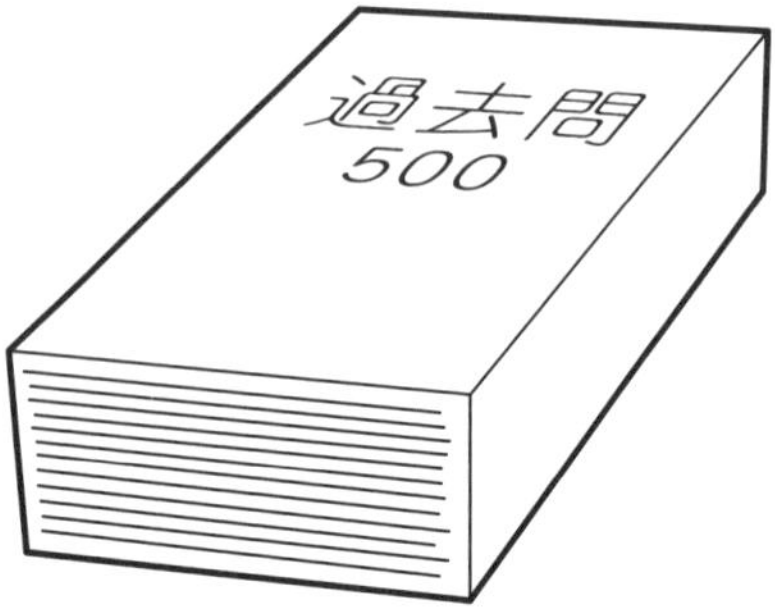

過去問500題×2周やる＝1000題

②「実現したい」数値目標の1/100を小目標として立て、今すぐ実行する

「過去問1000題を解く」が目標だとしたら、今から10題を解く。

1週間を5日間＋予備日一日＋休養日一日とすると、1000題÷10（題／日）÷5（日／週）＝20週＝5カ月間。このペースで続けたとして、目標達成には最低限5カ月が必要となることがわかる。

③これでも大変なら目の前の一つだけやる

1/100が大きすぎるなら1/1000に、それでも大きすぎるなら1/10000にする。

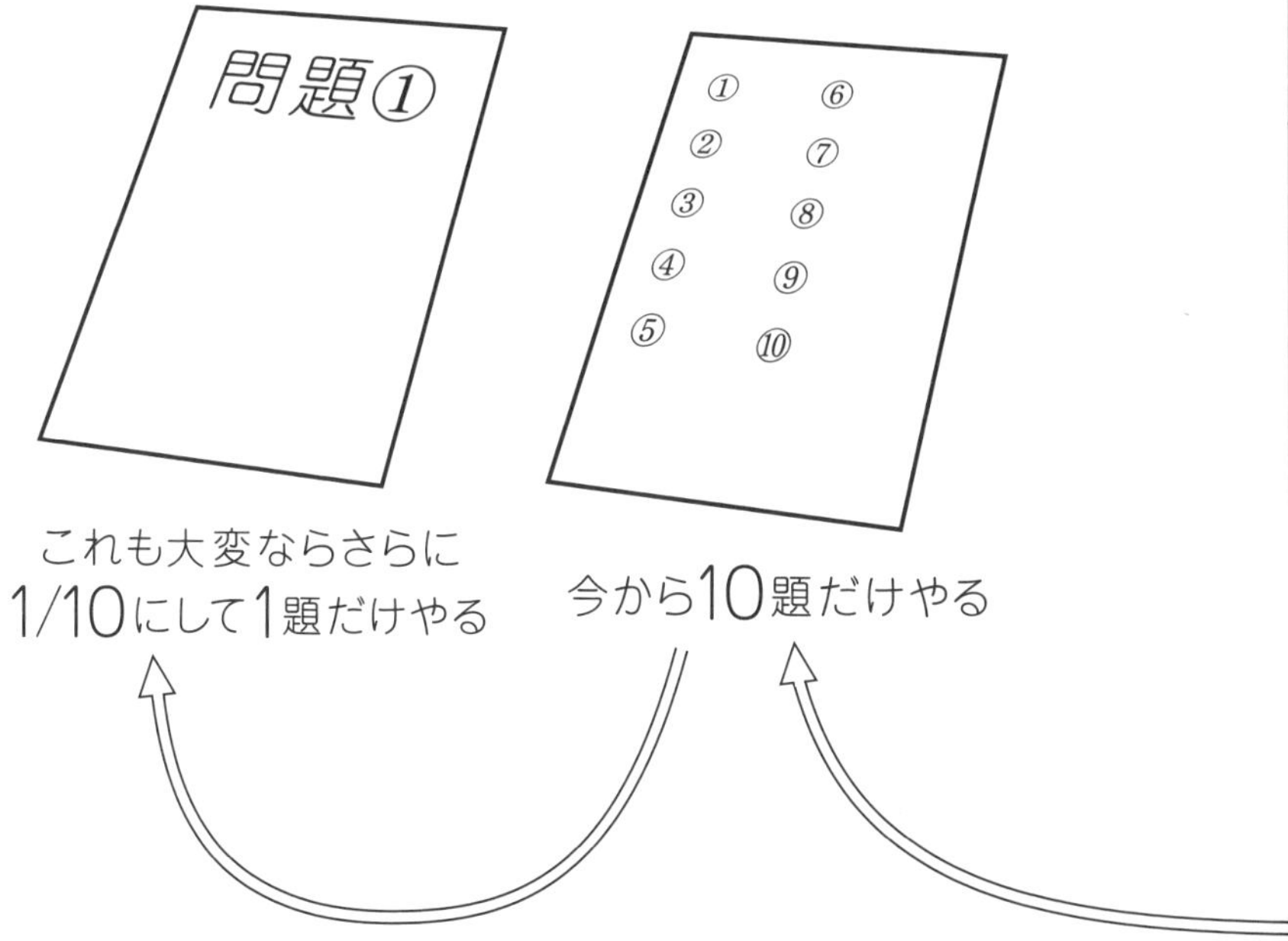
問題①
①
②
③
④
⑤
⑥
⑦
⑧
⑨
⑩
これも大変ならさらに1/10にして1題だけやる
今から10題だけやる

夢に重さを与える

大抵の場合、人の夢には重さがない。

だから、いくつでも望むだけ担える気になってしまう。

理性では、そんな虫のいい話はないとわかっているのに、願うまま、いくつもの夢を夢のまま、それらを握りしめたまま、何一つ取り掛からずに時を過ごし、そして後悔することになる。

夢を地上に引き降ろすにはまず、その重さ（コスト）を知ることだ。

正確な見積もりは多くの場合手に入らないし、必要ない。これまでゼロか無限大のいずれかだった実現までの距離と比べれば、不正確でも定量化できるメリットは大きい。

我々は夢に「計数管理」〈15〉の考え方を導入しようとしている。

例えば「物理学ができるようになる」という野望は、そのままだとどんな行動にも結びつかない。何をどれだけ実行すればいいか、皆目見当がつかないからだ。

方便だが、何かを学ぶつもりなら、学習内容に関連した書籍を一冊見つけよう。実在の書籍は有限である。一冊選ぶことで、物理的かつ具体的な計数（ページ数）が出てくる。

書籍が見つからないなら？　自分がやりたいことがどんな書籍と関連付くのかわからないなら？　重ねて方便だが、その分野で自分がどれくらいのポジションを目指したいか考えてみよう。1位ならば言うことはない。当該分野がどれくらいの参加人口かがわかれば、順位という計数が手に入る。数値化・計数化ができれば、割り算ができる。期限を定めれば、日数で割戻し、一日や1回あたりに取り組むべき分量が具体化する。

あるいは一日に取り組み可能な量で割れば、実現までのおおよその期間が見積もれる。

そこまで正確でなくても、**全体量を1/100や1/1000にするだけで、ずっと遠くにあるように見えた大目標は、手が届きそうな小目標に降りてくる。**

あるいは世界一という目標が大胆すぎて見当もつかなくても、100位以内ならばどうか？　さらにもう一声、1000位以内ならジャンルを選べば可能かもと、夢は少しずつ現実味を帯びてくる。

重要なのは1/100や100倍という倍率ではない。これまで可能か不可能のいずれか

〈15〉計数を用いて経営管理を行うこと。mangement by business computing。計数には、原価や売上高などの会計数値、生産量、在庫量などの物量数値、官庁や各種団体、研究所などによる統計数値などがある。

でしかなかった夢は、こうすることで計画可能な特定の重さを持った存在となる。

重要なのは、現実に一日／1回で取り組める量はわずかであっても、それが大きな目標に陸続きでつながることである。こうして「取扱可能な量」と結びつけることで、ふわふわした「野望」や「野心」を、現実という地面に結わい付けることになる。

「とにかく頑張る」は繰り返せない

人は決意した時、「このままじゃダメだ」と反省し高い意識を持った時、高揚した気分のまま物事に取り掛かる。

しかし「とにかく頑張る」ことは気分が高ぶった間にのみできることであって、長続きしない。それは体を空中に持ち上げるためにジャンプするのにも似て、何度も繰り返し続けられることではない。

同じ地面を蹴るなら前へ。足を地面につけて進むためにも、小さな具体的な量でもって、行動と夢を結びつけることが必要なのだ。

夢に紐をかけ地面に結びつけることは、もう一つの意味合いがある。

宙に浮かんだままだった「野望」や「野心」は、風向き（自分を取り巻く状況）が変われば、それだけで吹き飛んでしまいがちである。できるかできないかも曖昧なままでは、状況の逆風に耐えることができない。

逆に、有限の計数でもって現実に結ばれた「夢」は、逆風にも吹き飛ばされにくくなる。つまり計数化は「野望」や「野心」を守るための作業でもあるのだ。

〈演　習〉

・早急に（一番に）取り組むべき課題について数値化し、その1/100のサイズにして、具体的に書き出してみよう。大きすぎるならさらに1/10にすることを繰り返すこと。

・長年やりたかった夢や目標についても、1/100プランニングを使ってみよう。

技法5

重い腰を蹴っ飛ばす

2ミニッツ・スターター

①タイマーを2分にセット

②タイマーをスタートさせ、すかさず作業を開始する

③タイマーが鳴ったと同時に途中でも作業をストップする

ストップしたら、次のいずれかを2秒で決めて行う。

・そのまま制限時間なしで同じ作業を続けるか
・それともまた2分間で違う作業にとりかかるか
・それとも作業をやめて休憩に入るか

2ミニッツ・スターターのやり方

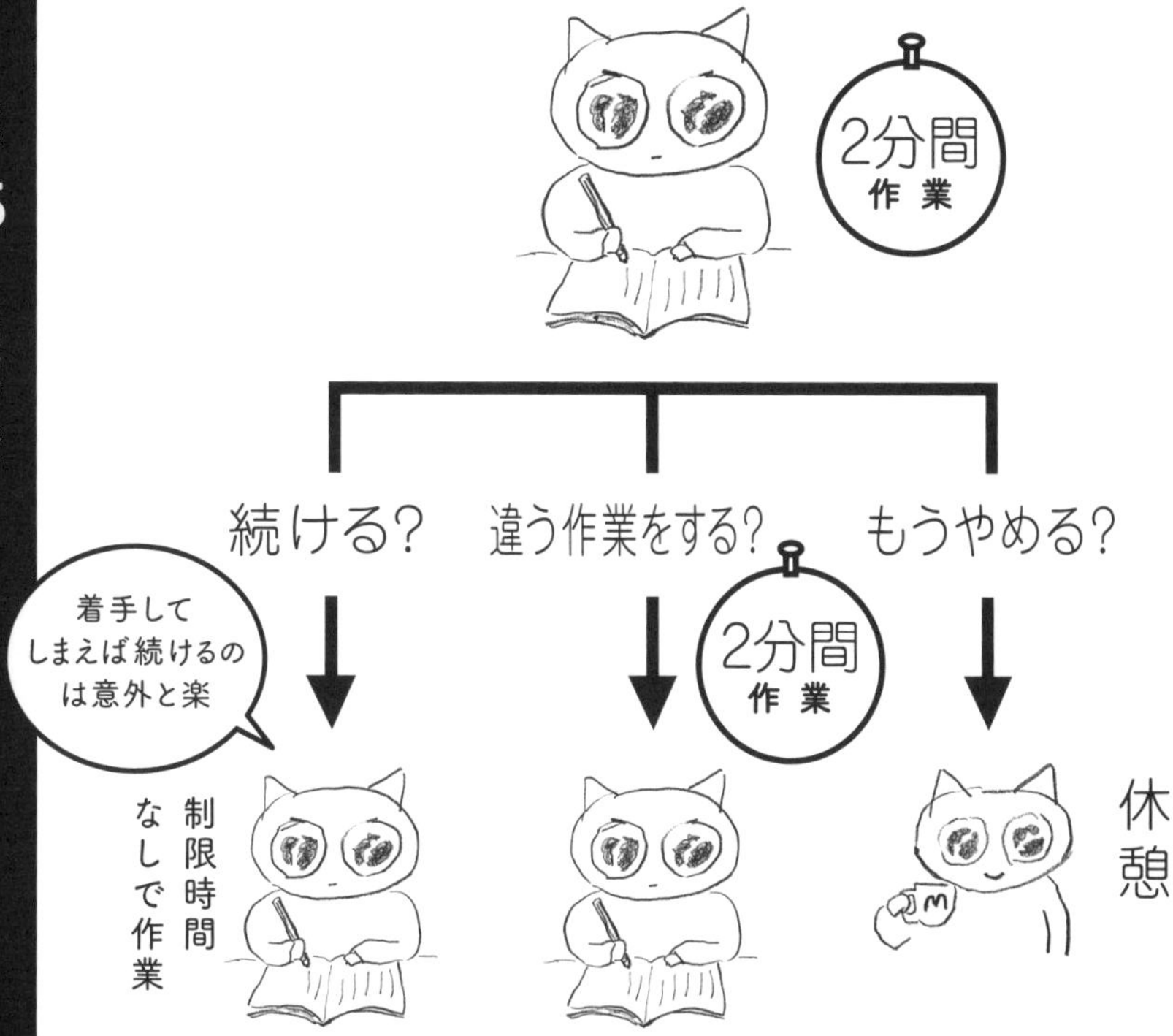

「着手する」のはなぜ難しいのか？

2ミニッツ・スターターはシンプルすぎると思うほど、たわいもない技法だが、その効果は絶大である。

事を成し遂げるために絶対に必要で、決定的に影響を与えるのは、手をつけること、着手することである。人より早く（つまり締切のずっと前に）着手すれば、人に先んじて成果を得られるだろう。

着手することは、我々が思う以上に様々な力を持っている。

まず一つは、着手することには、事柄についての評価を校正（キャリブレーション）する効果がある。

物事に着手する前の我々の評価は、過大になるか、それとも過小になるか、のいずれかになりやすい。

過大な評価は、課題を過度に深刻なものとして扱うことに繋がる。ヒトは解決可能と感じるからこそ、課題に取り組もうという気持ちになる（動機付けられる）。手に負えないと思えば、我々のモチベーションはへし折られ、課題への取り組みは先延ばしされてしまうだろう。

悪いことに、我々は、先延ばしすることで過大な評価を修正する機会を失う。そればかりか、ヒトは恐怖や不安のために回避した場合、その恐怖・不安を増幅させる性質を持つ。つまり先延ばしし、課題に取り組むことから逃げたせいで、余計に課題への恐れを強めてしまう。先延ばしと恐れは互いに強め合う悪循環ループを形成するのだ。

さらに悪いことがある。締切がある課題の場合、先延ばしの結果、遅れを取り戻さなくてはならなくなり、ただでさえ手に負えないと思えた目標がより厳しいものになる。例えば当初3カ月間の時間が取れたものを2カ月で仕上げなくてはならなくなるなど、よりタイトなスケジュールを強いられ、より強いプレッシャーがのしかかることになる。

また過小評価の方にも問題がある。「やろうと思えばすぐにできる」と甘く見てしまい、そのまましばらく放置し、締切前にあせったことはないだろうか。結果として同様の先延ばしが生じれば、同様の失態にたどり着くことにもなりかねない。

一旦始めると、放り出すのは難しい

いずれにせよ対処法は、課題をやることに決めたら、ちょっとだけでもやる／すぐやることだ。

少しだけでも手につけることで、我々が感じ取れるものは少なくない。正確な所要時間の見積もりも、(着手するまで気付かなかった)その課題をやる意味さえも見えてくる。無理めに見えた課題も、取り付いてみれば、どのように分割すればいいかもわかる。また繰り返し触れるだけでも単純接触効果〈16〉から苦手意識を低減できる。

2ミニッツ・スターターは、この「ちょっとだけでもやる/すぐやる」ことを技法化したものに他ならない。

2分間という、あっという間に過ぎる時間設定のために、どれだけの難事業も巨大案件も、最初は少ししか触れることができない。このことが、圧倒される感じから我々を守り、手をつけることをより易しくする。

着手することが持つもう一つの力は、課題を未着手から未完成状態に変えることである。

何もしていない状態から始めることは難しいが、一旦始めたことを、途中で中途半端なまま放り出すこともまた難しい。

未完成で中断した作業を(なんのインセンティブがない場合でさえ)やりたくなってしまう効果を、発見者にちなんで**オヴシアンキーナー効果**(Ovsiankina effect)〈17〉と呼ぶ。

マリア・オヴシアンキーナー
(Maria Rickers-Ovsiankina, 1898 - 1993)
シベリアのチタに生まれ、ロシア革命後は家族とともにベルリンに移住。ベルリン大学の心理学研究所でクルト・レヴィンの指導を受ける。同じクラスにはブルマ・ツァイガルニクがいた。ここで後にオヴシアンキーナー効果と呼ばれる、作業の中断が及ぼす効果についての研究を行った。ギーセン大学で学位を得た後、1931年アメリカに移住。著名な精神科医、心理学者を輩出したウスター州立病院に勤務し(同時期にミルトン・エリクソンも在籍)、オヴシアンキーナー効果を統合失調症患者のケアに応用した。

ポピュラー心理学の文献では、この効果はツァイガルニク効果〈18〉（未完で中断したことは完成したものよりよく覚えている現象）とよく混同されるが、マリア・オヴシアンキーナーは、ツァイガルニクの同僚だったこともあるロシアのチタ出身の心理学者である。

作家の中には、中途半端なところで（例えば文の途中で）その日の執筆を中断し、次の日の仕事の取り掛かりを促す習慣を持つ者がいる（例えばヘミングウェイ）が、これもオヴシアンキーナー効果の応用だと言える。

〈16〉単純接触効果（mere exposure effect）。繰り返し触れることで好感度が増すこと。この現象を実験的に検証したR.ザイアンスにちなんで「ザイアンス効果」とも言われる。
Robert B.Zajonc (1968) "Attitudinal effects of mere exposure" Journal of Personality and Social Psychology, USA, 9(2), 1–27.

〈17〉Maria Ovsiankina (1928) "Die Wiederaufnahme unterbrochener Handlungen" Psychologische Forschung, Germany, 11 (3/4), 302–379.

〈18〉Bluma Zeigarnik (1927) "Das Behalten erledigter und unerledigter Handlungen" Psychologische Forschung, Germany, 9, 1-85.

ブルマ・ツァイガルニク

（БлюмаВульфовнаЗейгарник, 1901-1988）リトアニアでロシア語を話すユダヤ人家庭に生まれる。ロシアで初めて大学に進んだ女性の一人であり、ベルリン大学ではクルト・レヴィンの下、オヴシアンキーナーやタマラ・デンボらと研究班を形成。ここで中断した作業が記憶に与える影響（ツァイガルニク効果）を研究した。1927年ベルリン大学で学位を取得後、1931年モスクワへ移り、高次神経活動研究所に勤務、レフ・ヴィゴツキーの助手として働き、レヴィンにヴィゴツキーを紹介した。第二次世界大戦では故国リトアニアにソビエト連邦が侵攻、彼女の夫はスパイ容疑で逮捕され、その後も反ユダヤ主義の高まりにより彼女も職を追われたが1957年研究室長として復帰。モスクワ大学心理学科の創設者の一人ともなった。

第4章

時間を確保する

無知くんと親父さんの対話4

何を捨て、何を選ぶか

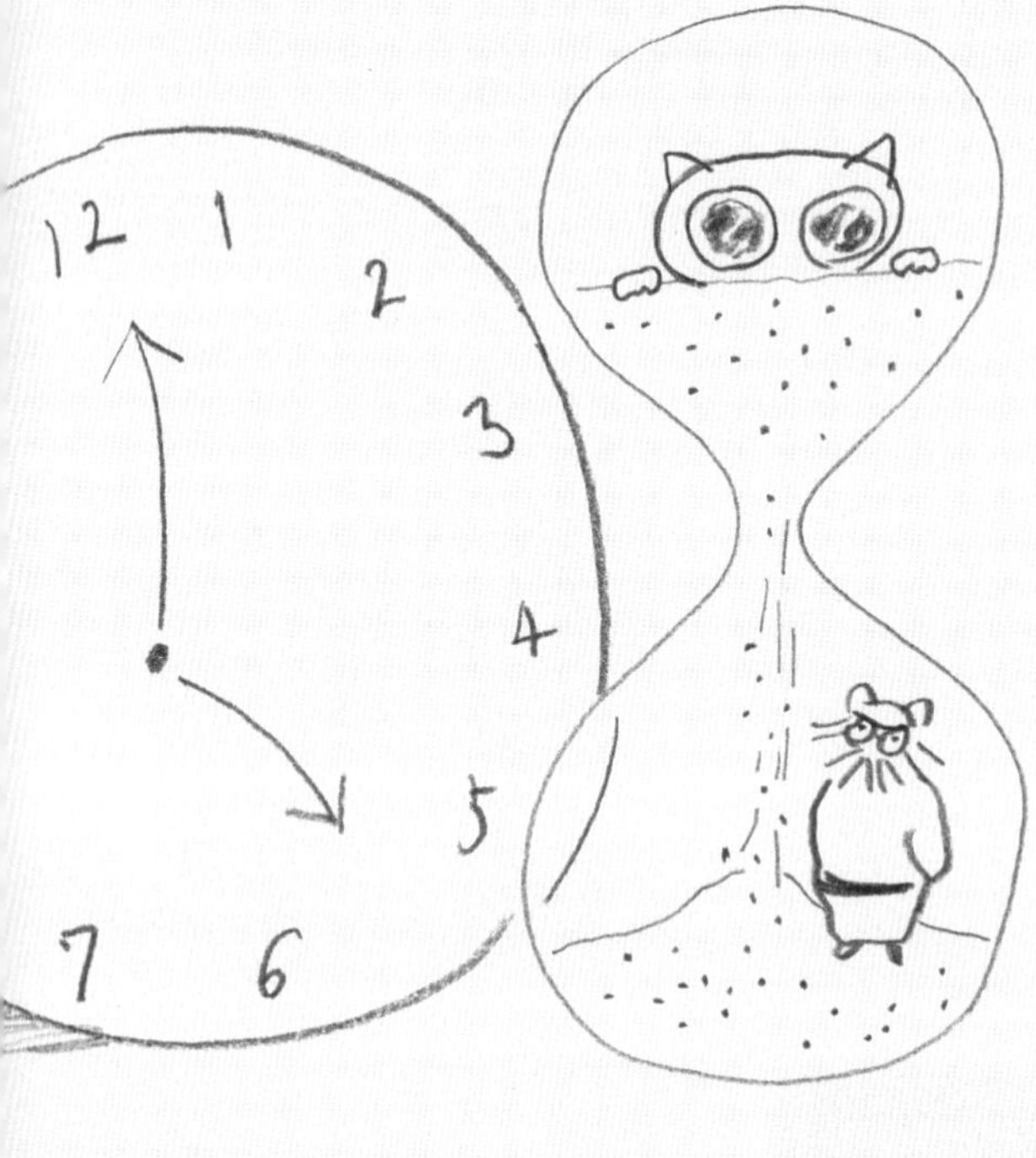

無知くん：こんにちは。今日は時間が足りない悩みをなんとかしてもらおうと思って来ました。

親父さん：いつも俺の時間を好き勝手にむしり取っておいて何を言う。

無知くん：誰だって自分が可愛いんです。自分ファーストですよ。

親父さん：こっちもお前のために消費する時間などない。だが、どうせただでは帰らんのだろうから、手短にすまそう。

無知くん：そうこなくっちゃ。実は、生きるのに精一杯で、独学に拠出できる時間がありません。振っても鼻血も出ないんです。

親父さん：だったら仕方がない。独学はあきらめろ。

無知くん：そんな、この本の存在理由を全否定じゃないですか。

親父さん：命あっての学びだ。死んだらどうしようもないだろ。

無知くん：でも、昔の偉い人は貧乏でも、命削ってでも学んだじゃないですか。暖炉の薪がないから踊り明かしたり、パンが買えないからケーキを食べたり。

親父さん：急いでるんで付き合わんぞ。確かに生存に必要な時間は、いつどんな社会状況に生を受けたか、成年する頃にどんな経済情勢だったかなど、本人の

意志と努力以外のところで決まる要因に大きく左右される。

無知くん：僕だって古代ギリシアの富裕層に生まれていたら、奴隷に仕事を丸投げして、ソクラテスにだってなっているかもしれません。

親父さん：ぞっとする話だ。しかし、どれだけ恵まれていようと学ばない奴は学ばない。お前から見て左うちわで暮らせるように思える恵まれた連中にも必死で学ぶ奴はいる。学ばなければ、変わっていかなければ、実のところ「現状維持」すらおぼつかないことを知るからだ。そういう連中は、お前より時間について「裕福」かどうか。

無知くん：結局のところ、学ぶ時間を作るには、何をどうしたらいいんですか？

親父さん：誰にも一日は24時間しかない。増やすことも溜め込むことも、後で使うために取っておくこともできん。ただ配分できるだけだ。

無知くん：ええっ！　ついこの間、灰色の男〈19〉にたくさん預けてしまいました。正確には、仮想時間コインに投資すると１０８０００分が、６カ月後の満期になると１３６０００分になって返ってくるんです。

親父さん：繰り返すが付き合わんぞ。何かに時間を配分することは、その時間でできたはずの何かをあきらめることを意味する。こうした強い制約があるために、時間管理の方法は、論者による違いはあまりない。せんじ詰めれば、

〈19〉ロンドンのドルリー・レーン劇場に出る幽霊「灰色の服の男」でも、グレゴリー・ペックが主演した同名の映画でもなく（１９５０年代「グレー・フランネル・スーツを着た男」という言葉が謙虚な体制順応派ビジネスマンの代名詞として流行語になった）、ここではミヒャエル・エンデ『モモ』に登場する「時間貯蓄銀行」から来た男の方。

次の3つに集約される。

①（前提として）時間使用の実態を把握する

②やること／やらないことを整理する（優先順位の低いものをやめる、やらなくていいことや無駄を省く）

③やるべきことに時間を割り当てる（優先順位を付ける）

無知くん：なるほど、当たり前のことばっかりです。

親父さん：まあな。こうして時間配分を最適化したとしても、実施の段階でしくじる場合がある。計画になかなか取り掛からない悪癖、先延ばし（英語のProcrastinationからPCN症候群〈20〉とも言う）の問題だ。つまり時間管理の実効化のために、もう一つ付け加えるとすれば、

④取り掛かる（先延ばしを退治する）

親父さん：ここまで挙げた項目に、効率化は入っていない。理由は〈how to do どのようにすべきか〉よりも〈what to do 何をすべきか〉の方が根本的であり、効果が大きく、優先順位が高いからだ。

〈20〉先延ばし、ぐずぐず主義（procrastination）の対策については、ピアーズ・スティール著／池村千秋訳『ヒトはなぜ先延ばしをしてしまうのか』（CCCメディアハウス、2012）を参照。研究案内としては、例えば Alexander Rozental, Per Carlbring (2014) "Understanding and Treating Procrastination: A Review of a Common Self-Regulatory Failure" Psychology, 5(13), 1488-1502.

技法6

行動記録表

自分も知らない自分の行動を知る

①未来の予定が書いてある手帳を用意する

一日24時間を7日間（1週間）分、1枚に記入できるバーチカルタイプの手帳がよい。

②実際に1週間、行動を記録する

後でまとめて書こうと、時間をおいてしまうと、記録すること自体を忘れてしまいがちになる。行動を始めたり終えたりしたらすぐに記録できるよう、表を携帯するなど、記録の準備をしておくとよい。

③予定と実際の記録を比較する

2つのスケジュールを比較する

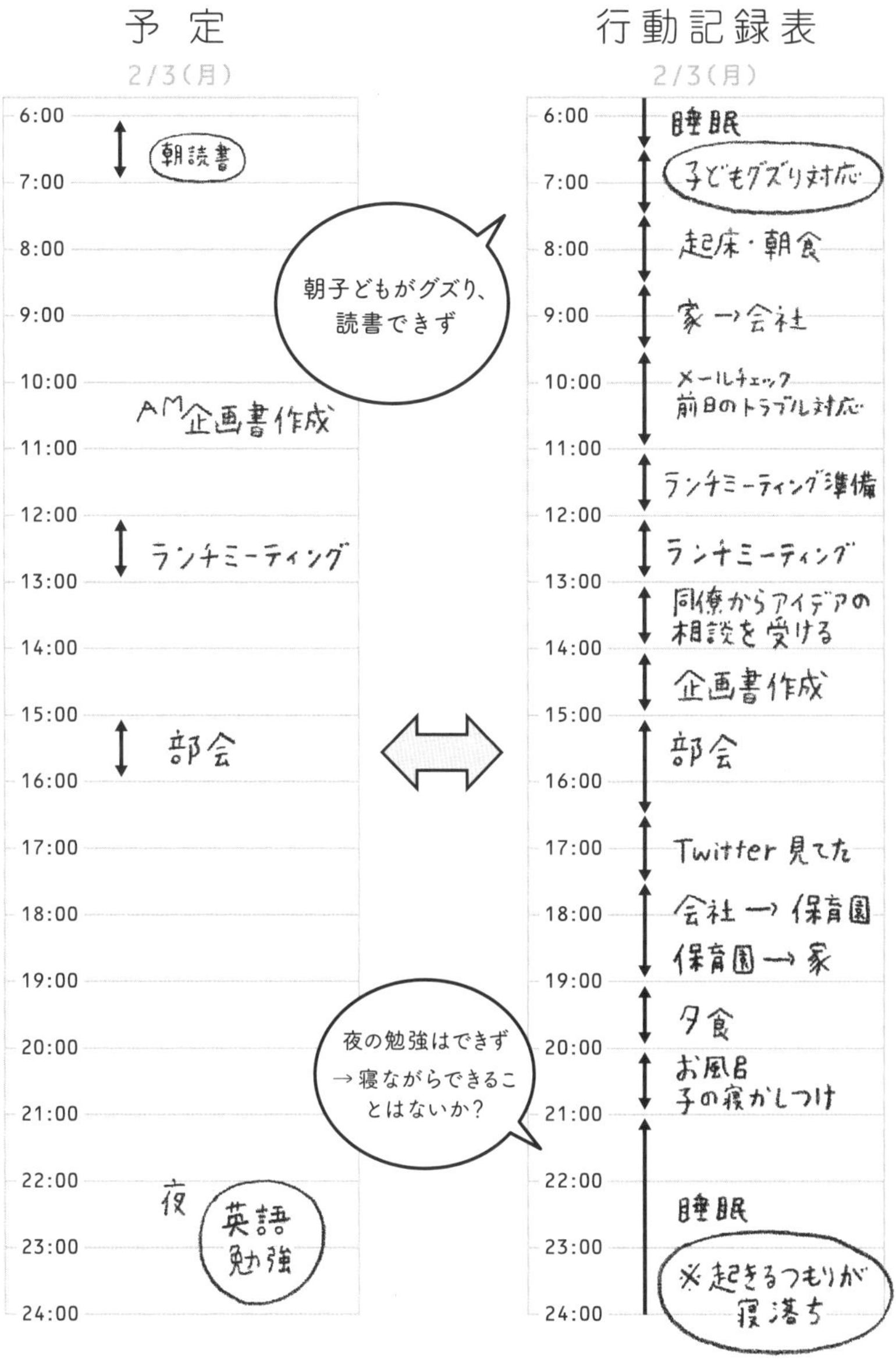

予定と実際の行動を比較すると、自分の予定がいかにあいまい」だったかに気付く

計画する人は多いが、実態を記録する人は少ない

行動記録表は、その名のとおり、自分の行動を記録していく技法である。
なぜ、わかりきった自分の行動をわざわざ記録する必要があるのか。
その理由は、**我々は、自分の行動を（自分が信じているほどには）よく知ってはいないからである。**

ヒトは、目立つことに気を取られて、目立たない日常のよしなしごとを無意識に処理してしまい、しばしばよく覚えていない。

試しに、1週間前の行動記録を記憶だけを頼りに書いてみるといい。驚くほど、自分の行動を覚えていないことがわかる。我々の多くは何にどれだけの時間を費やしているかわからぬまま、ただただ忙しい、時間が足りないと焦りをつのらせ、いつのまにか一日を終えてしまっている。

計画する人は多いが、実態を記録する人は少ない。
言い換えれば、多くの人は「何をすべきか」だけを考えて、計画を作りスケジュールを組んでしまう。そして現実に敗れて挫折する。

ダイエットに失敗する人が自分の正確な体重も、いつ何を食べているかもよく把握していないように、タイムマネジメントに失敗する人は、自分がどのように時間を使っているかを把握していない。

何にどれだけの時間を費やしているかを知ってこそ、現実的なプランニングとスケジューリングは可能となる。必要なのは、理想を追う「すべし」モードから、現実に根を下ろした「である」モードへのタイムマネジメントの切り替えである。

記録を取る者は改善する

しかし行動記録表の効果は、実行可能なタイムマネジメントに時間資源の見立てを提供するだけではない。

行動記録表はもともと、行動療法で開発されたセルフモニタリング〈21〉という技法の一種である。

〈21〉セルフモニタリングについての日本語での研究案内としては、山口正二、坂野雄二「認知的行動療法に関する最近の研究」『千葉大学教育学部研究紀要 第1部』30巻、1981、15-25頁。

セルフモニタリングでは、自分の行動や認知・感情を自分自身で記録することを通じて、控えたい行動・認知を減らしたり、習慣化したい行動を増やしたりすることができる。

つまり**自分の行動を記録すること自体が、行動を改善する効果を持っている。**

セルフモニタリングが効果を表すメカニズムはいくつか考えられる。

・現実の行動を記録し認知化し、こうありたいという理想と認知との間にギャップ、すなわち認知的不協和を引き起こすことで、行動を変化させる動機付けが生まれる。
・記録するために自分の行動の一つひとつに注意を払い意識化できる。このことを通じて、無意識的に習慣化・自動化している行動そのものや、その兆しやきっかけについても自覚化を促すことで、問題行動のきっかけを抑制し、良行動のきっかけを増やす。
・自分の行動を網羅的に記録に残し「可視化」することで、自分の行動パターンや時間の使い方を振り返り反省できる。これは自分の行動や自己像に対する認知の歪みを正す効果がある。自分の行動や自己の認識は、極端なものに偏りがちである。いわく「自分は何もやれてない」「時間がまったくない」、逆に「勉強以外何もしていない」等。これらは、いずれも事実からはほど遠いことが、実情を記録することで確認できる。

・セルフモニタリングの結果が記録に残ることで、行動改善やそのための自己監視がどの程度できているか、きちんと続けられているかについて、自分とともに第三者にも確認可能となる。誰かに見せることはなくても、見せることが可能であるだけで、行動記録の中断を防ぎ、記録の質についても維持される。

セルフモニタリングは、ターゲットとなる行動・認知・感情などが生じたことを自分で気付き、行動を系統的にデータとして記録し、自己観察のデータを自分で吟味する、という3つの段階から構成される。

記録の対象となるのは、外に現れた行動（喫煙、罵倒、食事（何をどれだけ食べたか、どれくらいの時間をかけたか）など）から、外に現れない内面のもの（感情、思考、空腹感など／継続時間と強さ、回数など）まで多岐にわたる。

すべての行動をモニタリングする

行動記録表が、他のセルフモニタリングと異なるところは、ターゲット行動のカウントやレコーディングダイエットのように食事内容などの標的行動だけを記録するのではなく、24時間に起こったすべての行動を対象にできることである。

ターゲット行動のカウントは特定の行動が増減するように働く。つまり望ましい行動をターゲットにすればその行動が増え、望ましくない行動を数えるようにすればその行動が減っていく。これに対して、行動記録表は、記録の吟味を通じて、やり過ぎている行動を減らし、足りない行動を増やすよう、自分自身をゆるやかに動機付ける。

また、体調、気分といったものを行動とともに記録していくことで、気分ややる気にゆるいフィードバックをかけ、その変動を抑える。

行動記録表は、体温とは違い、意志や感情の恒常性を保つ機能を持たないヒトという生き物が、外付けで導入できるスタビライザー（安定化装置）であり、外部足場の一つである。

一方、行動記録表の最大の欠点は、その時々に何をしているかを記録するのが相当に面倒なところである。さほど困難な作業ではないが、記録することをついつい忘れがちになり、記録が抜けがちになると、行動記録を続けるモチベーションが急速に下がる。ついには記録すること自体に挫折してしまう。

対策としては、習慣レバレッジ（↓技法10、144ページ）などの継続化技法を行動記録に使うか、あるいは携帯電話でタイム・トラッキングアプリ〈22〉を使い、記録作業を任せることだ。

もう一つの工夫は、行動を記録する面倒くささを逆手にとって利用することだ。例えば、先に作っておいた行動計画を修正する形で、行動を記録していくのである。一つひとつの行動が終わってからでないと書けない行動記録に対して、行動計画は一度にまとめて書くことができる。これだけでも記録の手間を一部軽減することができるが、さらによいのは、計画通りに行動すればするほど記録の面倒は少なくて済むということだ。つまり計画を遵守するインセンティブが働く。この場合、行動計画は、決して外れてはならないレールほどの強制力はないが、なるべくならその上を進みたくなる舗装道路ぐらいには、独学者の行動が恣意に流れぬよう導くことができる。

〈22〉行動記録にはシンプルなものが望ましい。例えば次のようなものがある。
Toggl: https://toggl.com
ATracker: :http://www.wonderapps.se/atracker/

技法7

クズ時間を生まれ変わらせる錬金術

グレー時間クレンジング

①24時間の行動が書き込める表を用意し、時間ごとに行動を書き込む

できれば1週間分、実際に記録したもの。行動記録表（↓技法6、110ページ）が作ってあれば、そのまま活用できる。

②時間ごとに自由度を評価する

完全に自由に使える時間を「ホワイト時間」、完全に行動が拘束された時間を「ブラック時間」と呼ぼう。これに対して、一部の行動は制限されるが自由にできることもある時間が「グレー時間」である。

我々の一日24時間のうち多くはグレー時間である。

時間クレンジング用の表

%は、
120ページの
目安に沿って
入れる

2/3（月）

時間	状況・行動	時間自由度	活用の工夫
6:00	睡眠	1%	
7:00	子どもグズり対応		
8:00	起床・朝食	30%	音声教材を再生しながら身じたく
9:00	家→会社	20%	音声教材をイヤホンで聞く
10:00	メールチェック 前日のトラブル対応	1%	
11:00	ランチミーティング準備	1%	
12:00	ランチミーティング	1%	
13:00	同僚からアイデアの相談を受ける	1%	
14:00	企画書作成	1%	
15:00	部会	1%	
16:00			
17:00	Twitter見てた	1%	
18:00	会社→保育園 保育園→家	50%	電車内でAnkiを使った暗記
19:00	夕食	1%	
20:00	お風呂 子の寝かしつけ	100% ※夫が担当の日	テキストの筆写
21:00			
22:00	睡眠	50%	子どもに添い寝しながら布団の中でスマホで読書
23:00	※起きるつもりが寝落ち	10%	今日学んだことをできるだけ思い出しながら眠りにつく
24:00			

行動記録表

睡眠中も
会社にいる時間も
できることは
ある

休日の
「ホワイト時間」を
ここの準備に使う
→毎日の
「グレー時間」が
ホワイト化する

③グレー時間を学習に使えるよう事前準備を考える

よくある状況について、グレー時間を学習化する（学習に使えるようにする）ための事前準備をまとめたのが下の表である。

仕事中のような、意識や注意力を100％集中しなければならない時間であっても、完全に使えない時間（完全なブラック時間）というわけではない。インキュベーション（後述）になら使うことができる。

④グレー時間を学習化するための事前準備をスケジュールに盛り込む

❶で作った時間クレンジング用の表の上で、学習化するグレー時間に印をつけ、その事前準備のための時間についても確保する。

時間自由度の目安

時間自由度（グレー度）	状況	学習化のための事前準備	できること	考えること	聞くこと	見る／読むこと	書くこと	声を出すこと
1%	仕事中 授業中	理解の難しいものについて考え抜いておく	インキュベーション	×	×	×	×	×
10%	休息時 就寝前	学習する	今日学んだことを思い出す、反芻する	○	×	×	×	×
20%	満員電車内 散歩中 ジョギング中	音声教材を準備する 再生装置を持ち歩く	音声教材を聞く オーディオブックを聞く	○	○	×	×	×
30%	自宅で作業中	テキスト・音声教材を準備する 再生装置を持ち歩く	音読 シャドウイング	○	○	×	×	○
50%	立ち電車、座れない外出先	書物を持ち歩く フラッシュカードを準備し持ち歩く	読書 フラッシュカード	○	○	○	△	×
80%	喫茶店 休み時間	テキスト・筆記具を持ち歩く	筆写 問題を解く	○	○	○	○	×
100%	自宅 自室		すべて	○	○	○	○	○

時間の「質」を高めるために投資する

一日は誰にとっても24時間しかない。その量は増やすことができない。しかし一日を構成する各々の時間は均質ではない。自由に使える時間、拘束され行動を制限された時間と、その時間の「質」は様々だ。

手をつけることができるのは、**制限された時間であってもその中でできることを拡張すること、そうしてこの時間の「質」を高めること**である。

自由度の低い時間を活用するために（時間活用度を高める工夫のために）、自由度の高い時間の一部を事前準備に費やすことは、一日トータルの時間活用度を高める方法であり、誰にも平等に与えられた時間についてのほとんど唯一実効的な投資法、現実的な時間増殖法である。

グレー時間クレンジングは、古くからある「ながら勉強法」をシステム化したものだが、その核心となるアイデア、①学習時間の「質」を行動の「自由度」で定義すること、②行動の「自由度」と五感を使った学習スタイルを表で整理すること、③「自由度」の高い時間の一部を「自由度」の低い時間の「質」を高めるために費やすこと等は、

lang_and_engine（@lang_and_engine）さんが、自身のブログ〈主に言語とシステム開発に関して〉の中で書かれた「外国語の勉強時間の、効率的な作り方（忙しい中でも学習時間を捻出するための時間術）」という記事〈23〉で考察されたものである。

数学者ポアンカレの「インキュベーション」を組み込む

このアイデアはさらに拡張できる。

例えば、フランスの数学者ポアンカレが提示した「インキュベーション」。これは、新しい発想が生まれる条件をポアンカレ自身の経験から抽出したもので、生み出したいアイデアについて考え抜いた後、アイデアに関することから離れて別の作業をしたり休息を取ると、アイデアがひらめく〈24〉ことだが、これを組み込めば、仕事中など学習に使う余地がないように思える時間（ほとんどブラック時間）も、学習に使える時間に変換できる。

学習には、新奇なアイデアのひらめきは不要だと思うかもしれないが、インキュベーションの使いみちはそれだけではない。例えば学習していてすぐに理解できない難しい箇所や解けない問題についてもインキュベーションは使える。例

アンリ・ポアンカレ

（Jules-Henri Poincaré, 1854 - 1912）

フランスの数学者、物理学者。５歳でジフテリアに罹り外遊びを禁じられ読書に打ち込む。数学者として微分方程式論でフックス関数を発見。この発見の体験を振り返り、新しい発想が生まれる条件をインキュベーションとして捉え直した。天文学でも三体問題を研究、『天体力学』を刊行し、力学系の理論を切り開いた。晩年はトポロジーの端緒となる研究を行った。『科学と仮説』など科学エッセイでも著名であり、科学論ではどの理論的立場を取るかその正否でなく、どれを選ぶのが〈便利〉なのかという問題しか存在しないという規約主義の立場をとった。

えば、その箇所や問題についてとことん考えた後、別の作業や休息に移った後、「あれはこうだったのか！」という理解がひらめく経験をした人もいるだろう（ひどいケースだと、テスト本番で真剣に考えている時には解けなかった問題が、テストが終わって気が抜けた時に突然解き方がわかることがある）。

ポアンカレはインキュベーションによってアイデアが生まれる理由を、休みなく活動を継続する無意識に続きを任せることになるからだと考えていた。現代では別の作業を行うことで、問題に直接関連する以外の情報についても活性化拡散〈25〉が生じること、問題とは関連のないランダム刺激に晒されること、これまでの観点の固着から離脱すること等によることがわかっている〈26〉。

まとめれば、すぐに理解できない難しい箇所や解けない問題を、事前に考え抜いておけば、その後、仕事中など学習に使う余地のない時間を過ごしている間にも、理解は進

〈23〉https://language-and-engineering.hatenablog.jp/entry/20130709/LevelOfFreedomAndLanguageStudy

〈24〉ポアンカレ著／吉田洋一訳『改訳 科学と方法』（岩波文庫、1953）

〈25〉長期記憶に格納された情報は、その使用頻度が高いほど、また使われたのが最近であるほど、引き出しやすくなるが、これを活性化と呼ぶ。ある情報が活性化されると、その情報と関連した情報もまた活性化される。例えば「雨」という情報が処理されると、これと関連した「雨雲」や「水」の情報も活性化され、思い出しやすくなり連想されやすくなる。こうして活性化は長期記憶のネットワークを伝って広がっていくが、この現象を活性化拡散と呼ぶ。

〈26〉R. Keith Sawyer (2012) Explaining Creativity: The Science of Human Innovation (2nd edition), UK: Oxford University Press, 100-103.

んでいるのである。言わば学習における「保温調理〈27〉」だが、これこそほとんどブラックである時間を学習時間に変える工夫である。

リターンの大きいグレー時間からホワイト化する

もちろん、すべてのグレー時間を学習化しようとするのは、得策でもなければ可能でもない。グレー時間の「質」を高め、学習に利用可能なものにするためには、そのための準備時間というコストが必要だからだ。しかも準備時間として使えるのは、自由度の高い貴重なホワイト時間である。

方針としては、**より簡単に学習化できるグレー時間（学習化のコストが低いもの）、そして最もまとまって長いグレー時間（学習化できる時間が大きいもの）から順に手を付ける**と効率的である。

例えば通勤時間を学習化するのに活用できる音声教材は、購入できるものなら、準備に時間はかからない（学習化のコストが低い）。また一度準備すれば、教材をやり終えるまで毎日使える。これを聞く通勤時間は毎日必ずあり、まとまった時間である（学習化できる時間が大きい）。つまり、このグレー時間の学習化は、学習化するコストが低く学習化できるグレー時間が大きい、リターンが大きい時間投資になる。こうして、より少ない時間投資でより多くの時間を学習化できるものから順に手をつけていくことで、時間投資の効率は最大化する。

しかし繰り返すが、一日は誰にとっても24時間しかなく、時間の学習化のための「元手」となるホワイト時間はさらに少ない。グレー時間をホワイト化するのに使いすぎて、肝心の学習に回す時間がなくなってしまっては本末転倒である。

〈27〉鍋を一旦沸騰させた後、火から下ろし、あとは余熱で調理を行うこと。鍋を断熱性の高いものでくるんだり、保温性の高い保温調理専用の鍋を用いる。

技法8

打ち込むためにトマトを回せ

ポモドーロ・テクニック

①タイマーを25分間にセットし、作業を開始する

ポモドーロ・テクニックで基本の単位となる1ポモドーロは、25分の作業＋5分の休憩からなる。25分間で終了できるよう、時間のかかりそうなものはあらかじめ細分化しておく。もしも電話や急な割り込みが入った時はそこで中断し、やり直しとなる。

②5分間の休憩は、作業に関係のないことをして頭の緊張をとく

メールチェックやSNSの閲覧、電話対応なども避ける。

③4回ポモドーロを繰り返したら、30分間休憩する

ポモドーロ・テクニックのやり方

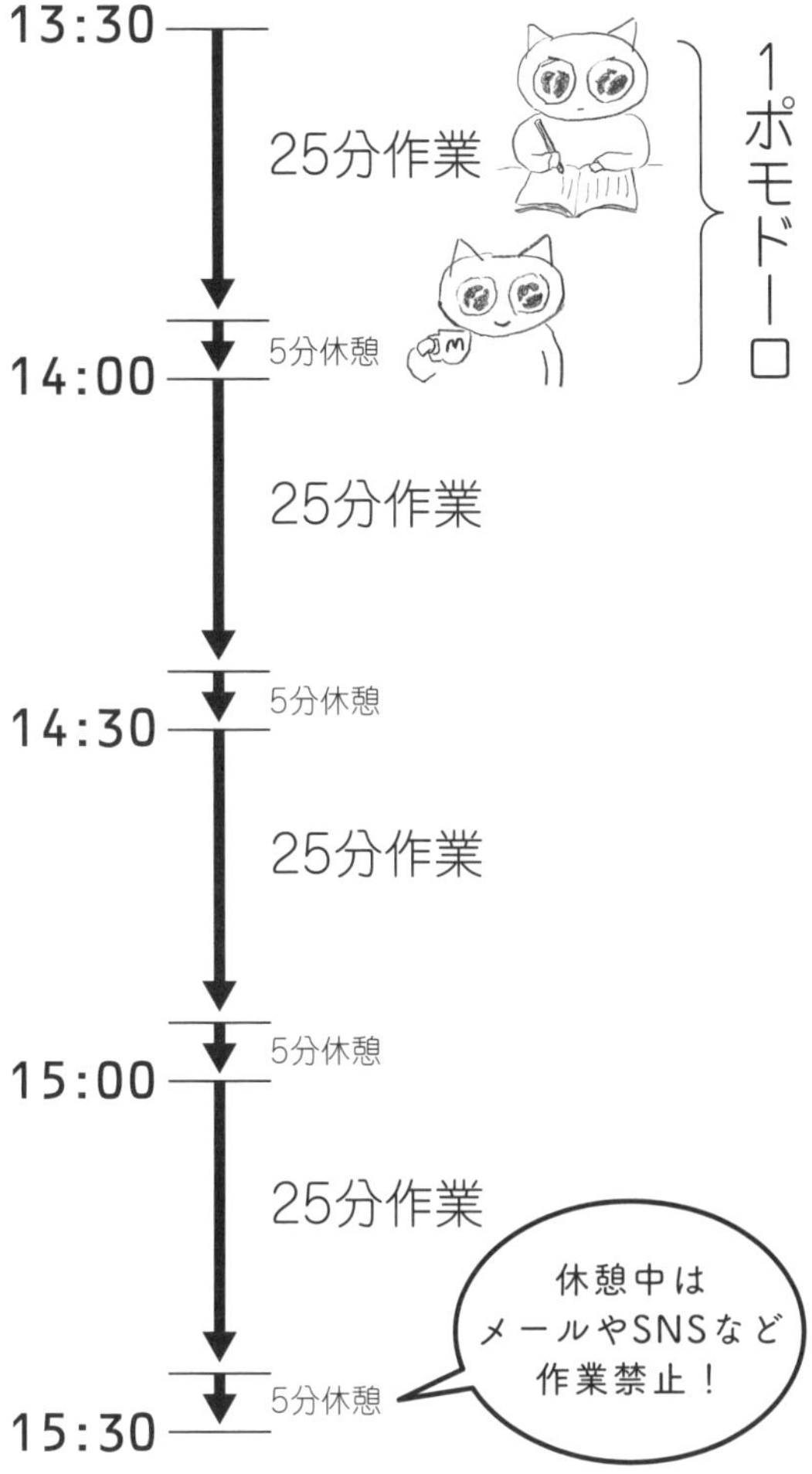

4ポモドーロを終えたら30分休憩
（2時間）

知的作業の短時間ダッシュ

ポモドーロ・テクニックは短時間の集中作業を繰り返すことで、一日のうち集中力の高い状態にいる時間を増し、知的生産性を高める技法である。

自分で時間配分を決められる業態の人向けだが、自らの学習時間を自分で管理することができる独学者のための方法でもある。

ポモドーロ・テクニックは、1992年、ソフトウェア開発者・起業家のフランチェスコ・シリロ氏によって開発された〈28〉。「ポモドーロ Pomodoro」とはイタリア語で「トマト」の意味だが、シリロが学生時代に愛用していたキッチンタイマーがトマト型だったことに由来する。

キッチンタイマーという生活感あふれるアナログな装置が象徴するように、これを技法と呼ぶのを憚られるほど、シンプルで簡単な方法だ。

大きなタスクを小さく分け、その一つひとつに短い時間（25分間）だけ取り組み、間に短い休憩をはさむ、たったこれだけ。

いわば知的作業の短いダッシュを繰り返し、できるだけ高い平均効率を維持する。

トマト型キッチンタイマー

今では携帯電話のアプリ[29]にもいくらでもこの種のタイマーがあるが、シリロはずっとトマト型のキッチンタイマーを使い続けている。

タイマーを25分にセットすることは「これから集中して作業に打ち込む時だ」と自分に言い聞かせる、一種のルーティーン[30]であるのだ。

GtG：一日に何度も繰り返し定着させる

短時間ダッシュを繰り返す方法には他にgreasing the groove（GtG）がある。スペッツナズ（旧ソ連軍特殊部隊）の元教官という経歴を持つフィットネス・インストラクター、パベル・サッソーリンはその著書『Power to the People![31]』

Pavel Tsatsouline **Power to the People!: Russian Strength Training Secrets for Every American**
（Dragon Door Publications, Inc, 2000）

[28] Cirillo, F. (2009). The pomodoro technique. San Francisco, Calif: Creative Commons.

[29] 例えばAndroidにはPomodoro Timer Lite (https://play.google.com/store/apps/details?id=com.tatkovlab.pomodorolite)、iOSにはFocus Time (https://itunes.apple.com/jp/app/focus-time/id340156917)など。他にウェブ上で使えるタイマーにMarinara Timer (https://www.marinaratimer.com/)がある。

[30] スポーツ選手らが、本番の瞬間に向け、本番に臨む前の動作を一定にすることで呼吸や精神状態を安定させ、自らを集中へと導くために、毎回同じパターンの動作を踏むこと。プリ・パフォーマンス・ルーティーンとも言う。

[31] Pavel Tsatsouline (2000) Power to the People!: Russian Strength Training Secrets for Every American, USA: Dragon Door Publications.

の中で、低負荷でも同じエクササイズを繰り返すことで効果が上がることをヘッブの法則〈32〉とともに、greasing the grooveという比喩で説明している。

「greasing the groove」とは、直訳すれば「溝に油（グリース）を注す」、つまりスムーズに動くようにするという意味だが、この方法のポイントは、同じエクササイズを短時間に何度も繰り返すことで、スムーズに行えるようにするところにある。「スムーズに行える」とは、エクササイズそのものだけでなく、エクササイズに取り掛かる助走部分を含めている。つまり短時間に繰り返すことで、習慣化の促進も狙っている。

エクササイズでは、例えば次のように取り組む。

- どこでもできる、数回繰り返せるエクササイズを選ぶ
- 自分が繰り返せる限界の半分に回数を設定する
  例えば腕立て伏せが10回できる人なら5回に設定する
- タイマーを（例えば1時間おきに）セットし、タイマーが鳴る度に2で決めた回数だけエクササイズを行う
- 負担を考え、最初は一日数回から始め、次第に回数を増やす

限界の半分であれば、疲れ切るほどハードなトレーニングではない。しかし短時間に同じエクササイズを繰り返すことで、できる回数が自然に増えていく効果がある。

必ずしも筋肉に働きかけるものではない、我々の学習行動についても、同様のアプローチは可能である。

苦手な科目や作業について、ほんの少しだけ取り組むこと（例えば英単語を2個見る、問題を1問だけ解くなど）を、1時間ごとに（あるいは最初は10分ごとに）数回繰り返してみよう。

なかなか取り掛かれなかったもの、ついつい後回しにしがちな作業など、この方法で急速に習慣化することが可能である。

〈32〉ドナルド・ヘッブによって提唱された脳のシナプスの可逆性についての法則。ヘッブは学習や記憶が生じるためには、脳のニューロン同士の接合部であるシナプスで連合強度が変化する必要があると考え、送り手と受け手のニューロンの両方が同時に興奮した場合に連合強度が強化され、シナプス間の伝達効率が高められると考えた。

第5章

継続する

無知くんと親父さんの対話5

挫折する人が考えること

無知くん：たのもう、たのもう！

親父さん：家の前で大声出すな。裏へ回れ。今日はなんの用だ？

無知くん：志も意識も高いんですが、根気がなくて続きません。何か秘訣とかありませんか？

親父さん：そんな意識は地中にでも埋めておけ。ついでに自分も埋まっておけ。

無知くん：待ってください。努力する気はありますが、やり方がわからないんです。

親父さん：では、最も大切なことを言ってやろう。まず始めろ、あとはやり続けろ。

無知くん：当たり前じゃないですか。

親父さん：そうとも。大抵の人間は途中でやらなくなり、そしてまた思い出したように始めるが、これでは当然同じようなレベルに永遠に留まる。ダイエットと同じことだ。

無知くん：ぐはっ、血を吐きそうです。……では、やり続けられるやり方を教えてください。

親父さん：やれやれ。挫折する人間（つまり大抵の人間）が思い描く成長曲線は、直線的で右肩上がりだ。しかしこれは現実とは違う。最初のうちは努力や学習時間に比例して直線的に上達しているように感じるが、やがて上達の速度は鈍化して、成長曲線はなだらかに、悪く言えば尻すぼみになる。これが語学学習なんかでよくいう〈**中級の壁**〉の正体だ。

無知くん：初めて聞きました。

親父さん：ヒトは自分が今どの水準にいるかではなく、自分が持つ基準から見てどれだけ増えたか減ったかに反応して一喜一憂する、度し難い生き物だ。直線的成長を基準にしてしまうと、上達の鈍化をまるで悪化や損失のように感じることになる。実際はわずかでも進んでいるにもかかわらず、だ。

無知くん：そりゃ頑張ってるのに、成果が感じられないなら、やめたくもなります。

親父さん：要するにそういうことだ。学習のコストパフォーマンスばかり気にしてる

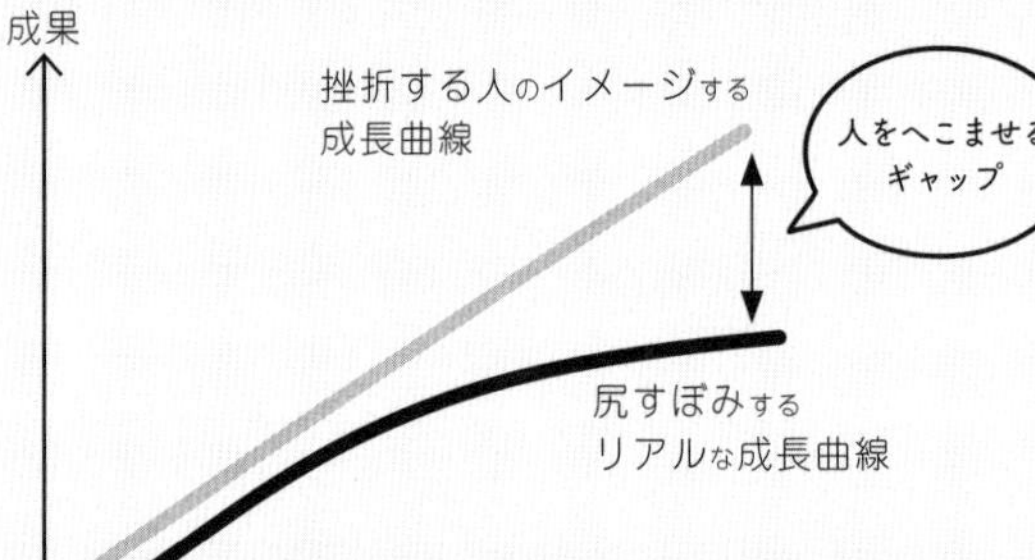

奴は、自分の伸び悩みに耐えられない。学習にもビギナーズ・ラックみたいなものがあるから、たまたま最初に触れたやり方が合っていて、最初は面白いように上達できることがある。何よりまだ何にも知らないしできないから、わずかな進歩を大げさに喜んで学ぶのがますます面白くなっていく、モチベーションと努力の好循環に入ることだってあるだろう。オレって才能あるんじゃね？　状態だな。

無知くん：待ってました！

親父さん：心配するな、こんなものは早晩行き詰まる。ビギナーズ・ラックが見せてくれるのは初心者が行けるところまでだ。成長は鈍化し、努力を続けているはずなのに、伸びなくなる。

無知くん：なんてこった！……その〈中級の壁〉はどうやったら越えられるのですか？

親父さん：越える方法は一つしかない。続けることだ。よほど理由がないかぎり、やり方も投下する時間も変えない方がいい。あせって学習時間を増やしても、一時的ならともかく長続きしない。やり方を変えると、そっちの方面で初心者効果が得られて気持ちいいものだから、学習法を取っ替え引っ替えする誘惑には抵抗しにくいものだが、問題の根本的解決になってないのはわかるだろう。

無知くん：結局、どうやったら続けられるか、という話に戻るんですね。

親父さん：まあ、しかし〈中級の壁〉に突き当たり引き返す〈その他大勢〉の人で終わるのも悪い話ばかりじゃない。何でも同じことだが、何かを学び続けることは、それに費やす時間だけ別のものをあきらめ続けることだ。たとえ独学に挫折しても、それはお前さんにもっと大事な別の何かがあったということなんだろう。達者でな。

無知くん：ちょっと待って！　なんで挫折前提なんですか。

親父さん：学ぶことは結局のところ、自分のバカさ加減と付き合うことだ（慣れ合うことじゃないぞ）。つまり、**より長く学ぶことは、それだけ長く自分の頭の悪さに直面し続けることだし、より深く学ぶことは、それだけ深く自分の間抜けさと向かい合うことだ**。〈中級の壁〉を越えて向こうへ進む奴の多くは、費やす努力に〈見合う〉ものが手に入らなくても、他にもっと楽で得な選択肢があったとしても、もうそれを学ぶことをやめられないバカだとも言える。才能の限界が見えようと、スランプに陥ろうと、若輩者がどんどん自分を抜いていこうと、病気や事故か何かでそれまで得たたくさんのものを失おうと、もうそれを学ぶことなしにはいられないから続けるんだ。コスパ〈33〉の勘定ができないからバカだし、繰り返しバカであることを自覚させられるから（謙遜抜きに）自画像的にもバカだろう。だが〈中級の壁〉を越えて、ずっと先まで行くのは、そういうバカだ。

〈33〉コストパフォーマンス（cost performance）の略語。費やした費用（コスト）と、それにより得られた能力（パフォーマンス）を比較したもので、低い費用で高い効果が得られれば「コスパが高い」と表現される。「コスト」は金銭だけでなく時間・労力・精神的負担なども含まれ、「パフォーマンス」は、それによって得られた成果であり、有形無形、物質的なものから精神的・社会的なものまで様々なものが含まれる。

技法9

逆説プランニング

怠けることに失敗する

①実現したいことを目標にする（無理めの目標）

後述する理由から、実現するのが難しいと感じている「無理めの目標」が望ましい。

②無理めの目標について、最小単位を考えて、末尾に「〜しない」とつける

③逆説目標を失敗する

毎日確実に失敗できるようになったら、逆説目標を少しだけゆるめてもいい。すなわち先ほどの目標「毎日1字も書かない」の場合、「毎日10字以上は書かない」にする。

逆説プランニングのやり方

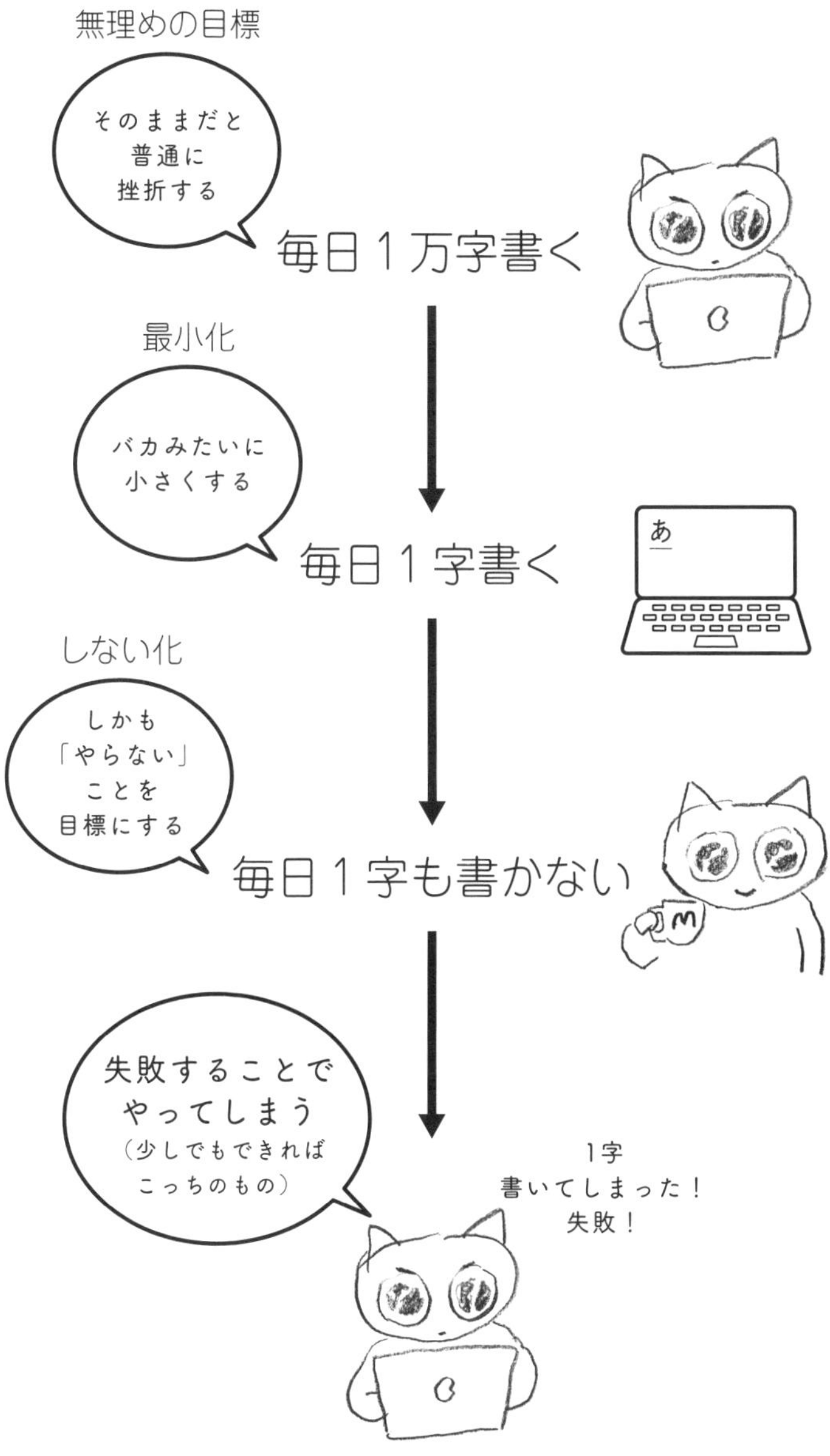
無理めの目標
そのままだと普通に挫折する
毎日１万字書く
最小化
バカみたいに小さくする
毎日１字書く
あ
しない化
しかも「やらない」ことを目標にする
毎日１字も書かない
失敗することでやってしまう
（少しでもできればこっちのもの）
1字書いてしまった！失敗！

「こじらせた計画倒れ」という悪循環

この技法は、これまでに何度も計画倒れを繰り返し、もう自分には計画を守ることなど無理だとあきらめてしまった人のためのもので、日本初の哲学系YouTuberとして活躍中のネオ高等遊民（@MNeeton）氏のツイート〈34〉に発想を得たものである。いわば計画倒れの才能を善用するもので、**計画を守れないことが目的に適うよう元の計画をデザインする**ところに要点がある。

人間は天の邪鬼な生き物である。「やれ」と命じられるとやる気をなくし、「やるな」と禁じられるとかえってやりたくなる。人間はそもそも逆説的な存在であり、逆説プランニングは悪質な冗談のように見えるが、人間のこの性質に寄り添うものである。

しかし、この技法には今少しの理論的根拠がある。

メンタル・リサーチ・インスティチュート（MRI）〈35〉の短期療法家たちが、精神科医ミルトン・エリクソンの臨床に学び、技法化した症状処方というアプローチがそれである。

症状処方は、解決への努力がかえって問題をこじらせている場合に用いられる、逆説

ミルトン・エリクソン
（Milton Hyland Erickson、1901-1980）
20世紀最大の催眠療法家として知られる精神科医。アメリカ臨床催眠学会の創始者であり、初代会長も務めた。ポリオによる全身麻痺など重篤な身体障害と付き合う中で、催眠、精神療法をほぼ独学で学び、患者それぞれに合わせた独創的な治療を行った。

的介入の代表的技法である。これは問題（症状）をあえて生じさせるよう指示する（処方する）もので、例えば指の震えが止められない人に「もっと手を震わせて」と求めるのがこれにあたる。

不眠症やインポテンツのような、自然に生じることを意識的にやろうと努力することで、症状が余計に悪化している場合に有効であることが知られる〈36〉。

さて「計画倒れ」という問題に、逆説的なアプローチは本当に有効なのだろうか。有効だとしたら、どんな悪循環が「計画倒れ」という問題を維持していたのか。

冒頭で述べたように、この技法が想定するのは、もう少し深刻化した状況、つまり何度も計画が守れなかった失敗を繰り返した末に、計画を立てることなど無駄だと思うように至った「こじらせた計画倒れ」である。

〈34〉読書計画勉強計画ぜんぶむだです。やれないからやれなくて自分はダメなやつだと思うだけだから計画するなら「勉強は1秒もやらない」「本は1文字も読まない」と書いておいて、その計画を破りましょう。そうすると「おれすげええ」「計画を破るオレかっけええ」とテンション上がって有益です
https://twitter.com/MNeeton/status/1010783255405084673

〈35〉人類学者グレゴリー・ベイトソンが主宰したコミュニケーション研究のプロジェクトは、論文「統合失調症の理論にむけて」を生み出した。この研究グループのメンバーだったジャクソンやヘイリー、ウィークランドは、のちにMRI（Mental Research Institute）を創設し、ここがシステム論的な家族療法そしてブリーフセラピー（短期療法）の震源地の一つとなった。

〈36〉ある種の不眠症は、眠ろうとする様々な意識的努力が覚醒度を高めてしまい、かえって眠れなくなるという、悪循環によって維持され悪化する。

「こじらせた計画倒れ」は一見、手の震えを持続させる悪循環と違って見えるが、〈符号〉は正反対であるものの、両者は同種の構造を共有している。

手の震えの悪循環は、問題を解決しよう（ここでは「震えを止めよう」）という積極的努力が筋肉を緊張させてしまい、余計に震え（問題）を生んでしまうタイプの悪循環である。

これに対して、こじらせた計画倒れの悪循環は、計画倒れという問題を回避しようという消極的努力が問題を維持し再生産するタイプの悪循環である。これが悪循環であるのは、この消極的努力によっては計画の必要性自体はなくならないために、いつまでも繰り返し回避という消極的努力を続ける必要が生じてしまうからである。

悪循環が続く以上、悪循環を構成する要素もまた繰り返される。「計画倒れ」による自己嫌悪は、必要があるのに計画を立てることを回避すると悪化する。自己嫌悪が高じれば、当然ながら、動機付けや行動自体が減ってしまい、ますます計画を立てることは回避される。

独学について言えば、自分には学習計画を守ることも立てることも不可能だ、結局独学なんて無理だという結論に陥ることになる。

失敗を、ほんの少しだけポジティブにすり替える

悪循環に対する逆説的介入は、まるで敵の力を利用して敵を投げる柔術のように、問題を維持させる力を利用して問題を解決しようとする（悪循環を抜け出そうとする）。逆説プランニングでは、失敗することを、計画や行動を回避することではなく、（わずかだが）実行することに結びつける。こうして悪循環のループから抜け出る隙間を作り上げる。

計画が守れない→だからダメ、ではなく、計画が守れない→少しだけやる→やれば少しはできるというわずかな変化を作り出す。取るに足らないわずかな変化に見えるかもしれない。しかし悪循環はループを巡る度に、小さな変化を増幅する機能を持っている（だからこそ事態は悪化し続ける）。逆説プランニングは、その自己増幅性を善用して、わずかな変化を少しずつ大きくすることを狙っている。

逆説プランニングは、失敗をネガティブなものから（わずかだが）ポジティブなものにすり替え、悪循環のやっかいさを善用してしまう技法である。

技法10

習慣レバレッジ

日課を習慣の苗床にする

①足がかりとなる習慣を選ぶ

既に習慣となっている行動を一つ選ぶ。

一日のうちで頻繁に行うもの（例えばスマホを見るなど）が足がかりの習慣として使うのに最善である。また食事のように、毎日必ずやるもので行う時間が一定のものも使える。

②足がかりの習慣の直前（直後）に新しい習慣を行う

足がかりとして選んだ習慣の直前や直後に、習慣化したい行動を行うようにする。

新しく習慣化したい行動は、簡単ですぐに取り掛かれて、できるだけ短時間（最初は

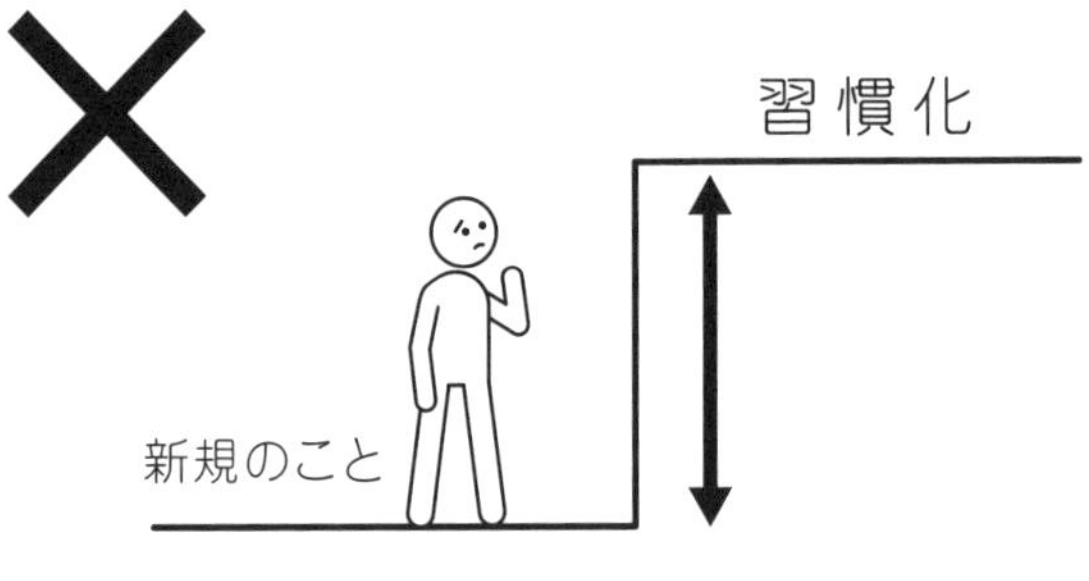

1分未満）で終わるものがよい。例えば英単語（1個）や例文（短い1文のみ）の暗記、今日学ぶことの確認、苦手科目の単純接触（技法5「2ミニッツ・スターター」の〈16〉を参照）など。習慣を作ることが主目的なので、覚えきれなくても1分過ぎれば終了する。

ここで欲張って重すぎる行動を選ぶとうまくいかない。取り掛かるのがおっくうに感じるようなら、分量を減らすか、関連するがもっと容易な行動に切り替える。

③ ②を繰り返し、少しずつ重い習慣に変えていく

1週間続けられたら、量を増やす。当初は1分で終わる行動だったものを、5分、10分と長くしていく。英単語（1個→2個）や例文（短い1文→2文）など。

あるいは、新しく習慣化した行動を足がかりとして、別の行動をくっつけて習慣化してもよい。

これを繰り返して、新しい習慣を積み重ねていく。

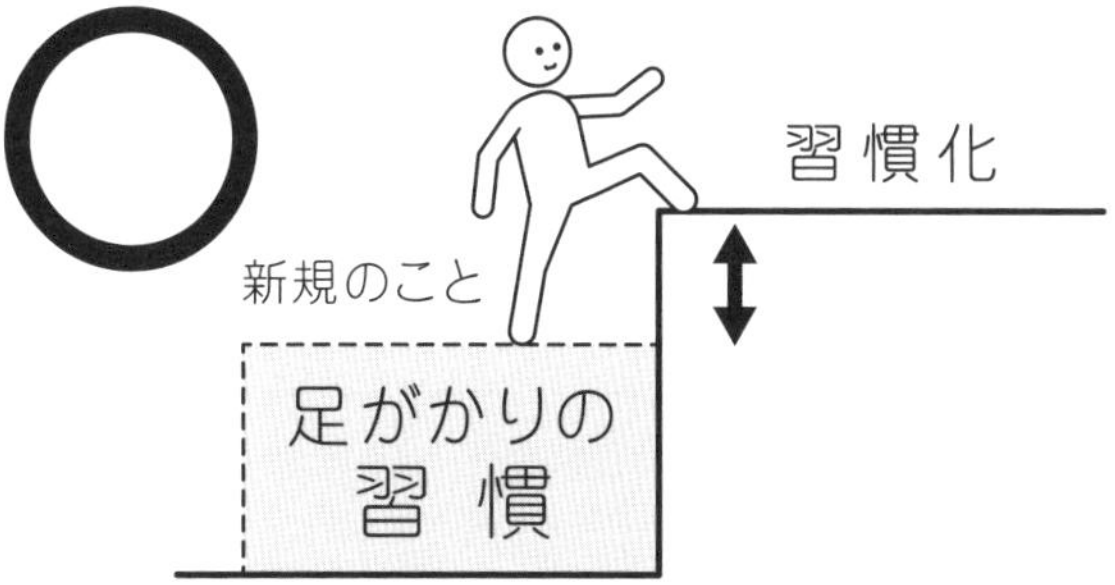

習慣化したいことを「日課とセット」にする

学ぶことは長期にわたるものであり、その成功ないし目標達成には、習慣化は避けて通れない。

しかしラーニングログ（↓技法12、160ページ）やタスク管理など、学習の継続を支える様々な取り組みもまた、習慣化を必要としている。こうした技法は、当然ながら、使うことをやめると効果は得られなくなる。

こうして我々は習慣化という問題に立ち戻ることになる。

しかし我々は、何一つ習慣を持たない「白紙」の存在ではない。例えば、多くの人が、ほぼ同じ時間に目覚め、お馴染みの食事をとり、ほぼ同じ時間に床につく。外に出たら、多くは行きつけの場所に出掛け、初めての場所に向かう場合ですら、途中までは同じ道を通る。我々の生活の大部分は、繰り返しによって作られている。つまり当たり前すぎて意識されていない多くの習慣によって支えられている。

こうした習慣を我々は生まれながらにして持っていたわけではない。成長する中で教育と学習を通じて獲得したのである。

あなたが既に規則正しい生活習慣を身に付けているのなら幸いだ。それらを資源として活用し、有益な習慣を生活の中にインストールするのがそれだけ容易であるからだ。

　では、不規則な生活が身に付いている者はどうすればいいのか。「規則正しい生活習慣」という文化資本を持たないハンディキャップに苦しむしかないのか。

　そうではない。我々が生き物である以上、生命維持のために最低限繰り返さなくてはならない行動が必ずある。それを梃子に使うのだ。この技法の説明に食事の例を挙げたのはそのためである。

　言い換えれば、既に学習やその他の習慣を持つ人はそれらを梃子として用いればいい。レバレッジの名の通り、この技法は持てる者にはより大きな恩恵をもたらす。持たざる者も、そのわずかな習慣資源を梃子にすることを繰り返すことで、少しずつではあるが新たな習慣を積み増ししていくことが可能である。

　習慣レバレッジは、既に確立している習慣を足がかりに新しい習慣を形成する技法である。

　習慣レバレッジは、心理学者デイヴィッド・プレマックの提唱したプレマックの原理[37]（強化の相対性原理 the relativity theory of reinforcement とも言われる）を基礎としてい

〈37〉David Premack (1965) "Reinforcement Theory" Nebraska Symposium on Motivation, USA, 13, 123-180.

デイヴィッド・プレマック
（David Premack 1925-2015）
教科書に載るほどの大きな業績を3つも持つ心理学者。一つ目はここで紹介したプレマックの原理。2つ目は、チンパンジーに彩片言語という言語を教えることに成功したこと。3つ目は心の理論と呼ばれる発達心理学における研究パラダイムを生み出したことである。

る。

ボタンやバーを押すとエサや水が出るようにすると、ハトやマウスはますますボタンやバーを押すようになる（押す行動が増加する）。これを、ボタン／バーを押す行動が強化されたと言い、ここでのエサや水のように、行動の後にご褒美が呈示されると行動を増やす（行動を強化する）刺激を強化子と呼ぶ。

強化はある意味自然な現象であり、エサや水といった生物にとって好ましいものが強化子となることは当然と考えられてきた。

しかし1950年代頃には、光などの中立な刺激も場合によって行動を強化することがあること（強化子となること）がわかってきた。

こうした発見を受けてプレマックは、何が強化子となるかは刺激の性質によってあらかじめ決まっているわけではないと考えた。プレマックはまず、強化するのも強化されるのも、どちらも特定の行動であり、ある行動が別の行動を強化するかどうかは、行動の出現頻度によって相対的に決まると考えた（「強化の相対性原理」という名称はここに由来する）。

プレマックの原理は、出現頻度がより高い行動が出現頻度のより低い行動を強化すると主張する。

例えば、のどの渇いた動物にとって飲水行動は、ボタン／バーを押す行動よりも起こりやすい（出現頻度が高い）。それゆえに、ボタン／バーを押すことで水が出てきて飲水行動が可能になれば（ボタン／バーを押す行動の直後に飲水行動が起こるようにすれば）、先行するボタン／バーを押す行動は増加する（強化される）。

プレマックの原理がもたらすメリットは、強化の原理の応用範囲が広がることである。従来の強化の原理では、ある行動を増やすのに「ご褒美」となる強化子を見つけることが必要だった。プレマックの原理によれば、観察して頻繁に起こっている行動を見つけさえすれば、それを結びつけることで標的行動を増加させることができる。

また既に頻繁に起こっている行動を結びつければよいわけで、「ご褒美」となる強化子をわざわざ別に用意しなくてもよいところもメリットである。

技法11

やめられない、続かないを資源にする

行動デザインシート

① ターゲット行動とライバル行動を選ぶ

増やしたい／減らしたい行動や習慣を「ターゲット行動」として選ぶ。これに対して、「ターゲット行動」を増やす／減らすことの邪魔になっている行動を「ライバル行動」として選ぶ。

例えば、専門書を読みたいのについSNSをしてしまっている場合。「専門書を読むこと」が、なんとかしたいと考えている今回のターゲット行動である。これはあまりやっていない（これから増やしたい）と思っているものなので不足行動にあたる。これに対してライバル行動である「ついついSNSをやってしまうこと」は、過剰行動にあたる。

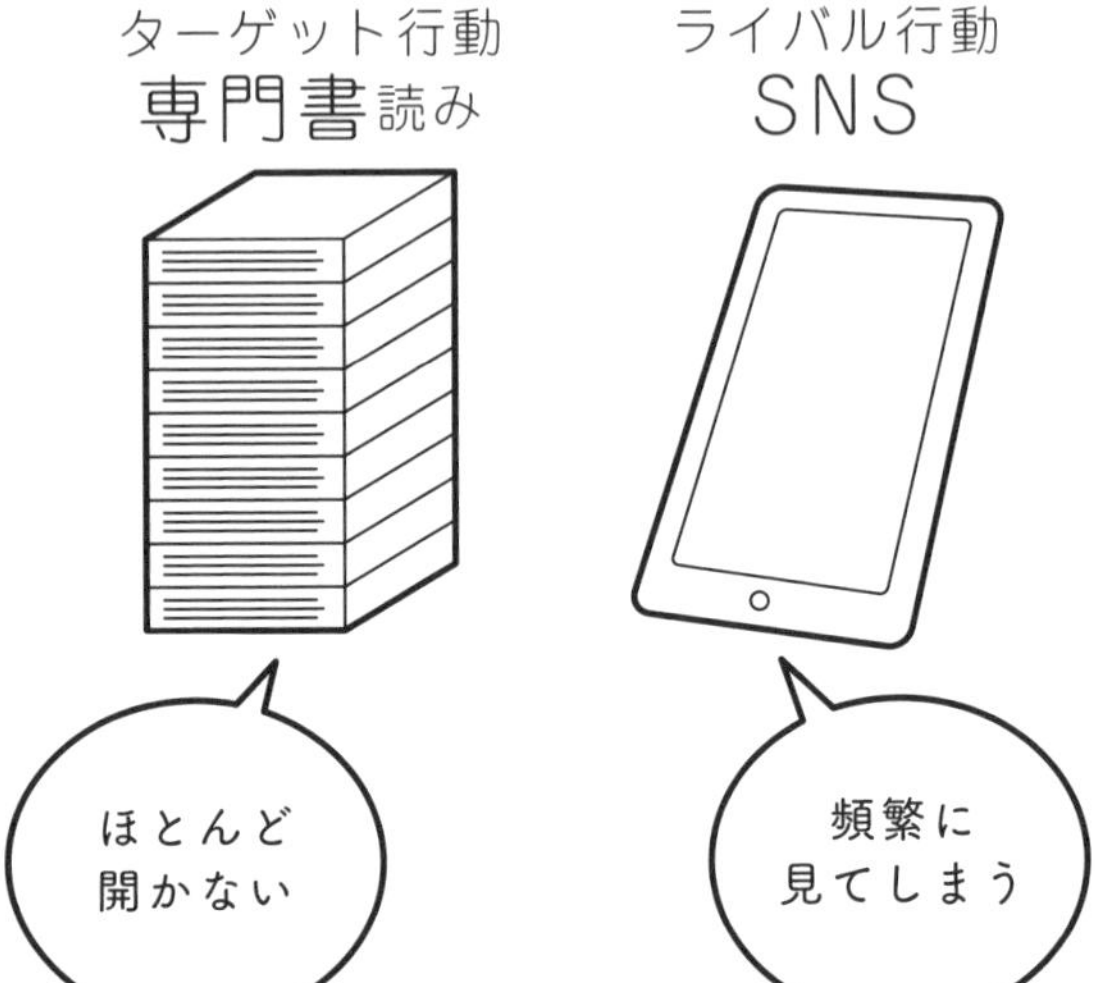

②表を作り、4つの軸でターゲット行動とライバル行動を評価する

4つの軸は「きっかけの多少」「ハードルの高低」「ライバルの有無」「褒美／罰の速遅」である。

この〈不足行動〉を前に挙げた4つの軸で評価すると、

・行動のきっかけがない、少ない
・行動のハードルが高い
・ライバル行動に負ける
・すぐに成果が見えない（ご褒美がすぐ得られない）

〈過剰行動〉を4つの軸で評価すると、

・行動のきっかけがある、多い
・行動のハードルが低い
・ライバル行動がない（または弱い）
・すぐに効果や楽しみが現れる（ご褒美がすぐに得られる）

のいずれか（多くの場合は複数）があてはまることが多い。

これら4つの軸に照らしてターゲット行動とライバル行動の特徴を整理する。

	行動（過剰／不足）	きっかけの多少	ハードルの高低	ライバルの有無	褒美／罰の速遅
ライバル行動					
ターゲット行動					
改良されたターゲット行動					

③ライバル行動の理由をターゲット行動の改善に転用する

ターゲット行動とライバル行動は、一方が〈不足行動〉であればもう一方は〈過剰行動〉という関係にある。ライバル行動は、他ならぬ自分が行っている行動である。お仕着せのものよりも、自分の性質や状況にマッチした〈過剰行動〉であり〈不足行動〉であるはずである。つまりターゲット行動を増やす／減らすには、ライバル行動の特徴を抽出して、真似てやれば、自分の性質や状況にマッチした改善法が手に入る可能性が高い。

今の目標は、不足行動である「専門書を読むこと」を増やすことである。このために、過剰行動「ついついSNSをやってしまうこと」から学び、4つの軸に関して、次ページの表のように増やす工夫を考えてみる。

例えば「ライバルの有無」の軸では、次のように表を埋めていった。

・（過剰行動では）スマホでSNSをやることより強力なライバル行動はなかった

・スマホで「専門書を読むこと」にすれば、少なくともその間はSNSをしなくて済むのでは？　あるいは家にいる／出先にいる時等、スマホ自体をしまうなど遠ざけてはどうか？

・（実際にやること）でかけている時は、電子書籍かスキャンした本をスマホで読む。家では、スマホの通知を切り、自分の後ろに置く（視野に入らないようにする）

「専門書を読む時間」を増やす方法

	行動（過剰／不足）	きっかけの多少	ハードルの高低	ライバルの有無	褒美／罰の速遅
ライバル行動	SNS（過剰）	[**多** 中 少] 未読通知など	[高 中 **低**] スマホですぐできる	[多 中 **少**] 空いている時間ならほぼフリーでできる	[**速** 中 遅] すぐフォロワーの反応がある
ターゲット行動	専門書読み（不足）	[多 中 **少**] 自分の意志のみ	[**高** 中 低] 重い＋理解難しい	[**多** 中 少] スマホでSNSや動画	[速 中 **遅**] 見返りはあるとしてもすぐにはない
改善されたターゲット行動	専門書読み（改良）	[多 **中** 少] 毎日定時にリマインダ、読書会で日時設定	[高 **中** 低] 相変わらず難しいが難しいところを読書会で議論できる	[多 中 **少**] 邪魔の入りにくい電車で移動中に読む。その際スマホはしまう	[速 **中** 遅] 読書会で話ができるご褒美、読んでいかないと恥ずかしい罰にもなる

ライバル行動を取り入れる

ライバル行動を遠ざける

通知を生かす

環境を変える

他人の反応がある

「行動分析学」を独学に応用する

ヒトは度し難い生き物である。やらなくてはならないことがあるのにもかかわらず、やらなくてもいいことに時間を浪費したり、控えた方がよいのはわかっているのにそのことがやめられない。

強い意志あるいは決意があれば、この問題は解決するだろうか。否。「こころ」をなんとかしようという方策は、多くの場合、ただ「こころ」に責任を押し付けるだけに終わる。

行動デザインシートは、我々が既に行っている、やりすぎている行動（過剰行動）や、なかなか進まない／着手できない行動（不足行動）を「教材」として学び、そこから得られた知見を使って、不足行動を増加・定着させたり、過剰行動を抑制する技法である。

自分が既に実行している行動と環境を分析することから、その人個人に合った対策を導きやすい。

この技法の核は、自身の過剰行動や不足行動を4つの軸で分析し、不足／過剰行動を改善するために転用することである。

4つの軸は行動デザインシートの理論的背景である行動分析学〈38〉の知見から得られたものである。

行動分析学では、それぞれの行動が増加したり減少したりする状況を分析し、状況をデザインし直すことで行動の生起や増減をコントロールしようとする。

行動デザインシートでは、行動分析の中でも最もシンプルな「三項随伴性」という枠組みを採用している。

三項随伴性では、ターゲットとする行動の直前の状況（先行条件）と行動の直後に生じる状況（結果）に注目する。先行条件 Antecedent ―行動 Behavior ―帰結 Consequence の英語の頭文字を取って三項随伴性についてのABC分析と呼ぶこともある。

例えば、ボタンをつつく（ターゲット行動）と水が飲める（結果）ように装置（開発者の名前からスキナー箱と呼ばれる）を設定したとしよう。行動の直後に生じる「水」（「水を飲む」という行動）によって「鳩のボタンつつき」という行動が増加することが知られている。

肝要なのは、行動を左右するのが行動の直後に生じる状況（結果）であることだ。

我々は「スイッチを押せばライトが点く」といった枠組みで出来事の関連を把握しが

〈38〉バラス・スキナー（Burrhus Frederick Skinner）が新行動主義心理学をさらに改革し、新たに起こした徹底的行動主義（radical behaviorism）に基づく心理学。心や内面の報告ではなく、もっぱら観察可能な行動と環境の関係を分析し、制御するための方法を研究しており、言葉を話せない乳幼児や動物の行動にも適用可能であるという特徴を持つ。

ちである。つまり原因→結果という枠組みで考えることに慣れていて、事態を変えるには標的（ターゲット行動）に時間的に先行するものに着目しがちである。

これに対して、行動分析学では、最も重要なのはターゲット行動の直後に生じる状況だと考える。ターゲット行動を増加させる結果（直後の状況）を好子、逆にターゲット行動を減少させる結果（直後の状況）を嫌子と呼ぶ。

好子／嫌子になるものは様々である。

学んで「わかった！」「おもしろい」といった感情も好子となるし（内的報酬）、人と競う、人に認められたいといった社会的な反応も好子となり得る。もちろん学習内容と無関係な飴を舐める、（散歩が好きなら）散歩をする、といったものも好子となり得る。学習に内在する／付随する好子があれば別に用意する必要はないが、行動が少なすぎるなら、人工的に好子を用意する必要があるかもしれない。

好子の出現によりターゲット行動が増加することを「行動が強化された」と言い、嫌子の出現によりターゲット行動が減少することを「行動が弱化された」と言う。

この行動分析で最も重要な基本原理を「強化／弱化の原理」と呼ぶ。

「強化／弱化の原理」は、行動デザインシートでは、「褒美の速遅」に関連する。

行動を強化／弱化させる好子／嫌子は、行動の直後に出現する必要があることが知られる。

直前の状況で行動を変えるための6つのアプローチ

三項随伴性のもう一つの要素を考えよう。行動に先行する状況はどのように働くのか。例えば先の鳩と水の仕掛け（スキナー箱）にさらに次の要素を追加してみよう。赤いライトがついた後だけ、ボタンつつき↓水という仕組みが作動するようにするのである。こうすることで、「赤いライトがついたときだけボタンをつつく」という行動を増加させることができる。この先行条件を少しずつ変えて、この訓練を繰り返すことで、例えばピカソの絵を見せられた時だけボタンをつつくよう鳩を仕込むこともできる〈39〉。

行動分析学では、この先行条件（先行子）を変えることで行動を変容する先行子操作（antecedent control procedure）についても、多数開発されている。先行子操作は、大きく分けて次の6つのアプローチがある。

①望ましい行動につながる先行条件や手がかりを提示する

〈39〉渡辺茂『ピカソを見わけるハト―ヒトの認知、動物の認知』（NHKブックス、1995）

②望ましい行動のための確立操作
（好子の効果を高めること。例えば水を好子に使う場合は、事前に水を与えないこと）

③望ましい行動の反応努力を減らす

④望ましくない行動につながる先行条件や手がかりを取り除く

⑤望ましくない行動のための確立操作を取り除く

⑥望ましくない行動の反応努力を大きくする

このうち①と④は、行動デザインシートの4つの軸のうち「行動のきっかけの多少」に関連する。増やしたい行動のきっかけを提示したり、減らしたい行動のきっかけを取り除くことがこれにあたる。

③と⑥は、行動デザインシートの「ハードルの高低」に関連する。ここで言う反応努力response effortは、行動（反応）のために必要な労力、努力、時間のことを言う。機能的に等価である複数の行動が並立している場合、反応努力の大きな行動よりも小さな行動の方が生起しやすいことが知られている。つまり同様の結果をもたらす行動が複数

あるなら、当然のことだが、すぐにできる行動や行いやすい行動の方が生じやすい。このことを利用して、増やしたい行動にすぐに取り組めるよう環境を整えたり、減らしたい行動がやりにくくなるよう障害物を付け加えたりするのである。

最後に、行動デザインシートの「ライバルの有無」は、行動分析学で言う競合反応(competing response)と関連する。競合反応は、目標行動と同時に行うことができない行動のことを言う。習癖などをなくしたい場合、習癖行動に対する競合反応が起こりやすいように指示したり強化することで、習癖を減らすアプローチを競合反応訓練(competing response training)と言う。競合反応は、今ここで生じている問題行動をなくすことにも利用できる。そのチャーミングな利用例に、おしゃべりがやめられない子どもに対して「ママにチューして」と言うものがある。つまり話すこととキスすることは同時には行えない。

技法12

ラーニングログ

独学の進捗と現在地を知る

①「ラーニングログ」を用意する

小さなノートでも、スマートフォンのメモアプリでも、クラウドに置いたテキストファイルでもいい。

ただし、この先何年も記録することになるので、特定の環境に依存しないものが望ましい。

②最初に「学習目標」を記入する

何をどれだけ学ぶつもりかを「ラーニングログ」の最初に記入しておく。

複数の目標がある場合も「ラーニングログ」は分けない方がよい。紙のノートを使う場合、最初のページは目標記入用に空けておき、後で目標が追加されても対応可能なようにしておく。

③記録方法を決める

例えばあるテキストを学んだことを記録するなら「書名の略号とページ数を記録する」といった記録のルールを最初に決めておく。

複数の「学習目標」を抱えている場合、例えば論理学とアラビア語を学んでいるならば、論理学に関係した活動には「#L」を、アラビア語に関係した活動には「#A」をつけるなど、工夫するといい。

④学習したら、すぐに記録する

「後で記録しよう」と思っていると、記録が不正確になったり、記録することを忘れたりする。記録用紙や手帳、記録ツールは常に用意し、学習活動を行ったら、時間を置かずに記録する。

⑤定期的に「ラーニングログ」を読み返す

その日の終わり、週・月の終わりなど、節目節目に記録を読み返す。時間的に近い最近の記録からも、何カ月または何年も経った古い記録からも、驚くほど多くの発見と、学習への意欲が得られる。

「複数の進捗」を一望化する

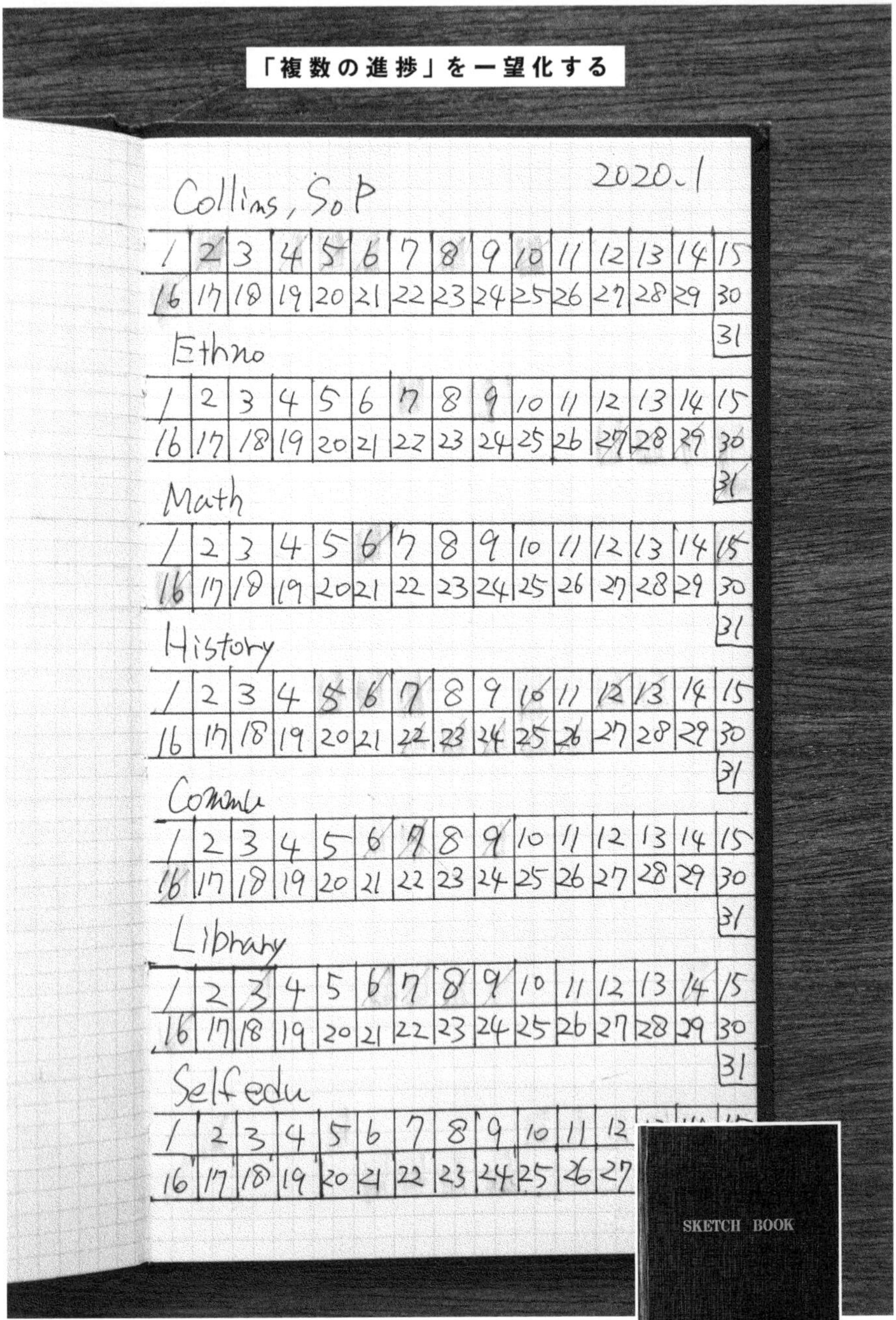

複数のテーマ・分野について平行して独学する場合には、すべてのテーマ・分野を一望できるようにするとよい。順調に進んでいるか不足気味かにより、時間配分を最適化できる。ノートはコクヨの「測量野帳」がマス目があって便利。

「1年」を可視化する

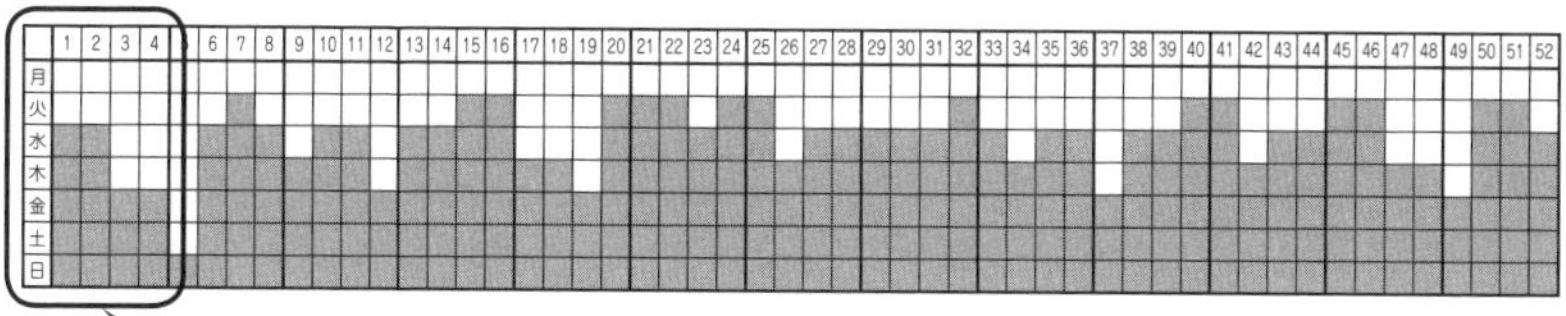

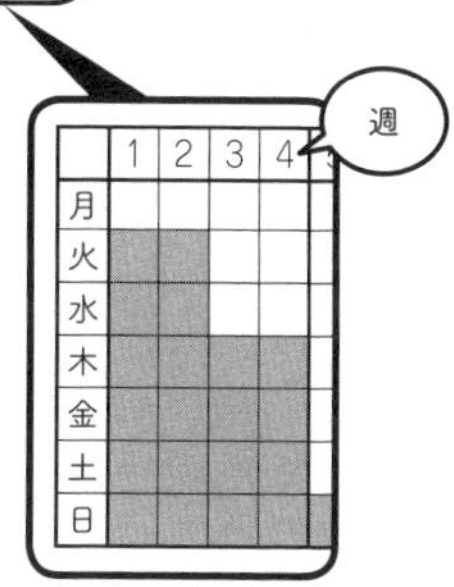

例えば縦7横52の小さなマス目を塗りつぶすことで1年分をコンパクトに可視化できる。1マスある1列分がそれぞれ週に対応しており、7日間のうち何日学習したか（「ラーニングログ」に記録のある日か）を塗りつぶすのである。これで1年分の記録が一覧できる。小さくまとまるので数年分の可視化に使える。

「1冊の本」を可視化する

国際政治下の近代日本										
I. 近代日本の成立										
1. 維新改革の政治過程	1	2	3	4	5	6				
2. 明治前半期の政治と社会	1	2	3	4	5	6				
II. 日本帝国の確立										
3. 帝国主義成立期の政治と社会	1	2	3	4	5	6	7	8	9	10
4. 第一次世界大戦と日本帝国主義	1	2	3	4	5	6	7			
5. 1920年代の社会と政治	1	2	3	4	5	6	7			
III. 軍部ファシズムと太平洋戦争										
6. 軍部ファシズムの成立・発展	1	2	3	4	5	6	7			
7. 日中戦争・太平洋戦争と日本の敗戦	1	2	3	4	5					
IV. 戦後日本の展開										
8. 敗戦と軍事占領	1	2	3	4	5					
9. 経済復興から高度経済成長へ	1	2	3	4						
10. 岐路に立たされる日本	1	2	3	4	5					

1冊の本を読む時は、目次から章や節を拾い出して、上のようなマス目を作っておき、読み終えたら塗りつぶすというやり方で可視化できる。

宮地正人『日本通史3 国際政治下の近代日本：近現代』（山川出版社、1987）

「航海日誌」であり「日記」ではない

独学では、あなたの学習の進捗を見守り、くじけたら励まし、怠けたら叱咤してくれる者はいない。

自分がどこにいるかを知り、同時に自分を励まし叱咤する仕組みが必要だ。

ラーニングログは、独学という航海をするための航海日誌（ジャーナル）である。これは、自分が日々感じ考えたことを記す「日記」とは違う。

「航海日誌」の中心は、「今日はどの方向へ、どれだけ進んだか」の客観的な記録である。この記録が累積することで「現在の位置」を算出することができる。

ラーニングログは、例えば読み進んだ、あるいは解き進んだ本や論文のタイトル、その日の開始ページと終了ページ、そして今日進んだページ数などからなる。ページ数のように計れないようなものは、時間で計ってもいい。

時間の場合は、今日取り組んだ時間を昨日までの累積時間に足し加えて、「これまでの累積時間」を更新する。**この記録が累積することで、独学者は自身の「現在の位置」を知ることができる。**

イギリス海軍の小型船、Grand Turkの航海日誌

ラーニングログはペースメーカーでもある。

進捗を記録すれば、周期的な調子の浮き沈みがあることがむしろ常態だと知ることができる。調子の浮き沈みに過剰に反応することも、無理やりに無視してかかることも必要なくなる。自分の足跡をささやかな自信と誇りに、前に進むのに有用である。

多くの計画倒れは、現在の位置を計る前に、願望だけでスケジュールを組み立てることが原因である。人は願うほどは速く、長く、走ることはできないかもしれない。しかし、歩き続けることは、なんとかできるかもしれない。

自らが歩んだ足跡は、歩き続ける者を励まし支えるだろう。

記録を続ける独学者には、さらなる吉報がある。

セルフモニタリングの研究〈40〉は、自らの行動を記録することで、記録対象となった行動が次第に増加することを教えてくれている。つまり増やしたい行動を記録すればいいのだ。

記録を取る者は向上する。

〈40〉「技法6 行動記録表」の〈22〉を参照。

これはすべての独学者が心に刻むべき金言である。

目標の実現に直接関わる行動が少なすぎて記録するものがない＝記録する機会が少ないと、記録をつけること自体のモチベーションも下がって持続しにくい。記録を取るのは、自分を律するためというより、自分を鼓舞し調子付かせるためである。辛い点をつけても、負の自己満足以外の効果は生まれない。

記録のハードルを極限まで下げる

最初はハードル（あるいは閾値）を下げて、より小さな行動を拾い上げるようにする。例えば「1時間に満たないアラビア語学習」はカウントしないよりも「10分間勉強した」「1ページの半分だけ教科書を読んだ」といったものもカウントした方がいい。記録を続ければ行動は増えていくから（大切なのは、わずかな増加であってもそれを自覚することである）、軌道に乗ってからハードル（閾値）を上げても遅くない。

また目標の実現に直接関わる行動が思ったよりも増えないならば、さらに間接的に関わる行動も記録するといい。

例えばアラビア語を身に付けたい人は「アラビア語のテキストを勉強した」「アラビア語の単語を覚えた」ことを記録したいと思うだろう。しかしその難しさのために、テキストに向かうこともサボリ気味になっている人はどうするか？

間接的な行動、例えば「アラビア語の教科書を本屋で探した」「ネットでアラビア語のある教科書のレビュー（感想）を読んだ」といった、アラビア語を身に付けるには直接には関係しないことであっても記録するのだ。

セルフモニタリングの効果によって、間接的な行動が増えていけば、「アラビア語のテキストを勉強する」「アラビア語の単語を覚える」といった行動も起こりやすくなる。

自分を叱咤激励するよりも、そしてやらなかったことを悔やみ自責の念にかられるよりも、行ったことをただ淡々と記録すること。

自分が日々わずかであっても、どれだけ進んだかの航海日誌（ログ）をつけること。

そうして自分の現在地点を把握し続けることが独学者の長い旅を支えていく。

第6章

環境を作る

無知くんと親父さんの対話6

強い意志よりサボらない仕組み

親父さん：人は社会的な動物だ。知情意すべてが社会的なものに左右される。

無知くん：引きこもりで何カ月も誰とも会わないでもですか？

親父さん：言い直せば、人の目を気にする生き物だってことだ。

無知くん：うぐ、刺さりました。では、壁に目玉を描いておくと勉強が捗りますか？

親父さん：カラスよけか。さすがにその発想はなかったが、行動療法にパブリック・ポスティング〈41〉という技法がある。現状をグラフ化したものや目標などを壁のようなところに貼っておくんだが、誰かの目に触れるかもしれないという可能性だけで、ノートに綴じ込んでいる場合などより効果があると言われる。

無知くん：でも僕のように友達のいない人間はどうしたら？

親父さん：自分が世話をしないと死んでしまう小さな生き物でも飼ったらどうだ？

無知くん：それ、勉強に関係ないですよね。

親父さん：まあ、そうだな。しかし蛇口をひねれば水が出るように、ネットにつなが

〈41〉パブリック・ポスティングの学習への応用例は、例えば Edward S. Shapiro (2010) Academic Skills × Problems (Fourth Edition): Direct Assessment and Intervention, USA: Guilford Press, 199-200.

れば見ず知らずの赤の他人だが、とにかく誰かがいる。例えば、自分が決めた計画分を今日やり終えたことをTwitterに投稿することもできる。自分がやり遂げたこと、あるいはサボったことを、誰も見ないかもしれないが、まあ世界に発信するわけだ。

無知くん：うわあ。せっかくのネット弁慶〈42〉なのに、そこでも信用を失いそうです。

親父さん：サボらなきゃいい。誰も見てないかもしれんが、アイツなかなかやるな、と思われるかもしれん。

無知くん：話を先に進めましょう。

親父さん：総じて言えば、人間は弱い。誰も見ていないと手を抜く。サボる。世の中、自分だけが意志薄弱で堪え性がない弱虫だと思ってる奴が多いが、**意志が強そうに見える誰かは、自分の外に意志を支える「仕組み」を持っている。**

無知くん：その一つが、友達ですか？

親父さん：そこまで親しくなくても、人間関係は、意志を維持するための外部足場になり得る。一緒に学ぶ者がいればベストだが、毎日会う誰かに自分が実行しようとしている計画を毎週書いて渡すだけでも効き目がある。

無知くん：なるほど。

親父さん：それから重要なことだが、一人で学んでいると、人間はどこまでも独善に

〈42〉インターネットの中のみで強気な人のこと。「内弁慶」を改変したもので、匿名で発言できるタイプのSNSやブログで見られる。「内弁慶」の方は、編者不詳で幕末から明治初期にかけての書物とみられる北村孝一、時田昌瑞監修／ことわざ研究会編「世俗俚諺集」『続ことわざ研究資料集成』4巻（大空社出版、1996）に「内弁慶そとみそ」とあり、正岡子規編「日本の諺」ことわざ研究会編『ことわざ資料叢書 第1巻』（クレス出版、2002）にも「内弁慶の外味噌」とある。

陥る。トンデモ知識につかまるとイチコロだ。しかし時々会って、議論する相手がいるだけでも違う。

無知くん：だから友達がいないんです。

親父さん：今どきなら、アホなことをＳＮＳで発信すれば、ボコボコにされるだろう。

無知くん：この前なんかイタズラでピザと金ダライが配達されてきました。

親父さん：まあ、炎上学習は勧めんが、自分で学んだことをブログに上げるのもいい。続ければ、物好きが読んで、知らないところで感想を上げるかもしれない。誰かが読むかもしれないという可能性だけでも、アウトプットされるものの質は変わってくる。

無知くん：独学というから、一人でやるものだとばかり思ってました。

親父さん：独学は孤学とは違う。我々の知識を作った連中も、かつては互いにゆるく結びついた独学者たちだった。学び手が寄り合い、様々な学習の機会と権利を拡大していったんだ。

「同じ本を読む者は遠くにいる」という言葉がある。スタンドアローンでは存立し得ないのは、知識も人も同じだ。独学は、そうした知識と先人に、自らを結びつけることを言う。

技法13

他人は意志にまさる ゲートキーパー

コミットメントレター

来週までにやるべき事項を紙に書き出し、繰り返し会う人（家族、同僚、友人、等々）に手渡す。SNSに投稿するのでもよい。手紙の受け取り手が、監視したり命令したりする必要はない。

これだけで「私来週までに○○やるから」と口約束することとは段違いに強く動機付けられる。

行動契約

グダグダになる場合は、最終手段として誰かにリワードキーパー（賞罰の管理人）となってもらうよう頼むことになる。左図の例の場合、毎週1回、行動の〈成果物〉をリワードキーパーに提示して、目標の90％未満の場合は、リワードキーパーは契約に従い、一切の例外なくペナルティを与える。

行動契約の例

課題ごとの所要時間（予定）に対応したポイントを割り当てる

提出できた課題については達成ポイントが得られる

次回までの課題	成果物	時間（予定）	割当ポイント	達成ポイント
序論の第3節を書く	4ページ分の原稿	8時間	8	4
実験装置の図を書く	装置の図	1時間	1	1
データ分析をする	グラフ2つ	2時間	2	2
来週の計画を立てる	来週分の計画表	30分	0.5	0.5
合計		11時間30分	11.5	7.5
目標達成の基準	達成ポイント合計÷割当ポイント合計が90%以上ならば目標達成とする。			
目標達成した場合の報酬	特になし			
目標達成しなかった場合の罰則	大日本天狗党へ1000円を寄付する			

4ページの目標のところ2ページしか書けなかったので半分の達成ポイント

少し贅沢なランチなど自分へのご褒美を設定してもよい

以上について、契約する

2020年9月30日　独学 太郎

わけのわからない団体への寄付（ほんとはしたくない罰ゲーム）

技法 13 ゲートキーパー

ヒトは環境と状況の産物

「なにごともこころにまかせたることならば、往生のために千人ころせといはんに、すなはちころすべし。しかれども、一人にてもかなひぬべき業縁なきによりて害せざるなり。わがこころのよくてころさぬにはあらず。また害せじとおもふとも、百人・千人をころすこともあるべし」（歎異抄・第十三条）

（すべてのことが、自分の思うままになるのであれば、浄土往生のために、ひとを千人殺せと言われたならば、ただちにそうできるはずである。しかし、一人たりとも殺してしまうような宿業の深い背景がないから、殺せないのである。私のこころが優しく善良であるから、殺さないのではない。また殺すまいと思っていても、百人はおろか、千人を殺してしまうこともあるのだ。）〈43〉

ヒトは、その意志の産物というより、自分を取り巻いてきた環境と状況の産物である。

どれだけ善良な心を持ち、決して誰も傷つけたくないと思っても、環境と状況しだいで、百千という人を殺めてしまうことがあり得る。親鸞がここで取り上げ

親鸞
（しんらん、1173-1262）
鎌倉初期の僧。浄土真宗の開祖。慈円について出家、比叡山にのぼり、20年間学行につとめたが悟りを得られず、1201（建仁1）年、29歳の時京都六角堂に参籠し、この時聖徳太子の示現を得、これを機縁に法然の門に入った。1207（承元1）年、念仏弾圧により越後に流され、非僧非俗の生活に入る。1211（建暦1）年に赦免され、晩年に帰京するまで常陸国など関東にあって伝道布教を行った。恵信尼を妻とし、子に善鸞・覚信尼らがいる。

る事例は極限的であり、その洞察は冷徹だが、ヒトとヒトが置かれた世界の有り様について嘘偽りのないものである。

逆に「悟りたい」という、これ以上になく強く高い目的意識をもってしても、そうした環境と状況、因果の鎖に結ばれていなければ、人一人殺すことも困難である。

人間の意志は弱い。いや、むしろ人は体温の恒常機能は持っていても、意志を保つための恒常機能は備えていないと言うべきだ。

我々の日常的判断の大半を担うシステム1（動物としての感情の直感：序文参照）は、かつて周到に計画したプランよりも、現在の刺激の方に左右されてしまう。我々の祖先が進化した環境においては、かつて巡らせた思案よりも目の前の火急の事態を優先する方が適応的だったからだろう。

しかし理性は、かつて哲学者たちが願っていたように我々個々人の魂に宿るのではなく、むしろその外に（社会というネットワークの形で）存在する。そして、これは我々の弱点ではなく、仕様なのだ。

〈43〉現代語訳は『歎異抄』研究会 聖典の私訳〈第十三条〉から。『歎異抄』は親鸞の語録として弟子唯円により編纂された。http://www.shinran-bc.higashihonganji.or.jp/report/report03_bn16.html

この人間の仕様を突きつけられ、しかし受け入れることで危機を乗り越えた人物に、ホメロスがうたう『オデュッセイア』の主人公、智将オデュッセウスがいる。彼は物理的な縛めにより、破局的な結果につながる意思の変化を乗り越えた〈44〉。

一方で我々は、自分が社会的動物であることを、その経験から痛いほど（痛みをもって）知っている。つまり様々な社会的縛めによって既に、自分の行動や思考・判断などが影響を受け、制約されていることを思い知っている（我々の中には、そのせいで学ぶことを中断させられたり断念させられてきた経験を持つ人がいるだろう）。

ならば独学のために、この事実を承認し、今度は我々が社会的な「オデュッセウスの鎖」をデザインする番だ。この鎖は、移ろいやすい我々の意思にとって**「外付けの理性」**となるだろう。

ささやかながら、「外付けの理性」となり得るものの一つが、ここで紹介したゲートキーパーという技法である。

元より、自分が学び続けるのに必要な社会的縛めは、多くはささやかなものだ。もしもあなたの独学を応援してくれるか、少なくとも見逃してくれている人がいるなら、その人にその週の簡単な学習予定を書いて手渡すだけでいい。たったこれだけで「鉄の意志」以上に強固なガードを手に入れることができる。

「ユリシーズとセイレーンたち」（Ulysses and the Sirens）
1909年、ハーバート・ジェームズ・ドレイパーによって描かれた油彩画。
フェレンス美術館（イングランド、キングストン・アポン・ハル）所蔵。

そうした人が身近にいないなら、ソーシャル・ネットワーク・サービスに自分がやろうとしていることを逐次公開すればいい。出会ったこともない無数の他者の存在が、あなたを怠慢から学びへと立ち戻らせる。

どちらも相手はあなたを監視したり、賞罰を与えたりする必要はない（そんな面倒はかけなくて済む）。ただ他人に知られていること、その事実自体が、あなたが初心から逃れぬよう、無数の社会的縛めとなって、あなたが思い定めた学びに、あなた自身を繰り返し結わい付けてくれる。

〈演　習〉

・毎日会う人宛にコミットメントレターを受け取ってくれるよう頼んでみよう。

・コミットメントレターの内容を、SNSに投稿してみよう。

〈44〉『オデュッセイア』は『イーリアス』とともにホメロスの作として伝承された古代ギリシアの長編叙事詩。トロイア戦争の英雄オデュッセウスが、その勝利の後に故国に凱旋する途中に起きた10年間の漂泊を物語ったもの。オデュッセウスは、キルケーの忠告に従い、部下たちの耳の穴を蜜蝋で塞ぎ、また部下たちに命じて自分の手と足を帆柱の根本に縛りつけさせた。人を誘惑し、惑わせる海の怪物「セイレーン」の島に近づくと、その歌声に魅了されたオデュッセウスは縄をとき自分をセイレーンのもとに行かせるよう叫んだが、部下たちは事前の指示を守り、一行は無事セイレーンの島を通り過ぎることができた。

技法 14

私《し》淑《しゅく》

会えない者を師と仰ぐ

① 師と仰ぎたい人物の候補を選ぶ

私淑とは、実際に会うことができない人物を師と仰ぐことである。つまり遠すぎて会いに行けない人物や、既にこの世にない人物も、師とすることができる。憧れの著者や歴史上の偉人を選ぶことが多いが、フィクションに登場する架空の人物を選ぶことさえできる。

著者が私淑の対象に選んだのは、林達夫という、戦前から戦後にかけて活躍した日本の評論家、思想家である。林との「出会い」は、よく言えば幸運、つまらなく言えば偶然だった。

大学生になってしばらく後、一冊の本を最後まで読み通せないほど飽きっぽく未熟な

林達夫

（はやし たつお、1896-1984）

思想家、評論家、編集者。京都帝国大学文学部哲学科で美学・美術史を専攻。卒業後、東洋大学に勤めながら、和辻哲郎・谷川徹三らと岩波書店の雑誌『思想』の編集にたずさわる。第二次大戦後、明治大学に勤める一方、平凡社に入社、責任編集長として『世界大百科事典』の編纂にあたった。「書かざる学者」と呼ばれたが、林が世に出した著者、影響を与えた人物は数多い。

読み手だった私に、一人の先輩が「これだったら対談形式だから読みやすいだろう」と紹介してくれたのが『思想のドラマトゥルギー』〈45〉という書物だった。哲学者である久野収を聞き手に、林達夫の半生を語らせるもので、元は『林達夫著作集』の付録のために行われた対談である。

②①で選んだ人物について情報を集める

私淑では、古今東西のどんな偉人も召喚できるが、どんな人物であるかよくわからない人物は私淑しがたい。問いを投げた時その人物がどう答えるか、また困難に突きあたった場合にその人物ならどう行動するか、具体的にイメージできるように、これと見定めた人物について、できるかぎりの情報を集めよう。

もしもその人物が書いたものが全集の形でまとめられているなら、言うことはない。全集は、それまでのその人物の研究の集大成として編まれることが多いので、付録の巻や別巻に、年譜やその人物についての研究案内がついていることも多い。私淑の拠点と

〈45〉林達夫、久野収『思想のドラマトゥルギー』（平凡社、1974）（増補版、平凡社選書、1984）（平凡社ライブラリー、1993）

	人物について	作品について
本人が書いた	自伝	作品 全集、著作集 （書誌）
他の人が書いた	年譜 伝記 作家論	作品論 （研究書誌）

してもってこいである。情報を集めてみて、これは自分の師にすべきでないと気付く場合がある。こうした場合は、❶へ戻り、師にしたい人物を選び直す。

著者は、林達夫についてまず百科事典で調べた。1988年版の『世界大百科事典』には、編集長の加藤周一が「林達夫」の項目を執筆している。ここで林達夫こそ先代の、1955年に刊行が開始された『世界大百科事典』の編集長であったことを知った。加藤の項目には『林達夫著作集』全6巻に、林が書いたもののほとんどが収録されていることが記されていた。

図書館には『林達夫著作集』全6巻が所蔵されていた。この『著作集』の最終巻〈46〉には、林の著作年譜や略年譜があり、また『思想のドラマトゥルギー』のもとになった対談が収録されている。『思想のドラマトゥルギー』を繰り返し読みながら、この対談の中で語られる林の書いたものや、それ以外の著者の書物を集め拾い読みしながら、情報を集めていった。

いつしかこの対談に登場する人名と地名と書名を調べるのが習慣になった。そうして何人の著者と何冊の書物に導かれたかわからないほどだ。この作業を続けるほど彼此の差を思い知るばかりだったが、私淑するに足りる人物だと判断した。アマチュアを名乗りながら、岩波文庫のフランス語翻訳やラッセルの哲学史を完膚なきまで叩きのめすなかなか素敵な性格も気に入った（意地の悪い自分の性格に合っているだろう）。

③折に触れて私淑した師に問いかける

折に触れ「師匠ならどうする（した）か？」と問い、独学の指針とする。問いを投げかけ、この人物ならどうこたえるか、またどう行動するかを想像することを繰り返そう。問いを重ね、私淑の師と長く付き合うほど、その師は、困った時、くじけそうな時、アドバイスをくれ、道を示してくれるだろう。

著者の場合、「今さら○○を学び始めてどうなるのか？」と意気地のないことを思った時は「林達夫は70歳でロルカを読むためにスペイン語を始めたぞ」と思い直した。けれども何より、ついに専門というものを持つことができなかった自分にとっては、アマチュアを名乗りながら、あくまで具体的な事象や作品に沿いながら、易々と分野の垣根を越えていくところにこそ、多くを与えられ勇気づけられたのだと思う。

〈46〉林達夫著／久野収、花田清輝編『林達夫著作集』第6巻（平凡社、1990）、165-183頁

迷った時の魔法の言葉「この人なら、どうする？」

私は「ひそかに」、淑は「よしとする」を意味する。

私淑とは、直接教えを受けることはできない相手を、ひそかに尊敬し、模範として学ぶこと。また教えを受けたことはないが、尊敬する人をひそかに師と仰ぐこと、を言う。

私淑は、その対義語である親炙《しんしゃ》（その人に親しく接して、その人から感化を受けること）とともに、『孟子』を初出とする言葉だが、その方法は古今東西に見られる。

ペトラルカは『わが秘密』の中で、魂の師とみなしたアウグスティヌスに仮想の対話を挑み、愛と名声に悩む自己に対して仮借のない検討を行っている。

また『神曲』の中で、ダンテの地獄めぐりを導くのは詩人の父とも言われたウェルギリウスである。

さらに言えば私淑と親炙は陸続きになることがある。

例えば内田百閒は郷里岡山で過ごした中学時代に漱石の作品を読み、私淑するようになった。のちに東京帝大に進学、上京して漱石の家に通うようになり親炙するようになった。

逆に映画監督ビリー・ワイルダーは、その師エルンスト・ルビッチの家に住み込み

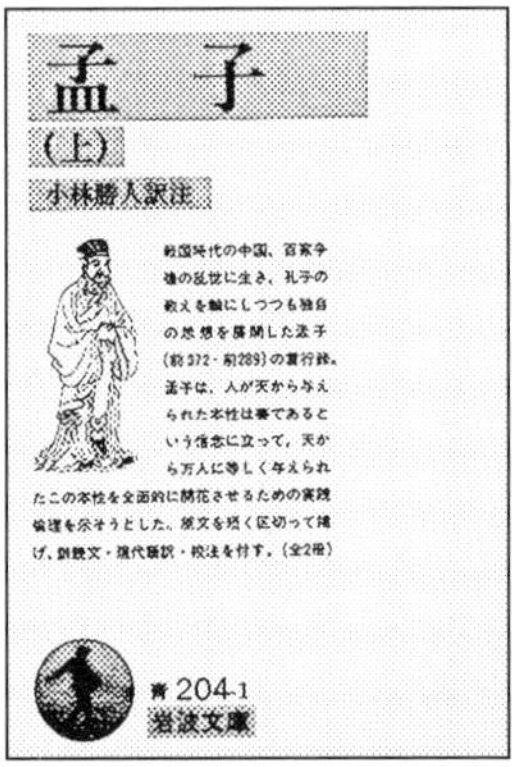

孟子著／小林勝人訳注
『孟 子』（岩波文庫、1968）
戦国時代の儒家、孟軻（紀元前372年?-紀元前289年）が、諸国を遊説する中、諸侯や知識人、門弟などと行った問答を集めた書。道徳政治を唱えるが、その前提として経済的条件を認め、その実現のために具体的方法（井田法）を提示する。また民意を天意と称して武力による覆しをも是認した。「革命」の語の初出でもある。

（親炙し）、その死を看取ったが、その死後「ルビッチならどうする？」という言葉を額にして自分のオフィスに飾り、そう自問自答することで創作の源泉とした。つまり親炙から私淑へ移行したのである。

その死後も「仮想の師」とすることで言えば、ソクラテスを主人公とするプラトンの対話篇もまた、この系列に位置付けることができる。

教え導く者を持たない学びを独学と言うのだとすれば、独学者が師を持つというのは語義矛盾ではないだろうか。

しかし**独学は孤学ではない**。

自立した人の実態が、何人にも依存しないのではなく、なるだけ多くの人に薄く広く依存するものであるように、独立独歩の道を行く独学者もまた、何人にも師事しないのではなく、無数の師を持つことができる。

私淑は、そのための方法である。

対面で親しく付き合うのでないのなら、なぜわざわざ仮想の師を持つのだろうか。

師とはおそらく、優れた実在の人格以上の存在であり、学ぶ者がいつか至ろうとする未来が、実在の人物の上に投影されてできる幻影である。あるいは師もまた一人学びの

ペトラルカ著／近藤恒一訳
『わが秘密』（岩波文庫、1996）
アウグスティヌスの『告白』を座右の書としていたペトラルカ（1304-74）が、精神的な危機に直面していた自己を救済するために魂の師アウグスティヌスに仮想の対話を挑み、仮借のない自己検討を試みたもの。

道を行く求道者として、その不完全な人格と学識に苦しみながら、みっともなくのたうち回りながらもなお、いくらかましな者になろうとし続ける、そんな姿を表し続ける存在である。

我々を教導するのは、師の現にある姿でなく、そうあろうとする姿である。つまり我々が本当に師事すべきなのは、相手が実在の肉体を持った現実の人物である場合ですら、まだ現存していない架空の師であるのだ。「月を指して指を認む」（月を指差して教えたのに月を見ないで指ばかり見ている、の意）の愚を犯してはならない。師匠という「指」でなく、師匠が見つめるその先（「月」）を見よ。

私淑の骨法は師匠がいつどんな場合に何をやってきたかという事実を集めることに留まらず、「仮想の師」という人格モデルを作りあげ、「この人ならば、こんな時どうするだろう（行動）？　どう考えるだろう（思考）？」という自問自答を繰り返すことにある。

「仮想の師」と思い定めた人物の言行を著作や伝記から知ることと、「こんな時どうするだろう？　どう考えるだろう？」と考えることは、私淑の両輪であり、鶏と卵の関係にある。

実際の言行を知れば知るほど、「仮想の師」というモデルはそれだけ精緻で生き生きとしたものとなり、「この人ならば」の問いに答えやすくなる。

また「この人ならば、どうする？　どう考える？」と想像し、架空の言行をシミュレーションすることを通じて、我々はその人が残した著作や伝記的事実の意味とその奥に蔵している可能性をより深く理解できるようになる。

技法15

会読

共に読むことが開く知的共同体

①主催者が会読する書物を選ぶ／参加する人を集める（声をかける）

会読は一冊の書物を複数人で読むことである。先に何を読むかを決めてから人を集めても、先に人を集めて（人が集まって）から読む本を決めてもよい。

②会読する本について参加者は会読の日までに読んでおく

主催者は日時、場所を決める。

③会読に集まり、参加者は自分の読みを持ち寄り、共有する

集まりに先立って、要約を作ったり、疑問点などをメモしておくとよい。

会読実施までの流れ

この本を
読もう

どちらが
先でもいい

人を集める

6/30に
やろう!
主催者

それぞれが読んでおく

〆切があり、
「他の参加者」という
社会的圧力も働いて、
サボりにくい

共有する

・自分では
気付かなかった
論点に気付く
・難しい場所を
話し合える
・他の人にとっても
難しいのだと
わかって励まされる
などのメリット

会読は挫折を防ぐ

独学指南はもとより、読書術を名乗る書物もまた、複数の人間が集い書物を読む方法を扱うものは少ない〈47〉。

しかし、繰り返すが、独学は孤学ではない。独学者は、自らが学ぶ環境を自身でデザインする者である。会読〈48〉は、一人では読み通せない書物を読むための手法であるだけでなく、読み終えた後にも続く知的共同体＝学習環境を自身の周囲に構築できる代えがたい方法である。

社会関係は、人が人であるための紐帯である。

独学を完遂できる人は多くないが、我々の多くは学校という場所では何時間という時間を学びに費やす。周囲もまたそうするからだ。

会読は、同じように本を読む人たちとともに行う共同行為である。これだけでも我々は、いくらか挫折や断念から遠ざけられる。

まず会読に自分以外の読み手が参加することが重要である。他の参加者が読んでいるのに、自分は読むことをやめるわけにはいかないからだ。集団圧力（一種の仲間＝共同体意識と言い直してもよいが）が、難解かつ分厚い本で起こりがちな、途中であきらめ放り出してしまうことを食いとめるのに働く。

さらに独学が挫折する大きな原因である「自分一人では理解できないこと」についても、会読は助けとなる。

まず自分以外の参加者が運よくそこを理解しているかもしれない。さらに幸運なら、その人はあなたにわかるように説明できるかもしれない。

そこまでの僥倖が得られなくとも、わからない箇所を引用して明示し、「ここがわからない」として、それも含めて公開する（晒す）のが最善の方法である。

調べに調べて、考えに考えてわからない箇所は、複数人＋指導者付きの輪読でも、議論しても決着がつかない場所かもしれない。そういうところは、そもそも「わからない箇所」である可能性が高い。教科書なら誤植だったり、原典のたぐいなら長年論争になっているところかもしれない。こうした場合でも「自分以外の人

〈47〉本書を執筆中に、日本最大の読書会である猫町倶楽部を主催する山本多津也氏が『読書会入門 人が本で交わる場所』（幻冬舎新書、2019）を上梓された。

〈48〉「会読」については前田勉『江戸の読書会 会読の思想史』（平凡社ライブラリー、2018）を参照。全国の私塾、藩校で広がった読書会＝会読での経験とそこで培われた精神（それに文体）が、明治維新を準備したことを明らかにしている。

前田勉
『江戸の読書会 会読の思想史』
（平凡社ライブラリー、2018）

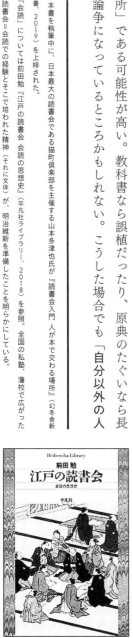

もわからないのだ」と知ることが、あなたの心を支える。Lonesome No More!（もう孤独じゃない！）〈49〉。

わからない部分を表明して共有し合うことも、挫折を予防する。一人で書物を読んでいると「わからないのは自分の頭が悪い／知識が足りないからではないか」と自分に責任を帰属しがちである。わからないのは自分だけではないことを知れば、間違った責任帰属は訂正され、動機付けは補充される。

加えて議論することは、理解と習得を促進する。社会生活を営む生き物としてヒトは、社会的な場でやり取りされたことについてのセンシビリティ（感度）も高い。議論したことは、議論した相手やその集団と共に深く記憶に刻まれる。

会読仲間が見つからない時は

しかし会読は自然発生するものではない。

この方法が可能になるには、対象となる書物が各人に入手可能であり、平均して一定以上の読解力と読書に充てられる時間を持っている参加者が、ある程度の数揃うことが条件となる。

この条件を満たすのは、思いの外難しい。

会読の一種である「輪読」（輪読は、数人が順番に代わり合って一つの書を読むことを言う。一つの書について共同で解釈研究する時や、大学のゼミナールや私的な勉強会などで行われるもの）が最も見られるのが大学のゼミナールなどの少人数の正規コースであり、次に大学生たちの自主的な勉強会であるのは、こうした理由である。

学校から離れると、皆、生活の中で時間をやりくりし、学ぶための時間を捻出する。異なる仕事や生活サイクルの人同士だと、そもそも定期的に集まることも容易ではないし、各人が読書に振り分けられる時間も一定しない。同じ本を読みたいという者を、周囲に数人見つけることも簡単ではなくなる。

では、共に会読する人を見つけられない時はどうすればいいか。

一つの方法は、一人でも始めてしまうことだ。インターネット上で本のタイトルで検索すると**「一人会読」**している人たちが、結構いる。

一人なら、誰かに合わせなくてもいい。空いた時間や都合のついた時間を好きなように使えばいい。ペースも調整できるし、事情により中断してもペナルティ

〈49〉カート・ヴォネガット著／浅倉久志訳『スラップスティック――または、もう孤独じゃない！』（ハヤカワ文庫SF、1983）

カート・ヴォネガット著／浅倉久志訳
『スラップスティック――または、もう孤独じゃない！』
（ハヤカワ文庫SF、1983）

はない。再開も思うがままだ。つまるところ、これらは独学のメリットとデメリットそのものである。

要約（レジュメ）を作る担当はすべて自分だが、ここをサボると効果は薄い。一人会読の要約（レジュメ）は、口頭で補うわけにはいかないので、箇条書きレジュメよりは詳しいもの、つまり読んで流れがわかるものを書くことになる。

一冊の書物をただ読むだけでなく、他人にもわかるように文章化することは、何よりも理解を助け深める。

インターネットを使えるなら、一人会読の要約（レジュメ）はぜひともネット上に公開すべきだ。

誰かわからぬが、誰かが見ている（かもしれない）事実が、継続を支える。一種のパブリック・ポスティング効果である。維持するための集団の圧力が挫折を許さないことが会読のメリットだったが、公開というプレッシャーがそのかわりになるというわけだ。

またネットに公開することにすれば、世に知られた本なら、ときどき見知らぬ誰かからコメントがつくこともある。

同じ書物を読む人は遠くにいる、という言葉がある。

同じ本を（自分と近い関心から）読んでいる人は、どうしたわけか遠くにいる（あるいは異国の地ですれちがったりする）。これは印刷術がもたらしたもので同じテキストがこの世界に多数存在することから生じる。

インターネットはそのことに（以前にも増して）気付かせてくれる。あなたが何かを読み始めようとする時、書名で検索すれば、この世界で我々は孤独でないことを知るだろう。

朋友《とも》、遠方に在り。それもまた喜ばしからずや。

〈演　習〉

・参加者を公募している読書会に参加し、会読を体験してみよう。読書会は現代の会読である。

・会読を自分で主催してみよう。独力では読み通せそうにない、少し背伸びした本などを選ぶといい。最初は知り合いと、慣れたら知らない人を募集してみる。

コラム

金のない独学者に何ができるか

独学者にとって、時間と資金は、ともに重要かつ希少な資源である。

古来より、時間と金、どちらか／どちらも十分にない独学者たちは、苦学者のアイコンとして多くの学校にあった二宮尊徳像のように、働きながら、時間とお金をやりくりして学んできた。

このコラムでは、主として資金上の制約から独学を選んだ人のために、いくつかの情報提供を行おう。

現代の独学者は、図書館とインターネットという二つの強力な支援を得ることができる。

1 図書館

図書館は、無料で以下のような資料提供とサービスを受けられる、独学者にとって不可欠の施設である。

図書館はベストセラーを読むには便利な施設ではないが、発行部数が少なく高価な学術書を読むこと借りることはもちろん、その図書館に所蔵がない図書などを他の図書館から取り寄せる（インターライブラリーローン、ＩＬＬと言う）こともできる。

価格・冊数ともに自宅に揃えることが難しい大部な事典や書誌などの調べものの道具（レファレンスツール）を使って知の大海を縦横無尽にわたることもできれば、新聞／雑誌などの定期刊行物を読むことも、館内のコンピュータでインターネットにアクセスすることもできる。

そして何よりレファレンスカウンターでこれらの資料の使い方を含めて、探しものの支援を受けることができる。

また近年、図書館では、就職支援などの様々な社会サービスを提供している。

図書館を独学者が利用する方法については、詳しくは第2部で紹介する。

2 インターネット

我々は、かつての独学者たちが手にしなかった環境を有している。インターネットはその最たるものだ。

学習資源についてだけでも、例えば小学校から高校までの各教科について、数多くの教材や授業動画がインターネット上で提供されている。提供者は、ボランタリーな個人有志から学習塾・予備校、教育関連の出版社、教育番組を提供してきたＮＨＫなど多様である。それ以外にも様々な分野の知識や技術（楽器の演奏から料理や修繕、プログラミング、農業技術に至るまで）について解説する動画がある。

国語について言えば、『走れメロス』や『山月記』などの頻出の作品について検索すれば、定期テストによく出る問題と解答が、あるいは読書感想文の例が、いくつも見つかる。

数学についても、公式や定理を短い動画にまとめたもの〈50〉から、ゲーム形式で計算練習ができるもの〈51〉、演習プリントを提供するもの〈52〉の他に、定期試験に出るような問題から数学オリンピックの出題まで丁寧に解説した『高校数学の美しい物語』〈53〉、大学が新入生向けに提供するものにKIT数学ナビゲーション〈54〉（金沢工業大学）、基礎数学ワークブック〈55〉（高知工科大学）、有志による理数系のトピックを解説するページ（ときわ台学〈56〉）、理系大学生向けに数学・物理を動画で解説する「予備校のノリで学ぶ『大学の数学・物理』」〈57〉などがある。

その他、質問投稿サイトでは、宿題やレポートのアドバイスや解答を求める多くの質問が寄せられる。

一方で、インターネット上には研究論文レベルの情報も少なくない。

広義には学術情報を、狭義には査読つき学術雑誌に掲載された論文を、インターネットを通じて誰もが無料で閲覧可能な状態に置くことをオープンアクセス（OA）と言う。

2018年の調査〈58〉では、世界の論文の約28％が、利用者が探している論文の約47％が、オープンアクセスとなっている。新しく発表された論文ほどオープンアクセスとなっている割合が高いこと、そしてインターネット上で検索される論文の大半が近年発表されたものであることから、利用者が探している論文の中ではオープンアクセスである割合が高くなっている。

初等・中等教育と学術情報の中間にあたる、大学・大学院レベルの学習資源としてインターネットで利用できるものにＭＯＯＣ（Massive Open Online Course）がある。これはインターネット上で誰もが無料で受講できる大規模な開かれた講義であり、提供元には、世界的にも知られる有名大学が名をつらね、ユニバーシティ・エクステンション（大学開放、大学拡張）の流れの先端に立つ、現代の情報技術と教育工学にサポートされた遠隔教育システムである。

〈50〉http://www.dainippon-tosho.co.jp/mext/
〈51〉https://www.dainippon-tosho.co.jp/web_contents/sansu/menu.html
〈52〉https://gakuen.gifu-net.ed.jp/~contents/tanosiku/13scd/html/index.html
〈53〉https://mathtrain.jp
〈54〉http://w3e.kanazawa-it.ac.jp/math/
〈55〉http://www.core.kochi-tech.ac.jp/m_inoue/work/index.html
〈56〉http://www.f-denshi.com/index.html
〈57〉https://www.youtube.com/channel/UCqmWJJolqAgjIdLqK3zD1QQ
〈58〉Piwowar H, Priem J, Larivière V, Alperin JP, Matthias L, Norlander B, Farley A, West J, Haustein S. (2018) The state of OA: a large-scale analysis of the prevalence and impact of Open Access articles. PeerJ 6:e4375 https://doi.org/10.7717/peerj.4375

インターネットの持つ強み、すなわち世界のどこでも、また利用者が好きな時間にいつでも利用できることはもちろんのこと、高度な教材・講義・課題に取り組むことができ、大学レベルの遠隔教育を可能にしている。

代表的なプラットフォームとしては、スタンフォード大学・プリンストン大学が参加するCoursera〈59〉、ハーバード大学とマサチューセッツ工科大学が共同で設立したｅｄＸ〈60〉、日本版としては日本オープンオンライン教育推進協議会（JMOOC）が提供するＪＭＯＯＣ〈61〉などがある。

高度な知識・技能の習得を目指す独学者には、ＭＯＯＣはどのような価値があるだろうか。

ＭＯＯＣは、いわば通学と独学の中間に位置するものであり、学習資源の準備とアレンジを専門の教育機関に任せることができる方法である。学習資源（教材やカリキュラム）を自前で整えなくてはならない完全独学からすれば、ＭＯＯＣを利用することでその負担は大きく軽減する。カリキュラムの構成、教材の選択と編集という面で、ＭＯＯＣは大学かそれ以上のレベルの学習資源と環境を提供してくれる。ＭＯＯＣにカリキュラムと学習資源を任せることで、独学者が担うべき作業のうち、学習資源の選択と調達という、本書で言うなら第2部に扱ったものをレディ・メイドに頼ることができる。

しかし一方で、学校が与えるすべてをＭＯＯＣが提供できるわけではない。

現代の情報技術と教育工学に基づき、テキストの他に動画配信などを組み合わせて提供される現代のＭＯＯＣにおいても、実は修了率は10％前後〈62〉と、かつての通信教育（例えば東京専門学校・

現早稲田大学が提供した『早稲田講義録』）と大差ないことは興味深い。

この事実は、学校という外部足場なしにヒトが学習を継続させることの困難さと限界を示すとともに、第1部で取り扱った学習継続の技術の重要性を示唆している。

少なくとも学習の継続に関して、学校という空間／制度の中で他の学び手と互いに影響を与えながら学ぶことがもたらすものが無視できないことを教える。

ＭＯＯＣを活用するにせよ、独学者は自前で学習を続ける工夫を担わなくてはならない。第1部で扱った技術はそのためのものである。

〈59〉https://www.coursera.org/

〈60〉https://www.edx.org/

〈61〉https://www.jmooc.jp/

〈62〉ＭＯＯＣ修了率は1割程度との調査は、edX's First Course Research Highlights | edX https://www.edx.org/blog/edxs-first-course-research/1013
ハーバード大学とマサチューセッツ工科大学が共同で設立したedXは、ＭＯＯＣのコース修了率が5・5％であったと報告している。Chuang, I., & Ho, A. (2016). HarvardX and MITx: Four years of open online courses--fall 2012-summer 2016. Available at SSRN 2889436.

第2部 何を学べばよいかを見つけよう

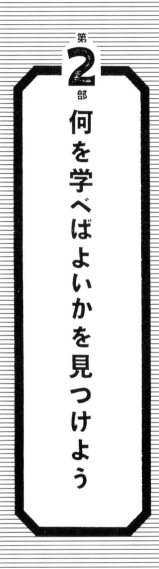

〈何を学ぶか自分で決める〉

弁護士であり美術史家でもあるエイミー・E・ハーマンは、美術品の収集と展示を行っているフリッツ・コレクションで、古今の名画を教材に長年あるレクチャーを行ってきた〈1〉。

受講者は、医者を目指す医学生や数学で落第しそうなブロンクスの高校生、それにFBIやニューヨーク市警の捜査官など様々だ。彼らが共通して学ぶのは「観察力」である。我々が普段どれだけ多くのものを見落としているか、そして見落としていること自体にいかに無自覚であるかに気付くこと、そうした見落としが時として大きな危険や損害につながること、そして見落としを回避し、多くの人が気付きさえしない詳細を汲み取ること、それらが意味することを理解する力を身に付けること等である。

このレクチャーと名画を詳細に見る経験を通じて、医学生は診断能力が上がり、高校生は数学の試験をパスした。捜査官にいたっては、経験に基づく判断の中に潜む思い込みを見直し、その捜査能力を一層高めることができた。

しかしなぜ、名画なのか。ハーマンは理由をこう説明する。

名画とは、描かれてから現在に至るまで、多くの人に繰り返し鑑賞され、また言及されてきた絵画である。鑑賞し言及した人々の中には、美術史家をはじめとする研究者が含まれる。より多くの研究者によって、より多様な視点から徹底的に研究され議論されてきた名画は、その来歴・主題・技法は元より、そこに何が描かれているのかについても、多くの目と時間、議論と資料等によって、より深い検討を経てきた。

「人類」という集合名詞を用いるなら、名画に注がれた数多くの知的営為は、研究の蓄積を通じて統合され、その名画を見る「人類の目」と言うべきものを作り上げている。美術史をはじめとする学術研究は、こうした意味で人類の認識能力を拡張する仕事でもあるのだ。

つまり名画であれば、我々自身の観察を、こうした歴代の詳細な観察と分析の蓄積と照らし合わせ、言わば「答え合わせ」することができるのである。

我々の観察と「人類の目」の観察を比較することで、我々が自身の見落としや予見に気づき、より詳細に見る力を身に付けることができるのは、研究の蓄積という形で「人類の目」を磨き鍛えてきたおかげである。

同じことが、あらゆる知識とそれらを学ぶことについて言うことができる。

知識は多くの人々の知的貢献からできており、その一つひとつが人類の認識能力を構成している。新しい知識を生み出すことは、人類の認識能力を拡大することである。個人もまた、それに

〈1〉エイミー・E・ハーマン『観察力を磨く 名画読解』(早川書房、2016)

接続することで自身の認識能力を高めることができる。ニュートンはこのことを「巨人の肩に乗る」と表現した。

人類が重ねてきた知の営みにつながることを、我々は学習と呼ぶ。

義務教育が制度化されて以降、我々の多くは学校で学んだ経験を持っている。

学校という学習の支援装置は、多くのことを肩代わりしてくれている。我々の集中力を損ねる刺激を極力減らしたり、様々な課題を次々用意して動機付けを維持させようとする他に、人類が重ねてきた知の営みの内から選び、要約し、最終的にカリキュラムや教材の形で提供してくれる。おかげで学習者は、自分で知の営みにアクセスし、必要なものを探して集めて回る必要がない。

しかしこうして与えられる教材は、多くの人のニーズに共通したものではあっても、あなたのニーズを満たすものではないかもしれない。あるいは、あなたは既に、与えられるものでは満足できないレベルを超えて進もうとしているのかもしれない。

こうしてあなたは独学を始める。つまり、自ら知の大海へ漕ぎ出し、求める知の在り処を探り当て、方向を定めて進むことになる。

独学では、どの分野／テーマを学ぶかはもちろん、学習にどんな教材を使うかも、どんなやり方で学ぶかも、すべては独学者に一任される。

しかし自由は、憧れているうちは甘美だが、いざ手渡されてみると厄介で重い。何しろ独学者の多くが挑むのは、独学者自身があまりよく知らない分野である。よく知らないものについて、教材から学習方法からすべて自分で決めろと言われても、途方に暮れて当然だ。

しかし独学者の多くは、そこで助けを求める指導者を持たない。

第2部では、この困難に焦点を合わせた。

自分で何を学ぶか決める、という当たり前の独学を行うためには、汎用の調査技術が必要である。

軸になるのは、知らないことを探し求めるための技術、調べもののスキルとノウハウだ。この中には「自分はいったい何を知りたいのか」から「知りたいことを知るためにどんな資料をどうやって探し、また入手すればいいのか」を知るための方法が含まれる。

これらの方法は、公共図書館（Public Library）という現場で磨かれてきたレファレンスワークと呼ばれる技術に多くを負っている。

公共図書館が、それまでの宮廷図書館などと原理的に異なるのは、万人にその利用が開かれていること、そのため誰が利用するかを予定・予想できないこと、したがって誰がどんな目的を携えて来ても対応できるよう準備しなければならないこと等による。

こうして公共図書館には、（予算、スペース等、様々な現実的制約があるにせよ）原則的にはすべての知識について資料を準備した上で、あらゆる目的で利用できるよう資料を探し出し提供する技術が要請された。これがレファレンスワークである。

多くの独学指南書は、調査の技術を提示する代わりに、著者が知的遍歴の中で遭遇したあれこれの知識を「学ぶべき知識」として提示する。

しかし「あなたが調べるべきことはこちらで決めておきました」というレファレンスワークがあり得ないように「あなたが学ぶべきことはこちらで決めておきました」という独学本は、本当ならあり得ない。

何を学ぶかを自分で決定できることこそ独学者の特権であり、他の学びから独学を際立たせる特徴である。

調査の技術はまた、アカデミック・スキルズの一部をなすものである。というのは、巨人の肩の上に立つことが学問という知的営為の前提であるからである。

研究者は、自身の研究業績を、これまでの学問研究に対して位置付けることを義務付けられている。自分の研究が、既存のどのような研究に対して何を付け加え、あるいはどこを否定しているのか、研究者自身が示さなくてはならない。その上に積み上げるにしろ、否定するにしろ、既存の研究を前提にしなければならない。でなければ、それぞれの研究成果は互いに孤立してしまい、学術研究は蓄積することも更新することもなくなってしまうだろう。

既存の知識を知ることは、あらゆる学術研究の前提であり、そのためのスキルは、初学者以外には改めて取り上げることがないほど、すべての研究者に体現されている。

調べものは、あなた個人としてではなく、人類としてどれだけの知識を有しているのかを参照する技術であり、社会としての認識を下支えする知的基盤である。

功利的に言うなら、千のノウハウ書と引き替えにしても、アカデミック・スキルズの一部をなす調査技術を身に付けることはおつりが来る。なぜなら、この技術は、必要なノウハウをいくらでも、かき集めることができるメタ・ノウハウでもあるからだ。

近年、インターネットをはじめとする情報技術の発展・普及により、情報を得るための金銭的コストそして時間的コストは大きく低下した。

しかしこれと表裏一体のものであるが、発信者となるためのコストを含む情報発信コストもまた大きく下がった。

かつて情報発信のコストは、発信される情報（もしくは発信者自体）を選別するフィルターという側面を持っていた。誰もが情報を発信できる時代とは、選別されることなしに情報が発信できる時代のことであり、情報を選別するコストはその受け手にのしかかることとなった。したがって、調査の技術は、得られた情報を吟味することで終結する。第2部でも、その最後に情報の吟味の技術を取り扱う。

独学者にとっては、この選別コストは何を学ぶかを自分で決める自由の代償である。

情報技術の発展・普及によって、今日では情報を得ようとすれば誰もが（その自覚なしに）、独学者並みのタスクとスキルを要求されるのである。

第2部で紹介するもののうち、特に書誌（Bibliography）は多くの人にとって見慣れぬものだろう。しかしこれまで手に取ったことがなくとも、この先も目にすることがなさそうでも、この書誌の存在を知ることは大きな意味がある。

極言すれば、書誌なしに知的営為を続けることは、誰かに準備してもらった教材を与えられることを含めて、独学に必要な学習資源との出会いを、ひいては独学の成否そのものを、〈偶然〉に依存すること、運任せにすることに他ならない。

しかし、すべての人に十分な機会と資源が与えられるとは限らない。にもかかわらず、知ることをあきらめることができず、学ぶことを志す人がいる。そこでこそ独学は必要とされる。

つまり独学者には偶然をただ待つ以上のことが必要だ。書誌という、探しもののプロの仕事は、独学者にとって、風のない時も、逆風の中でも、学びの船を前に進めるためのオールとなり、エンジンとなる。

あるテーマやトピックについて完全な書誌を作ること、集められる限りすべての文献を集めることは、有限な知力と時間しか持たないヒトという生き物には完遂不能な企てである。しかしこの向こう見ずな企てこそが、我々の知的営為の道行きを照らし導く。

先人が探し尽くしたところから始めることができるからこそ、独学者には学習資源をただ与えられること／偶然に出会うことを待つのではなく、自ら探し選ぶという企てが可能となる。

調べもの／探しもの用語一覧

※本書に出てくる場合の言葉の定義

- ▶調べもの／探しもの
  - 調べもの ― 知識／知ることが目標
  - 探しもの ― 資料を見つけることが目標
- ▶資料（の分類）
  - テキスト資料
    - 文献資料（公開＝不特定多数を宛先にしたもの）
      - 図書（書物・書籍）
      - 論文
      - 定期刊行物
    - 文書（特定の相手を宛先にしたもの）
      - 公文書
      - 古文書
    - 記録（宛先のないもの、他の人に見せることを予定しないもの）
  - 非テキスト資料
    - 音声資料
    - 映像資料
    - 実物資料
    - その他の資料
- ▶図書
  - 書物（読んだり書いたりされる対象としての） ― 「書物を書く」（ものす）とは言っても「書籍を書く」とは言いにくい
  - 書籍（流通するものとしての） ― （例）電子書籍、書籍業組合
  - 図書（どちらも含む） ― 図書館学での Book の訳語
  - 本（どちらも含む、砕けた言い方） ― 元々は写本する対象（オリジナル）を指すものだった

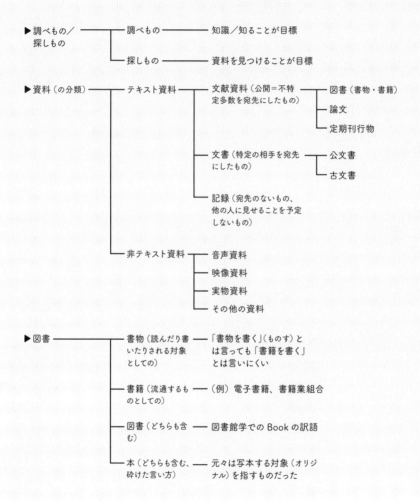

第7章

知りたいことを発見する

無知くんと親父さんの対話7

悩みをぜんぶ書き出せ

無知くん：学びたいのですが何を学べばいいのかわかりません。

親父さん：改めて言う話じゃないが、お前には知りたいことはないのか？

無知くん：大っぴらに話すことではありませんが、恋が知りたいです。

親父さん：それは別の本でやれ。話を戻せば、知的好奇心はあてがい扶持に与えるわけにはいかん。欲望はその人だけのものだ。例えば『マンガの描き方』みたいな本はマンガを描くためのいろいろな技術は説明するが、お前がどんなマンガを描けばいいかは教えてくれない。

無知くん：世間には「今、古銭学がトレンドです。世界の金持ちは皆古いコインを集めてます」などと言って、欲望をかきたてる本や雑誌が本屋に並んでいるじゃありませんか。

親父さん：否定はせん。昨今は雑学に教養の冠を付けて売り付ける教養商みたいなのまでいるが、お前はそういうのに貢いで一生を過ごしたいのか？

無知くん：滅相もない。

親父さん：では、自分が知りたいものを探せ。頭だけで見つからないなら、足と手と目玉を使え。なんでもいいから落書きしろ。もやもや引っかかるものがあるなら、的外れでいいから単語やフレーズを書き並べてみろ。はき出したものを見て「これじゃない」と思ったら「これじゃない」と書け。そうこうしているうちに「そういえば」と日常生活にかまけて忘れていた知りたいことを思い出したりするものだ。

無知くん：へえ、そういうものですか。

親父さん：実を言えば、困りごとや悩みを抱えていても、それを知りたいという気持ちに変換できる者は多くない。大抵の人は、困難や問題を運命とあきらめることはしても、それらを知的好奇心とは結びつけない。つまり、そこに知りたいことや知るべき何かが埋まっているとは思ってもみない。

無知くん：悩んでたら、そこまでの余裕がないんじゃないですか？

親父さん：そうだな。悩みごとは、注意という認知資源を大量に消費する。知的営為に振り分ける分は残らなくても無理はない。しかし知ることや知識は、ありあまる資金や時間を持っている者だけに許された贅沢品じゃない。むしろ**俺たちが手にすることができる知識の多くは、かつて誰かが悩み、取り組んだ問題解決の成れの果てだ**〈1〉。知識を生み出した者の多くは困っていた。すぐには何ともならない問題に直面し、足りない何かがあることは

〈1〉「我々が生きる世界には、人間が生み出した創造物が溢れている。建造物や機械のような目に見える物体はもとより、学校教育のような制度、そこで享受されるさまざまな知識、知識を伝達する書物やそれを生み出す印刷などの技術、そして文字や言葉自体も、人間がつくり出し継承してきたものであり、すべてが何らかの問題解決の成果である。つまり我々は、過去の問題解決者がつくり出した〈未来〉に生きている。」（読書猿『問題解決大全―ビジネスや人生のハードルを乗り越える37のツール』（フォレスト出版、2017）、6頁）

気付いていたが、それが実際には何なのかわからなかった。だからこそ、そこで知的努力が費やされ、知識が生まれた。

無知くん：では、僕も悩みごとを書いてもいいですか。邪な欲望を紙上に叩きつけてやります。

親父さん：かまわんが、全年齢版の範囲にしておけ。

無知くん：では「お金が欲しい」と。こんな僕が知りたいことって、一体何なんでしょうか？

親父さん：それはお前の置かれた状況などによる。お前が健康で働く気があるなら職業案内や就職面接について知りたくなるだろう。逆に病気で働けず、今日明日食べるものに事欠くなら公的扶助について知りたくなるだろう。

無知くん：いや、むしろバイクに乗って世界を旅する投資家になりたいです。

親父さん：どこかで聞いたような話だが、そこまで来れば、少なくともどの方面にあたればよさそうかぐらいは思いつく。思いつきに従って動けば、間違いなら「これじゃない」と気付くだろう。

そうして動いては引き返し、知識や気付きを得ながら動き回ることで、自分がやりたいこと、そして知りたいことが形になっていく。こうして人は学びの中に飛び込むことになる。

技法16

カルテ・クセジュ

脳内知識の棚卸し

① 取り組もうとしている分野や課題について、何でも思いつく限り順不同で書き出す

思いつくことなら、何でもいい。知りたいこと、気になること、いくらか知っていること、聞いたことのある名前や用語、名前はわからないが「……みたいな感じのもの」等、思いついた順に書き出そう。

書き方も、単語、フレーズ、短い文でも、何でも構わない。数が多いほど、バラエティが豊かなほど、はっきりわからなくて言葉にしにくいものがあるほどよい。下図は、「相対性理論」について思いつくことを順不同で書き出してみたもの。

$E=mc^2$
時空の歪み
時間の遅れ
特殊？
双子のパラドックス
一般？
光速度不変

② 書き尽くしたら、読み返しながら、まずは知っていることを四角で囲む

これ以上何も書けないという状態になったら、書くのをやめ、今まで書いたものを読み返す。

読み返しながら、学んだことがあるもの、聞いたことがあるもの、どこかに書いてあった気がするものなど、少しでも自分の知識に引っかかりがあれば、四角で囲む。

今後、作業中に新しい項目を知ったり思いついたりした時は、その都度書き足していく。

③ 四角で囲んだものの中から気になる／大事そうなものを選んで調べる。調べたものはさらに四角で囲む（四角い二重囲みになる）

ここでは短時間で実施できる調べ方、例えば手持ちの辞書や事典、インターネットなどで調べることを想定している。

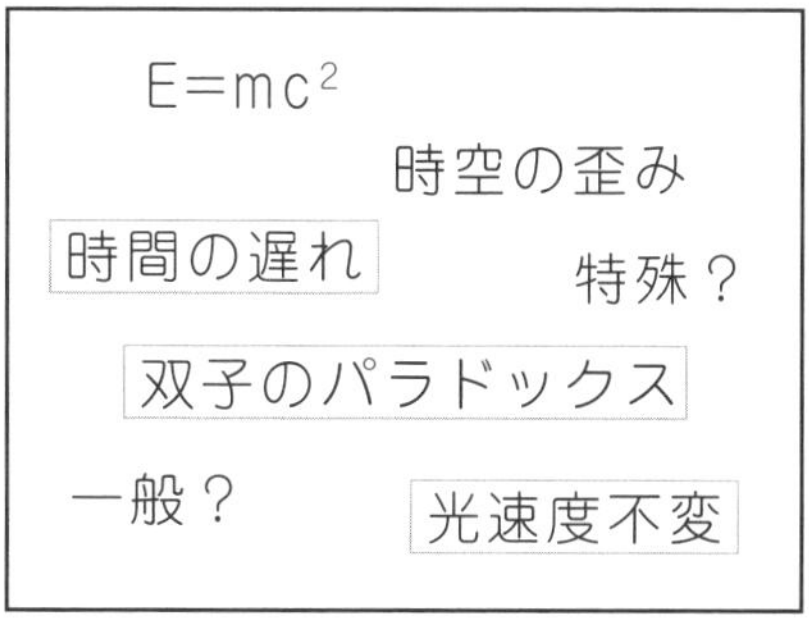

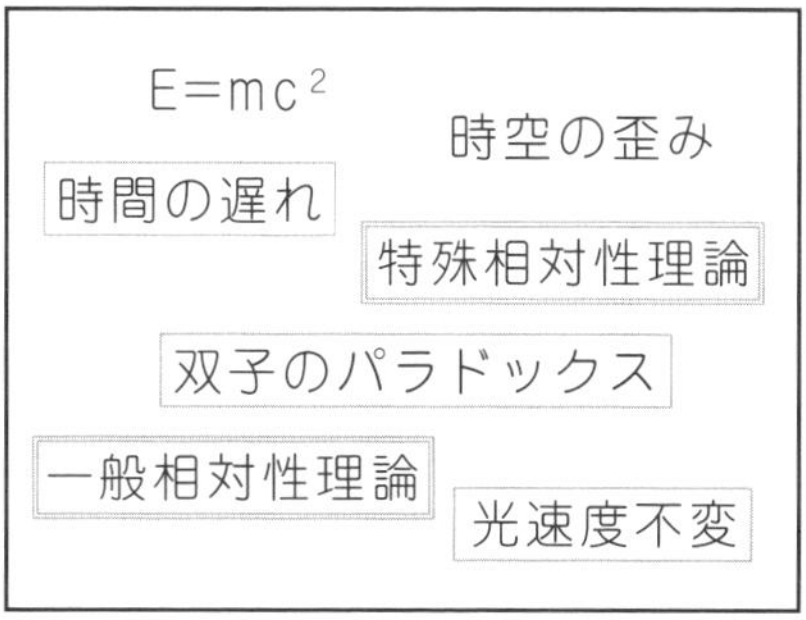

④いくつか調べた後で、再び全体を読み返しながら、項目同士で関係がありそうなものを線で結んでいく

囲みのあるなしは、ここでは考慮しなくてよい。線で結びつけていく中で、調べる必要を感じた項目は、❸へ戻って調査するとよい。

⑤調査と結びつけ（③、④の作業）を繰り返し、項目を結びつけたカルテの変化と成長が落ち着いたら、今度はもっと知りたいと思うものを、いくつか◯で囲んでいく

丸囲みする項目は、まだよく知らない（四角囲みがついてない）項目から選ばれることが多いが、いくらか知っているはずの四角囲みつきの項目から選んでも構わない。自分では知っていると思い込んでいた項目が、いざ調べてみると案外わかっていない場合も多い。既知から未知へ転落した項目は、強く知りたいという気持ちを引き起こして、研究や学習のテーマに選ばれやすい。「知っている感じ→ほんとは知らなかった」という驚きがそうさせるのかもしれない。

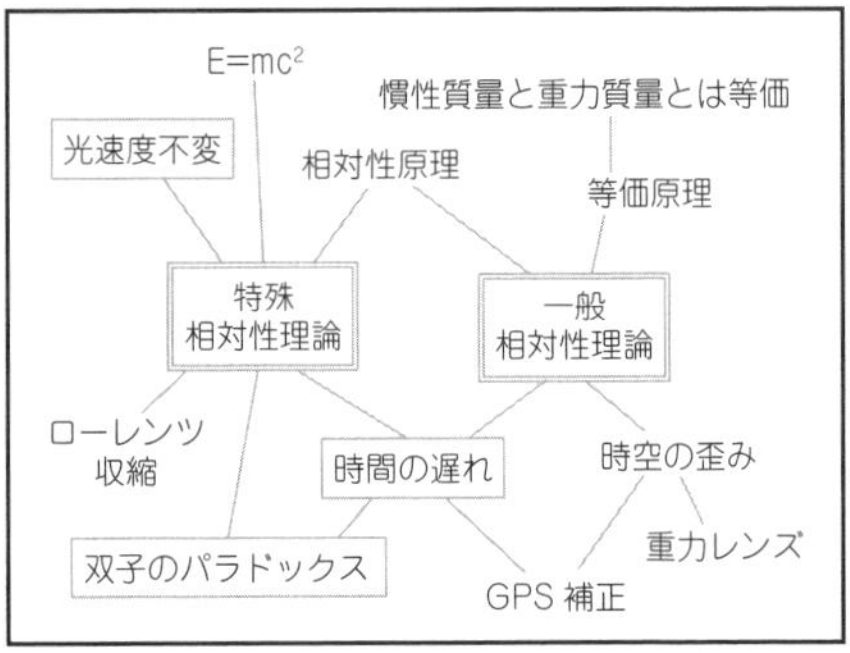

⑥ カルテを見返しながら、○をつけた項目の中から、最も知りたいものを一つ選びもう一重、○で囲む（◎の囲みになる）。これがあなたの学習／研究のテーマに、少なくともそのコアになる

ここではカルテの中で、他の知りたいことと多くのつながりを持つもの、そして既に知っていることからもつながりを持つものが選ばれやすい。

⑦ カルテ・クセジュを学習／研究が進む度に改訂していく

学習／研究が進み、自分の知識が改訂されると、カルテ・クセジュもまた改訂すべきである。

カルテ・クセジュの成長は、あなたの知識ネットワークの成長と連動している。そして、知りたいと思ったテーマも、カルテ・クセジュの成長に伴い、移りゆくはずである。

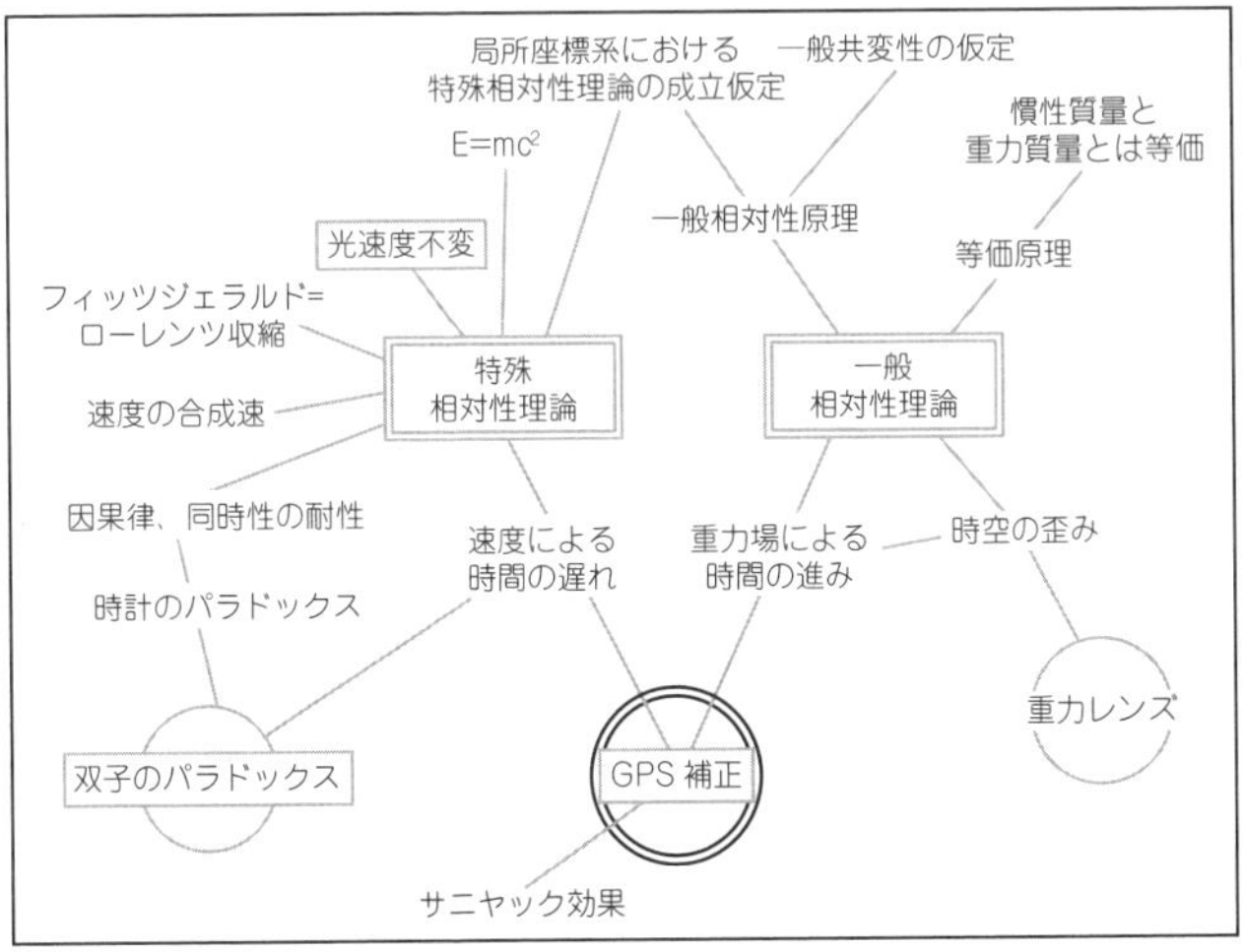

「私は何を知っているだろうか？」

クセジュ（Que sais-je?）は、モンテーニュ『エセー』〈2〉（1580）に見られる「私は何を知っているだろうか？」を意味するフランス語の表現である。カルテ・クセジュは、「私が何を知っているか」について一種の地図を描く技法である。

知識の探求には、プラトンが対話篇『メノン』で取り上げた「**探索のパラドックス**」という問題が付き従う。すなわち、

・あなたが探しているものを知っているなら、探すことは必要ない。
・あなたが探しているものを知らないなら、探すことはできない。
・それゆえ、あなたは探索が必要ないか、不可能か、そのいずれかである。

実際には、既知と未知は明確に二分されるわけではない。我々は探しているものについて完全な知識を持ち合わせていない（完全に知っているなら、それこそ探す必要はない）けれども、探しあてたものが「これが自分の探していたものだ」とわかるくらいにはわずかでも知識を持っていることが多い。

しかし一方で、我々は「自分が何がわからないかもわからない」や「何がわからない

『エセー』表紙

かまではわかるが、何を探せばいいのかわからない」など、無知ゆえに知を求めることができない（つまり「探しているものを知らないので、探すことはできない」）状態に陥ることも少なくない。

カルテ・クセジュは、自分の既知なるものをサルベージしかき集めることで、未知へ向かう拠点を作りあげるためのものである。

川喜田二郎は『続 発想法』〈3〉の中で、探すべきものが明確になった上で行われる「探索」に対して、何を探すかはっきりとしないまま行われるプロセスを「探検」と呼び、1章を充てている〈4〉。

川喜田は梅棹忠夫たちと共に、これまであまり足が踏み入れられていない未踏の地を調査する「探検研究」のベテランだったが、ここで言う「探検」は抽象化されたもので、より広い意味を持っている。その広がりを理解するために、川喜田が行った「探検」の4分類を追ってみよう。

〈2〉邦訳には、原二郎訳『エセー』全6冊（岩波文庫、1965-1967）、関根秀雄訳『モンテーニュ全集』全9巻（白水社、1983）、関根秀雄訳『モンテーニュ随想録』（国書刊行会、2014）、宮下志朗訳『エセー』全7巻（白水社、2005-2016）などがある。

〈3〉川喜田二郎『続・発想法 KJ法の展開と応用』（中公新書、1970）

〈4〉同右、16～48頁。

川喜田二郎

（かわきた じろう、1920-2009）

地理学者、文化人類学者。中学生時代から、先輩の今西錦司の影響から山歩きに没頭。三高では山岳部に熱中し、京都帝国大学時代には、今西錦司、梅棹忠夫らと共に探検隊を結成しカロリン諸島や大興安嶺山脈を探検した。京大では地理学科に属し、生態学的な人文地理学研究に打ち込み、大阪市立大学の助教授時代からはネパールを研究フィールドとするようになった。豊富な野外調査の経験を基に、情報整理と発想のための手法としてKJ法を開発。日本を代表する知的生産技術として企業などでも広く応用されるなど、その方法を著した『発想法（正・続）』はベストセラーとなった。

「内省」↓「思いだし」↓「間接情報探検」↓「直接情報探検」

川喜田は「探検」をまず「内部探検」と「外部探検」に分け、さらにそれぞれを「内省」と「思いだし」、「間接情報探検」と「直接情報探検」に分けている。そして「探検」はおおむね、「内省」↓「思いだし」↓「間接情報探検」↓「直接情報探検」の順に進むという。「内部探検」は「外部探検」に先立って行われる。

「外部探検」に取り組む探検者は、その未踏の地で「何が見つかるか」はわからなくとも「何かが見つかるだろう」と期待している。つまり「何かが見つかる」はずという見込みでもって、フィールドは選ばれている。

しかし「探検」の本当に最初の段階では、「どこを探していいか」がわからないだけでなく、そもそも「何を／何のために探すのか」すら不明である。川喜田は、思考が思考と呼べるものになるより手前のところまで、その視野におさめた上で「探検」を考えている。

このような思考ならざる思考が始まるところで、「内部探検」の前半を占める「内省」は行われる。このほとんど何もわからない状態で、人を「探すこと」へ駆り立てるのは「もやもや」とでも言い表すしかないような曖昧な懸念や気がかりである。自分が何に引っかかっているのか、それすらよくわからないが、しかし無視することができない。

むしろ気になって仕方がない正体不明の何かが「探検」の出発点である。「探検」は外へ出かけるはるか前から、自分の頭の中で懸念や気がかりの正体を捕まえようとするところから始まっている。

「内省」は、この「もやもや」の正体を少しでも突き止めようと、自分の心の内を探るプロセスである。

「なぜこのもやもやが気にかかるのか？」「いつどこで何があってこのもやもやが現れたのか？」といった手掛かりともつかない、心の中のひっかかりや思い付きを集めたどるうちに、もやもやの輪郭が次第に形を取り始める。

ここまでくると、「このもやもやはいつかのあれに似ている気がしないか？」「どこかで読んだ（聞いた）あれと関係あるかも？」といった思考を巡らせる段階へ移行する。

つまり「内省」が自分の心の状態を見つめる作業だとしたら、次の段階は自分の記憶に訴えかける作業となる。この「ああでもないこうでもない」と、自分の記憶の貯蔵庫をひっくり返す作業が「思いだし」である。

思いだされるものは、かつて自分の中に取り入れた外部のものであるから、「思いだし」は記憶を介して、次の「外部探検」へとつながっていく。

「外部探検」は、我々が日常的に使ういわゆる探検に近い。

まずは実際に「探検」へ出向くフィールドを決めるために、そして必要な準備を計画するために、予備的な調査が必要になる。これが「間接情報探検」である。「間接情報探検」では「目ぼしいものはどこにありそうか?」、また情報源としての人間を対象とするなら「誰が知っていそうか?」を知るために、あまり絞り込まず、いろんなフィールドを巡ることになる。

そしていよいよ何が見つかるかは未だ明らかではないが、「あそこでなら何かが見つかる」はずという見込みが立つ段階に至る。こうして選ばれた現場（フィールド）へ出向き、目ぼしい情報と出会うことを期待して行われるプロセスが「直接情報探検」である。

「間接情報探検」「直接情報探検」のいずれも、何を探せばいいかが、未だ明確にはなっていない。目標が明確でない以上、どんなやり方／アプローチが有望であるかも判然としない。したがって、ありとあらゆるものが自分が探している（未だ明確ではない）何かと関連があるかもしれないと心得て、すべての可能性を捨てず、直接関係のなさそうなものも、間接的になら関係ありそうなものも、すべてと出会う用意が要る。「探検」には、ハプニングや偶然こそが重要な手がかりとなり得る。

もやもやに徹底的に付き合え

川喜田の「探検」についての検討を経て、再び「探求のパラドックス」に立ち戻ろう。

独学者は、その何かを知らないからこそ学ぼうとする。しかし学ぼうとするものを知らないからこそ、独学者の学習は様々な困難に見舞われる。それを学ぶために教材や学習資源にはどんなものがあるのか、どれがまともな教材・学習資源であり、どれがひどい（誤った／偏った）教材や学習資源なのかについて、当該分野についてよく知らないために、判断がうまくできないことが多い。

しかも無知から生じる困難について、助けてくれる有知の援助者を、独学者は得られるとは限らない。むしろ得られないことの方が多いだろう。

しかし川喜田の言う「探検」は、人が探索のパラドックスに立ち止まることを推奨しない。**探しているものが何かわからないほどの無知を抱えて、何をしていいのかわからないならばこそ、頭の中でもフィールドでも、何でもいいから片っ端からやってみるべきだ**と教える。「もやもや」に徹底的に付き合い、頭の雑多な記憶をサルベージし、少しでも関係ありそうに思えるフィールド（分野／場所）にはどんどん顔を出し、その上で起きるかもしれないハプニングや偶然を最大限待ち受けること。

そのためにまず自分の頭の中を書き出して、知識の棚卸しをやろう。カルテ・クセジュはそうすることで独学者を「探検者」にするツールである。

技法17

ラミのトポス

古代弁論術に始まる自己問答

① 自分がわからないこと、または知りたいことについて、次の問いをぶつけて、自問自答する

・類（＿＿＿は何の一種か？）
・種差（＿＿＿は、同じグループの中で他とどこが違うのか？）
・部分（＿＿＿を構成する部分を列挙すると？）
・定義（＿＿＿とは何か？）
・語源（＿＿＿の語源は？）
・相反（＿＿＿の反対は？）
・原因・由来（＿＿＿を生じさせる（た）ものは？）

・結果・派生（＿＿＿から生じる（た）ものは？）

②自分だけで答えられる問いには答え、調べる必要があるものは後で調べておく

	ラミのトポス(問い)	その答え
類	心理学は何の一種か?	→社会科学、人間科学の一種
種差	心理学は、同じグループ(社会科学)の中で他とどこが違うのか?	→実験を主たる研究方法とする、代表的な実験社会科学 →代表的な理論社会科学である経済学とはそこが異なる
部分	心理学を構成する部分を列挙すると?	→認知心理学、社会心理学、発達心理学、異常心理学…
定義	心理学とは何か?	→心理を研究する学問
語源	心理学の語源は?	→psychology（＝psycheこころ、魂）+logos (学)
相反	心理学の反対は?	→(物心二元論から)物理学 →(ミクロ－マクロ関係から)社会学
原因・由来	心理学を生じさせたものは?	→古来からの魂についての考察(哲学、医学)+生理学の実験手法
結果・派生	心理学から生じたものは?	→行動経済学、実験哲学…

すべての知は「問い」から始まる

我々の学び始め、知の始まりは、問いを発することである。

自分が抱えた曖昧模糊な疑問、まだ疑問というものにすらなっていない違和感に、いくらかでも「形」を与え、学びの道行きを共にするつもりなら、我々は問い、そして自ら答えを探さなくてはならない。

問いは既に知っているところから、その「外」へと踏み出すところに生まれる。

何も知らなければ、問うための足場がない。しかし既に知っているところに留まるならば、問いは得られない。

人は自身の知と無知（未知）の境界で問う。

古代の弁論術のトレーニングの一つに、テーマに対して一連の問いを投げかけて、自ら答えを探すものがある。

この一連の問いは、これから論じようとしている議論の材料を入れて整理する〈格子〉の役割を果たしている。

古代弁論術では、この〈格子〉をトポスと呼んだ。

古代ギリシア語で「場所」を意味する単語である τόπος（トポス）は、英語 topic（題目、論題）の語源となった言葉だが、やがて時代を経ると、格子としてのトポスを埋める定番の〈内容〉をもトポスと呼ぶようになった〈5〉。「決まり文句」を英語で common place〈6〉と言うのも、これに関連がある。

「一連の問い」には、「誰が／何が?」「誰を／何を?」「どこで?」「誰の／何の助けで?」「なぜ?」「どのようにして?」「いつ?」〈7〉のように、時空間に定位できる具体的な出来事や情報を扱うのに向くものがある。これに対して抽象的な議題を扱うのに適しているのが、フランスの数学者ベルナール・ラミによる「ラミのトポス」である〈8〉。

本書ではこれを、これから学ぼうとしている分野やトピックを明確化するのに

ベルナール・ラミ
（Bernard Lamy、1640 -1715）
フランスの聖職者、自然哲学者、数学者。若い頃オラトリオ会に加わり、その後聖職位を得た。自然哲学者・数学者としては、力の合成の平行四辺形について最初に著述した学者であり、静力学におけるラミの定理にその名を残している。

〈5〉ロラン・バルト著／沢崎浩平訳『旧修辞学 新装版』（みすず書房、2005）
〈6〉直接には、初期近代に隆盛したLoci Communesというタイトルの書物に由来する。Lociはラテン語で「場所」、同じくCommunesは「共通」、直訳すれば「共通の場所」となるが、神学、医学、法学（大学の3上級学部）などの専門的職業家のため必要な事項をまとめた手引書（今で言うアンチョコ）である。そのうち、神学においてもっとも成功したものは、ルターの同僚だったメランヒトンによるもの。彼が書いたLoci Communesはプロテスタント初の体系的神学書でもあった（邦訳：藤田孫太郎訳『神学総論：ロキ・コンムーネス』（新教出版社、1949））。
〈7〉5W1H（いつ・どこで・だれが・何を・なぜ・どのように）という質問のセットは、英語圏ではしばしばthe Kipling Methodと呼ばれる。これは『ジャングル・ブック』などで知られるイギリスの作家ラドヤード・キップリングの『なぜなぜ物語（Just So Stories）』（1902）に出てくる詩に由来する。

用いる。

実例のように「心理学」という大きな分野に使うこともできれば、もっと絞り込んだ特定のトピックにも使うことができる。

例えば、臨床心理学についてラミのトポスを適用すれば、類（何の一種か？「応用心理学の一種である」）、種差（同じグループの中で他とどこが違うのか？「目的：人の適応に寄与するところが他の応用社会学とは異なる」）、部分（構成する部分を列挙すると？「臨床心理学には、心理テストや心理療法やカウンセリングその他がある」）、定義（何か？「個人の適応に示唆と勧告を与える応用心理学の一部門」〔アメリカ心理学会、1934〕）、語源（語源は？「臨床を表すclinicalは、ラテン語clinicus、ギリシア語klinikós（病）床から来ており、元は古代ギリシア語のklinē「寝床」である」）、相反（反対は？「これは難しい。その一部の心理療法に対しては、その反対のものとして薬物療法などがある」）、原因・由来（何から生じたか？「精神測定法、精神分析」）、結果・派生（何を生んだか？「カウンセリング、対人支援技術など」）となる。

ある物事について知りたい時、一回で済ませるための質問はその本質を問う「〜とは何か？」というものである。

しかしこの質問は究極の問いであり、答えるのは容易ではない。

実のところ、対象についていろんな側面を知り、そのすべてを考え合わせてからでないと、この問いに答えることはできない。その意味でも究極の問い、最後の問いなのだ。我々が今、よく知らない事柄に取り組もうとしているなら、尋ねるべきはまず、その対象の様々な側面を知るための一連の問いになるだろう。ラミのトポスは、そうした質問のセットである。

〈8〉Bernard Lamy, Antoine Arnauld, Pierre Nicole, Claudine Marret, Johannes Klopper（1712）La rhetorique, ou, L'art de parler, Netherlands: Chez la veuve de Paul Marret, dans le Beursstraat, 371-373.
なお、この書物はGoogle Booksで閲覧可能である。
https://books.google.co.jp/books/about/La_rhetorique_ou_L_art_de_parler_Par_le.html?id=B6Q2RnmewDgC&redir_esc=y&pg=PA371

知的多角測量法

技法18

NDCトラバース

①取り上げるテーマやトピックを一つ決める

一つの単語に絞った方が後の検索がやりやすい。

②テーマ・トピックに対して、日本十進分類法の各項目を掛け合わせて、検索を行う

最初は次の最上位の項目を使う。例えば自転車について調べたいなら「自転車&哲学」など。必要ならさらに下位分類を使ってもよい（自転車&政治学、自転車&経済学……）。これらの言葉を、検索エンジンや書籍データベース〈9〉の検索に用いる。

日本十進分類法（NDC）〈10〉

0 総記	
000	総記
010	図書館、図書館学
020	図書、書誌学
030	百科事典
040	一般論文集、一般講演集
050	逐次刊行物
060	団体
070	ジャーナリズム、新聞
080	叢書、全集、選集
090+	貴重書、郷土資料、その他の特別コレクション

1 哲学	
100	哲学
110	哲学各論
120	東洋思想
130	西洋哲学
140	心理学
150	倫理学、道徳
160	宗教
170	神道
180	仏教
190	キリスト教

2 歴史	
200	歴史
210	日本史
220	アジア史、東洋史
230	ヨーロッパ史、西洋史
240	アフリカ史
250	北アメリカ史
260	南アメリカ史
270	オセアニア史、両極地方史
280	伝記
290	地理、地誌、紀行

3 社会科学	
300	社会科学
310	政治
320	法律
330	経済
340	財政
350	統計
360	社会
370	教育
380	風俗習慣、民俗学、民族学
390	国防、軍事

4 自然科学	
400	自然科学
410	数学
420	物理学
430	化学
440	天文学、宇宙科学
450	地球科学、地学
460	生物科学、一般生物学
470	植物学
480	動物学
490	医学、薬学

5 技術	
500	技術、工学
510	建設工学、土木工事
520	建築学
530	機械工学、原子力工学
540	電気工学、電子工学
550	海洋工学、船舶工学、兵器
560	金属工学、鉱山工学
570	化学工業
580	製造工業
590	家政学、生活科学

6 産業	
600	産業
610	農業
620	園芸
630	蚕糸業
640	畜産業、獣医学
650	林業
660	水産業
670	商業
680	運輸、交通
690	通信事業

7 芸術	
700	芸術、美術
710	彫刻
720	絵画、書道
730	版画
740	写真、印刷
750	工芸
760	音楽、舞踊
770	演劇、映画
780	スポーツ、体育
790	諸芸、娯楽

8 言語	
800	言語
810	日本語
820	中国語、その他の東洋の諸言語
830	英語
840	ドイツ語
850	フランス語
860	スペイン語
870	イタリア語
880	ロシア語
890	その他の諸言語

9 文学	
900	文学
910	日本文学
920	中国文学、その他の東洋文学
930	英米文学
940	ドイツ文学
950	フランス文学
960	スペイン文学
970	イタリア文学
980	ロシア、ソヴィエト文学
990	その他の諸文学

〈9〉著者は、書籍だけを探したい時はWebcatPlusMinus（http://webcatplus.nii.ac.jp/pro/）、書籍・論文などすべての文献を一度に探したい時は国立国会図書館サーチ（https://iss.ndl.go.jp/）をよく使う。

〈10〉日本十進分類法Nippon Decimal Classificationは、日本の図書館で広く使われている図書分類法である。森清がデューイ十進分類法（DDC）モデルに作成したもので、1928年（昭和3年）に発表し、翌年に第一版が刊行された。最新版は新訂10版（2014年12月発行）。日本十進分類法の変遷と分類の内容についてはhttps://ja.wikipedia.org/wiki/日本十進分類法を参照。

関心は分類に対応するのでなく横断《トラバース》する

NDCトラバースは、一つのトピックを複数の視点／分野から眺めて、多角的に捉えるために図書館分類を利用する技法である。

調べものに慣れない人は、自分が探し求めている情報が、（図書館なら図書館の、書店なら書店の）どこかの棚に一冊の書物としてまとめられておさまっている、と想像しがちである。

多くの場合これは楽観がすぎる想定である。しかし問題はむしろ、こうした楽観に基づく調査がうまくいかない時、「ここ（図書館／書店）には私の求める情報はない」とすぐさまあきらめてしまうことの方だ。**あなた向きに誂えられた一冊の書物が存在しなくても、調べものには（そして図書館にも）できることはまだ多く残っている。**

我々が足を運ぶことのできる図書館の多くは、日本十進分類法（NDC）という分類システムを使って、書籍を分類し配架している。こうして、同種のテーマを扱った書物が近くの棚に集められている。

公共図書館は、すべての人を受け入れることをミッション（使命）とするために、あらかじめユーザーがどんな情報ニーズを抱えて訪れるかを想定できない。
このため、誰がどんな情報ニーズを持って来館しても対応できるよう、全方位的に資料を収集している。この全方位的に集められたすべての分野の資料を整理するための分類システムの一つが、日本の多くの図書館が採用している日本十進分類法（NDC）である。これがあるおかげで、図書館はどんな書物であっても、一つの分類コードを与えて、しかるべき棚におさめることができる。

しかし、この分類は万人向け、全方位志向であって、あなたが抱える特定のニーズのために作られたものではない。

また、我々は今日、我々が知らない書物を教えてくれる様々な仕組みや仕掛けを有している。

例えば広告や書評は、人をある一冊の書物（多くは刊行されたばかりの新刊書）へと導いてはくれる。しかし我々の抱えるニーズは必ずしもそれだけでは満たされない。だからこそ、我々は独学を始め、まだ知らない知識や書物を求めて探しものを企てる。

しかし、知りたいという気持ち（知的好奇心）や、我々が直面し解決したいと願う問題、我々が抱く関心は、必ずしも既存の分類や推薦システムに合わせて生まれてくるわけではない。

個々人の特定の情報ニーズは、図書館分類のどれかに対応するのでなく、むしろ複数の分類を横断し貫通することになる。

このことに気付けば、図書館分類は、あなたの探しものに立ちふさがる壁ではなく、あなたの知的好奇心に自分では気付かなかった様々な角度から光をあて、問題解決の発想を広げるツールとなる。

NDCトラバースは、こうした調査巧者のアプローチを技法化したものである。

トラバース（traverse = trans+versus）は、複数の分野で様々な意味で使われる言葉だが、その原義は横切ること、横断することである。これが、登山では「ジグザグの道」や「岩場で登坂ルートが見つからない場合に横に移動すること」などを意味し、また測量の分野では多角測量を意味する。

つまりNDCトラバースは、図書館の書棚を分野を超えて渡っていくための技法であり、図書館分類を使った知的多角測量法でもある。

「シントピカル・リーディング」の入り口として

『本を読む本』の著者アドラーは、基礎的な読書法からこの本を始めて、最後に

モーティマー J・アドラー、
チャールズ・V・ドーレン著／外山滋比古、槇未知子訳
『本を読む本』（講談社学術文庫、1997）

探している本は複数の棚にある

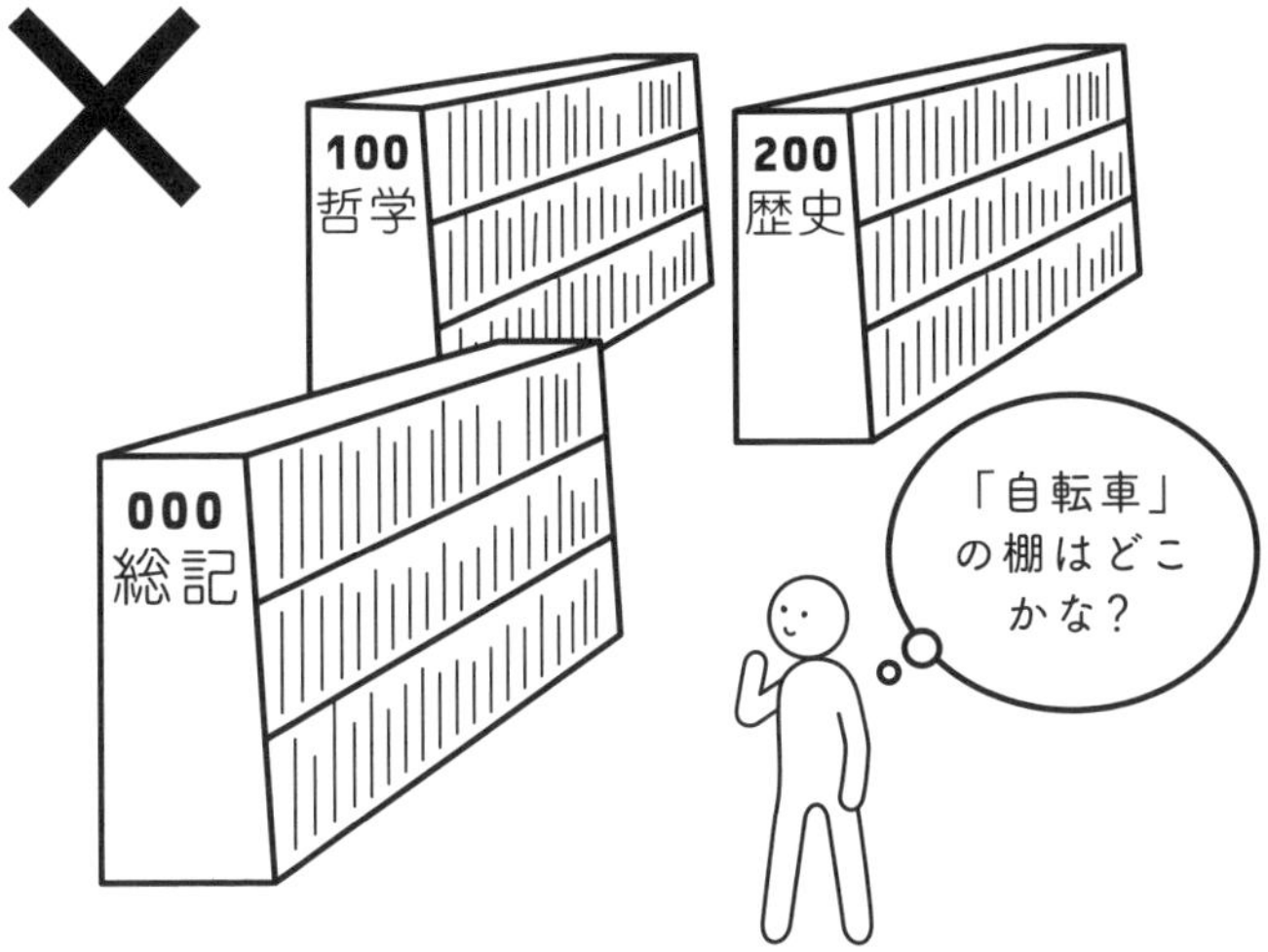

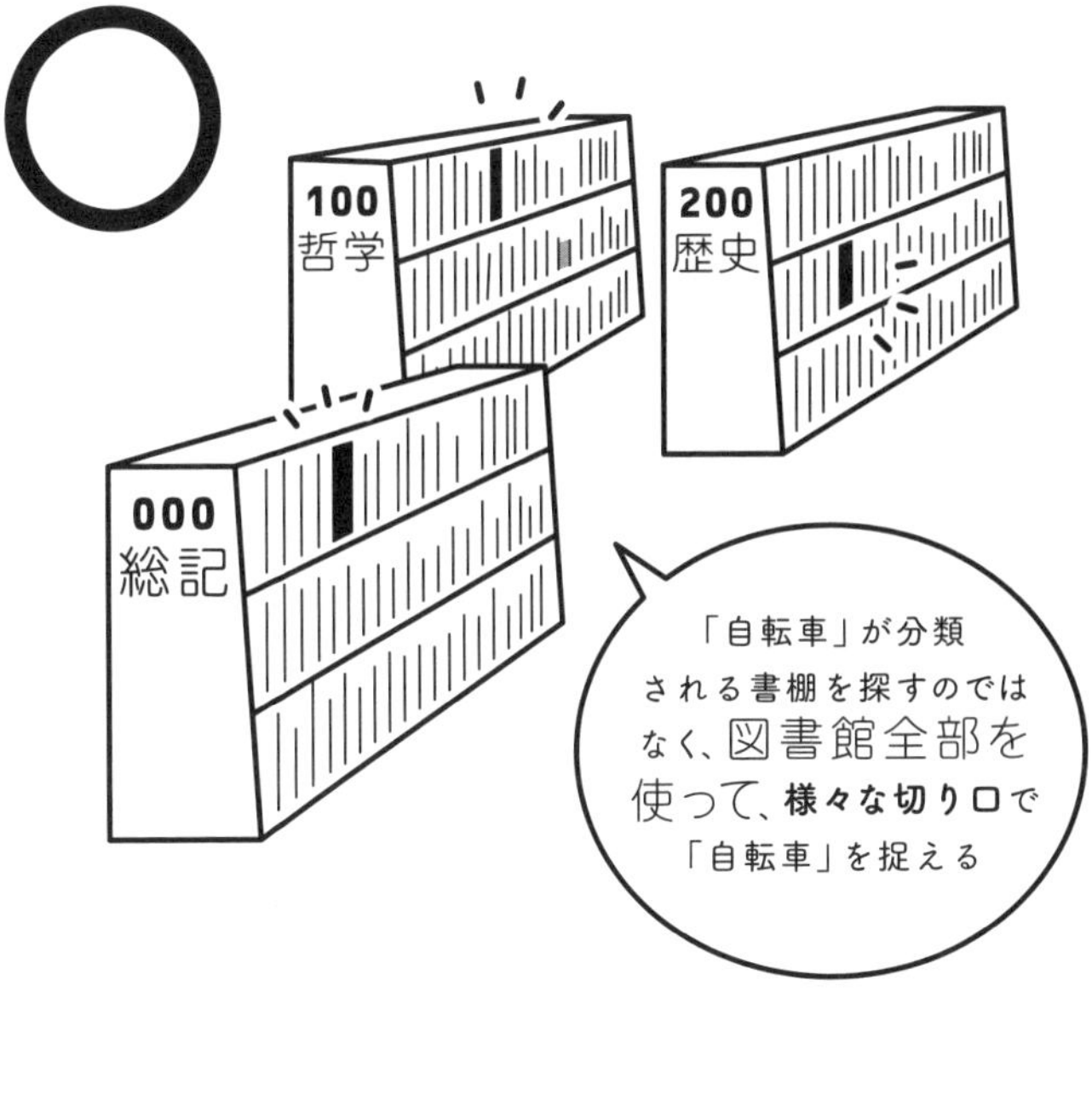

シントピカル読書という読書法を紹介している。

この読書法は、元はGreat Books of Western Worldという名著全集のためにアドラーが考案・実装したシントピコンという特殊な索引に由来する。シントピコンとは、syn（共に）＋topic（トピック、論題）を合成した造語で、各々のトピックについて、この名著全集を横断できるようにしたものである。例えば「愛」というテーマ・トピックについてプラトンは、あるいはマルクスは、なんと言っているかを貫通的に参照できることで、読者はこれら古典を自分の思索のために自由に使うことができる。これがシントピコンを作ったアドラーの目的だった。

アドラーはこのアプローチを、この全集を超えて、あらゆる書物や資料に拡大する。読者は自分自身のテーマ・トピックを抱えて、複数の書物を貫通的に読み、突き合わせることを通じて、自分なりの考えを作り上げていく。こうしたシントピカル読書ができることを、つまり、あれやこれやの一冊をただ読むのでなく、複数の書物を自分の目的に合わせて読み合わせることを学士号（大学卒業）の条件としてはどうか、とアドラーは提案する。

NDCトラバースは、このシントピカル読書の入り口となるものである。まずは自分のテーマがどれか一冊やどこかの分類でなんとかなるという楽観を捨て、むしろ自分を助けるものは、様々な分類の複数の書物の中に散らばっていることを知ること。そして図書館全体を横断して、まるで一冊の書物のように読んでいくこと。図書館にいない時も、自分の頭の中で、一つの問題を、様々な分野・切り口から眺める習慣を身に付けること。

こうした技術や習慣が、独学者をどれほど助けるか計りしれない。

あなたの問題は一冊では、一つの分類では解決しない。あなたのために書かれた書物は存在しない。

しかし**あなただけの書物は、実は図書館のあちこちに分散して存在している**のだ。図書館の棚を横断し、それを拾い集め、結び合わせるのは読み手自身に委ねられている。

ＮＤＣトラバースは、こうした読みへと独学者をいざなう技法である。

第8章

資料を探し出す

無知くんと親父さんの対話8

「ググる」以外の武器を手に入れよう

無知くん：仕事も学問もないので、せめて彼女が欲しいと思って検索したら、キュレーションサイト〈11〉からアフィリエイトブログ〈12〉へ誘導されて、元炎上ブロガーがやってる有料オンライン・サロン〈13〉に登録してしまいました。

親父さん：もうどこから突っ込んでいいのかわからんぞ。

無知くん：人生勉強だと思ってあきらめます。でも、思い付きの言葉で検索すると、どうしてろくでもないサイトばかり見つかるのでしょう?

親父さん：知るに値する情報を持っていない者がインターネットで金を稼ごうとしているところを想像してみろ。実際にまともな知識を習得して発信するより

〈11〉**キュレーション**（curation）は、美術館や博物館で企画展を組む専門職のキュレーター（curator）に由来する言葉だったが、インターネット上の情報やコンテンツを独自の価値基準で編集して紹介するサービスをこれになぞらえ、キュレーションと呼ぶようになった。キュレーションサイトとは、こうしたキュレーションサービスを提供するWebサイトの総称である。

〈12〉成果が発生した分だけ利益を得る成果報酬型のインターネット広告をアフィリエイトと言い、アフィリエイトで収益を得ることを目的に運営されるブログをアフィリエイトブログと呼ぶ。ブログ内に企業（広告主）の商品やサービス（商材）を紹介し、ブログを閲覧したユーザーが商品・サービスを購入すると、ブログ運営者に広告料が支払われる。

〈13〉月額会費制のWeb上で展開されるクローズドなコミュニティの総称。

も、一般人がよく検索するような言葉がひっかかるような工夫をしてサイトを作った方が、簡単にできて安上がりなんだ。そしてこの手の工夫は真似しやすいから、同じような対策をしたサイトが山ほど登場する。一方でまともな知識を発信できる者は数が少ない。多勢に無勢だな。

無知くん：なんということでしょう。もうインターネットは使い物にならないのですね。

親父さん：そうでもない。しかしそれ以外の探し方を知っておいた方がいいのは確かだな。

無知くん：おお、その賢い探しものの仕方をぜひ教えてください。

親父さん：そこまで大層なもんじゃないが、まあ、基礎の基礎にあたる話をするか。**「シネクドキ」**って言葉は知ってるか？

無知くん：いいえ、映画館で口説くんですか？

親父さん：日本語では提喩《ていゆ》と言う。修辞技法の一つで、**上位概念を下位概念で、または逆に下位概念を上位概念で言い換えること**だ。例えば日本で「花見」というのは、〈花一般〉を見ることじゃなく〈桜の花〉を見ることだろう。これは「花」という上位概念で「桜の花」という下位概念を言い換えたものだ。

無知くん：気取った言い方ですね。それと探しものに何の関係が？

親父さん：図書館が典型だが、人間の知識は階層的に組織化されることが多い。上位概念と下位概念の間を行ったり来たりすることは、知識の階層関係を上り降りすることだ。例えば図書館のＯＰＡＣ（Online Public Access Catalog）〈14〉で高脂血症について調べたいとする。しかしＯＰＡＣで「高脂血症」と検索しても、見つかるのは医療関係者向けの専門書だ。小さな図書館では、そんな専門書は置いてないから見つからない場合だってある。さあ、どうする？

無知くん：空気を読んで言いますが、こんな時こそシネクドキですよ！　って具体的にはどうしたら？

親父さん：「高脂血症は何の一種か？」と考えてみろ。すると高脂血症から一つ上の上位概念へ移動できる。

無知くん：なるほど！　……って、何の一種なんでしょう？

親父さん：「〇〇症」と言うぐらいだから、病気の一種だろ。

無知くん：さすがにそれはわかりますが、そんな大雑把なことでいいんですか？　どういう種類の病気か、答えないといけないと思って固まりました。

親父さん：代謝内分泌疾患の一種だが、それがわからないうちは、「代謝内分泌疾患」

〈14〉オンライン上で公開された図書館目録のこと。インターネット上で公開されたものはパソコンや携帯電話から、その書物が所蔵されているか、貸出可能かなどを検索し、知ることができる。

なんてキーワードで探しても、自分の身の丈を超えた資料しか見つからん。自分がわかるレベルまで上位概念に移動した方が、自分向きの資料が探しやすい。

無知くん：でも、さすがに「病気」って一般的すぎませんか？

親父さん：上位概念に移動して、探すものが一般的になればなるほど、資料がカバーする範囲が広がる。だから個々の記述は短くシンプルなものにならざるを得ない。

例えば「病気」というキーワードで見つけたこの本、『家庭の医学 病気がわかる事典』に「高脂血症」についての記述はほんの少しだ。だが、「高脂血症」が何の病気かわからないレベルでは、おそらく「高脂血症」について何か読むのは初めてだろうから、これくらい短くて簡単な方がいい。逆に「高脂血症」が「代謝内分泌疾患」の一種だと知っているレベルなら、「代謝内分泌疾患」で検索して見つけた資料を読んでいいだろうし、『家庭の医学』みたいなものを読む意味はない。

無知くん：なるほど、知ってるレベルまで上位概念へ移動をすれば、より易しくてコンパクトな情報が見つかりやすいから、自分に合ったレベルの資料を探せるのか。

親父さん：そして『家庭の医学』のような易しいレベルの資料で得た知識や用語は、より詳しい専門的な資料を探すのにすぐに役立つ。詳しい資料を読むようになれば、自分をそこまで導いた資料について、誤りや不足があることに気付いたり、そうでなくても物足りないと感じるようになるだろう。より広い範囲を扱う資料はその分、専門的でもなければ、詳細でもない。おまけに新しい知見が概括的な資料にまとめられるまでの間には少なくない時間が経っている。その間にも新しい発見があり、かつては正しかった知識のうちには間違っていると確認されるものがあるかもしれない。知識が更新されていくものである以上、こうしたことは避けられない。そして、このことを身をもって知った独学者は、自分が見なくなった資料も決して侮ったりしないだろう。

技法 19

検索語みがき

思い付きの検索を卒業する

① 辞書を引いて検索に使う言葉や表現（検索フレーズ）を収集する

初めてのトピックの場合、複数の辞書を横断検索できるコトバンク https://kotobank.jp/ を使うとよい。ここで表現の揺れやスペルをチェックし検索に使う検索フレーズを収集する。

例えば「ストレッチ」についてコトバンクで調べてみると、検索結果として「ストレッチ（とは）」の他にも「ストレッチング（とは）」「ストレッチ体操（とは）」な

コトバンクで「ストレッチ」を検索

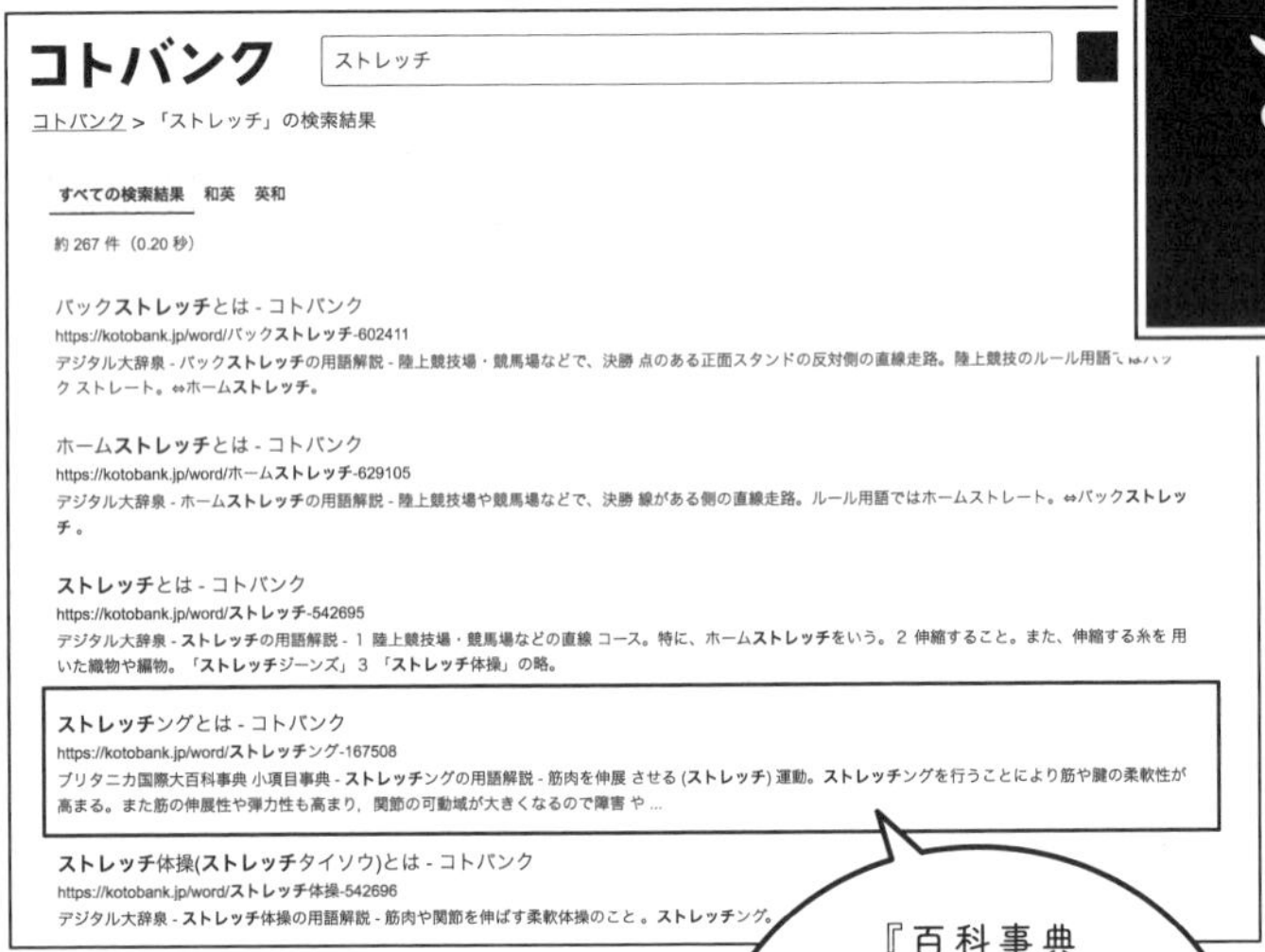

コトバンク　ストレッチ

コトバンク > 「ストレッチ」の検索結果

すべての検索結果　和英　英和

約 267 件（0.20 秒）

バックストレッチとは - コトバンク
https://kotobank.jp/word/バックストレッチ-602411
デジタル大辞泉 - バックストレッチの用語解説 - 陸上競技場・競馬場などで、決勝 点のある正面スタンドの反対側の直線走路。陸上競技のルール用語では バック ストレート。⇔ホームストレッチ。

ホームストレッチとは - コトバンク
https://kotobank.jp/word/ホームストレッチ-629105
デジタル大辞泉 - ホームストレッチの用語解説 - 陸上競技場や競馬場などで、決勝 線がある側の直線走路。ルール用語ではホームストレート。⇔バックストレッチ。

ストレッチとは - コトバンク
https://kotobank.jp/word/ストレッチ-542695
デジタル大辞泉 - ストレッチの用語解説 - 1 陸上競技場・競馬場などの直線 コース。特に、ホームストレッチをいう。2 伸縮すること。また、伸縮する糸を 用いた織物や編物。「ストレッチジーンズ」3 「ストレッチ体操」の略。

ストレッチングとは - コトバンク
https://kotobank.jp/word/ストレッチング-167508
ブリタニカ国際大百科事典 小項目事典 - ストレッチングの用語解説 - 筋肉を伸展 させる（ストレッチ）運動。ストレッチングを行うことにより筋や腱の柔軟性が高まる。また筋の伸展性や弾力性も高まり，関節の可動域が大きくなるので障害 や ...

ストレッチ体操(ストレッチタイソウ)とは - コトバンク
https://kotobank.jp/word/ストレッチ体操-542696
デジタル大辞泉 - ストレッチ体操の用語解説 - 筋肉や関節を伸ばす柔軟体操のこと 。ストレッチング。

『百科事典
マイペディア』や
『ブリタニカ国際大百科
事典 小項目事典』など
5つの辞書に
「ストレッチング」

ひょっとすると
「ストレッチ」より
「ストレッチング」で
探す方が
いいのかも？

どが出てくる。リンク先でどんな辞書に出てくるかを見てみると、「ストレッチ」は3つの辞書、「ストレッチング」は5つの辞書、「ストレッチ体操」は4つの辞書に立項されている。

❷ 収集した検索フレーズを検索にかけて試す

Googleなどの検索エンジンに❶で収集した検索フレーズを入力して検索する。

フレーズごとに検索結果を集め、自分の目的に合うかどうかを確認していく。

例えば、同じ事柄を表すものでも、専門的な情報がヒットする専門的言い回しもあれば、素人が書いたブログばかり見つかる一般的・通俗的な言い回しもある。

Googleなどの検索エンジンに❶で収集した検索フレーズ「ストレッチ」「ストレッチング」を入力して検索し

「ストレッチ」で検索

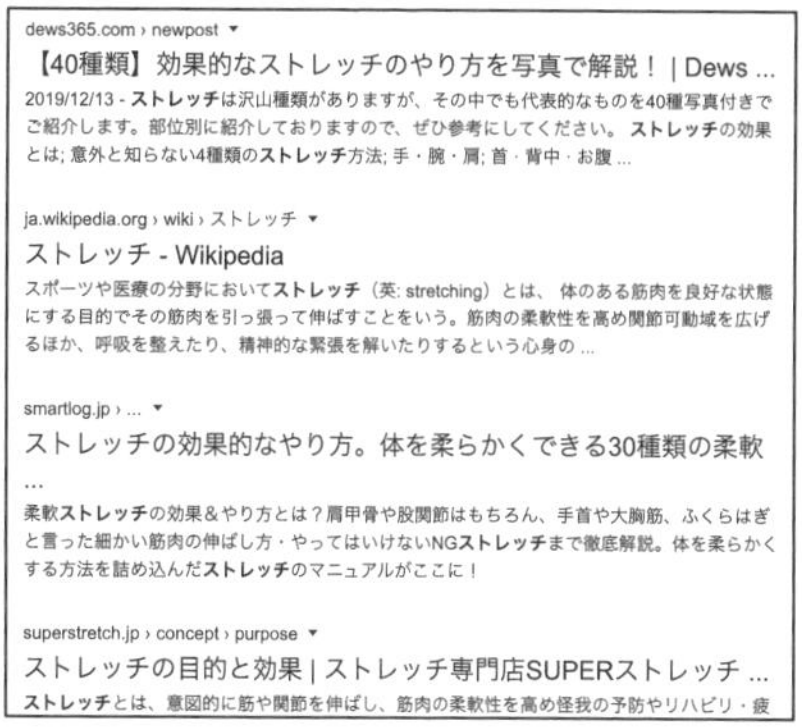
dews365.com › newpost ▾
【40種類】効果的なストレッチのやり方を写真で解説！ | Dews ...
2019/12/13 - ストレッチは沢山種類がありますが、その中でも代表的なものを40種写真付きでご紹介します。部位別に紹介しておりますので、ぜひ参考にしてください。ストレッチの効果とは; 意外と知らない4種類のストレッチ方法; 手・腕・肩; 首・背中・お腹 ...

ja.wikipedia.org › wiki › ストレッチ ▾
ストレッチ - Wikipedia
スポーツや医療の分野においてストレッチ（英: stretching）とは、体のある筋肉を良好な状態にする目的でその筋肉を引っ張って伸ばすことをいう。筋肉の柔軟性を高め関節可動域を広げるほか、呼吸を整えたり、精神的な緊張を解いたりするという心身の ...

smartlog.jp › ... ▾
ストレッチの効果的なやり方。体を柔らかくできる30種類の柔軟 ...
柔軟ストレッチの効果&やり方とは？肩甲骨や股関節はもちろん、手首や大胸筋、ふくらはぎと言った細かい筋肉の伸ばし方・やってはいけないNGストレッチまで徹底解説。体を柔らかくする方法を詰め込んだストレッチのマニュアルがここに！

superstretch.jp › concept › purpose ▾
ストレッチの目的と効果 | ストレッチ専門店SUPERストレッチ ...
ストレッチとは、意図的に筋や関節を伸ばし、筋肉の柔軟性を高め怪我の予防やリハビリ・疲

「ストレッチング」で検索

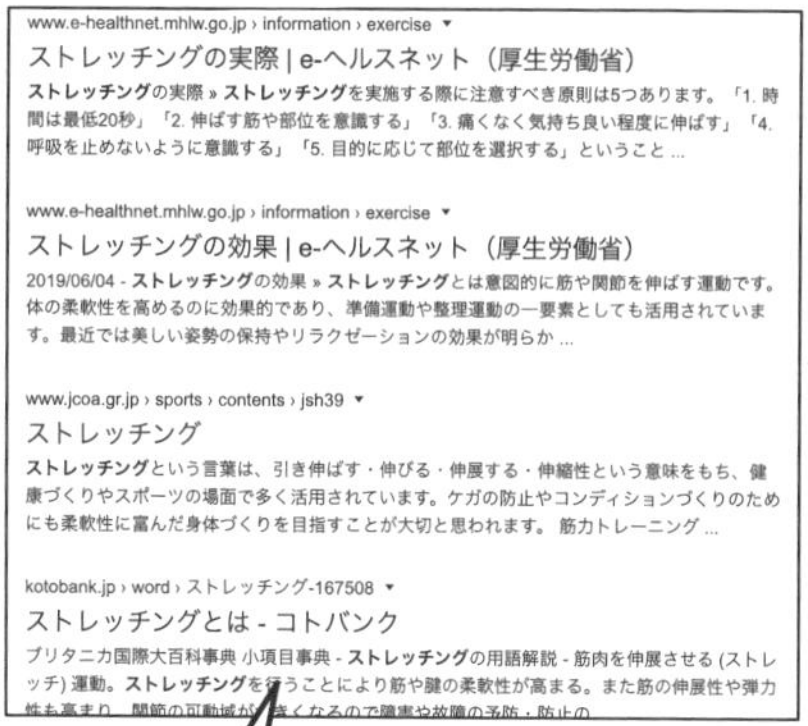
www.e-healthnet.mhlw.go.jp › information › exercise ▾
ストレッチングの実際 | e-ヘルスネット（厚生労働省）
ストレッチングの実際 » ストレッチングを実施する際に注意すべき原則は5つあります。「1. 時間は最低20秒」「2. 伸ばす筋や部位を意識する」「3. 痛くなく気持ち良い程度に伸ばす」「4. 呼吸を止めないように意識する」「5. 目的に応じて部位を選択する」ということ ...

www.e-healthnet.mhlw.go.jp › information › exercise ▾
ストレッチングの効果 | e-ヘルスネット（厚生労働省）
2019/06/04 - ストレッチングの効果 » ストレッチングとは意図的に筋や関節を伸ばす運動です。体の柔軟性を高めるのに効果的であり、準備運動や整理運動の一要素としても活用されています。最近では美しい姿勢の保持やリラクゼーションの効果が明らか ...

www.jcoa.gr.jp › sports › contents › jsh39 ▾
ストレッチング
ストレッチングという言葉は、引き伸ばす・伸びる・伸展する・伸縮性という意味をもち、健康づくりやスポーツの場面で多く活用されています。ケガの防止やコンディションづくりのためにも柔軟性に富んだ身体づくりを目指すことが大切と思われます。筋力トレーニング ...

kotobank.jp › word › ストレッチング-167508 ▾
ストレッチングとは - コトバンク
ブリタニカ国際大百科事典 小項目事典 - ストレッチングの用語解説 - 筋肉を伸展させる (ストレッチ) 運動。ストレッチングを行うことにより筋や腱の柔軟性が高まる。また筋の伸展性や弾力性も高まり、関節の可動域が広くなるので障害や故障の予防・防止の

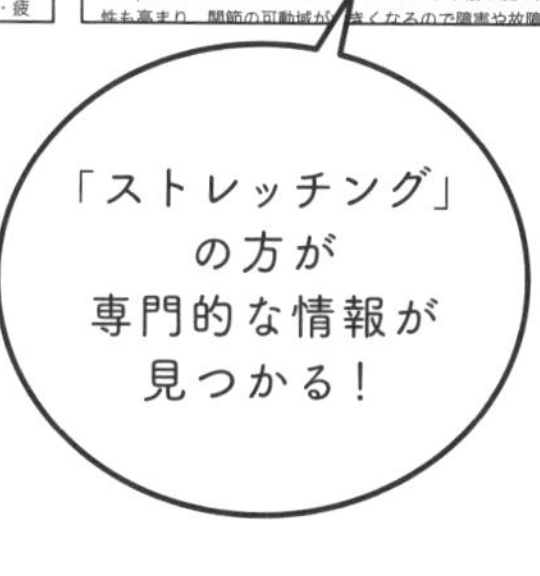
「ストレッチング」
の方が
専門的な情報が
見つかる！

てみる。

「ストレッチ」の方がより一般的だが、「ストレッチング」の方が専門的な情報が見つかることがわかる。

③共起フレーズを集める

目的に合致した検索結果から、こちらが検索に使ったフレーズと共に登場するフレーズ（共起フレーズ）を集めておくと、検索結果を絞り込むのに有効である。

「ストレッチング」と共に使われる言葉に、例えば「スタティック（静的）」や「ダイナミック（動的）」などがあることがわかる。

「ストレッチング」の共起フレーズ
- スタティック（静的）
- ダイナミック（動的）

④除外フレーズを決める

目的に合致しなかった検索結果によく登場する言い回しを除外フレーズとして集めておくことも、検索結果を絞り込むのに有効である。

特に自分が探しているのとは異なる分野で頻出する言い回しが特定できると、検索結果を最適化するのに役立つ。

例えば「ハッシュ」は「ストレッチング」とともに検索結果に出てくるが、この2つが出てくるのはパスワードに関する記述の中であり、目下探したい人間の筋肉相手のストレッチングとは無関係であることがわかる。こうして「ハッシュ」「パスワード」を除外フレーズとして収集する。

「ストレッチング」の除外フレーズ

・ハッシュ

・パスワード

検索結果は汚染されている

インターネットと検索エンジンの普及が探しもののやり方を変えたことは間違いない。かつてなら「サーチャー」と呼ばれる専門家の仕事だった情報検索は、ほとんどの人が所有し持ち歩いてさえいる携帯端末でさえ行うことができるようになった。

しかし「可能になった」ということは、「誰もが検索に精通した」ことを意味しない。検索エンジンに、探しているもの、見つけ出したいものを言葉にして入力すること自体は、それほど難しいことではない。

多くの人が用いる方法は、それだけに対策が取られやすい。いつからか自分の欲望をそのまま検索語にして検索エンジンに入力・検索しても、上位に表示されるのは、詐欺まがいの事業者や広告費稼ぎのアフィリエイト・サイトばかり、ということが珍しくなくなった。

こうして〈汚染〉された検索結果を忌避するならば、自分たちの知りたい情報がやり取りされる口コミ的なSNSに引きこもるか、インフルエンサーが漏らす情報のおこぼれにあずかるしかないのだろうか。

しかし検索エンジンは死んだわけではない。

検索エンジンは実のところ、何かを探すツールではない。インターネットに浮遊する情報をふるいにかけるフィルターに過ぎない。

考えなしに思いつく検索語でフィルターできる範囲では、有用な情報を濾し取るのに役に立たなくなったというに過ぎない。

しかし、では、どのように検索語を増やし、フィルターを重ねればいいのか。

「検索語みがき」はそのためのアプローチである。

検索エンジンによる探しものの成否は、どのような検索語を選ぶかがすべてである。

そしてプラトンが対話篇『メノン』で取り上げた探索のパラドックスはここでも登場する。探しているものが何であるか知っていないと探し出せない。しかし探し出すものが何であるか知っているなら、そもそも探す必要がない。

見つけ出したいものを見事探しあてる検索語が最初からわかっているならば、話は簡単だ。その検索語を入力すればいい。

しかし我々が探しものをする時、どんなキーワードで探せばいいか「正解」があらかじめわかっていることは多くない。それどころか、**自分が思いついた検索語が不適切なせいで、探している情報が見つからないのだと反省すること自体難しい**。我々の多くが、わかっていると思い込んで、検索語を入力し、望む結果が得られず、探しものに行き詰まる。

しかし優れた検索者は一度や二度の検索で断念したりしない。

入力した検索語で期待どおりの検索結果が得られなければ、検索語を変更し（ある場合には他の検索語を追加し）、繰り返し検索に挑むだろう。その試行錯誤の中で検索結果を比較しながら、目的にかなった検索語を見つけていくのである。

検索する「前」に事典を引く

一つの目的に対して、複数の検索語を思いつくためには、事前知識が多い方が有利である。

自分がよく知った分野であれば、素人が使わない専門用語を使って、役に立たない体験談や日記や詐欺サイトを検索結果から取り除くことができるかもしれない。

しかし我々はすべての分野に精通するわけではない。よく知っていないからこそ、何を調べればいいかわからず、まずはネットで検索してみようと思うのだ。よく知った分野なら、最初から専門のツールや文献にあたることもできる。

解決は中道にある。例えば百科事典（↓技法23「事典」、288ページ）は、我々の目的にとってネット検索と専門文献の中間に位置する。専門文献ほど詳しくないが、執筆者は大抵の場合は専門家であり、しかも（あらゆることが載っているわけではないが）少なくともすべての分野をカバーしようとしている。

よりよい検索語を見つけるためには、通常の事典の使い方である「見出し語を引き、その解説を読む」だけでなく、逆引き的に「全文検索などで解説を見つけ、関連した見出し語を発見する」使い方が役に立つ（技法23「事典」全文検索読み、307ページ）。

技法20

知の分類の航海術

シネクドキ探索

シネクドキ〈15〉探索は、階層的に組織された情報を探すための基本的なアプローチである。

①知りたい項目について「○○は何の一種か？」「○○は何に属するのか？」と自問自答する

例えば、ヘミングウェイについて調べたい場合は、下記のように考える。

問い：ヘミングウェイは何の一種か？

答え：ヘミングウェイはアメリカの文学者（の一種）である。

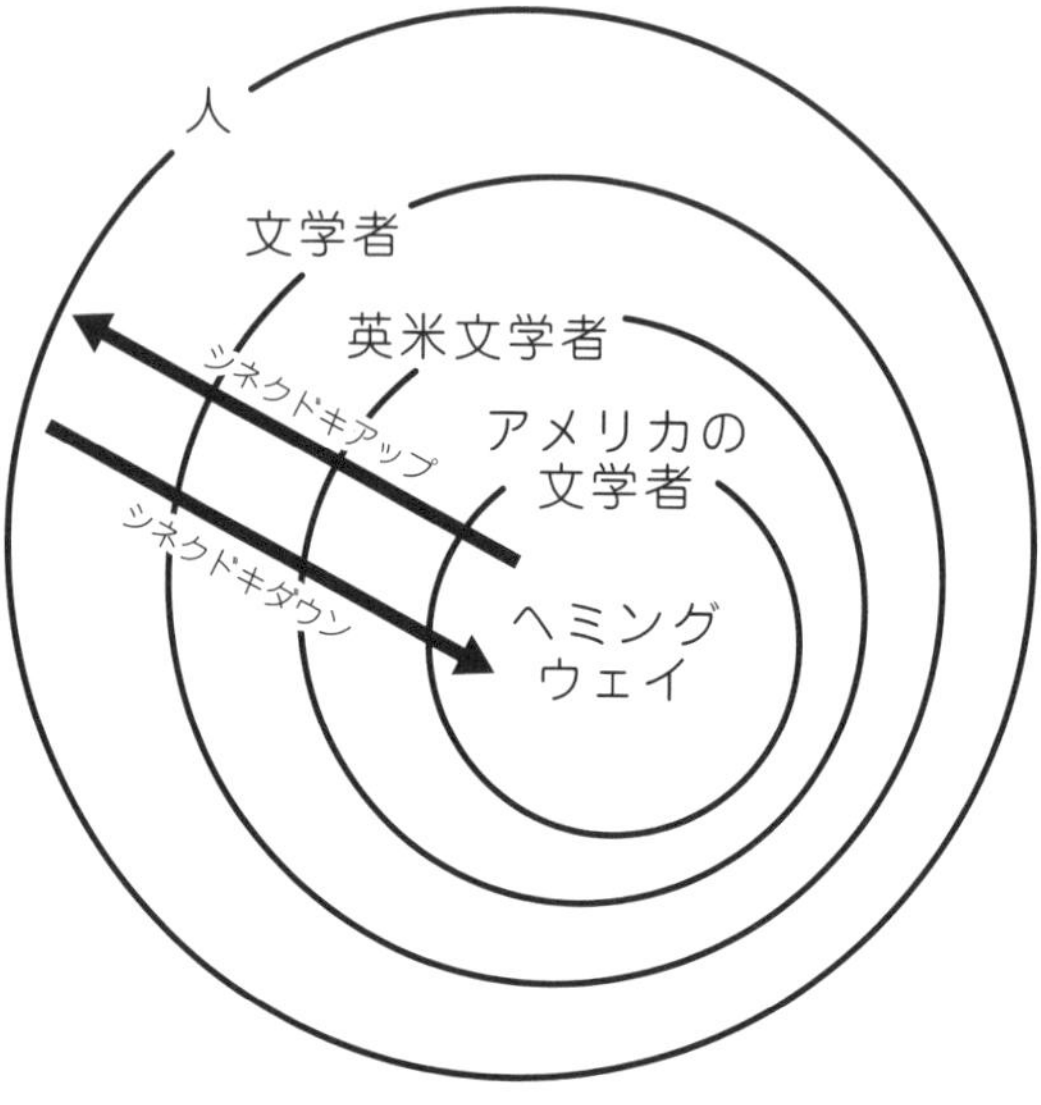

② ①で得た答えについて、さらに「○○は何の一種か？」「○○は何に属するのか？」と自問自答することを繰り返す

問い：アメリカの文学者は何の一種か？
答え：アメリカの文学者は英米文学者（の一種）である。
問い：英米文学者は何の一種か？
答え：英米文学者は文学者（の一種）である。
問い：文学者は何の一種か？
答え：文学者は人（の一種）である。

〈15〉シネクドキ（「提喩」という訳語がある）とは包括関係に基づく比喩表現であり、上位概念を下位概念で、または逆に下位概念を上位概念で言い換える表現である。

③ 得られた上位概念を使って探索を行う

「ヘミングウェイ→アメリカの文学者→英米文学者→文学者→人」という上位概念の系列が得られた。

ここでは概要を知るために事典を探すことにしよう。それには、得られた系列から一つ、例えば「ヘミングウェイ」を選び、これに「事典」というキーワードを組み合わせて書籍を探せるデータベースを検索してみる（→技法26「書籍探索」、340ページ）。

こうして『ヘミングウェイ大事典』のような専門事典を見つけることができる。同様に「アメリカ文学者」と「事典」を組み合わせれば、『アメリカ文学作家作品事典』のような、一つ上の上位概念に対応した事典を見つけることができる。以下は、同様の方法を繰り返して見つけた事典であり、カッコ内の言葉が上位概念の系列から取り出したキーワードである。

（ヘミングウェイから）『ヘミングウェイ大事典』（勉誠社、2012）
（アメリカの文学者から）『アメリカ文学作家作品事典』（本の友社、1991）
（英米文学者から）『研究社英米文学辞典』（研究社、1985）
（文学者から）『新潮世界文学辞典』（新潮社、1990）
（文学者から）『集英社世界文学大事典』（集英社、1996）
（人から）『岩波＝ケンブリッジ世界人名辞典』（岩波書店、1997）

後に出てきた事典ほど、より上位概念に対応したものであり、より広い範囲をカバーするため、ヘミングウェイについての記述はより短くシンプルなものになっている。

つまり簡単な概要を知りたい場合は、より上位概念に対応する資料（今の例だと『岩波＝ケンブリッジ世界人名辞典』）を見ればよい。

より詳しくヘミングウェイに関する特定のトピックについて知りたい場合は、より下位概念に対応する資料（例えば『ヘミングウェイ大事典』）を見ることになる。

「分類システム」という先人の知恵

シネクドキ探索は、探したいものの上位概念を使って探索する方法である。我々の知識の分類やそれに基づく調査ツールは、より広い概念（上位概念）が、より狭い概念（下位概念）を包み込むように階層的に整理されて組織化されている。そのため、知識の分類や調査ツールをうまく使うには、包括関係を上下するシネクドキ探索が必須である。

シネクドキ探索は（そんな呼び名があったわけではないが）、検索エンジン等によって全文検索が普及する以前には、探しものの中で主たるアプローチだった。

取り扱う知識や情報が増えれば、それらを探し出し利用するために、何らかのルールによる整理が必要になる。当初は外形的な（例えば作成日順といったような）整理で用が足りるが、扱う資料の量が増大し、種類・内容が多様化していくと、知識・情報の内容に基づいた整理が求められるようになる。

その方法の一つは、同種のものをまとめて分類を作ることだが、さらに取り扱う知識・情報が増え、多様化が進み、人が一度に見渡せる限度を超えて分類の数が増加すれば、互いに似た分類同士をまとめて「分類の分類」を作る必要が出てくる。図書館のように人の知識全体を扱おうとすれば、「分類の分類」は幾重にも入れ子にならざるを得ない。

こうした**入れ子状に重ねられた（階層的に構成された）分類システムの中を自在に動き回ることができればできるほど、我々は知識・情報を整理し分類するという、先人が重ねてきた仕事の恩恵をそれだけ多く受け取ることができる。**

あらかじめすべての分野に精通することは、有限の認知能力と時間しか許されない人間には不可能である。しかし、何世代にもわたって無数の先人が構築・更新してきた分類システムという認知的ニッチ（序文、18ページ）のおかげで、我々はよく知らぬ分野のものであっても必要な知識にアプローチすることができる。

分類システムは、必要に応じて我々の知的能力を拡張し得る外部足場（Scaffold）である。

あらゆる知的ツールが利用できるようになるためには幾らかのトレーニングを必要とするように、分類システムもその例外ではない。

シネクドキ探索は、階層的に構成された分類システムを使いこなすために最低限必要な考え方とコツ（thumb of tips）である。

技法21
文献たぐりよせ
巨人の肩によじのぼる

①起点となる文献（参考文献付き）を決める

まずは一つ、起点になる文献を見つける。参考文献リストを備えているものが条件である。参考文献を明示しない文献の場合は後述の3つの「たぐりよせ」のうち「著者名たぐりよせ」だけが可能である。

②起点となる文献の参考文献を手がかりに次の文献を見つける

起点にできそうな文献が見つかったら、次の3つの「たぐりよせ」を用いて次の文献を見つける。

引用文献たぐりよせ

今手にしている文献が引用したり、参考文献リストに載せている文献を入手する

学術文献のほとんどは、参考文献リストを備えている。

参考文献リストには、当該文献が引用または参照した文献が一覧化されており、それら文献の一つひとつに、著者名、論文名や書名、論文なら掲載誌や掲載書、発行年などが明示されている。これだけ書いてあれば、データベースなどで所在を確かめることも容易である。したがって、これはもっとも初歩的な「たぐりよせ」である。

この方法の最大の欠点は、今、手にしている文献を書いた著者が読むことができた、より古い文献しか見つけることができないことである。

研究の世界は日進月歩だ。この文献以後に発表された文献には、より新しい知見や（これが今の場合重要だが）より新しい参考文献リストが載っているだろう。こうしたより新しい文献を手に入れるには別の方法を使うことができる。

被引用文献たぐりよせ

被引用、被参照関係をたどって、今手にしている文献よりも後に書かれた新しい文献を入手する

ある文献が引用／参照できるのは、既に発表されている文献だけである。つまり引用／参照される側の文献は、引用する側の文献よりも、常に時間的に先行している。

そこでこの引用・参照のつながりを逆に「遡る」ことで、より新しい文献をたぐりよせることができると考えた人がいた。Citation Index〈16〉を開発したユージン・ガーフィールドである。

引用・参照のつながりを「遡る」と言うのは容易いが、実行するには膨大な数の論文を見て、参照文献欄に現れる論文を一つひとつ拾い集める必要がある。このデータを整理して、それぞれの論文ごとに、「この論文が参照文献欄に登場する論文」のリストを作る。こうしてできたリストは、ある文献を引用している、より新しい論文のリストとなっている。つまりこのリストを使えば、ある論文を基にしたより新しい論文を探すことができるのだ。

かつてはCitation Indexは紙ベースで提供されていた(例えば自然科学分野のScience Citation Index、人文芸術分野のArts & Humanities Citation Index、社会科学分野のSocial Sciences Citation Index)。現在はトムソン・ロイター社が提供するWeb of Science(有料)で利用することができる。

現在、無料のものではGoogle Scholar〈17〉でも被引用・被参照文献を見ることができる。

ユージン・ガーフィールド
(Eugene Eli Garfield、1925-2017)
化学で学士号を取るも自然科学の道には進まず、タクシー会社で働きながら図書館学の修士号を取り、爆発的に増え続ける科学情報を整理し提供することを一生の仕事とした。分野横断的であるため補助金を得ることができず、自身が発明した引用索引をビジネスとして提供するために科学情報研究所(ISI)を設立。インパクトファクターを開発するなど、計量書誌学とサイエントメトリクスの創始者としてこの分野の発展に尽くした。

著者名たぐりよせ

文献の著者名を手がかりに、その著者が書いた他の文献を探す

被引用・被参照関係がデータベースに拾い上げられていない文献について、より新しいものを「たぐりよせる」には、次の古い方法が役に立つ。すなわち、今、手にしている文献の著者名で検索し、同じ著者のより新しい文献を入手する方法である。

専門分化が進んだ現在のアカデミズムでは、ある研究者は同じか、少なくとも関連のあるテーマを研究し続けている可能性が高い。したがって、同じ著者のより新しい文献には、より新しい知見とともに、より新しい参考文献が載っている可能性が高い。

著者名たぐりよせは、参考文献が挙げられていない文献を起点に使える方法でもある。この場合、探すのは新しい文献だけではない。より専門的な文献や、さらに言えば参考文献を挙げてある文献を、この方法で見つけることができれば、参照文献たぐりよせや被参照文献たぐりよせを使うことができるようになる。

③ ②を繰り返して、さらに文献をたぐりよせていく

こうして手に入れた文献を、新たな「起点となる文献」として❷の3つの方法を繰り返して、さらに文献をたぐりよせていく。

起点となる文献さえ見つかれば、ここに述べた3つの方法を使って、その文献より以前に書かれた文献はもとより、起点となる文献より後に書かれた文献についても集めることができる。

〈16〉ある判例がその後の判例によって追認／否定されたかを検索できるシェパード・サイテーションをヒントに、学術論文の引用／被引用を拾い出し集め直すことでより新しい文献を探すことができる引用索引システムを考案したガーフィールドは、1955年サイエンス誌に論文「科学のための引用索引」を発表。遺伝学者レーダーバーグからの助言を基に科学振興財団の補助金を得てGenetic Citation Indexを完成。1960年、科学分野全般を扱ったScience Citation Indexを事業化した。

〈17〉https://scholar.google.co.jp

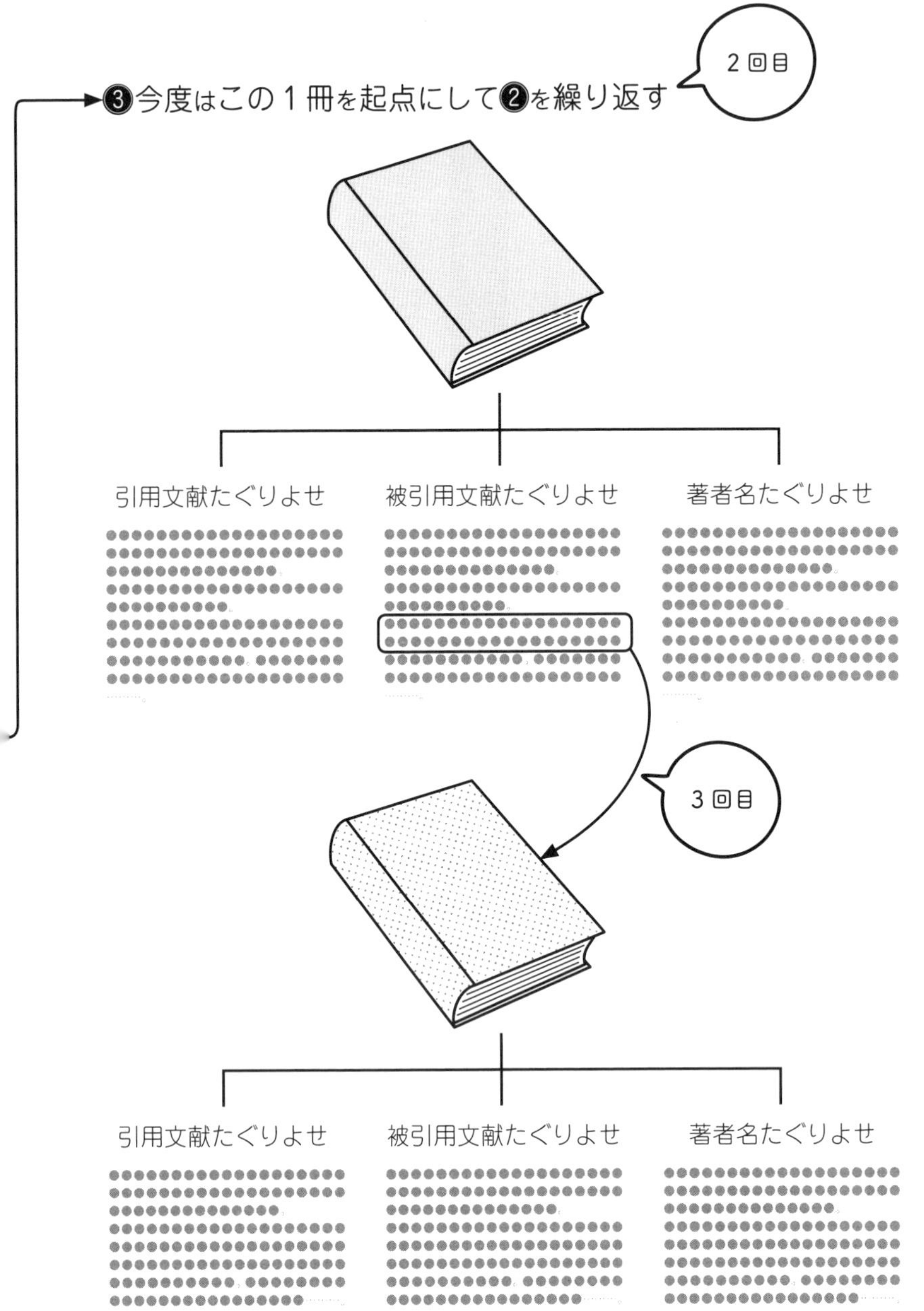

※1 https://www.jstage.jst.go.jp/article/jjpsy1926/64/5/64_5_335/_pdf

※2 https://scholar.google.com/scholar?cites=6488838421987876076&as_sdt=2005&sciodt=0,5&hl=ja

※3 https://scholar.google.com/scholar?q=author%3A%E6%9D%BE%E4%BA%95%E8%B1%8A&hl=ja&as_sdt=0%2C5&lookup=0&as_ylo=1993&as_yhi=

文献たぐりよせのやり方

❶起点となる文献を決める

恋愛について
「心理学では何がわかっているか」を調べる

松井豊
「恋愛行動の段階と恋愛意識」
『心理学研究』64巻5号、
1993、335-342頁. ※1

❷次の文献を見つける

引用文献たぐりよせ

藤原武弘、黒川正流、秋月左都士「日本版Love-Liking尺度の検討」『広島大学総合科学部紀要III』7巻、1983、39-46頁.

Clyde Hendrick, Susan Hendrick (1986) "A theory and method of love." Journal of Personality and Social Psychology, USA, 50(2), 392–402.

Susan S.Hendrick, Clyde Hendrick, Nancy L.Adler (1988) "Romantic relationships: Love, satisfaction, and staying together." Journal of Personality and Social Psychology, USA, 54(6), 980–988.

飛田操「青年期の恋愛行動の進展について」『福島大学教育学部論集 教育・心理部門』50巻、1991、43-53頁.

John Alan Lee (1973) The Colors of Love: An Exploration of the Ways of Loving., Canada: New Press.

John Alan Lee (1974) "The style of loving." Psychology Today, USA, (October), 43-51.

John Alan Lee (1977) "A Typology ………。

「恋愛行動の段階と恋愛意識」という論文は14の文献を参考文献リストに載せている（引用参照している）

被引用文献たぐりよせ

赤澤淳子、井ノ崎敦子、上野淳子、松並知子、青野篤子「衡平性の認知とデートDVとの関連」『仁愛大学研究紀要 人間学部篇』第10号、2011、11-23頁.

赤澤淳子「青年期後期における恋愛行動の規定因について―関係進展度，愛意識，性別役割の自己認知が恋愛行動の遂行度に及ぼす影響―」『仁愛大学研究紀要』第5号、2006、17-31頁.

津田智史、小林茂雄「線状に滞在するカップルに求められる他者との距離」『日本建築学会環境系論文集』609号、2006、85-91頁.

金政祐司、谷口淳一、石盛真徳「恋愛のイメージと好意理由に及ぼす異性関係と性別の影響」『対人社会心理学研究』1号、2001、147-157頁.

中西惇也、桑村海光、港隆史、西尾修一、石黒浩「人型対話メディアにおける抱擁から生まれる好意」『電子情報通信学会論文誌A』99-A巻1号、2016、36-44頁.

金井庸一、坂下玄哲「Shopping Companionの違いが買い物の動機と………。

「恋愛行動の段階と恋愛意識」は、Google Scholarで検索すると15の文献から引用／参照されている ※2

著者名たぐりよせ

松井豊、井上果子『恋愛を科学する恋する気持ちの心理学』（ポプラ社、1994）.

宮武朗子、鈴木信子、松井豊、井上果子「中学生の恋愛意識と行動」『横浜国立大学教育紀要』36巻、1996、173-196頁.

松井豊「総説／恋愛に関する実証的研究の動き（恋愛の心理―データは恋愛をどこまで解明したか）」『現代のエスプリ』368号、1998、5-19頁.

松井豊「恋愛における性差（恋愛の心理―データは恋愛をどこまで解明したか）―（恋愛の進展）」『現代のエスプリ』368号、1998、113-121頁.

松井豊「恋愛段階の再検討」『日本社会心理学会発表論文集 第41回大会』、2000.

松井豊「男の恋と女の恋はどう異なるか（特集 恋愛の研究）」『プシコ』2巻（5号）、2001、16-23頁.

松井豊「恋愛の心理学研究の現場から」『心理学ワールド』25号、2004、5-8頁.

………。

同著者を著者に含む、この論文以降に書かれた「恋愛」をタイトルに含む論文は9つ見つかった ※3

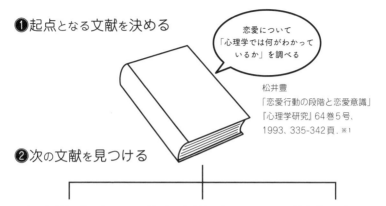

ゼロから始めようとするな

人の生きる営みが、互いに切り離されては成り立たないように、知識もまた、他の知識との関係を断たれ孤立してしまっては意味をなさなくなってしまう。

例えば、一つの研究は、それ以前になされた研究（先行研究）を前提／背景にして行われるし、そしてまた、将来の研究の基礎・前提ともなる。

研究者がある現象や問題を研究対象や研究テーマに選ぶのは、その解明に何らかの意義があることが、これまでの研究から推測されるからである。また、研究者が立てる仮説や、使う研究法もまた、研究者自身が考え出すものではあっても、それまでに重ねられてきた研究と知見を（従うにせよ反論するにせよ）前提としている。

既に多くのことに取り組んできた先人がいるおかげで、我々は自分の知的営為をゼロから始めなくて済む。100年前、いやほんの数年前の人たちが望むべくもなかった進んだ地点から、我々は取り組むことができる。そう、こうした先人の知的貢献にアクセスすることさえできれば。

古人はこのことを**「巨人の肩の上に乗る」**と表現した〈18〉。

文献たぐりよせは、「巨人の肩の上に乗る」ための基本的な技術である。

ここで言う「巨人」は、頂のようにそびえる偉大な賢人や知識だけを言うのではない。むしろ、偉人や偉業を頂の位置に押し上げる山全体を、すなわち無数の知的貢献による人類の知的遺産全体を指すのだと考えるべきである。

知識と、それを生み出す知的営為が、互いに他の知識・知的営為に依存しあい支えあっていることは、学術研究の諸分野で当然の前提となっている。

そのため、新しく発表される研究は、先行する研究との依存関係を明示することが求められる。この明示によって、新しい研究は、人類の知の全体に組み入れられ、また人類の知の中でこの新しい研究がどの場所に位置するのかが示される。つまり新規に人類

〈18〉ニュートンが1676年にロバート・フックに宛てた書簡（H. W. Turnbull (1959) "Isaac Newton" The Correspondence of Isaac Newton, USA, 1, 416）に登場することで有名であるが、初めてこの表現を使ったのはフランスの哲学者で12世紀のシャルトル学派のベルナール（Bernard de Chartres、生年不明、1124年以降没）とされる。文献上の出典は、12世紀ルネサンス期の人文主義者ソールズベリのジョン（John of Salisbury 1115(?)-1180）が自著『メタロギコン』の中で、ベルナールの言葉を孫引きして次のように述べた箇所である。

「私たちは巨人の肩の上に乗る小人のようなものだとシャルトルのベルナールはよく言った。私たちが彼らよりもよく、また遠くまでを見ることができるのは、私たち自身に優れた視力があるからでもなく、ほかの優れた身体的特徴があるからでもなく、ただ彼らの巨大さによって私たちが高く引き上げられているからなのだと（ラテン語：Dicebat Bernardus Carnotensis nos esse quasi nanos gigantum umeris insidentes, ut possimus plura eis et remotiora uidere, non ut ique proprii uisus acumine, aut eminentia corporis, sed quia in altum subuehimur et extollimur magnitudine gigantea.）」

出典 J.B.Hall, K.S.B.Keats-Rohan (1991) Ioannis Saresberiensis. Metalogicon, III, 4, 45, 116, 翻訳、柴田平三郎『中世の春 ソールズベリのジョンの思想世界』（慶應義塾大学出版会、2002）、14頁。

の知に参加する、新しい学術研究は自ら「住所表示」することを求められるのである。

文献たぐりよせは、これらの「住所表示」を手掛かりに、その相互依存関係をたどりながら、文献を探し集めるための方法である。

「文献たぐりよせ」は学術分野でなくても使える

しかし人類の知を構成するのは学術研究だけではないし、我々が手にし、参考とするのも論文や学術書だけではない。

そうした場合には、この文献たぐりよせという手法は使えないのだろうか。

幸いなことに、**良質な一般書には、その書物が前提し依存する先行文献が、文献リストや注釈の形で示されていることが多い。**特に学術研究者が執筆する新書〈19〉などでは、この傾向は既に定着しつつある。これらの書では、文献たぐりよせの技法を使うことができる。

読みやすく廉価な新書を出発点に、文献たぐりよせができるのは朗報である。これら新書は入門書であると同時に、より詳しく知りたい時に何を読めばいいかを教える書誌（ブックリスト）の役割も担ってくれるからだ。

今日では、学術分野以外の一般書でも、引用などで参照先を明示することは、著作権や慣例によってルール化され、半ば義務付けられている。丸写しや盗用がわかれば問題となり、出版物も回収される事例が、そうしたルールの存在を広く知らせている。

しかし一方では、参照の明示を疎んじる風潮もまた存続している。例えば翻訳書などで、おそらくページ数の関係から、原著にはあった詳しい文献リストや文献注がごっそり省かれる場合すらある。

こうした惨状に対して、当面我々にできることは、文献を参照している一般書を支持し、買い求め、先行文献の参照を明示する書物が増えるようにすることである。

この方針は、独学者にとってはすぐさま別の利益ももたらす。よい書物を選ぶための、わかりやすい方針となるからである。

私見では、詳しい文献注をつけることは、その書物の質を高め、その寿命を何倍にも長くする。なぜなら、多くの知的貢献をなしてきた先人たちがその書物の価値を支える援軍に加わるからだ。

つまり、その書物も先行文献の参照を通じて「巨人の肩」に乗るのである。

〈19〉縦173ミリ×横105ミリかそれに近い判型の本のこと。新書という呼び名は、ペリカン・ブックスを模して1938年に創刊された岩波新書に由来する。古典を中心にした岩波文庫に対し、同時代に属する著者による書き下ろしを中心とした岩波新書は、廉価で分量も手頃であり人気を博した。以後、シリーズ形式の出版物として、各出版社が新書を創刊することになる。

技法
22 リサーチログ
調べものの航海日誌

❶ 知りたいこと（テーマ）を表の左端の欄に書く

❷ テーマについて次の3つの質問について自問自答して表を埋める

・〈既　知〉既に知っていることは何か？
・〈欲　知〉自分が知りたいこと／見つけたいものは何か？
・〈調査法〉どのように知ろうとしているか（どこを探すつもりか？　何を調べるつもりか？）

	1 既知	2 欲知	3 調査法	4 得知	5 未知	6 調査法	7 活用
テーマ	調査前に自分が知っていること	調査前に自分が知りたいこと	どんな調査で知ろうとしているか	調査して知ったこと	調査したがわからなかったこと	実際に用いた調査法と反省	何に役立ちそうか

❸調査でわかったことを表に記入する

❷で記入した既知・欲知・調査法をもとに、調べもの（調査）や学習を行い、次の項目について表に記入する。これは調査結果を記録するとともに、調査方法を反省することを含んでいる。

・〈得　知〉調査・学習して知ったこと・わかったこと
・〈未　知〉調査・学習したがわからなかったこと
・〈調査法〉実際に用いた調査法（どこを探したか？　何を調べたか？）と反省
・〈活　用〉調査・学習したことは何に役立ちそうか

❹新しい調査について次の行に記入していくことを繰り返す

❸での調査結果と反省を踏まえて、新しく知りたいこと（テーマ）を設定し直し、次の調査に取り掛かる。新しいテーマは、〈未知〉でわからなかったことや、〈活用〉でわかったが役に立たなかったことを踏まえて選択する。

こうして、新しいテーマについて再び❶に戻って、調査と表を埋めることを続けることになる。❶〜❹を繰り返していくことで、調査プロセスを記録しながら、調査を進めていく。

調べて書く」のリサーチログ

調査後		
5 未知	6 調査法	7 活用
調査したがわからなかったこと	実際に用いた調査法と反省	調査したことは何に役立ちそうか
研究紀要って何?	先生にその場で「研究紀要」のことを聞けばよかった	これだけでは役に立たない。「研究紀要」を知らないと
どこで読める?	ウィキペディアの記事「紀要」を検索で発見	これだけでは役に立たない。「研究紀要」がどこで読めるかわからないと
関係のある図書館ってどこ?	ウィキペディアの記事「紀要」の中の「紀要の入手」の項目	これだけでは役に立たない。どこの図書館?
レポートに役立ちそうなものはあるのかどうか?	図書館のレファレンスカウンターで質問	これだけでは役に立たない。自分に役立つものがあるかどうか、わからないと
レポートに役立ちそうなものがあるのかどうか?	図書館のレファレンスカウンターで質問	これだけでは役に立たない。自分に役立つものがあるのかどうか、検索しないと
調べたとして、どうやってレポートにすればいいのか	図書館のレファレンスカウンターで質問	調べ方についてレファレンスカウンターに質問するのは役立つとわかった
(とりあえず手持ちの疑問は解決した)	図書館のレファレンスカウンターで質問	レポートの書き方全般についてレファレンスカウンターに質問するのは役立つとわかった

「ヘミングウェイについて調べて書く」という、ふんわりした課題が与えられた大学生(調査者)は、調べものについても初心者だったのだが、何から手を付けていいかわからず、担当の教員に質問に行った。ネットからのコピペに辟易している教員はただ「大学の研究紀要を調べて書くように」とだけ説明した。　(リサーチログの1行目)

↓

さすがにこれだけではどうしたらいいかわからないので、調査者はネットで「研究紀要」を調べてみた。(リサーチログの2〜3行目)

↓

ウィキペディアの「発行元と関係のある図書館」という記載を手がかりに、調査者は大学の図書館を訪れ、そこのレファレンスカウンターで質問する。

図書館のレファレンスカウンターに着いてからは(3 調査法で「同上(ついでに聞いた)」が続くところ)、わかったことをもとに質問を繰り返しているので4行分の記載がある。(リサーチログの 4〜7 行目)

このように調査の過程で、知りたいこと(テーマ)は移り変わり、時には最初のテーマに戻ってくる。こうして、いわば螺旋状に調査は進み、調査者の知識は少しずつ深まっていく。

レポート課題「ヘミングウェイについて

	調査前			
	1 既知	2 欲知	3 調査法	4 得知
テーマ	調査前に自分が知っていること	調査前に自分が知りたいこと	どんな調査で知ろうとしているか	調査して知ったこと
レポートでヘミングウェイのことを調べて書く	英米文学概論のレポートの課題	ヘミングウェイのことをどうやって調べればいい?	担当の先生にアドバイスを求める	「大学の研究紀要を調べろ」という先生の指示
研究紀要とは何か?	「大学の研究紀要」を調べろという先生の指示	研究紀要って?	Google で検索	大学(短期大学を含む)などの教育機関や各種の研究所・博物館などが定期的に発行する学術雑誌
研究紀要はどこで読めるか?	研究紀要=大学等が発行している学術雑誌	研究紀要の入手方法	ウィキペディアの記事「紀要」の中の「紀要の入手」の項目を読む	通常は市販されておらず、発行元と関係のある図書館・研究者へ配布されたり、国立国会図書館などへ納本されたりする
自分の大学の図書館で研究紀要は読めるか?	研究紀要は「関係のある図書館」にあるらしい	うちの大学の図書館は「関係のある図書館」なのか?	図書館のレファレンスカウンターで質問する	主だった紀要の最近のものは、紀要コーナーにあり。古いものは書庫にある
研究紀要の中からどうやって自分に役立つものを探すのか?	研究紀要はうちの図書館にもある(紀要コーナー、書庫)	紀要の中身を探すのはどうすれば?	同上(ついでに聞いた)	論文の検索の方法と学内に所蔵のない紀要に載ってる場合、他の図書館から取り寄せる方法がある
ヘミングウェイのことをどうやって調べればいい?	研究紀要に掲載の論文の検索方法と入手方法	ヘミングウェイについてレポートを書くのに役立ちそうな情報は何か?	同上(ついでに聞いた)	文学事典や専門事典(ヘミングウェイ事典というのがあるらしい)でまず概要をつかんだ上で研究論文を探すとよい
文学のレポートってどう書けばいいのか	テーマについて調べる方法とレファレンスカウンターが使えること	ヘミングウェイについてレポートを書く方法	同上(ついでに聞いた)	文学研究の入門書としてディキンソン『文学の学び方―付/論文・レポートの書き方』を教えてもらった

リサーチの骨法

調べものの骨法は、次の4つである。

①知っていることをすべて書き出すこと、②知らないことを問いに変換すること、③調査の過程を記録に取ること、そしてこれらを④しつこく繰り返すこと。

リサーチログはこの実践を記録し、また導くための技法である。

①知っていることをすべて書き出す

調べものは、自分が知らないもの／ことに向かう行為である。

知らないもの／ことは、当然ながら最初の時点では、その在処も輪郭もはっきりしないものである（→技法16「カルテ・クセジュ」、214ページ）。しかし知らないなりに限定しておかないと、何から取り掛かればいいかもわからず、探しようがない。

調べものに取り掛かる時点で我々にできるのは、「現時点でわかること」をできるだけはっきりさせ、その陰画として「わからないこと」を浮かび上がらせることだけだ。

今の自分にとって既知であることを書き出すことで、何が未知なのか、どうすればその「穴＝未知」が埋まるのか、自分が知りたいものは具体的には何なのか、それには何を調べるべきなのかが、少しずつ明らかになっていく。

リサーチログで言えば、「〈既知〉既に知っていることは何か？」をできるだけ詳しく書き出すことで、「〈欲知〉自分が知りたいこと／見つけたいものは何か？」や「〈調査法〉どのように知ろうとしているか（どこを探すつもりか？　何を調べるつもりか？）」について、少しずつだが明確になっていく。

調査が進むことで、リサーチログは更新され、〈欲知〉の一部は「〈得知〉調査・学習して知ったこと」へと移り、残りは「〈未知〉調査・学習したがわからなかったこと」に残される。それだけでなく調べてみることで、今まで視野に入っていなかった（〈欲知〉ですらなかった）ものが〈未知〉に積み増しされる。**何かを知ることは、知っていることだけでなく、知りたいこと、そして知らないことまでも拡大していくことなのだ。**

こうして調査によって「知っていること」と「知らないこと」を更新していくからこそ、我々の調べものは前に進むことができる。

②知らないことを問いに変換する

問うことは、調べること／学ぶことの、そして知識の、始まりである。

問いを持たないと、知識はあなたを素通りしていく。けれども、知識がないと問いは形をなさず崩れていく。

問いは既に知っているところから、その「外」へと踏み出すところに生まれる。つまり人は知と無知（未知）の境界で問う。そして問いと答えを重ねることで、自身の知識を拡張していく（↓技法17「ラミのトポス」、224ページ）。

ラーニングログ（↓技法12、160ページ）が学習量の可視化を通じて、学習の習慣化を目指すものだったのに対して、リサーチログは調査／学習の内容に注目し、自身の既知と未知とを結ぶプロセスを可視化することで、ある問いから次の問いへと向かうための技法である。

調査前にこうしようと思ったことと調査後に実際に行ったことの両方を記録し、繰り返し反省することで、調査の経験を言語化した上で蓄積する目的も持っている。

③調査の過程を記録に取る

記録を取るのは、一つは人間の記憶がいつも不正確だからだ。それなのに、どういうわけか、覚えの悪い者ほど記録を取らない。

書名や著者名、そして日本十進分類法に基づく請求記号など、正確でないと途端に図書館での調べものに差し障る。しかし、記録を取ることはそれ以上の意味がある。先に（ラーニングログ↓技法12、160ページ）述べたように、記録を取ること（セルフ・モニタリング）自体が、メタ認知能力を高め、技能そのものをゆるやかに向上させるのだ。

リサーチログは、調べものの過程で、何がうまくいったのか、どこでしくじったか、どのやり方が遠回りで無駄だったかがそのまま残る、調べもの生の記録である。読み返せば、どうすべきだったかを考えることになり、確実にあなたの調査スキルを成長させる。

④しつこく繰り返す

調査が一歩進むごとに、①〜③は繰り返される。こうしてリサーチログの表は下へ下へと拡張されていく。

一つのことを明らかにするためには、多くの調査が必要だ。ある探しものには、多くの場合、複数の別の探しものが必要になる。

「調査のための調査」「「調査のための調査」のための調査」「「「調査のための調査」のための調査」のための調査」……と、探しものはどうしても「入れ子」になる。

事前に知っていることが少ないほど、この「入れ子」は深くなる（多重になる）。

調べものの「入れ子」に対抗するには、こちらも繰り返すしかない。

調べて、調べて、調べるのだ（だからこそ自分がどこにいるかを見失わぬよう、記録（ログ）は取っておくこと）。

無知の坂を越える

調べる度に「わからないこと」が増えていく経験は（慣れないうちはとりわけ）気分がいいものではない。「いかに自分がものを知らない人間か」を繰り返し突きつけられるようなものだからだ。しかし何事かを知るという体験は、その「無知の坂」を越えたところにある。

確かに、自分が無知であることに向かい合うことは痛みを伴う体験である。加えて、何かを知ることは、いかにわずかであれ自分を変えることであり、自分を不安定にすることでもある。

しかしそれでも、本書が「賢くなる」ための書物であろうとする以上、次のことは言わなくてはならない。

無知に立て篭もることは危険であり、最終的には致命的ですらある。知は可能であるというより不可避なのだ。知ることから逃げる者は、知的営為の果てに知ることができたかもしれないそのことを、やがて最も手痛い形で思い知らされることになる。

吉報もある。いくらかでもまともに物を知っている人（物を知ることが何かを知っている人）は、こうした痛みを繰り返し味わっている。だから彼らは他人の無知をそして無知に起因する失敗や迷走を、嘲笑しない。

真面目に無知に挑むことを続けていけばやがて、あなたの無知をあざ笑う人は遠ざかり、あなたを助けてくれる人、物を知る人に出会うことになる。

第9章

知識への扉を使う

無知くんと親父さんの対話9

古典はあなたのために書かれていない

無知くん：こんにちは！　今日はどんな本を読めばいいのか、大体のところをざっくり聞きたいので来ました。

親父さん：感心するほど、答える気が起こらんリクエストだ。好きなものを好きに読めばいいだろ。

無知くん：わかりました！　まずはその分野の代表的名著や古典に身の程知らずに挑戦します！

親父さん：止めはしないが、そういう「古典名著主義」には落とし穴がある。

無知くん：何ですか？

親父さん：まず名著と名高い古典は、お前のために書かれた書物ではない〈20〉。

無知くん：しくしく。どうせこの世に味方は一人もいないんです。

親父さん：そうじゃない。名著として知られる一時代を築いたような古典は、俺たちのところに届くまでに何世代もの時を経ている。それを書いた奴は当時の知識や問題意識を前提に書いた。そうした前提を共有しない俺たちには、当然ながら古典は読みにくい。だから挫折しやすい。

無知くん：何ということ！　僕がいつも古典を読んでは挫折するのはそういう理由

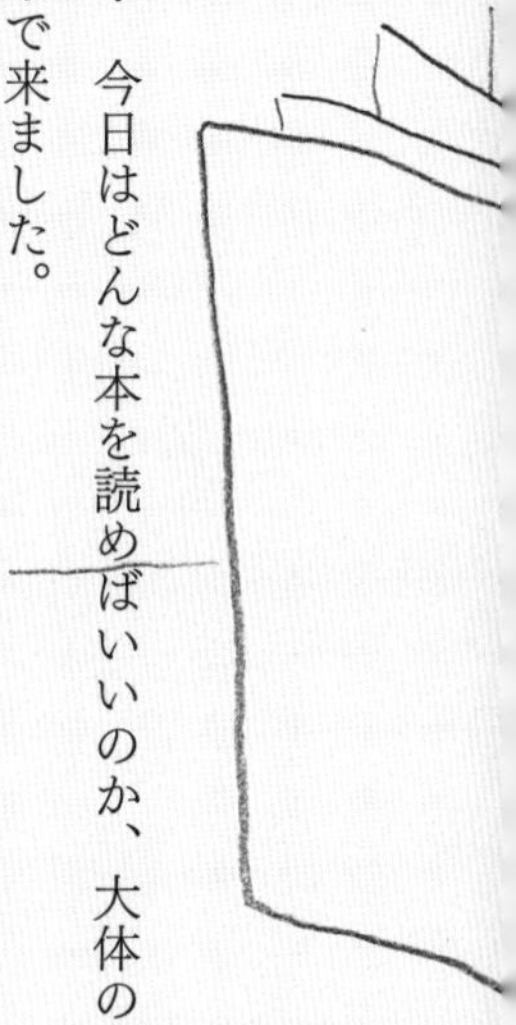

〈20〉「さて、いわゆる古典が読みづらいのは、あなたのために書かれたものではないからだ。プラトンはあなたのことなど何も知らない。デカルトはあなたを読者として想定していない。古典を読むことは、あなた宛でない手紙を盗み見るようなものだ。彼らの書いたものは、あなたの知らないことを前提とし、あなたが共有しない文脈（コンテクスト）に基づいている。だから読みにくい。しかし古典を読むことで得られるご利益もまた、同じところに存する。」 https://readingmonkey.blog.fc2.com/blog-entry-633.html

だったんですね！

親父さん：ただお前が未熟な読み手である上に、へたれで飽きっぽいせいかもしれんが。しかしまあ、名著や古典として知られる書物は、元々一人で読むには向いていない。本来なら、それが書かれた背景や、その本が前提にしている知識や著作に詳しい先達と一緒に読むべきものだ。

無知くん：それができるなら、一人寂しく独学してませんよ。こんな場合はどうしたら？

親父さん：解説書や注釈書が、書物の形となった先達としてお前を助けてくれるだろう。

無知くん：でも、まずはまっさらな気持ちで無心に古典にぶちあたるべきなのでは？

親父さん：別に止めはしないが、**古典とは、単に古い書物を言うのでも、時代を超えた真理なんかを蔵している書物のことを言うのでもない。**もう少しきちんと定義すれば、**古典とは、多くの注釈書が書かれてきた書物のことを言う**〈21〉。

無知くん：初耳です。

親父さん：古典が書かれて以降、何人もの人間が惹きつけられ読み解くことに挑み、しかも自分がどのように読んだのか、そして読むべきだと考えたのかを、別の書物として書き残すに至るほどの書物、こうしてそう自称しないもの

〈21〉古典と注釈の関連については、白石良夫『注釈・考証・読解の方法　国語国文学的思考』（文学通信、2019）が参考になる。

も含めていくつもの注釈書が書かれ重ねられてきた書物こそが、古典と呼ばれる資格がある。つまるところ古典の持つ豊かさは、元の古典のテキストに加えて、積み重ねられてきた読み方すらも別のテキスト（注釈書）として残っていることに由来する。こうして何度も読まれることで、その度に新たな生命を吹き込まれてきたからこそ、それら古典は現在に至るまで残されてきたとも言える。誰も読まなくなった書物は、誰も顧みることなく、自然と失われやすいからな。

無知くん：古典が大変な書物であることは、何となくわかりました。では、古典じゃなく、どんな本を読めばいいんですか？

親父さん：教科書があるほど成熟した分野なら、そのうち最新の教科書を手に取るといい。大学で使うレベルの教科書は、学術的にも信用できるその分野の入門書になっているし、索引や用語集も充実していて、ちょっとした専門事典としても使える。さらに、あるトピックについてもっと知りたい場合は、教科書の中に、次に何を読めばいいか信頼できる読書案内や文献リストが入っている。

無知くん：なるほど。一冊で三度得するのですね。

親父さん：古典ではなく教科書を読め、というもう一つの理由は、その後の展開についても教科書はフォローしているからだ。具体的に言えば、ソシュールやチョムスキーでなくフロムキン（の言語学教科書）の新しい版を読め、ピアジェやヴィゴツキーでなく最新の発達心理学の教科書を読め、ということになる。

無知くん：ええっ!?　それでいいんですか？

親父さん：古典的な仕事が偉大なのは、その後に多くの研究者が参加する研究課題をもたらしたこと、そうしてその後に多くの研究が生まれたことによる。つまり、その後には多くの知的挑戦とその成果が続いている。古典だけを読んで後は無視する態度は、その後、古典のどの部分が修正され、どんな間違いが発見され克服されたのか、まるで知らないまま済ませるに等しい。そうした後続もひっくるめて、古典の偉大さは形作られるというのに、だ。

無知くん：でも自分が知りたいことや学びたい分野について教科書がないことだって、普通にありますよね？

親父さん：そんな場合は仕方がない。ないものが必要なら自分で作るしかない。

無知くん：簡単に言わないでください。

親父さん：自分に必要な情報は、一冊にまとまっていることは少ないが、図書館のあちこちに分散して存在している、という話をしただろう。よくできた教科書は、その分野の一流の研究者が、二流三流のものを含めて膨大な研究を読み込んで、わかりやすくまとめたものだ。つまり教科書に載っている情報は、既に別の形で発表されている。教科書を読むことは、それらをまとめ上げる膨大な時間と図抜けた能力を借りることだ。教科書がまだない分野やトピックについては、いずれにしろ自分で文献を探して集め、まとめることになる。

無知くん：めちゃくちゃ大変じゃないですか。

親父さん：何も売り物になる教科書を書けというんじゃない。自分にできる限り調べてまとめてみろというんだ（そのやり方は後でまとめて取り上げる）。これは独学を続けて初心者を脱し、ある程度のレベルに達すれば、避けられないことでもある。その頃には、お前さんの知りたいことは、世にあふれる初心者向けの入門書程度では足りなくなっているだろうからだ。

無知くん：おお、捨てたもんじゃないですね、将来の僕。

親父さん：何より、自分で文献を探し集めまとめてみれば、世の教科書がどれだけの能力と労力と工夫を費やし生み出されたものか、それがようやく実感でき、そして驚嘆するだろう。

技法の前に

運に頼らない本の選び方

あなたが独学者でなく誰かの「生徒」であるなら、「教師」に当たる人があなたに教材を与えてくれるだろう。自分のニーズと学習課題を理解して自分に合った教材を選べる人ばかりではないから、この方式には利点がある。

この方式の問題点は、人との出会いと同様に、合う合わないが運次第であること、なのにその不利益を一方的に学習者だけが負うことだ。自ら教材を選んだことがないと他に比較対象がないので、「参考書が自分に合わない」と考えるよりも、「この参考書で勉強できない自分は頭が悪いのだ」と自責に陥りやすい。

実のところ、参考書に限らず、**多くの人は自分で本を探したり選んだりしない**。書店や書評で目にした、信頼に値する選者に教えられた、今読んでいる本に登場した、といった偶然に頼る。思えば、人との出会いもまた運任せなので、多くの人はそれ以上のことを望んだりしないのだ。

しかし書物を「選ぶ」ことはできる。書物には、分類システムがあり、書誌があり、文献の間で参照関係を明示する習慣があり、様々な検索ツールがある。これら先人が作り上げた知的遺産があればこそ、我々は、自分のニーズと課題に応じて何を読むかを自分で決めることができる。そして、このことこそが、何を学ぶかを自分で決める（本当の意味での）独学を可能にしている。

この章では、そうした書物（より広くは文献）を探し選ぶために最低限必要な基本的なツールとその使い方を取り上げる。紹介するツールは

- 事典：調べものツールの第一選択
- 書誌：探しものの達人の「肩」に乗るツール
- 教科書：入門＋事典＋書誌を束ねたオールインワン
- 書籍：人が忘れるものを持ち続ける独学の盟友
- 雑誌記事（論文）：知の最前線へ向かう扉

の5つだ。

本書では、先人の知的営為とそれが作り出した知識とに出会うために行われる我々自身の知的営為を総称して**「調べもの」**、そのために資料を探すための知的営為を**「探しもの」**と呼んでいる。この2つは行為としてはしばしば重なり合うが、それぞれ目標とするものが、「調べもの」の場合は知識、「探しもの」の場合は資料である点で区別される。本章で取り上げる基本的なツールは、文献を中心としたものだが、ヒトが文字を発明して以来、多くの知的営為は書き言葉を介して継承されてきた。その意味で「調べもの」を始めるのに不可欠のツールであると言える。

事典や教科書の「存在を知らない人」は少ないだろうが、「独学における意義」は必ずしも知られていない。書誌については書誌学や図書館学で取り上げられるが、ほとんどの読書術や知的生産術で取り上げられない。これらは我々の想像を超えて多数多様な書物や知識がこの世に存在することを、そして近づくための道筋もまた既にあることを我々に教え、独学者に自分自身の知的地図を描くことを促す。無論、その地図は、独学者が自ら学び進むことで描かれるのである。

「調べもの」ルートマップ

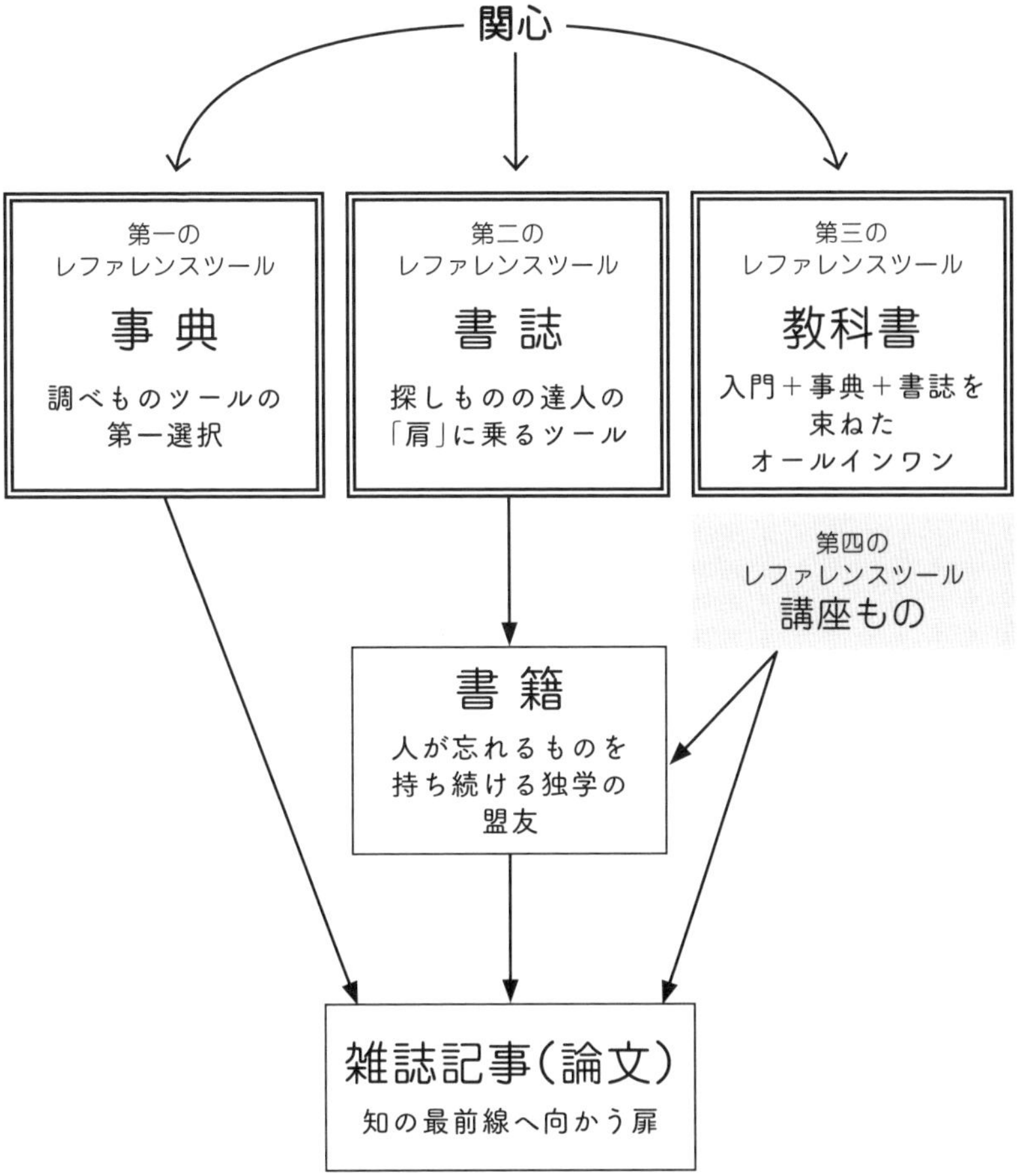
関心
第一の
レファレンスツール
事典
調べものツールの
第一選択
第二の
レファレンスツール
書誌
探しものの達人の
「肩」に乗るツール
第三の
レファレンスツール
教科書
入門＋事典＋書誌を
束ねた
オールインワン
第四の
レファレンスツール
講座もの
書籍
人が忘れるものを
持ち続ける独学の
盟友
雑誌記事（論文）
知の最前線へ向かう扉

第一のレファレンスツール

技法23 事典——可能性としての博識

事典は、広大な知識の海から膨大な数の専門家というフィルターによってろ過され、十分な時間をかけて抽出された精製物（知の塩）である。最新の知見を求めるには向いていないが、その分野の欠くべからざる基礎を成す知識の一つひとつにダイレクトに到達できる検索機能まで備えている。これらの理由から、独学者が最初に引くべき第一のレファレンスであると言える。

①事典を探す

初めて事典に触れる初心者ならば、図書館の参考図書コーナーを見ておくといい。分野ごとに様々な事典が存在することを体感できる。インターネットでは、ウィキペディアだけでなく、複数の事典・辞書を一度に引くことができるサービス、例えば無料のものではコトバンク（https://kotobank.jp/）を使う習慣をつけておくといい。「事典の種類」は296ページ〜、「事典の探し方」は303ページ〜を参照。

②事典で調べる

事典は、探しものの道具（レファレンスツール）の中で最も身近なものである。ごく簡単な探しものなら事典を調べるだけで解決する。やっかいな探しものの場合も最初の一歩を踏み出すのに役立つことが多い。

何十巻もある百科事典は昨今の住宅事情では行き場を失ったのか、中古本市場やネットオークションなら数千円といった安値で手に入る。しかし検索のしやすさ、置き場所の問題を考慮するなら、まずは電子版の事典を手に入れるといい。著者はEPWING版の百科事典を手に入るだけ入手し、コンピュータやスマートフォンで利用している。「事典の調べ方」の詳細は306ページ〜を参照。

③調べたことをまとめる

複数の百科事典と専門事典を引いた結果は、コピーして、記載量の少ないものから多いものへと順に並べて整理する。

情報探索の基本はこの〈粗から密へ〉である。複数の事典を引くとして、どの事典から見ていけばよいかについては、この〈粗から密へ〉の原理に従い、短い記述のものから長い記述のものへ、が基本となる。

百科事典は、冒険で「最初に立ち寄るべき街」

百科事典は探しものの際にまず最初に引くべき書物であり、その意味で第一の（ファースト）レファレンスツールと呼ぶべきものである。

その理由は、ほとんどあらゆる分野について、概ねその道の専門家が、そこそこの分量を使って、かなりまともな説明をしてくれているからである。

専門的な知識が必要となる場合、自分が知りたい事柄がいったいどの分野に該当するのかがわからないと、どの専門書、どの専門家に当たればよいかもわからない。

しかし一般向けの百科事典（General Encyclopedia）はオールラウンダーである。「これはどの専門分野の事項か？」と考えなくても、とりあえず引くことができる。

また百科事典の記述は、一冊の書物と比べればずっと短い。これは本格的な探索を始める前の予備調査に適した特性である。**後ほどもっと大部なもっと専門的な文献に当たるとしても、事前に概要を知っておくことは、その後の理解の深さや速さを改善する。**何より関連する専門用語や固有名詞（人物、文献名）などを知っておくことは、その後の探索をうまく運ぶための前提となる。

だから手始めに（過度の期待は持たずに）一般向けの百科事典を引くべきである。

一般向けの百科事典は、ある意味で公共図書館のミニチュアである。

専門図書館や専門事典とは違い、どちらもどんなニーズがあるかあらかじめ決め付けることができないため、限りあるスペースや予算の中で、できるだけ分野の抜けがないよう努めている。

その結果、かなり広い分野をカバーすることになるのだが、一個人の特殊なニーズから見ると、項目が欠けていたり、あっても項目の解説が物足りないものになりがちである。

図書館で言えば「いろんな本があるが（あるのに）、自分の読みたい本はない」、百科事典で言えば「さまざまな分野の項目があるが（あるのに）、自分が知りたいことが書いていない」あるいは「知っていることしか書いてない」とがっかりした体験がある人も少なくないだろう。

調べものを〈冒険〉と考えれば、一般向けの百科事典は最初に立ち寄るべき街である。うまくすれば、そこで最低限の装備と手がかりが手に入るが、旅はまだ始まったばかりである。そこですべての謎が解けるなら、そもそもそれは探究に値するものというより、自分の無知に由来した問題に過ぎなかったと言える。

私たちは「知っているべきこと」のほとんどを知らない

百科事典の価値は他にある。

百科事典にはあなたが知りたいようなことは書いていない。むしろ、あなたが知っているべきことが書いてある。

一般向けの百科事典は、誰でも引いて調べることができるものである。そこに書いてある知識は、原則的には誰でもアクセス可能な知識であると見なすことができる。

つまり百科事典に載っているのは、あなたが今実際には知っていなくても、その気になれば知ることができる知識、すなわち〈可能性としての知識〉である。

したがって物を書く人は、百科事典に書いてあるようなことは前提にして、それ以上・それ以外のことを書くことに集中することができる。

これを読み手の立場から見れば、百科事典に書いてあるようなことは既に知っているか、でなければすぐに引くことができるか、いずれかでないと、まともな人が書いたまともな文献を読むことができない、ということでもある。

しかし知っているべきことを、誰もが現に知っているならば、この世界に学習も教育も観察されないだろう。知っているべきことをすべて知るほどの博学者はいない。実際のところ、我々は知っているべきことのほとんどを知らないのだ。〈可能性としての知識〉は、いつもどんな人にとっても現有知識の遥か上にある。

だから百科事典は存在する。

百科事典に書いてあることは、あなたも私も（可能性としては）知っている。それゆえに、百科事典に書いてあるような知識は前提として（あるいは共有の〈背景〉として）、我々はものを教え合ったりアイデアを伝え合ったりできる。その先の知識についての書物を書くこともできる。

こうした意味で、百科事典は、我々の知識の生産と流通を下支えする社会的基盤（インフラストラクチャ）に他ならない。

「イギリス」を知っていても「イギリス」を引く意味

実用的な観点から言えば、辞典・事典が力を発揮するのは、あなたが知らない事柄を引く時ではなく、あなたが既に知っている（と思っている）事柄を調べる場面でだろう。

既に知っている（と思っている）事柄については、多くの人はわざわざ調べようとしない。たとえそれが調べもののテーマに密接に関わっていても、である。

具体例を出した方がわかりやすいだろう。

著者はイギリスの住宅政策の変遷を調べていて、背景知識として当然必要であるイギリス近現代の政治史についてほとんどまったく無知のまま悪戦苦闘していたことがある。何しろ普通選挙権の拡大が何年だったかも知らないほどだった。これでは労働党の登場も、労働者たちのニーズがいつから政策に反映されたのかも知らないまま、住宅政策がどう変わったかを考えることになる。

まったく言い訳だが、調べもののテーマを絞り込むこと（これはまともな調査には不可欠である）ばかりに目がいっていて、それとは逆方向の行為に時間も意識も割くこと、つまり探索の範囲を広げて背景にあるものに注意を払うことを愚かにも忘れてしまっていた。無知の上に視野狭窄を重ね着したようなものだ。まったく目も当てられない。

まずいことになったと気付いて、イギリス政治史の文献を集めだしたのだが、実は知るべき最低限のことは百科事典の「イギリス」の項目の中にほとんどすべて書いてあった。〈可能性としての知識〉としての常識的知識を提供する百科事典の役割からいって当然である。しかしその時は当たり前すぎてこのことは盲点だった。

イギリスというものの存在を知らない人は少ないだろう。しかしイギリスについて当たり前に知っていなくてはならない常識的知識を（これはイギリスのどの側面を詳しく知ろうとする場合にも、背景知識となりうるものである）、誰もが必要なだけあらかじめ知っているとは限らない。

だからこそ、百科事典は調べものの最初に引いておくべき第一のレファレンスツールなのである。

事典の種類

・専門事典 SPECIAL ENCYCLOPEDIA（初心者向け★☆☆）

事典には、一般向けの**百科事典**（英語でGeneral Encyclopediaと呼ぶもの）の他に、**専門事典**（英語でSpecial Encyclopedia）がある。

英語圏では、大学生になると、ブリタニカやアメリカーナのようなホームユースの一般向け百科事典General Encyclopediaではなく、駆け出しのアカデミシャンとして、それぞれの分野のSpecial Encyclopedia（専門事典）を使うことが求められる。

これは英語圏では、専門事典の種類も多く量質ともに充実していて、一般向け百科事典との間に分業が成り立っていることが背景にある。このためブリタニカやアメリカーナのような一般向け百科事典の各項目は、日本語の百科事典よりも平易な言葉で記述されていることが多い。

専門（用語）辞典Special Dictionaryは専門用語の定義を与えるが、専門（百科）事典

Special Encyclopediaはその分野の基本事項について概説するものである。

両者の区別は必ずしも明確ではなく、辞典dictionaryと名前がついているものの、実質的には事典encyclopediaであるものも少なくない。

例えばMatthew George Easton（2001）Easton's Bible Dictionary, Harper & Brothersは聖書に関する専門百科事典であり、多くの見出し語に詳細な解説がなされている。あるいは19世紀から続く音楽と音楽家に関する代表的専門百科事典『ニューグローヴ世界音楽大事典』（講談社）の原著名もThe New Grove Dictionary of Music and Musiciansである。

日本語でも、『岩波 数学辞典』（岩波書店）は数学についての辞典であるが事典的側面も強く、各項目の末尾には参考文献が挙げられている。その英訳タイトルはEncyclopedic Dictionary of Mathematicsと言う。

また『国史大辞典』（吉川弘文館）は「辞典」と名付けられているが、日本史についての代表的な専門事典である。

専門事典は、一般向け百科事典より専門的な知識・情報を提供してくれる書籍である。

しかし複数巻ものの専門事典は、作成に多くの人員／時間が必要でコストが高く、また買ってくれる相手が図書館や研究室などに限られるためか、出版企画として成立しにくい。そのため調べたい分野に利用できる専門事典がないことも多い。

国史大辞典編集委員会編**『国史大辞典』**
（吉川弘文館、1979～）
紙の事典は全15巻だが、Japan Knowledgeのウェブ版が便利。

日本ではむしろ一般百科事典が専門事典的な作り方を部分的に取り入れていて、専門事典の不足を補っていたほどである。

例えば『世界大百科事典』（平凡社）はエリア制という方式を採用している。これは分野ごとに専門家チームがあたり、チームリーダー（当該分野の重鎮があたる）が当該分野の項目を誰が書くかを割り振りし、チームリーダー自身は分野全体を扱う総括的な項目を執筆している。

・事典に類似するレファレンスツール（初心者向け★☆☆）

百科事典や専門事典に類似する〈22〉書物に、**ハンドブック**や**コンパニオン**がある。

ハンドブック（handbook）は、handyな本という意味の語であり、日本語の「便覧」に当たるものである。内容的には一般向けの啓蒙的な〈ハウツーもの〉とよばれるものから専門研究者用の〈データブック〉にまで、幅広く「ハンドブック」というタイトルがつけられる。中には、増補改訂を重ねて多巻ものに成長し、ハンディな形態を失ったものもある。強いてその特徴をまとめてみれば、特定分野について知るべき知識を参照しやすいよう一定の体系に基づきまとめた書物だと言える。

平凡社編**『改訂新版 世界大百科事典 全34巻』**（平凡社、2007）

最新版は2009年改訂新版、『世界大百科事典』（平凡社、2009）。紙の事典は全34巻だが、Japan Knowledgeのウェブ版が便利。

学術研究で、新しいトピックについての研究が興隆すると、まずは代表的論文を集めた論文集が編集されるが、一つの研究分野として認知されるまで成長すると、その分野のサブ・トピックごとに研究者に概要を書かせてまとめたハンドブックが出版されることがある。研究分野がさらに成熟して、複数の大学で科目として教授されるようになれば教科書や専門事典が作られるようになるが、まだそこに至らない新進の分野を調べるにも、この種のハンドブックは有用である。

例えば『学習科学ハンドブック』（北大路書房）はThe Cambridge Handbook of the Learning Sciencesの第2版（2014）の邦訳で、この分野の2010年ぐらいまでの成果がまとめられている。

コンパニオン（companion）は日本語では「必携」に当たるもので、特定主題に関する各種の基本的な知識を要約的に解説したものである。辞書的に編集されることも多いが、小項目事典なものから大項目事典、複数章からなる概説

R.K. ソーヤー編／森敏昭、秋田喜代美、大島純、白水始監訳／望月俊男、益川弘如編訳
『学習科学ハンドブック 第二版 全3巻』
（北大路書房、2016～2018）
こちらは電子版がないので全3巻を紙で手に入れる必要がある。

〈22〉百科事典にあたるEncyclopaediaという語は、おそらく1500年前後にコイネー・ギリシア語のἐγκυκλοπαιδείαから造語されたものだと思われる。同時期、様々な浩瀚な参考書（今日で言うレファレンス・ブック）が作られたが、これらはEncyclopaediaの他にDictionarium（辞書）、Theatrum（劇場）、Thesaurus（宝庫）、Systema（体系）あるいはSylva（森）といった題名をつけられた。例えばフランドルの地理学者オルテリウスが出した近代的世界地図はTheatrum Orbis Terrarum（地球の劇場）と題された。

書の体裁をとるものもある。

例えば『プリンストン数学大全』（朝倉書店）の原書The Princeton Companion to Mathematicsは数学の概念、諸分野、定理と問題、数学者といった章立ての下に各項目をコンパクトに解説する項目を並べた体裁だが、The Oxford Companion to Philosophyを始めとするオックスフォード出版のコンパニオンはアルファベット順に項目を並べた小項目立ての専門事典である。

・専門事典の横断検索ツール（中級者向け★★☆）

数多くの専門事典や便覧類を使いこなすには、自分が知りたい事項がどの分野に属するのか、そしてどの専門事典を引けばよいのかをどうやって知るのかが最初の関門になる。しかし情報ニーズあるところにツールあり。英語では何百という専門事典や便覧・必携類を横断検索できるMaster Indexが存在する。

調べものの際には、まずMaster Indexを引き、自分が知りたい事項がどの専門事典のどこに載っているかを知る。多くの場合、自分の知りたい事項は、複数の専門事典に載っていることがわかるだけでなく、その事典のどこに載っているかまでページ単位で探すことができる。

項目がどの専門事典に載っているか知ることは、どの専門分野で扱われているかを知ることでもある。

さらにMaster Indexの分類索引を使えば、ある分野にはどのようなトピックを取り上げているのか、それぞれのトピックは他のどの事典（つまりどの分野）でも扱われているかを知ることができる。つまりこの横断検索ツールは、コンピレーション・サイクロペディアとでも言うべき存在であり、複数の専門分野を渡り歩く者にとってのコンパスになるのだ。

事実、専門事典の横断検索は、"seeking brief information on out-of-the-way topics"、つまり自分の専門外の分野を「脇見」して簡潔な情報を得るためにも用いられる。

専門事典は専門知識の入り口であることを目的にしており、さらに詳しく知りたい場合は次に何を読めばよいかを示すために各項目ごとに参考文献リストがついている。Master Indexを引くことでわかった複数の専門事典の複数の項目を巡り、参考文献リストを拾い集めると、複数の専門事典で共通して挙げられている文献がわかる。複数の専門事典の項目で何回出てきたかを数えて並べ直せば、知りたい事項についての基本文献が優先順位つきでリストアップされることになる。

英語では次の2冊が代表的なMaster Indexである。

・Joe Ryan（1989）First Stop:
The Master Index to Subject Encyclopedias, USA: Oryx Press.
・Allan N.Mirwis（1999）Subject Encyclopedias:
User Guide, Review Citations, and Keyword Index, USA: Oryx Press.

残念ながら日本語には、このような分野横断的な専門事典の検索ツールは存在しない〈23〉。

ただし人名や地名、作品名については、各種の百科事典・人名事典や作品集などを横断検索できる『人物レファレンス事典』『美術作品レファレンス事典』『動物レファレンス事典』『統計図表レファレンス事典』（日外アソシエーツ）などもある。

紙の書籍にこだわらなければ、複数の事典を一度に引けるサービスは存在する。

例えば日本語で無料なものには、コトバンク（https://kotobank.jp/）やWeblio（http://www.weblio.jp）、有料ではジャパンナレッジ（http://japanknowledge.com）などがある。ジャパンナレッジは図書館で契約されていることも多く、この場合、図書館へ行けば無料で利用可能である。

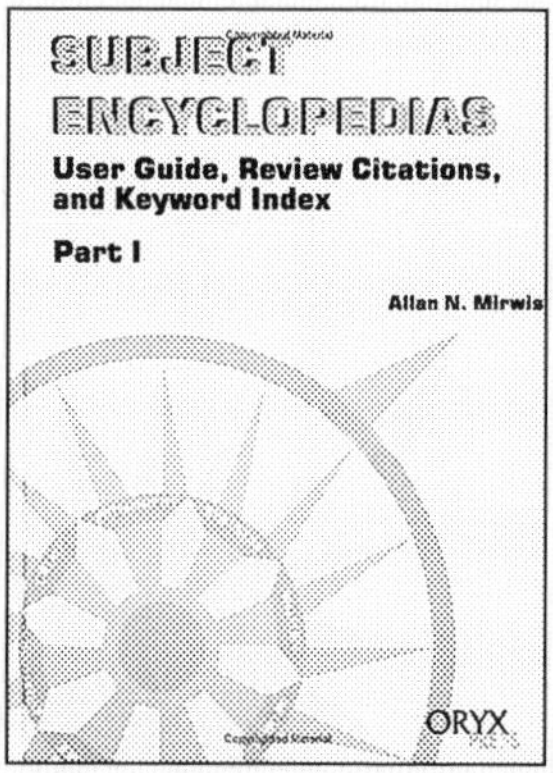

Allan N. Mirwis『**Subject Encyclopedias: User Guide, Review Citations, and Keyword Index**』（Oryx Press、1999）

事典の探し方

多くの事典が分野や目的ごとに作られている。その中から必要なものに出会い、選ぶには次のような方法がある。

・図書館の参考図書コーナーへ行く（初心者向け★☆☆）

図書館には探しものの道具（レファレンスツール）を集めた参考図書コーナーがある。一般的な百科事典から各種専門事典まで、多くは日本十進分類法に基づいて配列されている。

〈23〉実は古いものなら、天野敬太郎編『学習・百科件名目録：各種百科事典の件名索引』（蘭書房、1954）が存在する。しかしこれが取り上げる百科事典は10に満たない。

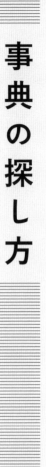

自分が知りたい項目がどの分野のものかわかっているなら、直接本棚に向かって必要な事典を探すことができる。

・シネクドキ探索を使う（中級者向け★★☆）

知りたい項目がどの事典に載っているか見当もつかない場合、あるいは欲しい分野の事典がない場合は、どうすればよいか。

そんな場合は、シネクドキ探索（↓技法20、252ページ）を使って、より広い範囲をカバーする事典を探して、調査の出発点にする。

例えばフィッツジェラルド（アメリカの小説家）について調べようという場合、不幸にも図書館に『F・S・フィッツジェラルド事典〈24〉』の所蔵がなかったとしよう。

この場合は「フィッツジェラルドは何の一種か？」と考え「アメリカの作家」さらに「文学者」という上位概念を得る。こうして『アメリカ文学作家作品事典〈25〉』や『集英社世界文学事典〈26〉』で「フィッツジェラルド」の項目を調べる。

・参考図書の解説本を調べる（探究者向け★★★）

参考図書コーナーの棚に直接当たるのもよいが、探しものの道具（レファレンスツール）の中には、レファレンスツールを探すための案内書がある。これも図書館の参考図書コーナーにあるはずだ。

事典だけでなく書誌や年表、図鑑などあらゆる探しものの道具（レファレンスツール）を案内したものだが、中でも『邦語文献を対象とする参考調査便覧』（書誌研究の会）が、第一に推薦すべきレファレンスツールだ（↓詳細は318ページ）。

その理由は、類のない3万件を超える主題語索引を備えていて、探したい事項を引けば、ほぼダイレクトに必要なレファレンスツールへ到達できるよう編集されているからである。

〈24〉ロバート・L・ゲイル著／前田絢子訳『F・S・フィッツジェラルド事典』（雄松堂出版、2010）
〈25〉D.L.Kirkpatrick編／岩元巌、酒本雅之監修『アメリカ文学作家作品事典』（本の友社、1991）
〈26〉「世界文学事典」編集委員会編『集英社世界文学事典』（集英社、2002）

事典の調べ方

・索引引き（初心者向け★☆☆）

紙の百科事典や専門事典を使うために、最初に覚えるべき基本技術は〈索引を使って調べる〉ことである。

索引は、一冊ものの事典なら末尾に、複数冊ものの事典ならば独立した索引巻が備わっている。

辞典と事典の違いは、この索引の存在にあると言っても過言ではない。

索引にあたれば、あなたが知りたいことは、その事典の複数の箇所に掲載されていることがわかる。

それら複数の項目のすべてにあたり、できればコピーするかメモを取る。理由は、事典の各項目の記載は比較的長く、記憶に頼るよりむしろ、複数の項目を集めて一望的に見た方がよいからだ。電子化された事典を使う場合は、検索しヒットしたすべての項目を一つのファイルにコピペしてまとめる。

このやり方は複数の事典を使って調べる時にも威力を発揮する。

・全文検索読み（初心者向け★☆☆）

電子化された事典では、紙の事典では考えられなかった全文検索ができる。ここにおいて百科事典は、抱えていたポテンシャルをようやく発揮できるようになった。

検索エンジンのみならず、世の中の探しものツールは、求めている対象が明確ならば役に立つのだが、しかしそれに先立ってはっきりしないものを捕まえるステップがなければ、そもそも探しようがない。

だが全文検索は、うまく使えば「逆引き」に近いことができる。例えば「サラダ」と「野菜」で百科事典を全文検索すれば、サラダに使える自分が知らない野菜、例えばカエンサイ（火炎菜）やコショウソウ（胡椒草）等を知ることができる。

・複数事典併せ読み（初心者向け★☆☆）

事典を使う時は必ず複数の事典にあたるべきである。理由の一つは、事典は少なからず間違っているからだ。

併せ読みは、ライブラリリサーチの基本となるシントピカル・リーディング（↓234ページ）の入門でもある。

・串刺し検索読み（中級者向け★★☆）

電子化された事典だと、複数の事典を同時に検索することも容易である。複数の百科事典に、百科項目に強い辞典（例えば広辞苑やリーダーズ英和辞典）を組み合わせると遺漏が少なくなる。

複数の事典を一気に検索できると、すぐにヒット数が膨大になる。そこで検索方法として、最初は完全一致などにしてヒット数を絞っておき、それらの項目を読んでから、次第に条件を緩めていく。コアの項目を知っておくと、ヒット数が増えても情報の取捨選択が容易になり、数の多さに溺れなくなる。

・たどり読み（中級者向け★★☆）

たどり読みは、事典のある項目を出発点に選び、この項目に出てくる不明な用語や興味を持った事項を次々同じ事典で調べていくものである。一通り調べ終えたら（事典内に探索範囲を限ることで比較的短時間に調べ切ることが可能となる）、関連項目として調べた項目を新しい出発点とし、さらにたどり読みを繰り返してもいい。こうすることで、自分が不案内な分野について概観を得たい時など、事典の中から当該分野に関連した複数の項目を芋づる式に引き出すことができる。

・書誌として読む（探究者向け★★★）

事典はレファレンスツールであるので、その「外」に繋がっている。多くの専門事典は、各項目の末尾に参考文献を載せている。ブリタニカのような百科事典も同様である。日本語の百科事典では、小学館の『日本大百科全書』が参考文献をあげている。ただしすべての項目に参考文献が載っているわけではない。参考文献が載っていない場合は、シネクドキ探索（↓技法20、252ページ）を使って上位概念にあたる項目を探すと、見つかる場合がある。

ブリタニカ国際大百科事典 小項目事典

音韻論 おんいんろん

phonology; phonemics
音声学的観察で確認した音声がどういう音韻的単位に該当し，そのような単位がいくつあり，いかなる体系・構造をなしており，いかなる機能を果しているかなどを研究する学問。音韻論的解釈には正確な音声学的観察が必要であり，逆に正しい音韻論的解釈により音声学的事実がよりよくみえてくることから，音声学と音韻論は補い合うものであるといえる。音韻的単位の最小のものは音素である。東京方言ではその音素が1つないし3つでモーラを形成し，モーラが1つないし3つで（音韻的）音節を形成し，その音節（連続）のうえにアクセント素がかぶさって形式の音形を構成している。音韻を音素の代りに使う人もいるが，音韻は以上の音韻的単位の総称としたほうがよい。この立場に立てば，音韻論 phonology は音素論 phonemics よりも広い概念で，少くともその他に音節構造論とアクセント論を含むことになる。音韻論にも，他の分野と同様，共時音韻論と史的音韻論（音韻史）がある。また音声学と音韻論を総称して「音論」と呼ぶこともある。

日本大百科全書（ニッポニカ）

音韻論 おんいんろん

phonology
音素について研究する言語学の一部門で、アメリカ言語学では音素論 phonemics とよぶ。音韻論では、(1) 音素の設定、(2) 音素の体系、(3) 音素の結合などが取り扱われる。
(1) 音素の設定。カク［kakɯ］とタク［takɯ］という語の意味の区別は、［—akɯ］という同じ音声環境に現れる音声部分［k］と［t］の相違によっている。これらの音は、より小さな連続した音声単位に分解できないから、音素である。このように、一つの音素を除いて、他の部分が同じであるような語の組を最小対立という。最小対立を捜し出すことにより、音素を取り出すことができる。サク［sakɯ］、ナク［nakɯ］、ハク［hakɯ］、マク［makɯ］、ヤク［jakɯ］、ラク［rakɯ］、ワク［wakɯ］から、音素 /s,n,h,m,j,r,w/ が求められる。ところが、キク［kikɯ］とシク［ʃikɯ］の最小対立から、音素 /k/ と /ʃ/ が得られる。さて、［s］と［ʃ］であるが、［s］のほうはサスセソの母音［a,ɯ,e,o］と結び付くのに、［ʃ］のほうは残りの母音［i］の前にだけ現れる。これを相補的分布という。相補的分布をなす類似した音声は、同一の音素に帰属するとされる。したがって、歯茎音［s］と硬口蓋（こうがい）歯茎音［ʃ］はともに無声の歯擦音であり、相補的分布をなすから、同一音素 /s/ の異音とみなされる。このように音素が具体的音声の形をとったものを異音という。
（中略）
文献『ヨーアンセン著、林栄一監訳『音韻論総覧』(1979・大修館書店)』

「複数事典併せ読み」の例：「音韻論」について
コトバンクで調べ記述の短い順に整理

大辞林 第三版

おんいんろん【音韻論】

構文論・意味論などと並ぶ、言語学の一分野。言語音の機能や体系・構造を研究する。

百科事典マイペディア

音韻論【おんいんろん】

言語学の一部門。ある言語の音素の数，それらの結合の仕方，機能，体系などを扱う。普通は共時論的研究を対象とし，歴史的な研究は音韻史，史的音韻論といわれている。音声学，音韻学とは異なる。

→関連項目有坂秀世｜形態論｜言語学｜言語類型論｜文法｜モーラ

デジタル大辞泉

おんいん-ろん〔オンヰン-〕【音韻論】

《phonology》言語学の一部門。言語の音（アクセントなどをも含む）を記述し、その歴史的変化の過程、そこにみられる原則を研究する学問。また、ある言語の言語音を音素という単位に抽象して、その構造や体系を記述する共時論的研究についても用いられる。→音素論（おんそろん）

世界大百科事典 第２版

おんいんろん【音韻論】

音韻は言語音声から意識された要素として抽出された最小の単位で，フォネーム phoneme の訳語として音素と同じ意味に用いられることが多い。音素は音声の最小単位たる単音に対応する分節音素と強弱や高低アクセントのように単音に対応しない超分節音素に分けられるが，このうち分節音素に限り音韻と呼ぶこともある。また中国では昔から，漢字の字音を構成する単位を音韻と称し，音韻学と呼ばれる言語音に関する学問が行われていた。

第二のレファレンスツール

技法24

書誌——調査の達人からの贈り物

書誌は、探しものにおける「巨人の肩」である。探しものの最大のコツは、自分より詳しくて探すのもうまい先人を見つけることだが、書誌はそうした先人が、後からやって来る我々に残してくれている知的財産である。

①事典を使って予備調査を行う

知りたいトピックについて、事典類を調べて、概要や該当分野を知る（↓技法23「事典」、288ページ）。

②検索ツールとして書誌を使う

前調査の後、さらに調査が必要ならば（多くの場合、事典だけでは不十分なことが多い）、知りたいトピックと関連のある文献に個別にあたることになる。

最も効率的な探索法は、自分より上手な探索者が既にやった探しものの成果をたどることである。

書誌を使った探しものは、この最も効率的なものの一つである。書誌は、その道の玄人が徹底的に行った探しものの成果物であり、ある分野やトピックについて探し集めた文献リストや、リストの文献それぞれに解説を付した体裁をとる。具体的な「書誌の種類」については318ページ〜参照。

③どの書誌にあたればいいかわからない場合、「書誌の書誌」を使う

書誌は、特定分野限定の「検索ツール」として有用なのだが、世に知られているとは言えない存在である。しかしその存在を知り手にすることができれば、探しものにとって絶大な便宜をもたらすことから、先人は徹底的に書誌自体についても調査・収集しその成果をまとめてくれている。すなわち書誌ばかりを集めた書誌を作っておいてくれたのだ。「書誌の書誌」の詳細については320ページ〜参照。

書誌を知らぬ読書家は、海図を持たない船乗り

書誌は文献を探すためのレファレンスツールである。

事典が「知りたいこと」を探すツール（工具書）だとすれば、書誌は「**知りたいことがどこにあるか（どの文献に書いてあるか）」を探すツール**であると言える。しかし事典は、学問分野が成熟すれば作られることが多いが、書誌は必ずしもそうでもない。

そのため書誌は、事典よりさらに知られていないレファレンスツールである。

世にあふれるほとんどすべての推薦書リストに、本を探すための本は登場しない。大抵の読書論は、書誌の存在にすら触れない。あらゆる書物はつながり合っているというのに、多くの書評は一輪ざしのようにただ一つの本だけを掲げる。

しかし強い言い方をすれば、書誌を知らぬ読書家は、海図を持たない船乗りに等しい。そうした船乗りも海に出ることはできよう。だが、彼の海路は、陸から離れぬ沿岸にとどまる。

読書に置き換えて言うなら、自分が既によく知っている「陸地」からあまり離れたところにしか進まぬ本読みがこれに相当する。

書誌は、あるテーマについて（ある分野や人物についてのこともある）、世の中に存在する文献の一切合切を集めようとしたリストだ。

人がなすことに元より完全なものはない。すべての文献を集めることは事実上、不可能だ。あらゆる書誌には、載せるべきであったいくつもの文献が欠けている。その意味でも、すべての書誌は未完成である。また、決して完成しないという運命を受け入れなければ、どのような小さな書誌も生まれてくることができない。

それでも書誌は、我々が一通り調べ上げる程度では届かぬところにまで人を誘う。あるいは文献の海の広さと深さ（それを生み出した知的営為の広がり）を、さあ見ろとばかりに眼前に展開する。

我々が探しもので先人の力を借りることが難しいのは、ただ能力が不足しているからだけではなく、自分がどれだけ知らないか／探せていないかを痛感する機会が得がたいからである。独力ではたどり着けなかった文献を多数含んだ書誌の存在を知ること、そうして自分が至っていない未知と無知の大海がどれほど広いか知ることは、独学者が陥りがちな独善を正し、知的視野を広げる。その時こそ「巨人」は、あなたに喜んで肩を貸してくれるだろう。

実のところ、もしも自分の関心や知的好奇心や情報ニーズを（広い意味での）文献リストに自力で変換することができるなら、その人は既に独学者だと言ってよい。例えば独力では理解できない部分に突きあたった時でさえも、その困難を「(理解するためには)何を読めばいいか?」に変換し、前に進むことができるからだ。

知らない分野について「何を読めばいいか」がわからない人へ

だが、このことは思った以上に難しい。

とくに未知の分野に挑む時などは、情報ニーズの方はもぐらたたき的に発生する。その分野に不案内なために「何を読めばいいか?」という問いに答えることも、『何を読めばいいか』を知るために何を読めばいいか?」という問いに答えることも(以下繰り返し)、難しい。

たとえるなら、道に迷った上に地図の見方もわからないような状態だ。書誌は、うまくすれば、こうした状態の人を救い出す。

誇張して言えば、「何を読めばいいか」を知ることができるツールは、人をたちどころにして〈独学者〉に変える魔法の杖(マジック・ワンド)である。〈独学者〉は、大したことを知っているわけではないが、「自分が何をどうすれば知ることに少しでも近づけるだろうか?」という問いには、なんとか自分の力で答えることができる。こうしてゆっくりとでも知識と理解を進めることができる。

書物も知識も、スタンドアローンでは存在できない。それぞれの書物は（そして知識は）、他の書物（知識）と関連し合い、前提にしたりされたり、参照したりされたりして結びついている。

必ずしも参照関係は明示されているわけではないが、そのうちのどれかにたどり着ければ、か細いかもしれないつながり合いを、芋づる式にたどりながら、出会うべき文献や知識にたどり着けるだろう。

もちろんあなたが必要とする文献は未だ存在していないかもしれない。いくばくかの探索と彷徨の末に、そのことを確信したなら、まだ誰も知らない、少なくとも誰も書き残していない知識を、いよいよあなたが書き残す番である。

書誌の種類

・最初に利用すべき書誌の書誌（初心者向け★☆☆）

我々のような探しもののビギナーにとって、書誌を探すためにすぐに役立つのは『邦語文献を対象とする参考調査便覧』（片山喜八郎、太田映子共編、書誌研究の会）である。

このツールの特徴・長所は、個々の資料の解題は省いて資料の種類を番号表示するだけですませるかわりに、小項目主義を徹底して、固有名詞や作品名や個人名のレベルでまでダイレクトに引けるようにしてあるところである。扱う項目の数は、実に3万を超える。

次ページの図で取り上げた通り、「英文学」「漫画」といった一般名詞・分

邦語文献を対象とする
参考調査便覧

このファイルには122,781件のレファレンス·ツールが、①〜⑱の種別記号の許にグルーピングされ、ほぼＮＤＣの展開順に沿って配列されています。書誌の林の中を分け入る方法として、分類記号、人名・主題キーワード36,181個を用意しています。

◎どの仕事から始めますか。始めたい作業を選んでクリックしてください

分類標目索引
頭字音索引（５０音順）
検索キー（５０音順）
参考図書一覧

人物名索引
人物二次文献一覧

付記　フリーワード検索について

分類標目索引
※分類記号の主類表を並べています。記号をクリックすれば、それぞれの部門のトップを指示します。
それぞれの部門ではより詳細に分類記号の展開に沿ってグルーピングキーを立てています。該当のキーワードが見つかったら分類記号をクリックしてください。便覧の該当標目へとびます。

【0】総記　【1】哲学・宗教　【2】歴史・地理　【3】社会科学　【4】自然科学　【5】工学　【6】産業　【7】芸術　【8】言語　【9】文学

【0】総記
002 <学問一般>｜ 007 <文献調査法>｜ 007.1 <参考図書ガイド>｜ 007.2 <書誌の書誌>｜ 007.3 <参考調査法>｜ 007.4 <情報処理>｜ 007.6 <データ・ベース>
007.7 <コンピュータ>｜ 007.71 <ＯＳ>｜ 007.72 <コンピュータ言語>｜ 007.8 <ソフトウェア>
010 <図書館学総記>｜ 010.2 <各国の図書館>｜ 010.21 <図書館史・事情>｜ 010.7 <図書館学教育>｜ 011 <図書館行政>｜ 012 <図書館建築・施設>｜ 013 <図書館人>｜ 014 <資料組織化>｜ 015 <図書館活動>｜ 016 <図書館各種>｜ 017 <学校図書館>｜ 017.1 <大学図書館>｜ 018 <専門図書館>｜ 019 <読書>
020 <書誌学総記>｜ 021 <著作権>｜ 022 <古典籍>｜ 022.8 <装本・装幀>｜ 023 <出版>｜ 023.1 <出版社>｜ 023.2 <出版史>｜ 023.21 <地方出版物>｜ 024 <図書一般>｜ 025.1 <図書解題>｜ 025.6 <全国書誌－現代>｜ 025.2 <書誌>｜ 025.3 <全国書誌－外国>｜ 025.4 <全国書誌－維新前>｜ 025.5 <全国書誌－近代

ウェブ版

片山喜八郎、太田映子共編
『邦語文献を対象とする参考調査便覧』
（書誌研究の会、2004）
CD-ROM版が安価なので取り寄せるとよい。
入手方法はこちら。
https://syoshiken.exblog.jp/i5/

『邦語文献を対象とする参考調査便覧』

フィッツジェラルド（作家）

【1・4】日本における受容 戦前・戦後、フィッツ・ジェラルド図書館、年譜→「ユリイカ」20(14) 青土社 1988
【2】日本におけるスコット・フィッツジェラルド文献目録 1930 − 79 永岡定夫→「昭和大学教養部紀要」10(1979)・同追録版1・2→「山梨大学教育学部研究報告 第1分冊 人文社会学系」34(1983)・39(1989) ◆日本における Francis Scott Key Fitzgerald 研究書誌→神奈川県立外語短期大学図書館 1984 ◆日本におけるフィッツジェラルド文献目録 永岡定夫（WWW. 生成する目録）
【3・4】スコット・フィッツジェラルド 星野裕子 メディアファクトリー 1992 ◆フィッツジェラルド 森川展男 丸善 1995
【4】ザ・スコット・フイッツジェラルド・ブック 村上春樹 中公文庫 1991 ◆グレート・ギャッツビー 小川高義訳 光文社 2009

726 ドラえもん

【3】ドラえもんの「育て（コーチング）力」 横山泰行 イースト・プレス 2005 ◆人生で必要なことは、すべて「ドラえもん」が教えてくれた。横山泰行 イースト・プレス 2009
【7】ドラえもん研究完全事典 世田谷ドラえもん研究会 データハウス 2005

368 泥棒

【3】泥棒渡世今昔 中山威男 立花書房 1991 ◆平成のドロボー撃退マニュアル 奥田博昭 楽書房 2001 ◆大泥棒 「忍びの弥三郎日記」に賊たちの技と人生を読む 清永賢二 東洋経済新報社 2011
【4】昭和ドロボー世相史 奥田博昭 社会思想社 1991

類名で引けるだけでなく、「フィッツジェラルド」「ドラえもん」で引くことができ、事典・書誌などの調査に役立つ文献を知ることができる。

こうした下位レベルまで降りていくと、一冊まるごとの書誌(文献リスト)を提供するものはあまりない。そのため、単独で書籍となった書誌だけでなく、書籍や雑誌記事の一部に書誌(文献リスト)を備えた書籍まで採集し、我々を助けてくれる。

・書誌の書誌(中級者向け★★☆)

自分が調べたい分野についてどんな書誌があるか、そもそも書誌が存在するかもわからない場合に使える「書誌の書誌」は他にもある。いくつか紹介しよう。

天野敬太郎編『日本書誌の書誌』は、国初から1970年までに発表された書誌を網羅したもの。単行本の書誌類のほか、図書や雑誌の中にある書誌まで拾い上げていた代表的な

主な書誌の書誌一覧

出版年	収録範囲	構成
1973-2006	国初－1970 単行書、単行書の一部、雑誌記事	総載編:一般書誌(販売書誌、蔵書目録など)、人物書誌(著作目録)、維新前の部 人物編1:人物書誌(芸術家、文学者) 主題編1:主題書誌(総記、哲学、歴史) 主題編2:主題書誌(芸術、言語、文学) 主題編3:主題書誌(社会科学、自然科学、産業)、人物編〔2〕(人物書誌の残り)
〔1966-1980〕、81/91、1992-2000、2001-2007、2008-2014(日外アソシエーツ 1981-2009)	1966－2014 単行書、単行書の一部、雑誌記事 下記『書誌年鑑』の主題書誌の部分を累積したもの。人文・社会系のみ	件名五十音順
1982-2016(年1回)	1980－、各年版とも前年1年分(1989年版までは前年度) 単行書、単行書の一部、雑誌記事	－1988年版:NDC順、1989年版－:件名五十音順
2004	1945－2003 単行書のみ	分類順。人名・事項名索引あり
1965-1966	15世紀－1963 東洋諸語を除く40ヵ国語の書誌、目録、抄録、索引類で図書及びその一部	16000件の件名のもとに配列。全5巻のうち第5巻は著者名索引

「書誌の書誌」。総載編、主題編1〜3、人物編1の5巻。これ以降に登場した書誌については深井人詩編『主題書誌索引』(収録範囲1966〜2007年)と『人物書誌索引』(収録範囲1979〜1994年)がある。さらにこれ以降に書誌については、毎年刊行される『書誌年鑑』がカバーする。また『書誌年鑑』を基にし、収録範囲1945〜2003年をカバーしたものに『日本書誌総覧』がある。

こうした書誌を集めた書誌の嚆矢は、16世紀のスイスの博物学者コンラート・ゲスナーが編んだ『世界書誌』Bibliotheca Universalisである。他に『動物誌』『植物誌』という大著のあるゲスナーは、植物名について、古典語と当時の言語とを比較対照するうち文献学や言語学に造詣を深め『ギリシア・ラテン語辞典』や『世界書誌』を編纂するに至った。現在も使われる世界版の「書誌の書誌」は、著者名「ベスターマン」で呼ばれることの多い『A World Bibliography of Bibliographies』(書誌の世界書誌)である。著者セオドア・ベスターマン〈27〉は大英博物館図書室に通いつめ、その知を構築した独学者だった。

書誌の書誌	出版社
天野敬太郎編『日本書誌の書誌』総載編、人物編1、主題編1、主題編2、主題編3	巌南堂書店ほか
深井人詩編『主題書誌索引』	日外アソシエーツ
書誌年鑑	日外アソシエーツ
『日本書誌総覧』	日外アソシエーツ
Besterman, T. A world bibliography of bibliographies and of bibliographical catalogues, calendars, abstracts, digests, indexes, and the like. Genève: Societas Bibliographica.	Lausanne Societas Bibliographica

〈27〉ベスターマンの生涯については「The Bookman―書物の世界を一つにした男」(https://readingmonkey.blog.fc2.com/blog-entry-781.hml)を参照。

・国立国会図書館オンラインを書誌／書誌の書誌として使う（探究者向け★★★）

国立国会図書館は、納本制度に基づいて、日本国内で出版されたすべての出版物を収集・保存する日本唯一の法定納本図書館である。つまり制度的には、日本で出版されたすべての出版物を所蔵している（はずである〈28〉）。

国立国会図書館検索・申込オンラインサービス（略称：国立国会図書館オンライン）〈29〉は、これら国立国会図書館の所蔵資料及び国立国会図書館で利用可能なデジタルコンテンツを検索し、複写などの各種の申込みができるサービスである。

国立国会図書館オンラインを用いれば、関連する書籍・論文・デジタルコンテンツを一挙に検索でき、その一覧を得ることができる。適切なキーワードや分類コードを使って検索すれば、プロが作った書誌にはかなわないとしても、我々の探しものを始めるための足場として用いることができるものが手に入るだろう。

すべての出版物を所蔵するのであれば、国立国会図書館オンラインを用いて書誌自体を探すこともできる（つまり国立国会図書館オンラインを書誌の書誌として利用するわけだ）。

書籍として出版された書誌を探すためには、国立国会図書館オンラインの詳細検索を使い、件名欄に「書目」と入力して検索するとよい。

雑誌記事として発表された書誌を探すためには、上記のような決まった方法はないが、資料種別の「雑誌記事」を選択し、キーワード欄にテーマを表す語句に、記事タイトルによく含まれる語句（「リスト」「目録」「書目」「解題」「文献」など）を追加して検索するとよいだろう。

・世界のオンライン目録を使う（探究者向け★★★）

しかしあなたの関心や知的営為が日本語文献の範囲に留まる理由はない。

幸い、インターネットを介して世界中のオンライン図書目録を使うことができる。

よく知られたものには、Online Computer Library Center（OCLC）〈30〉に参加する7万1000以上の図書館の蔵書を目録化したWorldCat〈31〉がある。

〈28〉実際は、発行者が納本制度を知らないなど様々な理由と事情から納入されていない資料も少なからずある。（参考）礫川全次『雑学の冒険―国会図書館にない100冊の本』（批評社、2016）
〈29〉https://ndlonline.ndl.go.jp
〈30〉世界中の情報へのアクセスを促進し、情報コストを下げることを目的とする非営利・会員制のコンピュータライブラリサービス兼研究組織。世界各地から参加する図書館が現れ、2010年現在、世界中の171の国と地域にある7万以上の図書館が参加している。
〈31〉https://www.worldcat.org/

もう一つ、その便利さから紹介したいものにKVK（Karlsruher Virtueller Katalog）〈32〉がある。元はドイツ語圏（ドイツ、オーストリア、スイス）の図書館目録横断検索だったが、現在では上記WorldCatやヨーロッパ各国の図書館検索、abebooksやZVABなどのオンライン古書店検索、Google BooksやInternet Archiveなどの電子化書籍などを一度に検索できるよう機能拡張されている。

・学習参考書を探すための書誌（探究者向け★★★）

図書館に収蔵されることが少ないために、通常の図書館検索では調査しにくいジャンルの書物がある。その一つが、学習参考書だ。

学習参考書協会が毎年刊行する『学習参考書総目録』は、学習参考書を探すための専門書誌である。しかし上記の目録で見つけることができるのは、現在入手可能なものに限られる。より古い学習参考書を探すには、国立国会図書館オンラインの詳細検索を使い、分類の欄に次のページの分類コードを入力して検索する。

〈32〉https://kvk.bibliothek.kit.edu

学習参考書協会『**学習参考書総目録 2019年版**』（学習参考書協会、2019）
学習参考書を発行している出版社で作る学習参考書協会が発行する学習参考書の目録（カタログ）。毎年、発行されており、最新の参考書・問題集について用途・レベルでの検索が可能である。

学習参考書を探すときの
「国立国会図書館オンライン用 分類コード」※1

学習参考書

Y32 小学校参考書・中学校受験書・中学校入学案内
Y33 中学校参考書・高等学校受験書・高等学校入学案内
Y34 高等学校参考書・大学受験書・大学入学案内／一般〔学校案内を含む。〕
Y35 高等学校参考書・大学受験書・大学入学案内／国語〔古典（国文、漢文）を含む。〕
Y36 高等学校参考書・大学受験書・大学入学案内／社会〔倫理、社会、政治、経済、日本史、世界史、人文地理〕
Y37 高等学校参考書・大学受験書・大学入学案内／数学
Y38 高等学校参考書・大学受験書・大学入学案内／理科〔物理、化学、生物、地学〕
Y39 高等学校参考書・大学受験書・大学入学案内／保健体育
Y41 高等学校参考書・大学受験書・大学入学案内／芸術〔音楽、美術、工芸、書道〕
Y42 高等学校参考書・大学受験書・大学入学案内／外国語〔英語、ドイツ語、フランス語〕
Y43 高等学校参考書・大学受験書・大学入学案内／家庭・技術〔農業、水産、工業、電気、鉄道、商業、商船を含む。〕
Y44 高等学校参考書・大学受験書・大学入学案内／その他〔情報など〕

語学学習用テキスト

Y45 語学学習用テキスト／英語
Y46 語学学習用テキスト／ドイツ語
Y47 語学学習用テキスト／フランス語
Y48 語学学習用テキスト／中国語・朝鮮語
Y49 語学学習用テキスト／その他

試験問題集・就職案内

Y51 一般採用試験・就職試験（就職のための会社案内、中学生・高校生のための就職試験問題集・案内を含む。）
Y52 公務員試験（国家・地方）
〔警察官、消防官、外交官、自衛官、海上保安官、航空管制官、税務職員、三公社職員の試験は、ここに収める。〕
Y53 司法試験〔司法書士〕
Y54 事務系統の資格試験〔公認会計士、税理士、海事代理士、土地家屋調査士、行政書士、通訳案内業。簿記、珠算、英語、速記等の諸検定を含む。〕
Y55 教育系統の資格試験〔教職員、学芸員、社会教育主事、保育士、司書、児童福祉司、社会福祉主事〕
Y56 医学・衛生系統の資格試験〔医師、歯科医師、歯科技工士、薬剤師、診療X線技師、看護師、助産師、保健師、栄養士、調理士、あんま・マッサージ・指圧師、はり師、きゅう師、柔道整復師、理容師、美容師、クリーニング師〕
Y57 技術系統の資格試験〔技術士、技能士（技能検定を含む。）、弁理士、測量士、建築士、ボイラー技士、熱管理士、電気主任技術者、無線通信士、映写技術者、原子炉主任技術者、危険物取扱主任者、ガス主任技術者、鉱山保安技術職員、海技従事者、潜水士、水先人、航空従事者、安全管理者、農業改良普及員、獣医師、装蹄士〕
Y58 自動車関係
Y59 スポーツ系統その他の資格試験〔競輪・オートレース・モータボート選手、騎手、調教師〕

※1 https://www.ndl.go.jp/jp/data/ndlc_y.pdf

第三のレファレンスツール

技法25

教科書

――入門書・事典・書誌を兼ねた独学者の友

教科書は、入門書＋事典＋書誌を兼ねた第三のレファレンスツールである。

ここで言う教科書は、後述するように、日本の小学校から高等学校まで授業で使われている書物（授業書）のことでなく、それだけで学習に必要な素材（教材）を完備したself-containedな（必要なものはその中に全部書いてある）書物のことである。

取り組んでいるテーマについて繰り返し調べる必要がある場合やその分野を本格的に学習しようとする場合には、該当する教科書をあらかじめ手元に用意しておくことが望ましい。

❶利用できる教科書を探す

事典、書誌を使って前調査を行い、調べたいことがどの分野の事項かを知る。

前調査によって該当分野がわかれば、教科書を探しに行こう。教科書は、図書館では、参考図書コーナーではなく、一般図書スペースのそれぞれの分野の棚に専門書や一般書と区別なく配架されている。そのため何の知識なしに教科書を見つけることは難しい。代表的な教科書のリストを手に入れておくか、各出版社が出している教科書シリーズを知っておき、自分が必要とする分野で該当するものがないかを探すとよい。具体的な「教科書の種類」については330ページ～参照。

② 教科書を使って調べる

教科書で調べる時に大切なことは2つある。

一つは、「取説を確認・熟読する」こと。教科書の多くは、冒頭部分でその意図を含めて、構成と扱っている内容、この教科書ならではの工夫などを解説することが多い。まずこれを確認する。

もう一つは、「教科書独自の工夫を活用する」こと。多くの知識・情報を盛り込んだ大部な教科書ほど、各章のはじめや終わりにその章で学ぶ内容や新用語・概念をまとめていたり、章末に確認問題などの学習者が知識を確認できるしかけを用意している。これらを利用すれば、概要だけを短時間で追いかけることもできる。具体的な「教科書の使い方」は337ページ～を参照。

「教科書」という最強の独学者の武器

ある事柄について学ぶのに、何か一冊だけを選ばなければならないとしたら、教科書(Textbook)を選ぶべきだ。

日本の小学校から高等学校の授業で使われているものも「教科書」と呼ばれるが、あれは正確に言えば「授業書」である。授業で使われることを前提にしたもので、教師がいろいろ補完しないと「完成」しない書物である。

独学者の武器として、ここで取り上げる教科書(Textbook)のコンセプトは、スコラ学を批判して登場したペトルス・ラムスの教育改革に端を発する。

単純化して対比的に述べれば、ヨーロッパ中世を席巻したスコラ学においては、学術情報の蓄積と流通(すなわち教育)を担ったのは注釈(commentary)という形態だった。オリジナルの古典に対する注釈の上に、さらに注釈を重ねていくことでスコラ学は展開していった。これに対してラムスの改革以降、プロテスタント圏を中心に伸長していった新しい学問の器が教科書(Textbook)だった。これは知るべき内容や読むべき資料等を主題ごとに整理し、他の文献(例えば原典のテキストやその注釈)を参照しなくとも、これだけで学習素材(教材)として完結した書物である。

現代でも、専門分野《ディシプリン》として確立された分野には多くの場合、こうした教科書が存在する。

教科書は、学会の設立や学術雑誌の発刊に続く、専門分野《ディシプリン》確立のメルクマールである。専門分野の再生産という観点から見ることで、教科書の重要性はよくわかる。教科書に記載された事項は、その分野で共有されるべき知的資産であり、その分野での知的営為の前提である。つまり、その分野の者なら誰もが学び知っている、〇〇学者なら何をテーマに研究していようと当然前提とするはずの最低限の共有知識を伝承するのが教科書の役割である。

翻ってみれば、**ある研究の成果が教科書に載るということは、その研究成果が当該の専門分野の中で共有知識の段階に達したことを意味する。**

教科書の種類

・英語の大学教科書の翻訳版〈33〉（初心者向け★☆☆）

西洋世界の学術言語は、ラテン語、フランス語、ドイツ語を経て英語へ移ってきた。今日、学術研究の多くは英語で公表される。そのため、英語で書かれた大学教科書は、学術情報の更新を反映する作り手サイドにおいても、また学術情報へアクセスする受け手サイドにおいても、有利な位置にある。

実際、少なくない国で、高等教育で用いられる教科書は母語ではなく英語のものであ

〈33〉なお、英語の教科書を探す網羅的な検索手段としてOpen Syllabus Explore（https://opensyllabus.org/）がある。これは米国を中心に英国、カナダ、オーストラリア、ニュージーランド等の大学がインターネット上で公開しているシラバス（授業概要）を収集したもので、2020年4月現在、600万を超える授業のシラバスが収集されている。Open Syllabus Exploreはこれを検索できる仕組みであり、これを使えば、例えば最も多く採用されている（8000以上！）微分積分学の教科書はJames StewartのCalculus（邦訳は表に挙げたもの）であり、2位は同じくStewartのEssential Calculus（2000以上）であること等がわかる。

メジャー分野の代表的教科書
（邦訳のあるもの）

分野	教科書名
微分積分	『スチュワート微分積分学』
線形代数	『世界標準 MIT 教科書 ストラング：線形代数イントロダクション』
物理学	『（ハリディ）物理学の基礎』 『ファインマン物理学』 『バークレー物理学コース』 『（ゴールドスタイン）古典力学』 『（ジャクソン）電磁気学』 『（サクライ）現代の量子力学』 『（メラー）相対性理論』 『（マイスナー、ソーン、ウィーラー）重力理論：Gravitation-古典力学から相対性理論まで、時空の幾何学から宇宙の構造へ』
化学	『ブラディー般化学』 『（マッカーリ）物理化学』 『シュライバー、アトキンス無機化学』 『マクマリー有機化学』
生物学	『キャンベル生物学』 『（セル）細胞の分子生物学』 『ヴォート生化学』 『（ベゴン）生態学』
医学	『メルクマニュアル』 『ガイトン臨床生理学』 『ロビンス基礎病理学』 『ハリソン内科学』 『カンデル神経科学』 『カプラン臨床精神医学テキスト』
自然人類学	『ここまでわかった人類の起源と進化』
文化人類学	『文化人類学―人間状況への視角』
心理学	『ヒルガードの心理学』
社会心理学	『ザ・ソーシャル・アニマル』
言語学	『フロムキンの言語学』
経済学	『クルーグマンミクロ経済学／マクロ経済学』
ミクロ経済学	『（ヴァリアン）ミクロ経済分析』
マクロ経済学	『（ローマー）上級マクロ経済学』
経済史	『（ハイルブローナー）経済社会の形成』
社会学	『（ギデンズ）社会学』

※（　）は正式な書名にないが、通称としてよく使われるので入れた

る。いずれ英語で学術論文を読み書きするのであれば、学術世界へのエントリーの段階で英語で学ぶことはアドバンテージがある。

　こうした理由から、英語で書かれた大学教科書は、英語圏以外でも広く用いられ、学術情報への入門の世界標準となっている。

・日本の大学教科書（初心者向け★☆☆）

「何でも載ってる」がその分大部（1000ページを超えることも珍しくない）で高価な英文教科書やその翻訳に比べて、日本の大学教科書は、手ごろな値段とページ数で、その分野の入門知識や概要がつかめ、次にどんな専門文献を読めばいいか案内してくれる点で、独学者にとっても有用である。

シリーズとなっているものをいくつか紹介しておこう。

○『やわらかアカデミズム』シリーズ（ミネルヴァ書房）

見開き2ページで1項目という、入門書のような体裁をとりながら、B5版という大きさを生かして、本文脇のマージンに豊富な注を盛り込み、大学の科目に照準を合わせたテーマ設定と相まって、教科書としても使えるものとなっ

石畑良太郎、牧野富夫、伍賀一道編
『やわらかアカデミズム・〈わかる〉シリーズ よくわかる社会政策［第3版］雇用と社会保障』
（ミネルヴァ書房、2019）

ている。

○『**有斐閣アルマ**』**シリーズ**（有斐閣）

学習の進度に合わせて選択が可能なように4つのグループ分けがされ、やさしい「赤：Interest ＝教養科目として学ぶ人に」から「緑：Basic ＝基礎科目として学ぶ人に」「黄：Specialized ＝専門科目として学ぶ人に」「Advanced ＝高度な学習を目指す人に」と、やさしい入門書から専門課程の教科書までをカバーするシリーズ。

○『**学ぶ人のために**』**シリーズ**（世界思想社）

第1作目が1967年刊行という50年を超える歴史と300近いラインナップを誇る教科書シリーズ。そのため、他シリーズにはないマイナー分野やサブ分野についてもカバーする。文献案内や研究史、年表なども充実している。

大学入試の過去問シリーズとして最古参である赤本シリーズの教学社と、『学ぶ人のために』シリーズを出版する世界思想社とは同じ経営母体であり、赤本シリーズによる利益が、世界思想社の学術書出版を支えているとも言われる。

角田政芳、辰巳直彦著
『有斐閣アルマシリーズ 知的財産法 第9版』
（有斐閣、2020）

玉野和志編
『学ぶ人のためにシリーズ 都市社会学を学ぶ人のために』
（世界思想社、2020）

価格設定の関係から、また大学での半年15回講義というコマ数にも合うように、日本の大学教科書は概ね200〜300ページという分量を保っていることが多い。

そのため、その分野の共有財産を網羅するという任務は、日本語では俗に「講座もの」と呼ばれるシリーズ物の出版物が担うことが多い。シリーズ名に「○○講座」とか「講座××」と付いているのがそれだ。

出版社によって、いくらか違いはあるが、共通するのは、ある時点での当該分野の研究成果を整理して示すことを目指した出版企画であることである。こうした講座ものの特徴を、読み手の立場に立ち解釈し直せば、次のようになる。

「講座もの」とは、その分野で何が問題であり、何がわかっていて、どんな未解決の課題があるのか、その学問のコンテンツとコンテキストを、当該分野の研究者たちが紙面の制限をあまり受けずに、紹介してくれている出版物である。

事典が第1の、書誌が第2の、self-containedな教科書が第3のレファレンスであるなら、「講座もの」は第4のレファレンスであると言える。一冊物の入門書や概説書よりも、情報豊かで詳しい説明を提供し、次に何を読めばよいかを示す文献案内や参考文献リストも充実している。

講座もののリスト

0　総記

007	アルゴリズム・サイエンスシリーズ（共立出版、2006）
010	講座・図書館情報学（ミネルヴァ書房、2013-）

1　哲学

108	岩波講座哲学（岩波書店、2008）
121.08	岩波講座日本の思想（岩波書店、2013-2014）
130.2	哲学の歴史（中央公論新社、2007-2008）
140.8	朝倉心理学講座（朝倉書店、2005-2008）
160.8	岩波講座宗教（岩波書店、2003）

2　歴史

209	世界歴史大系（山川出版社、1990-2007）
210.1	日本史講座（東京大学出版会、2004）
220.6	岩波講座東アジア近現代通史（岩波書店、2010-2011）
290.8	朝倉世界地理講座：大地と人間の物語（朝倉書店、2006-）

3　社会科学

311	現代政治学叢書（東京大学出版会、1988-2012）
311.08	岩波講座政治哲学（岩波書店、2014）
323.01	岩波講座憲法（岩波書店、2007）
371.45	子ども学講座（一藝社、2009-2010）
380.8	講座日本の民俗学（雄山閣出版、1996）
389	岩波講座文化人類学（岩波書店、1996）

4　自然科学

410.8	講座数学の考え方（朝倉書店、2001-）
420.8	岩波講座物理の世界（岩波書店、2001-）
430.8	岩波講座現代化学への入門（岩波書店、2000）
440	シリーズ現代の天文学（日本評論社、2007）
467.5	シリーズ進化学（岩波書店、2004）
490.8	岩波講座現代医学の基礎（岩波書店、1998）
493.7	臨床精神医学講座（中山書店、1997-2001）

5　工学

508	岩波講座現代工学の基礎（岩波書店、2000）
520.8	シリーズ都市・建築・歴史（東京大学出版会、2005）
548.3	岩波講座ロボット学（岩波書店、2004）
589.2	文化ファッション大系（文化服装学院学院教科書部、1998）
596	調理科学講座（朝倉書店、1993）

6　産業

611.4	講座今日の食料・農業市場（筑波書房、2000）
674	企業広報講座（日本経済新聞社、1993）

7　芸術

702	講座日本美術史（東京大学出版会、2005）
772	講座日本の演劇（勉誠社、1992-1998）

8　言語

801	講座認知言語学のフロンティア（研究社、2007-2009）
808	岩波講座言語の科学（岩波書店、1997）
810	日本語学講座（清文堂出版、2010-2015）
818	シリーズ方言学（岩波書店、2006）
840	講座ドイツ言語学（ひつじ書房、2013-）

9　文学

908	岩波講座文学（岩波書店、2002）
910	岩波講座日本文学史（岩波書店、1995）

しかも大抵の図書館にあり、かなりの程度揃っている。参考図書の棚ではなく一般図書の棚に置いてあるので、事典と違って貸出することもできる。

初めての分野に挑むなら、その分野について「講座」ものがないか、チェックすることをお勧めする。

教科書の使い方

・事典として教科書を使う

教科書には索引が完備している。さらに多くの教科書には、重要な専門用語を別にまとめて、短い解説をつけた用語集が備わっている。まず目次を見て、末尾に索引（Index）があるか、また教科書に登場する専門用語を手短に解説した用語集（Glossary）を備えているかを確認する。これらが完備されている場合は、この教科書を専門事典として「引く」ことができる。

・入門書として教科書を使う

大学レベルの教科書はかなりページ数が多く、盛り込まれた情報も入門書や一般向け概説書よりも専門的で正確かつ詳細である。読み通すには入門書や概説書よりも時間がかかり、また骨が折れると言える。

しかし、十分な分量を使って説明できるために、理解に必要な予備知識も、わかりやすい図解も、存分に盛り込むことができ、まったくの初学者が一人で読んで理解できるよう、噛み砕いた解説が行われることが多い。つまり下手な一般書よりもずっとわかりやすく書かれた「入門書」として利用できる。

またこれら大部な教科書は、独学者に役立つ仕掛けやレイアウトを工夫している。例えば、各章のはじめや終わりにその章で学ぶ内容の要約をつけたり、新しく登場した用語や概念をまとめている。また章末に学習者が知識を確認できる確認問題なども提供する。これらを利用すれば、教科書全体の概要だけを短時間で追いかけることもできる。

・書誌として教科書を使う

一冊の教科書は何百何千という専門的研究に基づいて書かれている。このことは教科書の記述のそれぞれに研究論文や専門書を参照する注釈や参照した文献をまとめた文献リストがついていることで確認できる。この文献注や文献リストこそ、独学者が教科書の次に何を読むべきかを教える価値の高い学習資源である。

先に述べたように、ある研究が教科書に取り入れられたということは、当該分野における知的共有財産として広く認められたことを意味する。つまり教科書が参照する論文や専門書は、当該分野を学ぶ者なら必ず知っておくべき基本文献である。しかも教科書は、それら文献の価値や意義、そして文献を理解するための基礎知識や周辺情報まで解説してくれる。教科書を提供する文献へのリンク集（当該分野の知的共有財産への扉である）、すなわち書誌として使う者は、初心者でも使えて文献の評価や概要がわかる解題書誌を手に入れたも同然である。

技法 26

書籍探索

欲しい書物と出会う技術

数多の学習動画が配信され、MOOC（↓197ページ）をはじめとする遠隔教育環境を利用できるようになっても、書物を探して読むことは独学者に欠くべからざる作業である。なぜなら、独学は、誰かがあなたのために用意してくれた教材という舗装道の上をただ進むだけでは終わらない、むしろそこから逸れて自らの道を探し求めるところから本格的に始まるからだ。

先に紹介したレファレンスツールは、膨大な知への入り口を案内してくれた。事典を調べ、教科書を読み、それでもあなたの疑問が解消せず知的好奇心が満たされないなら、さらに必要な文献を自ら探すことになる。

ここではまず書籍を探索することを考えよう。書籍に出会うには、主に『検索キーワード』から探す」「『分野』から探す」「偶然の出会いを求める」の3つの選択肢がある。

「検索キーワード」から探す

・オンラインストアへ

最も簡便で速いのは、関心（知りたいこと、疑問に思うこと）をそのままキーワードに変換して、オンラインストアに入力し検索することである。自宅にいながらにして、あるいは携帯端末で外出先から、探索から購入まで一気に済ますことができる。

オンラインストアでは、検索キーワードをタイトルや内容情報とマッチングし、売れ筋などの情報を加味して、複数の書籍をタイトル・書影とともに表示してくれる。

そのうちの一冊を選び書籍のページへ行けば、内容紹介とともに読者レビューや、その書籍と共によく買われている書籍が（関連書として）表示される。ここからその書籍を購入することもできる（早ければ翌日や条件がよければその日のうちに届くことさえある）。

書籍探索のやり方

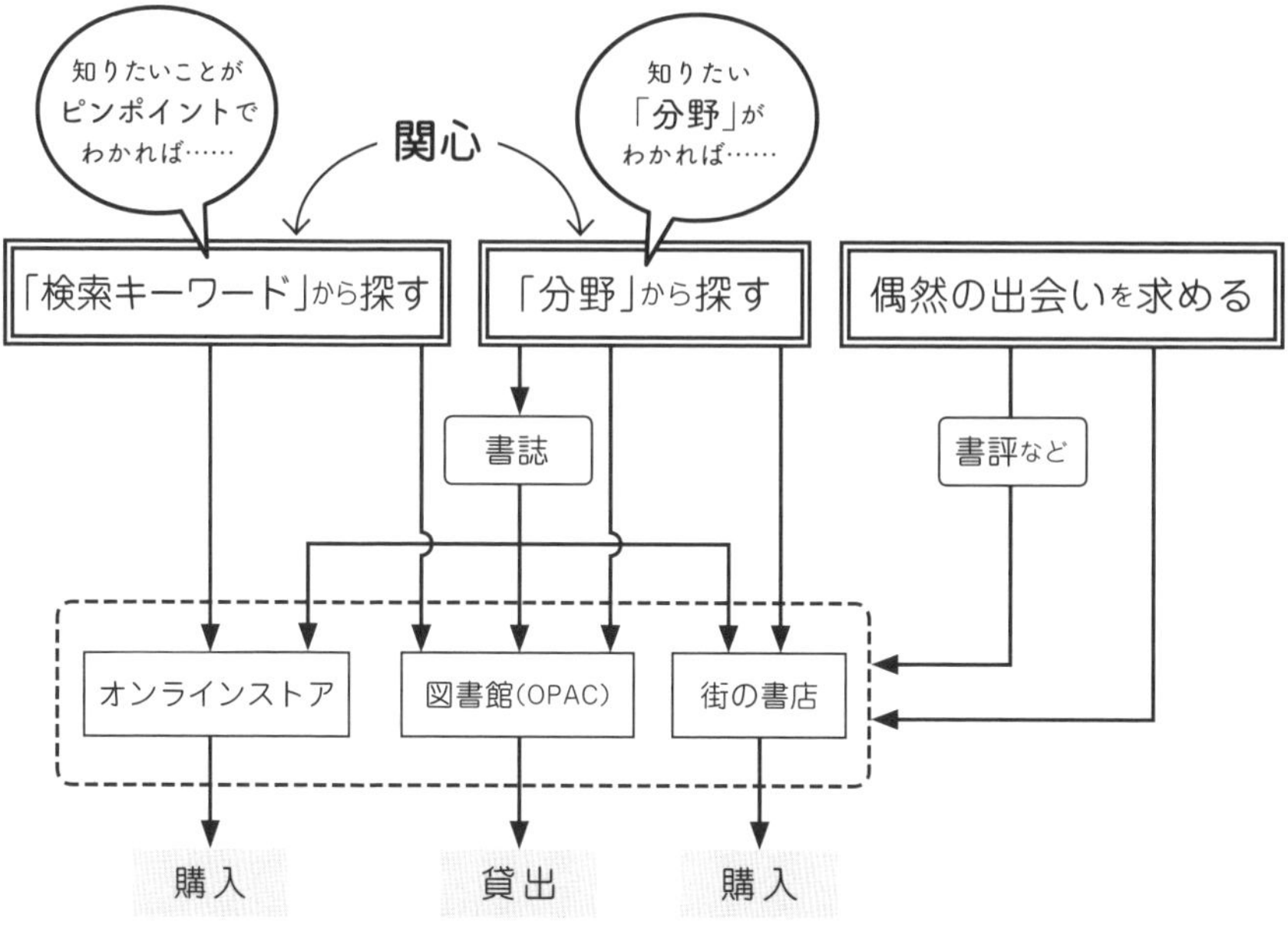

内容紹介やレビューを読んで「何か違う」と思ったら、関連書のページへ移ることもできる。

・図書館資料検索（ＯＰＡＣ）へ

関心（知りたいこと、疑問に思うこと）をキーワードに変換できれば、図書館の資料検索（ＯＰＡＣ〈34〉）で検索することもできる。

検索すると、検索キーワードと書名や件名がマッチした書籍のリストが表示されるだろう。検索結果のリストには書名、著者名などの他に、日本十進分類法に基づいた分類コードと著者名などを組み合わせた〈請求記号〉が表示される。ここでわかる分類コードは、自分が知りたいこと／疑問に思うことが、知識の分類の中でどこに位置するかを教えてくれる情報でもある。

多くの図書館がＯＰＡＣをインターネット上に公開しており、こちらも自宅にいながらにして／外出先で図書館の蔵書を検索できる。この図書館に所蔵されているかはもちろん、現在貸出中／貸出可能かどうかも知ることもできるし、オンラインで貸出予約もできる。またその本が開架書棚にあるか書庫にあるかもわかる。図書館に出かける／到着する前に、ＯＰＡＣを使って、こうした事前調査は済ませておく方が効率的である。

行きつけの図書館に入手したい書籍が所蔵されていれば（そして禁帯出でも貸出中でもなければ）図書館に行って借りて帰ることができる。

もしその図書館に所蔵がなくても、近隣の図書館に所蔵があれば、図書館の間で貸し出された後、行きつけの図書館からその書籍を借りることもできる。

「分野」から探す

・街の書店、図書館へ

関心（知りたいこと、疑問に思うこと）について既にいくらかの知識があり、あるいは事前調査を行った結果、あたるべき分野の検討がついているなら、探しものの手段はぐんと広がる。

あたるべき分野に目星がついていれば、例えば大型書店の該当分野の書棚や、その分野を専門とする古書店の棚、図書館の開架書棚で当該請求記号の棚に向かい合い、直接書物を探すこともできる。

書棚に向かい合い、棚に並んだ書籍の背表紙を見て回ることをブラウジング（browsing）と言う。

この伝統的な（悪く言えば原始的な）方法は、なかなかバカにできない。自分の背丈を超える高さまでぎっしりと棚に並んだ、ある分野に属する一群の書籍と対峙し一望することは、今でも特別な知的経

〈34〉正確にはOnline Public Access Catalog。つまり公共利用に供されるオンライン蔵書目録をこう呼ぶ。多くの図書館がＯＰＡＣを公開しており、インターネットを介して世界中の図書館の蔵書目録を検索することができる。

験である。自分で思いつく検索キーワードだけでは出会えない書物、気付かないアイデア、見ることのできない世界が、ブラウジングによって開かれる。

この書棚に集まった一群の書物をbookstack（あるいは単にstack）と呼ぶ。あるテーマやトピックについて考え、人が現状知る限りのことを知ろうとする時、我々が対峙すべきなのは、あれやこれやの一冊（a book）ではなく、このbookstack(s)である。

それら一群の書物たちに見守られながら（あるいは見下ろされながら）、bookstackの中から一冊の書物を選び、引き抜き、その一冊を開く。さらにbookstackを見渡し、別の一冊を手に取る。その繰り返し。

どのような知識も他の知識と切り離されては成り立たぬように、書物もまたその背後に多くの他の書物を蔵している。bookstackに対峙することは、この事実を体感することだ。

・書誌へ

しかしあるテーマやトピックに関する書物のうち、実際に書棚に集める

ことができるのはごく一部に過ぎない。書物の海は広大である。そしてまた、人の知ることに向かう欲望も限りがない。

あるテーマやトピックに関するすべての文献を集めようという欲望は、書誌（↓技法24「書誌」、312ページ）に結実することになる。

もしも自分が探し求める分野やトピックに書誌が既に存在するならば、何よりの僥倖と言える。どんな小さなテーマ／トピックであれ、そのすべてを集めた完全な書誌は存在しない。しかし、ほとんどの書誌は、我々の検索技術や知識や想像力を超えている。調べ尽くしたと思った後、幸運にもその分野を扱う書誌を発見し、閲覧することができれば、自分が目指していた山の裾野にすらたどり着いていなかったことを知るだろう。

書誌は、書物を含む文献の存在を教え、その題名や著者名、時には個々の文献の概要や評価すら教える。書誌によってここまでわかれば、あとはオンラインストアでも、図書館でも、書店でも、書物と出会う機会も検索手段も複数ある。

「偶然の出会い」を求める

最後に、自分の関心から始まるのとは別の、書物との出会い方について述べておこう。

多くの人は／多くの場合、半ば偶然に書物と出会う。

誰かに教えられ、また書評に導かれて、ある書物の存在を知ることは少なくない。あるいは書店や図書館でたまたま目に留まり、予定も期待もしていなかった一冊を手に取ることもあるだろう。

自分の限定された知識や関心からは出会うはずのない書物と出会うことができるのは、こうした関心外からの刺激・偶然のおかげである。

そんな偶然のうちで推奨できるものの一つが、図書館の返却書コーナーである。ここに並ぶのは、少なくとも誰かが借りていった書物たちである。そしていわゆるベストセラー本は次に借りたい人の予約が入っており、ここには並ばない。返却書コーナーはある意味、図書館ユーザーたちが選んだセレクション・コーナーであり、生きた図書館の縮図でもある。

レファレンスカウンターで相談する

冒頭のチャートには描いていないが、そこに登場するほとんどの資源を包含する、書籍探索のキラーコンテンツを紹介しよう。

それは図書館のレファレンスカウンターである。ここには調べもののプロが常駐する。これまでに紹介した手法・ツールを当然のものとし、さらに様々な知識とスキルを動員して、あなたの知的好奇心に応じ、問題解決を資料面からサポートしてくれる。

実際のところ、日本の図書館では、レファレンスカウンターは広く知られているとも、よく活用されているとも言い難い。

しかしガイドやメンターを求めがたい独学者にとって、レファレンスカウンターは得難い知的支援者として欠かせないものである。

例えば、自力である書物を見つけた後、自分には難しすぎると思ったら、その書物と自分の関心とを携えてレファレンスカウンターを訪ねるとよい。自分でどこまで調べたか、しかしどんな問題に突き当たっているかを誰かに説明すること自体、あなたの調査技術を向上させる。それに加えてレファレンスライブラリアン〈35〉の助けを借りてあなたが取り組む探索の経験は、一層あなたの知的能力を向上させるものとなるはずである。


〈35〉レファレンスライブラリアンがどのように我々利用者の問題解決を支援してくれるかについては、一例だが、大串夏身『レファレンスと図書館 ある図書館司書の日記』(皓星社、2019)を参照。司書が問題解決に当たって、いかに頭脳と身体を使うかが垣間見られ、我々独学者にも大いに参考となる。

書物に約束されたもの

インターネットの普及に伴い、我々の調べること、そして読むことを巡る環境／状況は大きく変わったが、書籍は今も（象徴的な意味合いも強いとはいえ）知的営為の中心に位置する。

書物は元来、新しく生まれた知識に公表の機会を与えるような、知の最前線を担うものではない。知識の更新が書物に反映されるまでには、かなりのタイムラグがある。速報性や更新性は、書物が誇るところではない。書物の優位はむしろ、その不変性と蓄積性にある。

我々の知識は更新されるが、一度刊行された書物に書かれた内容は、どれほど時間が経過したとしても、変わらない。今日のように、**世界がどれだけ速く変わっていこうとも、一度現れた書物は変化せず、そのままの内容であり続ける。**

この書物の持つ性質のために、地理的にも時間的にも遠く隔たる人たちが、基本的には同じ書物を手に取り、読むことができる。

異なる時代と場所にある異なる人達が異なった仕方で同じ本を読むことができる可能性、その一例として私が読んでいるのと同じ書物を見知らぬ誰かもまた読む（読んだ）

かもしれないという可能性、そのことで空間／時間を超えて成立し得るゆるく淡い公共性を「読書圏Reading sphere」と名付けよう。

ヘーゲルが近代人の〈朝の礼拝〉に見立てた新聞購読は、ほぼ同一の内容の情報が同じ国内の人たちにはほぼ同時に読まれ消費されるという事実によって、しかもそのことに読者が自覚的であることによって、国民を単一の共同体と見なす〈国民〉意識の形成に関係したと、ベネディクト・アンダーソンをはじめ、多くの論者によって指摘されている。かつてはその日新聞で報じられた大事件は相手も知っているものとして話題にしても差し支えなかった。知らない方が「今朝は寝坊して新聞読めてなくて」などと言い訳して恥じるほどだったのである。

これに対して、書物においては、ここまで濃密で同期した関係は生じない。新聞各紙が伝える情報は大同小異だが、書物が有する情報はそれぞれ異なり、ごく少数のベストセラーを除けば手にする人たちも互いに出会うことはない程度に散らばっている。

同じ本を読む人は遠くにいる。多くの場合、その存在は直接目には見えないが、一冊の書物があなたの手に届いたという事実が、そのことを教えている。

「他の人がまだ知らないうちに先んじて知ること」が情報に求められるのに対して、「他の人が知っていることを私も知ることができること」「私が知ることを他の誰かもまた知る可能性があること」こそ、書物が蔵する知識に約束されたものである。

書物は待ってくれる

同じ書物を読むにしても、当然ながら、読み手が異なれば読み方も変わり得る。しかし時間的な隔たりを超えて同じ書物を読むことができることこそが、こうした異なる読み方の可能性を開き、その蓄積を可能にしている。

こうして**一つの書物について様々な読み方が積み重ねられ、読み方の蓄積がさらにまた別の書物を生み出すまでに至った書物を、我々は敬意をこめて「古典」と呼ぶ。**古典とは、ただ長い時間を過ごしてきただけでも、内容がすぐれているだけの書物でもないのだ。

このことはまた次のことを思い出させる。

人文知の任務が、人が忘れたもの（あるいは忘れたいもの）を覚えておき、必要なら掘り起こして、現にあるものとは異なる世界の在り方を示すことだとするならば、書物は様々な文書とともに、長く人文知の対象や素材であるだけでなく、その盟友であり続けた。

であればこそ、人文知の成果もまた書物の形で著されてきたのである。

変化の激しい分野で最先端の情報を追いかけることを続けていると、自然と書物から遠ざかることになる。査読から出版されるまでのタイムラグを待てず、論文すら遅く感じてしまい、他の手段に頼ることが多くなる。

ネオマニー（新しいものへの熱狂）に浸りきるならますます書物は不要の存在に思えてくるだろう。

しかし過去とは、二度と省みられない廃棄物なのではない。それは我々の現在を支える大地なのだ。焦りに我を失い、浮わついた自身に気付いた時、自分がどこへ向かっているのかさえ見失った時、再び現在という地表を踏みしめるために、書物の遅さ・変わらなさは救いとなり恵みとなる。

ある部分で未来を追い求めていても、それ以外の部分では、人は旧態依然とした存在にとどまらざるを得ない。書物は、人の改訂されざる部分を、静かにいつまでも待っていてくれる。

レイ・ブラッドベリによる「書物の意義」

書物について最も美しい物語の一つ[36]を書いた作家レイ・ブラッドベリは、

レイ・ブラッドベリ
（Ray Douglas Bradbury、1920 - 2012）
アメリカ合衆国の小説家。SFの叙情詩人、ポーの衣鉢を継ぐ幻想文学の第一人者とも呼ばれた。11歳から自分の作品を書き始める一方、地元のカーネギー図書館でH.G.ウェルズ、J.ヴェルヌ、ポーなどを読みあさったという。大恐慌のため大学に進学できず、高校卒業後10年間週3日図書館に通った。『華氏451度』はUCLAのパウエル図書館にあるタイプライターをレンタルできる自習室で書かれた。

別のある短編小説で登場人物のセリフの一部として次のような愛の定義を与えている。先に述べた人文知が取り組むべき任務、「人が忘れたもの（あるいは忘れたいもの）を覚えておき、必要なら掘り起こして、現にあるものとは異なる世界の在り方を示す」は、実を言えば、この愛の定義から着想したものである。本書の著者には、この定義はまた、書物がこの世界にある理由そして今なお我々が書物を必要とする理由を教えてくれているように思われる。

なぜなら書物は、私たちが忘れたもの、日々忘れていくもの、残酷なこの世界を生き延びるために置き去りにしていかなくてはならなかったもの、そうしたものたちの断片を、一度この世界に現れたまま変わらないという特性によって、保存しているからだ。

いつか必要になった時、信じていたものに裏切られた時、甘美な夢から覚めて我に返った時、一度断念した可能性に再び挑もうとした時、書物は覚えておいたことを、そっと我々に手渡してくれる。

「みなさんが喋ったことや、みなさんのやったことを、わたしは宝物のように大事にとっておきます。一家が忘れてしまったすべてのもの、それでも、何となく気に

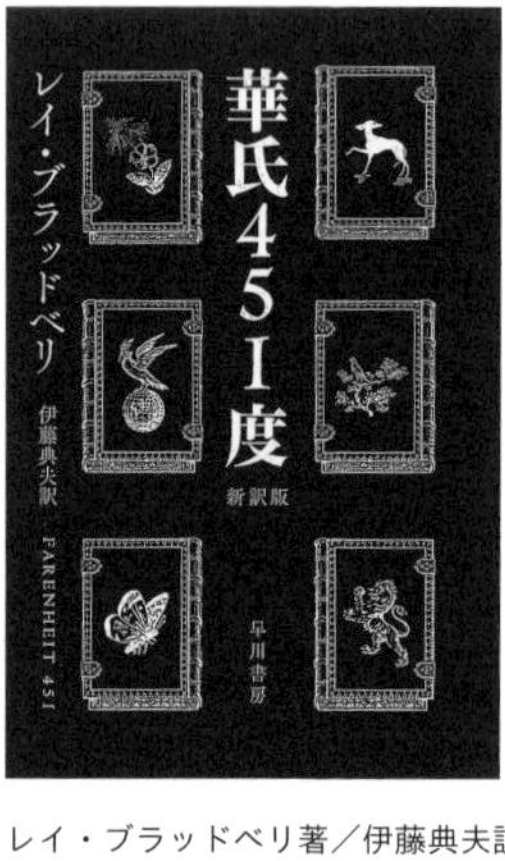

レイ・ブラッドベリ著／伊藤典夫訳
『華氏451度〔新訳版〕』
（ハヤカワ文庫 SF、2014）

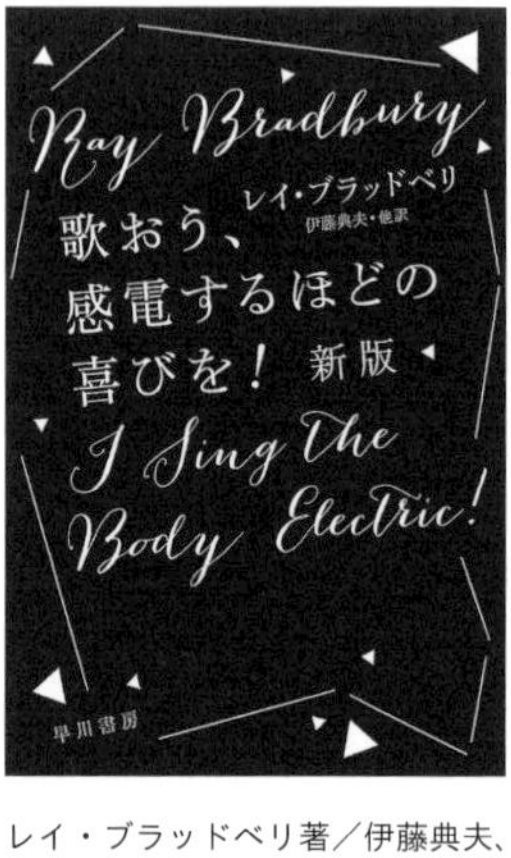

レイ・ブラッドベリ著／伊藤典夫、宮脇孝雄、村上博基、吉田誠一訳
『歌おう、感電するほどの喜びを！ 新版』
（ハヤカワ文庫 SF、2015）

なって、心の片隅に残っているすべてのもの、それがわたしです。（中略）わたしは、みなさんの忘れたものを思いださせるのです。愛とは何か？その議論はあと千年も万年も続くでしょう。多分、愛とは、わたしたちを自分自身に立ちかえらせてくれる誰かの力ではないか、そう悟る日がくるかもしれません。わたしたちのことを見守り、記憶してくれる人、自分たちが望み、夢見ながらも、勇気がなくてなれなかった姿、今の自分よりもほんの少し立派なその姿に、わたしたちを戻してくれる人、そんな人こそ、〝愛〟ではないか、そう悟ることがあるかもしれません……。」〈37〉

〈36〉レイ・ブラッドベリ著／伊藤典夫訳『華氏451度 新訳版』（ハヤカワ文庫SF、2014）。ブラッドベリもまた図書館で自分を作り上げた独学者であることを知るならば、この物語は一層輝きを増すだろう。本を読むことが禁じられたディストピアを構想した者は多くいる。世界を思い通りにできると信じる愚か者たちにとって、書物は最初に撲滅すべきやっかいものであるからだ。しかし絶望的なそんな世界の中で、どうやって書物を生き延びさせるのかまで考え抜いた者はそういない。

（参照）Jennifer Steinhauer (Dec. 9, 2009) "Despite Ray Bradbury's Efforts, a California Library Closes" The New York Times (New York edition), USA, 28 url:https://www.nytimes.com/2009/12/09/us/09library.html

〈37〉レイ・ブラッドベリ著／伊藤典夫、宮脇孝雄、村上博基、吉田誠一訳『歌おう、感電するほどの喜びを！ 新版』（ハヤカワ文庫SF、2015）、326-327頁。

知の最前線に向かう

技法27 雑誌記事（論文）調査

独学が進み、独学者として成長すれば、あなたの疑問や好奇心はきっと、どんな書物を読んでも解決しないところまで成長する。いよいよ論文を読む時が来たのだ。

論文が運ぶ知は、書籍よりも、新しく詳しく広い。なぜなら論文は、知識を生み出す人々が直接届ける「産地直送便」であるからだ。新しく未だ書籍になっていない知識、あるいは特定の人しかニーズがなく書籍にならないような分野限定の／レアな知見を手に入れるには、論文を読むしかない。

論文を探して入手するにも複数のルートがある。以下ではルートのいくつかと、そこで使うツールを紹介しよう。

雑誌記事調査のやり方

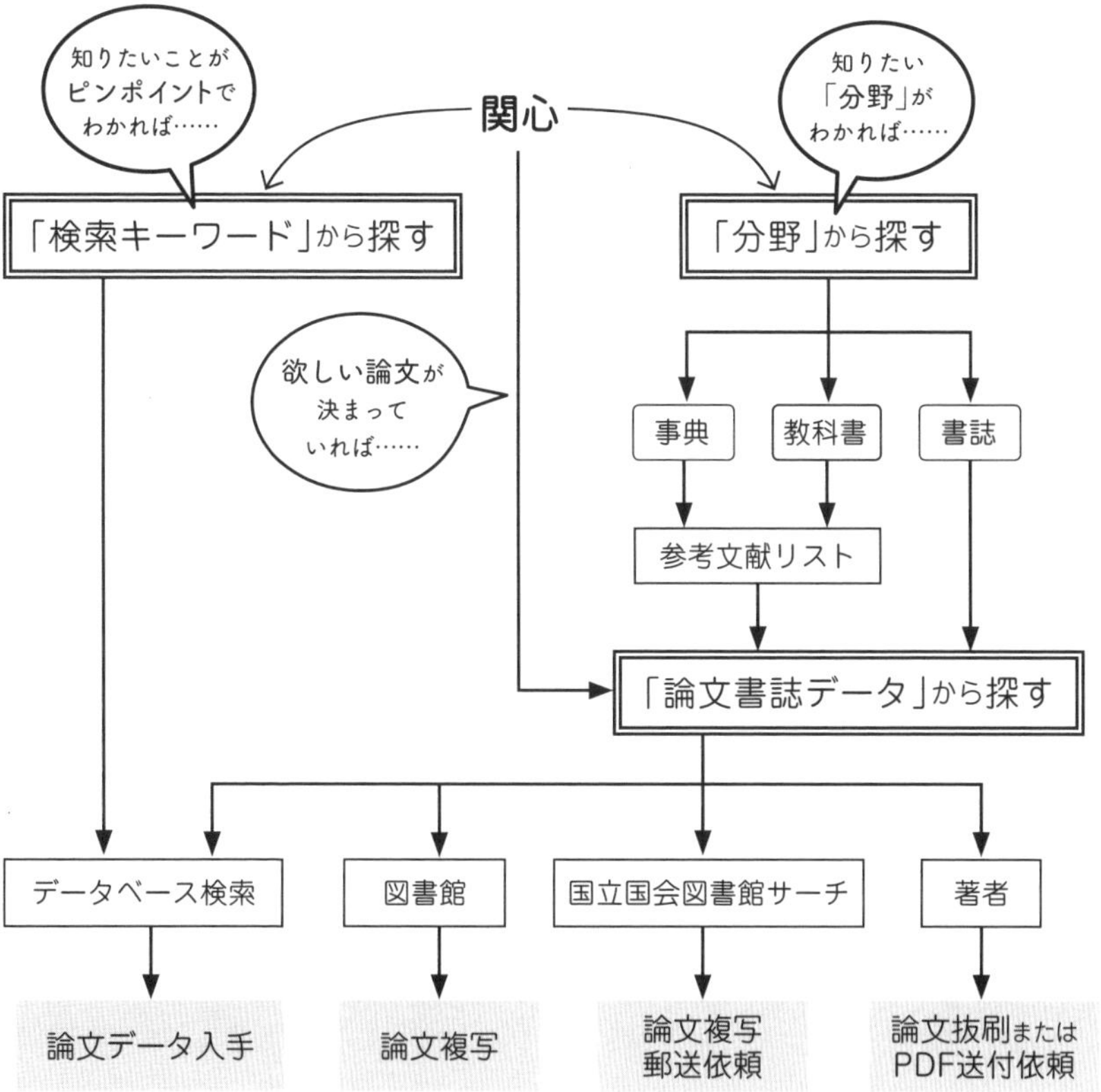

知りたいことがピンポイントでわかれば……
関心
知りたい「分野」がわかれば……
「検索キーワード」から探す
「分野」から探す
欲しい論文が決まっていれば……
事典
教科書
書誌
参考文献リスト
「論文書誌データ」から探す
データベース検索
図書館
国立国会図書館サーチ
著者
論文データ入手
論文複写
論文複写郵送依頼
論文抜刷またはPDF送付依頼

「検索キーワード」から探す

最も簡便で速いのは、書籍と同様関心（知りたいこと、疑問に思うこと）をキーワードに変換して、各種データベースに入力し、検索することだ。データベースは条件に合致する雑誌記事や論文のリストを出力してくれる。さらに学術論文の場合は、データベースの検索結果から論文そのものを入手することができる場合も多い。インターネットを介して自宅にいながら、あるいは携帯端末があれば外出先や路上ですら、たちどころに論文を取り寄せ、読むことができる。

「分野」から探す

データベース検索は簡便・高速だが、不案内な分野では適切な検索キーワードを独力で考え出すことができないかもしれない。またその分野の知識が足りないと、検索して見つかった論文が自分が求めているものであるのかどうか評価が難しい場合がある。

そうした段階では、迂遠に見えるが、専門事典（↓技法23「事典」、288ページ）や教科書（↓技法25「教科書」、326ページ）でその分野の概要をつかんでから論文検索を行うと、効率がかなり違ってくる。

また専門事典や教科書自体が、それぞれのトピックについて、まずは読むべき代表的な文献を紹介してくれる。いきなりデータベースにあたり、膨大な数のリストに溺れてしまうより、こうして知った代

独学に使える論文検索ツール

ツール名	URL	概要	有料／無料
Google Scholar	https://scholar.google.co.jp/	Google社の提供する無料の検索サービス。日本語のものを含め、論文、学術誌、出版物について検索ができ、被引用数や被引用論文を調べることもできる。すべてではないがリンクから直接論文を入手できたり、要約が読めるオンラインアクセス提供企業の該当ページへ行くことができる。	無料
国立国会図書館サーチ	https://iss.ndl.go.jp/	国会図書館雑誌記事索引、CiNii Articles 、J-STAGE といった日本の電子ジャーナルデータベースの他に、国立国会図書館デジタルコレクションに収録している目次データや、リサーチ・ナビのテーマ別データベースの一部についても検索可能。	無料
DBLP	https://dblp.uni-trier.de/	コンピュータ科学に関する書誌学ウェブサイト。コンピュータ科学に関する主要雑誌の記事、会議資料の公式資料などを検索できる。	無料
PubMed	https://bibgraph.hpcr.jp/	生命科学や生物医学に関する参考文献や要約を掲載するMEDLINEなどへの無料検索エンジン。アメリカ国立衛生研究所のアメリカ国立医学図書館が運用。	検索無料 一部文献は全文閲覧無料
MathSciNet	https://mathscinet.ams.org/mathscinet/	米国数学会(AMS)が提供する、世界の数学文献・数学論文をカバーする包括的な書誌・レビューデータベース。	有料
zbMATH	https://zbmath.org/	ヨーロッパ数学会(EMS)等が運営する数学の文献・論文などに関するデータベース。	検索結果の上位3件までに限り無料で閲覧可能
ADS（天体物理データシステム）	https://ui.adsabs.harvard.edu/	NASA開発の天体物理学に関連する論文データベース。	無料
大宅壮一文庫雑誌記事索引検索	https://www.oya-bunko.com/	大宅壮一文庫が所蔵する週刊誌、総合月刊誌、女性誌、経済誌、専門誌などの雑誌記事索引データベース。1988年以降の約320万件を収録している。フリーワード検索、人名検索、件名項目検索などが可能。	有料
雑誌記事索引集成データベース（ざっさくプラス）	https://zassaku-plus.com/	日本(旧植民地を含む)で発行された全国誌、地方誌の雑誌記事索引データベース。明治初期から現代までの1,000万件以上を収録。	有料
Web of Science	https://login.webofknowledge.com/	科学技術分野(1900年〜)、社会科学分野(1900年〜)及び人文科学分野(1975年〜)の主要な学術雑誌に掲載された文献の書誌・引用文献情報、1990年以降の世界の重要会議、シンポジウム、セミナー等で発行された会議録の情報を収録。引用文献から被引用文献を調べることもできる。	有料
JSTOR	https://www.jstor.org/	1995年に創設された電子図書館。電子化された書籍や学術雑誌の最新号、バックナンバーなどを収蔵・公開しており、2000近い学術雑誌の全文検索を提供する。	有料
ScienceDirect	https://www.sciencedirect.com/	Elsevier Science社が提供する科学論文コレクション(電子ジャーナル)。	有料
ProQuest Central	https://www.proquest.com/APAC-JP/	人文科学、社会科学、自然科学等の複数のデータベースを統合した総合データベース。抄録・索引等の文献情報が利用できる。	有料

表的文献にあたり、そこから芋づる式に論文を集めていった（↓技法21「文献たぐりよせ」、258ページ）方が、認知負荷が軽く済むだろう。

論文の書誌データとは、著者名、発表年、論文タイトル、掲載誌（学術雑誌）名、掲載号、掲載ページなどの、論文を特定するためのもので、学術書や論文の参考文献欄にも記載されるものだ。これを使えば特定の論文を検索することもできるし、図書館で掲載雑誌を探すこともできる。

ある特定分野の書誌データを集めたもののもまた書誌と呼ぶ（↓技法24「書誌」、312ページ）。書誌はすべての分野・トピックについて存在するわけではないが、見つけることができればあなたの論文調査は顕著に改善され、また加速するだろう。

「論文書誌データ」から探す

・データベース検索へ

前段の調査などで入手したい論文のタイトルや著者名などがわかっているなら、最も簡便で高速なのはやはり各種の論文データベースを検索することだ。多くの場合、これで完全な書誌データから論文そのものまで入手することができるだろう。

・図書館へ

論文を図書館で探すためには、論文書誌データのうち、掲載誌（学術雑誌）名と掲載号に着目し、あなたが利用する図書館がその掲載誌の掲載号を所蔵しているか〈38〉を図書館資料検索（OPAC）を使って調べる。

ここで注意すべきは個々の論文そのものは、多くの場合、図書館資料検索（OPAC）では探せないことだ〈39〉。そのため、図書館で論文を手に入れるには、前もって論文書誌データを入手しておくか、図書館で使えるデータベースなどで先に探しておく必要がある。

掲載誌（学術雑誌）を図書館が所蔵していれば、複写サービスを利用して、論文をコピーし持ち帰ることができる。

その図書館が所蔵していない場合も、レファレンスカウンター等で相談すれば、近隣の所蔵する図書館を探してくれ、取り寄せのための手続きを取ってくれるだろう。

〈38〉図書館は、ある雑誌（学術誌を含む）すべての号を所蔵しているとは限らない。購入を途中でやめたり、何らかの事情である号だけが欠落していることも少なくない。あなたが求める記事／論文が載っている号だけが欠けている場合もある。

〈39〉東京都立図書館など、一部の図書館では、論文集の内容細目・内容紹介をOPACに入力し検索できるようにしている。

・国立国会図書館サーチ〈40〉へ

最寄り／近隣の図書館にもあなたが求める論文／記事を収録する掲載誌（学術雑誌）を所蔵していなかったら、どうすればいいのか。

国内での、最後の手段は国会図書館である。あなたが近くに住んでいなくても／わざわざ出向かなくても、国会図書館は論文／記事の複写郵送サービスを行っている。論文を検索して、複写郵送サービスを依頼するところまですべて、インターネットを通じて国会図書館のサイトで行うことができる。

国会図書館が所蔵するのは日本語の書籍・雑誌だけではない。海外で出版された雑誌についても、相当数を所蔵している。他にも海外で書かれた博士論文を購入、寄贈、国際交換により収集している。インターネットやデータベースで入手しがたい古い文献について、あきらめる前に国会図書館サーチで検索してみる価値はある。

・著者に依頼する

各種データベースでも国会図書館でも、その他様々な手段でも入手できない場合はどうするか。

学術論文の場合、最後の手段は、論文を書いた本人、すなわち著者に連絡を取り、論文のＰＤＦファイルを送ってもらえないか頼むことである。研究者の多くはメールアドレスなど連絡手段を公開している。またResearch Gate〈41〉などのサービスを使って、論文の著者に連絡をとったり、特定の論文のリクエストをすることもできる。

　自分が知りたいことについて世界で最も熟知する／研究の最前線を切り開いている当人にコンタクトを取るのは気後れすることかもしれない。しかし日々膨大な数が発表される研究論文のなかで、なぜこの論文にたどり着いたか、自分の知的関心から探索の経緯も含めて説明できるならば（そして権利上の問題が許せば〈42〉）、少なくない研究者はその知的営為と熱意に応じてくれる。研究は、その成果を発表するところで終わるのではなく、他の知的営為を突き動かすことで、初めて完成するものであるから。

書誌データのフォーマットの例

① 和図書……著者名『書名』出版社名、刊行年

［例］戸田山和久『論理学をつくる』（名古屋大学出版会, 2000）

② 和図書収録論文……著者名「文書タイトル」,『書名』出版社, 刊行年, 該当頁

［例］野口貴公美「アメリカにおける公文書の管理と保存制」（高橋滋・総合研究開発機構編『政策提言―公文書管理の法整備に向けて』商事法務、2007）、p128-142.

③ 和雑誌収録論文……著者名「文書タイトル」,『雑誌名』巻号, 刊行年月, 該当頁

［例］大久保利謙「総理府における国立公文書館設立計画の由来と現況」『史学雑誌』73(4), 1964, p.82 ～ 93

［例］大久保利謙（1964）「総理府における国立公文書館設立計画の由来と現況」『史学雑誌』73(4) p.82 ～ 93

④ 洋図書……著者名字, 名前のイニシャル.（出版年）. 書名. 出版場所: 出版社名.

［例］Wiegand, W. A. (2017). *Part of our lives: A people's history of the American public library*. New York : Oxford University Press.

［例］Wiegand, Wayne A. *Part of Our Lives: A People's History of the American Public Library.*, 2017. New York : Oxford University Press.

⑤ 洋雑誌収録論文……著者名字,（ミドルネーム+）名前のイニシャル.（出版年）. 論文名. 論文の掲載されている雑誌名, 巻（号）, 掲載ページ.

［例］Sheldrick, G. M. (2008). A short history of SHELX. Acta Crystallographica Section A: Foundations of Crystallography, 64(1), 112-122.

［例］Sheldrick, George M. "A short history of SHELX." Acta Crystallographica Section A: Foundations of Crystallography 64.1 (2008): 112-122.

〈40〉https://iss.ndl.go.jp

〈41〉Research Gateは原著論文の共有や質問・回答、協力者の募集などができる、科学者・研究者向けのソーシャル・ネットワーク・サービス。研究者はここで自分の論文を公開したり、リクエストに応じて公開したりできる。https://www.researchgate.net/

〈42〉学術出版社との契約により、学術誌に掲載された論文については、論文著者自身にも公開の制限がかかる場合がある。

論文は知の産地直送便

論文は希釈する前の、知の原液だ。あるいは知の生産者が直接届ける産地直送便だとも言える。かつてなら、産地直送であるゆえに、論文は特殊なルートを通してしか手に入れることが難しかった。例えば大学などの研究機関に属し、専門図書館の書庫で学術雑誌の該当号を探し、自分でコピーしなければならなかった。インターネットが普及した今日では、我々を知の生産者につなぐ様々な仕組みが整備されている。

論文を求めれば、人類の知識拡大の最前線に立つ、知の生産者から直に、最新の知見を手に入れることができる。

雑誌は書籍の「上流」に位置するもの

論文は学術雑誌に発表されるが、独学者にとって有益な雑誌はそれだけではない。各分野の専門雑誌（文芸雑誌、ビジネス誌、科学雑誌、技術系専門誌等）、場合によっては、官公庁が刊行する官公庁誌や地域限定で発行されるエリア情報誌やタウン誌、時には総合雑誌や週刊誌に載った記事が必要になるかもしれない。

書籍の最後の方に、「初出」はどこそこの雑誌である、と書いてあるのを見たことがないだろうか。

知識や情報の流通の観点から見れば、ほとんどすべての書籍は「セコハン（secondhand）」である。今のような出版のしくみができた以降の書籍は、雑誌（学術誌などを含む）など他の媒体に既に一度掲載されたものを基にして作られていることが少なくない。

知識や情報の流通からすると、雑誌は書籍の「上流」に位置する。このため雑誌記事は次のような利点を持つ。

利点①：雑誌記事の内容は書籍より新しい
雑誌に載ったものが、その後、書籍になる（ことが多い）。
書籍を作るのは雑誌よりも時間がかかる（時間をかける）のが普通だから、雑誌に載った後に書籍になるとしても、そこにさらにタイムラグが生まれる。
そして探しものというニーズで言えば、できるかぎり新しい情報を得たい場合が大半である。新しいテーマやトピックについて調べようという場合、そのテーマについての書籍がまだ書かれていないことも多い。しかし、そうした場合でも雑誌記事は見つかる場合がある。

利点②：雑誌記事の内容は書籍よりも多様である

雑誌に掲載された記事のすべてが書籍になるわけではない。

これは一面では書籍の利点（アドバンテージ）でもある。「選りすぐられたもの」だけが書籍になるとも考えられるからだ。

しかしこのことは必ずしも内容の質を保証しない。例えば商業的にペイするかどうかは書籍化にあたって重要な要素であろう。つまりマイナーすぎて広く読書層を求めにくいテーマは書籍になりにくい。

我々が何か調べようとする場合、そのテーマやトピックはポピュラーなものとは限らない。誰もが知っていることを調べても仕方がないから、調べもののテーマはむしろマイナーなものになることが珍しくない。

このことも、調べるなら書籍だけでなく雑誌記事（論文）にもあたらなくてはならない理由の一つである。

利点③：雑誌記事は書籍より詳細である

専門雑誌や学術雑誌など、多くの人を相手にするわけではない雑誌の場合、その分野の人なら当然知っているべき入門的知識に紙面を割く必要はない。

むしろある特定の事項に絞って突っ込んだ内容を盛り込むことが多い。学術論文はその最たる例だ。

網羅的に書かれた書籍は、こうした記事を要約して（詳細は省いて）まとめたものが多い。

書籍でざっくり概説的な知識を得た後、さらに突っ込んで知ろうとする場合は、こうした学術雑誌や専門雑誌の記事にあたる必要が出てくる。

利点④：雑誌記事は書籍よりも短い

雑誌記事は、書籍よりも〈新しく〉〈多様〉で〈詳細〉であると言った。

もう一つ大きな特徴がある。大抵の雑誌記事は書籍一冊よりも短い。そして誰しも短い方が短い時間で読める。つまり同じ時間なら、一冊を読む時間で、複数の雑誌記事が読める。

調べものの観点から言えば、たくさん読めるというのは、より多くの情報源にあたることができるということだ。

しかもその情報源のそれぞれは書籍よりも〈新しく〉〈多様〉で〈詳細〉なのである。

コラム

知のライフサイクル

知識がどこで生まれ、どのように流通するかについて、以下では学術情報を中心に概説しよう。あたかも研究者（だけ）が知識の生産を担うという、この見立てには抵抗を覚える人もあるだろう。学術情報を、知識の生産とライフサイクルについての探求の中心に据えるのは、その流通と蓄積において、最も組織立っているからである。

知識の生産と流通において、学術研究がアドバンテージを持っているのは、学術研究の集団性と継続性、それらを支える公開性に由来する。

世界でも数えるほどしかいない天才から、どこにでもいる凡才に至るまで、多数で多様な研究者たちが学術研究という知的営為にこれまで参加してきたし、今現在も参加している。そして彼ら研究者に対して、まだ誰も知らない新しい知識を生み出し公表することを促すインセンティブを与え、その上、それぞれの知的努力を突き合わせ磨き合わせる仕組みが、学術研究には備わっている。

専ら公表された研究成果だけが業績となる学術研究の世界では、知的営為の結果が企業秘密のように秘匿されることも、宗教的権威の宣旨のように無批判に受容されることもない。

論文等によって発表される新知見には必ず、研究者がその知見にどのようにして至ったか（研究方法)、これまでの知見に対してどこが新しいか(先行研究の参照を伴う研究の意義)などが明示される。

これらが新知見と併せて公開されることによって、発表結果に対して批判と検証の機会が開かれる。対面によるものから地域や時代を超えて行われるものまで、様々なレベルの相互吟味によって知識の質が担保される。世界中の同分野の専門研究者による相互批判と検証をくぐり抜け、広く参照されるようになった知識は、その分野の共有財産として、次代の学術研究の基礎となり前提となる。

こうした積み重ねが、人類の知識を拡張し、既知と未知が接する知の最前線を押し広げてきたのである。


こうした学術情報の生産と流通について理解すれば、

- より新しい知見がどこにあるのかわかり、どのように探せば見つかるのかを理解できる
- より易しい説明やより概括的な説明がどこにあるのか/どのように探せば見つかるのかもわかる
- 何が信頼度が高く/低い情報なのかを判断する手がかりが得られる

概して言えば、学術情報流通という流れの上流へ行くほど新しい知見に出会うことができるだろうし、幾つもの流れが集まるところを見つければ、多くの知見をまとめたものが一望できるだろう。

学問分野によって異なるところも多いが、非常に大まかにまとめれば、研究によって生まれた知識=学術情報は、選別されながら次のような順序で流通していく。

学術研究→学会発表／論文掲載→展望論文→論文集→教科書／専門事典

この簡単な流れ図からわかることは例えば次のようなことだ。

・教科書や事典に載るまでには、新しい研究が発表されてからかなりの時間がかかる。したがって教科書や事典に載っている研究は新しくない。しかしその分、選りすぐられた情報がまとめられている

・できるだけ早く学術研究の成果を知りたいならば、論文発表の前に行われることの多い学会発表やプレプリントサーバーでの公開に注意を払う方がよい

以下では、それぞれのステップについて、もう少し詳しく解説しよう。

○学術研究→学会発表／論文掲載

学術研究は学会で発表されたり、学術雑誌に論文として公表される。

学術情報の発表（公表）には、事前に何らかのチェックがほぼ必ず行われる。つまり、行われた研究のすべてが発表（公表）される／できるわけではない。

論文の場合、多くの学術誌はピアレビューという事前チェックを行っている。投稿された論文について、同分野の研究者に匿名で投稿論文を読んでもらい審査を受ける。これを査読という。査読の結果、

そのまま掲載可、手直しすれば掲載可能、手直しの上再審査、掲載不可（リジェクト）などの判断が下される。

査読を通過できる確率は学術誌ごとに異なる。多くの人が注目する有名雑誌ほど、応募数が多いこともあり通過する確率は低い。

学会発表は一般に、学術誌投稿よりも事前チェックがゆるく、発表の機会は論文よりも得られやすい。このため、まずは研究結果を学会に発表し、その後、追加研究などを加えて論文の形を仕上げて、学術雑誌へ投稿されることも多い。

学会発表では、聴衆は同じ学会参加者であり、同分野の研究者からの（時に厳しい）指摘が対面で得られることは、先に学会で発表するメリットである。同分野の研究者の指摘によって研究の欠点や見落とし部分などが明らかになれば、研究を改善できる。

各学会における発表は、その要旨が予稿集などにまとめられることが多い。学会発表→論文投稿という順序が多いことを考えれば、ある分野のより新しい研究は学会発表をまとめた予稿集などを見ることで知ることができることになる。

査読などの時間がかかるステップがあるため、論文を投稿してから学術雑誌に実際に掲載されるまでには少なからぬ時間がかかる。世界で誰も知らない知識を追究する学術研究の世界では、同じ研究なら先に発表した者が評価される。そのため論文投稿から掲載までのタイムラグは無視できない問題である。

そのため査読結果を待っている論文を先に公表しておくことがある。プレプリントサーバー〈43〉と呼ばれるものは元々はこうした査読待ち中の論文をインターネットで公開するためのサイトである。
進歩の速い分野では、1年以上かかることもある査読後の発表を待たず、プレプリントサーバーで公表された論文に対して、さらに次の論文が続くなどして、実質、プレプリントサーバーが学術情報交換の主たる場となる場合がある。例えばコンピュータサイエンスなど、その論文の当否はプログラムを実行して読者が実地に確かめることができる場合など、ピアレビュー（査読）による品質保証をさほど必要としない場合には、こうしたことが生じやすい。

〈まとめ〉

＊学術雑誌への論文掲載が、学術研究の主要な公表機会である（研究者の業績の主要な部分となる）
＊学術雑誌に掲載された論文は、一定の審査を経ており、相対的にだが信頼性が高い
＊学会発表は論文掲載よりも審査が通りやすい。そのため論文投稿よりも先に行われることが多く、より早い段階で研究の存在を知ることができる（しかし信頼性は論文に比べて低い）
＊プレプリントサーバーは、論文発表から掲載までにかかる時間を回避するための仕組

みである。常時投稿できるため、もっとも早く研究を発表できる。学術研究を探す者にとっても、最新の成果に触れることができるものである

○学会発表／論文掲載↓展望論文↓論文集

その分野が教科書にまとめられるほど成熟していない場合、その新しい分野について知りたいと思ったら、論文を探して読む必要がある。

しかし論文の数は膨大である。またその分野に通じていなければ、どの論文が重要であるか判断することは難しい。

探しもののコツの一つは、自分が知りたいことを既に探している人を探すことである。論文を探す場合には、展望論文や論文集を探すことがこれに当たる。

〈43〉プレプリントサーバーは、査読つき学術雑誌に掲載される予定になっている論文原稿を、原稿が完成した時点で一足早く公開する際に使用されるサーバーである。学術雑誌に投稿した論文が査読を経て出版されるまでに、数カ月から1年以上もの時間がかかることから、よりスピーディーな情報交換を求めて、インターネットの普及とともに科学分野の研究者を中心に、投稿論文を事前公開するために、その利用が広まった。プレプリントサーバーの草分け的存在であり、最も有名なものとしてarXiv（アーカイブと発音する、https://arxiv.org/）がある。

新しい研究テーマやトピックについて、複数の研究者が取り組み始め、論文が蓄積していくと、まず展望論文が書かれるようになる。これは当該研究テーマ・トピックについてどのような研究が発表されてきたかをまとめた論文である。

展望論文が書かれており、それを見つけることができれば、これまでの研究の流れと主要かつ注目すべき研究論文や研究者、今後の課題（まだわかっていないことや今後有望そうなテーマ）等がまとめられており、その分野に新たに参加する人にとって大変役立つ。

展望論文を探すには、探したいトピックとともに「レビュー」「総説」「動向」「展開」「回顧」「展望」「研究課題」「メタ分析」「literature review」「review article」などのキーワードを加えて、データベースを検索する。

Web of Science〈44〉(有料）やPubMed〈45〉(無料）ではDocument Typesを指定することができる。ここでWeb of Scienceなら「REVIEW」、PubMedなら「Customize...」の中の「Review」「Scientific Integrity Review」「Systematic Reviews」をチェックすればいい。

その新しい研究テーマやトピックがさらに研究者を集め、一つの分野として認められるまで成長するに至ると、今度はそのテーマやトピックについての主要論文をまとめた論文集が書籍として発刊されることがある。

もしも知りたいテーマについてこうした論文集が発刊されているなら、ぜひとも手にすべきである。

論文集の冒頭や時には各部・各章の最初に設けられたイントロダクションが、その分野のこれまでの研究の流れを解説してくれている。その後にはイントロダクションで紹介された主要な論文が収録されている。

〈まとめ〉

*慣れない分野の文献を探すなら、論文集や展望論文を探すべき
*展望論文が扱う研究は、論文集よりも新しく、より狭い
*論文集が編まれるまではかなりの時間がかかるので、論文集で新しい研究を探すのは不向き。むしろその分野の定番論文を押さえるのに便利

〈44〉http://www.webofknowledge.com/wos
〈45〉https://www.ncbi.nlm.nih.gov/pubmed/

○論文集→教科書／専門事典

ある研究分野がさらに成熟し、大学でその分野の講座ができたり、あるいは専門の学会ができた後には、その分野の教科書が書かれる。ここまで来れば、そのテーマを研究することが、一つの専門分野《ディシプリン》として確立されたと見なせる。

教科書は、その分野の知的共有資産を次代に継承し、当該分野を再生産するための手段である。その分野の研究者であれば当然に知っているべきことが、初学者にもわかるように解説され、さらに詳しく知りたい場合にはどの文献を読めばいいかについても教示されている（→技法25「教科書」、326ページ）。

教科書が存在するほど確立された分野であれば、教科書がその分野に参入するために最初に乗るべき乗り物となる。

各分野には版を重ねる定番教科書というべきものが存在することがある。新しい版はより新しく重要な研究を取り上げている。

教科書の販売戦略として、細部を改訂して新しく学生や大学図書館に買ってもらおうと企てる（先輩からお古をもらってすましたりできないように）。しかし変更箇所は思ったほど多くない。新しい版が出ると英語圏の大学図書館から旧版が大量放出されるので、海外のオンライン古書店で値段が下がる。

専門事典を作るのは教科書よりさらに時間と労力がかかる。したがって教科書のように定期的に改訂版が出ることは望めない。掲載されている情報は、こうした理由から古いものになりがちである。

しかし事典の一項目は専門書よりも短く、概要を知るのに簡便である。
また専門事典の各項目には文献がついている。ある項目ごとに選びぬかれた定番の文献が挙げられていて便利である。

〈まとめ〉

＊学術情報の情報源として専門事典は最も下流に位置する。そのため情報の鮮詳度は最も低いが、時間によって濾過された、標準的で定番の解説や参考文献を知ることができる

＊教科書は専門分野が確立されているかどうかのメルクマールである。教科書がある分野は成熟しており、版を重ねた教科書を追いかけることで、その専門分野の推移を追うこともできる

第10章

集めた資料を整理する

無知くんと親父さんの対話10

最速の素人になる

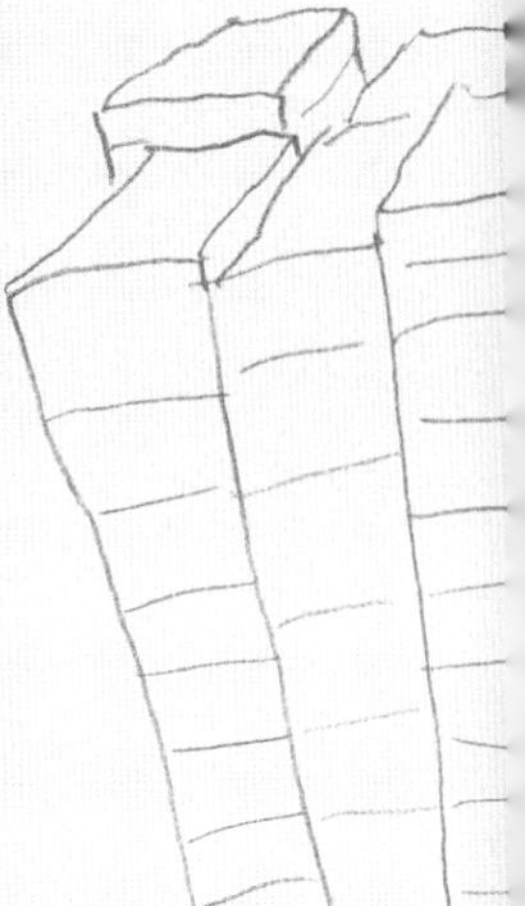

無知くん：おかげで、どうにか独学が軌道に乗ってきました。この上は、万学を修めて、これまでバカにしてくれた連中をこっぴどく見下してやりたいと思います。

親父さん：見下げ果てた心根だな、いと小さき者よ。で、今日はいったい何の用だ？

無知くん：これ一冊読めば、いきなり教養が身に付くような究極の一冊を教わりに来ました。

親父さん：お前が言う「教養」が「分野を問わず何でも知っている」ことを意味するなら、そんなものを身に付けた奴はいないし、仮に身に付けても何の意味もない。

無知くん：どうしてですか？

親父さん：「無知」を名乗るくらいだから、お前は自分がものを知らないことは知っているのだろう。そして「教養がある」とはただ漠然と「ものを知らない自分とは正反対のもの」、すなわち「何でも知っていること」だと思っているんだろう。

無知くん：げげっ、どうしてそれを？

親父さん：「自分がものを知らない」ことを知っているのは、無知の痛みを味わった者だけだ。痛みから逃げようとするのは自然な反応だし、それが知識欲の、何かを学ぶことのきっかけになることもあるだろう。しかし元々「知らないことは嫌だ」というネガティブな動機付けから始まった企てだから、何かを学んでいても、すぐにまだ学んでいない別の〈知らないこと〉が気になってくる。

無知くん：実は、それで百科事典を読んでみたのですが「あゝ玉杯に花うけて」〈46〉のところまで来て挫折しました。

親父さん：とんだ赤毛組合〈47〉だな。知らないことは各方面に山のようにあるから、結局どれにも身が入らず、ぐるぐる回っているうちに、ほとんどどっちにも進んでいないことに気付いて、過ぎた歳月をうらむことになるだろう。達者でな。

無知くん：わあ、なんて呪いをかけるんですか。一体、どうしたらいいんですか？

親父さん：あらかじめすべてを知ることは不可能だが、必要になった時に必要な知識や情報をなるべく速やかにかき集めるための準備ならできなくはない。

〈46〉佐藤紅緑《こうろく》作の少年小説。題名は旧制第一高等学校の寮歌から取ったもの。ちなみに小学館の百科事典である『日本大百科全書』では、最初から12番目の項目にあたる。

〈47〉アーサー・コナン・ドイルによる、シャーロック・ホームズシリーズの一つで、56ある短編小説のうち2番目に発表された作品。この中で登場人物の一人が、毎日午前10時から午後2時までの4時間、事務所にこもって『大英百科事典』を書写するという仕事を与えられる。

無知くん：具体的には？

親父さん：まったく未知のテーマについて最速で数十から数百の文献を扱って自分なりのまとめができる程度だが。前提はネットを見ることはできるってことでいいな。とりあえず事典と書籍と論文を検索して3つの表を作っていけ。

無知くん：表ってどんな？

親父さん：**「目次マトリクス」**と**「引用マトリクス」**と**「要素マトリクス」**の3つだ。どれから作ってもいいが、まあ最初は目次マトリクスから順番にやるといいだろう。

無知くん：目次マトリクスというのはどんなものですか？

親父さん：見つけた文献すべての目次を集めた表だ。書籍だと現物を手に入れなくてもネットで目次が見つかるから、ひたすらコピペすればいい。Webcat Plus Minus〈48〉あたりで見れるだろ。

無知くん：こんなもの作って何か意味があるんですか？

親父さん：目次を先に眺めておくとその分野でよく出てくるキーワードやトピックがわかる。同じようなことを書いてる本がやたらとあることだとか、どれがそういう焼き直し本かも見当がつく。

無知くん：わざわざ表にまとめなくても、たくさんの文献を読めばいいのではないで

〈48〉http://webcatplus.nii.ac.jp/pro/

すか？

親父さん：効率と根気の問題だな。目次をコピペするだけなら100冊ぐらい何でもないが、手当たり次第に読むやり方は（慣れないうちは）まあ数冊ぐらいで失速するだろう。文献を何十何百という数で扱うには、どのみち文献リストという外部記憶が要る。それに不案内なうちは、最初にカスみたいな文献をつかんじまって迷走しがちだ。目次だけでも最初に網羅しとけば、たとえ迷走しても、別の文献が見えてるから立ち戻るのも早い。

無知くん：次の引用マトリクスっていうのは？

親父さん：それぞれの文献から、他の文献を参照したり言及したりしている部分を拾ってまとめた表だ。いろんな文献がこぞって取り上げてる文献は、その分野では基本的な必須文献か、それに近いもんだろう。この必須文献を出発点に文献たぐりよせ（↓技法21、258ページ）を使えば、一つの文献を共通して取り上げてる複数の文献を捕獲できることになる。まあ、手っ取り早いのは知ってる奴に聞くか、その分野の教科書でも読むことだけどな。しかし教科書のない分野は多いし、知り合いが物知りとは限らん。

無知くん：最後の要素マトリクスは？

親父さん：目次マトリクスで、その分野やトピックでよく出てくるキーワードがわかったし、引用マトリクスで文献が雪だるま式に集まって、文献それぞれの評価や関係も浮かんできた。そしたら、特に気になるトピックや概念について、それぞれの文献では何と言っているかを引っ張りだして、これまた表にまとめるといい。こうすることで、あるトピックや概念について、複数の文献がそれぞれ何を言っているかを一望できる。誰かの受け売りをやってるレベルをできるだけ速やかに抜ける方法は、複数の見方を何度も/何重にも突き合わせてみることだ。こうすることで、誰のものでもない自分の見方と考えを持つ端緒が得られる。そうして自分の考えもまた、この表に持ち込んで、複数の視点で検討するといい。こうして批判と検討を繰り返しながら、少しずつマシな考えを練り上げていくんだ。

技法の前に

点の読書から線の読書、面の読書へ

目掛けた一冊（例えば誰かに勧められた書物）だけを読む、孤立した読書を〈点の読書〉と呼ぶ。

知識がそうであるように、あらゆる書物（文献）もまたスタンドアローンでは存在できない。一冊の書物、一つの文献は、他の多くの文献と、参照関係や影響関係を介して、直接・間接につながっている。そのつながりを追って進む読書を〈線の読書〉と呼ぶ。

さらに、文献同士を結ぶつながりをまたいで、あるいは逆らって、文献と文献を突き合わせ綴り合わせて、著者も予期していなかった線（結びつき）をいくつも創りながら、編み上げながら進む読書を〈面の読書〉と呼ぶ。

我々が書評や読書案内（そして宣伝や口コミ）によって導かれる、〈一冊〉という単位（パッケージ）は、書籍流通の単位であって、我々の知的営為の単位ではない。

何かを知りたい時、これさえあれば足りる、ぴったりの〈一冊〉が存在することはまずない。

世界にあるのは、それだけでは足りない不完全な数冊、数十冊、数百冊であって、だからこそ我々には読み通す以上のことが求められる。例えば読み合わせること、読み比べること、読みつなげること、そして未だ文献のない領域に踏み出すこと。本章で紹介する3つのマトリクスは、そのためのツールである。

目次マトリクスは、取り扱うすべての文献を俯瞰できるようにし、文献たちのどの箇所へもランダムにアクセスすること（つまり複数の文献を一冊に綴じた書物のように扱うこと）を助ける。そうして複数の文献について縦断的／横断的（あるいは斜交い）に読む下準備となる。

引用マトリクスは、文字通り、文献の間の引用・参照関係を追いかけること、そして引用・参照関係からそれぞれの文献の価値や位置を浮かび上がらせることを目的とする。独学者を〈点の読書〉から離脱させ、〈線の読書〉から〈面の読書〉へと導くものである。

要素マトリクスは、複数の文献をいくつもの切り口で貫通的に読むためのツールである。〈面の読書〉はここから展開する。

技法
28

多くの文献を一望化する
目次マトリクス

① 独学のテーマごとに、マトリクス（表）を作る

作業が進むほど記入する量が増え大きなマスが必要になるので、手書きではなく表計算ソフト等を使うことが望ましい。

② 文献のタイトル、著者などを表の左端のマスへ入力する

テーマに関する文献（書籍、論文等）を集め、表の左端の欄に記入していく。

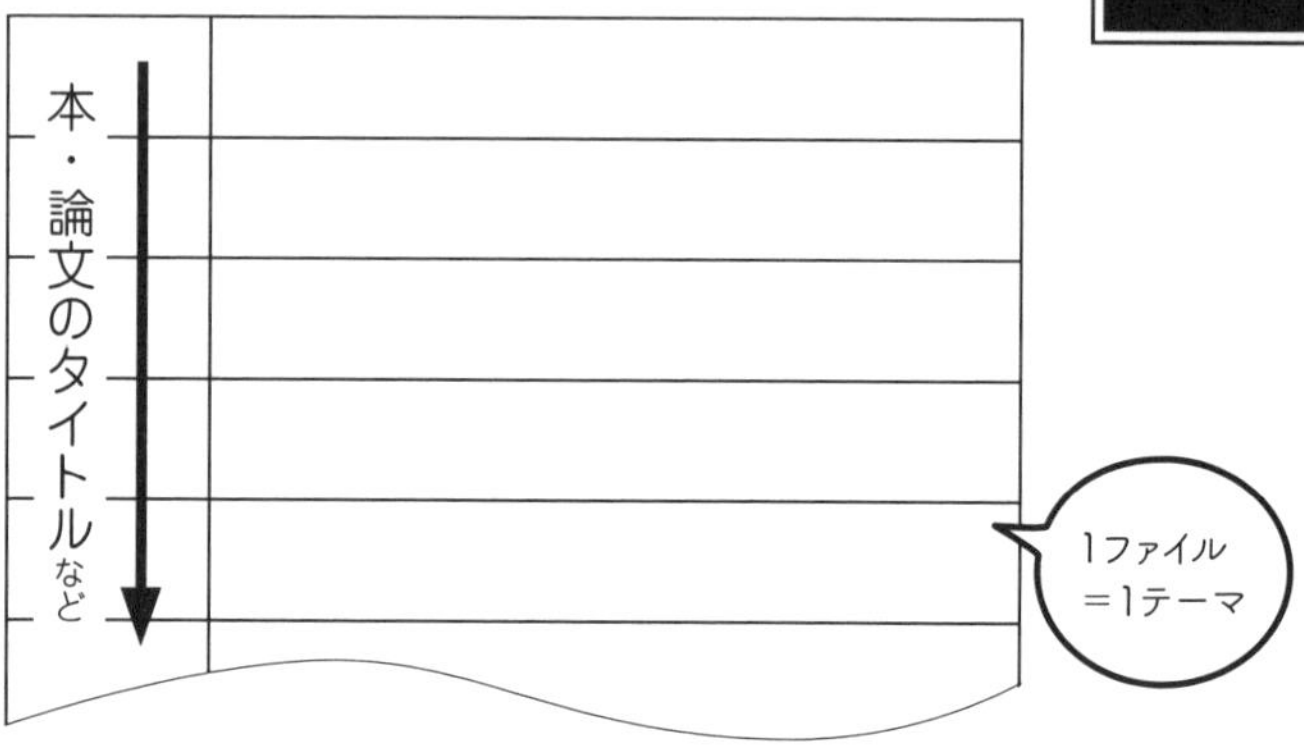

③目次から「見出し」を拾い出し、マスへ入力する

書籍の場合は目次から、論文の場合は本文中から各パートの見出しを抜き出し、表に記入していく。一つの文献につき1行を使って、その構成を書き写すことになる。

この作業は、能動的に目次・見出しを読み通すことを伴い、読解のための背景情報を頭にインプットすると同時に、取り扱う全文献の内容を1枚に集約する外部記憶（外部足場）を準備するものである。すべての文献についてこの作業が完了すれば、集めた文献の構成を一望する基礎ができたことになる。

④必要なら各章の概略を追記する

目次や見出しの記述だけでは内容を知るには不十分だったり、そもそも目次・見出しに欠落がある場合は、文献から各章の内容を拾い出し、概要埋めの作業を行う。

最初から詳しい概要を入力する必要はない。〈どこに何が書いてある

目次・概要 →

	第1章	第2章	第3章	第4章	第5章	第6章
文献A	●●●●●●●●●●●●●●●●	●●●●●●●●●●●●●	●●●●●●●●●●●●●●●●●●	●●●●●●●	●●●●●●●●●●●●●●●	●●●●●●●●●●●●●●
文献B	●●●●●●●●●●●●●●	●●●●●●●	●●●●●●●●●●	●●●●●●●●●●●●●	●●●●●●●●●●●●●	●●●●●●●●●●●●●●●
文献C						
文献D						
文献E						

か〉を一目で見渡せるようにすることが目的だから、初期段階では、何について書いてあるかを示すキーワードを入力するだけでも十分だ。欠落が埋まり、どの文献についても〈どこに何が書いてあるか〉が可視化できれば、必要最小限の作業は終わったことになる。このまま次のステップへ進んでもいいし、気になる部分について、より詳しく内容を拾い上げて表を埋めていくのでもかまわない。

⑤同じ／似た内容をマーキングしたり囲んでつないだりする

〈どこに何が書いてあるか〉が可視化できていれば、このステップに進むことができる。

表（マトリクス）の中で、同じ／似た項目・内容があれば、同じ色をつけたりマーキングしたり、丸で囲んだり、囲んだ上に線で結んだりして、関連がわかるようにする。

通常、❹の概要埋めと❺の似たもの同士の結びつけは、両者を往復しながら進めることとなる。概要埋めの充実化が進むと、それまでの粗い見出しでは見えなかった関連性が発見される場合があるからだ。

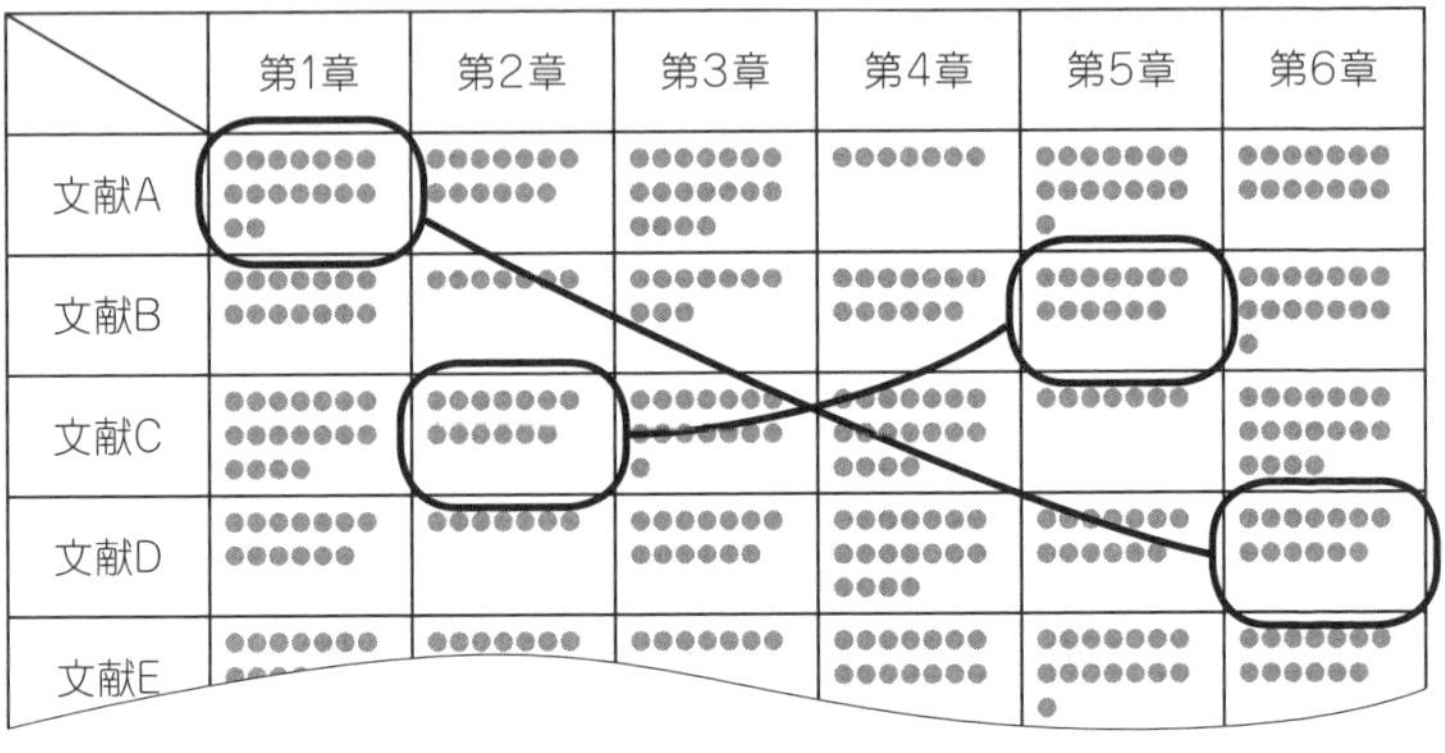

また似たもの同士の結びつけで結ばれたそれぞれの箇所を読み比べることで、おおまかに読むだけでは気付かなかった異同が浮かび上がり、より詳しく読むべき箇所やトピックに注意が向く。

こうした作業を進めるうちに、自然と複数の文献の間を自在に読み回っていることに気付くだろう。

ここまで来れば今回集めたすべての文献について、全体構成が一望化されている。それぞれの文献をバラバラに読むのでなく、一まとまりのものとして読む準備ができている。

⑥文献を横断読みしながら気付いたことを抽出し、整理する

複数の文献の間で共通して登場するトピックが発見できたら、あるいは比較すべき異同に気付いたら、それらを項目化して、1項目につき1列ずつ表に追加し、それぞれの文献ではどうなのかを追記していこう。

一番左欄の文献名のすぐ右側に、新たな列を挿入していくとよい。

追記のための情報や参照すべき箇所は、少なくともそのヒントは、既に目次マトリクスの中にあるはずである。

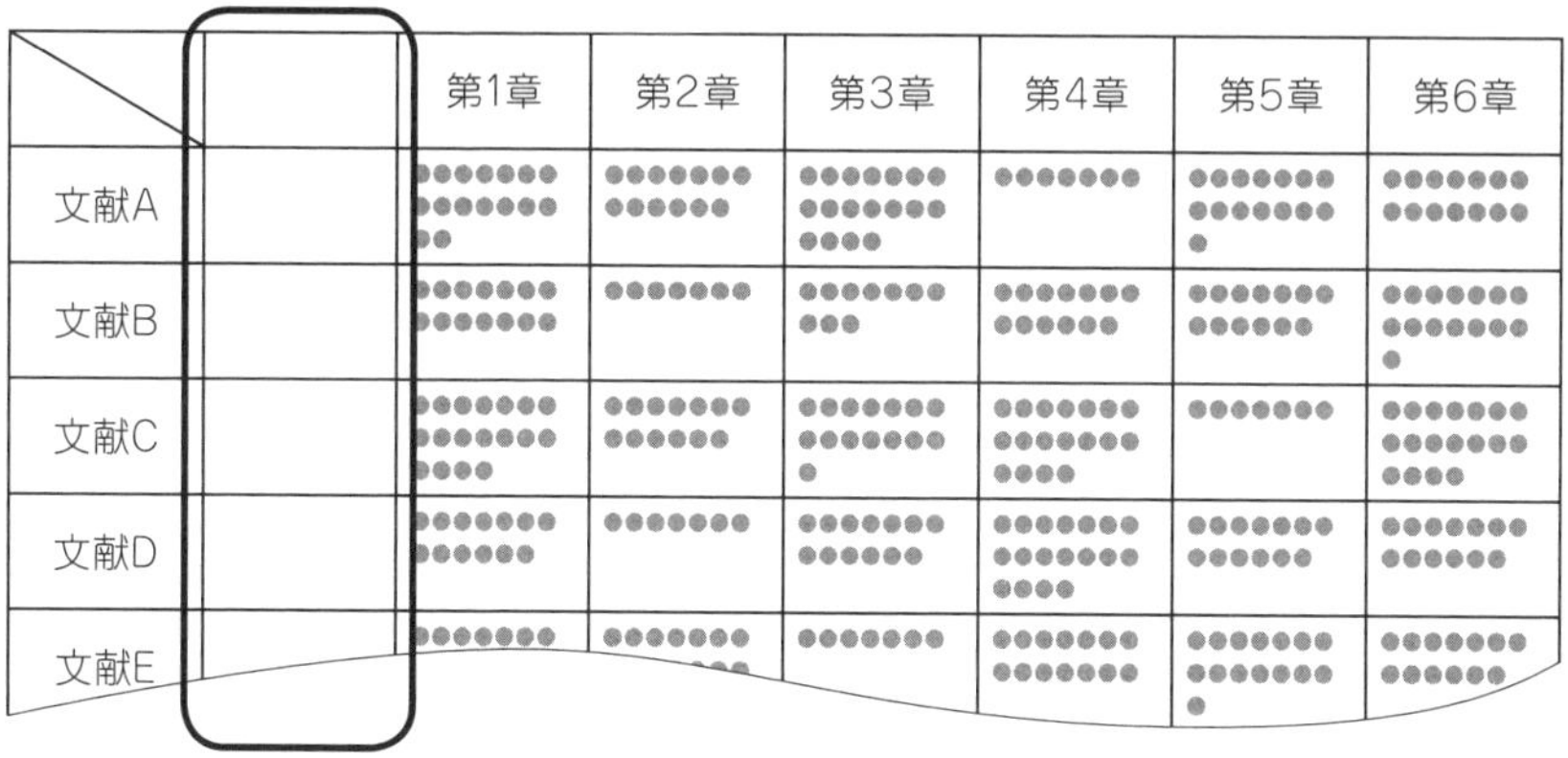

いての目次マトリクス

目次の項目は書き写すだけなので読んでいなくてもOK

F	G	H	I	J
4. 社会科学の方法 ○物理学的方法＝具体的演繹法…演繹を用いる、合成原因を扱う ×化学的方法＝実験的方法…演繹を用いず実験のみを用いる ×幾何学的方法＝ベンサム学派＝演繹のみを使う 具体的演繹法＝直接的演繹法＋逆の演繹法	II 直接的演繹法 1. 帰納による演繹前提の形成 経済現象＝考慮すべき原因が比較的少数＝直接的演繹法が適用可能な数少ない分野の一つ 動機→意志→個人の行為→（集合）社会現象 （しかし）ミルは自分が提示した帰納の方法は使ってない（これまでの古典派経済学の伝統を整理し定式化しただけ）。実行には厳しすぎる方法論	2. 仮説的科学	3. 精密科学でない科学	結語
4. ミル論理学の評価 反証的仮説演繹法（HD）ー枠組みが明快、統計的に標準化、誰でも結果出る ミル的な論証ーパターンが多様で、ケース・バイ・ケース、HD が適用できないときにはこれによるしか方法がない	ライヘンバッハ（1951）ー単純化しすぎたモデルと批判 ポパー（1961）ーすべての科学で用いられている手続きを公正に述べたもの、ミルの評価を越えて用いられる クラフト（1990）ー経験論を古典的な形で定式化、今日でもなお支持			
III. 反証主義の問題点と今後の課題 1. 仮説構築プロセスの問題点 仮説構築には帰納だけでは無理だが、他の仮説や観察事実を含む既有知識を前提にしているのでは？情報を増やさない演繹ではダメ	2. 仮説反証プロセスの問題点 ポパーの反証主義への批判は仮説構築ではなく仮説反証に集中 批判＝科学史には仮説反証プロセスが当てはまらない反例がたくさんある	3. 今後の課題 科学の仮説構築には演繹法でも枚挙的帰納法でもダメ 別の帰納法（消去的帰納法）を検討することが今後の課題		
III. まとめと今後の課題				
2．知識とは何か 人間の知識＝自然の秩序を観察して得られたもの、自然に働きかけることのできるもの（科学的知識より広い） 知識をもたらす経験＝成果をもたらす実験（品種改良など経験の蓄積）＋光をもたらす実験（真の原因を明らかにする）	3．仮説構築の二つのプロセス 〈自然の予断〉＝感官と個別的なものから一気に最も一般的な命題へそこから中間的な命題へ降りる（これまでのやり方） 〈自然の解明〉＝感官と個別的なものから一歩一歩段階的に上昇（新しいやり方）	4．ベーコンの新しい帰納法（熱の本性が運動であると突き止める） ①現存の表＝求める本性を含むあらゆる種類の観察事実を集める ②不在の表＝現存の表の事例と同様に見えるが本性を含まないものを集める ③程度の表＝本性が異なった程度で存在する事例を集める ④求める本性がある場合にない本性、求める本性が増加する場合に減少する本性などを取り除いていく	IV. まとめ ベーコンの時代には、経験を説明づけるだけでなく、経験から決して乖離しない仮説構築の理論こそ求められた 軽率に導き出された仮説を観察事実によって、できる限り削減する論理	
五 帰納による発見に不可欠な新概念導入＝仮説的方法 ケプラーの火星の楕円軌道の事例	六 ヒューウェルの科学的発見の論理	七 ベーコンにおける著明事例の検分の必要性と意味	八 ベーコンの排除的帰納法から、ミル「実験的探究の四つの方法」による再定式化へ	

本を読んだら都度概要をメモする

「J.S.ミル帰納法」につ

	A	B	C	D	E
1	J.S. ミルの具体的演繹法 (1) J.S. ミルの具体的演繹法 (2・完)	序 具体的演繹法とミルの経済理論との関係を検討する 具体的演繹法＝多くの原因が合成して成り立っていると考えられた社会現象を研究するための方法	I 因果関係と帰納法 1. 帰納法 帰納＝特殊事例から一般命題へ推論 演繹＝一般命題から特殊事例へ推論 既知の事例から未知の事例を推論するために帰納（既知事例→一般）→演繹（一般→未知事例）	2. 因果関係の特徴 ミルにとって因果関係は、無条件の継起の秩序。時間的な前後関係を有する 2 つの現象が常に斉一な仕方で関係すること。 原因は、常に先行する、他の条件が不要な、すべての条件の総和	3. 因果関係の発見 ×単純枚挙の帰納 ○実験的研究の方法＝ 一致法、差異法、剰余法、共変法 差異法は完璧な帰納だが 1. 観察では差異法の要求する条件を満たない 2.《原因の合成》があると差異法は使えない ↓（したがって） ミルの（直接的）演繹法 1. 帰納：原因の合成がないケースについて帰納 2. 論証：諸原因が合成した場合の結果を、論理的に考える 3. 検証：論証でわかった諸原因の事象を探し、論証でわかった結果が実際に生じるかどうか観察する
2	ミル型論証と生態学	(序) 論証感覚のルーツはハーシェル、ヒューウェル、ミルらの 19 世紀イギリス論理学、ミル論理学はその集大成	1. 帰納の 5 つのカノン (規範) 一致法、差異法、一致差異併用法、剰余法、共変法	2. ミルの演繹法 i) 直接的帰納により、個々の原因についての法則を確認する ii) それら単純な法則から、複雑な事例について推論する iii) その推論を、特定の事例にあてはめて検証する	3. 生態学の論証 Kitching &Ebling (1967) ー共変法 Diamond (1986) ── 致法と共変法 (大垣・野池 1992) ー共変法の 2 重の適用／共変法と一致法の併用 Snow (1965) ー共変法の 2 重の適用
3	仮説構築の論理 ー 演繹法と枚挙的帰納法 ー	I. はじめに 科学的な仮説が構築される論理を素朴な帰納主義の立場とポパーの反証主義の立場から議論する	II. 仮説構築の論理 1. 妥当な演繹法と枚挙的な帰納法の相違点 真理保存性による有無 ○前件肯定の演繹法 ×枚挙的な帰納法	2. 素朴な帰納主義による仮説構築の論理 (枚挙的な帰納法) 枚挙的帰納法は観測事実を一般化する。しかし科学的発見や法則は一般化以上のもの、観察事実についての説明付けである。	3. 反証主義による仮説構築の論理 (演繹法) 科学的理論は、仮説の創出と観察による反証から生まれる ポパーは仮説構築からも仮説検証からも帰納法的な推測を駆逐する
4	仮説構築の論理ー消去による帰納法	I. はじめに 科学的な仮説構築の論理として、消去による帰納法（ミルが定式化）の有効性と限界を議論する	II. 消去による帰納法の論理 1. ゼンメルワイスの探索 （事例）産褥熱の原因を探る	2. 消去による帰納法 一致法、差異法、一致差異併用法、剰余法、共変法	3. 消去による帰納法の特徴と問題点 ・一致法の特徴と問題点 ・差異法の特徴と問題点 ・一致差異併用法の特徴と問題点
5	ベーコンと新しい帰納法	I. はじめに ラッセル、シュヴェーグラーのベーコン帰納法への評価は低い 内井の評価は高い = ミルの消去による帰納法のアイデアは既にベーコンにあった	II. 科学的な仮説と論理の役割 1. 仮説とは何か 科学的な仮説は、直接的には観察できないような新しい概念によって、事実を説明づけるもの 観察事実を重ねただけでは、科学的な仮説とは呼べない	2. 仮説構築の論理は存在するのか 枚挙的帰納法では観察事実の蓄積だけ 妥当な演繹法では新しい概念は生まれない ではベーコンの提唱した新しい帰納法では？	III. ベーコンの科学的方法論 1. ベーコンの生きた時代背景 科学の歴史がスタートしようとしていた時代 「仮説」という言葉はまだなく、ベーコンは「光」「最初の収穫」と表現してる ベーコンのアリストテレス批判ー最も身近に観察できる事実だけに注目し、不都合な観察事実を無視して導き出され保持されてきた
6	帰納法と発見（上）（下）	一 一般化と発見との方法としてのベーコンの排除的帰納法	二 排除的帰納法を提起したベーコンの動機 形相発見のための排除的帰納法	三 ベーコンによる形相発見の具体例：熱という単純物性の形相	四 排除的帰納法における著明事例の役割と仮説的方法の欠如

関連項目を線で結ぶ

文献タイトル　　見出し＋概要

複数の本を「一望化」する

目次マトリクスは、複数の書物から抜き出した目次をひとまとめにすることで、それら書物の内容と構成を一望化できるようにしたものである。

後述する要素マトリクス（↓技法30、406ページ）のもとになったJudith Garrard著／安部陽子訳『看護研究のための文献レビュー マトリックス方式』（医学書院、2012）で提案されたマトリクス法をもとに、文献を読まずとも（場合によっては手に入れなくとも）機械的に作成できるより簡便な方法として著者が考案した。

目次は、書物などのある程度の長さを持つ文書に付けられた章や節の見出しをまとめ、どのページからその章や節が始まるかをまとめたものである〈49〉。そのため、その書物がどんな話題をどんな順序で扱っているのか、その概要と構成とをコンパクトに示した縮図として見ることができる。

文献の概要を自分でまとめようとすれば、当然その内容を読む必要があるが、目次はその書物の内容をよく知る著者や編集者が作り提供してくれるものだ。よくできた目次を利用すれば、通読するよりも前に、書籍の概要と構成を掴むことができる。目次マトリクスはこれを、より組織的に、複数の文献にわたって行うものである。

目次情報は、現代では書籍を手に入れなくても、書籍データベースなどから入手することが可能である。つまり書籍を読むどころか入手する前にも、目次マトリクスは作り始めることができるのだ。

複数の書物の概要を一望化できれば、それらをあたかも一冊の書物のように扱うことができる。目次を使えば必要な情報が書いてあるページを直接開くことができるように、目次マトリクスを使えば複数の書物相手に同じことをすることが可能となる。これが個々の書物に縛られた**「点の読書」から離れて「面の読書」**へ向かう下準備となる。

さらに目次マトリクスは、あるテーマについて書かれた書物に共通して登場するトピックが何か、特定の書物にしか登場しないトピックが何かまで浮かび上がらせる。これらの特徴から、目次マトリクスは文献調査の最初期から取り組むべき技法であると言える。

〈49〉クセノポン『アゲシラオス』によれば、目次の発明者は政治弁論術の創始者として知られるシュラクサイのコラクスだという。しかしプリニウス『博物誌』、イシドルス『語源』などの例外を除けば、古代から中世初期の書物には目次がなかった。12世紀になると、キリスト教会規律を網羅したグラティアヌス『競合する教会法令の調和 *Concordia discordantium canonum*』や、広く神学の教科書として用いられたロンバルドゥス『命題集 *Libri Quatuor Sententiarum*』のような、大部で内容検索が必要な書物には目次がつけられており、1250年代には商業的に作られた写本に目次をつけることが標準的となった。（アン・ブレア著／住本規子、廣田篤彦、正岡和恵訳『情報爆発 初期近代ヨーロッパの情報管理術』（中央公論新社、2018）

本と本の間に「連絡通路」を設ける

目次マトリクス自体は、目次・見出しデータを流し込むだけで機械的に作成できるが、そのままでは制作者の思考を通っていないので、記憶にも残りにくい。

この欠点を補うには、目次マトリクスにまとめた情報を読み返しながら手を加えてみるとよい。似た内容の項目やその他関連がありそうな項目を見つけて、線で結んでいく作業がこれにあたる。線で結ぶためには、目次マトリクスに集められた情報を理解し、突き合わせ、比較することが必要になる。こうした作業を通じて目次マトリクスは血肉化していく。**情報を処理することを通じて、目次内容の理解が深まり、さらに不明箇所やもっとよく理解する必要がある箇所なども浮かび上がってくる。**

似たもの同士の結びつけまで行ったマトリクスを座右に置き、それぞれの文献を読み進めれば、例えば「このテーマについて他の文献はどう扱っているか？」や「他の文献にもっとやさしい説明はないだろうか？」と思ったその時に、どの文献のどこを参照すればよいか、あなたが作った表（マトリクス）が教えてくれる。

こうして文献の間には、あなたがこの先何度でも行き来できる何本もの〈連絡通路〉が設置されることになる。

この自設の〈連絡通路〉は、我々の脳のシナプスがそうであるように、使えば使うほど増強されていく。目次マトリクスにまとめられたそれぞれの文献は、〈連絡通路〉を往き来しながら何度も読み返されることで、読み手独自の仕方で互いに結び合わされていくだろう。

文献を俯瞰することでひとまとめに扱うことを可能にした目次マトリクスは、活用を重ねることで、集めた文献と利用者の読解を融合させる坩堝《るつぼ》として働くようになる。

技法29

引用マトリクス

文献のネットワークを掌握する

①集めた文献のタイトル等を表の上端に記入する

入手できた文献を左から右へ並べていく。②以降で被引用文献として並べた文献も、入手できたら表の上端の引用する文献サイドに追加する。

②表の左端に参考文献リストを転記する

表の左端には「引用される側」の文献が並ぶ。入手できた文献の参考文献欄から拾い集めた文献を、重複は除いて、表の左端に縦向きに並べていく。

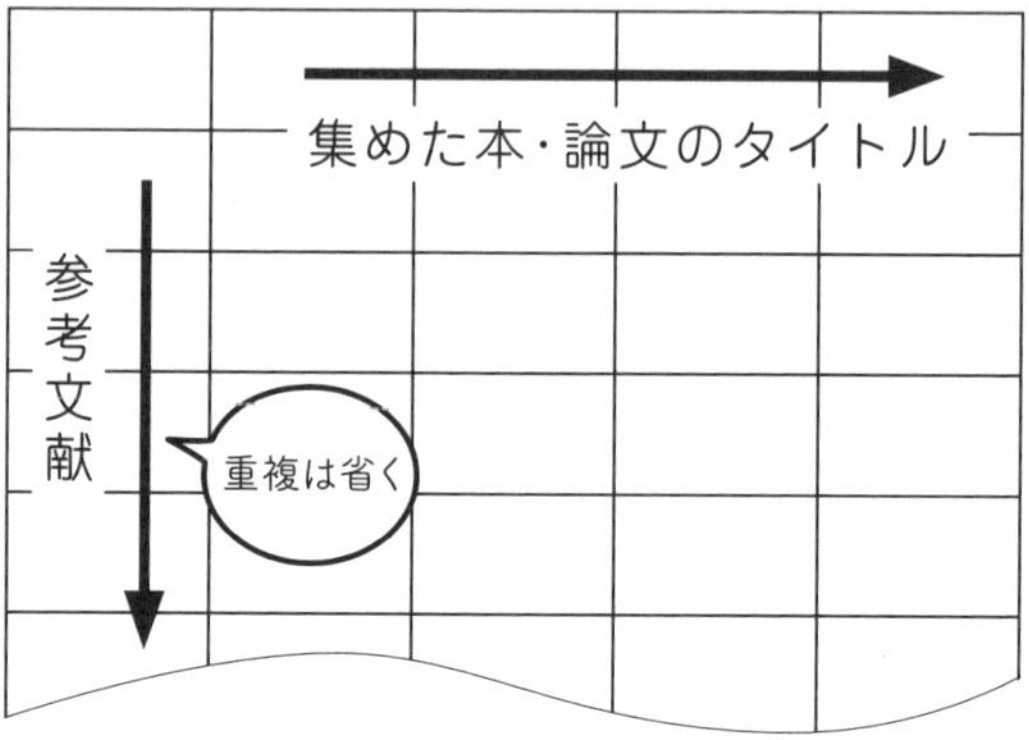

③ 左端の文献が出てくる箇所を拾い出して記入する

入手できた論文を一つひとつ読み、本文及び注釈から他の文献を参照している箇所を見つけ、言及している内容を引用マトリクスの該当箇所へ記入していく。

作業的には、入手した論文の一つを読みながら、その文献が対応する縦列を埋めていき、一つの文献が終われば、次の文献に進み対応する別の縦列を埋めることの繰り返しになる。

こうして入手できた文献について、この作業をやり終えると引用マトリクスができあがる。

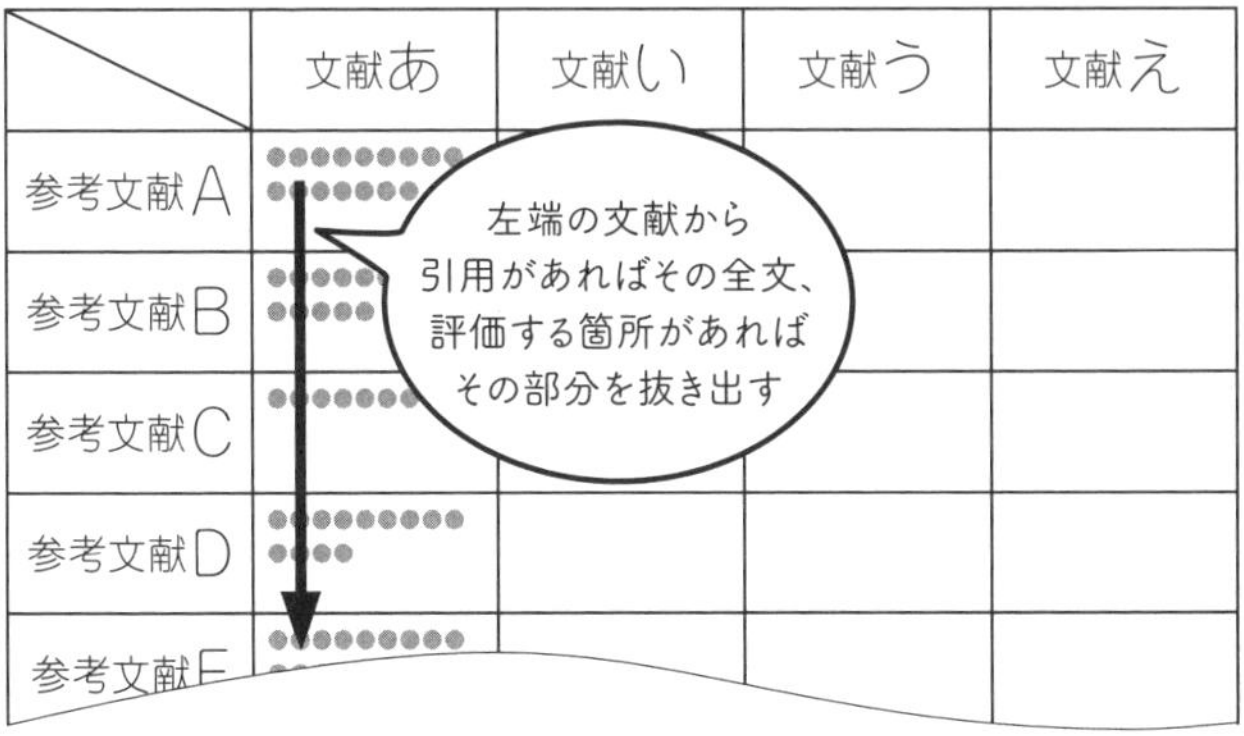

④言及が多い順に被引用文献をソートする

引用マトリクスで埋まったマス目は、表上端に並んだ引用側文献から表左端に並んだ被引用文献への参照関係があることを示しており、マス目の中身は参照の内容（例えば引用文献が被引用文献をどのように要約し、どのように評価しているか等）が書かれている。

では、埋まったマス目の数を数えて（表計算ソフトのCOUNTA関数などが使える）、数の多い順に被引用文献（各行）をソートしよう。

これによって、より多く参照された文献がマトリクスの上部に浮かび上がってくる。

入手できた論文が少ないと、被引用数についてあまり差がつかないこともある（最大被引用数＝集めた論文数だから）。その場合は言及量（LENB関数が使える）や言及内容によって被引用文献（各行）を並べ替えるとよい。

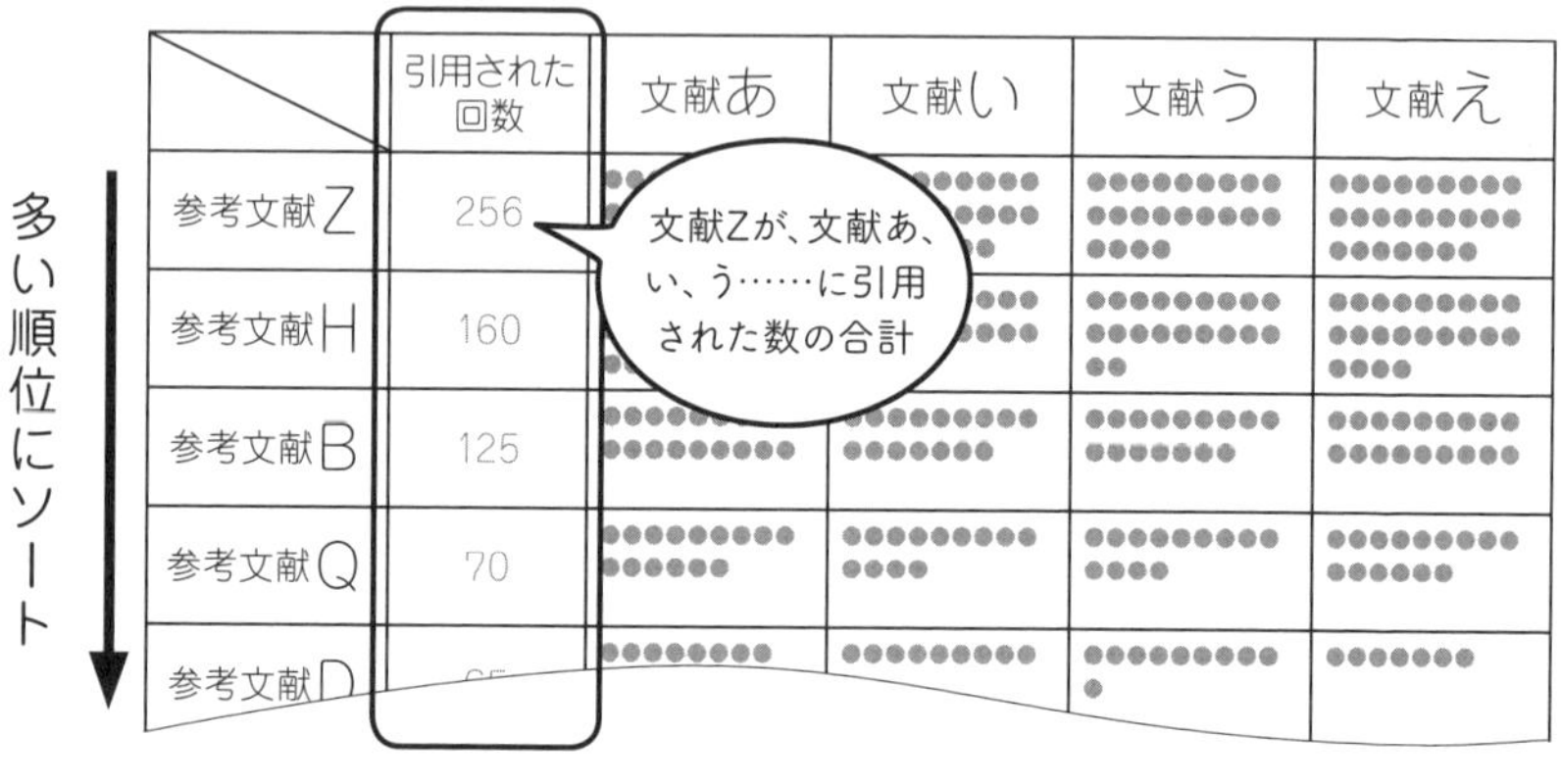

⑤引用している側の文献をソートする

埋まったマス目の数などで（多いほど左へ）並べ替えることもできる。引用・参照する文献の多さは、論文の質や重要度と直接関連はないが、論文の種類（例えば展望論文は多くの論文を参照する）を示唆しているかもしれない。

しかし機械的に並べ替えるよりも、人の手で分類・並べ替えした方が得るものが大きいだろう。

例えば、引用している側の文献（各列）を発行年順に並べ替えた時、年代によって参照される文献の移り変わりがあることや、逆に時代を超えて参照され続ける文献の存在が浮かんでくる場合がある。つまり、ある年代まで参照・引用されていた文献がある時以降参照・引用されなくなっていることや、どの年代の文献からも参照・引用されていることが引用マトリクスの上に現れる。

同様に、著者やグループ別あるいは分野別に引用している側の文献を並べれば、特定の著者やグループ、特定の分野の研究だけが参照・引用する文献、また広く分野を超えて参照・引用される文献が浮かび上がる。

⑥引用マトリクスを読み解く

引用マトリクスは、文献の間の参照関係をその内容まで含めて一望するためのツールである。引用マトリクスからは、文献をバラバラに／単独で読んでいたのでは見えにくい次のような文献間の関係が浮かび上がる。

・文献の評価を知る

左端部からある行（被引用文献）を選び、マトリクスを横に読んでいくと、その被引用文献を参照して複数の論文がどんなことを言っているかを比較できる。

複数の論文が同様のことを言っているなら、それはその被引用文献について共有された見解なり評価を示している。

その逆に複数の論文が食い違ったことを述べているなら、その被引用文献についての見解なり評価は論者によってわかれていることが推察される。

・基本文献を知る

引用された回数で並べ替えたことで、よく引用・参照される文献ほど引用マトリクスの上部に集まっている。

加えて引用マトリクスでは、複数の文献にどのように言及されているかをまとめて読むことができる。複数の文献から引用・参照され、その上、基本概念やアプローチに関して言及されている文献は、そのテーマに関して必ず触れるべき基本文献であると考えてよい。

・研究・文献の分布を知る

先に触れたように引用マトリクスの上にいくつかのグループを発見できる場合もある。例えばグループごとに必ず引用・参照する基本文献が異なる場合があるかもしれない。それらは異なる学派やアプローチに基づく研究集団の存在（とその間の隔たり）を示しているかもしれない。

引用マトリクスで取り上げた文献たちについて要素マトリクス（↓技法30、406ページ）を作ると、例えばあるグループの文献群はAという方法論を使う研究たちであり、別のグループはBという方法論を使うといったグループ間の違いがわかることがある。こうして独学者は要素マトリクスへと導かれる。

ついての引用マトリクス

E	F
野中 亮 「社会形態学」から「儀礼論」へ:デュルケーム社会理論の変遷 2002	樫尾 直樹 儀礼類型論と供犠の優越性:デュルケム宗教社会学の理論的可能性(1) 1991
11	11
連続性を認めないのが,「転換」派もしくは「断絶」派で,パーソンズ[Parsons, 1937]らがこれにあたる。一方,両者の連続性を主張するのがギデンズ[Giddens, 1978]に代表される「連続」派である。Alexander[1988], Lukes[1973],Nisbet[1966=1975]などに概括的な議論がある。	デュルケム宗教社会学が提起した錯綜する諸問題を真正面に据えて論じたまとまった研究 はほとんどないと言っても過言ではないだろう (3) たしかにパーソンズやルークス、ピカリングらの業績はあるが、デュルケムの宗教社会学の 核心という点ではそれを的確に捉えているとは言いがたい。また日本でも近年、内藤のデュルケム学派に関する一連の研究があるが、同様である。Parsons 1937 Lukes 1973, Pikering 1984,
	デュルケム宗教社会学が提起した錯綜する諸問題を真正面に据えて論じたまとまった研究 はほとんどないと言っても過言ではないだろう(注3) (以下　注3から) たしかにパーソンズやルークス、ピカリングらの業績はあるが、デュルケムの宗教社会学の核心という点ではそれを的確に捉えているとは言いがたい。また日本でも近年、内藤のデュルケム学派に関する一連の研究があるが、同様である。
デュルケーム宗教社会学の特徴として,理論的枠組みにおける「信念」と「実践」,「聖」と「俗」との二分法をあげることができる(『宗教生活の原初形態』原著 p.50、邦訳 上巻 p.72)。 それまで、宗教研究が認識論的側面に偏っていたことも指摘し 宗教の定義に際して,あらゆる宗教が信念と実践の体系であることを強調している(『宗教生活の原初形態』原著 p.65、邦訳 上巻 p.86-87)。 近代科学の観点からすれば,結局,宗教儀礼は無知と誤謬に満ちた愚かしい行為でしかないのである。しかし,ここでいう無知・誤謬とは,行為 者の主観的な目的と選択された手段の関係が,あくまで,近代科学の観点からは目的合理的ではない,と言っているに過ぎない。デュルケームが注吾していたのは,われわれの常 識からみれば非合理的な行為に過ぎない宗教的営為が,それにもかかわらず,営まれつづ けるその理由だったのである。	
連続性を認めないのが,「転換」派もしくは「断絶」派で,パーソンズ[Parsons, 1937]らがこれにあたる。一方,両者の連続性を主張するのがギデンズ[Giddens, 1978]に代表される「連続」派である。Alexander[1988] , Lukes[1973],Nisbet[1966=1975]などに概括的な議論がある。	
	デュルケム宗教社会学が提起した錯綜する諸問題を真正面に据えて論じたまとまった研究 はほとんどないと言っても過言ではないだろう (3) たしかにパーソンズやルークス、ピカリングらの業績はあるが。 1930年代のパーソンズや古野清人の先駆的業績や70年代のルークス、80年代のピカリングらの大部な労作はたしかにデュルケム研究を前進させたか その著作でデュルケムは宗教における「儀礼」の重要性を力説しており、とりわけ「スミス・レヴェレイション」(6) 以降の彼にとって供犠はきわめて本質的なものであった。 (6)'Lettre de Durkheim' au directeur de Revue neo-scolastique, XLV.pp . 606-7 参照。デュルケムはスミスとの避逅についてこの手紙のなかで「ひとつの啓示〈revelation〉」と語っている。Pickering 1984 : pp. 4-51, 内藤 1985 pp.22-8 参照 (17) デュルケムは宗教的行為を"rit…

並べ替えて
上に来たのが
このジャンルの
基本文献

横に読むと
その文献の
評価がわかる

	A	B	C	D
1	この論文が→ ↓この論文について	引用された回数	野中 亮　デュルケームの社会学方法論における象徴主義の問題　2003	小川 伸彦 〈論文〉デュルケームの儀礼論への一視角:二つの規範と「社会」の実在性　1994
2	引用した回数		19	19
3	Lukes,S.,1973,Emile Durkheim. His life and woγk, Stanfoτd	3	ルークスは俗は聖の「残余範噌residual category]\[Lukes,1973:26]として扱われているとしている。	
4	Parsons, T. 1937, The Structure of Social Action, McGraw.Hill（稲上毅・厚東洋輔訳『社会的行為の構造3 デュルケーム論』木鐸社、1982）	3	社会形態学は,…… 素朴な「社会学主義的実証主義 sociologsitic positivsim」[Parsons , 1937: 343, 461- 2=61, 227-8] の産物とされたり, 総じて重要な位置づけをなされることはあまりなかった。 既存のデュルケーム研究における論点の一つに, 前期デュルケームと後期デュルケームのあいだの「断絶」問題がある。『社会分業論』・『社会学的方法の基準』・『自殺論』の時期を前期デュルケーム,「原初形態」の時期を後期デュルケームとして区別し, この両者に連続性を認めない転換・断絶派の代表が, パーソンズ [Parsons,1937] 両者の連続性を主張する連続派の代表がギデンズ [Giddens,1978] である。	『社会的行為の構造』(1937) におけるパーソンズであった。 かれはデュルケームの宗教論を解釈して、「宗教が社会現象である」というよりもむしろ「社会が宗教現象である」(Parsons, 1937, vol.1p.427 : 第3分冊、178頁) と述べる。この発想、の転換によって『原初形態』は、宗教の一般理論である以上に、社会の一般理論として読まれることが可能になったのである。
5	1912, Les lormes élémentaires de la vie religéuse, P. U. F.(=1975, 古野清人訳『宗教生活の原初形態上・下』岩波書店)	2	『原初形態』でもっとも注目されるべきは, 社会の本質であるところの集合感情の生成 / 維持 のメカニズムが, 儀礼論の視点から説かれている点である。『原初形態』では, 形而上学的な本質主義と経験論的な功利主義とが退けられ, 社会はアモルフではあるが「一種独特の実在 rεal ité sui genens」(『社会学的方法の基準』原著 p.9、邦訳 p.59) であるというアイデアが展開されている。これはひとえに方法論としての儀礼論の採用によるところが大きい。そして, 宗教儀礼 =「集合的沸騰 l' ef fervescence collective」という鍵概念において儀礼論の重要性は決定的となる。人々が集まって儀礼という濃密なコミュニケーションをとるという物理的条件が, 集会感情という心的実在, すなわち社会の存立に 欠くべからざる必要条件として位置づけられており, 儀礼論的視点によって「心的実在である社会」というデュルケームの理論的仮説が担保されているのである。	
6	1912, Les lormes élémentaires de la vie religéuse, P. U. F.(=1975, 古野清人訳『宗教生活の原初形態上・下』岩波書店)	2		「今日、社会は犯罪者 (criminels) を知能のみが異常な主体とは別のものとして扱っている。これは論理的規範 (normes logiques) に属する権威と道徳的規範 (normes morales) に属する権威とが、重要な類似があるにもかかわらず向性質のものではないということの証拠である。それは同一の類のなかの異なったことの種である。この区別が何でありどこからきたかを研究するのは興味深いことであろう。これはおそらく原始的な差異ではあるまいか。というのは、長い問、公衆の意識では狂者 (aliéné) と逸脱者 (délinquant) とがよく区別されていなかったからである」(『宗教生活の原初形態』原著 p.25、邦訳 上巻 p.44-45)
	Alexander, J.C., 1988, 'Introduction', Alexander,J. C.(ed.) Durkheimian Sociology,Cambridge	2		デュルケームの宗教論に関して精力的な研究を続けているピカリングは、デュルケームの儀礼論における集合的沸騰の機能を論じて、創造的機能と再創造的機能とに二大別する見解を明らかにしている (cf. Pickering, pp. 385ft.)。

文献タイトル

参考文献

一つだけを読んでいてもその文献の価値はわからない

引用マトリクスは、『看護研究のための文献レビュー：マトリックス方式』（医学書院、2012）で文献レビューのための手法として紹介されたマトリクス方式を基に、文献間の関係を分析するため著者が考案したものである。

学術文献を中心として、信頼に値する文献の多くは、他の文献への参照・引用関係を何らかの形で明示するルールを遵守している（↓技法21「文献たぐりよせ」、258ページ）。

引用マトリクスは、こうした「他の文献への参照」を拾い出し、まとめ直して、文献の間の参照関係のネットワークを表の形で一望化できるようにしたものである。

先に紹介した目次マトリクスが複数の文献の〈中身〉を一望化するものだとすれば、**引用マトリクスは複数の文献の〈間／関係〉を一望化するもの**だと言える。つまり個々の文献というよりも、文献間のつながり、そのネットワークが作りだしている文献の共同体（Republic of papers）を浮かび上がらせるものである。一つの文献の価値や意義は、それだけを見ていてはなかなか判断しにくい。他の文献たちが、当該文献を参照しているのか、そしてどのように言及しているのかが、文献の価値や意義を判断する一つの材料になる。

個々の文献が信頼できるのか、また重要であるのか、反対に誰も顧みないトンデモなものであるのか、その分野に不慣れな門外漢にとっては判断が難しい。引用マトリクスでは、他の文献からの引用参照や言及を拾い集めて、文献ごとに整理する。つまり、その文献についての参照の多寡を知り、他の文献からの言及をまとめて読めるようにする。

これらは見知らぬ分野に挑み、また必ずしも先達を得られない独学者にとって得難い利益をもたらす。

画期的な研究と派生的な研究

学術研究の展開を単純化して図解すると次のページのようになる。

時々現れる画期的研究の後には、たくさんの派生的研究が生まれ、その分野の研究は繁栄期に入る。しかしやがてその勢いはなくなり、研究も減っていく衰退期に移る。その後新たな画期的研究が生まれると、また繁栄期が始まる。

何が画期的研究であるかは生まれた当初はわからないことも多い。後から見れば、その研究を起点に多くの研究が続出することで、その始まりだったあの研究はやはり画期的だったのだと評価される。

文献間の参照関係を手がかりに、こうした研究同士のつながりを浮かび上がらせることで、画期的研究はどれか、そこから生まれた派生的研究はどれかを知ることができる。複数の画期的研究と、それを核にした研究の集まり（クラスター）も把握できる。

画期的研究には、その後の研究で誤りが指摘されたり（部分的にであれ）正しくないことがわかったものもある。方法的に粗雑だったり、後発の研究ほど洗練されていないものもある。しかし画期的研究が画期的なのは、その後多くの研究者が挑みたくなるような重要な問題提起を含んでいることだ。その問題を解くには当の研究だけでは足りず、多くの研究者による様々なアプローチが必要だったからこそ、その後多くの研究が生まれたのかもしれない。

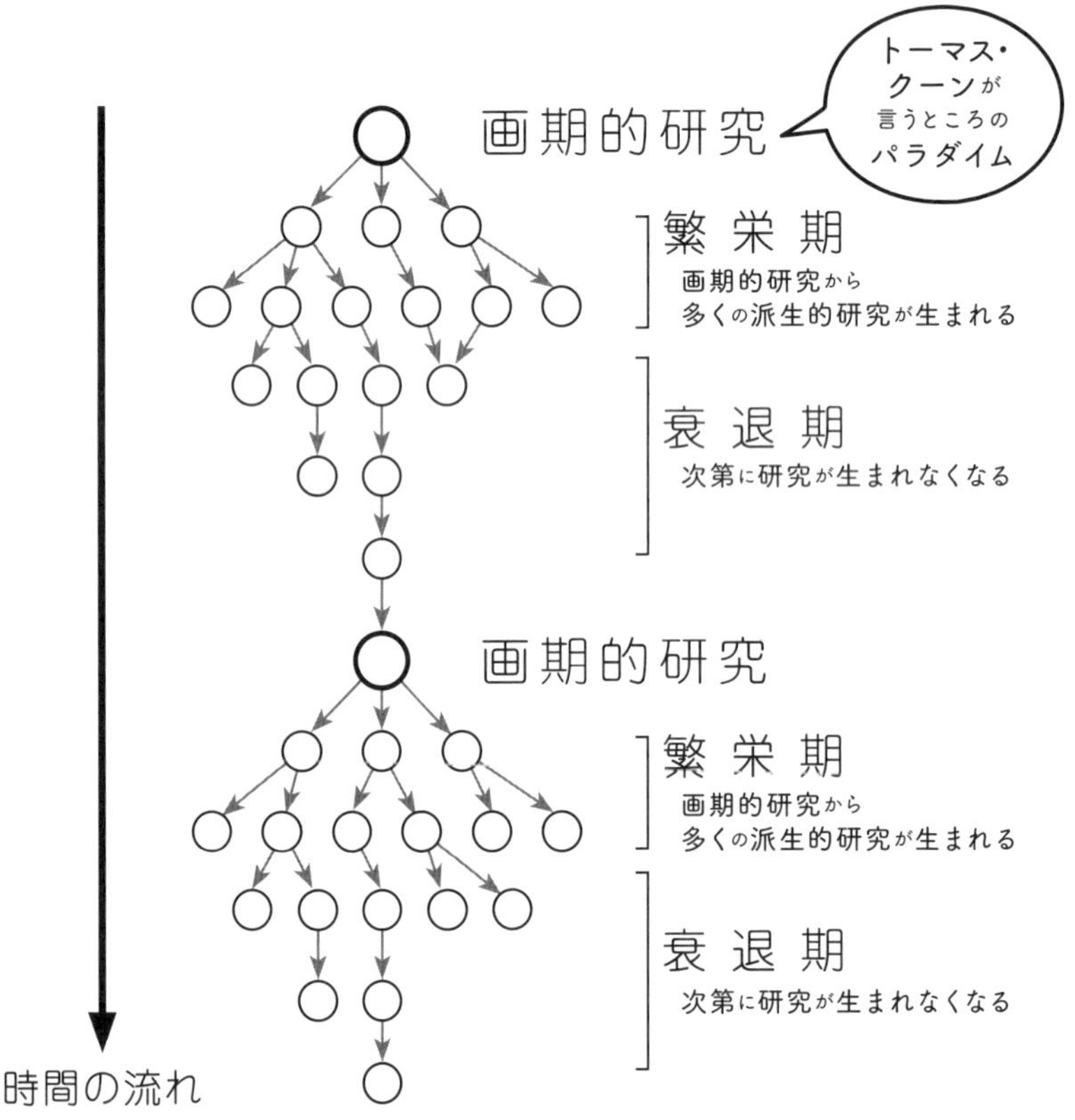

「巨人の肩」は網目になっている

文献たぐりよせ（↓技法21、258ページ）でも触れたように、学術研究では引用・参照関係を明示することが義務付けられていることから、それぞれの仕事の依存関係や派生関係を追跡することは容易である。

人間の知的営為も、それが生み出した文化の産物も、孤立しては成り立たない。先行者から何も受け取らないもの、その影響を被らないものは存在しない。我々が「巨人の肩」と呼んでいるものは、こうした影響関係のネットワーク（網目）でできているのだ。

つまり影響関係についての情報を集めることができれば、引用マトリクスは学術文献以外についても利用することができる。

技法30

要素マトリクス

文献の群れを貫通して読む

① 文献を集めて年代順に並べる

② マトリクスへ抽出する要素を決める

自分（が行う文献調査）の目的と集まった文献とに合わせて、要素マトリクスを構成するトピックを決めることになるため、どんなトピックでマトリクスを作るかは様々である。

しかし以下の3つはほぼ必須のトピックであり、要素マトリクスの最左の3列を占める。

(a) 著者、題名、掲載誌などの書誌情報：それぞれの文献へアクセスで

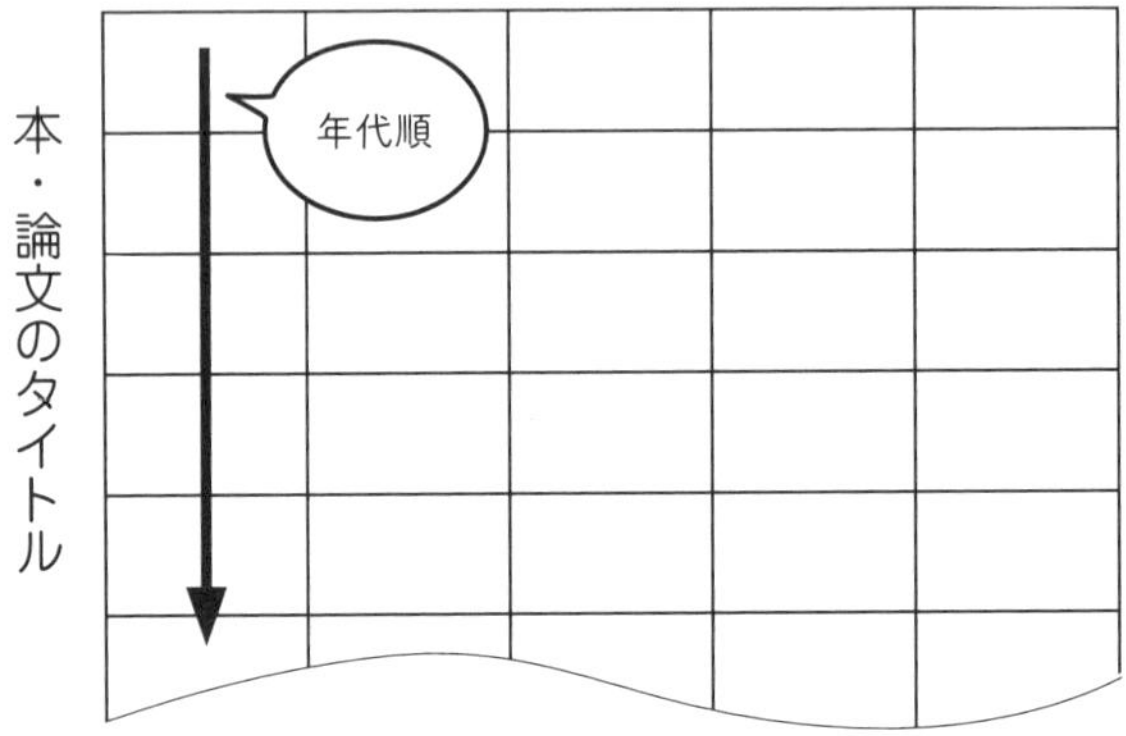

きるように

(b) 発行年など：年代順にソートするため

(c) 文献の（研究）目的：目的として明示されるか、仮説やリサーチ・クエスチョンとして示される

また、次のものは研究論文を対象とした要素マトリクスに頻出のものである。〈50〉

(d) 独立変数と従属変数〈51〉

「喫煙が肺がんに与える影響」についての研究ならば〈喫煙の量（頻度）〉が独立変数、〈肺がんの発生率〉が従属変数となる

(e) 研究デザイン（研究の種類：事例報告などの記述的研究か、観察研究か、実験研究か）

(f) 研究対象（数、単位、属性）

(g) データセット、データソース

(h) データの収集方法と収集時間

(i) 用いられた指標や尺度

〈50〉書籍の場合は、構成や含まれる内容は様々であり、集まった書籍に合わせて独自の要素を選ぶ必要がある。先に目次マトリクス（↓技法28、384ページ）を作って、共通要素を見つけてから、要素マトリクスへ移るとよい。

〈51〉多くの場合、研究が解き明かそうとする問い（リサーチ・クエスチョン）は、煎じ詰めれば〈何が何に影響を与えるのか〉と言い表すことができる。影響を与える側のデータを説明変数もしくは独立変数と呼び、影響を与えられる側のデータを目的変数もしくは従属変数と呼ぶ。

(j)統計分析の手法と前提条件

(k)当研究の著者によって書かれた意義・長所

(l)当研究の著者によって書かれた短所

(m)引用文献

(n)資金提供者

……

(z)上記項目についてのマトリクス作成者の判断やコメント

抽出する要素 →

	書誌情報	発行年	目的	被験者	課題
文献A					
文献B					
文献C					
文献D					
文献E					

③ 選んだ要素を文献から拾い出しマトリクスを埋めていく

②の段階で抽出すべき要素と、それをまとめるフォーマットが決まっているので、この作業は複数人で手分けして行うこともできる。この場合、一人が一つの文献についてすべてのトピックを埋めるやり方と、特定のトピックについて一人がすべての文献を担当するやり方がある。

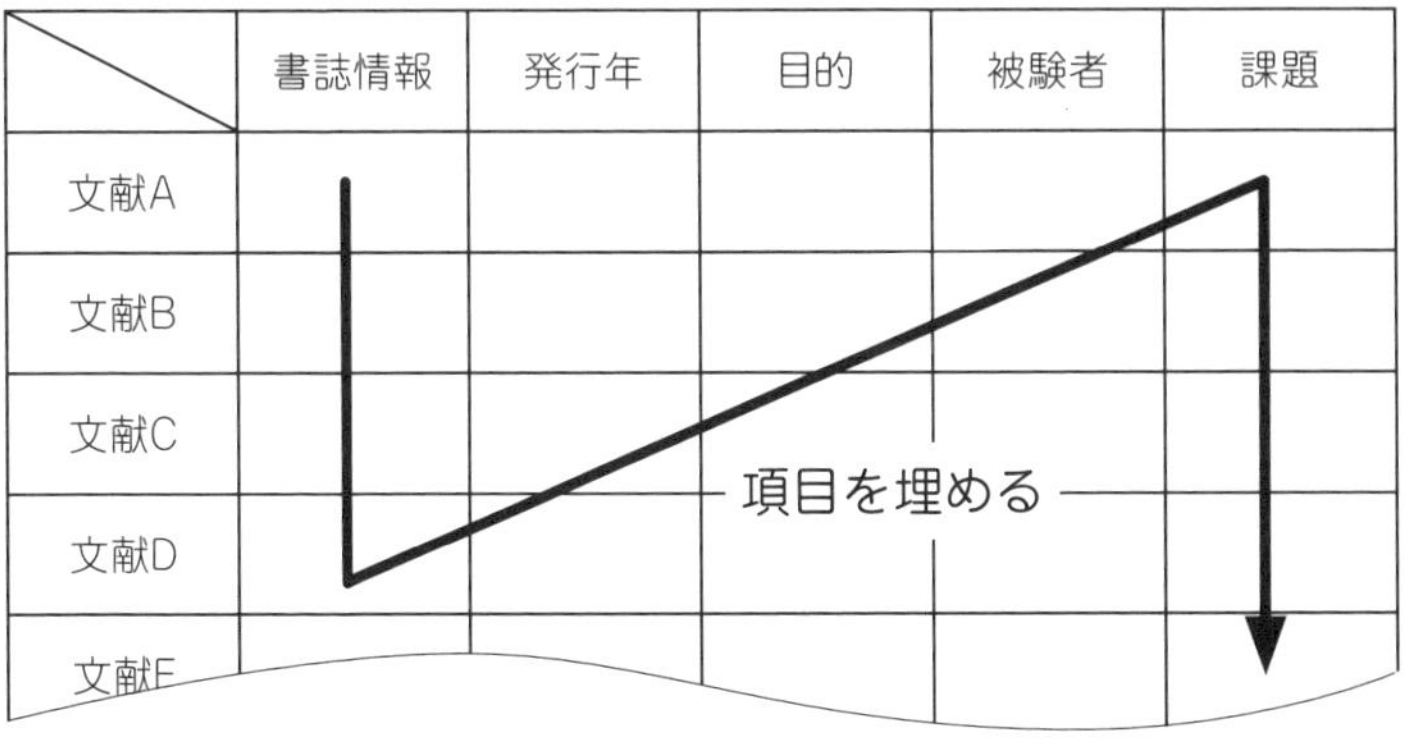

④完成した要素マトリクスを読み解き、気付いたことを文章化する

あるテーマ・分野の文献を集め、要素マトリクスを作ると、それらの文献の多く（時にすべて）に共通するものや、特定の文献にしか現れないもの等が浮かび上がってくる。要素マトリクスを作成中に気づいたことや、完成後に読み返して発見したことなどは、改めて文章化しておく。

要素マトリクスのトピック（項目）列を縦に見ると、例えば次のようなことがわかる。

・このテーマは、誰が研究しているか？　誰が協力しているか？↓**著者、研究協力者の列**
・このテーマは、どこで（どの機関で）研究されているか？↓**著者の所属機関の列**
・このテーマの研究で必ず（または頻繁に）引用される文献は？↓**引用文献の列**
・このテーマの研究者が、よく使うデータセットは？↓**データセットの列**
・このテーマの研究によく資金を出しているのは？↓**資金提供者の列**

要素マトリクスでは文献を年代順に並べてある。これにより、あるテーマ・分野の研究について、時

系列に沿った移り変わりを浮かび上がらせる。

・このテーマの研究で初期に用いられてきた研究デザインは？（ケーススタディ？）

・このテーマの研究にRCT（Randomized Controlled Trial ランダム化比較試験）が用いられだしたのはいつ頃からか？↓**いずれも「研究デザイン」の列を時系列順に（つまり上から下へと）読むことでわかる**

さらにそこにある（実施された）共通点ばかりでなく、そこにない共通点＝未だこのテーマの研究でなされていないもの、手薄な部分なども、要素マトリクスから浮かび上がる。

発見された研究の空白地帯や手薄部分は、自分の研究の焦点を合わせるべきところかもしれない。

・このテーマの既存研究で対象者はほとんど成人ばかり↓**10代を対象としたものはまだ少ない**

・このテーマの既存研究でA法、B法との対照をしたものはあるがC法についてはまだない

いての要素マトリクス

D	E
独立変数	従属変数
ヒントの提示の有無	自力解決者数と解決時間
発見者／未発見者	眼球運動の時間変化
サブリミナルカットの有無	自力解決者数と解決時間
一人で課題に取り組む／二人で一緒に課題に取り組む／一人で課題に取り組むが自分の試行を観察できる	制限時間内の解決者数
潜在ヒント刺激の有無とメタ認知教示の有無	正解率
測定時間	見通し評定値

要素は自分で決める

縦読みして分析

課題はどれも共通なのに、独立変数はすべて違う→何が洞察問題解決に影響を与えるかを探索している段階だからか

	A	B	C
1		被験者	課題
2	鈴木宏昭, 宮崎美智子, & 開一夫. (2003). 制約論から見た洞察問題解決における個人差. 心理学研究, 74(4), 336-345.	課題未経験の文科系大学生31名	タングラム(「Tパズル」と表記)の完成課題と評定課題
3	寺井仁, 三輪和久, & 古賀一男. (2005). 仮説空間とデータ空間の探索から見た洞察問題解決過程. 認知科学, 12(2), 74-88.	大学1年生24 (18〜21歳) 名	数字列の規則性の発見を求める発見課題
4	西村友, & 鈴木宏昭. (2006). 洞察問題解決の制約緩和における潜在的情報処理. 認知科学, 13(1), 136-138.	課題未経験の大学生及び大学院生 19 名を無作為に実験群 10 名と統制群 9 名に分けた	タングラム課題(「Tパズル」と表記)
5	清河幸子, 伊澤太郎, & 植田一博. (2007). 洞察問題解決に試行と他者観察の交替が及ぼす影響の検討. 教育心理学研究, 55(2), 255-265.	関東圏の大学生60名	タングラム課題(「Tパズル」と表記)
6	服部雅史, & 柴田有里子. (2008). 洞察問題解決における潜在認知とメタ認知の相互作用: 9 点問題の場合. 日本認知科学会第 25 回大会発表論文集, 156-159.	課題未経験の学部生および大学院生 49 名	9 点問題
7	渋谷宗, & 中野良樹. (2010). 数理パズル「タングラム」の洞察的問題解決における解決可能性への主観的評価と潜在的評価.	課題未経験の31名の学生(男性21名, 女性10名: 平均年齢22.3歳)	タングラム課題

文献タイトル

このテーマの被験者は大学生ばかり

縦読みして分析

複数の本や論文を「貫通して」読む

要素マトリクスは、表を用いて複数の文献を取り扱う文献マトリクス法の一つであり、文献のそれぞれから共通の要素を抽出し、比較対照を行う技法である。

ジュディス・ガラード『看護研究のための文献レビュー：マトリックス方式』(医学書院、2012)で文献レビューのための手法として紹介されたマトリックス方式を基に、先に紹介した目次マトリクス(↓技法28、384ページ)、引用マトリクス(↓技法29、394ページ)を開発したため、オリジナルのマトリックス方式を本書では要素マトリクスと呼ぶことにした。

複数の文献を表にまとめ、一望化することで分析する点は3つのマトリクスで共通しているが、以下の点に違いがある。

目次マトリクスや引用マトリクスは、あらかじめ決まった要素(目次マトリクスでは目次の項目や見出し、引用マトリクスでは引用先など)を機械的に抜き出すことで作成可能であるのに対して、要素マトリクスでは、どんな項目を抽出するかはあらかじめ決まっておらず、マトリクスの作成者=分析者が自分の目的と観点に照らして選択する必要がある。

このため、目次、参照の両マトリクスは、文献探索の初期から文献を集めるのと並行して作成されるが、要素マトリクスはこれまでに収集した文献全体を概覧した上で、それらの内容や傾向を把握したのちに作成される。

要素マトリクスがもたらすものは、集めた文献を貫通して、複数の観点から読むことができる環境、すなわち外部足場（Scaffold）である。

一つの文献だけを見ていては見えにくい、その分野やトピックに共通する背景や文脈（コンテクスト）も、こうした多軸的な比較を通じて明らかになる。

要素マトリクスはまた、目下行われている文献調査に、目指すべき目標を与える。この表を作り中身を埋め、自ら考えた複数の切り口で文献同士を比較し、類似や相違そして傾向を発見できる。こうしてこれまで集めた文献で、どこまでのことがわかるのか、どの方面が手薄なのかがわかる。こうして今後、どんなものを探すべきか、またどんな切り口で文献を読むべきかが、はっきりしてくる。複数トピックによる多重化されたシントピカル読書（↓236ページ）が、要素マトリクスという1枚の表によって導かれるのだ。

こうして作り上げられた要素マトリクスは、その後何度も再利用可能な知的中間生産物である。このことは時間をおいて要素マトリクスを見直した時に痛感するだろう。

それゆえ、現時点で自分が要素マトリクスから得られたものを、スナップショットの形で残すことに意味がある。要素マトリクスから何を受け取ったかを記録することで、自分の認識の変化を反省的に確認することができる。

たくさんの文献を混乱せず、取り回す外部足場

「自分の考え」と言えるものを生み出すには、情報を選択的に抽出し、それらを整合的に結び合わせ、論理的に関係付けることが必要になる。そのためには、要素マトリクスに抜き出した様々なものを再認し、組み合わせ、突き合わせることが役立つ。こうした過程を通じて、独学者の認識は深化し、ただ眺めていただけでは得られなかったような発見を要素マトリクスから得ることができる（少なくともその可能性は高まる）。

一つの要素マトリクスから何度も異なる発見を汲み上げること、そして同じ文献群のセットから別の要素マトリクスを作り上げることは、多数の文献が織り成す知のフロントを、様々な角度で切り出し取り回す足場となる。

数多くの文献を手元に集めたとして、それらがあなたの思考能力を超えた複雑さをもたらし、混乱を引き起こすだけだとしたら本末転倒である。

注意という認知資源は有限である。ヒトが一度に意識を配ることのできる対象の数は思う以上に少ない。

多くの文献を取り回すためには、とりわけ超人でも碩学でもない我々には、それらを組織立てて取り扱うためのサポートがあった方がよい。要素マトリクスは、そのための外部足場を作り出し活用する方法である。

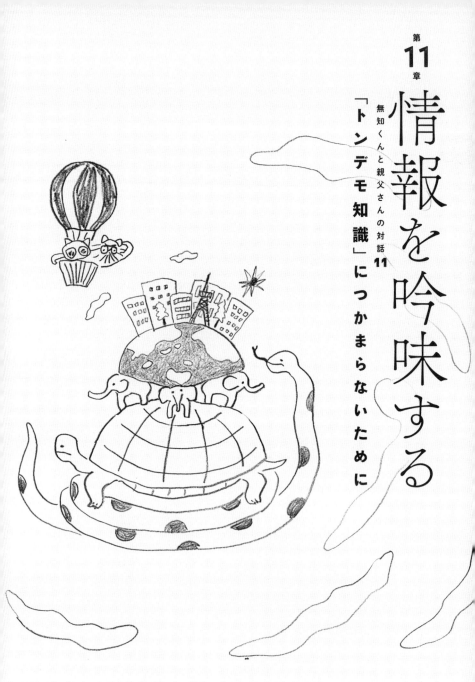

第11章 情報を吟味する

無知くんと親父さんの対話11
「トンデモ知識」につかまらないために

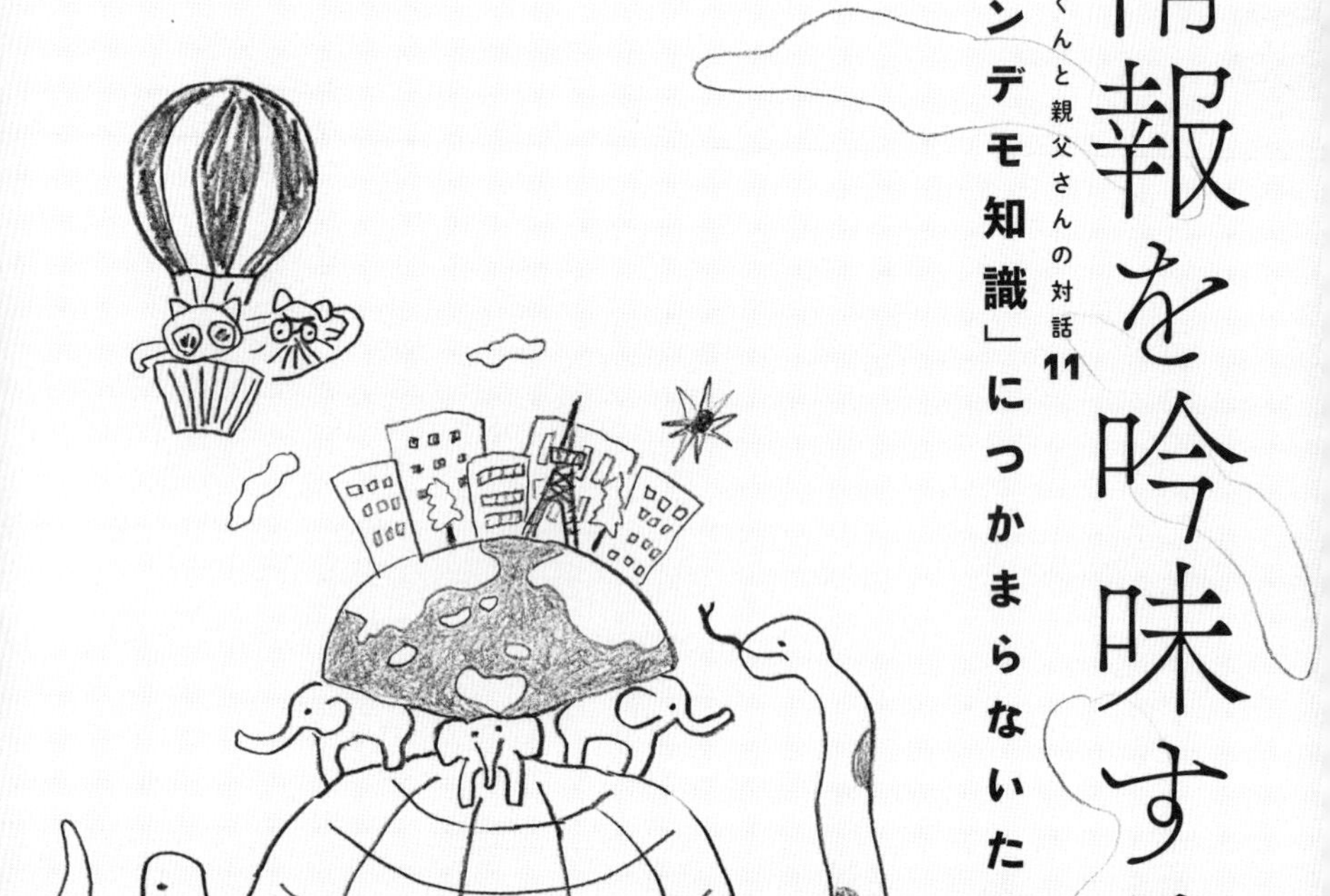

無知くん：「独学なんかしても、独善に陥るだけだ」といじめられました。

親父さん：まあ大抵は独善に陥るまで行かず、途中でやめてしまうものだけどな。

無知くん：もっと擁護して！　独学ならでは、というメリットを挙げてください。

親父さん：独学者は生徒（学び手）と教師（教え手）の一人二役だ。学び手として進歩すれば、教え手としても進歩する。こうして進歩に正のフィードバックがかかり、独学の学びは指数的・幾何級数的に向上する。

無知くん：おお、そういう景気のいい話を待ってました！

親父さん：しかし、これは独学の可能性であると同時に危険性だとも言える。生徒（教師）として間違えば、必ず教師（生徒）としても間違うからだ。いい方だけじゃなく、悪い方へ変化した場合も、その変化に拍車がかかる。独学では外からのガイドもチェックもないことが多いから、変な考えに陥ったり、トンデモ理論につかまると、誰にも止められず、とことんおかしな方へハマってしまう。誰かに教え導かれたより質が悪いとも言える。

無知くん：親父さん、ほんとは独学が嫌いなんじゃないですか？

親父さん：誰かに教わる場合でも、教師が生徒に与える影響と同じくらい、生徒が教師に与える影響もあるから、今言ったような正のフィードバックは実のところ独学の専売特許じゃないけどな。

無知くん：では勉強全体が嫌いなんですか？

親父さん：いいや。学ぶことはヒトにとって必然だ。最初に言ったように、生まれ持った認知能力だけでは、ヒトは今のような巨大で複雑な社会を、それを支える知を維持できない。だが、何をどう学ぶかについて、独学者には自由がある。長くない人生だ。どうせなら、ましなものを学んだ方がいいと思わないか？

無知くん：では、どうすればトンデモを見分けられて、そういうのにハマらずに済むか教えてください。

親父さん：それは詐欺に遭わない方法を聞くようなものだな。大抵の人間は、自分は詐欺になんか引っかからない、被害にあうのは余程不注意な人間だけだと思ってる。

無知くん：違うんですか？

親父さん：違う。詐欺は人間の認知の脆弱性をつくようにできている。というか、うまく脆弱性をつくことのできたものだけが、犯罪者たちに真似されて伝承され、生き残っている。

無知《くん》：それ、知ってます。適者生存って奴ですよね。

親父《さん》：認知の脆弱性のほとんどは、ヒトが進化の過程で獲得した特性そのものだ。だからヒトならば、どれだけ賢くても、また知識が豊富でも、認知の脆弱性をつくトリックには誰もがひっかかると思っていい。

無知《くん》：だったら詐欺師がこの世を支配できそうですが。

親父《さん》：もうそうなってる、と言いたいところだが、ヒトはその歴史（すなわち失敗と克服の繰り返し）を通じて、個人レベルでは克服できない問題を集団・社会・文明レベルで克服してきたという話はしただろ。「詐欺」という概念を作り上げて、犯罪とみなし処罰する仕組みを作ったり、手口に名前をつけて共有し、注意を呼びかけたりできるようになったのも、そういう個人レベルを超えて蓄積してきた克服の一例だ。

無知《くん》：詐欺を撲滅できなくても、対処法を社会的に蓄積してきたように、人類はトンデモ知識とも戦ってきたんでしょうか？

親父《さん》：生体で増殖する病原菌やウイルスの戦略が様々なように、ヒトの社会で増殖するトンデモ思考、認知の脆弱性にとりつく認知ウイルス〈52〉は様々だが、その一番の特徴であり共通点は、そいつを吟味しようとするのを拒否するところだ。例えば「これを疑うなんてなんと罰当たりな／不謹慎

〈52〉以下の「認知ウイルス」に対抗する方策は、キース・E・スタノヴィッチ『心は遺伝子の論理で決まるのか』262ページ以下の「有害なミームを避ける」ための議論を参考にしている。ミーム memeは、「模倣」を意味するminに「～素」を意味する接尾辞-emeを付け短縮したもので、進化生物学者リチャード・ドーキンスが著書『利己的な遺伝子』で提案した造語である。ヒトの脳から脳へ複製されていく自己複製子として想定され、同じく自己複製子である遺伝子についての理論（進化論）を文化現象に適用する道を開いた。

な！」みたいな声があがるものがそうだな。

無知くん：くわばらくわばら。今、世界中の宗教を敵に回しましたよ。他にトンデモを見分ける基準はありますか？

親父さん：当たり前だが、信念は事実に関する考えだが、事実と合致しないような信念は避けた方がいい。事実と合致しない信念を取り込むと、その信念と合致しない他の信念を持つことが辛くなってくる。認知的不協和ってやつだな。人間の心は一貫性を尊ぶ。信念の間で整合性を取ろうとすると、非事実的な信念による汚染がドミノ倒し的に広がりかねない。そうして事実との不整合が頻発すれば、信念と事実を突き合わせること自体が面倒で気が重いことになり、現実自体を回避するようになる。こうなると、ますます吟味を拒否する認知ウイルスに感染しやすくなる。

無知くん：認知の免疫機能が下がるんですね。でも、それだと虫のいい夢とか、日常の嫌なことを忘れるためのフィクションとかあきらめないといけなくなりませんか？

親父さん：信念は事実に関する考えと言ったろ？　フィクションは「これは嘘である」という資格で守られた領域だ。事実と突き合わせなくてはならない信念とは別物だ。むしろ事実や信念と距離を取る仕方を学ぶ機会ですらある。

この距離の取り方を学んでおけば、現時点では情報が足りずに正否の決着をつけられない信念を扱う時にも役立つ。

無知くん：それだけ聞けば、僕もデマに振り回されずに済む自信がつきました。

親父さん：ほう。意地悪で聞くが、何をどうわかったんだ？

無知くん：もうインターネットで怪しげなまとめサイトを読むのはやめて、本のページに顔を埋めてこれからの人生をすごします。

親父さん：いくらかマシなことを言うようになった、と言いたいところだが、残念ながら、世の中には不正確な書物、そればかりか、あえて間違った事柄を書き広めることを目的とした書物までもが存在する。

無知くん：そんな！　書物は人類に残された最後の知の聖域じゃなかったのですか？

親父さん：書店に行ってみろ。著者や著名人の顔写真を使った目立つ外観や広告を使ったり、配本数を増やして平積みになるようにしたりと、あの手この手でアピールしたり知識がない人たちが手に取る確率を高めるように工夫された書物がうなるほど見つかるだろう。

無知くん：まるで僕の本棚のような惨状です。

親父さん：学術分野のコミュニケーションにも似て、出版の世界は、ある種の性善説の上に成立する。例えば、お前さんが信じていたとおり「本に書いてあるものは大抵は正しい」というのを前提にするからこそ、聞いたこともない著者が書いたものでも読んでみようという気になる。こうして新しいものが芽吹き、書物の森が生きながらえる。この期待に応えるために、間違いや誤りをできるだけ取り除くように、一冊の書物が書店に並ぶまでには、普通何重ものチェックが設けられている。

無知くん：編集者や校正の人たちですね。

親父さん：しかし、だからこそ、ウソやデマを広めるための書籍という商売も成り立つ。つまり、こうした不断の努力によって支えられてきた、人々の書物への信頼があるからこそ、そこに寄生してデマ本は流通できる。

無知くん：なんと、認知ウイルスならぬ、寄生書物だったのですね！

親父さん：さっき本の探し方や書誌の話をしただろう。あれらの話のご利益の一つは、**偶然目にした一冊の書物に飛びつく代わりに、同じテーマを扱った複数の書物を常に求め、それらの存在を意識する**ようになると、書物への信頼に寄生するデマ本に気付き、その他のまともな書物を手に取る目利きになれることだ。デマ本は寄生できる書物への信頼がなくなれば存立できない。逆に言えば、デマ本が生まれてくるなら必ずやまともな書物の一群が存在する。**一冊の書物でなく、書物の森を見ろ。**そうすれば、どれが寄生する本で、どれが他の書物を支えている本であるか、次第にわかってくる。

そもそも、どんな情報も、情報源も、絶対的に信頼できるなんてことはない。今、教科書に載っている知識も、未来には新しいデータや理論の登場で全面的に否定されるか、部分的にしか正しくないとわかるかもしれない。その意味では、程度の差こそあれ、すべての知識は暫定的だ。

無知くん：そんな！　僕はこの先、何を信じて生きていけばいいんですか？

親父さん：「何を信じればいいのか？」という問いへの一つの答えは、**「今は正しいと信じ込んでいることさえ、未来には覆されるかもしれないという可能性こそ、俺たちが信じるべきものだ」**というものだろう。俺たちが何一つ理解も認識もできないなら、将来にもっとましな知識によって覆されることすら期待できない。今ある知識を疑うことは、実は、知識の将来を信じること、そしてそこへ向かう人類の知的営為が途絶えず続くだろうと信じることだ。これには「俺たちが今知っている知識も、完璧じゃないにしても、ある程度は信じられる」という考えを含んでいる。なぜなら俺たちの今の知識は、かつての人たちから見れば「未来の知識」であり、知的営為の可能性を信じて努力を重ね、それまでの知識を覆した先（未来）に生まれたものだからだ。

技法31

デマの矛盾をあぶり出す
タイム・スケール・マトリクス

① 3×3のマス目を作る

縦軸を「上位・同位・下位」横軸を「過去・現在・未来」とする。

② 事実かどうか吟味したい出来事を選び、中央のマスに書く

下記の図は、「大きな地震から半日後、SNSで『動物園からライオンが逃げたそうです。注意してください』という話が回ってきた」時に、これが本当かを検討したもの。

①

	過去	現在	未来
上位			
同位			
下位			

②

	過去	現在	未来
上位			
同位		動物園から ライオンが逃げた?	
下位			

③「仮にこの出来事が事実ならば」と考えて、マス目を埋める

まず、「この出来事の前に何が起こっていたはずか」を同位・過去のマスへ書く。次に、「この出来事の後には何が起こるか」を同位・未来のマスへ書く。考えにくいマスは埋めずに空けておく。

④ ③の同位・過去、同位・未来について「仮にこの出来事が事実ならば」と考えてマス目を埋める

「より広いレベル・スケールでは何が起こっているか?」を上位・過去／上位・未来のマスへ書く。「より狭いレベル・スケールでは何が起こっているか?」を下位・過去／下位・未来のマスへ書く。考えにくいマスは埋めずに空けておく。

③

	過去	現在	未来
上位			
同位	地震で檻が壊れた?	動物園から ライオンが逃げた?	市街をライオンが うろついている
下位			

④

	過去	現在	未来
上位	他の檻や建物にも 被害?		官公庁や警察が 危険を呼び掛ける?
同位	地震で檻が壊れた?	動物園から ライオンが逃げた?	市街をライオンが うろついている?
下位	中にいたライオンは 怪我をした?		

わからなければ空けておく

⑤マスの間の整合性をチェックする

空いているマスについて、上下左右から推論して、それぞれの推論結果が矛盾しないか確かめる。

例えば、上位・現在が空いているなら、次の3つを推論する。

- **上位・過去のマスの出来事が事実だとして**「この出来事の後には何が起こるか」
- **上位・未来のマスの出来事が事実だとして**「この出来事の前に何が起こっていたはずか」
- **同位・現在のマスの出来事が事実だとして**「より広いレベル・スケールでは何が起こっているか」

情報が手に入り事実が確認できるマスがあれば、推論したマスの内容と一致するかチェックする。

⑥⑤のチェックをもとに、吟味した出来事が事実である度合いを0〜100で評価する

⑤

	過去	現在	未来
上位	他の檻や建物にも被害?	ライオン以外の動物も逃げている? →そんな噂はSNSにもない	官公庁や警察が危険を呼び掛ける? →報じられていない
同位	地震で檻が壊れた?	動物園からライオンが逃げた?	市街をライオンがうろついている?
下位	中にいたライオンは怪我をした?	逃げているライオンは怪我をしている?	ライオンは体を休めるために隠れてる?

矛盾あり

事実度0%

確実なファクトが手元になくても、嘘を見抜く方法

事実についての主張や情報は、単独ではもっともらしく見えることがある。確かめるための情報が乏しい時にはなおさら、我々の知識や信念からしてありそうに思えるものだけでなく、「絶対にないとは言えない」程度のことまでが、ある程度、信じられてしまう。

しかし物事はバラバラには起こらない。お互いが原因や結果となったり、もっと大きな物事の一部として生じたりする。

矛盾のある/なしは、嘘を見抜くための最重要かつ汎用のチェックポイントだ。我々の矛盾に対するセンサーはなかなか鋭敏である。例えば、相手の発言と口調・表情に矛盾がないか、我々は常時無意識だがチェックしながら、そうして発言の信用度を測っている。

吟味したい情報が事実に関するものならば、その時間的前後関係や、その事実を一部とするような大きな物事、あるいはその事実の一部であるような小さな物事について推論し、それらを突き合わせることで、見えにくかった嘘をあぶり出すことが考えられる。

情報不足の場合、これだけで事実である/ないを決定することはできないが、情報を

鵜呑みにすることから距離を置き、冷静になるきっかけを得ることはできる。

発明的問題解決の理論で使われる「9画面法」

タイム・スケール・マトリクスは、TRIZ〈53〉の思想（Philosophy）の一つ「空間と時間とインターフェイスでの思考」〈54〉と、これをツール化した9画面法（9-Window Method）を転用して、事実に関する情報を検討する技法である。TRIZでは、最も強力な技術革新は現状の矛盾（相反する要求やトレードオフ）を発見し解消することで行われると考える。そのため、矛盾発見のための様々なツールを備えており、9画面法はその一つである。

我々の日常的な思考は、特定の時間と場所（多くの場合、今ここ）を中心とする比較的狭い範囲に集中する傾向があり〈55〉、スケールの異なる、よりマクロな状況やよりミクロな側面を同時に考えることは容易ではない。

熟達した問題解決（者）は、解決すべき問題に集中するだけでなく、考察する時間や空間のスケールを自覚的に切り替え、目下の問題に影響を与える制約（矛盾し合う要求として現れる）をより広い観点から捉える。あるシステムについて理解するためには、そのシステムを取り巻く状況（上位レベル）とシステム内部の要素（下位レベル）のどちらからも影響を受けること、そして、どのレベルにもこれまでの経緯とこれから進む方向、言い換えれば原因と結果があることを理解する必要があるからだ。

製品企画など、広く問題解決のリソースや制約の検討に使える「9画面法」を、タイム・スケール・マトリクスでは、デマや偽情報の矛盾を発見するために転用している。

デマとして広がりやすい偽情報は、我々にとって信じやすい（また信じたい）ような、我々の願望や思考傾向に沿ったものが多い。タイム・スケール・マトリクスは我々の自然な思考を一旦停止し、出来事に影響を与える、時間的前後関係（因果関係）と空間的な外部内部関係（その周囲と内部の関係）について漏らさず確認することで、齟齬や矛盾を発見しようとする方法である。

〈53〉Теория решения изобретательских задач（ローマ字表記Teoriya Resheniya Izobreatatelskikh Zadatch。「発明的な問題解決の理論」を意味するロシア語）の頭文字をとってTRIZと呼ばれる（発音は英語のTreesと同じ）。旧ソビエト連邦の特許審査官であったゲンリッヒ・アルトシューラー（Genrich Altshuller）は、仕事で多くの特許に接するうちに業種や技術分野が異なっていても問題解決には共通する要素があるのではと考え、協力者とともに250万件の特許を調査し、TRIZの核となるアイデアやツールを開発していった。ペレストロイカとソ連崩壊後、TRIZは西側諸国に伝わり、1990年代以降アメリカを中心とした西側諸国に研究の中心は移っている。

〈54〉「空間と時間とインターフェイスでの思考」で言うインターフェイスとは、「システムの構成要素の間の相互のつながりや関係」を指し、通常の意味とは異なる。

〈55〉これは序文で述べたシステム1の特性である。「9画面法」は、自動的に作動するシステム1の働きを止め、システム2に切り替えるために利用できる思考ツールの一つだと言える。

技法32

四分割表

トンデモ主張を暴き出す

①吟味したい主張や知識を「XならばY」の形にする

「雨乞い」の効果を吟味したいならば、「雨乞いする（しない）ならば、降雨あり（なし）」とする。

②下図のような表（四分割表）を作る

人間は、ある現象が「起こること」に注目すると、その否定（現象が生じない場合）に注意を向けることが難しい。これが迷信や偏った結論を導く元凶となる。

四分割表を作ることで、「Xなし」や「Yなし」を考えることができる。事例やデータを集めることは、考えの偏りに気付き、思考を修正する手がかりになる。

	雨乞いする	雨乞いしない
降雨あり		
降雨なし		

③表の4つの欄を事例やデータで埋めていく

特に「Xあり」と「Yあり」の組以外の事例がないか調べ、データ（件数など）を入れる。

雨乞いという呪術が世界中に広がっている〈56〉のは、多くの伝承が主張するように雨乞いが必ず雨を降らすからである。もう少し正確に言えば、雨が降るまで雨乞いの儀式は続けられるために「必ず雨を降らす」。雨乞いという特別な儀式をしたことは記憶に（そして記録に）残るが、何でもない日に降った雨は記憶にも記録にも残りにくい。当たり前すぎてわざわざ指摘するまでもないことだが、雨は雨乞いをしなくても降る。

日数的に考えれば、雨乞いなどなしに雨が降る方が圧倒的に多い。雨乞いに効果があるならば「雨乞いする・降雨あり」「雨乞いしない・降雨なし」の組だけが成立するはずだが、そんなことはない。

	雨乞いする	雨乞いしない
降雨あり	日照りの時実施させる（年にあっても数回）	その地域の年間降雨回数とほぼ等しい日数
降雨なし	通常起こらない（雨が降るまで雨乞いが続けられるので）	365日ーその地域の年間降雨日数

〈56〉大林太良「人類文化史上の雨乞い」『新嘗の研究4』（第一書房、1999）

迷信ハトの教訓

四分割表は、ギロビッチ『人間この信じやすきもの』で推奨された方法である。ヒトの能力のうち、どこまでが生まれつきで、どこからが経験によるものかについては依然議論と探究が続いているものの、我々が知識と呼ぶものの多くが経験を通じて学ばれることには異論がない。

経験を通じた学習の最も基礎的なフォーマットは、何か（X）が起こった後に**続いて別の何か（Y）が起こることを観察し、XとYの間には何か関係があると思うようになる、**というものである。

この関係の学習は、すぐさま（つまりあまり吟味されることなしに）外界への働きかけに応用される。話すことはおろか這うこともできない赤ん坊ですら、引き続いて起こる出来事から関係を推測・学習し、外界を操作するのに役立てる。

例えば、天井からつるされたモビールと赤ん坊の足をひもで結ぶと、赤ん坊は自分の足を動かすとモビールが揺れることを観察して、足の動き（X）とモビールの動き（Y）の間に関係があることを学習し、その後は積極的に足を動かし、モビールが動くのを楽しむ〈57〉。

ギロビッチ・トーマス著／守一雄、守秀子訳
『人間この信じやすきもの 迷信・誤信はどうして生まれるか』（新曜社、1993）

しかし本当は「Xが起こった後、Yが起こる」ことを観察するだけでは十分でない。

例えば次のようなハトの迷信行動についての実験〈58〉がある。

スキナー箱は、ハトがボタンを押した後にエサが出てくるセッティングをされており、エサが出てくることでハトはますますボタンを押すようになる（ボタン押しという行動がエサという強化刺激により強化される、という「技法11「行動デザインシート」、150ページ」）。

この設定を変えて、ボタンを押すことと無関係に、ランダムなタイミングでエサが出るようにしたとしよう。エサが出てくる頻度があまり低くなければ、ハトがボタンを押した直後にたまたまエサが出てくることが起こり得る。

もちろんボタンを押してもエサが出てこないこともあるのだが、ボタンを押す度にではなく何回に1回でもエサが出てくれば、ゆるやかであるがボタン押し行動は強化されることがわかっている。しかも毎回エサが出てくる時よりも、エサがまったく出なくなった後でも行動が継続することもわかっている。この現象は当たりが確率的であるギャンブルがなかなかやめられないことを説明するモデルになっている。

スキナー箱に鳩を入れるバラス・スキナー

〈57〉C.K.Rovee-Collier, M.W.Sullivan (1980) "Organization of infant memory." Journal of Experimental Psychology: Human Learning and Memory, USA, 6(6), 798–807.
〈58〉B.F.Skinner (1948) "'Superstition' in the pigeon." Journal of Experimental Psychology, USA, 38(2), 168–172.

さて、ランダムなエサ出しに戻れば、たまたまボタン押しの直後にエサが出てきたハトは、ボタン押しとエサ出しには何の関係もないにもかかわらず（しかもボタンを押してもエサが出ない事態に繰り返し直面しても）ボタンを押し続ける。しかし我々はハトを笑えない。これは人間のジンクスや迷信行動を説明するモデルでもあるのだ。

ダイエット法・健康法・学習法

ヒトのこうした傾向は、心理学等で研究される以前から、宣伝を行う人たちにはよく知られて活用されてきた。

古典的で今でもよく使われる手法に、成功者による体験談がある。

そこで取り上げられるのは、特別な方法を行ったことと、成功したことのみで、どちらも少数の特異なケースを組み合わせたものである。

例えばダイエットで成功する人は、残念ながら少数の特異ケースである（ほとんどの人は失敗する）。また膨大な種類があるダイエット法の中で、一つの方法を取ることもまた少数で特異なケースだと言える。目新しいダイエット法を勧める書籍は、体験談はいくつも紹介するが、その体験談が少数で特異なケースであること、多くの人はダイエットに失敗すること、また他にも多くのダイエット法が存在することには触れない。つまり体験談は四分割表の左上のマスだけにしか触れない。

しかしダイエット法にしろ、健康法にしろ、（そして学習法にしろ）、本当にその方法が効果があると主張するためには、四分割表のすべてのマスについて検討することが必要である。つまり、その方法を適用する以外は、まったく同じ条件の対照群についても、結果がどうだったかを調べ、効果のありなしを比較しなければならない〈59〉。

システム2に立ち返るために

迷信行動に陥らないためには「Xである→Yである」場合にのみ注目するのでなく、「Xである→Yでない」「Xでない→Yである」「Xでない→Yでない」という他の組み合わせについても生じていないかを確認し、できればそれぞれの頻度を知り、比較することである。これは四分割表の4つのマスで検討する組み合わせに他ならない。

〈59〉教育・学習について「何が効果があるか」をまとめたものには、例えばジョン・ハッティ著／山森光陽監訳『教育の効果 メタ分析による学力に影響を与える要因の効果の可視化』（図書文化社、2018）がある。

再び ハトの例に戻れば「ボタンを押す↓エサが出る」だけでなく、「ボタンを押さない↓エサが出る」「ボタンを押す↓エサが出ない」「ボタンを押さない↓エサが出ない」についても確認し、その頻度を比べることができればハトは下図のような表を描き、ボタンを押す／押さないはエサの出る・出ないと無関係であることを知るだろう。

ハトの話の教訓は次のことを教える。それは、我々もまた、直感によっては、この種の問題を解くことができないということだ。この迷信生成装置の罠を見抜くためには、その場の刺激に対して即断せず、地道にデータを取り比較する必要がある。

人間は、より詳しく言えばその感情や直感を司るシステム1は、頻度や確率を扱うことが得意でない。のろまだが、論理と数を扱えるシステム2の出番である。しかし、システム2を働かせるには、意識的努力なしに素早く自動的に働くシステム1の働きを抑制する必要がある。

直感的に結論に飛びつきそうになったら、**「待て待て。こいつは四分割表が必要な、システム1が苦手とする問題じゃないのか」**と立ち止まらなければならない。

これは容易なことではない（おそらく「涙をこらえるのと同じくらい」〈60〉難しい）。

しかし、無意味にボタンを押し続けるよりは、それと知らず迷信行動を続けるよ

	ボタンを押す	ボタンを押さない
エサが出る	3回	6回
エサが出ない	11回	21回

りは、ましな結果が得られる。

この切り替えが、とりわけ重要となるのは、我々が感情と直感だけでは維持できない巨大な社会を形作っており、なおかつ感情・直感の脆弱性は知れ渡っていて、システム1をペテンにかける仕掛けに満ちた世界で生きているからだ。

〈60〉この表現はウィトゲンシュタインの次の言葉に由来する。「哲学は自制を要求する。しかも、それは、感情の自制であって、理解の自制ではない。たぶん、このことが、多くの人にとって哲学がかくもむずかしいことの原因であろう。ある表現を使うことを抑制するということは、涙をこらえたり、怒りをこらえたりするのと同じくらい、むずかしいことでありうる。」飯田隆『ウィトゲンシュタイン』(講談社、1997)、192頁。飯田によれば、この一節は「ビッグ・タイプスクリプト」と呼ばれている手稿原本に含まれる「哲学」に関する記述であり、1931年に書かれたものであるという。

技法33

トゥールミン・モデル

主張の根拠を掘り起こす

〈基本のトゥールミン・モデル〉

①主張（Claim）を切り出す

相手の話や読んでいる文章から、主張を述べた部分を見つける。主張は事実の叙述とは異なり、判断を含んだものである。

例えば「～すべきだ」は主張である。「～である」は事実を言い表すが「～であるべきだ」や「～と受け取るべきだ」と言い換えても意味が通る場合は、主張である可能性が高い。現実に我々が出会う話や文章には、複数の主張が含まれ、組み合わさっていることが多い。この場合は、個々の主張に分解するか、結論に当たるものや最も重要な主張を取り上げる。

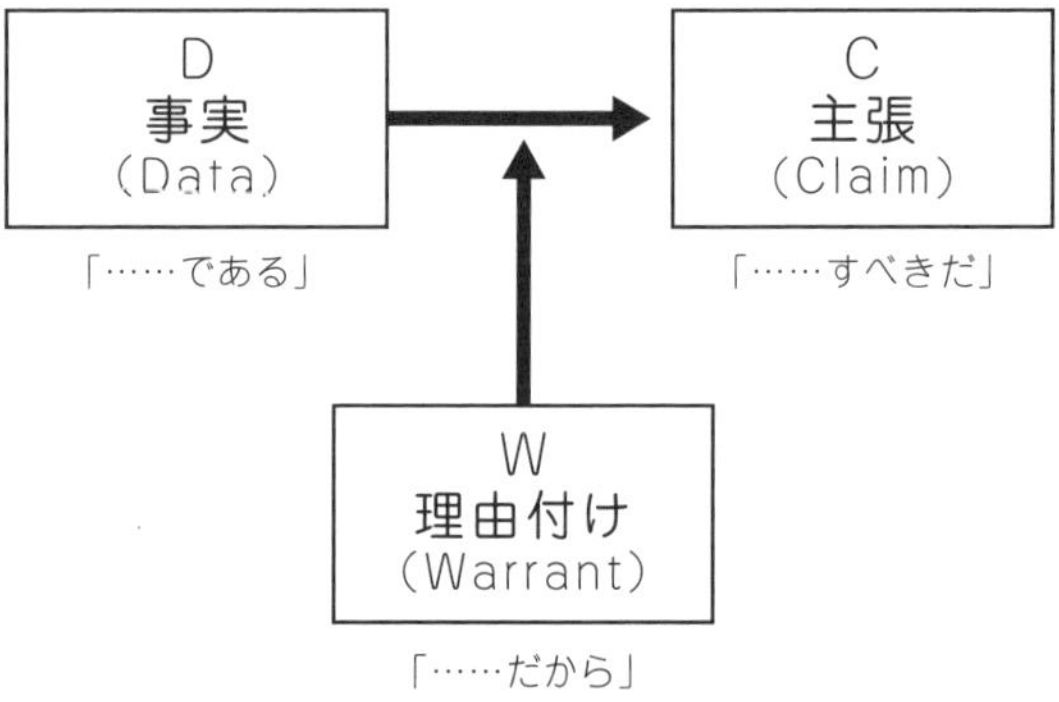

②事実(Data)を拾い上げる

事実は、主張とは反対に判断を含まないものである。「〜である」を「〜であるべきだ」と言い換えても意味が変わらない場合は、事実ではない(主張である)可能性が高い。

③主張と事実をつなぐ理由(Warrant)を付ける

主張と事実をつなぐ理由付けは、「もし(事実)ならば、(主張)である」という形に書き直すことができる。明示されないことも多いが、その場合は推測する必要がある。

④①〜③の分析を図にまとめる

例えばレーガン大統領が再選を目指した選挙中(1984年)、レーガン陣営が「レーガンは女性の権利を尊重する候補者だ(とみなすべきだ)」と主張した内容について。主張、事実、理由付けの関係は、下のような図にまとめることができる。この図だけでは、主張が正しいのかがわからない(女性を重要なポストにつけることは本当に女性の権利を尊重することなのだろうか?)。その場合は、「詳細のトゥールミン・モデル」に進む。

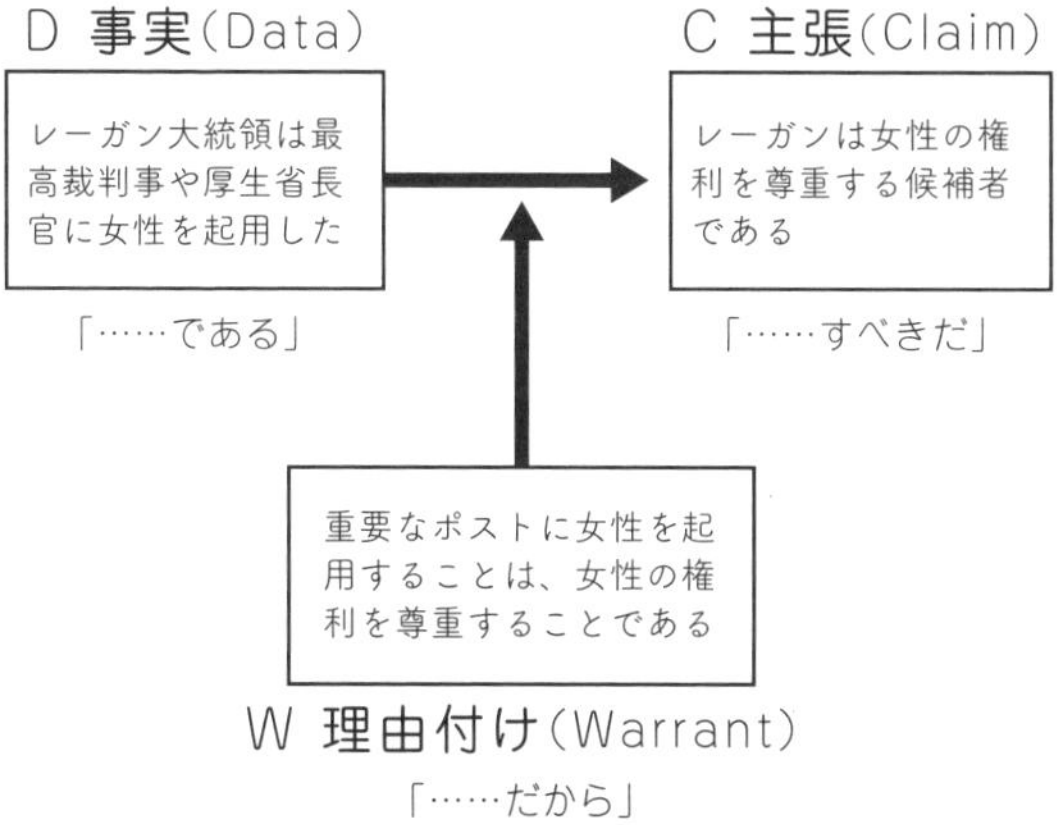

D 事実(Data)
レーガン大統領は最高裁判事や厚生省長官に女性を起用した
「……である」
C 主張(Claim)
レーガンは女性の権利を尊重する候補者である
「……すべきだ」
重要なポストに女性を起用することは、女性の権利を尊重することである
W 理由付け(Warrant)
「……だから」

〈詳細なトゥールミン・モデル〉

⑤理由付けについて理由の裏付け（Backing）を考える

理由付けがなぜ成り立つと言えるかについて、その理由の裏付けを考える。

多くの場合、理由の裏付けは話や文章の中にも明示されないが、疑い深い人になって、その理由を自問自答してみる。

⑥主張が成り立たない条件・場合（反証 Rebuttal）を考える

我々が日ごろ扱う主張は、数学の命題のように、常に必ず成り立つ（普遍妥当する）ことはまずない。多くの場合は主張が成り立つとしても、例外的に主張が成立しない条件、言い換えれば、それが満たされた場合に命題が成り立たなくなるような場合があることがほとんどである。

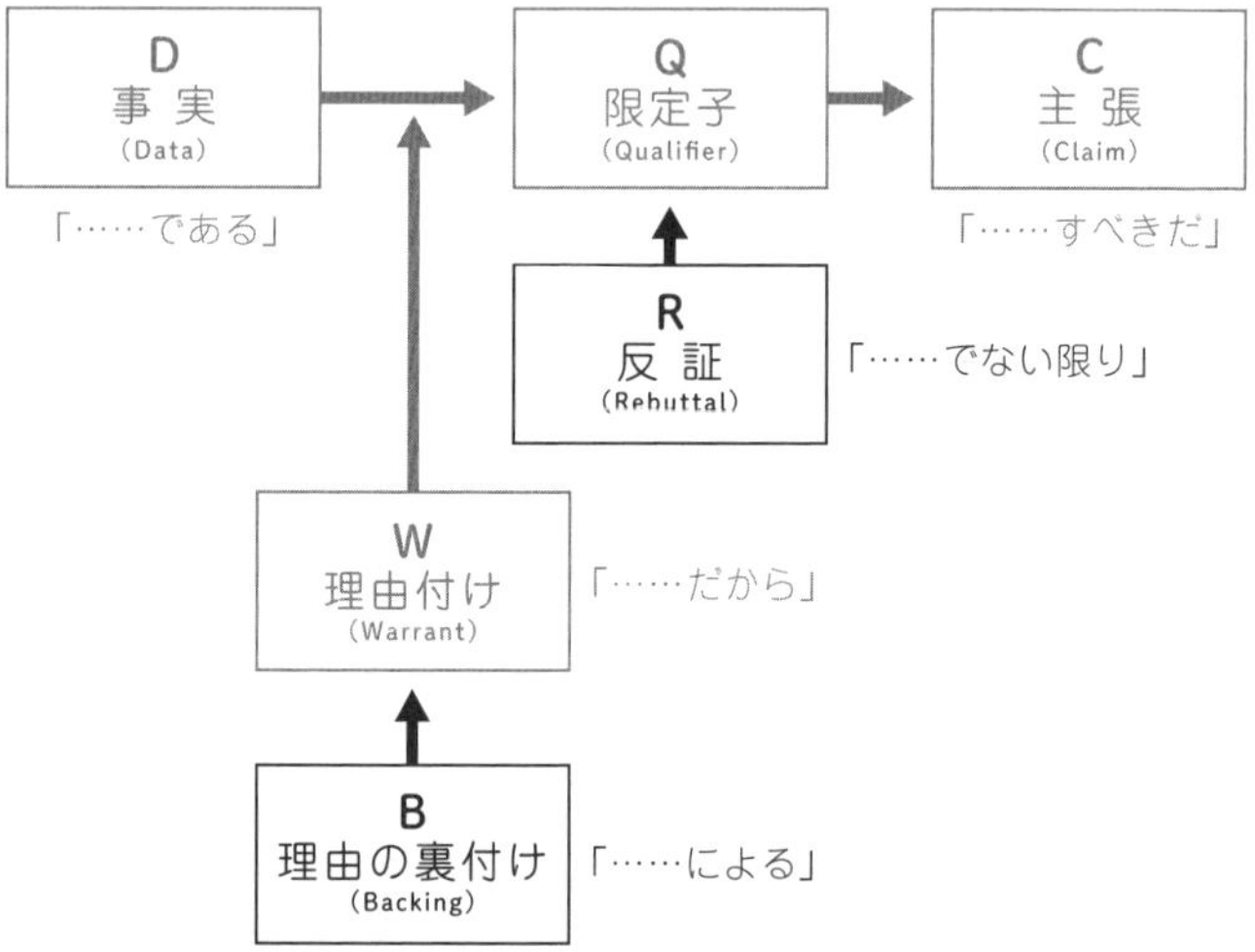

⑦主張がどの程度確かであるかについて評価する（限定子 Qualifier）

主張は常にどれくらいの確率で成り立つのか。ほとんど常に成り立つのか、成り立つ場合もある程度なのか等を検討して限定子として記載する。

⑧①〜⑦の分析を図解する

主張、事実、理由付け、理由付けの裏付け、反証、限定子の関係は、下のような図にまとめることができる。

レーガン陣営の「理由の裏付け（Backing）：女性の権利について活動する団体が主張することに賛同する候補者は女性の権利を尊重する」に対して、「女性の権利について活動する団体」はこう反論する。レーガンは、我々の活動や要求、例えば中絶の権利の承認についてずっと反対してきたではないか、と。この反証によって、レーガン陣営の当初の主張の信頼度は大きく下がる。

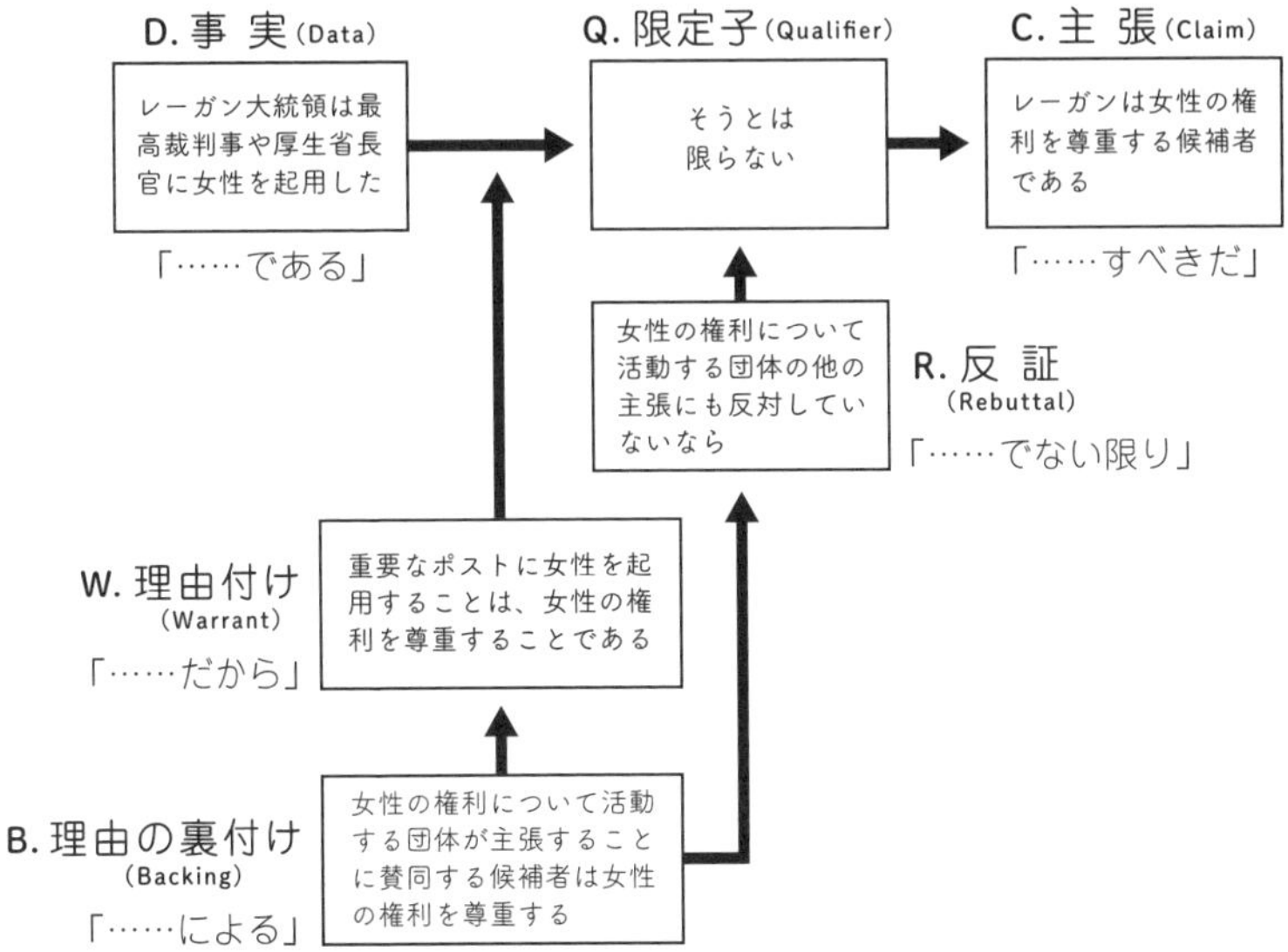

D. 事 実（Data）
レーガン大統領は最高裁判事や厚生省長官に女性を起用した
「……である」
Q. 限定子（Qualifier）
そうとは限らない
C. 主 張（Claim）
レーガンは女性の権利を尊重する候補者である
「……すべきだ」
女性の権利について活動する団体の他の主張にも反対していないなら
R. 反 証（Rebuttal）
「……でない限り」
W. 理由付け（Warrant）
「……だから」
重要なポストに女性を起用することは、女性の権利を尊重することである
B. 理由の裏付け（Backing）
「……による」
女性の権利について活動する団体が主張することに賛同する候補者は女性の権利を尊重する

トゥールミンが取り組んだ「日常における理性の研究」

タイム・スケール・マトリクスは出来事を吟味する技法だったが、トゥールミン・モデルは主張を検討するためのものである。

トゥールミン・モデルは、1958年に刊行されたThe Uses of Argument（邦訳『議論の技法』）という非形式論理の哲学書において提示された。この書の著者スティーヴン・トゥールミンは、ウィトゲンシュタインに師事した哲学者で、アラン・ジャニクと共著で『ウィトゲンシュタインのウィーン』〈61〉を著したことでも知られる。

トゥールミンは少年時代、歴史好きの父の影響から、イギリスの哲学者であり歴史家でもあったロビン・ジョージ・コリングウッドの著作に親しんだ。コリングウッドは、人間の思考を問いと答えの歴史的展開として、独自に編み出した「問答論理学」によって捉えようとした人物である。

トゥールミンがトゥールミン・モデルを考案した動機は、こうしたコリングウッドの影響のほかに、アカデミズムの世界に入る前に、物理学を学び、第二次大戦中レーダー技師として働いた経験が影響している。

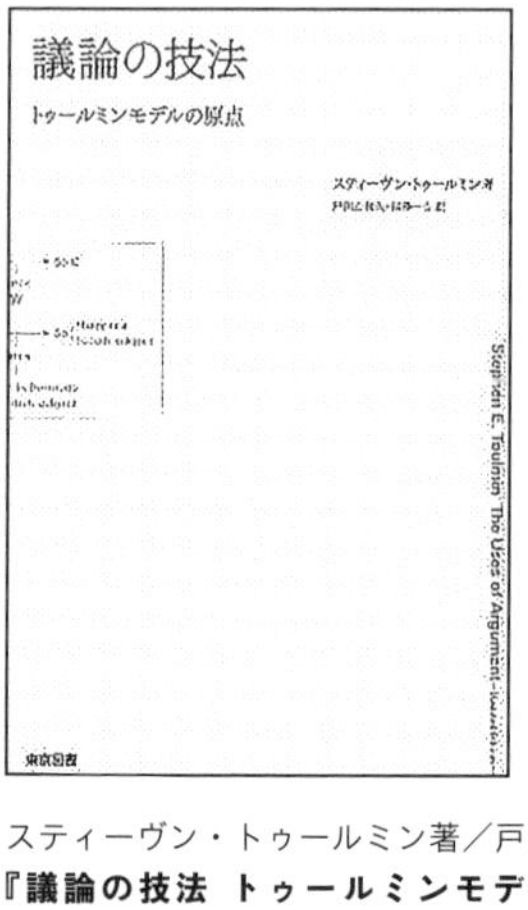

スティーヴン・トゥールミン著／戸田山和久・福澤一吉訳
『議論の技法 トゥールミンモデルの原点』
（東京図書、2011）

新しい形式論理学を武器に科学哲学を構築しようとする同僚や同時代の科学哲学者の仕事に、トゥールミンは違和感を感じていた。彼らはあまりに物理学の論理的・形式的な側面に関心を集中していて、科学者や技術者たちが現場で問題を取り扱う実際のやり方には無関心に思えた。トゥールミンは彼らの関心から離れて、むしろ日常における理性や論理の働きを研究テーマとしたのである。

そこでは同僚たちがモデルとする論理学や数学の世界とは異なり、共通の前提（公理）から始めて規則から外れず推論すれば、誰もが同じ結論にたどり着くことが保証されているわけではない（むしろ前提が異なるからこそ、我々は議論を始めようとする）。さらに言えば、実験科学が目指すような、およそ間違いないと主張できるだけの十分なデータが揃えられていることもまずない。かといって、何の理《ことわり》もなく出鱈目だけが横行しているわけでもない。日常の議論の中にも、まともな議論もあればそうでない議論もある。我々はちゃんとそれを判断しており、できる限りまともな、よりよい議論をしようと努力もする。こうした我々の日常の理性の判断を扱うには、数学や科学の世界を取り扱えるように鍛えられてきた演繹法や帰納法とは異なるものが必要なのではないか。

〈61〉S・トゥールミン、A・ジャニク著／藤村龍雄訳『ウィトゲンシュタインのウィーン』（TBSブリタニカ、1980）（平凡社ライブラリー、2001）

不確実性の下でも「できるだけよい判断」を行うために

トゥールミンはこの仕事に着手するにあたって、法学から着想を得た。法律を扱う専門家たち、例えば法廷で争う弁護士同士は、互いに異なる前提に立ちながら、それぞれ証拠と理由立てに基づく議論を行い、絶対に間違いないと言えるだけの証拠（データ）が得られない場合であっても、何らかの決着や決定を目指し、結論を得なくてはならない。これは我々が日常的に行っている議論や判断も同様である。

法廷弁論やその他の法律的問題解決における議論や判断は、数学の命題のように、いついかなる場合にも普遍妥当するものではない。あくまで特定の場面・文脈において当事者の最大限の納得（あるいは不満の最小化）を目指すものである。なので法律家たちはまた、その時点ででき得る限り最善の判断や議論を行おうとする。でなければ、せっかくの合意や判決が、後になって蒸し返され、最悪の場合覆されかねない。そうなったら契約や法的決定が不安定になってしまう。

論理学の祖とも言うべき哲学者アリストテレスは、こうした不確実性の下で完全でないにしろできるだけよい判断を行う知の働きについても考察し、この働きを賢慮（フローネシス）と呼んだ。

法律学は、英語（をはじめとする西洋語）ではjurisprudence（juri法の＋prudence賢慮）、すなわち「法の賢慮」を原義とする。

トゥールミンが関心を寄せていた日常における理性の働きもこの賢慮（フローネシス）であり、トゥールミン・モデルは、この賢慮を誰もが働かせられるよう、組織立ててルール化・手続き化しようとしたものだと言える。

第3部

どのように学べばよいかを知ろう

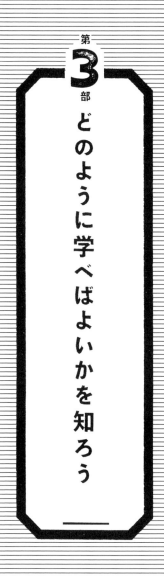

学習を苦役と考える人は、その方法を工夫することに思い至らず、反復訓練と暗記だけを学習法と信じて繰り返す。そして試験が終わり学校を離れれば、学んだことのほとんどを手放して顧みない。こうした人が「勉強なんて役に立たない」と公言し、専門知より世間知を優先するのは当然である。

〈学び方を学ぶこと〉

赤い色を見せられると「アカ」と発声するよう訓練されたオウムを想像しよう。我々がこのオウムと違って「赤い」という概念を理解していると言えるとしたら、オウムと我々はどこがどのように違うのだろうか。

推論主義の立場で知られる哲学者のロバート・ブランダムは、オウムは「赤」という概念を含んだ推論を行うことができないと指摘する。例えば、このオウムは、「あれは赤い」ということと「あれは緑だ」ということが両立できないと判断したり、「あれは深紅色だ」から「あれは赤い」を導き出したり、逆に「あれは赤い」が「あれは色がついている」という意味を含んでいることがわかる能力を持っていない〈1〉。また色に対して単なる反応しかできないオウムの発話は、他の主張の理由として用いられることもない。

我々はオウムではないが、学校や試験に適合してきた（適合しすぎた）人たちの中には、ある種の「パターン合わせ」だけを習得してきた人がいる。出題された問題の中にあるパターンに反応することはできても、異なるパターンには反応できず、ましてテストや学校を離れた場面で学んだことを知識として用いることができない。

学習科学という学問は、生徒が教室で学んだことがなぜ教室の外では使われないのか、どうすれば学校を出た後も役に立つ形で知識を学ぶことができるのか、という問いの答えを探してきた。そうして得られた知見の一つは、**正解をただ記憶するよりも、専門家が対象を研究するのと類似した学習活動の方が、学習者はより深い知識を学ぶ**ことである。そしてもう一つ、**こうして得られた深い知識は、暗記された表面的な知識のように試験の後に忘れられることなく保持され、また現実世界で活用されやすい**ことも明らかにされた〈2〉。

例えば歴史を学ぶ時、出来事の年号や順序を暗記するより、歴史家がするように、史料に当たり仮説を立て議論を戦わせて妥当な推論を組み立てた方が、より深い知識が学べる〈3〉。また、

〈1〉Robert B.Brandom (1998) Making It Explicit: Reasoning, Representing, and Discursive Commitment, UK: Harvard University Press.
〈2〉John D.Bransford, Ann L.Brown, Rodney R.Cocking (2000) How People Learn: Brain, Mind, Experience, and School (Expanded Edition), USA: National Academy Press.
〈3〉National Center for History in the Schools (1996) National Standards for History in the school (Basic Edition), USA: UCLA Public History Initiative.

こうした専門家のやり方は、我々が飛びつきがちな夢想や陥りがちな偏見を避け、はまり込んだとしても脱出するのを助けてくれる。言い換えれば、システム1の弱点を抑制し、システム2を表舞台に立たせて働かせる。これは、独学を扱った本書が、アカデミック・スキルズと呼ばれる技術にページを割いてきた理由の一つでもある。

とはいえ、我々は、自分で思う以上に「やり方」について保守的であり、頑迷ですらある。例えば、幼少期に機械的記憶（丸暗記）で勝ち得た成功体験から離脱できず、有意味学習〈4〉へのシフトを果たせず、行き詰まる人がいる。

こうした人が困難から抜け出しがたいのは、単に記憶の精緻化や体制化といった学習メカニズムに関する知識を欠いているだけでなく、自分の学習プロセスを今と違ったものにする動機付けを、そしてそのために再検討する契機を欠いているからである。

我々の多くは、「古臭い」と現行の教育制度を批判しながら、その一方で古い学習観を保持している。例えば「詰め込み教育」を批判しながら、学習するとは知識を脳にインプットすることだと信じて疑わない。

何十年も前から心理学で知られていた知見に「脳科学」のリボンをつければ飛びつく一方で、「記憶力」や「基礎学力」「発達段階」といった現代では首肯しがたい概念を手放さない。

こうした時代遅れの学習観を背景に、世の学習方法本、独学指南書の多くはハウツー（どのように学ぶか）に限っても、認知科学の展開や状況論的転回、これらを受けた学習科学の発展ともほぼ無交渉のままでいる。

第3部は、こうした状況に対するいらだちをベースに、独学者が学習観を更新し、認知科学や学習科学の知見のいくつかに接続するためのゲートウェイであることも目指している。これらの分野に蓄積された知見は膨大であり、またその実践は学校等の教育機関を中心としているが、ヒトの認知メカニズムの探究として捉え直せば、独学者の学びを強化する一助となるはずである。

〈4〉アメリカの教育心理学者オーズベルは、教材に含まれる概念情報を、学習者が自身の認知構造にある概念と関連付けることができた時意味が生じることを指摘し、そのような学習を機械的（丸暗記）学習に対峙させ、有意味学習と呼んだ。有意味学習は機械的（丸暗記）学習よりも、よく保持され、学んだ知識も活用されやすい。David P.Ausubel（1977）"The facilitation of meaningful verbal learning in the classroom" Educational Psychologist, UK, 12, 162-178.

第12章

読む

無知くんと親父さんの対話12

様々な読み方で再読する

無知くん：どうして本なんか読まなきゃいけないんですか？

親父さん：いけなくはないな。誰もお前さんに読めと命じてないし、正直期待してもいない。

無知くん：いや、そこは強く読書の意義を説くところでしょう！　ネットでは断片的な情報しか手に入らないとか、なんとか。

親父さん：断片的かどうかは相対的な話だけどな。一冊や二冊、何か読んだところで体系的な知識が身に付くわけじゃない。

無知くん：じゃあ、もう読書はあきらめて、ネット動画だけで独学します。

親父さん：ネット動画で農業のやり方を独学〈1〉しているアフリカの若者がいたが、字幕や自動翻訳も入るし、なかなか悪くないやり方だと思ったな。書物は必ずしも入手が容易じゃないし、翻訳書が出るかどうかも様々な事情に左右される。

無知くん：とほほ。読書は消え去るしかないんでしょうか。

親父さん：そうでもない。魚のさばき方みたいなのは動画で見た方がわかりやすいが、

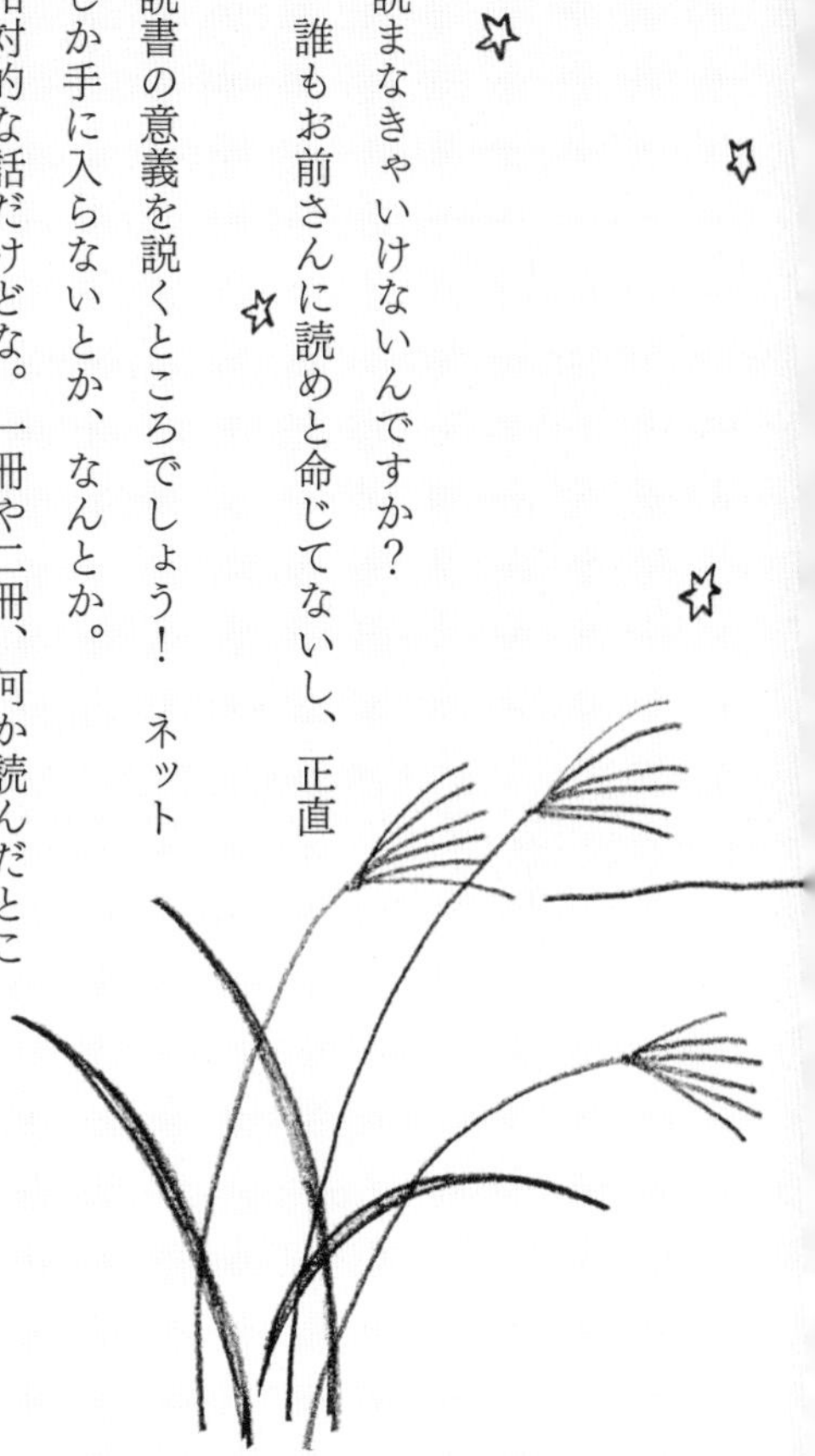

〈1〉YouTube等にも多くの農業技術についての動画があるが、例えばAccess Agriculture（https://www.accessagriculture.org）のように現地の言語で農業トレーニングビデオを提供するサイトやAgribusiness TV（http://agribusinesstv.info/en/）のように農業で成功している若手起業家を動画で紹介するサイトもある。

込み入った抽象的な話や理詰めで理解すべき内容は読んだ方がいい。複数の情報を突き合わせるのもそうだな。自分の理解に合わせて好きな速度で、繰り返すことも含めて好きな順番で内容にアクセスできるからだ。動画の説明は、基本的には、情報を発する側のペースに従うことになる。

無知くん：動画も、早送りしたり、繰り返し見たりはできますが。

親父さん：だが書物と比べてランダムアクセス性は劣る。俺たちが本を読むのは、必ずしもその内容を丸ごと頭に入れたいからじゃない。その一冊をまとめた著者と、それを読む俺たちとでは、直面している問題も必要としている情報も違う。だから、いろんな読み方ができることが重要なんだ。この読書の自由は、裏返して言えば、書物の方からは何もしてくれないことを意味する。ページをめくることすら読者任せだ。書物とどんな関係を結べるかは、読者に委ねられている。

無知くん：実は告白すると、本が全然読めないんです。一冊読むのに息切れして、途中で挫折してしまいます。何とかしてください。

親父さん：とりあえず1ページでも読んでから言え。

無知くん：では、せめて自力で進めるまでは、自転車の補助輪みたいなのを付けてください。でなきゃ僕の代わりに読んで、内容を噛んで含んで説明してください。

さい。

親父さん：おかあさんか？　まあ、俺も本を読むのが苦手だった。今でも、大して得意じゃないが。

無知くん：親父さんが？　だったら、どうやって読めるようになったのか、そっちの方を教えてくださいよ。

親父さん：模範解答は「一度読んだらやめられないメチャクチャ面白い本を夢中になって読んだ」というところか。残念ながら俺にはそういう幸運は訪れなかった。

無知くん：うう、可哀想に。

親父さん：泣かれるほどじゃない。

無知くん：ではなおさら、どうやって読書家になったんですか？

親父さん：なってない。知りたいことを知るために本を読むだけなら、そんなご大層なものになるまでもない。ちょっと聞くが、辞書を一冊読み通すのに何日かかる？

無知くん：何日じゃききませんよ。何カ月、いや何年もかかるかも。

親父さん：しかし普段そんな時間をかけて辞書と付き合ってないだろ？

無知くん：生まれた時から電子辞書なんで。でも、そもそも辞書は通読用ではないですよね？　調べたいことが載っている箇所だけを見るもんじゃないですか？

親父さん：辞書でそれができるのは、調べたいことにダイレクトにたどり着けるように作ってあるからだ。知りたいことがどこに載っているか、全部読まなくてもわかるし、その項目だけ読めば知りたいことが、まあ一応はわかるように書いてある。

無知くん：名案を思い付きました。**普通の本を辞書みたいに使えばいいんですよ！**　でもいったいどうすれば？

親父さん：辞書が普通の本と違うのは、知りたいことがどこに載っているかわかるようになっていることだ。つまり、普通の本を辞書化する第一歩は、その本のどこに何が書いてあるかわかるように、ある種のリストを作ることだな。

無知くん：えっへん。それ、知ってます。索引と言うんでしょ？

親父さん：まあな。だが索引のない本はまだまだ多いし、あっても不完全で使えない索引も少なくない。だから、手元に置いて繰り返し使うことになる本は、どのみち自分で索引を作ることになる（→技法41「刻読 Marked Reading」、512ページ）。

無知くん：ちょっと待ってください。その索引を作るのに、結局その本を全部読まないといけないんじゃ？

親父さん：それどころか繰り返し読まなくてはならんだろうな。

無知くん：本末転倒！　もっと楽なのはないんですか？

親父さん：じゃあまあ、問いでも立ててみろ。問いには、人間の認知能力を動員し、動機付けを促す効果がある。問いを抱えて答えを探しながら読むのと、何も考えず虚心に一冊と向かい合い最後まで読み通すのとでは、自ずから読み方が違ってくる。

無知くん：そうなんですか。でも、答えを探す読み方だと、答えに関係のない部分はごっそり取り落とすことになるのでは？

親父さん：むしろそれが狙いだ。一冊を読み切れないというのは、一冊を読み通すという目標が、今のお前には大きすぎるからだ。ならば実現可能な小さな目標を立ててみろ。

無知くん：それが、問いを立てて、答えを探すことですか。

親父さん：お前がたった一つの問いを持ってその本に挑むなら、少なくとも一つの答えを得るだろう。それでは満足しないというなら、さらに多くの問いを抱えて、再び書物に向かえばいいだけの話だ。

無知くん：同じ本を何度も読むなんて時間の無駄だと思っていました。

親父さん：再読することから逃げる者は、タイトルだけ違う同じような本を繰り返し読む羽目に陥るだろう〈2〉。言うまでもないが、そういう本は大抵ろくな本じゃない。**むしろ再読に値しない本は、最初から読まない方が時間も人生も有効に使える。**

無知くん：そういう悪態なら、今の僕にもつけそうな気がします。

親父さん：それに一つの問いに答えることは次の問いを生む。そしてよい本はお前によい問いかけを促す。もっとも読み手の方も、その問いかけに気付き、そいつを受け取れる程度には、よい読み手でないと駄目だが。例えば書物にはどこかの偉い誰かが書いた「正解」だけが書いてあると信ずるような読み手なら、その書が差し出す最上の贈り物が「欠陥」に思えるかもしれん。「なんで、この本は○○について書いてないんだ⁉」とかな。本当は、その「抜け落ちている」と感じるものこそが読み手の中に問いを生み、次の探索へと導くんだが。幸いにも、読むべきときにある書物と出会い、それを読むことでお前の中に問いが生まれたなら、離さず追いかけろ。ある問いに答えるには、その本に書いてあることだけでは足りないかもしれない。そこまでくると、お前は点の読書から線の読書へと踏み出しているだろう。誰かに教えてもらった本を追いかけるのでなく、読み進める中で次に読むべき本が決まってくるんだ。

〈2〉「再読を軽んじる者は、いたるところで同じ物語を読まざるをえない」（ロラン・バルト著／沢崎浩平訳『S／Z』みすず書房、1973）

無知くん：おお、読書家っぽい！

親父さん：そして本を読むとは、結局のところ、様々な読み方でもって繰り返し再読〈3〉することだ。本の読み方は一通りではない。それを知るだけで随分読むことが楽になるだろう。

〈3〉「まことに奇妙なことだが、ひとは書物を「読む」ことはできない、ただ再読することができるだけだ。良き読者、一流の読者、積極的で創造的な読者とは再読者なのである。」（ウラジーミル・ナボコフ著／野島秀勝訳『ヨーロッパ文学講義』〈TBSブリタニカ、1982、1992〉↓『ナボコフの文学講義』〈河出書房新社、2013〉）

技法34

転読 Flipping

知らずに使っている最速の読書法

ページに目を落としたまま、できるだけ速くページをめくっていく

紙の辞書を引く時のように、あるいは落丁がないか点検するせどり〈4〉のように。めくる時は何も考えず、ただ手を動かす。

〈4〉糶取または競取と書けば、同業者の中間に立ち、売買の取次をして口銭を取る行為、またこれを業とする人のこと。背取りと書くと、古書業界で、転売を目的として同業者や愛好家から古書を買い取ること。特に、掘り出し物を見つけて高く転売することを言う。

巻物仕立ての経典を転がしながら目を通す技法

転読は最高速の読書法である。慣れれば一冊1分もかからない。

元々は、巻物仕立ての経典を転がしながら目を通すことから出た言葉だが、その後、折り本〈5〉を用い、表裏の表紙を両方の手で支え、経巻を右または左に傾けながら本文の紙をぱらぱらと一方へ落とすやり方を言うようになった。

現代でも、大般若経〈6〉600巻を転読する法要が禅宗や真言宗の寺院では毎年行われている。

我々が通常手にする書物は、竹簡に糸を通して束ねたもの〈7〉でも、パピルスの巻

〈5〉横に長くつなぎ合わせた紙を一定間隔で折り畳んで作る製本方法（蛇腹）または、この方法で製本した本。糸によって綴じる製本方法と異なり、綴じ目がない。巻子本を一定間隔で折ると折り本となる。例えば常明寺大般若経は、元々は巻子本であったものを折り本に改装したものである。

〈6〉通称『大般若経』、略称『般若経』は、正式には『大般若波羅蜜多経』と言い、唐代の玄奘三蔵が長短様々な「般若経典」を集大成した経典である。全16部（会）600巻に及び、大乗仏教の基礎的教義が書かれた膨大な経典群である。630年頃、玄奘がインド等から中国へ持ち帰った般若経典群を、玄奘自ら翻訳の指揮を取って4年の歳月をかけて漢訳編纂し、663年『大般若波羅蜜多経』が完成した。この漢訳は広く日本にも輸入され、現在日本国内の各寺院に保存されている大般若経はこれである。

〈7〉中国の書籍の原型は竹簡《ちっかん》・木簡《もっかん》を束ねたものである。漢字の「書」は竹帛《ちくはく》に筆で著すこと、「籍」は竹の札《ふだ》を意味し、竹帛の竹は竹の札、帛は絵絹《えぎぬ》のこと。1行に書いたものを簡、簡を束ねたものを冊（策）と言い、「冊」は現在でも書籍の数を表すのに用いる。

大般若経600巻を転読する法要

物（ロトゥルス）でもなく、紙を重ねて片方の端で綴じた冊子状のものである。これをコデックス（Codex）という。

コデックスについては、転がしても、ばらばら落としても、ページは進まないから、必然的にパラパラとページをめくることになる。

パラパラマンガをflip book（John Barnes Linnetが1868年に特許）〈8〉と言うことから、コデックスに対する転読をflippingと呼ぶ。

綴じた書物のランダムアクセス

読書の儀礼的効果に関心のない読書家には、転読はせいぜい（古書店の買取りの際になされるように）落丁やページの破れや汚れを発見することぐらいにしか利用価値がないように見える。

しかし書物を再読する場合は、別の意義が追加される。

転読は、その書物と出会った最初から、手元にある限り最後まで使用し続ける読書技術であり、他すべての読書技術を下支えするものである。なぜなら**ページをめくらぬ限り、コデックス（綴じられた本）は1ページだって読むことができない**からだ。

竹簡

パピルスの巻物

例えば、その本を一旦読み終えた後、自分に必要な情報がその本の中にあることを思い出したとしよう。

本を手に取り必要なものを引き出そうとする時、我々はほとんど意識することなく、この転読を使っている。巻物などのより以前の形態に比べて、綴じた書物（コデックス）は、任意の箇所を引き出しやすい、つまりランダムアクセス性が高い〈9〉、と言われる。音楽や映像は、基本的にそこに流れる時間どおりにシーケンシャルに体験することしかできない。

一つの口から語られる言葉や物語もそうだ。言語の線状性に沿ってそれらを写し取るためだけなら、巻かれ広げられる巻子本でも、朗読の録音テープでも、このことは変わらない。

綴じた本（コデックス）はしかし、それ以上のものである。順番に読むこともできるが、好きな箇所を好きな順に開き読むこともできる。

〈8〉https://books.google.co.jp/books?id=FsXj0P4OwKQC&pg=PA65&dq=John+Barnes+Linnett&redir_esc=y#v=onepage&q=John%20Barnes%20Linnett&f=false

〈9〉現存する最古のコデックスの一つは「シナイ写本 Codex Sinaiticus」である。この写本を分散して所蔵する英、独、エジプト、ロシア４か国の機関による共同事業で、４年がかりで、現存する約８００ページ分のデジタル写真を一冊にまとめ、インターネット上で公開している http://www.codexsinaiticus.org/

『シナイ写本 Codex Sinaiticus』
シナイ半島南部シナイ山の山麓にある聖カテリナ（カタリナ）修道院で、1844年ドイツの聖書学者コンスタンティン・フォン・ティッシェンドルフによって発見された、コデックス（冊子本）形状の聖書の写本。ギリシア語で書かれ、旧約聖書の一部（七十人訳聖書）と、新約聖書のほとんどを含んでおり、その後の聖書の校訂に大きく寄与した。

このランダムアクセスを可能にする綴じた本（コデックス）の登場は、幾度か生じた書物における革命の一つだった。

読書の対象＝書物の側でランダムアクセスを担保するのが綴じた本（コデックス）という形態だとすれば、読書主体＝読み手の側でランダムアクセスを可能とするのが転読Flippingの技術である。

どれだけ念入りに再利用可能なように印をつけ、付箋を貼り、自家製の索引を作り、必要箇所を抜き書きした書物についても、時に読み返すことが必要となり、そのために転読を行うことになる。以前に読んだ時には見過ごしていた部分が必要になる場合があるからだ。

今のあなたは、以前その本を読んだ時のあなたではない。**書物は変わらないが、読み手は（それを取り巻く世界は）変わる。だからこそ、書物を手元に置き、繰り返し読むことに価値がある。**

目にもとまらぬ速さでページをめくっても、何も受け取ることはないように思えるが、それが真実だとしたら誰も以前読んだ箇所を探し出せないことになる。

手にしたばかりの本と、読み込んだ本とでは、転読から感じるものがわずかでも違っていることに気付くだろう。

だから最初に手にした後、そして何らかの読みを行った後に、繰り返し転読を行うべきである。

転読は書物と読み手の関係が変化したかどうかを計るものでもある。

転読 Flipping と捜読 Scanning

落丁がないかどうか確かめるために、転読しているとしよう。

その時、あなたの目は書物のページに注がれている。書物の内容などとても読み取れない速度であるが、探しているものが目に映れば、あなたはそれに気付き、手を止めるだろう。

あるいは「２３７ページを開きなさい」という教師の声に、教科書のページを繰るとする。指定されたページを開くために転読しているあなたの目は、今度は紙面の隅にあるノンブルに注がれている。該当ページにたどり着けば、あなたはそれに気付き、やはり手を止める。

転読のスピードでも、私達の目は何も捉えられないわけではない。

見つけようとするものをあらかじめ決めておき、紙面に素早く目を走らせながら、転読Flippingでページを繰りながら、目的のもの（落丁、ノンブル、語句やフレーズ）を見つけるための読みを**捜読 Scanning**と呼ぶ。

捜読 Scanningは、転読 Flippingとともに、それと意識することなしに毎日使っている、読書の基幹技術の一つである。

例えば索引を使うには、該当ページを開くのに転読と捜読を、そしてページ内で該当の語句を見つけるのに捜読を、ともに必要とする。

また捜読は、転読と異なり、綴じた書物以外に対しても使うことができる。

例えば書類の内から必要な箇所を拾い出す時にも捜読の技術を使っている。

コンピュータのディスプレイの中で、スクロールしつづけるテキストから何か見つけるにも、この技術が使える。もっともコンピュータならば、検索機能があなたの目の代わりをしてくれるだろう。

捜読は、紙のテキストの時代から続く人力の検索機能である。

〈演　習〉

・ストップウォッチを用意し、この本を、表紙から最後のページまで、できるだけ速く、すべてのページをめくってみよう。何秒かかるか、測定しよう。

・一冊の本を読み始める前と読み終えた後に、転読を行い、時間を計ってみよう。
読書の前と後で、転読にかかる時間はどう変わるか、確かめてみよう。

技法35

掬《き》《く》読《ど》《く》 Skimming

必要なものだけを読み取る

掬読 Skimmingは、読むべき部分と（当面の目的のためには）読まなくてよい部分を見分け、読むべき部分だけを読んでいく技術である。最小限の時間でテキストの概要を掴むことができる。

①序論部分・第1パラグラフを読む

論文や学術書、大学教科書などのパラグラフによって組み立てられた型のある文章は、掬読に向いている。第1パラグラフには、その本の「目的」「答えようとする問い」が書いてある。

②結論部分・最終パラグラフを読む

最終パラグラフには、「結論」が書いてある。さらに必要なら、中間パラグラフの冒頭センテンスを拾って読むことで、結論に至る著者の思考の過程がわかる。

『想像の共同体』を掬読する

論文や学術書なら、最初にこの本の「目的」や
「答えようとする問い」が書いてある

ナショナリティと
ナショナリズムと
いった人工物が多くの
国々の多様な政治的・
イデオロギー的パターン
と合体し、深い愛着を
もたらすほどの正当性
を持つのはなぜか？
（22ページ）

変化してきたか、そして今日、なぜそれがかくも深く情念を揺さぶる正統性をもつのか、これを注意深く検討する必要がある。あるいはこう言えばよいだろうか。つまり、ナショナリティ、ナショナリズムといった人造物は、個々別々の歴史的諸力が複雑に「交叉」するなかで、一八世紀末にいたっておのずと蒸溜され創り出され、しかし、ひとたび創り出されると、「モジュール（規格化され独自の機能をもつ交換可能な構成要素）」となって、多かれ少なかれ自覚的に、きわめて多様な社会的土壌に移植できるようになり、こうして、これまたきわめて多様な、政治的、イデオロギー的パターンと合体し、またこれに合体されていったのだと。そしてまた、この文化的人造物が、これほどにも深い愛着《アタッチメント》を人々に引き起こしてきたのはなぜか、これが以下においてわたしの論じたいと思うことである。

この問いの答えを
読み取る

結論部分（265ページ）に、
その答えがあった

様々な社会で
複写でき、さらにそれが
「公定」であることから、
ナショナリティや
ナショナリズムといった
文化的人工物は各国に
爆発的に普及した

史的変化の相続者である。本書でわたしが素描しようと試みてきた理由すべてによって、遺産は、まさにヤヌス神のごとき両面をもっている。なぜなら、遺贈者には、サン・マルティンとガリバルディばかりでなく、ウバーロフやマコーレーもふくまれているからである。すでにみたように、「公定ナショナリズム」は最初から、意識的な自己防衛政策であり、帝国・王朝的利益の維持と密接にむすびついていた。しかし、ひとたびそれが「だれにでも見てとれるようになると」、一九世紀初頭のプロシアの軍制改革がさまざまの国家によって模倣されたように、等しくさまざまの政治・社会システムによって複写できるものとなった。そして、このスタイルのナショナリズムのひとつの変わらぬ特徴は、それが公定であるということ――つまり、それが、国家から発散して、なによりもまず国家の利益に奉仕するものだということにある。

ベネディクト・アンダーソン著／白石さや、白石隆訳
『想像の共同体 ナショナリズムの起源と流行』（NTT出版、1997）

掬読 Skimmingが解放するもの

掬読 Skimmingはテキストの中から必要な部分だけを選び出し、読む技術である。速読、すなわちテキストからできるだけ速く情報を汲み出す方法の中では最も古く、よく知られたものである。

スキミング（Skimming）という言葉は、元は乳脂などの上澄み・浮きかすをスプーンなどですくい取ることだが、転じて〈必要な箇所だけを読み取ること〉を指すようになった。読書法としてのSkimmingは、Oxford English Dictionaryによれば、1711年に最古の用例がある〈10〉。しかしその語義はreading（over）hastily、つまり大急ぎで読むこと（読み通すこと）であり、具体的にどのような方法で情報を「すくい取るのか」は判然としない。

しかし掬読 Skimmingの意義は「どのようにして必要な部分を見分けるか」というテクニックそのものよりむしろ、そのスタンス、つまり「テキストの必要なところだけを（まずは）読めばいい」という割り切り方にある。この考え方こそ、「書物は1ページ目から順番に、それも一字一句飛ばさずに、読まなくてはならない」という、本読みの実態からはほど遠い〈思い込み〉を打ち砕き、我々を解放してくれた教えであった。

　最初から順番に読む読書は、小説などのフィクションには相応しいが、それ以外にも書物はたくさんある。そして独学において付き合うことになるのも、もっぱらそれ以外の書物である。

　多くの書物は、辞典・事典のように必要なところだけを探して読んだり、すべてを読むにしても、全体を何度も（そのために一回一回は薄く）繰り返し読むものである。

　当たり前のことをしつこく説いていると思う向きもあるだろうが、我々の多くは読み方を誰かに習ったりしない。自分にとって当たり前の読み方を疑い省みる機会は希少なのだ。およそ読むことを苦手とする人ほど、凝り固まった（そして苦手意識を強化する）読書観を持っているものだが、これは、読書観を改訂する機会が少ないからである。

　今述べたことは、ポジティブな形で言い直すことができる。すなわち、**「最初から順番に」という思い込みを脱するだけでも、読書はずっと楽で楽しいものになる。**

　驚くべきことに、学術論文のごとく強く構造化されたテキストすら、当然だとばかり

〈10〉“This fellow, who had excellent natural parts, but wanted a small foundation of learning, is a lively instance of those wits, who, as an ingenious author says, “will endure but one skimming.”
（出典）John Gay (1711) The Present State of Wit, In a Letter to a Friend in the Country, UK. 該当箇所は次のＵＲＬから読むことができる。https://en.wikisource.org/wiki/Page%3AThe_Works_of_the_Rev._Jonathan_Swift%2C_Volume_18.djvu/45

最初から順に読み、序論（イントロダクション）の途中で挫折しましたと報告してくる人がいる。

しかし論文を読むことが苦手なら、あるいは苦手な言語で書かれた論文であるなら、まずは必要な部分だけを見分けすくい取る方法は役に立つはずである。

学術論文は、パラグラフ・ライティングが必須であるだけでなく、全体の構成も明確にルール化されており、どこに何を書くべきかがかなり厳密に決まっている。そもそも、そうしたルール化が進んだ理由は、発表される論文の数が爆発的に増加したこと、そのため強い効率化の圧力が働いたことである。

例えば、読むべきか否かを全体を読まなくても判断できるように、必要な情報をすぐさま選び出せるように、全体から細部に至るまでルールに従い構築することが求められる。

ここまで準備されたテキストに掬読 Skimmingを使わないなど、何かの呪いにかかっているとしか考えられない。

論点先行構成法の起源と未来

現代では新聞記事でも採用される、文章の要点や重要な要素を前に出す文章構成法は、文書によるコミュニケーションの効率化を目的に導入された。

そのルーツは、バーバラ・ミントのMinto Pyramid Principle（邦訳『考える技術・書く技術』）ではなく、一説には、リンカーン大統領の下、陸軍長官をつとめたエドウィン・スタントン（Edwin McMasters Stanton, 1814-1869）がリンカーンの死を伝えた公報（public dispatch）がその嚆矢とされる〈11〉。

この方法がやがてジャーナリズムに採用され、実用文の世界全体に広がっていったと考えられる。それ以前の新聞は、文章の構成ばかりか文体においても、小説と区別がつけがたいものだった。報告すべき情報の増大と、情報流通にますます求められるようになった速さと正確さのニーズなどを受けて、新聞の文体は文学から離脱し、主観を排した客観報道を誇るようになり、味気ない逆ピラミッド型の文章構成法をデフォルトにするに至ったのである。

こうして文学以外のテキストにおいては、論点先行の文章構成法が広がっていく。読み手から見れば、掬読 Skimmingできる／すべき文章はますます勢力を拡大している。こうしたルール化された構成法に従うテキストに対しては、掬読 Skimmingは技術というよりルールを単純にあてはめていく作業に近い。文章作成のルールを知る者にはます

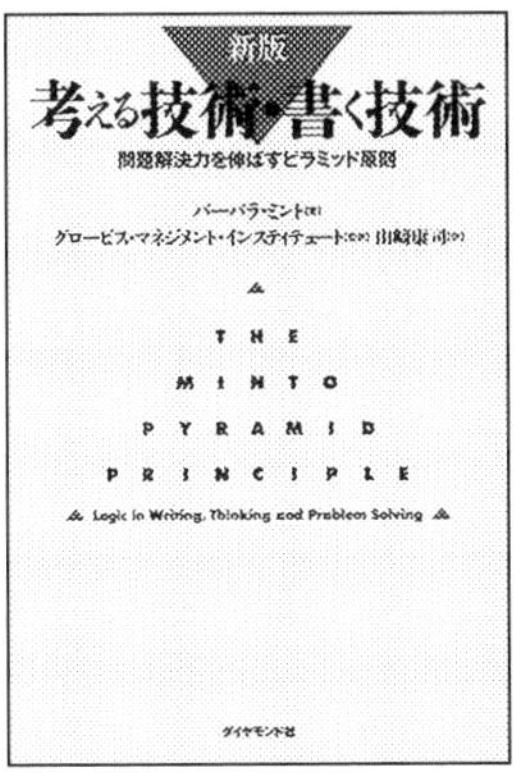

バーバラ・ミント著／グロービス・マネジメント・インスティテュート監修／山﨑康司訳
『新版 考える技術・書く技術 問題解決力を伸ばすピラミッド原則』（ダイヤモンド社、1999）

〈11〉David T.Z. Mindich (1998) Just the Facts: How "Objectivity" Came to Define American Journalism, USA: NYU Press.

ます容易となり、技術と意識されることすらなくなっていくだろう。

一方、ルールによって構成されないテキストも、しばらくはなくなるとは思えない。ルールがなければ形式的／機械的に、必要な部分を見つけることはできない。表現や内容に踏み込む必要が出てくる。こうしてテキストが構造化から離れれば離れるほど、掬読 Skimmingは、次の項で扱う問読 Q&A Readingに近づいていく。

論文などの構造

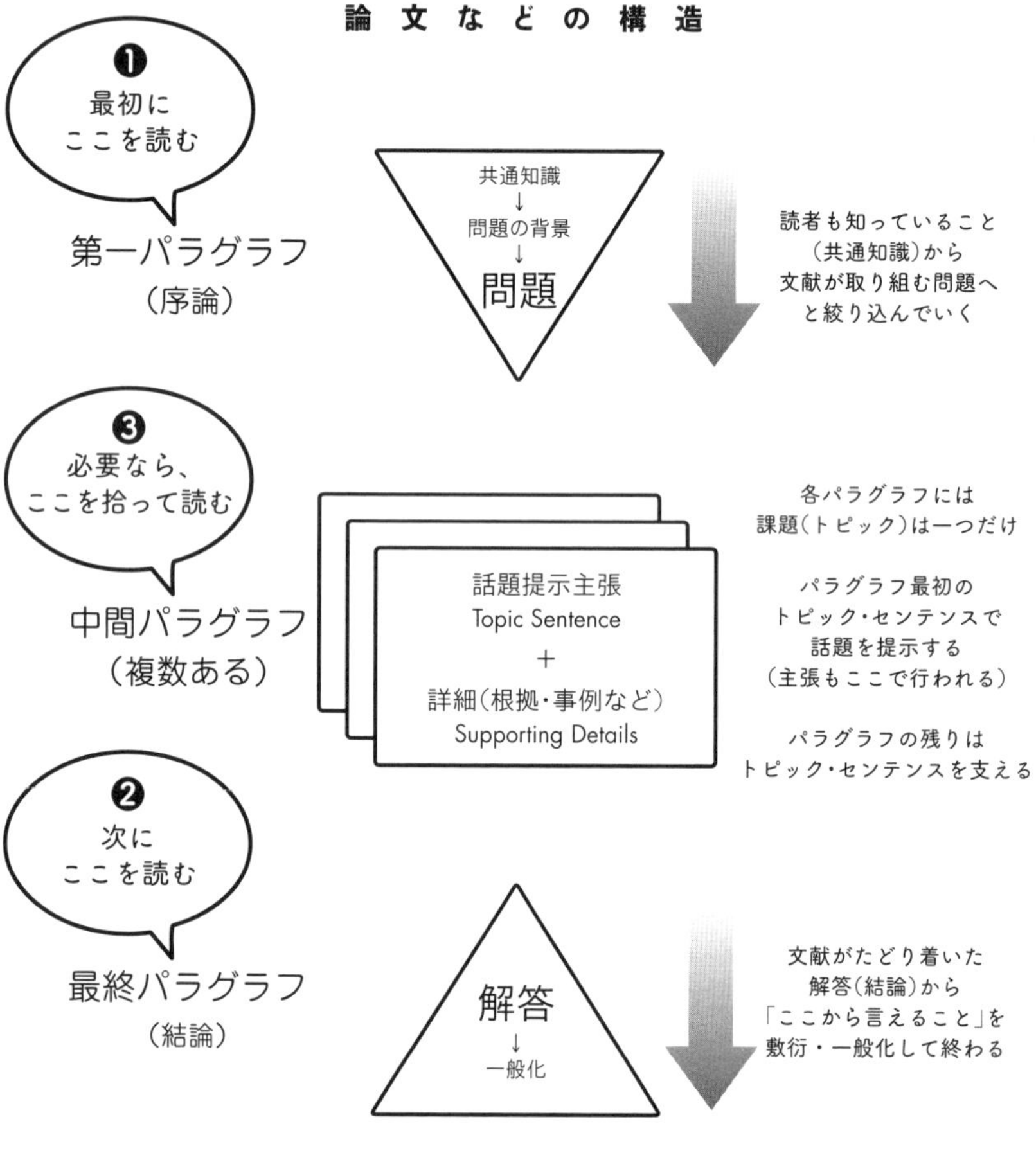

❶ 最初に ここを読む
第一パラグラフ
（序論）
共通知識
↓
問題の背景
↓
問題
読者も知っていること（共通知識）から文献が取り組む問題へと絞り込んでいく
❸ 必要なら、ここを拾って読む
中間パラグラフ
（複数ある）
話題提示主張
Topic Sentence
＋
詳細（根拠・事例など）
Supporting Details
各パラグラフには課題（トピック）は一つだけ
パラグラフ最初のトピック・センテンスで話題を提示する（主張もここで行われる）
パラグラフの残りはトピック・センテンスを支える
❷ 次に ここを読む
最終パラグラフ
（結論）
解答
↓
一般化
文献がたどり着いた解答（結論）から「ここから言えること」を敷衍・一般化して終わる

ルールのない文章を掬読する方法

英文では文学作品以外の文書はパラグラフ・ライティングの形式で書かれるが、ルールは完全に守られるものではない。また日本語の文章は、理論的なものであっても、パラグラフ・ライティングのルールに従わない場合が少なくない。こうした形式によらない文章への対処法は、ルールに従う文章に対しても、必要な箇所を発見するのに役立つだろう。

・**著者の立場に立って考える**

目的がテキストの概要を掴むことであれば、テキストの中で重要な（だと著者が考える）部分や主張が、著者によってどう扱われているかを考えてみるといい。

最も多いのは〈**繰り返す**〉ことである。著者は読者を基本的に信用していない。（迂闊な）読者に読み落とされるのを避けたいのであれば、この方法は第一選択となる。同じ言葉（その類義語や言い換え）が何度も登場していれば、著者が取り上げたい主題は、その言葉が示すものである。

次に多いのは〈**目立たせる**〉ことである。新奇な造語や凝った言い回しは、少なくとも著者の重心がそこのところに偏っていることを示す。あるいは平凡な通説を当て馬として先に出し、その後を逆接の接続詞で受けてつなぐなど、読者に立ち止まらせようとする仕掛けがあれば、そこに著者の主張が置かれている可能性は高い。
〈冒頭〉と〈末尾〉についても同様のことが言える。親切な著者なら、読者に無駄骨を折らせないように、〈冒頭〉(最初)にこれから何の話をするつもりか断ってくるだろう。また奥ゆかしい物書きも、自分が言いたいことが伝わっているか不安になって最後にダメ押ししたくなる可能性がある。

・主観・判断のサインに気付く

文章を書いているのは(現在のところ)人であり、文章には必ず書き手の目的がある。そのため、客観的な文章であっても、事実を記述した部分ではなく、著者の主張が盛り込まれた箇所が重要だと考えられる。

つまり書き手の主観が漏れ出たところは、テキストの中で重要な箇所である可能性がある。

「当然～である」「～にちがいない」など信念の程度を示す言葉や、大小・長短・高低・新旧・好悪・善悪など書き手の判断を必要とする言葉には、著者の主観/判断が反映されている。

「著者の立場になって考える」が著者の意図を汲み取ろうとしたものであるのに対して、こちらのアプローチは著者の残す痕跡を追跡するものである。

〈演　習〉

・本書の、まだ読んでいない章を対象に、掬読 Skimmingをやってみよう。

・学術論文（最も掬読しやすい種類の文献）と小説（最も掬読が難しい種類の文献）について、掬読 Skimmingを試してみよう。概要を汲み取るのにどちらが容易だったか、その理由は何か、より速く概要を得るにはどんな工夫が必要かを考えてみよう。

技法36 問読 Q&A Reading

文献と対話する

①文献（書物や論文）の章見出しを拾い出し、問いの形に変換する

例えば目次の中に「マルサスの罠」という見出しがあり、自分がその言葉を知らない場合は「マルサスの罠って何？」という問いに変換する。

②章や見出し以下の文中に、問いの答えを探す

答えを探す時は、関係のない（薄い）部分は飛ばして読んでいく。

③「問い」に答えて「要約」を作る

❶で作ったすべての「問い」に対する答えを見つけることで、文献の「要約」ができる。

『10万年の世界経済史』を問読する

Q.この本のテーマとマルサスの罠に何の関係があるのか

A. 1800年当時の平均的生活水準は
紀元前10万年前の平均的生活水準と
ほとんど変わっていない（16ページ）。
つまり「10万年の世界経済史」の
ほとんどが「マルサスの罠」の中。
under the Malthusian Trap.

Q.マルサスの罠って何？

A. 技術進歩を通じて実現した
短期的な所得の増大は、
人口の増大によって必ず
相殺されること（13ページ）

Q.なぜここでマルサスの罠が出てくるのか？

A. この書物が解明しようとする３つの問いのすべてに「マルサスの罠」が関係するから。３つの問いとは（18ページ）、

1. 「マルサスの罠」の時代は、なぜかくも長く続いたのか？
2. 「マルサスの罠」からの初めての脱出が、小さな島国イギリスで1800年頃始まったのはなぜか？
3. 「大いなる分岐」（＝一部の国だけが「マルサスの罠」から脱出し、他はそのまま捕まり続けること）が生じたのはなぜか？

問いに答えていくと、
その本の「要約」ができる

グレゴリー・クラーク著／久保恵美子訳『10万年の世界経済史・上』（日経BP社、2009）

問読の３つのメリット

問読 Q&A Readingは、その名の通り、書物を相手に問答する読み方だ。一冊の本をただ通して読むよりも、いくつかの点で優れている。そのため独学では基本にして中心的な読み方になる。

まず**速い**。問読 Q&A Readingは、自分で作った問いに答えさえすればよいので、すべてを通読するよりも短い時間で行える。

しかもその**速度と深度は自在に調節できる**。問いの数や密度を、読み手の目的に応じて変えることで、たった一つの問いに答えるために読むこともできれば、細かい問いをたくさん用意して書物の内容を詳しく拾い上げることもできる。こうして一冊の本を1枚の紙にまとめることもできれば、一本の論文を一冊の分量を費やし論じることにも使える。

そして問読Q&A Readingは**理解と記憶にも寄与する**。問いに答えるために、書物が提供する知識／情報を、読み手が積極的に引き出し活用すること（深い処理）が必要になり、このことが記憶の定着と理解の深化を促す（↓技法48「ＰＱＲＳＴ法」、５７４ページ）。

イブン・スィーナーの読書術

トマス・アクィナスやロジャー・ベーコンなどヨーロッパの学者たちにも大きな影響を与え、イスラム世界では「神の証」(Hujjat al-Haq)と称された学者イブン・スィーナー(ラテン名アヴィセンナ)は、その早熟で万学にわたる才能ゆえに多くをほぼ独力で習得した独学者の一人である。

10歳でコーランと文学作品を暗唱し、野菜売りに算術を習って以来、哲学・天文学・論理学・自然学・形而上学・医学と、師につくと瞬く間にそれを凌駕し、16歳で既に医師として治療にあたっていたイブン・スィーナーは、サーマーン朝の君主ヌーフ2世を治療したことで信頼を得て王宮図書館に出入りを許され、18歳までにこの図書館の(ギリシア語文献を含む)全蔵書を読破し万学を修めたのだと言う。

イブン・スィーナーの愛弟子にして伝記作者であるアル・ジュザジャーニーによれば、彼は次のような読書法を用いていたと言う〈12〉。

イブン・スィーナー
(ラテン名アヴィセンナ)
中央アジアのブハラ出身の哲学者、医学者。18歳にして形而上学以外の万学をきわめ、ついでアリストテレスの形而上学研究に打ち込む。その著『医学典範』は17世紀ころまでヨーロッパで教科書として使われ続け、哲学者としても「第2のアリストテレス」として知られ、倫理学と政治学を除く哲学の分野を網羅した『治癒の書』は普遍論争に大きな影響を及ぼした。

〈12〉Al-Juzajani. 1974. The Life of Ibn Sina, ed. and tr. William E. Gohlman. Albany: State University of New York Press, p.69.

「この大学者について着目すべきことの一つは、私が師の伴侶であり従僕であった25年間、師が新しい書物を手にする度に、最初から最後までじっくりと読んだのを見たことは一度もなかったことである。そうではなく、師は難しい一節やこみいった問題のところをすぐ読み始め、それについて著者が何と言っているかを見たのである」

イブン・スィーナーは、書物の難解な（そしておそらく肝要な）箇所を問いの形にし、その問いに対して著者が何と答えているかを探る読み方をしたのである。

読む前に、本を自分の知り合いにする「予読」

例えば、初めて読もうとする文献（書籍、論文）について、次の3つの問いを立ててみよう。

- 何（テーマ）について書かれたものであるか？
- テーマについてどういうことを主張（クレーム）しているのか？
- 主張を根拠付けるのにどういったやり方（アプローチ）をとっているのか？

この3つは「これはどんな文献（書籍、論文）か？」を知るために、最低限必要な情報を得るための問いである。これらの問いに答え、文献について予習するための読みを**予読（プレビュー）**と呼ぼう。

答えを文献（書籍、論文）の中に求めるのだが、文献のすべてを読み通す必要はない。これくらいの質問なら、書籍なら序文や後書きや目次、時には帯に書いてある言葉からも答えが得られるかもしれない。論文ならタイトルやアブストラクト（要約）を見れば、問いに答えるのに必要な情報は入手できるだろう。

これから読もうとする文献が、大まかに言ってどういう性質のものか知ることは、その後のあなたの文献に対するスタンスを決定付ける。もっと詳しく読んでみるべきか、それとも放り出して次の文献に向かうべきか。その程度なら、判断する材料は予読（プレビュー）から得られる。

さらに、この文献がどの程度の難易度か、理解に必要な前提知識を自分が持っているか、持っていないならどの分野の知識が要りそうか、また自分の実力であれば読み通し理解するまでに、どの程度の時間と労力が必要か等、本格的な読解に入る前に必要な準備や見積もりを行うことについても予読（プレビュー）が最低限必要な判断材料を提供してくれるだろう。

これからどのような読み方をするにせよ、予読（プレビュー）はあなたの読書を助ける。

というのも予読（プレビュー）は、それ以降の読みを再読に近づけるからである。言い換えれば、予読（プレビュー）は文献をあなたの知り合いにする。友誼を結べるところまでいけるか定かではないが、少なくとも赤の他人ではなくなる。

読むべきか／読まざるべきか、もう一つの問読

世に文献（書物、論文）の数は多い。

例えば日本だけで年間8万点近くの書物が刊行される。また世界で発表される論文の数は年間200万報を超える。誰もそのすべてを読むことはできない。分野やテーマを限ってもなお、文献の数は我々の手にあまる。

どのように読むかよりも、遥かに重要なのは、何を読むかであり（これは第2部で扱った）、また今手にしたこの文献を読むのかどうかを判断することである。

読むべきか／読まざるべきかという問いは、一つの文献を読むことを超えたレベルで問われるものであり、いわばメタ読書的な問いである。

自分の中に「問い」を持つ読み手は、こう問い掛けることで、その判断をつける。すなわち「この文献は、自分がいま抱いている〈問い〉に答えることに、果たして役

に立つのか？」

つまり読む／読まないを判断する力を身に付けるには、これから読もうとする文献について、その予想を立てる必要がある。そしてこれもまた技術というより習慣に属する事項である。

論文ならば、そのタイトルから、取り上げている対象と、答えと、答えへのたどり着き方を予想し、その後予読を行い、アブストラクトや序文を読んで、自分の予想が正しいかどうか確かめる。

書物についても同様の予想と確認を、一冊ごとに、そして各章や各節ごとに行う。

予想が外れても、まずいことは一つもない。大切なのは繰り返し挑むことだ。

熟練した読み手は、このメタレベルの問読を駆使する。不要なものを読まないことは、最も高度で効果が高い速読の方法である。

〈演　習〉

これから読もうとする文献について、問いへの変換と答え探しを行い、要約を作ってみよう。

技法37 限読 Timed Reading

決まった時間で読み終える

①読む本を決め、費やす時間をあらかじめ設定する

15～30分程度の短い時間がよい。

②設定した時間内に読む

読み切れない場合も、設定時間が30分間なら30分間で読むことを中断する。読み残しがあっても、心残りがあっても、（少なくともその日は）決してその書物を開かない。

慣れない分野の文献の場合は、最初の5分間ほどを、構成を確かめたり、どの箇所をどの順序で読むかを考える「作戦タイム」にあてるとよい。

限読のやり方

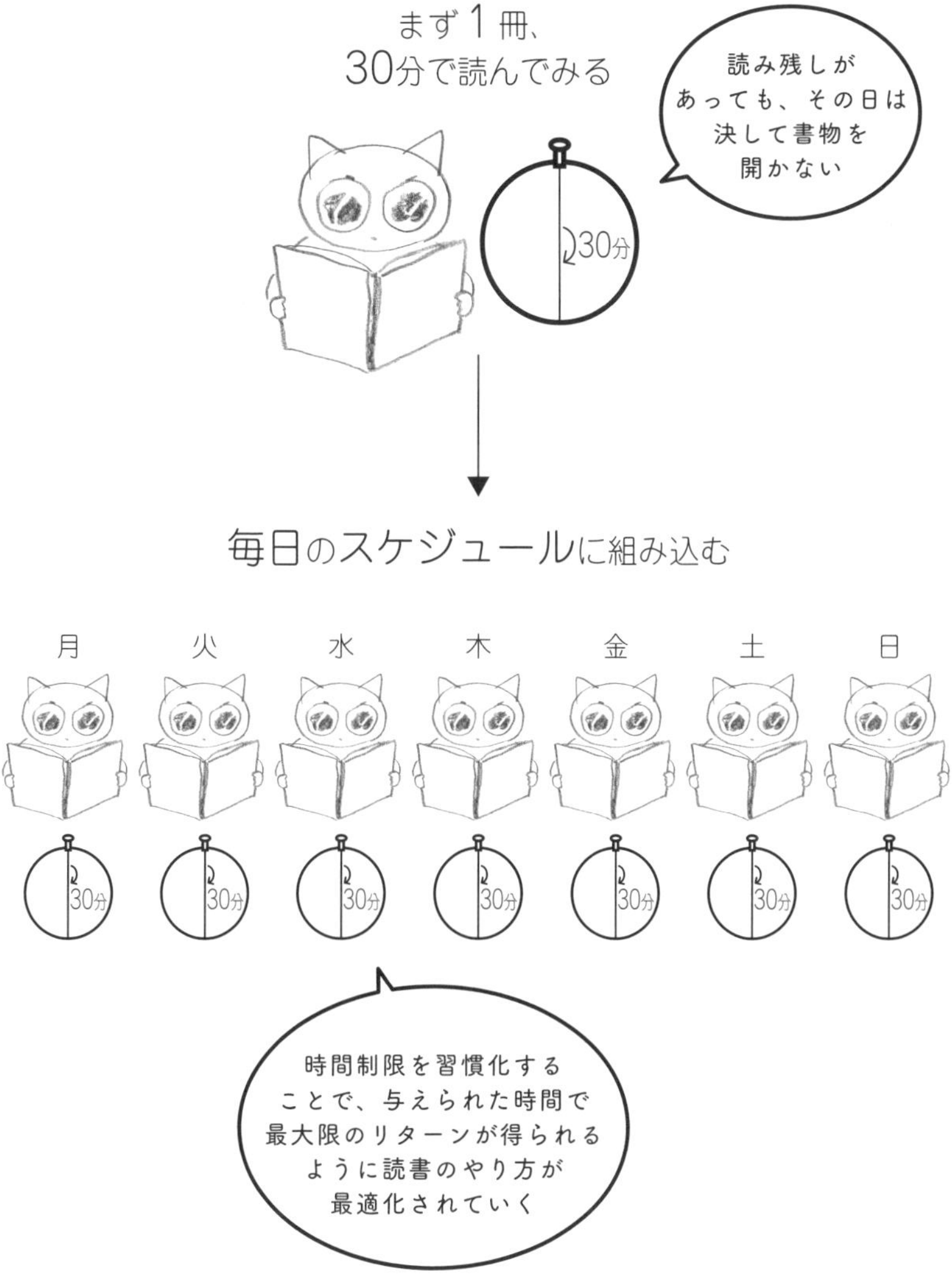
まず1冊、
30分で読んでみる
読み残しが
あっても、その日は
決して書物を
開かない
30分
毎日のスケジュールに組み込む
月
火
水
木
金
土
日
30分
時間制限を習慣化する
ことで、与えられた時間で
最大限のリターンが得られる
ように読書のやり方が
最適化されていく

「自分で決めた制限時間で読む」のはなぜいいのか？

限読Timed Readingは、文献（書物・論文）を、自分で決めた制限時間内で読む方法である。

これを「時間内に読むことができる技術」と考えると、詐欺とは言わないまでも、ほとんど同語反復（トートロジー）に近いものに思えるだろう。「この本を30分で読むにはどうしたらいい？」「30分で読み終えたらよい」というのだから。

このことからわかるように、限読Timed Reading自体は技術と呼ぶべきものではない。むしろトレーニングに近いものであり、**習慣とすることで自分の読み方と読書スキルを再構築するためのもの**である。

限読Timed Readingを実践する際には、これまでに速読のテクニックとして紹介した転読から問読を適時駆使することになる。その意味で、速読術の仕上げにあたるものである。

トレーニングとしての効果を得るには無論、続けることが望ましい。毎日、限読Timed Readingを行う時間を持ち、一冊にかける時間は最初に決めたのと同じ時間（30分間なら30分間）にする。もちろん、限読を行う時間以外は、いつものように読書を楽しんで構わない。

理想的なのは、例えば通勤／通学で〈ある駅からある駅までに一冊読む〉という風に、始まりと終わりの時間が外的に決定されるようスケジュールを組むことである。

限読 Timed Reading の主な効果は、

- 読書についての集中力が増す
- 読書モードのスイッチのオン・オフができるようになる
- 要点のつかみ方、探し方が上達する
- 読書の実効速度が一目瞭然にわかる
- ページ数と満足度を記録すると、日々、読書の上達が自覚できる（速度も内容把握度も）
- 読書の計画が立つようになる
- 読まなくていい箇所や読まなくていい本の判断がつくようになる
- 読める冊数が増える
- 「これは限読タイムで読むのに回そう」と考えるようになる

などがある。

限読に向く書籍、向かない書籍

当然のことながら、あらゆる文献（書物・論文）が限読 Timed Reading に向いているわけではない。

限読に向かないのは、

・小説のように愉しみで読む書物
……とくに最初から順番に読むことを予定／期待する書物。

・工夫なしで短時間で読める書物
……一冊10分で読める本を／読める人が、30分かけることにしても仕方がない。

逆に限読に向いているのは、

・目次や索引が充実した本

・論文などのようにフォーマットが決まったもの
……これらは読む箇所や読む順序を考える作戦が立てやすく、限読に向いている。

〈演　習〉

・この本（独学大全）を30分間で読んでみよう。最初は戦略なしに、次はどの部分を読むとよいか戦略を立ててから試してみよう。

・毎日のスケジュールに限読にあてる時間を作ろう。毎日別の文献を読めるようリストを作り、限読を1週間続けてみよう。

技法38

黙読 Silent Reading

読書技術の静かな革命

声を出さずに（心の中でも読み上げずに）文章を読む

話す速さ（およそ毎分300字）を超えて読書の速度を高めるには、声を出さないだけでなく、心の中で読み上げることからも離れる必要がある。

黙読中に喉に指をあててみよう。唇の動きや喉の振動がある場合は、声を出すこと（音声化 vocalization と言う）はなくとも、構音〈13〉(articulation) のような言語運動活動を伴った、ほぼ音読に近い黙読「擬似音読」の状態だと考えられる。これを防ぐには、「アエイオウ」などの無意味な音か、舌が反復運動する「れろれろ」などを口の中で繰り返すとよい。

かつて「音読」しか許されない時代があった

黙読は、声を出さないで文章を読み、その意味をとってゆく行為・技術である。

我々の多くが、話し言葉を習得し、これをかなり理解できるようになってから、書き言葉を学ぶ。このため、まずは音声言語を足がかりに文字とそれに対応した音を発することを学習し、最初のうちは自分で文字を音声化し、その自分の音声を聞くことで書かれた言葉の意味を取ることができるようになる〈14〉。やがて実際に文字を音声にしなくても、書き言葉から意味を取れるようになると、黙読できるようになる。

このため、黙読に慣れていない幼児や小学生では、音読の方が黙読よりも、読んだものの理解度・記憶成績が高い〈15〉。しかし黙読に慣れた大人の場合は逆に、音読よりも

〈13〉広くは口から言葉を出す時にその要素である音を発することを指すが、音声学ではより厳密に、唇や舌などを動かして、声帯より上の空洞の部分、すなわち声道の形を変化させることにより、声帯が作り出す音を加工し、正しい音声を作ることを言う。

〈14〉Jonathan Baron (1973) "Phonemic stage not necessary for reading" Quarterly Journal of Experimental Psychology, UK, 25, 241-246.

〈15〉田中敏「読解における音読と黙読の比較研究の概観」『読書科学』33巻(1号)、1989、32-40頁。

黙読の方が、読書速度〈16〉だけでなく理解度〈17〉・記憶成績〈18〉に優れている。音読の最大速度を約300字／分とすると、原稿用紙300枚分の書物一冊を読むのに6時間40分以上かかることになるが、黙読することで約2000字／分の速度で読めたとすると、同じ本を1時間で読み終える計算となる。

速度・理解度・記憶という面で優れているために、黙読は今日、本を読む際の標準とみなされている。

しかし歴史的には、おそらく近代市民社会が作られたある時期以降に広まり、支配的になった新しい読書様式・慣習〈19〉である。

長い間、本を読むことは、音読することに他ならなかった〈20〉。

読書は、一人で書物と向かい合うことではなく、声を出して他人にも自分にも聞かせる社会的行為だった。

私が何をどのように読んでいるかは、それに耳を傾ける周囲の人たちにオープンにされていた。秘して知らせない、孤独のうちに立てこもるような読み方（黙読）には、非難の目が向けられた。

聞く人たちを置いてけぼりにするほど速く読むことはできず、まして拾い読みや飛ばし読みをすることは不誠実な行為だった（クラシック音楽の演奏家たちが、楽曲を独自の解釈で演奏することはできるが、部分部分を切り離し手前勝手に〈編集〉することは許されないように)。

グーテンベルクらによる活版印刷の普及発展の後も長い間、書物を私有することができるのは富裕な人々だけだった。何より普通教育が人口の大部分に及んで識字率を底上げしない限り、書物の市場も大幅な拡大は見込めなかった。

産業革命を背景に印刷の機械化が最も早く進んだイギリスでも、事態は遅々として進

〈16〉英文についての古典的研究では、黙読は話す速度の10倍にまで読書速度を上げられることが報告されている。John L.Bradshaw (1975) "Three interrelated problems in reading: A review" Memory & Cognition, 3, 123–134.

〈17〉國田祥子、山田恭子、森田愛子、中条和光「音読と黙読が文章理解におよぼす効果の比較—読み方の指導方法改善へ向けて」『広島大学心理学研究』8号、2009、21 - 32頁。

〈18〉竹田 眞理子、赤井美晴「長文の音読と黙読が記憶に及ぼす効果：難易度の異なる散文と詩を用いて」『和歌山大学教育学部教育実践総合センター紀要』22巻、2012、81 - 85頁。

〈19〉無論、黙読は近代になるまで知られていなかったわけではない。アウグスティヌスは『告白』の中で、ミラノの司教アンブロシウスが黙読することを驚きを持って書いている。さらに古いものではプルタルコスは、アレキサンドロスが母親オリンピュアスからの手紙を黙読したこと（「アレクサンドロスの運または徳について」『モラリア4』340a 邦訳 p.327）、あるいはカエサルは政敵カトーの隣でカトーの妹からの恋文を黙読したこと（『対比列伝』「ブルータス」5）を記している。また百科全書的な著作『語源』を残したセビリャのイシドルスは黙読の利点を自覚しており、「苦労することなく書物を読み、その内容を心に浮かべ、必要なければ記憶から除くことも容易な」方法であると称賛している (Isidoro de Sevilla, Sententiae Libril III, 13:9)。

〈20〉「よむ」という和語の原義は「数を数える」である。この意味は、今日でも「サバを読む」といった慣用句に残っている。ここから「文字や文章を見てその表す音を声に出す」という意味が生まれ、現在の「読む」へとつながっていった。

ヨハネス・ゲンズフライシュ・ツール・ラーデン・ツム・グーテンベルク
(Johannes Gensfleisch zur Laden zum Gutenberg、1398年頃-1468年2月3日)
活字量産方法の発明、油性インクの採用、農耕用スクリュープレスのような木製印刷機など、活版印刷に関わる諸技術を考案・実用化に成功。自ら印刷業・印刷物出版業を創設した。1455年に初めての大規模活版印刷本となる聖書を出版。活版印刷はヨーロッパでの書物の生産に一大変革を起こし、知的世界のみならず社会全般に大きな影響を与えた。

まなかった。

書籍が高額であることを前提に、貸本を中心にした書籍流通と読書習慣が成立していた。19世紀にイギリスで書かれたフィクションのうち8割は貸本のために書かれたと言われる。全国に店舗展開した大手貸本業者は、大口の購入者であり、出版社と作家に大きな影響力を持っていた。

ディケンズらが活躍した19世紀半ばでさえ、書物は家庭単位で借りて読むものであり、読書とは一家がそろって楽しむ家族的娯楽であった。

昭和期に登場したラジオやテレビ放送をお茶の間で一家がそろって楽しんだ時代を知る人なら、その様子が想像できるかもしれない。

家の主人や学校へ通う長男といった家庭内における識字者が朗読を受け持ち、文字を読めない者（幼少の者から、若い頃学校へ通わなかった老年者まで）を含めて家族全員がそれに耳をすませた。

家族朗読で好まれたのは、家族みんなで楽しめる物語であった。わかりやすく起伏に富んだ筋、勧善懲悪的な道徳性と予定調和的なハッピーエンドが幅を利かせた。貸本の普及を前提にした書籍流通と値段設定のおかげで、読書を個人の孤独な楽しみに変えるような、書物の価格革命はなかなか生じなかった。

どこを読んでいるか周囲の人に否応なく知らせる音読では、反社会的内容を持つ書物

チャールズ・ディケンズ
（Charles John Huffam Dickens,1812-70）イギリスの小説家。12歳から町工場で働き、独学を続けながら、15歳で弁護士事務所の下働き、翌年裁判所の速記者となり、やがて新聞記者として議会の記事や、風俗の見聞スケッチを書くまでになった。短編小説で認められ、1836年に出版した『ボズのスケッチ集』で文壇にデビュー、以後数々の名作を発表し、下町の人々からヴィクトリア女王まで愛読するイギリスの国民的作家となった。

は読みにくい（例えばポルノグラフィを家族の前で音読することは多くの人が抵抗を覚えるだろう）。

「読書を一人で楽しむ」という革命

俗悪なリアリズムや、まず殺人ありきの推理小説（イギリスでは端的にクライムノベルと言われた）が隆盛するには、多くの人々が書物を私有でき、かつ共同体的紐帯から個人の解放が進む中、読書を一人で（Reading Alone）楽しむことができる時代を待たなければならなかった。

日本でも、ほんの2～3世代前までは、書物に書かれた出来合いの物語でさえ、井戸端のおしゃべりのように、集団で楽しまれるものだった。そうした書物は誰かによって読み上げられ、周囲でそれを聞く者たちも物語の盛り上がりに合わせて歓声をあげたり、嘆いたりといった反応を返した〈21〉。

〈21〉川島秀一『「本読み」の民俗誌：交叉する文字と語り』（勉声出版、2020）

明治初期の新しいメディアである新聞は家長によって読み上げられ、家族がそれを聞く形で「読まれて」いた。個人的読書が普及するのは、明治中期以降に登場し、のちに「総合雑誌」と呼ばれることになる雑誌の登場によってである。雑誌の普及によって明治末期から大正にかけて本を読む人が日本でも各階層に及び、読書公衆Reading Publicが出現した〈22〉。

今日では、フィクションに登場する読書好きの人物が物静かなキャラクターとして造形されるように、読書は一人で静かに行うのが当たり前だと信じられている。現代でも「集団的」と言える書物の読み方に読書会があるが、そこでも読むことは参加者各位が一人で行い、その後読んだ感想を述べあうことが普通である。

我々は、黙読が読書の標準的なあり方として勝利した後の世界にいるのだ。

転読Flippingのところで触れたように、綴じた本（コデックス）は、シーケンシャルな語りからランダムアクセスへの解放を内包していた。これと同様に、一人で読む(Reading Alone)ことを伴う黙読Silent Readingもまた解放的契機を含んでいた。

音楽や動画を鑑賞する際、我々は今でも演奏の速度や動画が持つ時間の流れに沿わなくてはならない。

一人で声を出さずに読むのなら、朗読や他の鑑賞者（朗読に耳を傾ける者）を待たず、発声器官の限界（300字／分程度）に従う必要もない。

人はこうして、周囲の誰にも縛られず、音声器官の制約からも脱して、思い思いの速度と順序と解釈で、書物と付き合うことができるようになったのである。

黙読 Silent Readingという、この静かな革命。

〈演　習〉

・短い文章を黙読して、読み終えるまでの時間を計り、読書速度を計算しよう。そして音読（↓技法39、502ページ）、指読（↓技法40、508ページ）と比べてみよう。文字数・難易度がほぼ一定したものが複数得られやすい新聞のコラム等が比較のためには好ましい。

・読んだ後、理解度を確認する問いに答えてみよう（音読、指読と比べてみよう）。

〈22〉小林昌樹「図書館ではどんな本が読めて、そして読めなかったのか」柳与志夫、田村俊作編『公共図書館の冒険 未来につながるヒストリー』（みすず書房、2018）、第2章

技法
39

音読 Reading Aloud

身体に刻む読書の原初形態

声を出して文章を読み上げる

音読は誰かに聞かせる読み方である。学校や寺子屋では教師や年長者が聞き手を務め、音読の誤りを訂正してくれたが、聞き手＝訂正者を求められない独学者は、自分の音読を録音し聞き返すとよい。

つかえずなめらかに音読することは意外に難しい。音読の躓きは理解の不確かなところを浮かび上がらせる。

このように漢語を音読み、訓読みで２回読むやり方を「文選《もんぜん》読み」と言う。

寺子屋から九九の暗唱まで

音読は、声を出して読むことを言う。

本を読み始める時に経験する方法であるために、やがて乗り越えるべき読書法として扱われることも多い。

しかし音読は、教育の場面で引き続き重要な役割を担っている。

声を出すことで側にいる者にも、どの箇所をどのように読んでいるかを知ることができること、そして他人が付いていけないほどのスピードが出せないことは、指導者（コーチ）によるフォローアップが容易なことにつながり、即座に読み方を矯正・指導することを可能とするからである。

例えば日本の近世において、武家の学校や漢学塾から寺子屋に至るまで、主たる教授法であった素読・白読は、書物の意味・内容の理解に先んじて、文字を音声化し、繰り返し音読させるものだった。

上記の教育機関では初歩の生徒のために素読席が設けられており、素読の個人指導を担当する者がいた（年長の生徒等が担当することが多かっ

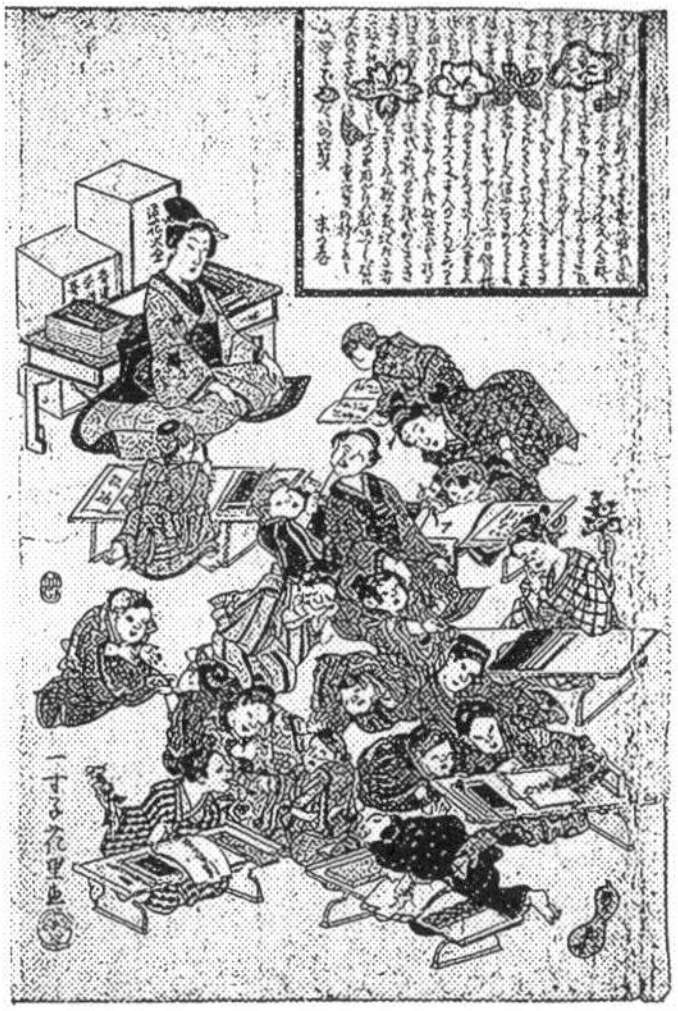

寺子屋

た)。彼はテキスト(『論語』『孟子』『大学』『中庸』のいわゆる四書)を手本として読み上げて聞かせ、それを生徒に真似させ、繰り返し唱えさせた。一応覚えられたとみれば、手本に頼ることなく暗唱させて、間違いがあれば訂正した。素読は、耳と口を用いてより多くの身体感覚を動員し、加えて社会的方略をも用いた学習法だった。

こうして幼若の初学者は、テキストの意味内容を深く考えることなく、ただ口調のおもしろさに応じて暗唱し、読了する。段階が進んで、やがてその内容が講じられる時には、テキストそのものが頭脳に、というより身体に刻み込まれているのである。

この方法が用いられたのは漢文の教育だけではなかった。例えば緒方洪庵が大坂に開いた適々斎塾(適塾)では、オランダ文典2冊の素読および原書の写本や会読(技法15、186ページ)という教授法で、大村益次郎、橋本左内、福沢諭吉ら外国語運用能力を生かして活躍する多数の人材を輩出した。

これは日本のみの特殊な方法でもなく、西欧においても19世紀半ばまでの学校の授業形態は、暗唱を中心に構成されていた。キリスト教の教義問答、祈りの文句、聖書、ラテン語の名句や名演説、有名な詩句などが暗唱され、記憶することが推奨された。

大村益次郎

(おおむら ますじろう、1824 1869)

幕末期の洋学者、兵学者。緒方洪庵の適塾に蘭学を学び、後に塾頭となる。故郷に戻り医者となるも、洋学の力を求められ、宇和島藩で西洋兵学・蘭学の講義と翻訳。幕府の蕃書調所でも教授した。長州征討と戊辰戦争では長州藩兵を指揮し、勝利の立役者となる。維新後、兵部省で初代の大輔(次官)を務め、事実上の日本陸軍の創始者、あるいは陸軍建設の祖と見なされる。

音読は教養の基礎となる

この音読を軸とする素読や暗唱法は、古典の文やフレーズを学習者の身体に刻み込み、反射的・自動的に用いることができるようにするものである。こうして**反射的・自動的に出力されるまでに植えつけられた大量のフレーズ・ストックが思考と言語運用のリソースとなる**のであり、分野を問わず知的営為に加わる者の間でコミュニケーションの基盤となった。

教養とは、ゆるい乱読の成れの果てではなく、元々このような身体的トレーニングを基礎したものなのである。

意味の理解抜きに記憶・暗唱するこうしたアプローチは、児童の〈発達〉に基礎を置いた（暗記に理解を、反復訓練に自発性を対峙させる）近代的な教育観では基本的に否定されたが、実際には様々な場面で生き延びている（日本で多くの人が経験してきたのは掛け算の九九の暗唱だろう）。

音読には、他にも、**理解力の低い読み手において、理解度を改善する効果**がある〈23〉。

音読は、発話のために個々の単語に強制的に注意を向けさせる。このため認知的な処理資源の少ない児童であっても、音読によって処理資源を個々の単語に強制的に割り付け

福沢諭吉
（ふくざわ ゆきち、1834-1901）
明治時代の啓蒙思想家。慶應義塾の創立者。緒方洪庵の適塾に学び、江戸中津藩屋敷に蘭学塾を開く（慶應義塾の元）。横浜で蘭学の無力を痛感し英学に転向。咸臨丸にて渡米、また幕府遣欧使節団としてヨーロッパ6カ国を歴訪し、これら洋行経験から『西洋事情初編』を著す。以後も西洋文明の紹介者として幕末から明治にかけて活躍した。

て文章を確実に処理することができ、理解度テストの成績を引き上げるのだ、と考えられる。他の課題を行わせることで、読解に振り向ける認知資源を減少させた実験[24]でも、黙読では正答率が減少したのに対して、音読では正答率の低下はなかった。

つまり気が散ったり疲労で読書に集中できない時など、音読は低下する読書理解力を下支えする可能性がある。

音読（Reading Aloud）からシンクアラウド（Think Aloud）へ

この章の最後に、黙読でも音読でもない「ツブヤキ」と呼ばれる読み方について触れておこう。これはテキストを小声で読み上げるだけでなく、テキストに書いていない自分の心の中に浮かんできたことについても発語する読み方である。松見らの研究[25]では、ツブヤキが黙読よりも記憶・理解の両方で優れていることを示唆する結果を得られている。

この知見は、自分の考えを声に出すと、声に出さず静かに学んでいる時よりも素早く、そして深く学ぶというレフ・ヴィゴツキー（Lev Vygotsky）の指摘を思い出させる。実際、「ツブヤキ」という読み方を研究の俎上に載せた田中敏[26]は、低学年における文章読解中に発せられる外言をヴィゴツキーの自己中心的言語として捉えている。テキストに従って正確に声に出して読むだけでなく、テキストに刺激されて生まれた自身の思考をも声に出す「ツブヤキ」では、独学者はテキストのみならず理解の途上にいる自分自身についても音読するのだ。こうして「ツブヤキ」は、思考過程を音声化するシンクアラウド（↓技法52、622ページ）という技法へと我々を導く。

〈演　習〉

- 短い文章を音読して、読み終えるまでの時間を計り、読書速度を計算しよう（黙読、指読と比べてみよう）。
- 読んだ後、理解度を確認する問いに答えてみよう（黙読、指読と比べてみよう）。

〈23〉Samuel D.Miller, Donald E. P. Smith (1985) “Differences in literal and inferential comprehension after reading orally and silently.” Journal of Educational Psychology, USA, 77(3), 341–348.

〈24〉高橋麻衣子「文理解における黙読と音読の認知過程―注意資源と音韻変換の役割に注目して」『教育心理学研究』55巻4号、2007、538-549頁。

〈25〉松見法男、古本裕美、見附藍（2004）「児童の文章記憶・理解に及ぼすつぶやき読みと黙読の効果」『広島大学大学院教育学研究科紀要　第二部　文化教育開発関連領域』(53) 219-225頁

〈26〉田中敏（1983）「幼児の物語理解を促進する効果的自己言語化の喚起」『教育心理学研究』31(1) 1-9頁

技法40

指読 Pointing Reading

読み手を導く読書の手すり

①今読んでいる箇所を指やペン先で指す

視点は指（ペン）先に据える。

②行に沿って指やペン先を動かす

読む箇所が進むのに従って、指やペン先の位置も移動させる。この時、視点は指（ペン）先に据えたままである。指（ペン）先が進む速度が、イコール読み進める速度となる。一定以上の速度で動かせないために読書速度は制限されるが、後戻りや行を間違えることはない。

音読を組み合わせて、指し示した箇所を読み上げながら、進めてもよい。

難解な文章を読む伝統的技法

指読、すなわち指さし（たどり）読みは、今読んでいる場所を指などでたどりながら、指が指している箇所を（場合によっては声を出し）読み上げていく読み方である。

読書指導では、音読と同様に、読み手が今どこを読んでいるのかを随時確認することができる利点がある。加えて、集中して文字を追うことが難しい読書初心者を助け、定まらぬ視点を読むべき文字へ誘導する長所もある。こうすることで、読み手自身が読み飛ばしに気付き、またどの文字・言葉が読めないかを自分で気付きやすくなる。

読書に慣れるに従い、指でたどらなくても、読むべき行を間違えず音読できるようになり、さらに上達すれば、声を出さずとも本が読める黙読の段階に達する。こうして発声の限界速度を超えて、人はより速く読むことができるようになる。

このように述べると、読書を始めたばかりの幼児だけが用いる方法のように思えるが、指読は難解な文章を読むのに古来より用いられてきた伝統的手法でもある。気が散って読書に集中できない時、読み慣れない種類の文章に挑んで俗に言う「目が滑る」状態に陥った時など、指読は助けになる。

現在でも、我々は、書物や文書を読み、重要と思える箇所に下線を引いたり、マーカーで印を残す。こうした印を後で読み返すことは実は必ずしも多くないが、我々は印をつけることでその箇所に注ぐ注意を高め、読解に必要な認知資源を引き出しているのである。これは一時的で部分的な指読である。

平安時代の人も「指読」していた

古くから伝わる経文や漢籍をつぶさに見ると、角筆《かくひつ》という先をとがらせた箸《はし》のような道具で、紙面を押しくぼませて跡をつけて書いた文字や記号が見つかることがある。これを角筆文字と言う。

角筆は、紙にわずかなへこみをつけるだけで書かれたものが見えにくいという性質から、鉛筆の普及以前には、漢籍や仏典の訓点、下書き、秘密の記録など多様に用いられていた。文献の上では平安時代にあったことは知られていたが、1987年に正倉院文書にも角筆文字のあることが確認され、奈良時代からあったことが判明している。中国漢代の木簡に刻文のあることが認められることから、源流は中国であろうとされている。

角筆文字の多くは、当時の読み手たちが、書き言葉の脇に文書を汚さず本人にだけわかるよう記したもので、漢文を読む補助のためのヲコト点や私的なメモなどが残されて

角筆

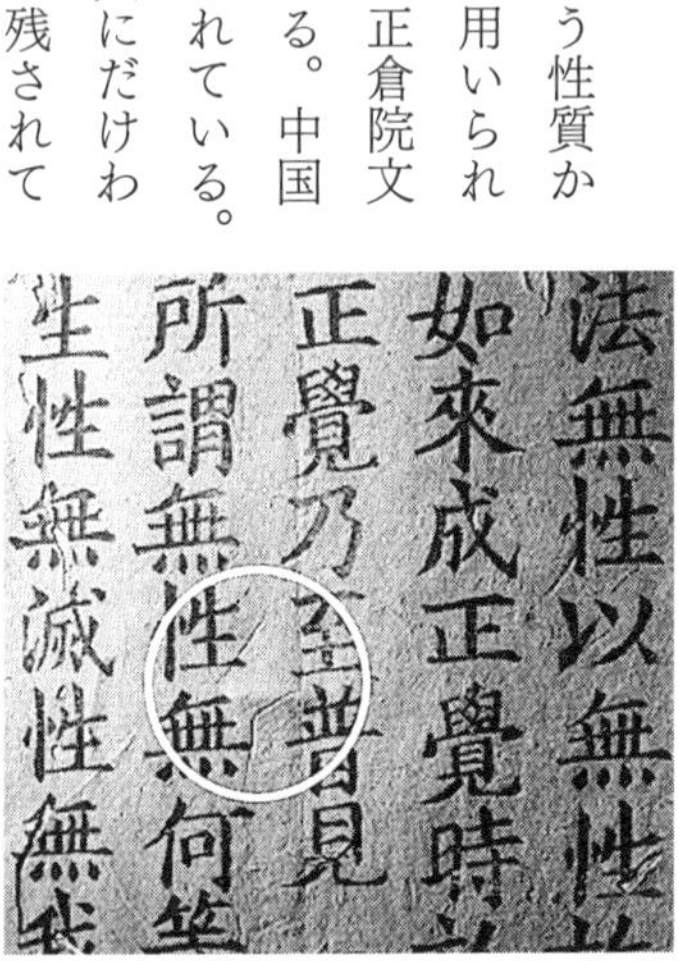

角筆文字

いる。これらは古人がどのように文書を読んできたかを残す痕跡であり、平安時代の日常口語を探る資料でもある〈27〉。

〈演　習〉

・短い文章を指読して、読み終えるまでの時間を計り、読書速度を計算しよう（黙読、音読と比べてみよう）。
・読んだ後、理解度を確認する問いに答えてみよう（黙読、音読と比べてみよう）。
・短い文章について、重要に思える箇所に線を引きながら読み、読書速度、理解度を線を引かない時と比較してみよう。

〈27〉小林芳規『角筆のひらく文化史 見えない文字を読み解く』（岩波書店、2014）

技法41

刻読 Marked Reading

読むことを考えることに接続する

①あらかじめざっと読み、全体の構成や概要を掴んでおく

時間がない時は必ずしも必要でないが、全体像を掴んでおく方がよい。読み始めたときは重要に感じた箇所も、全体から見ると取るに足らないとわかることはよくある。

②読みながら、必要なところに「しるし」を残していく

気になったところや重要だと感じたところに線やマーカーを引く。また

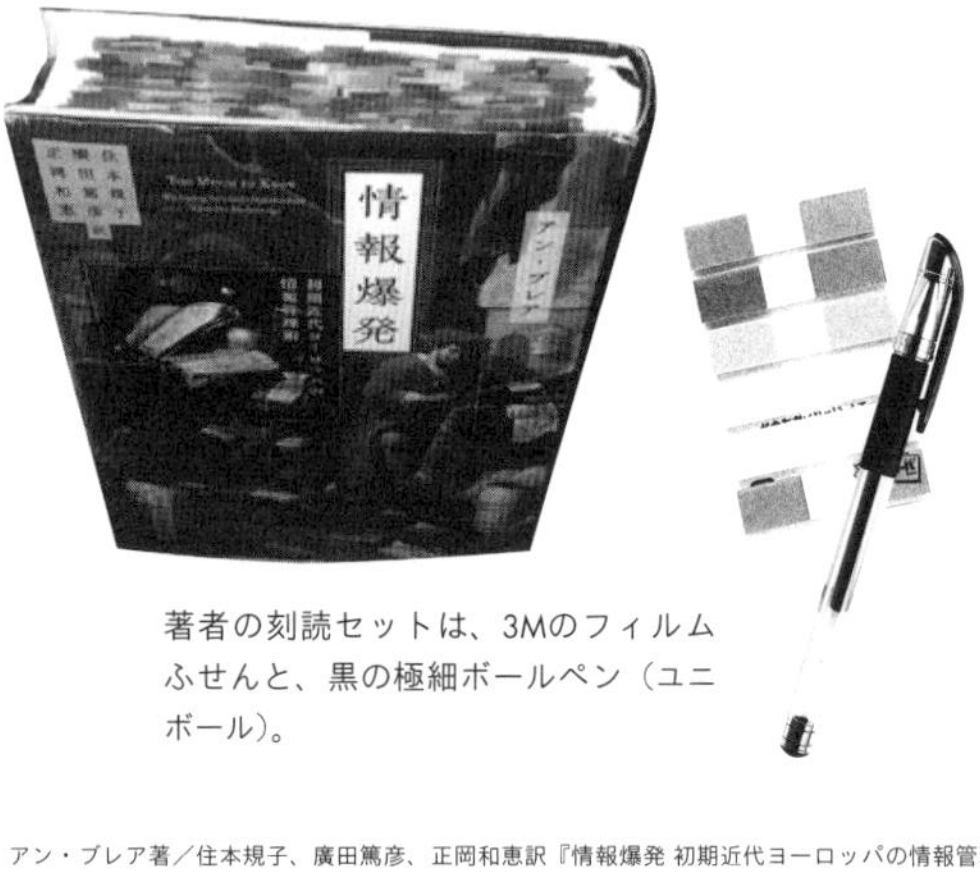

著者の刻読セットは、3Mのフィルムふせんと、黒の極細ボールペン（ユニボール）。

アン・ブレア著／住本規子、廣田篤彦、正岡和恵訳『情報爆発 初期近代ヨーロッパの情報管理術』（中央公論新社、2018）

は小さな付箋を貼る。色分けのルールについては、当初は色々工夫したくなるものだが（そして、その工夫が不可欠であると思いがちであるが）、自分の読書の経験値が増え練度が増すと、自ずと変えたくなる。自分のうちに残り、成長していくものこそ本当の「しるし」だと考え、こだわるのはほどほどにした方がよい。

③ 読み終わったら最初から読み返し、「しるし」を残したところをたどっていく

付箋を使った場合は、「しるし」を読み返しながら不要と思ったところを外して整理してもよい。「しるし」を残したページと残した箇所の内容を書き抜いていけば、自作の索引（インデクス）ができる。「しるし」の箇所を読み返して、思いついたことや考えたこととともに書き留めておけば、感想文やレポートを書くのにも役立つ。これは「テキストを論じる」際には必ず行うべき基本作業である（ゆめゆめ記憶だけに頼ってテキストを論じてはならない）。ここでもすべての「しるし」を取り上げる必要はない。適当に間引いてもよい。

すべての思考術の基礎となるもの

指読 Pointing Readingのところで紹介した角筆文字は、汚さぬように文書に残した「しるし」だったが、刻読はあえて痕跡を残す読み方である。

この方法は、古来より多くの独学者が続けてきた精読の入り口であり、書物の内容と自分の思考を化学反応させるために有効な手段である。

テキストに線を引くことは、今日でも最も広く行われる学習の工夫の一つであるが、それだけにその効果については賛否両論がある。例えばアリー・アンワル・アメル（Aly Anwar Amer）は、大学生が内容をツリー図にまとめた知識マップと下線を引くやり方が、科学文献を読むのを助けるかどうかを調べて、どちらも効果があった（知識マップの方がより効果的だったが）としている〈28〉。逆にサラ・E・パターソンは、下線を引いた後に線を引いたテキストを読み返す、下線を引いた後に線を引いていないテキストを読み返す、下線を引かずにテキストを読み返す、という3つのグループで、文章に書いてある事実をどれだけ思い出せるか、また内容から推測させる問題に答えられるかを比較した結果、線を引いたテキストを読み返したグループが他の2つのグループよりも成績が悪かったことを報告し、むしろ線を引く学習法が記憶の想起や推論に悪影響を与える可能性を示唆している〈29〉。このテーマの多くの文献を集めて行われたメタアナリシスでは、自分で線を引くことは、ただ読むよりは効果があるとされている〈30〉。

しかし刻読は学習法以上のものである。

というのも、**テキストを読み、気になるところに線を引き、線を引いた箇所について考え、コメントを残すことは、およそあらゆる思考術に共通する基盤**とも言うべき作業であるからだ。

我々の脳は、その進化の過程で〈気が散る〉ようにチューンナップされている。外界に絶えず気を配り、異変に気付いてすばやく逃げ出すためには、こうなることが必要だった。この脳の仕様に逆らい、一つのことを考え続けるためには、そうして余人が達しないところにまで思考を深めるためには、それを助ける何らかの外部足場が必要にな

〈28〉Aly Anwar Amer (1994) "The effect of knowledge-map and underlining training on the reading comprehension of scientific texts" English for Specific Purposes, 13(1), 35-45.

〈29〉Sarah E.Peterson (1991) "The cognitive functions of underlining as a study technique" Reading Research and Instruction, UK, 31(2), 49–56.

〈30〉K.Bisra, Z.Marzouk, S.Guloy, P. H. Winne (2014) "A meta-analysis of the effects of highlighting or underlining while studying" American Educational Research Association, USA.

る。そして人類が最も長く繰り返し使ってきた外部足場こそ、文字と書き言葉に他ならない。

そして読み手が書き言葉と格闘し自らの思考を作り上げていく際に何が行われているかを検討するならば、この〈テキストを読み、気になるところに線を引き、線を引いた箇所について考え、コメントを残すこと〉が、あらゆる場合に前提であり、基礎となっていることがわかる。例えば、ある書物についての感想や書評を書く時、あるテーマについてレポートや論文で論じる時、さらに言えば、インタビューやフィールドワークの記録についてまとめる際にも、同じ方法が用いられる。

しかしながらこの技術は、あまりに広範に、そして当たり前に用いられるために、ことさらに技術として取り上げられることは多くない。そのため、このやり方を知らない人は、ただ本を最後まで読んで、自分の曖昧な記憶だけで感想文やレポートを書こうとする。あるいはインタビューやフィールドワークの記録を適当につまみぐいして並べ替え報告に代えようとする。訓練していない読解と記憶は粗雑であり、元のテキストから汲み出せる言葉の精度は低く、量も少ない。結果、書くことが足りず、どこかで聞いてきたような、ありきたりな思いつきや文字数稼ぎの繰り返しで文章を埋める羽目に陥る。

書き言葉は本来、我々の思考を完全に写し取ることができない。思考を書き付け、読み返せば、必ずやギャップや違和感を感じるだろう。それこそが、次に考えるべきこと、我々の思考を先に進める契機である。違和感を書き言葉にして書き出し、また読み返して感じる違和感を捕まえ、さらに書く。この繰り返しこそ、「考える」ということに他ならない。

つまるところ、〈テキストを読み、気になるところに線を引き、線を引いた箇所について考え、コメントを残すこと〉は、実質的な意味で「考えること」を手順化したものである。

抜き書きという外部足場

テキストに印をつけることから、もう一歩進むと、抜き書きとなる。

付け加える作業は、印をつけた箇所を別のノートに書き写すことだけだ。後で読み返すことを考えるなら、どの書物の何ページから書き抜いたか、そしてどんなことを考えてそこを選んだかを添え書きしておくとよい。こうしておけば、再び読み返すことも、引用して自分の文章に使うこともできる。

添え書きの効用は、一つは**記憶／想起の手がかりになる**ことだ。もう一つは、**抜き書きした言葉を核にしてある種の「結晶」が成長していく**ことがある。添え書きから「作品」が生まれるのだ。

抜き書きを年の単位で続けていくと、書き溜めていくほどに、自分のやっていることは、単にどこかで使いたい言葉を収集しているだけではないことに気付くだろう。

もともと、抜き書きは、言葉を取り扱う者すべてにとって、伝統的な基礎トレーニングであると同時に、重要な自己陶冶(self-cultivation)の方法だった。大げさに言えば、彼らの精神は、書き抜いた言葉によって、そして何を抜き書きするのか、それによってどんな人間になろうとするのかを決める選択によって、形作られたのである。

抜き書きノートは我々の認知能力を拡大する外部足場となり得る。抜き書きノートを読み返し、さらに思いついたことを書き加えることを繰り返す時、あなたは自分の脳一つで考えているのではない。あなたが抜き出した元のテキストを書いた先人たちと共に考えているのだ
(↓技法14「私淑」、178ページ)。

こうして続ければ続けるほど、この抜き書きノートは、あなたの生きた知的財産となる。

「座右の書」を生み出す技術

抜き書きにもう一工夫付け加えると、自作の索引《インデクス》を作ることができる。

抜き書きには、ページ数を添付していたはずだ。一冊の書物から書き抜いたものを、アルファベット順や五十音順に並べかえればいい。

あるいは、テキストに印をつけ終えた後、はじめからページの順番に書き抜いていくだけでも構わない。

自作の索引を付けることで、刻読した書物は必要な時に必要な箇所を直接に参照することができる、ランダムアクセス性を備えたデータベースに変化する。つまり書物を辞書のように引くことができるようになる。

一度読み通せば二度と手に取ることはない書物なら、そこまでする必要はない。

しかし何かを真摯に学ぼうとしたことのある人であれば、そこに込められた情報も知識も、書物を一度読んだくらいでは、汲み出し尽くすことなど到底不可能であることを（あるいは通読以外にも様々な書物との付き合い方があることを）多くは苦い経験とともに知っているだろう。

南方熊楠
（みなかた くまぐす、1867-1941）
日本の博物学者、生物学者、民俗学者。大学予備門では夏目漱石、正岡子規らと同期だったが、ほどなく中退。その後、学校で学ばず、生涯職に就くこともなく、在野の研究家として一生を過ごす。その研究を支えたのは、幼少から続いた写筆であった。大英博物館で熊楠が筆写したノートは、「ロンドン抜書《ぬきがき》」と呼ばれ、52冊1万ページにも及ぶ。

南方熊楠の抜き書き（ロンドン抜書）

手元に置いて何度も参照する書物を座右の書という。

自家製索引は、書物を座右の書に改造するために有効な手続きだ。

あなたが一度読みさえすれば二度と忘れない記憶力を持っているなら、自家製索引は不要だろう。

しかし読んだことを時間が経てば思い出しにくくなる普通の記憶力の持ち主ならば、自家製索引は書物を真に自分のものにするために不可欠の作業である。

あらゆるコミュニケーションが双方向的であるように、書物との付き合い方もまた相互的である。書物をこうして作り変えることは、必ずや読み手であるあなたをも変える。

書物に印をつけることは、同時にあなたの中にも何らかのものを刻み付ける。それこそが書物が読み

「B6カード」による索引

右上の索引カードは元々、著者が電車の中での読書で使っていたものである。書籍自体を下敷きにして机のないところでも抜き書きすることができ、書き上げたカードはＡ５版の書籍からはみ出さず挟み込めるサイズ（B6カード）である。移動中しか独学に時間をとれない忙しい人に有用である（コレクトクイックリポートリーフ6.5ミリ罫B6）。

ランドル・コリンズ著／井上俊、磯部卓三訳『脱常識の社会学―社会の読み方入門―』（岩波書店、1992）

手に与える最善のギフト（贈り物）である。

〈演　習〉

・短いテキスト（論文やある書物の1章、あるいは新聞のコラムなど）を選び、マーカーなどを使って線を引きながら読んでみよう。線を引かずに読む場合と、読書速度や理解度は違うだろうか？

・線を引いたり、付箋を残しながら、本書を読んでいこう。最後まで読み終えたら、線を引いたところや付箋を残した箇所を拾い上げて、ページ数とともに抜き書きし、まとめてみよう。これであなただけの索引そしてあなた専用の『独学大全』ができあがる。

精読
Close Reading

技法42 段落要約 Paragraph Summarizing

精緻に読むことに引き込む読書の補助輪

① 要約に取り組む文献と範囲を選ぶ

一冊の書物など長い文献の場合は、1章ずつ取り組む。ここではクーン『科学革命の構造』のうち第一章について段落要約をやってみる。

② 段落ごとに番号をつけていく

段落番号は最初に書籍に直接書き込む。『科学革命の構造』第1章は、全部で14の段落に分かれる。

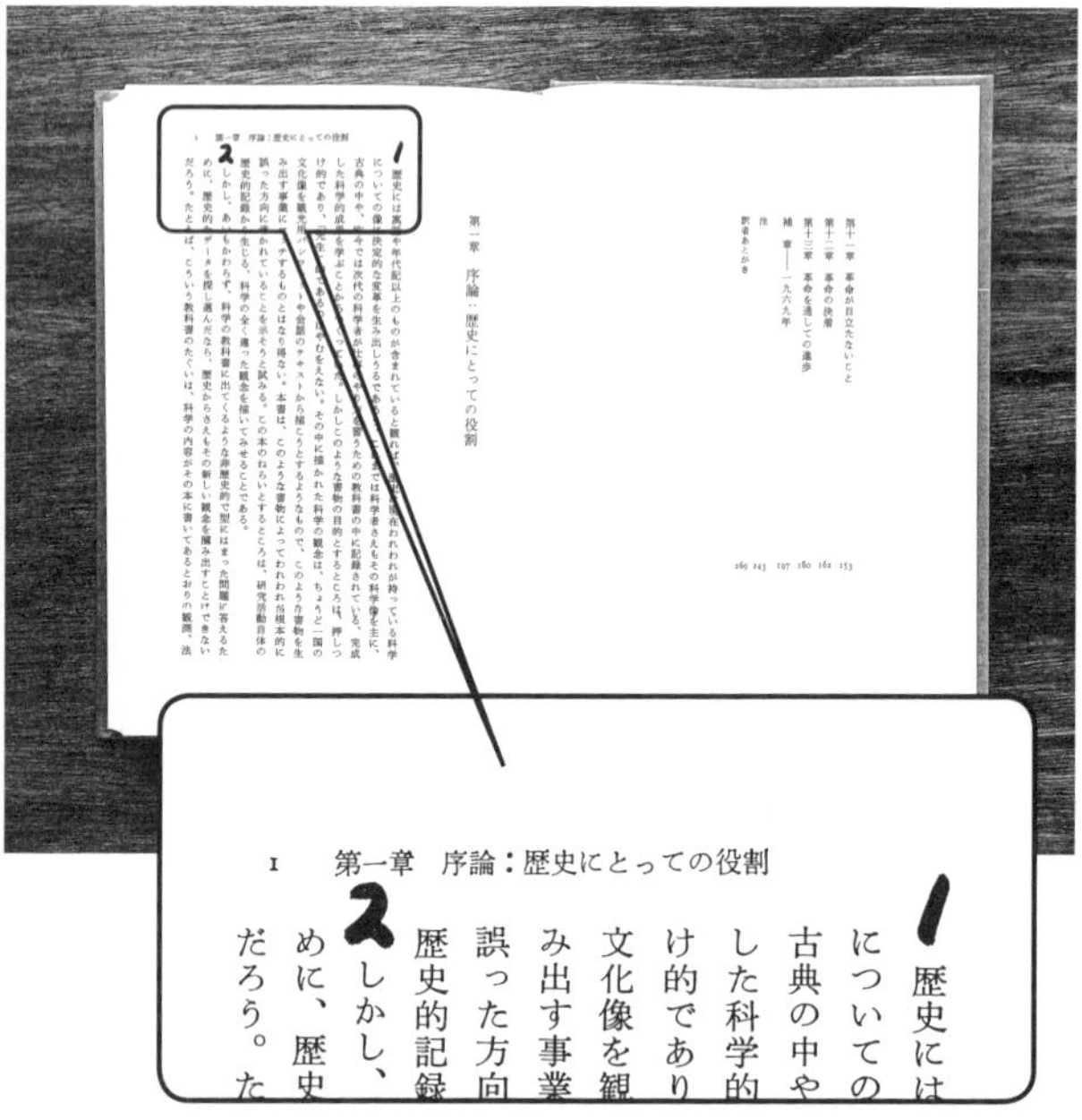

トーマス・S・クーン著／中山茂訳『科学革命の構造』（みすず書房、1971）

③段落数に合わせて、空欄を用意する

④読んだ内容を要約して、空欄を埋める

目標としては、段落ごとに長くても1文程度にまとめるべきである。段落を読みながら、要約に含めるべきだと感じた箇所やキーワードに線を引いておくとよい。線を引いた箇所をつないで文章として成り立つように整理する。重複する部分や省略できそうな部分は、思い切って省く。こうすることで自分の理解の程度を書き残す記録にもなる。

第一章　序論：歴史にとっての役割

1
2
3
4
5
6
7
8
9
10
11
12
13
14

要約は
内容が込み入って
いるところ、理解が
難しいところ
だけ

内容が
思い出せる程度の
詳しさで要約する。
要約が難しい箇所は
いくつかのキーワードを
書き残し、後で
もう一度読み返す

『科学革命の構造』の要約

第一章　序論：歴史にとっての役割

1 この本の狙い＝研究活動自体の歴史的記録から生じる、科学のまったく違った観念を描いて見せること

2 教科書の非歴史的で型にはまった問題に答えるために、歴史的なデータを探し選んだなら、そのような新しい観念を掴み出すことはできない

3 （これまでは）科学の発展は知識やテクニックの累積、科学史はその累積の数え上げ、その障害の年代記に過ぎなかった

4 科学の歴史的研究を進めていくと累積的な科学の進歩という見方は難しくなる

5 この困難を検討していくと科学論の歴史方法論的革命に至るが、本書はこの新しい方法論によって新しい科学像を描くことを意図する

6 どんなことが明らかになるかと言えば、いろんな科学の問題について唯一不変な結論 ── 例えば科学者が抱く所信は観察や経験で決まるといったもの ── も押し付ける決め手はないことが明らかになる？

7 3、4、5章 ── 通常科学＝自然を規制の鋳型に押し込める試み、扱う

8 6、7、8章 ── 危機＝恣意的要素について。科学者たちに共通する既存の科学的伝統を覆す以上の出来事＝科学革命

9 9、10章ー科学革命について。例ーコペルニクス、ニュートン、ラヴォアジェ、アインシュタイン。何が問題であり解答であるかも基準をすっかり変えた

10 あまり大きくない変化にも科学革命はある、新理論はどれだけ小さくても単なる累積ではなく覆しを含む

11 新理論の発明だけでなく新事実の発見も、考え方や理論体系の変化をもたらす。発明と発見は区別しづらい

12 科学革命の拡張解釈、11章 ── 教科書が科学革命を隠す、12章 ── 旧伝統の擁護者と新科学の唱導者の競争、13章 ── 革命による発展は科学の進歩と両立するか、またいかにして？

13 歴史研究は概念転換をもたらすか？あらゆる種類の対立する答えが出るだけでは？　概念上の区別を無視しているのでは？

14 規制の概念は循環している、よって抽象以上の具体的内容を持っている。それゆえに科学史は、知識についての理論が正当に当てはまることを証明する場所を提供する？

要約して初めて「理解していない」ことに気付く

段落要約 Paragraph Summarizingは、精読のための補助輪である。あらかじめ段落の数だけ書き込む欄を作り、それを埋めることで、読み手を〈深く読むこと〉に引き込む工夫である。

要約を作ることは、それほど簡単な作業ではない。当然ながら、段落の内容を要約するには、自分の言葉で表現できるまで内容を理解しなければならない。理解が不十分なところ、納得できない箇所で、要約作りは行き詰まる。これを自分の能力の不足と思うべきではない。自然に読み飛ばしている時には気付かなかった、自分の理解の「濃淡」があからさまになっただけだ。

一冊の書物を、一篇の論文を、隅から隅まで理解することは通常求められない。我々がかろうじて何かを通読できるのは、無自覚にであれいくらかの読み飛ばしと無理解を自分に許すからだ。**段落要約は、そうした読書のやり方を、通読モードから精読モードへと切り替えさせる。**

その意味では、最低でも一度は通読したもの、できれば何度も読み返したものについて行うのが望ましい。そうすることで、自分のこれまでの読みが、どれほど「いい加減」だったか思い知ることになる。これは悪い意味でだけ言うのではない、最後まで読み通すという目的に適ったという意味で「いい加減」でもあったのだ。

難解な本の「岩盤」を少しずつ削る

何度かチャレンジしたが読み通せない難所を突破するのにも、段落要約は使える。硬い岩盤を少しずつ削り取りながら読み進めるようなやり方だが、そうしたアプローチでないと（少なくとも最初は）読み進めることが難しいテキストは存在する。やすやすと読むことができる書物は慰安にはなるが、そこから得られるものは自分が既に知っていたことの再確認と自己満足のみである。これに対して、自分がこれまでしたこともない思考や生き方に誘うのは、簡単には読むことができない書物である。段落要約は、その攻略に最も有用な武器の一つである。

すぐわかるように、この作業には時間がかかる。最初は、理解の難しいパラグラフ（段落）は、？マークを残して飛ばしてもよいだろう。他のところを読んだ後なら理解できる場合があるからだ（それでもテキストの線を引いたり付箋を貼るなど、できる限りの痕跡を残すこと（↓技法41「刻読」、512ページ）、キーワードだけでも抜き書きするなど、その時点でできる精一杯のことはしておくと後で助けとなる)。

慣れないうちは完全主義に走りがちで、要約なのに詳しい内容まで詰め込もうとして挫折しやすい。最初は自分なりの短い「見出し」をつけるぐらいの気持ちでやる方が、長続きする。

理解度の「セルフモニタリング」

段落要約は、読み手がどこをどの程度理解したか(できなかったか)が克明に記録される、理解度のセルフモニタリングでもある。

以前の自分と比較するためには、同じテキストについて時間をおいて段落要約を繰り返すとよい。その意味で、成果物は長期に保存すべきだ。中性紙のノートがお勧めだが、整理が苦手ですぐモノをなくす人はコンピュータ上で作成し、クラウド上にテキストファイル(のような特定のソフトウェアに依存しない形式)で保存する方がよいかもしれない。要約したものを時間をおいて読み返すと、自分がどれだけのものを今や理解できるようになったか、事細かに気付くことができるだろう。読み手として、自分の成長を詳細に知ることは、どんなことよりも強い読書の動機付けになる。

技法43 筆写 Scribing

難所を越えるための認知資源を調達する

① テキストを用意する

最後まで書き写せるよう、最初は短いものを選ぶとよい。

② テキストを少し読み、記憶してから書き写す

テキストを一定量、頭に蓄えてから一度目を離し、テキストは見ずに頭にあるものを紙に向かって書き出す。これを暗写という。「暗唱＋書写」のことだ。見ながら写す作業は、慣れてくると（とくに「ひたすら」やっていると）、意識を介さずにできるようになる。こうなると折角のテキストの内容が意識にひっかからず流れ去る。暗写にはこれを防ぐ目的もある。

経済には多数の企業が存在しその総数をJとする。

武隈慎一『数理経済学』（サイエンス社、2001）を筆写したもの

③ 書き損ないは消さず、抹消線を引く

どんな言葉をどのように書き損なったかは貴重な記録になる。

④ 用意したテキストの最後まで続ける

一冊でも、1編でもよいが、ひとまとまりのテキストの最初から最後まで写すこと。疲れる作業なので休憩しても構わない。何日もかかってもいい（しかし最初は達成感を得られるよう一日で終わる分量がよいだろう）。

⑤ 書き写した後、間違ってないか確認する

書き写した後、元のテキストと照らし合わせて間違ってないかチェックを行う。

ここでも間違いは消してしまうのではなく、抹消線を使って見えるように修正する。むしろ間違った箇所にはマーカーなどを使い、目立つようにする方がよい。

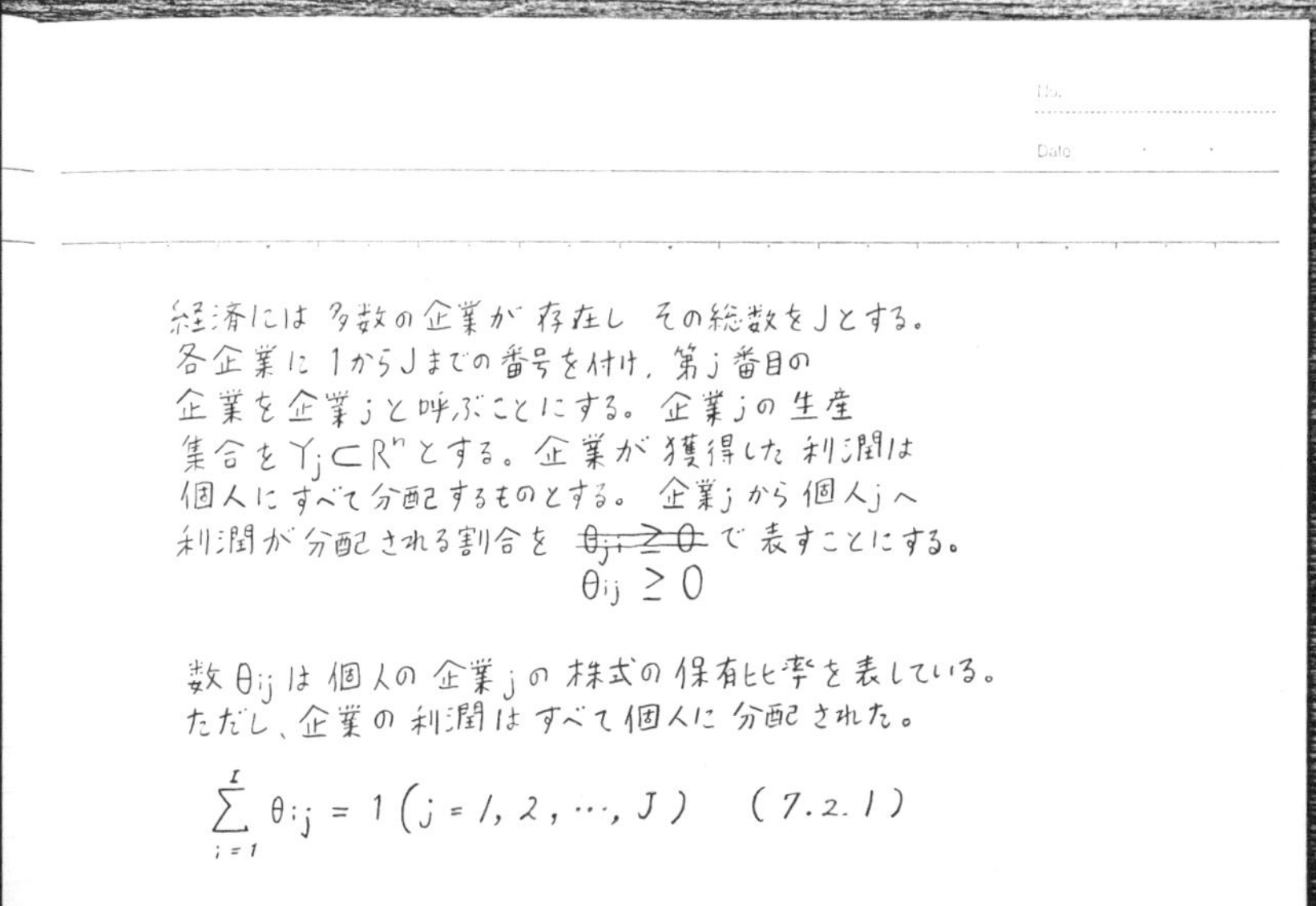

No.
Date
経済には多数の企業が存在し その総数をJとする。
各企業に1からJまでの番号を付け，第j番目の
企業を企業jと呼ぶことにする。企業jの生産
集合を$Y_j \subset R^n$とする。企業が獲得した利潤は
個人にすべて分配するものとする。企業jから個人jへ
利潤が分配される割合を ~~$\theta_{ji} \geq 0$~~ で表すことにする。
$\theta_{ij} \geq 0$
数θ_{ij}は個人の企業jの株式の保有比率を表している。
ただし、企業の利潤はすべて個人に分配された。
$\sum_{i=1}^{I} \theta_{ij} = 1 \ (j = 1, 2, \cdots, J) \quad (7.2.1)$

覚えるためではなく「読むため」の筆写

書き写すことは、学習法としては最もよく知られるものの一つであるが、多くの場合、教材を覚えるための方法として用いられている。「勉強する＝覚える＝繰り返し書く」という図式は広く流布している。

しかしここで紹介するのは、覚えるためではなく、読むための技法である。

書き写すことはかつて、書物を読むことのできる人にとっては、当たり前のスキルであり作業であった。例えば「洛陽の紙価を高める」という故事成語は、出版・増刷によって紙が不足し価格が高騰したわけではなく、書き写すための紙が足りなくなった史実に由来する。

印刷が当たり前になった世界に生きる我々には想像しがたいが、かつて書物は、少数の出版社が多数の読者に向けて大量生産・大量配布するものではなく、（公的にであれ私的にであれ）すべて書き写されたものだった。読むためには誰かから借用し、手元に残すためには筆写しなければならないもの、つまり読者＝筆写者の手から手へ、いわばピア・トゥ・ピアで渡り、広がっていくものだった。

書き写すことは、物質的な複製が手元に残ることだけを意味しない。**書物に載せられ**

た言葉の一つひとつがすべて残さず筆写者の眼と手と脳を通っていくことでもある。

数学者の読み方

今日、かつての読者＝筆写者と最も近い読み方をしているのは、数学書や数式で論旨を展開する専門的な科学書を読む読み手だ。

書き写すと言っても、一字一句を記憶しようとしているのではない（数学やその周辺分野では記憶の価値は実に低い）。彼らが書き写すのは、内容を理解するために必要な注意を調達するためだ。文字にすればほんのわずかな違い（例えば変数の添え字が一か所だけiからjに変わっていること）に気付かなければ、証明の流れも論旨の展開も理解することができないだろう。

無論、一字一句を疎かにせず、細心の注意を払い読み進めること（そのために用意したノートにテキストに書いてあることをその通りに筆写すること）は、数学書を読んでいく際のミニマム（最低条件）でしかない。

この他に演習問題を解き、証明の展開を追いかけ、定義や先行する定理に何度も立ち戻り、定理の意味を理解するために簡単な例を自作し計算して結果を確かめ、わからない点を他の文献にあたって調べ、そして脂汗を流して考え抜き、それらすべてをノートに書きつけながら、繰り返しテキストを咀嚼していくことになるだろう。

我々がよく目にする数学者の逸話や伝記はいずれも人間離れした才能と奇行の抱き合わせに満ちていて、数学者がこのような地味な努力をしているとはなかなか思いにくい。

ここで数学者自身の述懐を聞こう。

日本人初のフィールズ賞受賞者である数学者の小平邦彦は「数学に王道なし」（小平邦彦編『新・数学の学び方』〈岩波書店、2015〉収録）という文章の中で、自分が続けてきた学習法について繰り返し触れている。

「さて数学の学び方であるが、数学の本を開いて見ると、いくつかの定義と公理があって、定理とその証明が書いてある。定理を理解するにはまず証明を読んでその論証を辿って見る。それで証明がわかればよいが、わからないときは繰り返しノートに書き写して見ると大抵の場合わかるようになる。わからない証明を繰り返しノートに写す、というのが数学の一つの学び方であると思う」

「小平次元」という理論を構築した数学者飯高茂もまた『数学セミナー増刊 入門・現代の数学6 デカルトの精神と代数幾何』（上野健爾、浪川幸彦共著／日本評論社、1980）に収められた「付記 数学の本の読み方（高校生のために）」という短文の中で次のように述べる。

「もし君が代数学の基礎的事項を学ぼうと思うなら、精読しかありません。高校生が志

小平邦彦編『**新・数学の学び方**』
（岩波書店、2015）

を立てて、群、環、体の勉強を始めるのは望ましいけれど容易でないの一言です。君が天才なら何も言うことはないけれど、君が僕のように普通の人で、ただわけもなく数学をのぞきたいという好奇心があるだけの人なら、こう言いたい。書を閉じてペンをとれ、そして、白紙のノートに、数学の本に書いてある内容を証明の細部に至るまで自分の頭だけをたよりに再構成してごらん、と」

我々の多くは、読書の原イメージを小説を読むことに置いている。そこでは、細部を取り落としたとしても、最低限物語の筋さえ追えれば楽しむことができる。しかし学術文献はそうではない。特に、未学習の新規分野では、何が重要であるかわからないことも多く、**初学者には些細な違いに見えるところに重要な含意が含まれる**ことがある。すぐには理解できない知識、読み飛ばしては理解できない文献、それどころか自分を作りかえながらでなければ読み進むこともできない書物に突きあたることは、独学を続けていけば必ず経験することである。

そして、我々の認知が流暢に物事を処理できない時こそ、遅く大食らいな上にものぐさなシステム2を引っ張り出して、鍛えることができる好機であった（↓序文、8ページ）。いずれにしろ退く時ではない。進め。そのためにこそ、精読という読み方がある。

すべての読書技術で挑む精読の到達点

技法44

注釈 Annotating

注釈とは、釈（旧字「釋」）を注《つ》けることを言う。注は「一か所にくっつける」ことを、釈（釋）は「解く」「解きほぐす」ことを意味する、つまり語や文の意味を解説したものを、原文の該当箇所に結びつけることが注釈することである。英語のannotateもan（〜へ）＋notate（書き留める）が語源となっている。元のテキストに、解説という別のテキストが結びつけられることが重要である。これによって、（自分で考えた解釈であれ、先人が残してくれた解説であれ）テキストは外に開かれ、複数のテキストが互いに結びつけられる可能性が生まれる。

①テキストを選ぶ

注釈は時間がとてもかかる作業である。投じた時間に見合うように、自分にとって最も価値があるテキストを選ぶ。初めてチャレンジするなら、論文や書籍の1章分など短いものを取り上げ、全ページを

A3用紙の中央にコピーして、その余白に注釈を書くことを勧める（余白が大きい方が作業がしやすい）。

②重要な箇所・注意すべき箇所に印をつける

あらかじめテキストを繰り返し読み、段落要約（↓技法42、522ページ）を先に行い理解を深めておいた方が、これ以降の作業がはかどる。さらに刻読（↓技法41、512ページ）を行い、重要だと思うところ・注意すべきだと感じるところなどにマーキングしておく（気付いたことや疑問に思うことを書き残しておくのもよい）。

③注釈を書き込む

注釈をゼロから付けようとするのではなく、次のような段階を踏んで取り組むとやりやすい。刻読まで終わったら、もう一度テキストを再読しながら、注釈を加えていく。この時は、最初から最後まで通しで読み返さなくても、気になるところ、重要そうに感じるところから順に始め、テキストを行ったり来たりすることになる。

・テキストの巻末、章末にある注釈を写し、書き込む

古典テキストの場合、校訂〈31〉者や編纂者が注釈をつけることが多い。まずこれを参照する。

これらテキストに付随する注釈には、これまで当該の古典テキストについて積み重ねられてきた研究のエッセンスが凝縮されている。

例えば他に参照すべきテキスト（テキストの著者が他に残したテキストなど）や、本文理解の助けとなる事項、それら事項を確認するために参照した資料など、我々が注釈する上でも非常に参考になる情報が詰め込まれている。

注釈に繰り返し登場する書物や資料は、今度の注釈作業を助けるものであることが多い。別途抜き出してリストにし、できるだけ集めて手元に置いて活用したい。

・「注釈書」の注釈を書き込む

古典テキストの場合、注釈が独立して書物としてまとめられ、しかもそうした注釈書が古くから代々積み重ねられていることが多い〈32〉（むしろ注釈書が積み重なるまでに代々読み解かれてきたテキストを我々は敬意をこめて古典と呼ぶ）。これらの注釈書もできるだけ手元に置き、参照すること。

校訂済テキストに付けられた注釈は、歴代の注釈から選りすぐられたごく一部に過ぎない。校訂者にとってはベストの選択でも、あなたの読みには別のものが役に立つ可能性がある。

・疑問について調べたことを書き込む

あなたが読もうとするものに、校訂済テキストや注釈書が存在しなくても（その方がずっと多い）臆することはない。あなたが理解したこと、そして理解できなかったことや残った疑問こそが、あなたの注釈作業を導いてくれる。

まずは「?」マークをテキストに残すぐらいの気構えでよい。これら疑問や不明点は、流し読みしていた時には、頭の中に浮かんではそのまま消えていったものだ。今やそれを書き残し、テキストという岩山に打ち込むハーケン〈33〉にすることができる。

一般的な国語辞典や外国語辞典から、各分野の専門事典に解説書まで、他に関連付けられそうなテキスト、そして尋ねることができる人などあれば、なんでも活用して注釈していこう。

最初のうちは、調べても調べても疑問が解決しないことも多い。疑問や不明点のうち、いくつかを解決できれば御の字だ、というくらいの心持ちでいる方が長続きする。

疑問を持つこと／残すこと自体があなたの読みと読解力を成長させると信じて、作業を続けよう。

〈31〉古くから伝わる書物の場合、複数の経路で複写・継承されてきたものが多い。校訂とは、ある書物について、複数の写本や刊本の本文を比較対照するなどして、伝来の間に生じた本文の誤りを直し、正しい本文を定めることを言う。我々が目にする古典の刊行本は普通、こうした校訂を経た校訂済テキストか、それらを基にして作られる。

〈32〉日本語でアクセスできる範囲で、校訂済テキストと注釈が充実しているのは文学の分野である。例えば作家の個人全集（『漱石全集』『荷風全集』『新校本　宮澤賢治全集』『川端康成全集』『坂口安吾全集』『決定版　三島由紀夫全集』『中上健次全集』など）は、ただ作家の全作品を集めてあるだけでなく、原文の校訂はもちろん、従来の研究成果をその注釈に盛り込み、年譜その他の参考資料とあわせて提供するものである。また漱石については、若草書房から『漱石文学全注釈』という全作品を対象にした注釈書シリーズが刊行していた（残念ながら中絶）。他に『近代文学注釈大系』全9冊にも漱石の巻がある。

〈33〉岩山を登る際に確保の支点や手がかりなどに用いる鋼鉄製の釘。

使った注釈

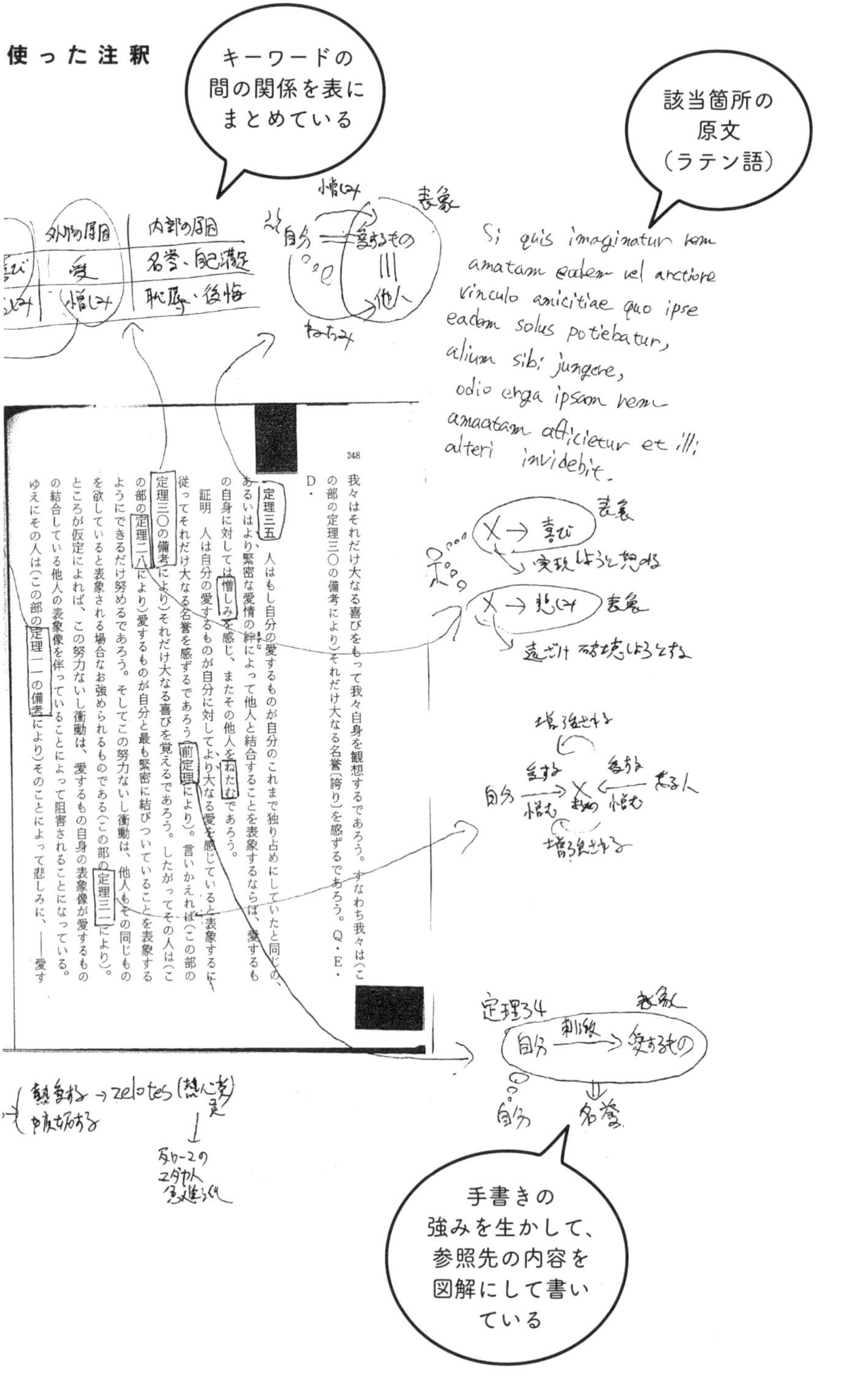

248

我々はそれだけ大なる喜びをもって我々自身を観想するであろう。すなわち我々は(この部の定理三〇の備考により)それだけ大なる名誉〔誇り〕を感ずるであろう。Q・E・D・

定理三五　人はもし自分の愛するものが自分のこれまで独り占めにしていたと同じの、あるいはより緊密な愛情の絆《きずな》によって他人と結合することを表象するならば、愛するものの自身に対しては憎しみを感じ、またその他人をねたむであろう。

証明　人は自分の愛するものが自分に対してより大なる愛を感じていると表象するに従ってそれだけ大なる名誉を感ずるであろう(前定理により)。言いかえれば(この部の定理三〇の備考により)それだけ大なる喜びを覚えるであろう。したがってその人は(この部の定理二八により)愛するものが自分と最も緊密に結びついていることを表象するようにできるだけ努めるであろう。そしてこの努力ないし衝動は、他人もその同じものを欲していると表象される場合なお強められるものである(この部の定理三一により)。ところが仮定によれば、この努力ないし衝動は、愛するもの自身の表象像が愛するものの結合している他人の表象像を伴っていることによって阻害されることになっている。ゆえにその人は(この部の定理一一の備考により)そのことによって悲しみに、——愛す

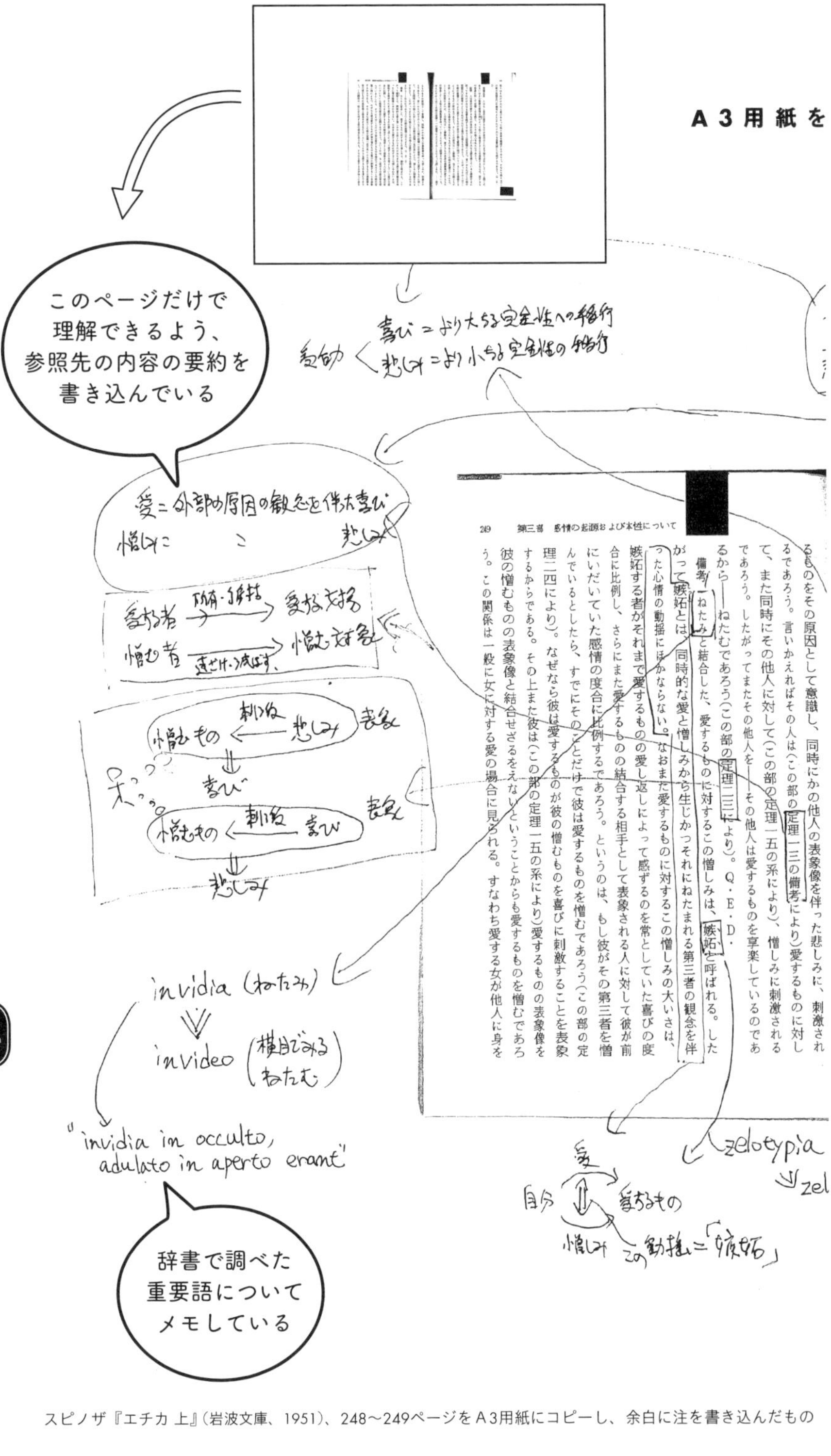

スピノザ『エチカ 上』(岩波文庫、1951)、248～249ページをA3用紙にコピーし、余白に注を書き込んだもの

「世界に一つだけ」の知的財産を作る

注釈は、読書技術の最終段階に位置するものだが、読書を完結させるものではない。むしろ、自分の読みを他の人の読みと結び付け、外へ開くものである。

例えば古典テキストを読むことは、そのテキストだけでなく、注釈の形で重ねられてきた様々な歴代の「読み」とも対話することである。

歴代の読み手が残してきた注釈という知的資産が、あなたが今同じテキストを読む際に参考になるように、あなたが今進めようとしている注釈という行為もまた必ずや役に立つ。まずは明日の、これからの自分自身が早速助けられる。

本居宣長が入門まだしの門人のために書いた『うひ山ぶみ』は、初学者の心得とともに学問の要諦をわかりやすい言葉で説明したものである。その最後の方で、学んでいるものの大筋がわかるようになるまで学問が進んだら、古書に自分で注釈をつけることを勧めている。

人間の思考は必ずしも言葉によってのみ行われるものではない。しかし効率よく外化するために言葉は有用である。言葉は我々の思考を完全に写し取るものではないが、

本居宣長著／白石良夫訳注
『うひ山ぶみ』
（講談社学術文庫、2009）
寛政10年（1798）成立、翌年刊。主著『古事記伝』完成後、宣長が門人の懇望に応じて著した、初学者向けに国学の学び方を平明に説いた書物。題名は「初めての山歩き」を意味し、日本では特に、修行のために大峰山、葛城山などの山に初めて登ることを、転じて学問の道に初めて入ることのたとえとして用いられる。

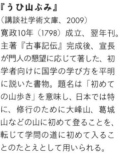

一旦外に出したものを再び読み込むことで、我々は思考と言葉のギャップに気付き、その気付きを再び言語化する。言葉に言葉を重ねることで思考を踏み固めて足場にし、頭の中で考えるだけでは達し得ぬ高みへ進むことができる。

思考と言葉を往復するこの作業は、自分が吐き出した言葉だけに限らない。他の人が記した言葉も無論、我々の思考を重ねる足掛かりにできる。だからこそ、我々は「巨人の肩」に乗り、一人では一生かかっても届かないところまで、進むことができるのだ。いやむしろ、我々の内から出てきたかに見える言葉も、かつて我々が読み込み、我々のうちに積み重なっていった他人の言葉に由来している。

注釈は、思考と言葉の往復を、自分の手元から、過去歴代の読み手たちへ、そしてこれから同じテキストに向かうであろう未来の読み手へと、開いていく技法に他ならない。何より自ら注釈を加えた書物は、これから一生活用できる、世界に一つしかない、あなたの知的財産となる。

デジタル版の注釈：要約・注釈マトリクス

注釈には、目的や環境に応じて原本に直接書き込む以外にも様々なものがある。例えば、原テキストと、それを論じた文献の情報を一つにまとめ一望化するのであれば、エクセルなどの表計算ソフトで表（マトリクス）を作るのが効率のよいやり方である。

544〜545ページの表は、テキスト（ここではクーン『科学革命の構造』）の要約と、テキストについて書かれた他の書物から対応する箇所を抜き出し、一つの表にまとめたもので、「要約・注釈マトリクス」と呼んでいるものである。

関係あるところに同じ色をつけたり、線で結んで、対応がわかるようにしてある。

〈要約・注釈マトリクスの作り方〉

①原テキストである『科学革命の構造』の内容を要約したものを一番上の行に入れていく。段落要約（↓技法42、522ページ）するか、問読（↓技法36、480ページ）を使い1章ずつの要約を作ってもよい。

②原テキスト（『科学革命の構造』）について論じた参考となる文献（論文・書籍）を集める。

第2部の「調べもの」のルートマップ（↓287ページ）に従い、事典（↓技法23、288ページ）で『科学革命の構造』やその著者トーマス・サミュエル・クーンについての概要をつかみ、その後、その分野（科学哲学、科学史）についての書誌（↓技法24、312ページ）

や教科書（↓技法25、326ページ）や講座もの（↓334ページ）を探し、書籍探索（↓技法26、340ページ）や雑誌記事（論文）調査（↓技法27、354ページ）を行う。

こうして「現代思想の冒険者たち」というシリーズの中の野家啓一『クーン―パラダイム』（講談社、1998）などを見つけた。集めた文献名は、表の左端の欄に一つずつ入れていく。

③②で見つけた文献を一つずつ読んで、重要そうなところを抜き出し、原テキストのどの箇所を扱ったものかを確認して、表に入れていく。

④こうして、一つの行には、一つの参考となる文献から得られた情報が並ぶ。表を縦に見れば、原テキストのある箇所について論じた、複数の参考となる文献が、それぞれ何と言っているかがまとまっていることになる。

⑤最後に、できあがった表の中で、関連のあるところに同じ色を付けたり線で結び、気付いたことなどをさらに注釈していく。

要約・注釈マトリクス

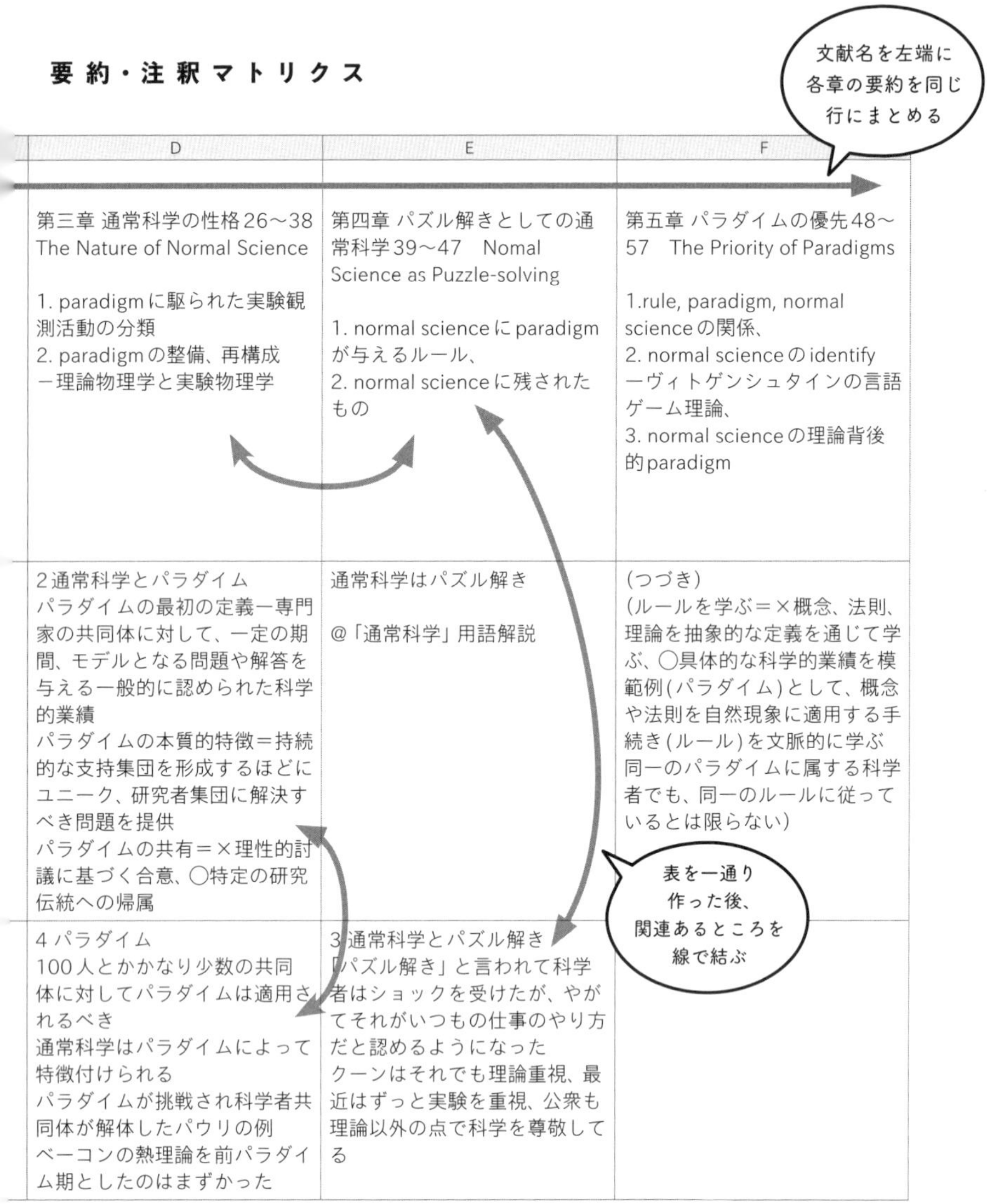

D	E	F
第三章 通常科学の性格26〜38 The Nature of Normal Science 1. paradigmに駆られた実験観測活動の分類 2. paradigmの整備、再構成 －理論物理学と実験物理学	第四章 パズル解きとしての通常科学39〜47　Nomal Science as Puzzle-solving 1. normal scienceにparadigmが与えるルール、 2. normal scienceに残されたもの	第五章 パラダイムの優先48〜57　The Priority of Paradigms 1.rule, paradigm, normal scienceの関係、 2. normal scienceのidentify ーヴィトゲンシュタインの言語ゲーム理論、 3. normal scienceの理論背後的paradigm
2通常科学とパラダイム パラダイムの最初の定義ー専門家の共同体に対して、一定の期間、モデルとなる問題や解答を与える一般的に認められた科学的業績 パラダイムの本質的特徴＝持続的な支持集団を形成するほどにユニーク、研究者集団に解決すべき問題を提供 パラダイムの共有＝×理性的討議に基づく合意、〇特定の研究伝統への帰属	通常科学はパズル解き @「通常科学」用語解説	(つづき) (ルールを学ぶ＝×概念、法則、理論を抽象的な定義を通じて学ぶ、〇具体的な科学的業績を模範例(パラダイム)として、概念や法則を自然現象に適用する手続き(ルール)を文脈的に学ぶ 同一のパラダイムに属する科学者でも、同一のルールに従っているとは限らない)
4 パラダイム 100人とかかなり少数の共同体に対してパラダイムは適用されるべき 通常科学はパラダイムによって特徴付けられる パラダイムが挑戦され科学者共同体が解体したパウリの例 ベーコンの熱理論を前パラダイム期としたのはまずかった	3通常科学とパズル解き 「パズル解き」と言われて科学者はショックを受けたが、やがてそれがいつもの仕事のやり方だと認めるようになった クーンはそれでも理論重視、最近はずっと実験を重視、公衆も理論以外の点で科学を尊敬してる	

文献名を左端に各章の要約を同じ行にまとめる
表を一通り作った後、関連あるところを線で結ぶ

『科学革命の構造』の

	A	B	C
1	T. クーン『科学革命の構造』 Kuhn, Thomas S.,(1962) The Structure of Scientific Revolutions, University of Chicago Press"	第一章 序論：歴史にとっての役割 1〜11　Introduction: A Role for History は「歴史にとっての役割」というより「歴史が果たす役割」と訳す方が 1. 本書での科学史方法論ー科学の累積的史観の廃棄 2. 本書の構成	第二章 通常科学への道 12〜25　The Route to Normal Science 1.'normal science' の定義 2.'paradigms' の定義 3.normal science, paradigm の作用の例 4.paradigm が獲得されるまでの研究活動が遭遇する困難 5.paradigm 獲得後の研究活動ー normal science の概観
2	野家啓一『クーンーパラダイム』講談社（現代思想の冒険者たち 24),1998 第四章『科学革命の構造』の構造	1〈科学〉殺人の現場検証 科学のサクセス・ストーリーへの反旗 (『構造』の目的ー研究活動それ自体の歴史的記録から浮かび上がる、科学のまったく異なった描像を描き出すこと。科学の自画像があまりにリアルすぎて、科学者や科学哲学者たちは正視できなかった)	パラダイムの獲得がその分野の成熟の証 (パラダイムがなすべき仕事として残すこの種の掃討作業がどれほど多いか。科学の歴史のほとんどは、通常科学の期間。パラダイムを放棄することは、それが定義する科学の研究をやめること)
3	An Introductory Essay by Ian Hacking The Structure of Scientific Revolution, the University of Chicago Press 2012	1 1962 『科学革命の構造』が出た年にあった出来事など	

同じ章についての
本テキストの要約と
解説する文献からの要約は
同じ列にまとめる

技法45

思考訓練としての訳読

鈴木式6分割ノート

①ノートを6分割し、❶にはテキストを短く分け、コピーを貼る

理解していない文字列の書き写しは誤りが生じやすく、また自己修正も働きにくいため。

②❷には単語や語句、構文について調べたことを書く

従来、単語の意味や品詞を確認するなど語学の予習で行ってきた作業はここで行われる。

③❸には理解に役立つ背景知識／言語外事実などを書く

百科事典や参考文献などで調べたことを書く。訳書では、訳者注として取り上げられる内容がこれにあたる。例えばテキストに登場する人物、地名その他の固有名詞の概要などをここに書く。

④には疑問点と思考過程を書く

「自分はどこがわからないのか」を掘り下げ、自分なりの理解とそこに至る思考過程を自分の言葉でまとめ、ここで書き出した上で、解答・解説にあたる。自分の予想や疑問と正しい訳文との間を何往復もすることで、テキストの読解が思考訓練の域に達する。

⑤には訳文を書く

後に修正の素材とするためにも、訳文を書くパートを設けてある。思考過程の検証の意味でも、訳文の修正は、思考訓練の後半を担う重要なプロセスである。

⑥には最後にテキストを書き写す

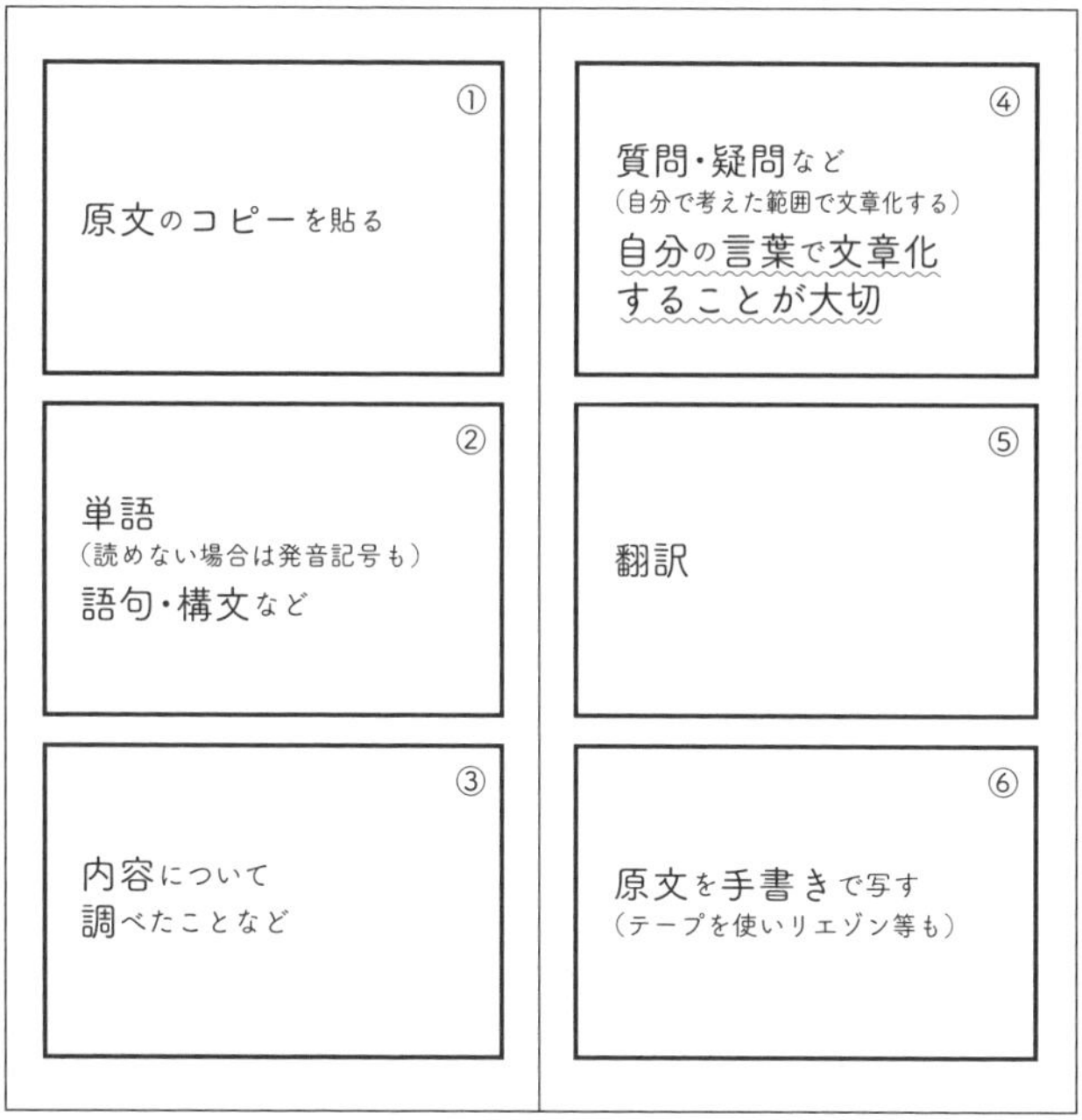

鈴木暁「中級フランス語の効果的学習教授法：理想的なノートの作り方」
上智大学フランス語フランス文学紀要編集委員会編『Les Lettres françaises』19号、1999、67-75頁

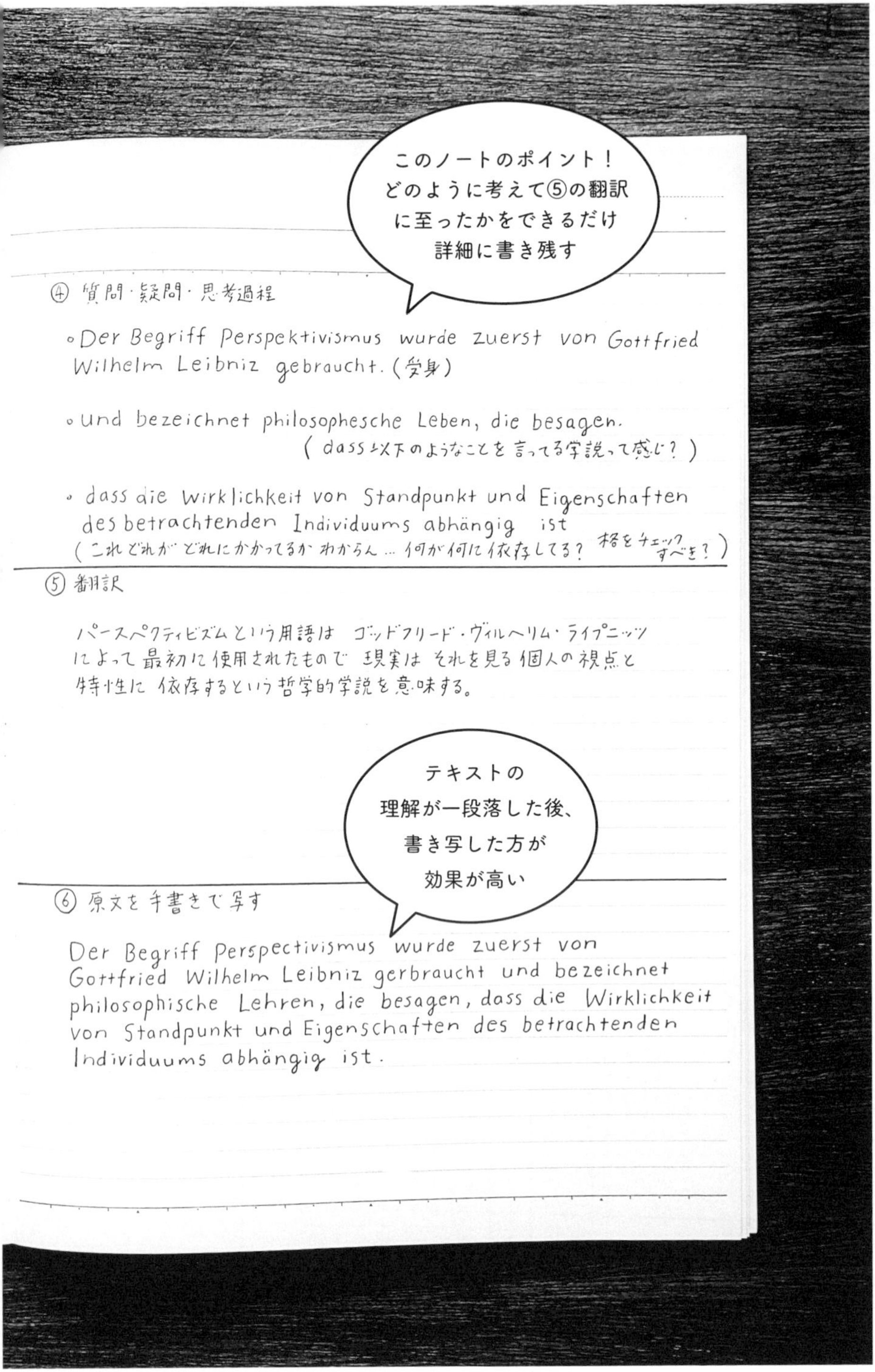
このノートのポイント！
どのように考えて⑤の翻訳
に至ったかをできるだけ
詳細に書き残す
④ 質問・疑問・思考過程
・Der Begriff Perspektivismus wurde zuerst von Gottfried Wilhelm Leibniz gebraucht.（受身）
・und bezeichnet philosophesche Leben, die besagen.
（dass 以下のようなことを言ってる学説って感じ？）
・dass die Wirklichkeit von Standpunkt und Eigenschaften des betrachtenden Individuums abhängig ist
（これどれがどれにかかってるかわからん…何が何に依存してる？ 格をチェックすべき？）
⑤ 翻訳
パースペクティビズムという用語は ゴッドフリード・ヴィルヘリム・ライプニッツによって最初に使用されたもので 現実は それを見る個人の視点と特性に 依存するという哲学的学説を意味する。
テキストの
理解が一段落した後、
書き写した方が
効果が高い
⑥ 原文を手書きで写す
Der Begriff Perspectivismus wurde zuerst von Gottfried Wilhelm Leibniz gerbraucht und bezeichnet philosophische Lehren, die besagen, dass die Wirklichkeit von Standpunkt und Eigenschaften des betrachtenden Individuums abhängig ist.

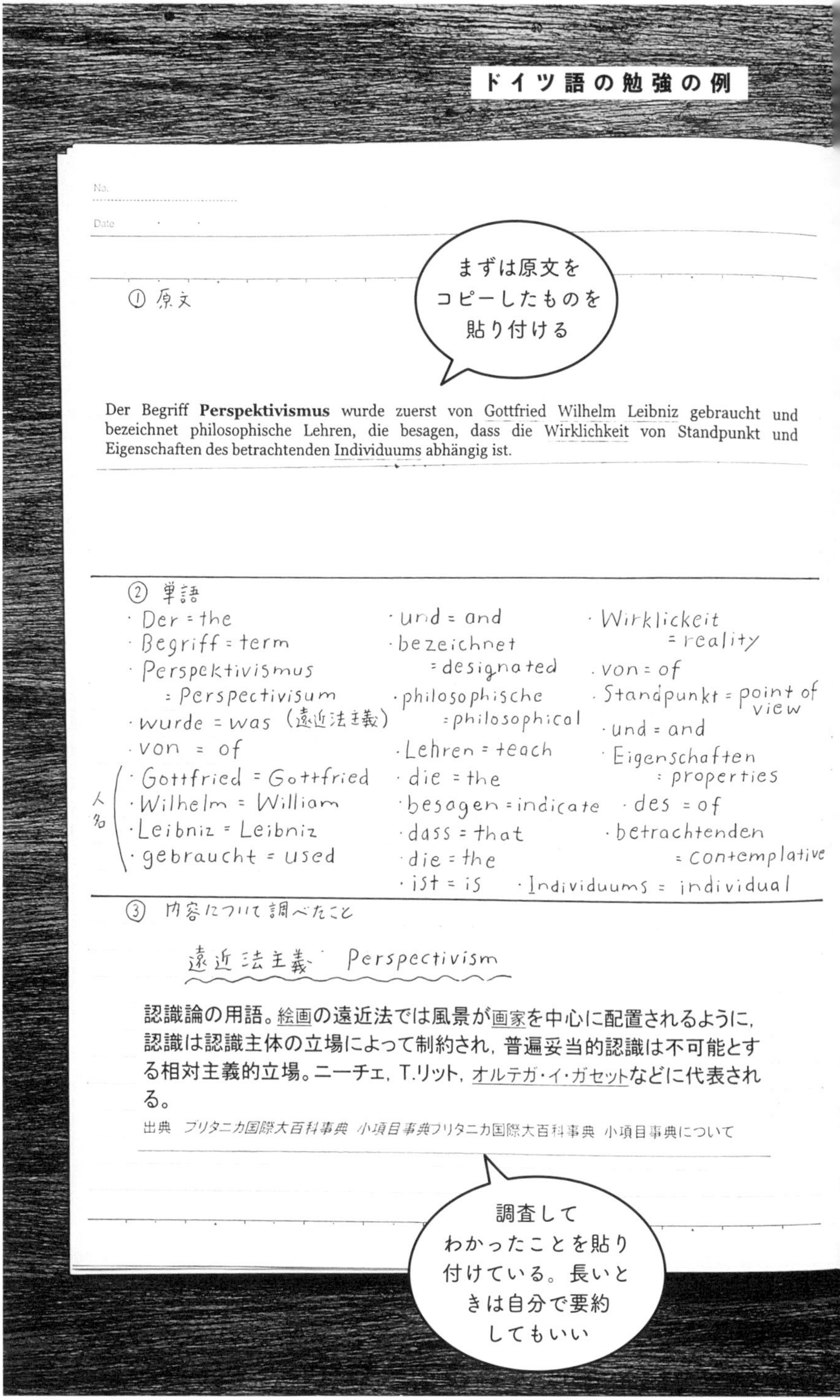

ドイツ語の勉強の例

No.

Date

① 原文

まずは原文をコピーしたものを貼り付ける

Der Begriff **Perspektivismus** wurde zuerst von Gottfried Wilhelm Leibniz gebraucht und bezeichnet philosophische Lehren, die besagen, dass die Wirklichkeit von Standpunkt und Eigenschaften des betrachtenden Individuums abhängig ist.

② 単語

- Der = the
- Begriff = term
- Perspektivismus = Perspectivisum
- wurde = was（遠近法主義）
- von = of
- 人名 Gottfried = Gottfried
- Wilhelm = William
- Leibniz = Leibniz
- gebraucht = used
- und = and
- bezeichnet = designated
- philosophische = philosophical
- Lehren = teach
- die = the
- besagen = indicate
- dass = that
- die = the
- ist = is
- Individuums = individual
- Wirklickeit = reality
- von = of
- Standpunkt = point of view
- und = and
- Eigenschaften = properties
- des = of
- betrachtenden = contemplative

③ 内容について調べたこと

遠近法主義 Perspectivism

認識論の用語。絵画の遠近法では風景が画家を中心に配置されるように，認識は認識主体の立場によって制約され，普遍妥当的認識は不可能とする相対主義的立場。ニーチェ，T.リット，オルテガ・イ・ガセットなどに代表される。

出典 ブリタニカ国際大百科事典 小項目事典ブリタニカ国際大百科事典 小項目事典について

調査してわかったことを貼り付けている。長いときは自分で要約してもいい

「ノートを取る」ではなく「ノートで思考する」

鈴木式6分割ノート〈34〉は外国語の訳読という作業を、精読（Intensive Reading）と呼べるレベルにまで高める方法である。このノートを開発した鈴木氏はフランス文学の研究者だが、この方法はフランス語以外の語学学習には勿論のこと、他にも精読（Intensive Reading）が必要なあらゆる分野で活用できる。

原テキストとその解釈に必要なすべての項目（特に自分で調べたことと自分の思考過程が重要である）を、見開き2ページにまとめることが要である。

鈴木が、このようなノートを考案した背景には、フランス語の授業で「ただ教員の訳をひたすら書き写し、試験前ともなればその訳を必死に暗記するだけ」、あるいは「教員が板書した事柄はノートに写すのに、口頭での説明は一切ノートに取ることなくぼんやり聞いている」といった、「ノートをきちんととることができない」〈35〉学生たちの存在がある。こうした学生たちにとって、ノートは暗記すべきものを一時保存する手段にすぎない。そして彼らにとって学ぶこととはおそらく、誰かが用意してくれた正解を記憶することなのだろう。

こうしたスタンスでは、ある言語を理解することはおろか、授業についていくことさえ覚束ないだろう。しかし鈴木が示すとおり、ノートにできることは、そんなものではない。ノートは読み手に対し、テキストを理解するための調査と思考を促し、記録し、繰り返し振り返るよう導くこともできるのだ。

落ちこぼれチャーチルを救った方法

訳読は、文法訳読方式grammar-translation approachと呼ばれ、古くから語学教育で用いられてきたものだが、その「古さ」ゆえに多くの批判を受け、コミュニケーション重視を謳う人たちからは特にひどい侮蔑を被ってきた。曰く「ネイティブスピーカーは誰も文法なんか考えて喋っていない」「そんなことをやってるから日本人は英語を喋れないのだ」うんぬん。

しかし、ベストセラー作家となったことを追い風に政治家となり、第二次大戦中はイ

〈34〉鈴木暁「中級フランス語の効果的学習教授法：理想的なノートの作り方」上智大学フランス語フランス文学紀要編集委員会編『Les Lettres françaises』19号、1999、67-75頁。

〈35〉3つの引用はいずれも前掲論文67頁から。

ギリスを首相として率い、後年その回想でノーベル文学賞まで受賞したウィンストン・チャーチルは、違う見解を持っていたらしい。

大物政治家の息子として生まれながら、名門パブリック・スクールのハロウ校に入るのに三度も受験に失敗し、「特別な配慮」によって入学を許されるも、成績は後ろから三番目（後ろの二人はまもなく学校を退学）、卒業後も有名大学に進むことはできず、やむなく士官学校に進み軍人になったが、ほどなくして後ろ盾の父は死んでしまう。

こんな落ちこぼれのチャーチルが何とか人生の追い風を掴んだのは、軍人としてインド赴任中、イギリスの雑誌に送った記事からだった。この記事は評判を呼び、『マラカンド野戦軍』という一冊にまとめられ、ベストセラーとなった。ボーア戦争では、銃を筆に持ち替え従軍記者として参加、捕虜となったが脱走に成功し、その顛末を書いた手記がまたもベストセラーとなった。

彼はこの書く力をどこで身に付けたのか。落ちこぼれ生だったハロウ校の恩師を懐かしく思い出しながら、チャーチルはこう言う〈36〉。ラテン語やギリシア語はとても習得できないとみなされた彼に、英語を書くことを教えたソマヴェル先生は、たえず文を解剖することを練習させた、と。それは、かなり長い文を黒、赤、青、緑のインキを使い、主語、動詞、目的語、関係節、条件節、接続節などに分解していくトレーニングだった。

サー・ウィンストン・レナード・スペンサー＝チャーチル
（Sir Winston Leonard Spencer-Churchill、1874～1965）
公爵家出身で大蔵大臣も務めた保守党の大物政治家の長男として生まれる。名門ハロウ校から成績不良者が進むとされる士官学校を受験したがここでも失敗を繰り返し、勉学に苦労したが、父が死に後ろ盾をなくした後、文筆の力で著名人となり、政治家に転じた。第二次対戦では首相として、ナチス・ドイツとの苦しい戦争を、豪胆な性格と率直な雄弁で国民を鼓舞しイギリスを率いた。

チャーチルは落第によって一番下の学年を3回やることになったが、おかげでソマヴェル先生の「文の解剖」を人の3倍やることができた。こうして普通の英文なら、その基本構造を骨の髄まで徹底的にマスターした。

こうして美しいラテン語の詩や、簡潔なギリシア語の警句を書いて表彰された優等生たちと比べても、英語を書くことについてなら引けを取らないと思えるくらいになった、と言う。

おそらく、ソマヴェル先生が落ちこぼれたちに施したのは書き言葉の細部にまで意識を行き渡らせる精読の基礎だった。これによりチャーチルは書き言葉を自在に扱う力とともに、世界を言葉によって捉える思考の力を養ったのだ。

〈36〉W・チャーチル著／中村祐吉訳『わが半生』（誠光社、1950→角川文庫、1965）; Winston Churchill (1930). My Early Life: A Roving Commission, Thornton Butterworth: London.

技法46 レーニン・ノート

逆境を乗り越える要約注釈術

①対象とする文献を読み、ノートを作る

各章のタイトルや見出し、各パートの要約（↓技法42「段落要約」、522ページ）、そして特に重要な箇所、あるいは後で必要になりそうな箇所についての抜き書き（↓技法41「刻読」、512ページ）、などをノートに書いていく。

②①で作ったノートを読み返し、ノートのマージン（余白）にコメントを書き込む

文献のある部分に賛成できないなら、その部分のマージンに「反対！」「否、否、三たび否！」など否定のコメントを書けばいい。逆に納得できたり、賛意を表したい部分のマージンには「Yes」「激しく同意」などと書き残す。より込み入った考えや長い考察が生じたなら、それも書き残す。

③折りに触れノートを読み返し、必要なら加筆する

ノートの本体部分が元の文献の内容を反映した「客観パート」なら、マージン部分に書くコメントは、ノートの読み手としての考えたことや感じたことを書き込む「主観パート」である。

元の文献やノートに書かれていることは変化しないが、読み手である独学者は変化する。読み返すことで、同じ文献に対する自分の理解や考えの変化を実感できる。そこで感じたことをさらに書き加えることで、ノートには複数の主観が累積する。これは世界に一つしかない知的財産となる。

……《音を発する一つの物体があり，そしてそれを聞く一つの主観がある；有り方は二とおりである》……(382)

ヘーゲルは観念論の弱点をおおいかくす

しかし人間の外部にある存在の問題はほうりだされている!!! 唯物論からの詭弁的な逃げ口上だ！

思惟について，理性（νοῦς）について語りながら，アリストテレスはつぎのように言う（„霊魂論“，第３巻，第４章）：

……《感覚は肉体なしには存在しないが，ヌース〔理性〕は〔肉体から〕切りはなしうる》……(385)……《ヌースはそのページのうえには現実にはまだなにも書かれていない本のようなものだ》(386)——そこでヘーゲルはまた腹を立てている：《もう一つの悪名高い例》だとか，人々はアリストテレスに彼の思想の正反対のものを押しつけているとか，等々，等々，と《そして理性と人間とから独立の存在という問題は，おおいかくされている!!》——これらすべてが，《だからしてアリストテレスは実在論者ではない》と証明するためなのだ．(389)

tabula rasa[1)]

はっはっ！

はっはっ！
恐れている!!

アリストテレス：

《それゆえ，感覚しない者は，なにも知らず，なにも理解しない；もし彼がなにかを認識している（θεωρῆ[2)]）とすれば，彼はそれをまた一つの表象としても認識していることが必要である：なぜなら，表象は，質料なしにある点をのぞけば，感覚と同じであるから》……(389)

アリストテレスと唯物論

①要約または抜き書き　②自分のコメント

1）空白の書版（編集者）
2）観照する（編集者）

ヴェ・イ・レーニン著／レーニン全集刊行委員会訳『哲学ノート』（大月書店、1964）、269頁
※①②部分のみ著者が加筆

亡命中の革命家を支えた技法

ロシア革命の指導者ウラジミール・レーニンが亡命先の図書館で作ったノート、レーニンノート〈37〉はよく知られている。

亡命中ゆえに、自分の書斎（ライブラリー）を作ることも大部のテキストを所有することも断念したレーニンは、自分のノートにテキストの要約と引用をまとめ、そのマージンにコメントを残す形で自分の読書ノートを作っていった。

読み手レーニンの肉声は、マージンのコメント（時に罵倒であり、嘲笑である）だけにとどまらず、要約・引用に割り当てたはずのノート本体にもあふれている。レーニンはこのノートの中でヘーゲルや論敵のテキストに論争を挑み、自身の思想を鍛え上げていった。亡命中でなくとも、多くの書物を所有できないことを含め、満足のいく学習環境を得られない独学者にとって、レーニンが直面した課題と彼の工夫は、参考となるはずである。

〈37〉原文（ロシア語全集版）はhttp://propaganda-journal.net/bibl/Lenin_SoW_5th_edition_RU_vol_29.pdf、英訳はhttps://www.marxists.org/archive/lenin/works/1914/cons-logic/index.htmで読める。

ウラジーミル・イリイチ・レーニン
（ВладимирИльичЛопин、1870～1924）
ロシアの革命家。ロシア社会民主労働党ボリシェヴィキ派の指導者、ソビエト連邦の初代最高指導者。学生運動により大学を放校され、流刑となった後、各地を転々としながら革命サークルに参加、並行して読書を通じて学ぶ。以後、革命運動と流刑・亡命を繰り返す中、続けられた読書を武器に、レーニンは理論闘争と革命を勝ち抜いていく。

直筆のレーニンノート

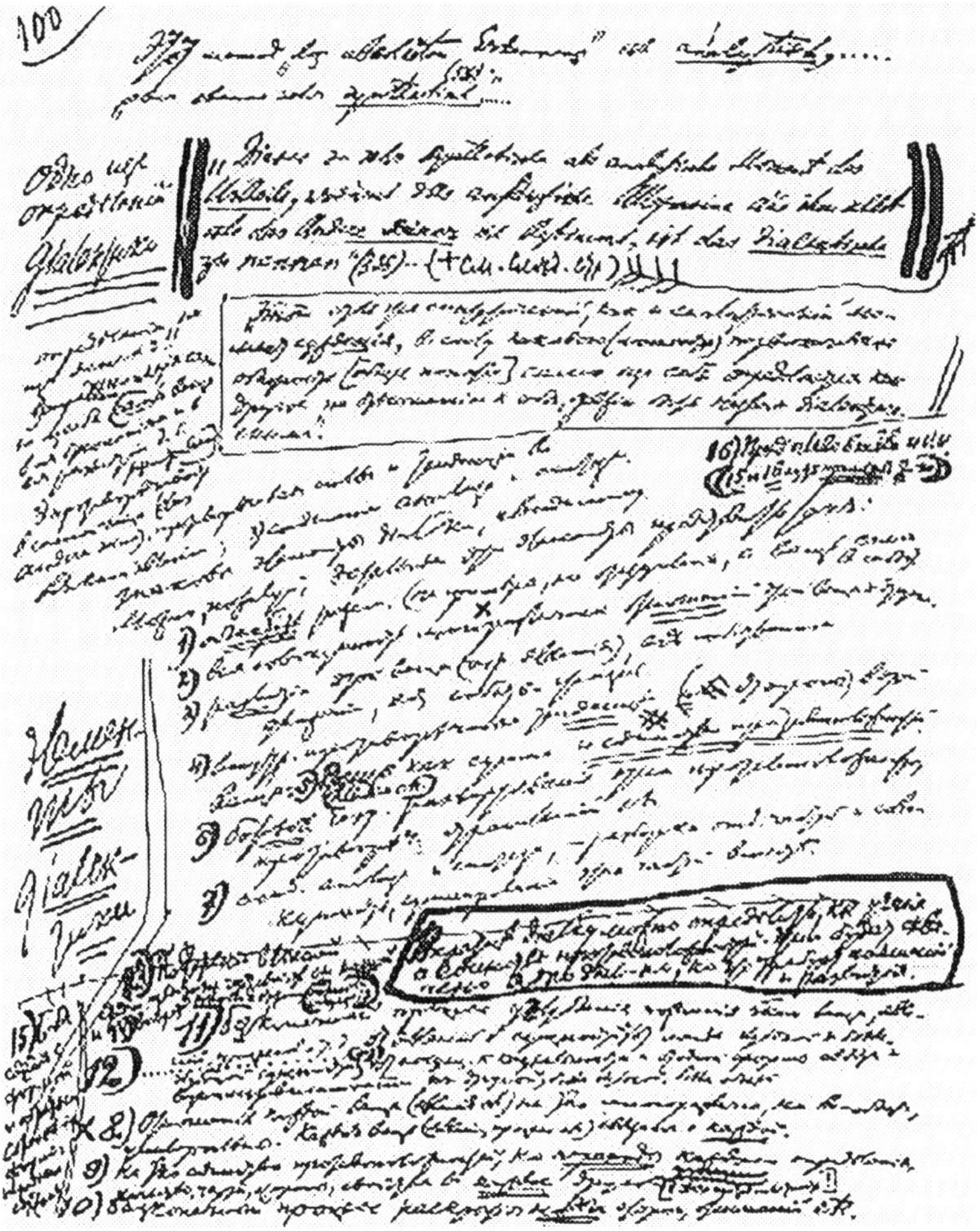

無限に加筆できる「拡張レーニンノート」

次ページの表は、中段にテキストのまとめ（ここでは段落ごとの要約）を、右欄に解説書／注釈書からの該当箇所に触れた部分の要約を、左欄にまとめを読み返した後に感じた気づきなどをまとめた表である。著者は「拡張レーニンノート」と呼んでいる。

拡張レーニンノートの着想は、原テキストと、それを論じた文献の情報を一望化する要約・注釈マトリクス（↓541ページ）に、レーニンノートの特徴であるコメントを書くマージン欄を加えるところから来ている。オリジナルと比べて拡張レーニンノートが持つメリットは、電子データとして保存／管理ができることの他に、表計算ソフトを使って表を作ることで、どの欄もいくらでも書くこと／加筆することができることである。

〈拡張レーニンノートの作り方〉

①まず原テキストを読み、要約を表の中段に各章あるいは各段落ごとに入力する
②解説書や注釈書から対応する部分をまとめ、原テキストの右側の欄に入力する
③要約と注釈の欄を読み返しながら、感じたことなどを左側の欄に入力する

拡張レーニンノートの例

ツッコミ／メタのコメント	段落ごとのまとめ	解説書／注釈書
	1. 絶えず未知の現象を発見する科学の性格、一連のルールに従うゲームから新しいルールが生まれる ②次に、解説書や注釈書から得た情報を右欄に入れていく	A. Normal science does not aim at novelties of fact or theory and, when successful, finds none. B. Nonetheless, new and unsuspected phenomena are repeatedly uncovered by scientific research, and radical new theories have again and again been invented by scientists (52).
#これって W型科学っぽい ③最後に、自分なりのツッコミや思いついたことなどを書く	2. 専門分野の仕事を以前とは違ったものにする変化はいかに生じるか？事実の革新性(発見)と理論の革新性(発明)、(科学革命の)規則的に再起する構造＝変則性の気付き＝自然がパラダイムからの予測を破る→変則性のある場所を広く探索#→パラダイム理論の修正→変則性が予測可能に＝完了、パラダイムが修正できるまで新しい事実は科学的事実でない	D. So how does paradigm change come about? 1. Discovery?novelty of fact. a. Discovery begins with the awareness of anomaly. b. Perceiving an anomaly is essential for perceiving novelty (although the first does not always lead to the second, i.e., anomalies can be ignored, denied, or unacknowledged). 2. Invention?novelty of theory. a. Not all theories are paradigm theories. b. Unanticipated outcomes derived from theoretical studies can lead to the perception of an anomaly and the awareness of novelty. c. How paradigms change as a result of invention is discussed in greater detail in the following chapter.
#ここも面白いこと言っている。変えたのは理論ではなく、当時の研究活動に直結した実験装置の存在意義だったという一「パラダイムシフト＝考え方が変わる」への反証の一つ	10. X線はショック与えた一ショックへの反応＝ケルヴィンはインチキを疑う＋陰極線の設備はヨーロッパ中にあった→彼らは覆いを通り抜ける未知の線を考慮に入れてこれまでの実験を見直さなければならなくなった→鉛の覆いをつけなくてはならなくなった＝こうして既存の分野の研究活動を変えてしまった＝これまでパラダイムのようになっていた装置からタイトル権を奪った！	
科学研究では一変則事例の出現→混乱と抵抗→見方が変わって変則事例もわかるようにパラダイムシフト→しかし一部にはパラダイムを受け入れず科学研究をやめる人も出る	17. 上記実験の結果＝変則カードが増えると混乱増す→もっと増えると変則カードも当てられるようになる＋しかしいつまでも当てられずゲーム自体をやめて嫌う人も	
①まず、読んだ内容を段落ごとに要約する	18. 科学発展でもこの心理実験と似たことが→最初は予想したものだけが出現→革新的なもの＝予想に反するもの、抵抗を受けながら出現→変則性に気づくと変則性を予想できるよう概念のカテゴリーを適応させる努力の期間＝発見としてはここまで来ると完成、これが通常科学自体は革新を導くどころか抑圧さえするのに革新を引き起こすのに有効である理由	The process of paradigm change is closely tied to the nature of perceptual (conceptual) change in an individual?Novelty emerges only with difficulty, manifested by resistance, against a background provided by expectation (64).

トーマス・S・クーン著／中山茂訳『科学革命の構造』(みすず書房、1971)

第13章

覚える

無知くんと親父さんの対話13

記憶の術（アート）よりマネジメント

無知くん：物覚えが悪くて死にそうです。なんとかしてください。

親父さん：頭だけで覚えられないなら、メモでも取ったらどうだ？

無知くん：木で鼻をくくった応答！

親父さん：実際、他人事だしな。しかしまあ、勉強が嫌になってやめる奴は「いくらやっても覚えられない（から勉強が嫌になった）」みたいなことを言う。

無知くん：そのとおり！「届け、魂の叫び」ですよ。

親父さん：これは悪口だが、そんなのは、ダイエットに失敗する奴が言う「水を飲んでも太るんですよ」にも等しい戯言だ。実際は水を飲むだけじゃなく、いろいろ飲み食いして、それを都合よく忘れているだけだろう。

無知くん：流れ弾でダイエッターが即死しそうです。

親父さん：同様に「いくらやっても覚えられない」と言う奴は、いくらも学んでいない。教科書やノートをちら見しただけで覚えられるのは職業記憶術師ぐらいのもんだ。

無知くん：誰もがスマホで何でも検索できる時代に記憶力なんて何の意味もないですよ。

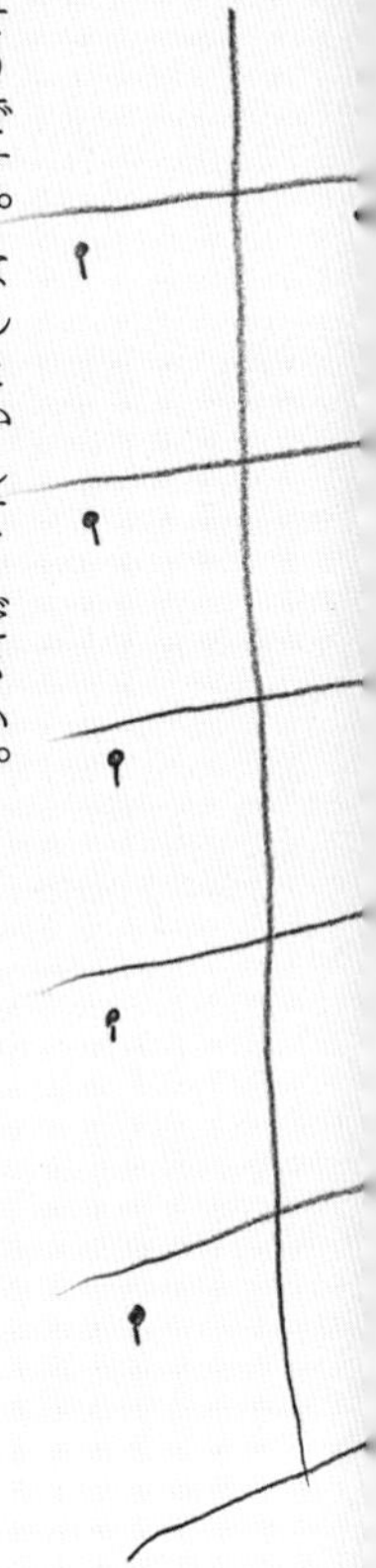

親父さん：また、昭和の親父みたいなことを言う。だったら辞書と文法書を貸してやるから、今から中国語を話してみろ〈38〉。

無知くん：僕が間違ってました。ごめんなさい。

親父さん：何事もそうだが、何かを見下す者はその代償を知らぬうちに支払うことになる。覚えることをバカにするようだと、バカの沼から永遠に抜け出せん。覚えることは学ぶことのゴールじゃないが、大事な要素だ。例えばアルファベットを覚えていないうちは、英語を読んで理解することなど不可能に近い難行になる。

無知くん：そりゃまあ、そうですが。

親父さん：意識して思い出すことすら不要なくらいしっかり覚えている無数の事項の上に、俺たちの理解は成り立っている。覚えることから逃げる奴は、理解のためのステージにすら立てん。「難しいからわからない」と言う奴は、それまでに学んだやさしいことをまったくか、あるいは苦労して思い出さなくてはならない程度にしか覚えていないことが多い。

無知くん：いつにもまして、言うことが厳しくないですか。そんな息を継ぐ暇もないブラック勉強法では、今時の若い人は付いてきませんよ。

親父さん：望むところだ。「テストのための暗記なんてくだらない」と言う奴がいる

〈38〉この絡みは、哲学者のジョン・サールが考案した「中国語の部屋」という思考実験を下敷きにしている。John R.Searle (1980)"Minds, brains, and programs" Behavioral and Brain Sciences, USA, 3(3), 417-424.

が、覚えることはテストのためじゃない、自分のためにやることだ。実のところ、記憶は理解の代わりにならないが、うまく使えば理解を助ける。しっかり記憶して、**思い出すことに注意という貴重な認知資源を割かずに済むレベルに至っていれば、その分を理解することに回せる**からだ。

無知くん：つまり、わからない時は覚えろ、と？

親父さん：そうじゃない。俺が言っているのは、自分がとっくに理解してるし、おおよそは覚えている、と思い込んでいるものを完璧にするって意味だ。学んでいて壁にぶつかったと思った時、効く場合がある。

無知くん：わかりました、もう覚えることから逃げません。でも、具体的にはどうすれば？　記憶術ですか？

親父さん：古典的な記憶術（ニーモニクス）を教えてもいいが、現代の記憶ニーズには、あまり合うとは言えん。

無知くん：現代の記憶ニーズって何ですか？

親父さん：記憶術はもともと弁論術の一部門だった。ぶっちゃけて言えば、長大な弁論を覚えておいて、原稿など見ずに論ずるためのものだ。この場合のニーズは、一種類で大量の情報を記憶するというものだ。そのためには、それなりの準備が必要だが、記憶術はこうしたニーズにマッチしていた。ところが今、俺たちに求められるのは、それぞれは大した量じゃないが、一種類じゃなく多くの種類の情報を覚えることだろう。

無知くん：いろんなことを覚えなくちゃならないというのはその通りですが、僕にはそれぞれ量も多いと感じます。

親父さん：記憶術では、記憶したいものを引っ掛ける〈鍵〉を用意するんだが、多種類のものを覚えようとすると、この〈鍵〉が途端に枯渇する。近代的な記憶術はこの〈鍵〉をどうやって生成するかに比重を移すんだが……もう聞きたくないって顔だな。

無知くん：過去を振り返ってばかりいても仕方がありません。これからの記憶術の話をしましょう。

親父さん：記憶するものは大抵が過去のものじゃないのか？　まあいい。昨今は、記憶の術（アート）よりもマネジメントを重視する。理由の一つは、さっきの記憶ニーズだ。弁論の原稿のように、ある時に（この場合だと弁論の前に）膨大な情報を覚えろというより、俺たちはいろんな種類の情報を次々に覚え続けることが求められる。つまりスケジュールも含めた長期間のマネジメントが必要かつ重要になるわけだ。

無知くん：「理由の一つ」ってことは、他にも理由があるんですか？

親父さん：ああ。記憶のアートよりマネジメントを重視するもう一つの理由は、忘れるのが人間の仕様だからだ。弁論記憶のような一発勝負ならともかく、数年以上の長期にわたる記憶生活の中では、忘れることは避けられん。

無知くん：つまり仕方がないことだと？

親父さん：**「一度覚えたら二度と忘れない」ような虫のいい記憶法がないことを受け入れろ**って話だ。しかし俺たちは記憶の女神からすっかり見放されたわけじゃない。必要に合わせたスケジュールとタイミングを工夫して覚え直すことはできる。例えば、テストが何週間（あるいは何カ月）後にある場合、どれだけ間隔を空けて復習すればいいかが具体的に実験で確かめられている〈39〉。

〈39〉Nicholas J.Cepeda, Edward Vul, Doug Rohrer, John T Wixted, Harold Pashler (2008) "Spacing effects in learning: a temporal ridgeline of optimal retention" Psychological Science, 19 (11), 1095-1102.

技法47

記憶法マッチング

記憶法のコーディネートでメタ記憶を鍛える

①覚えたいことや覚えにくいことを書き出す

これから覚えようと思っていること、そして学習していて覚えるのが苦手なことなどを思いつく限り書き出す。「作業の手順」「人の名前」「場所の名前」「英単語」「物理の公式」など、記憶しようとして失敗したことを思い出してみるとよい。以下では、これを〈記憶課題〉と呼ぶ。

②覚えないデメリット、覚えるメリットを書き出す

❶で書き出した〈記憶課題〉のそれぞれについて、覚えない（覚えられない）とどんな不都合があるのか、覚えるとどんなよいことがあるのかを書き出しておく。

③〈記憶課題〉のそれぞれについて覚えるのに最適な方法を選ぶ

次ページのリストはよく使われる記憶法をリスト化したものである。これ以外に自分が使っている覚え方、あるいはやったことはないが聞いたことがある記憶法を追加してもいい。

④選んだ記憶法を試してみる

試して他の方法がよさそうと感じたらそちらも試す。こうして自分に向いた記憶法の道具箱を作成し、改訂していく。

メリットとデメリットを
書き出すことで、記憶についての
目的と動機付けを明示する。
ただの「覚える」が
「やるべき作業」に変換される

覚えたいこと 覚えにくいこと	覚えないデメリット	覚えるメリット	最適だと思う 記憶法
作業の手順	いちいちマニュアルを 見なければならず 作業が中断する	作業がスムーズに 速くできる	
人の名前	相手に失礼 相手が覚えていると 恥ずかしい		
場所の名前			
英単語			
物理の公式			

ここでは記憶に役立つ技法や工夫でよく知られたものを取り上げた

	記憶法	概要	長所	短所
23	歌詞法	記憶したいものを歌（歌詞）にする	メロディーを伴うと記憶に残りやすい	歌詞やメロディーを考えるのが面倒
24	頭文字法	覚えたいものの頭文字を拾って単語にして覚える。例）五大湖→HOMES（Huron, Ontario, Michigan, Erie, Superiorの頭文字）	そのままよりも覚えやすく思い出しやすい	頭文字を拾っても、いつも覚えやすい単語になるとは限らない
25	ニーモニクス（記憶術）	既知のもの（鍵）に覚えたいものをイメージ化して結び合わせて覚える（→技法50、596ページ）	そのままよりも覚えやすく思い出しやすい	慣れないとイメージを作るのに時間がかかり面倒
26	手指法	記憶したいものを手の指に結び付けたイメージを作り出し記憶する（ニーモニクスの一種）	同上	同上
27	場所法	自分が普段いる場所や知っている場所に記憶したいものを置いたイメージを作る（ニーモニクスの一種）	同上	同上
28	通勤路法	通学・通勤の経路に記憶したいものを置いたイメージを作る（ニーモニクスの一種）	同上	同上
29	博物館法	博物館や美術館の展示に、記憶したいものをイメージ化して結びつける（ニーモニクスの一種）	同上	同上
30	数字子音置換法（フォネティック法）	数字を子音に置き換え、子音を含む単語に変換する。0→s,c（サ行の音）,z／1→t,d,th／2→n／3→m／4→r／5→l／6→sh,ch,j,g（ヂャ行の音）／7→k,c（カ行の音）,g（ガ行の音）,ng／8→f,v／9→p,bこれ以外のアルファベット（母音字は任意に使えるので、同じ数字に対応する無数のペグを作ることができる）（ニーモニクスと組み合わせて使う）	同上 ニーモニクスで「鍵」が枯渇することを防ぐ 数字を覚えやすくする	同上 数字を変換するルールを覚える必要がある
31	数字仮名置換法	数字を仮名に置き換える。1→あ行／2→か行／3→さ行／4→た行／5→な行／6→は行／7→ま行／8→や行／9→ら行／0わ、ぱ行。行の文字はすべて使えるので、同じ数字に対応する無数のペグを作ることができる（ニーモニクスと組み合わせて使う）	同上	同上
32	フォネティック・マップ	数字子音置換法（フォネティック法）で作ったペグを組み合わせて（例10×10＝100マスの）マトリクスを作り、ニーモニクスの鍵として使う	空間配置や地図を記憶したり、大量のものを覚えるの便利	ニーモニクスとフォネティック法をマスターしておく必要がある
33	ドミニック法	ペグを作るのに、数字をアルファベットに変換し（1→A、2→B、3→C、4→D、5→E、6→S、7→G、8→H、9→N、0→O）、そのアルファベットのイニシャルを持つ有名人や知人の顔に結びつける（ニーモニクスと組み合わせて使う）	他の数値変換法よりもルールも覚えやすく、また人の顔という最も覚えやすいものを使う点も優れている	あらかじめすべての大量の有名人・知人のリストを準備する必要がある
34	ドミニック・ホテル法	33 ドミニック法を組み合わせた、32 フォネティック・マップ法	空間配置や地図を記憶したり、大量のものを覚えるの便利	同上
35	体制化法	覚えたいものをまとめ直すことを通じて覚える（記憶の体制化を利用）	処理した情報は忘れにくく、また使われやすい	理解が必要なため時間はかかる
36	類推法	文脈から単語の意味を類推することを通じて記憶する	処理した情報は忘れにくく、また使われやすい	理解が必要なため時間はかかる
37	メモリーツリー	テーマを幹にして、関連項目を枝葉に書く	同上	同上
38	コンデンス・ノート	テスト範囲をカンニング・ペーパーのように1枚にまとめる	同上	同上
39	コーネル大学式ノート	1ページを3つの欄（本文欄、見出し・コメント欄、要約欄）に区切る。見出し・コメント欄、要約欄を使って復習する	同上 復習の仕掛けも含む点も有効	同上
40	交換テスト	相手が作ったテストを自分が、自分が作ったテストを相手がやる	セルフテストより効果が高い	相手が必要
41	相互教授法	二人で話し合いながら「予測する」「質問を作る」「要約する」「明確化する」という4つの方略を使って文章を理解していく	処理した情報は忘れにくく、また使われやすい 社会的相互作用の中で使われた情報はさらに定着しやすい	同上
42	感情リンク	感情と結びつけて覚える （例）歴史上の出来事を当事者の感情を想像／追体験するなど	強い感情と結びついた記憶ほど残りやすい	感情を喚起することが難しい
43	文脈アンカリング	記憶する情報を使う場面に近い状況で覚える	覚えた状況と思い出す状況が似ているほど想起しやすくなる	近い状況を用意しにくい場合には使いにくい
44	アーリー・ラーニング・セット	文字、自転車、九九など、初めて学んだ記憶を呼び覚まし、〈初めて学んだ状態〉に自分をセットする	記憶しやすい心理状態に自分を持っていける	どれだけ効果があるか不明
45	極限状態法	極限状態に身を置く （例）医局に入ったばかりのインターン・レジデント、部族社会の通過儀礼、カルトの洗脳手法など	自分の持っている知識が役に立たなくなった状況に置かれると生き残るために学習効率が上がる	集中力や健康を害する可能性がある
46	掲示法	覚えたいものをよく見えるところに貼っておく（かけ算の九九、フランス語の動詞の活用など）	覚えようとする努力は最小で済む	効率はそれほどよくない（時間がかかる） 準備が必要

記憶法リスト

	記憶法	概要	長所	短所
1	何度も唱える	覚えたいことを何度も口で唱える	準備もいらず簡単	どこかで間違えると間違って覚えてしまう、覚えたかどうかこれだけでは確認できない
2	何度も書く	覚えたいことを何度も手で書く	準備もいらず簡単	同上
3	繰り返し唱えながら書く	1と2の合わせ技	準備もいらず簡単	同上
4	点検、確認の時間を作る	一度覚えたことを、きちんと覚えているか確認する	記憶のやりっぱなしを防げる	点検自体を忘れがち
5	リコール・プロセス	正解を隠して思い出し、すぐに確認することを繰り返す。単語カードや見え消しマーカーを使った方法もこれにあたる	間違いが蓄積されることがない、「覚えたつもり」が生じにくい	長い単語や文章など、一度に処理できないものは覚えにくい
6	サフメッズ（SAFMEDS）法	Say All Fast Minute EveryDay Suffleの略。 カードの表に問題、裏に正解を書いて、毎日1分間、シャッフルしてから、できるだけ速く答える。1分間で何枚のカードを言えたか記録してグラフにする	どれだけ覚えたかがわかりやすく、モチベーションが高まりやすい	同上
7	スペースド・リハーサル	復習する度に、次の復習までの間隔を次第に広げていく	単に復習をするよりも定着しやすい	復習のタイミングを考える／覚えるのが面倒
8	DWM（Day-Week-Month）法	一日前、1週間前、1カ月前に覚えたものを復習する	単に復習をするよりも定着しやすい 復習のタイミングも覚えやすい	より長期の復習をどうするかは別途考えることが必要
9	35ミニッツ・モジュール	DWM法を35分間でできるモジュールとしたもの（→技法51、610ページ）	同上	同上
10	SRSノート	スペースド・リハーサルのタイミングと記憶したいものを1冊のノートで管理する	同上	記憶したいものが増えるとノートがかさばる
11	SRSソフト	Anki, SupermemoなどのSRSソフト（アプリ）を使う	同上 記憶したいものが増えてもかさばらない 復習のタイミングはソフト（アプリ）が自動で管理してくれる	コンピュータや携帯端末が必要
12	ショート・スペースド・リハーサル	聞いてから（見てから）4秒後、8秒後、16秒後、32秒後と、間隔を次第に広げて復唱する	準備もいらず簡単	どこかで間違えると間違って覚えてしまう、覚えたかどうかこれだけでは確認できない
13	セルフ・テスト	自分で作ったテストを、自分で解く	間違いが蓄積されることがない、「覚えたつもり」が生じにくい	テストを作る手間がかかる
14	反復ドリル	単純な問題を繰り返し解くことで覚える	間違いや記憶の不確かな部分を発見し修正することで覚えていく。記憶の精度や想起の速度など高めるのによい	飽きやすい。正答率が上がっていくとモチベーションが下がる
15	LowFirst法	誤答率の高いものから順に復習する。改良LowFirst法では誤答率が基準（10％程度）を下回った項目は復習対象から外すことで復習効率を上げている。（参考）水野りか『学習効果の認知心理学』（ナカニシヤ出版、2003）	スペースド・リハーサルよりも記憶効率がよい	誤答率を記録し復習のタイミングを考えるのが面倒（実用的にはソフトウェアの支援が必要）
16	映像法	覚えておくことを映像にして覚える	ただ覚えるよりも定着しやすい	向き不向きがあり、慣れないとイメージを作るのに時間がかかり面倒
17	連想法	記憶したい情報から、自分が真っ先に連想するものと結びつける	自分の脳が生み出しやすい連想を使うことで記憶しやすくなる	向き不向きがあり、慣れないと連想を作るのに時間がかかり面倒
18	語呂合わせ	音の似通った別の言葉をあてて、違った意味を表す。（例）鳴（7）く（9）よ（4）うぐいす平安京（794年、平安京遷都）。元は江戸時代に流行った言葉遊び	数字など、そのままでは覚えにくいものに有効	語呂合わせを考えるのが面倒（市販の語呂合わせ本の利用でこの面倒は軽減するが）
19	キーワード法	発音の似た母語を使って意味とイメージを結びつける。 例「死ぬほどダイ（die）好き」 ・発音の結びつき→大好きの「だい」とdie ・意味の結びつき→「死ぬ」と「大好き」	数字、外国語の単語など、そのままでは覚えにくいものに有効	発音の似た単語を思いつくのに苦労する
20	ライム法	韻（ライム）を踏んで覚える。欧米で用いられる語呂合わせ	数字、外国語の単語など、そのままでは覚えにくいものに有効	韻（ライム）に慣れていないと大変
21	マイ・ポエム法	記憶したいものを組み込んだ自己関与文（自分が出てくる文）を考えて覚える	自己関与したものは覚えやすい	自己関与文を考えるのが面倒
22	ストーリー法	記憶したいものをストーリー仕立てにする	ストーリー化したものは覚えやすい	ストーリーを考えるのが面倒

記憶は理解のよき助力者である

もっとも未熟な学習者は「学習とは正解を記憶することだ」と信じている。

この学習観に立てば、最も効率のよい学習法とは「テストに出る問題と解答だけを記憶する」ことである。もちろんこの学習観は、本書が採用するものではない。むしろ、この学習観が有効なのは極めて特殊な状況に限られると指摘する。

問いと正解をセットにして、誰かがあなたのためにわざわざ用意してくれるような場面はそうはないからだ。

しかし一方で、(例えば理解さえすれば) 記憶することは不要だとも主張しない。

「自分は勉強ができない」という信念が「自分は記憶することが苦手だ」という信念と強く結びついていることもまた事実である。この信念が学習者やその予備軍に学ぶことをあきらめさせているのなら、放置することはできない。

いくら意識を高く持っても、我々は記憶の必要から解放されるわけではない。

実際のところ、記憶を伴わない理解はない。「理解さえすれば……」と主張する人は特別な方法も努力も抜きに (記憶力に劣等感を持つ我々から見ればやすやすと) 記憶できているだけのことだ。

正確に言えば、**理解は最高の記憶法である。**理解するという覚え方は忘れにくく、記憶した事項を再生しやすく、また応用しやすい。

しかしまた理解はコストの面でも最高の記憶法である。理解にはしばしば時間がかかり、また多くの認知資源を費やすことを要する。

だが朗報もある。記憶は理解のよき助力者なのだ。記憶したものは、認知資源の面から見て最もローコストで活用可能である。例えば外国語を読んでいてわからない単語に出会ったとしよう。辞書を引く場面だが、なんでもないこの作業が、文章を理解するのに費やすべき認知資源の一部を奪っていく。辞書とテキストを往復すること、テキストの文脈から一度離れて辞書の説明を理解することなど、一つひとつはわずかでも積み重なればそれだけ、脳のパワーが消費される。これらはみな、単語を記憶していれば避けられた認知コストだ。つまり、記憶から引き出せるものが多いほど、我々は認知資源を奪われることなく、本来の理解する作業に集中することができる。記憶は理解することを助けるのである。

こうして我々は、一周回って、再び記憶の必要の前に立つことになる。

記憶についての考え方を変える

では、どのようにすれば、我々の記憶は改善されるのか。その入り口は、記憶についてもっとよく理解することだ。

認知についての認知をメタ認知と言う。そのうちでも記憶についての認知をメタ記憶と呼ぶ。メタ記憶は自分の記憶や記録することについてどのように認知しているかを言う。自分は記憶することが苦手だという信念もメタ記憶の一部である。

記憶することを苦手とする者ほど記憶について極端な信念を持ちがちである。

記憶についての自分の認知や信念を変える最善の方法は、自分がこれから覚えようとするものについてプランニング（→対話2「夢は巨人の肩の上で見る」、70ページ）することだ。

計画を作る（プランニングする）ことは、たとえその計画がうまくいかなくても、多くのものを我々に与えるだろう。プランニングは、これからしようとしていることに、我々の神経を行き渡らせる。今、あなたは何かを覚えようとしている。その目的、対象、方法などについて、あらかじめ考え、どうなるだろうかと想定しておくことで、実際に記憶という作業に入った時にも、今何が、どんなまずいことが（あるいは、よいことが）生じているのかについて、我々のセンサーは鋭敏になる。

記憶法マッチング〈40〉がやっているのは、この記憶についてのプランニングである。徒手空拳で記憶という難行に挑む人を支援するために、世界にはどれほどの／どのような記憶の方法があるかを列挙した「記憶法リスト」が役に立つだろう。

こうして記憶のプランニングと記憶の実践を通じて、我々の凝り固まったメタ記憶は修正されていく。例えば、汎用の記憶力なる能力は存在しないこと、人それぞれに覚えやすいものとそうでないものがあること、そして対象と目的に合った様々な記憶の仕方があるのだということなど、記憶についての基本的事実を理解できれば、覚えることについての苦手意識は軽減する。

記憶法マッチングは、自分は何一つ満足に覚えられない、すぐに忘れてしまうとか、天才は努力なしに行ってすべてを記憶し決して忘れることはないとか、あるいは決して忘れない記憶法が存在する、といった誤った〈記憶神話〉からあなたを解放するためのものである。

〈40〉NPOフトゥーロ LD発達相談センターかながわ『実行機能力ステップアップワークシート』（かもがわ出版、2017）、94頁で紹介される「記憶法マッチング」を基に、記憶法のリストを拡充した。

技法48

PQRST法

記憶障害の臨床でも用いられる文章記憶法

① Preview 予習

覚えようとするテキスト（文章）について、はじめにざっと目を通し、全体の概要を捉える。

② Question 質問

テキスト（文章）のポイントとなるところについて、質問を作る。5W1H（いつ、どこで、だれが、何を、どんなふうに、なぜ）といった視点から質問を設定していくとよい。

③ Read 精読

質問の答えを探しながら、後で答えられるようにテキスト（文章）を読み込んでいく。

④ Self-Recitation 自己暗唱

読み終えた情報を自分の中で繰り返し心の中で唱えて記憶する。

⑤ Test テスト

テキスト（文章）を伏せて、❷で作った質問だけを見ながら答えを書き出していく。答え終えたら、テキスト（文章）を見て、答え合わせをする。

ＰＱＲＳＴ法の例

問題文

　スギ・ヒノキの苗木を守る森林防護柵を設置した場合、イノシシが最初に破壊・侵入し、シカはそこを利用して侵入している事例があることが、和歌山県林業試験場（上富田町）の調査で分かった。試験場は「破壊されるのは地上高６０センチ以下。今後対策について研究していく」と話している。

（紀伊民報　2018 年 9 月 26 日）

❶Preview 予習

　全体をざっと読むと、どうやら防護柵についての話で、防護柵に問題が起こったらしいことがわかる。

> 質問を考える時の「何を記憶すべきかを選び出す作業」が、記憶を促進する

❷Question 質問

Q1. 防護柵は何を守っているのか？（２つ）
Q2. 防護柵を壊すのは何か？
Q3. 防護柵から先に侵入するのは何で、続いて侵入するのは何か？（２つ）
Q4. 防護柵が破壊されるのは何センチ以下か？
Q5. このことを発見したのは誰か？

> 質問を頭に置いて、もう一度文章を読む

❸Read 精読

❹Self-Recitation 自己暗唱

❺Test テスト

> 「テストに答えるために思い出す作業」が、記憶を強化する

A1. スギの苗木、ヒノキの苗木
A2. イノシシ
A3. イノシシが先で、シカが続いて侵入する
A4. 60 センチ以下
A5. 和歌山県林業試験場

健忘症治療の技術を記憶学習に使う

ＰＱＲＳＴ法は、言語的記憶戦略と呼ばれるものの一つであり、文章から得られる情報を記憶するために有効な学習法である。

その効果の高さと実行のしやすさから欧米で広く推奨されており、また健忘症や記憶障害の患者の記憶改善にも広く用いられる方法である〈41〉。

ＰＱＲＳＴ法は、よく知られたＳＱ３Ｒ法〈42〉などと同じく、**読解方略 Reading Strategy** として開発された。

方略 strategy という用語は元々フォン・ノイマンらの「ゲーム理論」のなかで「一連の手番で可能な手の選び方」を指示するために使用されたが、心理学者のブルーナーらは

〈41〉コルサコフ症例（ビタミンB1の欠乏を原因とする脳の機能障害に由来する健忘症状）、髄膜脳炎後健忘症、頭部外傷による健忘症など、多くのケースでＰＱＲＳＴ法による記憶改善が報告されている。包括的な文献としては、Barbara A. Wilson著／江藤文夫監訳『記憶のリハビリテーション』（医歯薬出版、１９９０）（原著Memory Rehabilitation: Integrating Theory and Practice (2009), USA: Guilford Press）。

〈42〉１９４６年に心理学者のフランシス・ロビンソンが著書Effective Studyで提案した読書法／学習方法。テキストに対する学習方略の嚆矢であり、その後、学習方略名を各ステップの頭文字（アクロニム）で表す伝統を生んだ。ロビンソンはその後Effective Studyを繰り返し改訂しており、最終盤は１９７０年の第４版である。

これを、概念達成課題を解く際に情報収集の仕方を表すのに用い、やがてより広く、人間が能動的に情報を処理する際に用いる一連の規則（ルール）を指すようになった。この意味で、文章を読む際に我々が無自覚に用いている規則も、この章で扱うような、誰かによって工夫され意識的に習得して用いることができる規則も、どちらも読解方略であると言える。既存の方略の一部を改良することで新しい方略を開発することもできる。

代表的な読解方略は次ページの比較表にまとめてある〈43〉。

比較表の通り、SQ3R法に始まる読解方略は、細部のアレンジはあっても、基本的な要素をSQ3Rから引き継いでいる。

- **読むべきテキストについて概観し**（Survey／Overview／Preview）
- **次に読み取るべきポイントについて質問を作り**（Question／Ask／Key Ideas）
- **読みながら質問の答えを探し**
- **その後、覚えたものを口で唱えたり書き出したりして出力する**（Recite／Recall／Verbalize／Write）
- **その結果を評価し**（Reflect／Evaluate／Assess）
- **さらに復習するか**（Review）、**テストを行う**（Test）

〈43〉より多くの読解方略を扱った表は、例えばドイツ語ウィキペディアの「Lesestrategie」の項目（https://de.wikipedia.org/wiki/Lesestrategie）で見ることができる。

読書方略の比較

SQ3R（ロビンソン、1946）問いと答えによる読書方略の嚆矢であり欧米では広く知られた学習法	PQRST（ステイトン、1951）勉強本の嚆矢How to Studyで提案された、本章で紹介する方法	OK4R（パウク、1962）コーネル大学読書と学習センターのディレクターが提案した方法	R.S.V.P.（ステイトン、1966）PQRSTを開発したStatonが提案した学習の基本方略	OARWET（ノーマン、1968）名著Successful Readingで提案された方法	PANORAMA（スペース&バーグ、1973）これまでの読書方略を包括した最もステップの多い方法	Cornell System（パウク、1974）OK4Rを開発したPaukによるコーネル大学ノートとして知られた方法	REAP（エネット&マンゾ、1976）著者の考えを自分の言葉で表現できるようになる読書法
					Purpose 目的 Adaptability 速度の調整		
Survey 概観	Preview 予習	Overview 概観	Preview 予習	Overview 概観	Overview 概観		
Question 設問	Question 質問	Key Ideas 鍵概念		Ask 質問	Need (to question) 問うべき質問		
Read 読解	Read 読解	Read 読解	Study 学習	Read 読解	Read 読解	Record 記録	Read 読解
						Reduce 削減	Encode コード付け
					Annotate 注付け		Annotate 注付け
Recite 暗唱	Self-Recitation 自己暗唱	Recall 暗唱 思い出し	Verbalize 暗唱 言出化	Write 書出	Memorize 記憶	Recall 暗唱 思い出し	
		Reflect 振り返り		Evaluate 評価	Assess 評価	Reflect 振り返り	Ponder 熟考
Review 復習	Test テスト	Review 復習	Review 復習	Test テスト		Review 復習	

ＰＱＲＳＴ法の手続きもまた、基本的には他の読解方略と共通しているが、重要なポイントを抽出するために用いた質問をそのまま、確認テストで再利用するところに工夫がある。

質問を作ること、質問の答えを探して文章を読むこと、読解が合っていたか確かめること、さらにもう一度同じ質問でテストすること、といった一連の作業を通じて同じ記憶材料をさまざまな深さで処理することになる。これを記憶技法として見れば、リハーサル方略[44]や体系化方略[45]など記憶に有効なアプローチを組み合わせており、これが他の記憶方略を上回る効果をもたらすと考えられる。

健忘症に関する符号化障害仮説では、自発的な意味処理がなされないことが、記憶の障害をもたらすと考えられている。新しい情報を短期記憶や長期記憶に記憶するためにはそれを記憶しやすい形に変換する必要があるが、このような変換を「符号化」と言う。記憶障害の原因について、この符号化のプロセスに問題があると考えるのが、符号化障害仮説である。クレイクとロックハートによれば[46]、符号化には「形態的符号化」「音韻的符号化」「意味的符号化」の3段階がある。記憶障害を持つ人は、より浅い形態的符号化や音韻的符号化はできるが、意味処理を伴う意味的符号化を行っておらず、このためにうまく記憶することができない〈47〉。ＰＱＲＳＴ法がこうした記憶障害にも効果があるのは、この技法が意味処理を行うよう読み手に促すからではないかと考えられる。

〈44〉リハーサル方略とは、短期記憶内に貯蔵された情報を意図的に何回も反復して想起する（思い出す）ことで、これによって情報を短期記憶に留めると同時に、長期記憶へと転送する可能性を高めることができる。単純な反復である維持リハーサルは記銘すべき情報を短期記憶内に保存させるだけだが、情報に対するイメージを作り上げたり、意味的に処理することで既に知っている知識と関連づけることを伴う精緻化リハーサルは、長期記憶への定着を促進すると考えられている。

〈45〉関連する情報をまとめ、整理して覚える記憶方略を記憶の体系化とよぶ（「記憶の〜」とするのは、心理学では他にゲシュタルト心理学で研究された知覚の体系化や思考の体系化があり、区別するため）。体系化方略の有効性は、古くから群化や主観的体系化についての実験によって明らかにされてきた。群化とは、異なるカテゴリー（楽器、野菜など）に属する単語をランダムな順序で呈示しても、再生の際にはカテゴリーごとにまとまった順序で再生される現象のことを言う。主観的体系化とは、互いに明瞭な関連性のない単語を異なる順序でランダムに呈示しても、再生する（思い出す）順序がしだいに一定になってくる現象である。この現象は、ヒトが自分なりに（主観的に）単語を関連付け、体系化しながら記憶しているために生じると考えられている。

〈46〉Fergus I.M.Craik, Robert S.Lockhart (1972) “Levels of processing: A framework for memory research” Journal of Verbal Learning and Verbal Behavior, 11(6), 671-684.

〈47〉Laird S. Cermak (2014) Human Memory and Amnesia (PLE: Memory), UK: Psychology Press.

技法 49

プレマップ&ポストマップ

学習前後に描くことで準備する/定着する

学習の前と後に、知っていることと理解していることを図（コンセプトマップ〈48〉）にして書き出す。学習に際してコンセプトマップを作る契機は、学習の前と後、そして教材・テキストを参照しない/するを組み合わせると、次の4つがある。

- 学習前×参照しない
- 学習前×参照する
- 学習後×参照しない
- 学習後×参照する

学習の進展に従って4つのマップを作ることで、予習と復習を行う。以下では予習のためのマップを

「プレマップ」、復習のためのマップを「ポストマップ」と呼ぶ。コンセプトマップは、次の手順で作る。

❶ 思いついた項目をいくつか書き出す

コンセプトマップの描き始めは、思いついた項目を順不同で書き出すところから始まる。ここで書き出した現象や事項を表す個々の項目を〈概念ラベル〉と呼ぶ。

最初に書き出した項目が3つなら、縦でも横でも一直線に3つ並べるよりも、三角形の頂点になるように並べる。その理由は後から線で結ぶ際に一直線に3つ並べるよりも、三角形の頂点に配した方が、結びやすいからである。同じ理由から最初に4つ書き出すなら、一直線に4つ並べるよりも、四角形の頂点の位置に並べたほうがよい。

図を作る負荷が高すぎる場合（人）は、学習前に知っていることを、学習後に覚えている限りのことを、箇条書きで（短文で）書き出すのでもよい。ただし、著者の経験では箇条書きよりマップの方が、「これに結びつくのが何だったっけ」と頭をひねることで、よりよく（よりたくさんの）記憶を引っ張り出すことができる。

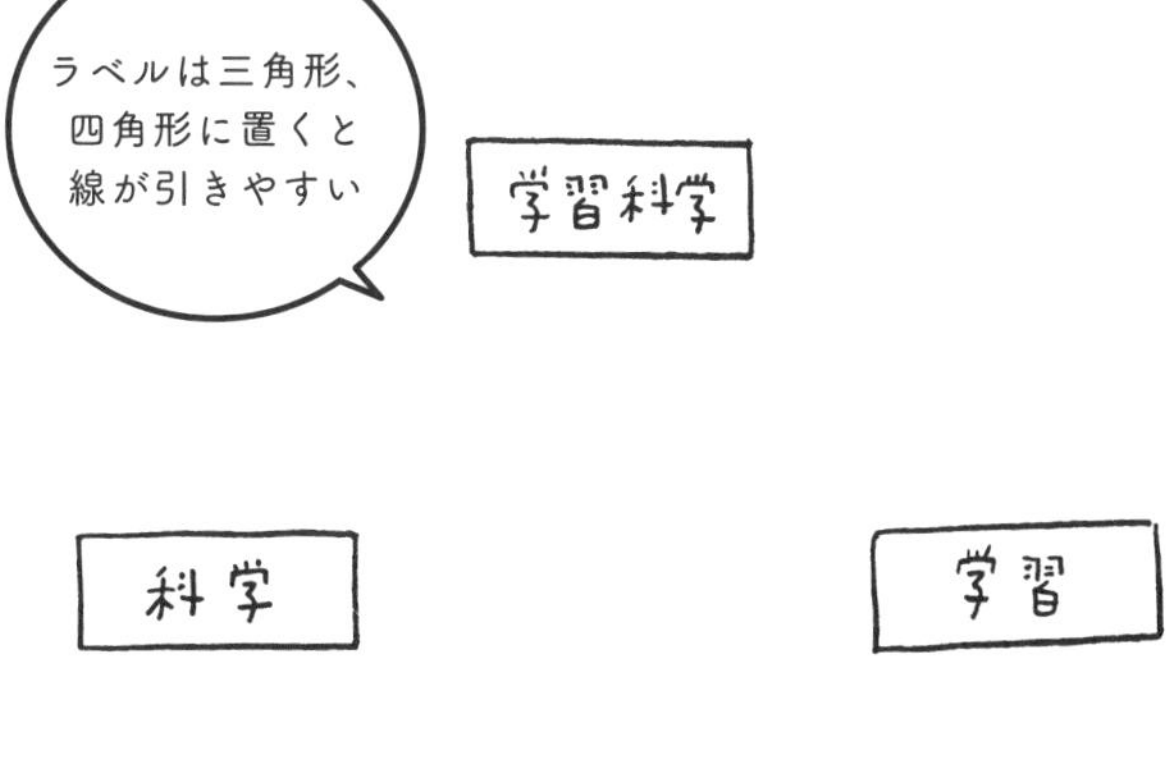
ラベルは三角形、四角形に置くと線が引きやすい
学習科学
科学
学習

〈48〉Joseph D.Novak (1990) "Concept mapping: A useful tool for science education" Journal of Research in Science Teaching, 27(10), 937-949.

また同じ書き出すにしても、すべてが並列に並ぶ箇条書きより、項目同士を互いに関係付ける方が、記憶の質としても高いものとなるだろう。

②関連のある〈概念ラベル〉同士を線で結ぶ

2つの〈概念ラベル〉を線で結ぶことと、どんな関係なのかを考えることは分けた方がやりやすい。どんな関係だろうと考え込まなくても、まずはとにかく線で結んでしまえ、関係がわからないならとりあえず「?」でもいいや、というぐらいの気持ちでよい。

線で結んでいる間、そして関係を考えている間にも、足りないものを思いつくことが多い。これが、ただの箇条書きよりも、コンセプトマップの方がより深く記憶をサルベージできて、より多くを引き出せると考える理由である。

③結んだ〈概念ラベル〉の間の関係を考え、線に沿えて書く

これを〈リンクラベル〉と呼ぶ。

オリジナルのコンセプトマップでよく使われるリンクラベルには、次のような前置詞や動詞が多い。関係を示す短い言葉なら（例えば「似てる」「反対」「対立」な

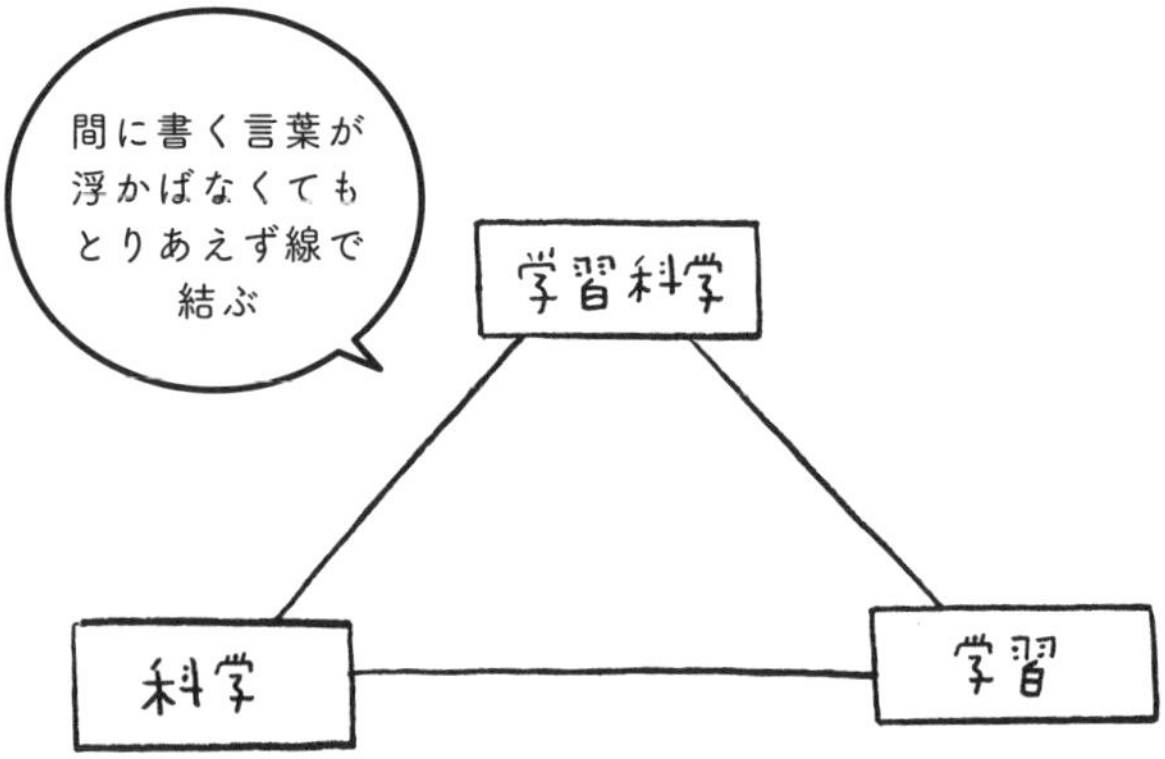

間に書く言葉が浮かばなくてもとりあえず線で結ぶ
学習科学
科学
学習

ど）なんでも使ってよい。

A→(isa)→B ……「AはBである」
A→(hasa)→B ……「AはBをもつ」
A→(in)→B ……「AはBの中にある」
A→(with)→B ……「AにBが伴う」
A→(kind of)→B ……「AはBの一種である」

④ ②〜③の作業中に思い浮かんだ〈概念ラベル〉は都度加える

⑤ ②〜④を繰り返す

つまり思いつく度に〈概念ラベル〉を追加し、新たな関係を結び〈リンクラベル〉をつけることを繰り返して、マップを成長させていく。それぞれのマップは、その時点での、あなたの記憶と理解のあり方を図解化したものである。それぞれに作成日時を入れておけば、後で振り返った時、あるいは以前のマップと比較する時、あなたの理解がどのように変わったか／発展したかを具体的に確かめることができる。

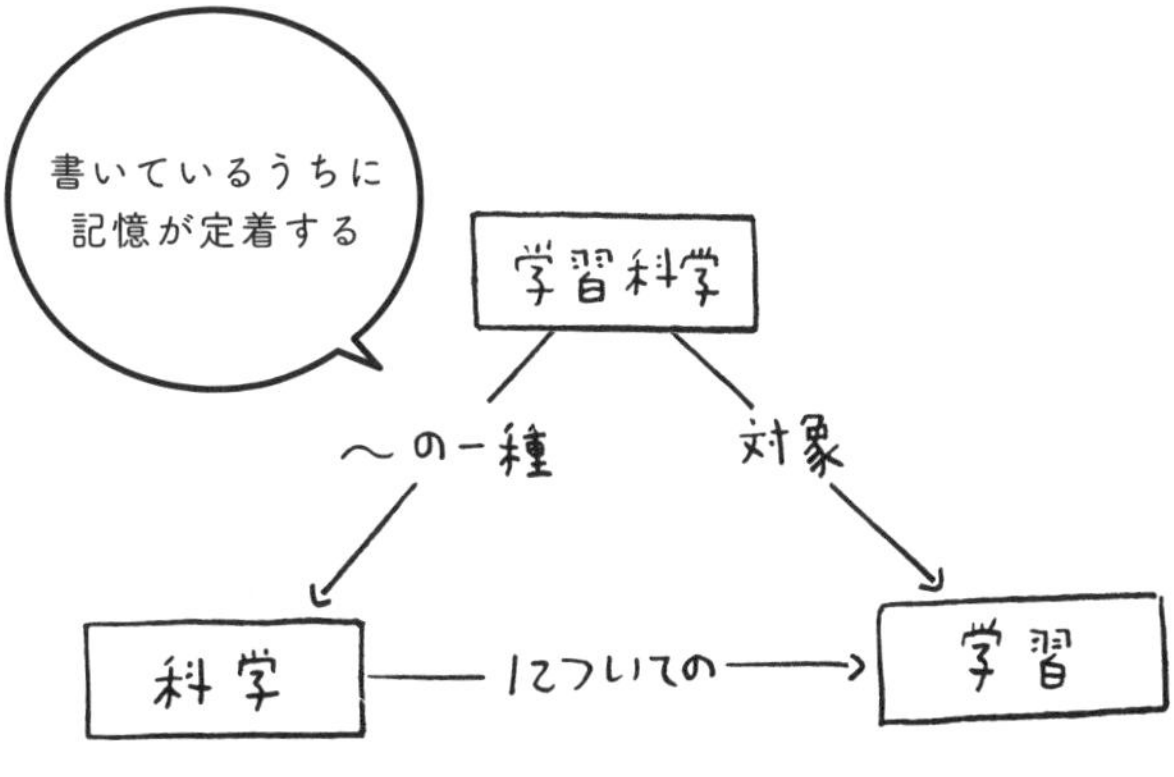

〈プレマップ　作り方のポイント〉

・学習前×参照しない

これから学習するテーマについて、まずは何も見ずに、思い浮かんだことを単語や短いフレーズで書き出す。テーマに関して自分が現時点で持っている知識のほかに、テーマについて思いついたり、想像したことを書き出していく。

どのような関連付けかを考えて、リンクラベルを書き足していくとなおよいが、これから学ぼうとする分野では、関連付けを詳しく特定できないかもしれない。関連がよくわからない時は「?」を付けていくとよい。5分間など、短い時間を決めて、時間中は手を止めず書き続けるやり方がよい。

・学習前×参照する

これから読もうとしている書物や、今日学習する範囲の目次からキーワードを拾い上げて書き出す。目次の表現だけでは、未知の分野の場合、詳しいことがわからないことも多い。言葉の意味がわからないところには、その言葉に「?」を残す。関連はありそうだがどんな関連かわからない場合も、関連付けの線に「?」を残す。「こんなことが書いてありそうだ」と予想したことがあれば、「?」マークで挟んで書き残しておく。これらの「?」は、これからの学習で何に注意を払い、どんな成果を持ち帰るべきかを導く手がかりとなる。

〈ポストマップ　作り方のポイント〉

・学習後×参照しない

今日学習した内容や、先程読み終えた書物（やその1章など）について、何も見ずに思い出せる範囲で、思い浮かんだことを単語や短いフレーズで順不同で書けるだけ書き出す。正確に思い出せるものだけでなく、おぼろげにしか覚えていない項目も、とにかく書き出していく。5分間など、短い時間を決めて、時間中は手を止めず書き続けるやり方がよい。

書き出した項目同士を関係付けていくと、最初は思い出せなかった項目が引き出されてくることが多い。

・学習後×参照する

何も見ずに描いたコンセプトマップに対して、今度はテキストやノートなどを読み返しながら、足りない項目を追加し、不正確な箇所を訂正していく。

〈ポストマップ〉

学習後×参照しない

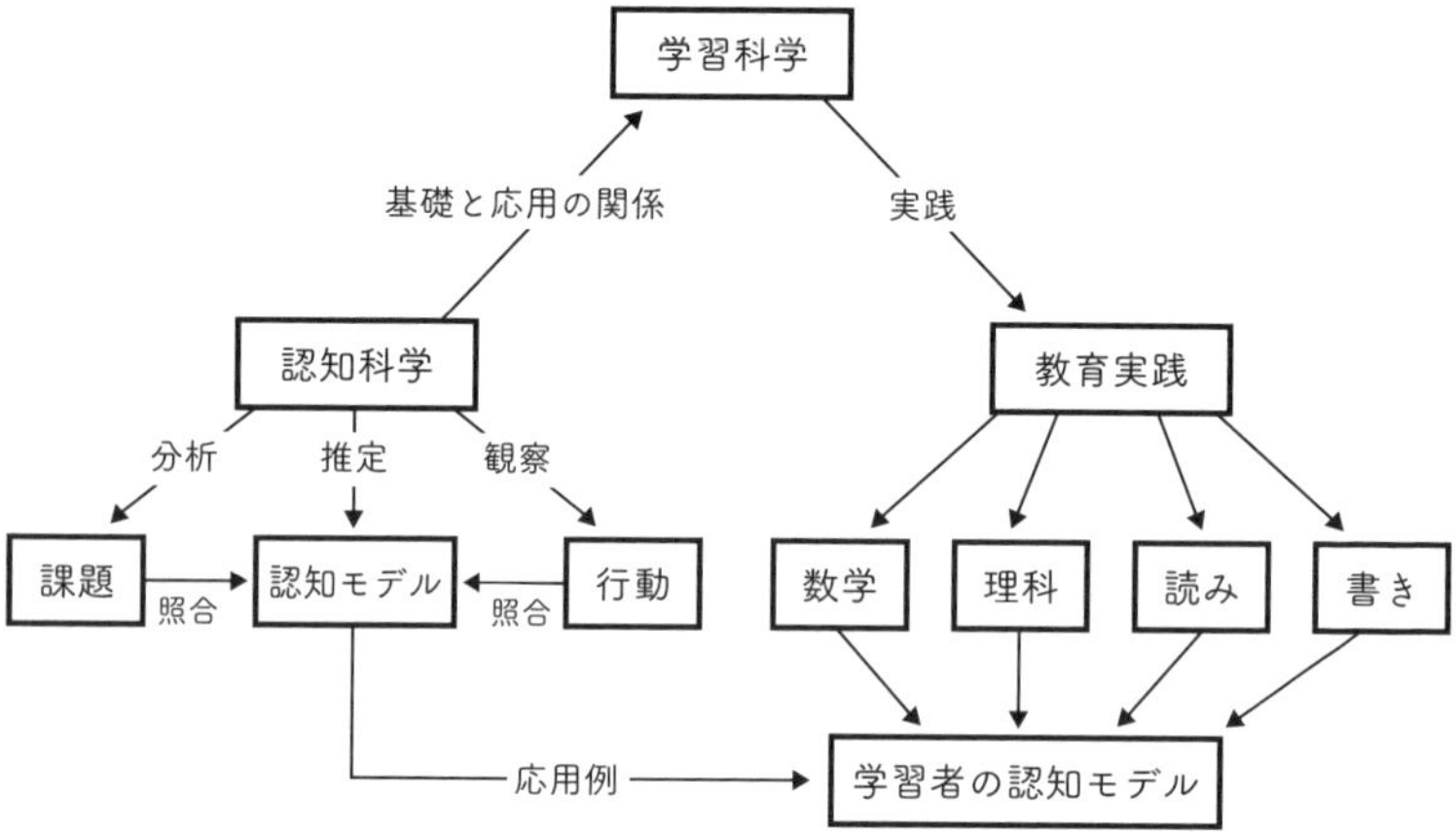

学習後×参照する

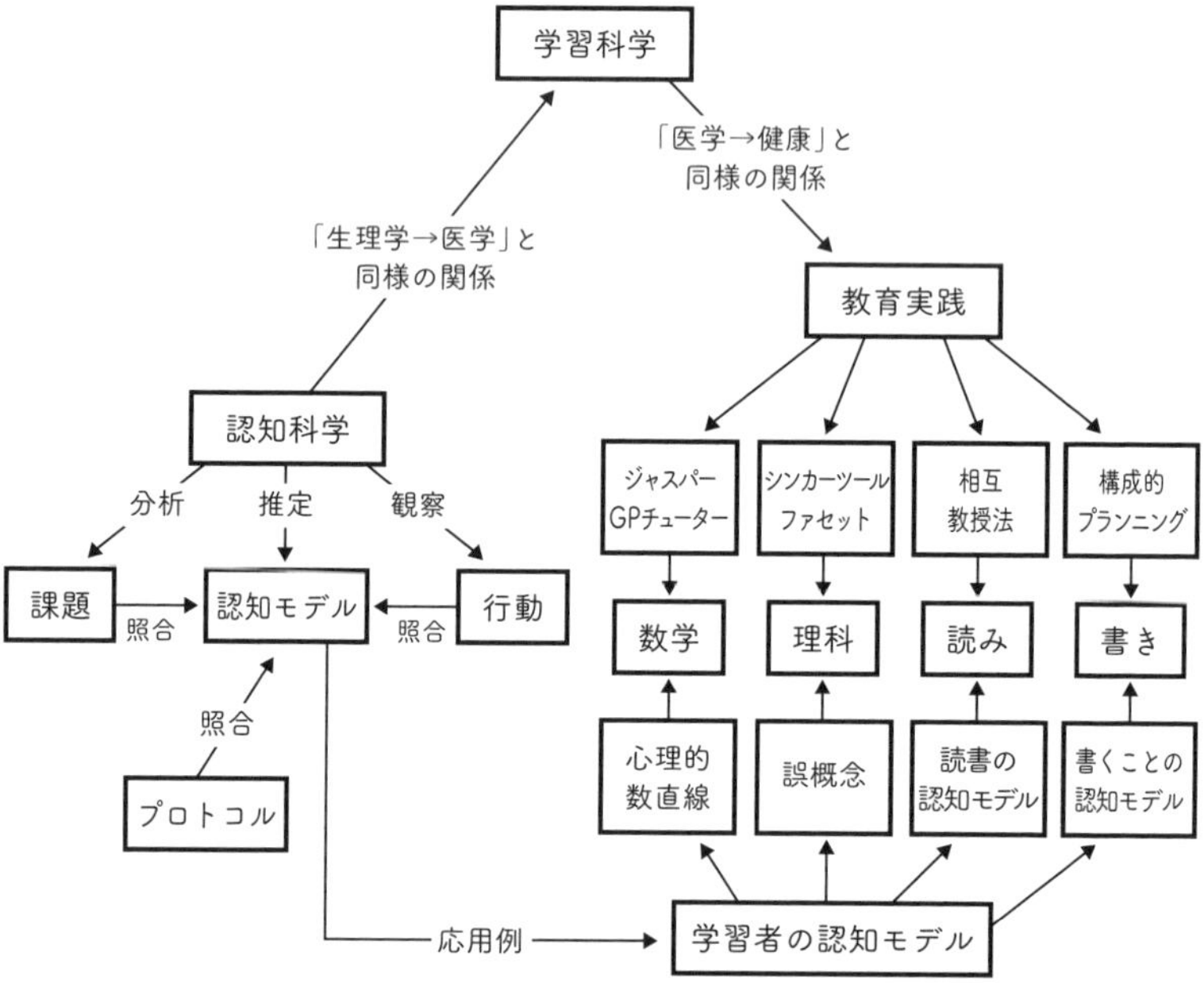

作成したプレマップ、ポストマップの例

学習科学について学ぶために、J.T.ブルーアー著／松田文子、森敏昭監訳
『授業が変わる 認知心理学と教育実践が手を結ぶとき』(北大路書房、1997)を読む場合

〈プレマップ〉

学習前×参照しない

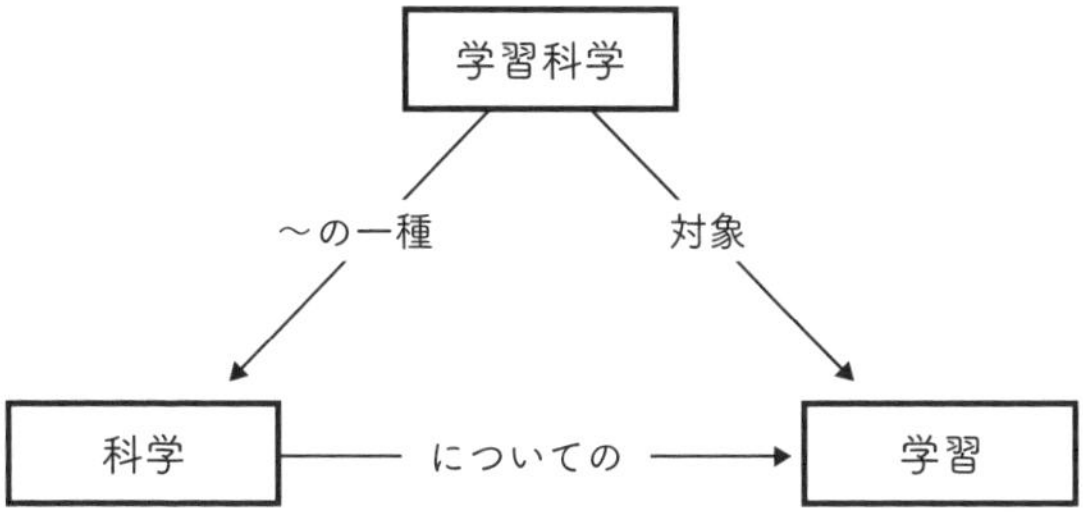

学習前×参照する

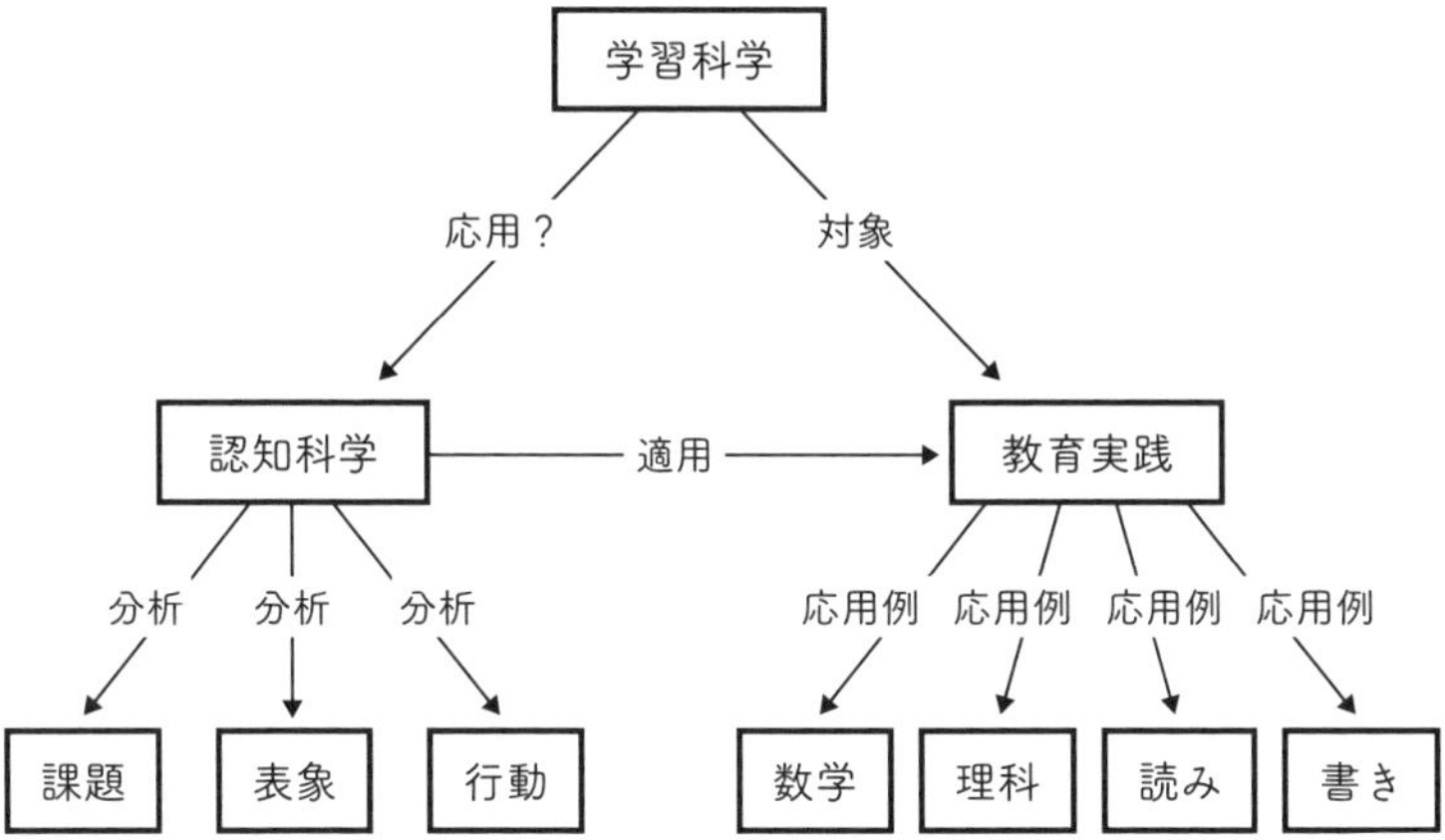

理解を図にすることで、記憶する

プレマップ&ポストマップは、覚えている限りのことを書き出すことが（思い出すことを失敗した場合でさえ）学習を促進するという知見〈49〉に、ジョセフ・D・ノヴァクらが開発したコンセプトマップという図解化手法を組み合わせたものである。

記憶していることを出力すること自体に、記憶や理解を促進する効果があることは以前より知られていた。おそらくは覚えていることを外に出そうとすることを通じて、長期記憶ネットワークの再編成が促進され、それが理解を深めるとともに、記憶を定着させるのだと考えられる。

どのような知識も情報も、孤立した形では機能しないし、そもそも記憶として定着しない。つまり、新しい知識を既に知っていることに結びつけられないと、理解することはおろか記憶することすら難しい。

我々の長期記憶はネットワーク状に構築されていて、新たな知識はそこに組み入れられ、既有知識と結び付けられることで（元の記憶ネットワークを組み替えながら）学習は進む。また、理解するとは、知識が他の知識と結びつくことであり、理解が進むとはその結びつきが増えることである。

こうした観点に立てば、記憶と理解は、対立するものでも互いに代替し合うものでもなく、同じ現象を異なる観点から見たものに他ならない。

知っていることに結びつける重要さ

ここで用いたコンセプトマップは、元は学生の科学的知識を表現する手段として考案されたものである。マップを描く者の中にある知識と理解の構造（結び付き）を図解化する手法であり、個人でも集団でも用いることができる。

ノヴァクは、デイヴィッド・オーズベルの〈**新たな概念を学ぶには事前の知識が重要である**〉とする学習観〈50〉をベースにコンセプトマップの手順と利用を開発した。ノヴァクはその著書 Learning How to Learn の中で「有意味学習は、既存の認知構造への

〈49〉Nate Kornell, Matthew Jensen Hays, Robert A.Bjork (2009) “Unsuccessful retrieval attempts enhance subsequent learning” Journal of Experimental Psychology: Learning, Memory, and Cognition, USA, 35(4), 989–998.
Lindsey E.Richland, Nate Kornell, Liche Sean Kao (2009) “The pretesting effect: do unsuccessful retrieval attempts enhance learning” Journal of Experimental Psychology, USA, 15(3), 243–257.
〈50〉David P.Ausubel (1968) Educational psychology : a cognitive view, USA: Holt, Rinehart and Winston

新たな概念と命題の同化に関係している」と述べている。

新しい情報を既存の認知構造に組み込み関連づけることは、「**新たな知識の構造化**」と呼ばれ、学習プロセスの中核にあるものである。

現時点でわかっている〈結びつき〉を描き出してみると、何をどれだけ理解しているか／理解していないかが図解化されることで、理解の現状を振り返ることができる。その結果、足りない部分を気付かせたり、新たな〈結びつき〉を発見することがある。これらはどちらも学習を促進するものである。

また新しい知識やまだ理解できない知識について「これは何と結びつくのか」と考える習慣は、理解する力を高める。

コンセプトマップを描くために、最初に順不同で書き出した項目を見直し、項目同士を線で結ぶためにそれらの間の関係を考えていくことにより、当初は思い出せなかった項目を思い出したり、思いもしなかった関係を発見することが多い。

つまり書けるところから書き出していくうちに、再生できる記憶は増えていく。

このことは、予習の場面では、より多くの既有知識を活性化させ、これから新規に習得する知識を結び付けやすくする。また、復習の場面では、より多く思い出し再生することで、記憶の定着と理解の促進をもたらす。

学習する者は、どれほど自分の無知を痛感していようとも、何も知らないわけではない。さらに言えば、これまでに学び知った蓄積を活用して、日々新たに見聞きするものを理解したり判断したりを繰り返している。

そして学ぶことは、何も置いていない空っぽの棚に荷物を積み込むようなものではない。もしそうなら、自分にとって、意味ある事柄も無意味な記号の羅列も、同じように覚えられるはずだが、これは事実ではない。

我々の長期記憶は、互いに関連付けられ結び付けあうネットワーク状に構成されている。新しい何かを学ぶことは、そのネットワークに新たな要素を組み込むこと、そうすることで既存のネットワークをつなぎ替え、再編成することである。

新しいことを一つ学べば、それと関連した既存の知識も変化する。他の事柄とあまり関係のない「表面的」な事項なら、あなたの知識のネットワークの外周部に近い部分に付け加わると思われる。つまり、それを学んでも変化する範囲は狭い限られた範囲にとどまる。

逆に、たくさんの事項と関連する「深層的」な事項なら、あなたの知識のネットワークの中心部に近いところに組み込まれるだろう。つまり、それを学ぶことで、あなたの知識の広い範囲に影響が及ぶ。

このように考えると、知識のネットワークのどこに位置付けられるかによって、学習の難易度も速度も変わってくることがわかる。表面的な知識は、既有知識にほとんど影響を与えないから、容易に素早く学ぶことができる。これに対して、深い知識を学ぶためには、大規模な既有知識の改変を必要とする。そのため、あなたはより強い抵抗を感じるだろうし、より長い期間不安定な状態に置かれるだろう。学ぶとは本来こうしたことなのだ。

だからこそ、新しく何か学べば、その程度はともかく、我々の物の見方や考え方は変化を被る。より深い知識は、より広範かつ深刻な影響を認識や思考に与える。その変化は不可逆的である。

朗報もある。学習が「空いた棚への積み込み」であるなら、学べば学ぶほど空きはなくなり、次第に学ぶことは困難になり、限界に突きあたり行き詰まる。

しかし学習が知識のネットワークの組み替えであり拡張であるならば、どれだけ学ぼうと限界はなく、むしろ学べば学ぶほど、それだけネットワークは豊かになり、新たな知識を結びつける先は増えていく。つまり学ぶことはより楽になる。

知識は元よりつながっている

新たに学んだことを既に知っていることに結び付けること、そうして自分の知識のネットワークを組み換え拡張していくことは、「上手な勉強の仕方」以上のものを示している。

それは知識とそれに関わる知的営為の本質そのものだ。

しかしまた、積極的には教えられていない事柄でもある。

例えば学校で教科として教える場合には、何をどれだけ教えるのかの規定があり、さらにそれを有限の時間の中で行う制限もかかる。しかし知識のつながりを素直に追いかけていくと、簡単にその規定をはみ出し、制限を踏み越えることになるだろう。

各人のどちらへ進むか広がるかわからない知的好奇心を、一つの科目や専門分野に留めておくことは難しい。知ることの欠くべからざる〈はじまり〉であるのに、学校で知的好奇心や知識のつながりにあまり光があてられないのは、こうした理由なのかもしれない。

我々の情報ニーズにぴったり合った一冊の書物がないように、我々の知的好奇心を丸ごとカバーする科目も学問領域も存在しない。

しかし我々は、何をどのように学ぶかを自ら決めることができる独学者である。我々の探求が、どんな境界や縄張りを越えて進むことになろうとも、誰に気兼ねを感じることはない。一冊の書物では足りないことも、それを越えてどのように知的探求を広げていけばいいかという方法も、先に述べた。進め、そしてつなげよ。知識は新たに結び付けられることを待っている。

技法50

記憶術（ニーモニクス）

古代ギリシア発祥のイメージ技法

ニーモニクスとは、古代ギリシア時代に考案された「イメージを用いて既知のものを結びつける」技法である。

ニーモニクスは記憶を結びつける「鍵」を用意する方法を改良することで時代を経るごとに発展してきたが、ここではその源流にあたる「Lociシステム」のやり方を紹介する。Lociシステムでは記憶を結びつける「鍵」として〈場所〉を用いる。

①記憶を結びつける「鍵」を用意する

「鍵」に適した〈場所〉は、普段から慣れ親しんでいるものが望ましい。旧ソ連の心理学者ルリア（Luria, A. R.）が研究した記憶術者S（シェレシェフスキー）〈51〉は自分の生まれ育った村や自分の住んでいる家の周囲にあったものを「鍵」として用いた。

ここでは例として、「雑誌、自動車、医者、薔薇、ボール」を覚える場合に、自分の体の部分を〈場所〉にする方法を用いよう。自分の体はどこへ行っても付いてくるし、長年連れ添ってきているので慣れ親しんだものである。5つのものを覚えるので、頭、目、鼻、口、胸を「鍵」として使う。さらに体の下の方まで場所として使えば20～30個程度なら、この方法で記憶できる。

②覚えたいものをイメージに変換する

イメージは具体的かつ個別的である方がよい。記憶したいのがもし抽象物であれば、600ページ以降で紹介する方法でイメージに転換する。

③鍵と覚えたいもののイメージを結びつける

記憶術の中心は、既に知っているもの（既知のもの。「鍵」を使った記憶術では「鍵」）と、新規の覚えたいこと（未知のもの）とを結びつけた視覚的イメージを作り出すことである。

例えば次のような結合イメージを作り、一つずつ6～8秒間心の中で思い浮かべる（慣れないうちは急がず、イメージする時間を長めに取るほうがよい）。

〈51〉A・R・ルリヤ著／天野清訳『偉大な記憶力の物語　ある記憶術者の精神生活』（岩波現代文庫、2010）

記憶術についての初期の心理学研究〈52〉によれば、初めての人はこの結合イメージを作るのに一つあたり4〜8秒かけるのが望ましい（最も成績がよい）。2秒では短すぎるようだ。この時間はもちろん慣れると短くて済む。

「生き生きした vivid」「視覚的な visual」「とっぴな bizarre」イメージを作り出すほど、記憶はより長く保持されるとされる。

記憶に適したイメージを作り出すには

・結びつける2つの要素の間はただ並んでいるのでなく、両者の間にやり取り（インタラクション）があること

・イメージは静止画でなく動いていること（「動画」であること）

に気をつけると、「生き生きした vivid」「視覚的な visual」「とっぴな bizarre」イメージを生み出しやすい。

〈52〉B.R.Bugelski, Edward Kidd, John Segmen (1968) "Image as a mediator in one-trial paired-associate learning" Journal of Experimental Psychology, USA, 76 (1), 69-73. http://dx.doi.org/10.1037/h0025280
B.R.Bugelski (1974) "The image of mediator in one-trial paired-associate learning: III. Sequential functions in serial lists." Journal of Experimental Psychology, USA, 103(2), 298–303. http://dx.doi.org/10.1037/h0036810

Lociシステムの例

雑誌と頭〈場所〉
「頭の上でバサバサと紙がめくれる音がする。ツルツルのグラビアページをめくると、ざらざらの紙の上に４段の細かい文字が並んでいる。頭髪が雑誌の誌面に変わってしまったのだ」
自動車と目〈場所〉
「目がゴロゴロするのでこすると、豆粒のような自動車が下瞼の上を猛スピードで走っている」
医者と鼻〈場所〉
「くしゃみをすると、鼻の穴から聴診器が飛び出して、ずるりと垂れ下がるので、ひっぱるとその先にくっついた小さな医者が出てくる」
薔薇と口〈場所〉
「口の中がチクチク痛いので、大きく開いて手を突っ込むと、芳しい香りとともにバラの花が出てくるが、手も口の中も血だらけである」
ボールと胸〈場所〉
「巨大なボールが猛スピードで飛んできて、胸にめり込み、なおもグリグリとスピンし続けている」

ニーモニクスの種類とイメージする方法

ニーモニクスの「鍵」を用意する方法には、

・実在もしくは想像の場所を「鍵」に使う「Lociシステム（場所法）」
・数字など順序が明確なものに似たイメージを使う「Pegシステム」
・数字を子音に変換しその子音を含む単語のイメージを「鍵」とする「Phoneticシステム」

などがある。

また事前に「鍵」を用意せずに、記憶したいもの同士をイメージ化して結びつける場合もある（Pairシステム、Linkシステム）。

具体物を記憶する場合は、その姿をイメージすればよいが、記憶術を実践する場合、抽象概念や外国語のスペルなど、イメージ化に工夫を要する記憶対象も多い。

記憶術を実用に供するためには、ここに1つ目のハードルがある。イメージしにくいもののイメージ化には、一般的な解法はないが、方略としては次の3つが考えられる。

方略1：音の分割とダジャレ化

抽象語、外国語の場合、語源や由来を知れば、有意味なものとして捉えることもできるが、それが不可能な場合（あるいは回避したい場合）、無意味な音の並びとして処理する必要が出てくる。

この場合は、2～3のパーツに分けることで、似たものを探して対応付けることがやりやすくなる。これは語呂合わせの基本的なテクニックでもある。

例えば、

・マネタリズム　↓「マネタ」（真似た？）＋「リズム」（律動？）
・temperament　↓「テンパラ」（天婦羅？）＋「メン」（麺？）

のように分割した上で、音の似ている言葉を探すことで対処できる。

方略2：具体化、例示化

イメージ化するためには、具象名詞であっても、特定の事物にまで「具体化」する必要がある。

例えば「靴」一般はイメージし難い。特定の「靴」（例えば自分が普段はいている靴）の方がイメージは明瞭になる。

また自己関与的なものは記憶されやすいことから、「自分が（現に）持っている具体物」に変換することは有益である。

動詞については、その動作をしている者、その作業に必要なもの（「掃く」なら「ホウキ」）へと転換することもできる。

方略3：場面化、物語化

形容詞、動詞について、登場人物（例えば自分）と場面を設定し、例えば「私が○○している」「○○な（状態にある）私」などの場面をイメージすることでもイメージ化は可能である。

その場面／物語について、どこで／どういった状況で行われているかがイメージできればなおよい。

古代ギリシアにさかのぼる記憶術の歴史

古代の文献は、記憶術の発明をいずれも古代ギリシアの抒情詩人シモニデスに帰している〈53〉。

「絵画は物いわぬ詩、詩は物語る絵画」〈54〉との言葉を残したシモニデスの抒情詩は、豊かな色彩感覚と映像性を伴う臨場感あふれる描写を特徴としており、イメージを用いた記憶術の創始者に確かにふさわしい。

さらにキケロもまた次のようなエピソードを紹介している〈55〉。

シモニデスがテッサリアの名士スコパスの援助を受けていた折、スコパスが戦車競走で勝利し、祝宴が開かれた。シモニデスは求められ、スコパスの勝利を祝うオード（頌歌）を歌ったが、その中に織り込まれたカストルとポリュデウケス（双子座にもなったギリシア神話の双子神）の賛美が多すぎたせいでスコパスは腹を立て、シモニデスへの報酬を半分に値切った上に「残りは双子の神に貰うがいい」と突き放した。その後、シモニデスは二人の若い男が彼を訪ねて来たと呼び出され、詩人が宴席を離れて外に出た時、天井が崩落しスコパスと宴会に呼ばれた客はみんな下敷きになってしまった。外には誰もいなかったが、シモニデスは、彼を呼び出した二人こそカストルとポリュデウケスであり、残りの報酬のかわりに命を救ってくれたのだと理解した。さて崩落した天井に押しつぶされた死体はどれが誰のものかわからないほどだったが、シモニデスはその場所の記憶から死体の身元をみな特定することができたと言う。これが記憶術（場所法）の起こりである。キケロはさらに、自分が出会った超人的な記憶力の持ち主たちのことに触れ、こうした人達はみな覚えたいことを自分の熟知している場所（ロクス）に結び付けて心に刻み込んで

シモニデス
（Σιμωνίδης ο Κείος、紀元前556-紀元前468）
古代ギリシアの抒情詩人。エーゲ海のケオス島の生まれのため、ケオスのシモニデスと呼ばれる。報酬のために創作を行った最初のギリシア詩人であると伝えられる。僭主時代のアテナイや豪族スコパス一門の支配下のテッサリアの宮廷詩人として活躍し、ペルシア戦争の際はマラトン、アルテミシオン、テルモピュライらギリシア人の武勇を称える幾多の詩を残した。晩年はシチリア島シラクサの僭主ヒエロン1世に招かれたという。

いた、と証言している。

キケロは古代ローマ時代、最高の弁論家であったが、その後『弁論家の教育』を書いたクインティリアヌスもまた、暗記すべき弁論を家の像に置き換え、玄関から奥の間へと連続する部屋部屋にスピーチの各部を代表させる方法を説明している（『弁論家の教育』11・2・18以下）。こうして記憶術は、弁論術の一部門として組み込まれることになった。しかし口頭弁論とその技術である弁論術は、共和制が衰退するとともに、実践の場を失っていく。

弁論術は言語技術のトレーニングとして教育に組み込まれることで、かろうじて命脈を保つが、次第にその中心は措辞（言い表し方、とくに転義・文彩）に移り、詩学や文体論と合流して「書くこと」の理論すなわち「修辞学」として、自由七科に編入され中世的教養の重要な部分を構成することになる。

その一方、口頭弁論の必要から弁論術に組み込まれていた記憶術は、弁論術が実演の側面を失い、主として文書を相手とするようになるに至って、長い冬の時代を迎えるこ

〈53〉例えばカリマコス『縁起集』64[1]、『パロス島大理石碑文』。プリニウスもまた、聞いたことを逐語的に繰り返す技術はシモニデスが編み出し、スケプシスのメトロドロス（前1世紀）が完成させたと記している（『博物誌』（第7巻人間24章記憶））。同様の記述はキケロ『神々の本性について』にもある。

〈54〉プルタルコス『アテナイ人の名声』346

〈55〉キケロー著／大西英文訳『弁論家について』（岩波文庫、2005）ii.86

ととなる。

記憶術に再び脚光があたるには、ルネサンスという新しい時代を待たなければならなかった〈56〉。

記憶術が立身出世の武器になる

ルネサンスに始まる初期近代には、共和制のような口頭弁論が活躍する場が復活したわけではなかった。また印刷術や安価な製紙法が発明／普及し、自身の記憶に頼らずとも済む文書や書物のような外部の記憶手段の役割がさらに拡大した時代でもあった。

にもかかわらず、記憶術が復活した理由は、人文主義者たちが再発見した古代ギリシア・ローマの文献や、新世界の発見によりヨーロッパの外から流れ込んだ新しい文物と情報が、印刷術・製紙法を通じて、爆発的な知識と情報の量的拡大をもたらしたことが背景にあった。

印刷術は書物の流通量を急増させ、古典文献の普及と博覧強記の人物の出現を可能にした。「古典」というカテゴリーは、他に同じ書物を読む人が多量に生まれなければ、そもそも成立しない。

そしてこうした知識・情報の増大は、流動化する社会状況の中で、普及しだした新しい知識や情報を武器に、自らの社会的栄達や学問的達成を求める人々をも生み出した。端的に言えば、記憶術は、自分が考え出した弁論を記憶する手段から、世界についての情報を自分の中に蓄えることで（現代の我々からはむしろ想像しやすいことだが）個々人の「立身出世」の武器となったのである。

この知識を大量に扱う技術としての記憶術はまた、ある種の哲学者・思想家たちにとっても武器となった。新プラトン主義を通じて新しく手に入れた照応関係を基にする宇宙像に、新しい大量の知識を配置するために、記憶すべきものを「場所」に結びつける記憶術が援用されたのだ。

コスモロジーの体系を作り上げることが、同時に多くの知識と情報を扱う認知能力をかさ上げするかもしれない。あるいは最も抽象的と目される知的営為と現世的な出世利益を同時に追求する方法が得られるかもしれない。この可能性を看過するほど、当時の哲学者・思想家は枯れてもいなければ石頭でもなかった。

文学的な想像力を必要とする詩人・文学者も、記憶術を創造的な思考に応用した。結合術（アルス・コンビナトリア）と呼ばれるものは、既存の要素の組み合わせから新奇

〈56〉ルネサンス以降の記憶術復興については、桑木野幸司『記憶術全史 ムネモシュネの饗宴』（講談社選書メチエ、2018）を参照。

な着想を得るものだが、過去の大量の素材を扱う技術として記憶術と陸続きのものと理解された。

記憶の時代が終わり、目録の時代が始まった

初期近代の大量の情報と知識が流入し流通する状況が、記憶術が再興する契機となったが、同じ状況は新しい知的技術と情報技術を生み出し、これらが記憶術を衰退させる力ともなった。

そうした知的技術・情報技術の一つが、抽象概念からの二分法を繰り返すことで多くの知識を樹形図の形で整理できるペトルス・ラムスの「方法」〈57〉であり、また急増する文書・書籍から必要な箇所を抽出し、様々な索引・検索システムを付加して再利用を可能とする抜粋術（ars excerpendi）であった。これらは大量の「場所」と奇妙なイメージを必要とする記憶術を、煩雑でコストの高い不要なものとして駆逐していく。

抜粋術を研究するチェヴォリーニは、その意義を次のような仮説として提示している〈58〉。抜粋術により記憶の負担から解放された知的エネルギーは、複雑かつ精緻な思考に振り向けられ、次代の近代哲学や自然学につながっていった、と〈59〉。一方、抜粋さ

れたものをどのように整理するかについての考察は理論化され、これが文献学や図書分類学という学問を生み出していく。

記憶の時代が終わり、目録の時代が始まろうとしていた。

生き延びる記憶術

では、新しい情報技術の登場は古い技術を駆逐してしまうのだろうか。

確かにそうした主張は繰り返し登場する。目録、百科事典、コンピュータ、古くはプラトンの『パイドロス』に見られるように文字の登場すらも、人間に偽りの博識をもたらし、知的努力から遠ざけると非難されてきた。

〈57〉Pierre de La Ramée, Dialectique, Wechel, 1555. フランス語で書かれたこの著作はデカルト以前の「方法序説」とも呼ばれ、ラムスの著作の内で最も世に出たもので、ラムスの伝記を書いたウォルター・J・オングによれば、最終的に260版を重ねたと言う。樹形図は別名「ラムスの図 Ramist」とも呼ばれるようになった。

〈58〉Alberto Cevolini (2006) De Arte Excerpendi : Imparare a dimenticare nella modernità, Italy: Leo S. Olschki.

〈59〉同様にウォルター・J・オングもまた、書くことが人を「記憶するという仕事から解放し…精神があらたな思索に向かうことを可能にする」と述べている。

（出典）ウォルター・J・オング著／桜井直文、林正寛、糟谷啓介訳『声の文化と文字の文化』（藤原書店、1991）

しかし人類は、これらの情報技術の登場によって、覚えることから解放されたことはなかった。

そして記憶術も、かつての繁栄と過剰な期待は失われたとはいえ、その後も様々な改良を加えられ、後世に伝えられた。

その後の記憶術の改良は、記憶を結びつける「鍵」が枯渇することの対策に向けられた。我々が親しむ「場所」に記憶を結びつけるLociシステムでは、弁論のように一種類で大量の内容を覚える場合はよいが、多種類の情報に用いようとすると途端に「場所」が足りなくなる。ルネサンスの記憶術師はこのニーズに応えるために「記憶の劇場」〈60〉を作るなど大掛かりな仕掛けをいろいろ考えたが、真のブレイクスルーは数字をイメージに変換する規則的な方法によってもたらされた。

伝統的記憶術

	Pair システム	Link システム	Loci システム	Peg システム	Phonetic システム
創案者	不詳	不詳	シモニデス？ （紀元前556年頃 - 紀元前468年）	ヘンリー・ハードソン （中世-1600年代）	スタニスラウス・ミンク・フォン・ヴェンシェイン (1648) フランシス・フォーヴェル・グロー (1844)
イメージ	○−○ ○−○	○→○→ ○→……	○　○　○…… ↑　↑　↑ ■−■−■……	○　○　○…… ↑　↑　↑ □→□→□……	○　○　○…… ↑　↑　↑ □−□−□…… ↑　↑　↑ 1　2　3……
概要	一対のものをイメージで結びつける	A、B、C、D……ならば、AとB、BとC、CとD……という具合にイメージで結びつける	現実または仮想の場所に、覚えたいものをイメージで結びつける	順序が明確なもの(Peg:かけくぎ)を記憶しておいて、それに覚えたいものをイメージで結びつける	数字に対応するキーワードを生成し、それに覚えたいものをイメージで結びつける

時代が進むほど
イメージを引っかける
「場所」を生み出す方法に
工夫が見られる

これは元々、覚えにくい数字を記憶するための方法であったが、これを「鍵」を作ることに転用すれば、数字であるがゆえに、まさに無数の「鍵」を生成でき、多種大量な記憶が可能となる。また数字を組み合わせ座標を表し、位置に関する情報を記録することもできる。

数字変換の方法には、古くは古代インドの天文学者・占星術師ハリダッタが考案したカタパヤーディ（कटपयादि）数字がある（683年）。記憶術でよく用いられたメジャーシステムと呼ばれる数字を子音に変換する方法は、フランスの数学者ピエール・エリゴーン（1580～1643年）によって始められた。

現在、記憶術競技で主流となっている人―行動―対象システム（Person-Action-Object（PAO）System）は、数字を人にとって記憶しやすい「人物」とその「行動」と行動の「対象」に変換するもので、1987年30歳でトレーニングを始め1990年代世界記憶力選手権で優勝し続けたドミニク・オブライエンのドミニック法（人物と行動を組み合わせるもの）に「行為の対象 object」を加えたものである〈61〉。

〈60〉ジュリオ・カミッロ著／足達薫訳『劇場のイデア』（ありな書房、2009）

〈61〉ドミニック法については、ドミニク・オブライエン『記憶力を伸ばす技術』（産調出版、2002）。PAO Systemについては、Foer, Joshua (2011). Moonwalking with Einstein: The Art and Science of Remembering Everything. New York, New York: the Penguin Group.

技法51

35ミニッツ・モジュール

復習をモジュール化する記憶マネジメント法

①学習するとき、35分間を1セットとして次のように時間を使う

0〜20分……新規項目の学習
20〜24分……定着のための小休憩と復習の準備
24〜26分……一日前の学習項目の復習
26〜28分……1週間前の学習項目の復習
28〜30分……1カ月前の学習項目の復習
30〜35分……今日の学習項目の復習

②続ける場合は10分休憩し、繰り返す

時間配分システムで「分けて覚える」

35ミニッツ・モジュールは、学習時間の配分システムの一つである〈62〉。

35分間という時間設定は、多くの人が集中力を維持できる20分間という時間を新規項目の学習にあてることと、全学習時間の40％を復習に、60％を新規項目の学習にあてる、という条件から算出されたものである。

一日前、1週間前、1カ月前に学習したものを復習するというやり方は、繰り返す度に次の復習までの間隔を長くしていく、いわゆるスペースド・リハーサル〈63〉の考え方を、できるだけシンプルなやり方で行う「ＤＷＭシステム」を取り入れたものだ。これはDay-Week-Monthの略で、最初に学んでから一日後、1週間後、1カ月後に復習するものである。

〈62〉Gillian Butler, Nick Grey, Tony Hope (2018) Manage Your Mind : The Mental fitness Guide (Third Edition), UK: Oxford University Press.

〈63〉Spaced Repetitionあるいはspaced rehearsal、expanding rehearsal、graduated intervals、repetition spacing、repetition scheduling、spaced retrieval and expanded retrievalなどとも呼ぶ。

一度に覚えるのと、分けて覚えるのでは、分けて覚える方が効果が高く、しかも長く続く。

これは、単純な暗唱ものから文章理解、技能習得に至るまで、あらゆるジャンルとコンテンツとシチュエーションで確認されている。

そして同じく学習を分散するにしても、その間隔を次第に広げる方が効果があることが知られている〈64〉。例えば、3日おきに復習するよりは、一日後、3日後、1週間後……という間隔で復習する方が定着度が高い。

このスペースド・リハーサルの効果は幾度となく実験的に確認されてきたロバスト（頑強）なもので、独学者に限らず何か学ぶ人には非常に役に立つ知見だが（そして実際いろんなところで活用されているのだが）、案外知られていない。そして耳にしたことがある人も、あまり重要なものとは思っていない。

教育現場で、教師や生徒にどれほど知られていないか、有効性が認識されていないかを調べた研究〈65〉があるほどだ。

スペースド・リハーサルが普及しない最大の原因は、復習するタイミングを管理するのが面倒だという点だ。

この問題への対処法にはDWMシステムのように簡略化したり、SRSノート〈66〉のようなノート・システムを使ったり、SuperMemoやAnki〈67〉のようにコンピュータにスケジュール管理をまかせてしまう手などがある。

マップ・モジュール

学習と復習をセットにしてモジュール化する方法は、様々にアレンジが利く。以下では、プレマップ&ポストマップ（↓技法49、582ページ）を盛り込んだモジュールを紹介しよう。

〈64〉・Arthur M.Glenberg, Thomas S.Lehmann (1980) "Spacing repetitions over 1 week" Memory & Cognition, 8(6), 528–538.
・John A.Glover, Alice J.Corkill (1987) "Influence of paraphrased repetitions on the spacing effect." Journal of Educational Psychology, USA, 79(2), 198–199.
ただし近年、復習までのタイミングを広げる拡大分散学習よりも一定間隔で復習する均等分散学習の方が、長期には有効であるという研究が蓄積されている。
（参考）https://howtoeigo.net/research/2016/08/24/expanding2/

〈65〉・Ernst Z.Rothkopf (1963) "Some Observations on Predicting Instructional Effectiveness by Simple Inspection" The Journal of Programed Instruction.
・Eugene B.Zechmeister, John J.Shaughnessy (1980) "When you know that you know and when you think that you know but you don't" Bulletin of the Psychonomic Society, 15(1), 41–44.

〈66〉Biedalak K., Murakowski J., Wozniak P. (1992) Using SuperMemo without a computer https://www.supermemo.com/articles/paper.htm
日本語化したものにthe Right Stuffの「紙とペンで簡単にできる Anki」https://rs.luminousspice.com/pen-and-paper-anki/ がある。この方法には学習スケジュールと学習素材の両方をノートだけで管理できる利点がある。

〈67〉著者による紹介記事は「決して後退しない学習ー Ankiを使うとどうして一生忘れないのか?」https://readingmonkey.blog.fc2.com/blog-entry-678.html

〈35ミニッツ・モジュール〉

0〜1分（1分間）………プレマップ。これから学ぶ項目について知っていること、知らないこと、知りたいことなどを、できるだけ書き出す。

1〜16分（15分間）………新規項目の学習。教材を見ながら学習する。

16〜19分（3分間）………定着のための小休憩（インターリーブ）。この間に復習の準備をする。

19〜21分（2分間）………一日前の学習項目の復習。一日前に作ったマップを見て内容を思い出す。

21〜23分（2分間）………1週間前の学習項目の復習。1週間前に作ったマップを見て内容を思い出す。

23〜25分（2分間）………1カ月前の学習項目の復習。1カ月前に作ったマップを見て内容を思い出す。

25〜30分（5分間）………今日の学習項目の再生とマップ化。まずは今日学んだことを何も見ずにできるだけ書き出す。マインドマップかコンセプトマップを作る。

30〜35分（5分間）………マップ修正。書けるだけ書き出せたら、教材を見ながらマップを修正する。誤りを訂正し、足りない項目を追加する。

〈60ミニッツ・モジュール〉


2分……プレマップ。これから学ぶ項目について知ってること、知らないこと、知りたいことなどを、できるだけ書き出す。

28分……新規学習。教材を見ながら学習する。

2分……休憩を入れて、インターリーブ
10分……再生とマップ化。今学んだことを何も見ずにできるだけ書き出す。書き出した項目を結びつけてコンセプトマップを作る。あるいは最初から、学んだことについて何も見ずにマインドマップを書いてもよい。

10分……マップ修正。教材を見ながらマップを修正する（すぐにフィードバック）。

2分……昨日の復習。昨日描いたマップを見て学んだことを思い出す。

2分……先週の復習。先週描いたマップを見て学んだことを思い出す。

2分……先月の復習。先月描いたマップを見て学んだことを思い出す。

2分……今日の復習。先に作ったマップを見て学んだことを思い出す。

第14章 わからないを克服する

無知くんと親父さんの対話14 「わからない」と共に旅をする

無知くん：頭が悪いせいか、難しい本が全然読めません。

親父さん：なら易しい本でも読めばいいだろう。

無知くん：いやいや、それでは独学者として成長できないじゃありませんか。

親父さん：一人前のことを言う。しかし難しい本が読めないのは、頭の良し悪しとあまり関係がない。

無知くん：そうなんですか。

親父さん：難しい本というのが具体的にどの本を指しているか知らんが、世の中には誰が読んでもわけがわからん書物も存在する。

無知くん：頭のいい人は、難しい本でもスラスラ読んでいるのではないのですか？

親父さん：冗談じゃない。スラスラ読んでいるように見えるのは、大抵はそいつがその手の書物を読み慣れているからだ。慣れない分野の文献は、誰にとっても難しい。例えば、その分野で常識になっていることは、その分野の専門家向けの文献では、前提として扱われて、改めて解説されることはない。

その前提を共有しない専門外の人間からすれば、そういう文献を読むのは、ルールを知らないゲームをやらされるようなもんだ。

無知くん：では、一人で学んでいて、わからない箇所や問題に突きあたったら、どうしたらいいですか？　ルールブックはおろか、質問したり教えてもらう人もいないのに。

親父さん：お前が今やってることは何かと問いたいが、まあいい。独学をやっていれば必ず突きあたる難所だ。やれることは多くはないが、独学だからこそできることもある。

無知くん：おお、何ですか？

親父さん：独学では何を学ぶかは自分で決めることができる。今学んでいる教材が今の自分に難しすぎるなら、もっと易しいものに切り替える手がある。

無知くん：おかげさまで探しものの仕方が少しわかったので、それならいくらかできるようになりました。図書館のレファレンスカウンターに本を持って行って「もっと易しいものはないですか？」と聞くだけですが。

親父さん：大いなる進歩だな。易しいものに迂回することは時間がかかるから嫌う者もいる。しかし挫折して学習そのものを中断するよりはるかにましだ。それに当たり前だが、**易しいものを読んでおくと、より難しい本が理解しや**

すくなることは多い。

無知くん：えっへん。目覚ましく進歩してすみません。

親父さん：残念ながら、自分のレベルに合った書物や資料が必ず存在しているわけじゃない。初心者は数が多いから初心者向けの書物・資料は多いが、ある程度レベルが上がると選択肢は少なくなっていく。そもそも新しい分野では初心者向けのもの自体ない場合がほとんどだ。では、どうするか。

無知くん：わかってます。コツコツ努力するしかないんですよ。

親父さん：具体的に何をどうやるんだ？

無知くん：それがわかれば苦労しません。何かヒントを。出し惜しみせずに！

親父さん：やれやれ。一口にわからないと言っても、いろいろある〈68〉。例えば文章に出てくる用語や単語がわからないならどうするか。そうだ、調べればいい。しかし単語の意味は複数あって、それぞれどの意味を組み合わせればいいか決められなくてわからない時もある。さらに、部分部分の意味はおよそわかったはずなのに、全体として意味が通らなくてわからない場合もある。

無知くん：確かに**「わからない」にも種類がありそうです。すると、対策にも、いろいろあるということ**ですか？

〈68〉「わからない」ことにも種類があるという視点は、池田久美子「学生は何が分からないか：分からなさの型」『信州豊南短期大学紀要』18号、2001、105-122頁から示唆を得た。池田はこの論文の中で、大学生の「分からなさの型」について、1用語の意味・事柄を知らない、2叙述の裏・言外の意味がわからない、3不整合・破綻が生じているからわからない、4叙述が自分のコードシステムに整合しない、5問う価値のない擬似問題につまづく、の5つを挙げている（6わかりたくない、を含めれば6つ）。

親父さん：目の前の問題がわからないとしても、俺たちは何もかも見失ったわけじゃない。「わからない」状態を分類するメリットは、これを基に、理解へのルートマップを描けることだ。本当は理解への道筋は一本道ではないんだが、この方が「理解が進む」感じが出る。何よりあがくとしても何についてどうあがけばいいか、指針のようなものが得られる。

無知くん：なるほど。そういうものですか。

親父さん：わからなくなると、目の前の問題が解けないというだけでなく、自分がどこにいるのか、どっちを向いているのかさえわからなくなる。解決への道筋のどの辺りにいるのかわからなくなれば何をすればよいかは決められない。自分が進んでいるのか後戻りしているのかさえわからなければ、努力しようって気持ちも折れるだろう。逆に、自分の場所がわかるだけでも、いくらかましな心持ちでいられるものだ。独学を何とか続けていける程度の、ってことだが。

無知くん：うう、それでも挫折したら、またモチベーションをかきあつめて、独学を再開します。

親父さん：そうだな。実のところ、「わからない」という状態は、ヒトが学ぶことを始める、その最初にあったものだ。俺たちは何かがわからないから、それでも理解したいと思うから学び始める。あるいはこれまで誰も知らないことを明らかにしようとするなら（この知的営為の一部が研究と呼ばれる）、誰もが「わからない」に挑むことになる。すぐになんともならない困難に陥った時、その時はどれだけ頭を捻っても解決策が見つからなかった時、先人たちは七転八倒し、やがて試行錯誤を始め、いくつもの落とし穴にハマり、しかし数少ない機会をものにした者たちが、俺たちが今手にしているような知識の断片を残すところまでたどり着いた。「わからない」のルートマップは、そうした先人が知識へ向かって悪戦苦闘したプロセスを、思いっきり簡略化したものだ。解けない問題を小分けにして、そうした部分部分のたった一つでも解けるようにしたり、膨大な組み合わせを試したり、なんとか扱いきれる数の組み合わせにできるよう工夫したり、そうして一度たどり着いた成果に矛盾や齟齬があることがわかると、今までの仮定や解釈を一度手放してやり直したり、しかしそれまでのそこそこうまくいってた仮定や解釈を手放すのに何世代もかかったり、といった例は、科学史や知識史の中にいくつもある〈69〉。「わからない」に挑むことに疲れたら、そういう先人たちの挑戦について調べてみるといい。それらは失敗の連続だが、しかし俺たちの「わからない」とも確かに陸続きだ。

〈69〉問題解決やその失敗という視点から科学史を扱った一般書に、マリオ・リヴィオ著／千葉敏生訳『偉大なる失敗――天才科学者たちはどう間違えたか』（早川書房、2017）

技法52

シンクアラウド Think Aloud

思考の過程を声にする

①課題を選ぶ

難しい問題や、読んでいてよく理解できない文献など取り組むものを一つ選ぶ。

②自分の声を録音できる装置を用意する

ICレコーダーを使うか、普段使いのスマートフォンの録音アプリ（標準装備）でも問題ない。

③問題を解きながら、あるいは文献を読みながら、考えていることを声に出す

……
なんでここで
「全微分」が出てくんの？
何の役に立つの？

録音を開始し、解く／読む間ずっと、思考（考えていること、頭に浮かんだこと）をできるだけ言葉にして声に出すようにする。

④一段落したら、録音を止め、聞き直す

問題が解けない場合や文献を読んでいて行き詰まった場合などは、自分の思考を振り返る好機だ。問題が滞りなく解けた場合も、もちろん聞き直す。

録音された声を聞きながら、問題解決／文章理解の間で行われた自分の思考を追いかける。聞きながらメモを取ったり、全文文字起こししたものを用意して、そこに気付いたことなどを追記したり、修正を加えながら聞くと、より効果的である。

聞きながら
メモを取ると
効果的
なんでここで「全微分」
が出てくんの？
何の役に立つの？

小さな子どもがやっている学習法

何かを学び始めた小さな子どもは、間違えないように一つひとつの手順を声を出して唱えながら、作業を実行していく。

声を出して自分に指示を与えることで、自分の行動を自分で確かめコントロールできるようになるのだ。

歳を重ねると、やがて声に出していた言葉は内化して、頭の中のやり取りだけで自己コントロールができるようになる。声に出すのは、誰かとコミュニケーションをとる場合に次第に限られていく。

けれども、声に出して考えることが不要になるわけではない。見慣れぬ事態に直面した時、なんとか自分を奮い立たせなければならない時、声に出して考えることは再び登場する。それは困難を克服したり新しいスキルを学ぶのに実に役に立つ。

ヒトは自分の考えを声に出す時の方が、声に出さず静かに学んでいる時よりも素早く、そして深く学ぶ。

この魅力的であるが日常的とも言える現象が、研究の俎上に載ったのは比較的最近である。それは１９２０年代に、ロシアの心理学者であるレフ・ヴィゴツキー（Lev Vygotsky）によって最初に研究された。１９７０年代に、教育心理学者たちが同じ現象に気付き始めると、ヴィゴツキーの著書は次々に英語や他の言語に翻訳され、ヴィゴツキーは学習科学の基礎的な理論家とみなされるようになった〈70〉。

しかし古いタイプの教室、つまり部屋の中にできるだけ効率よく多くの生徒を詰め込み、一人の教授者（教師）が一方的に知識を与える形の教室では、声を出しながら学ぶやり方は抑制されなければならない。みんながめいめい声を出してしまっては、教授者の声はかき消され、順序立てて知識を伝達する講義は不可能になってしまうからだ。

我々は勉強と言えばもっぱら学校でするものだと学んでいるので、学習中に声を出すことに慣れていない。それどころか罪悪感を覚えるまでに訓練されている。

レフ・セミョノヴィチ・ヴィゴツキー
（Лев Семенович Выготский、1896-1934）
ベラルーシ出身のソビエト連邦の心理学者。38歳の若さでこの世を去るまでのわずか10年間で80編を超す独創的な論文を残した。人間の高次精神機能は言語に媒介され、また言語は社会的起源を持ち、まず人々の間で精神間機能として（社会的水準）、その後、個人内で精神内機能として（心理的水準）現れるとした。人間の精神発達における社会性や歴史性を捉えた彼の理論は、1960年代になって西側諸国にも紹介され、広範な影響を与えた。

〈70〉R・K・ソーヤー編／森敏昭、秋田喜代美、大島純、白水始監訳『学習科学ハンドブック 第二版 第1巻 基礎／方法論』（北大路書房、２０１８）第2章

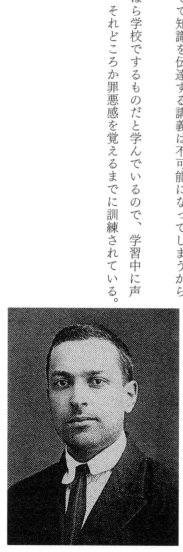

教室の外でも学び続けるために

しかし教室の外ではどうだろうか。

言うまでもなく学校は人類よりも新しく、教室型授業はそれよりもさらに新しい。人類は学校ができる以前から学んできたし、今も我々は教室以外でも常に学ぶことを続けている。でなければ、新しい場所になじむことはおろか、外出先から家に帰ってくることさえ、できなくなるだろう。

学校という特殊な環境から一歩外へ出てみると、学習の大部分は、教室のように教授されたものを一方的に受け取るという形ではなく、社会関係の中で双方向的なやり取りを通じて行われている。こうした社会関係の中では、我々は身振り手振りを交えて、もちろん声を出し合って学んでいる。そして重要なことだが、ヒトの生物としての仕様はこのやり方をデフォルトとしている（我々が長い進化の過程で経験してきたのはこちらのやり方だから）。様々なアクティブラーニングや協同学習は、こうした教室外の学びについての知見をベースとしている。

社会関係を取り入れた学習は、独学者にも可能である。第1部で取り上げた会読（↓技法15、186ページ）などがそうだ。

しかしここでは、一人でできるやり方を取り上げよう。

話し相手になってくれる人がいない場合でも、声を出して学習することは効果がある。

そして現在のように、自分の語りを容易に録音することができ、さらに音声認識を使って文字データに変換できる環境〈71〉では、これをさらに一歩進めることができる。

それは、自分のつぶやきを録音し、それを再生しながら、そして文字に起こしたものを読み返しながら（時にツッコミを入れながら）学ぶことだ。先に声を出すものとして、音読に交えて自分の思考についても声に出す方法を紹介した（↓技法39「音読」、502ページ）。

もし一緒にやってくれる人がいるなら、二人がかりで、シンクアラウドしながら問題を解いてみよう。独り言よりも、相手がいた方がシンクアラウドは自然にでき、本来的であるだけに効果も高い。自分の思考を相手にわかるようにアウトプットしようと努めることが、問題の理解と学習を促進する。

〈71〉例えばGoogle Document（https://docs.google.com/document）のToolメニューからVoice Typing機能を使えば、音声をテキストデータに変換できる。

技法 53

わからないルートマップ

わからなくても迷わない

①わからない状態になったら、このマップを取り出す

学んでいて何かがわからない状態になったら、左の「わからないルートマップ」を取り出してみる。

②このマップのどの段階にいるかを確認する

・**不明型**の「わからない」

わかる部分がまったくないかほとんどない場合。何がわからないかもわからない状態。例えばまったく知らない外国語を前にした場合が、これにあたる。

・不定型の「わからない」

部分部分は理解できなくはないが、いろんな解釈があり得て、そのうちどれがよいか決められないという状態。外国語の例で言えば、単語ごとに訳語をあてはめてはみたものの、何を言っているのかよくわからないので、いろいろと違う訳語をあてはめながら試行錯誤しているような状態がこれにあたる。

・不能型の「わからない」

とりあえず解釈（どんな風に理解すればよいのか）は決まってきたものの、まだ不整合や矛盾するところが残っていて、首尾一貫した解釈（理解）ができていない状態。

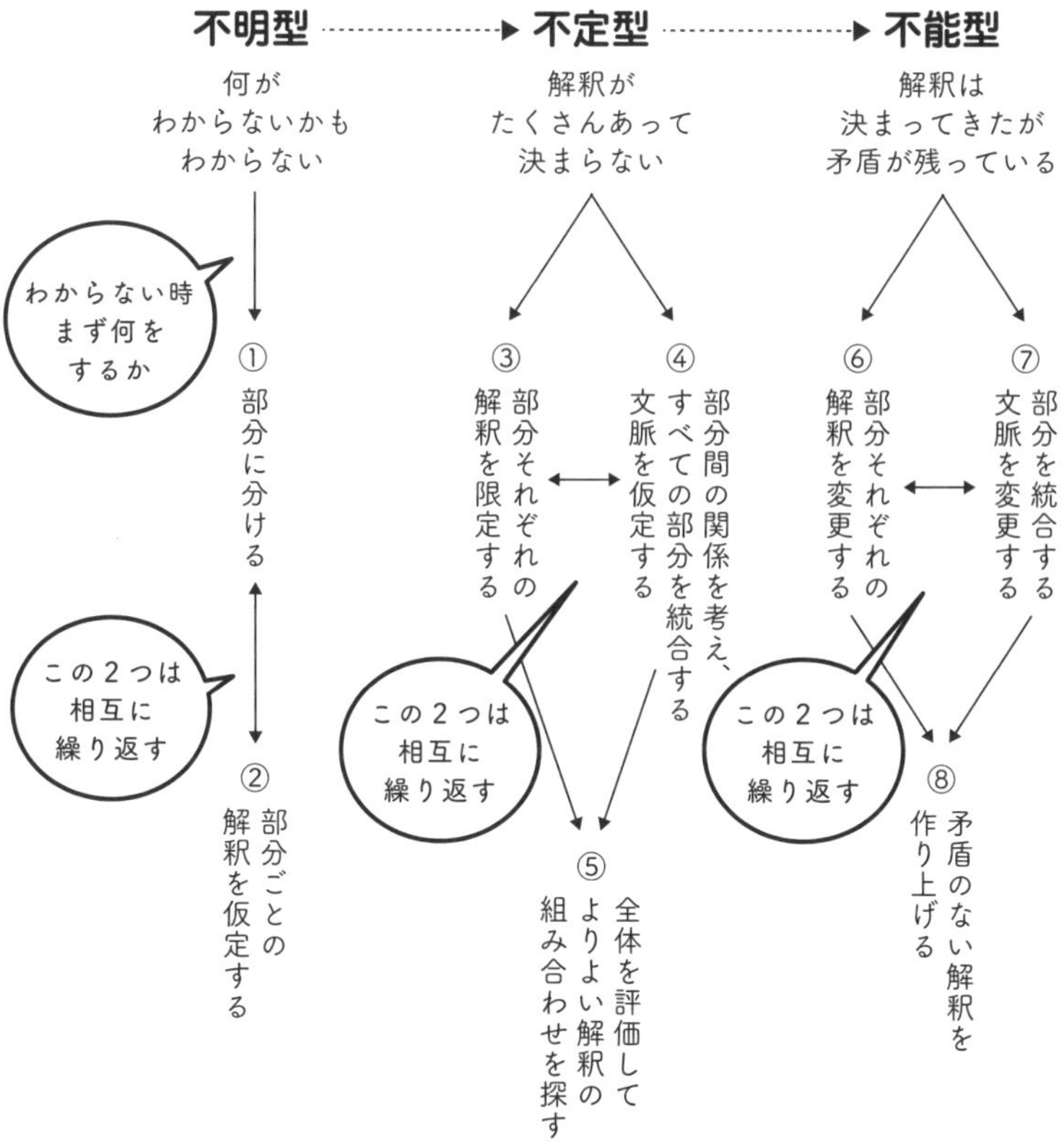

不明型
不定型
不能型
何がわからないかもわからない
解釈がたくさんあって決まらない
解釈は決まってきたが矛盾が残っている
わからない時まず何をするか
① 部分に分ける
② 部分ごとの解釈を仮定する
この2つは相互に繰り返す
③ 部分それぞれの解釈を限定する
④ 部分間の関係を考え、すべての部分を統合する文脈を仮定する
この2つは相互に繰り返す
⑤ 全体を評価してよりよい解釈の組み合わせを探す
⑥ 部分それぞれの解釈を変更する
⑦ 部分を統合する文脈を変更する
この2つは相互に繰り返す
⑧ 矛盾のない解釈を作り上げる

③マップを参考にその状態で何ができるかを考え試す

・不明型の「わからない」↓部分に分ける↓部分ごとの解釈を仮定する

この場合にできる対応は、そのわからないところ全体をいくつかの部分に分ける。その次に分けた部分ごとの解釈や意味を仮にでも決めてみることである。

知らない外国語の例で言えば、単語らしきものに分ける（分かち書きしない言語ではこれ自体難事業であるが）。そして分けた単語（らしきもの）ごとに、その意味を仮に決める。辞書を引ける場合は、辞書を引いて訳語の一つをあてはめることがこれにあたる。

解釈／意味付けがうまくいかない時など、この段階まで戻ってどのように分割するかを改めてやり直すことが必要な場合がある。この場合は「部分に分ける」へ戻り解釈し直すことになる。一度のやり直しでうまくいかなければ、何度もこれを繰り返す。

ここである程度うまくいけば不定型の「わからない」の段階へ進むことができる。

不明型の「わからない」に対処する

部分に分ける→部分ごとの解釈を仮定する

Time flies like an arrow.

↓

Time	flies	like	an arrow.

（部分に分ける）

↓

Time	flies	like	an arrow.
時	ハエ	好き	一つの矢印

（部分ごとの解釈を仮定する）

↓

「時ハエは矢印が好き」

何のこっちゃ
よくわからん

↓

やっぱりさっきの訳は
おかしいので調べ直そう
単語にはもっと別の
意味（解釈）がある

Time	flies	like	an	arrow.
時	ハエ	好む	一つの	矢
時間	飛行	好み	ある	矢印
時刻	飛ぶ	似ている		矢のように飛ぶ
機会	フライ	のような		矢印で示す

調べてみた
全部試すと $4 \times 4 \times 4 \times 2 \times 4 = 512$
通りになる

↓

不定型の「わからない」に陥る

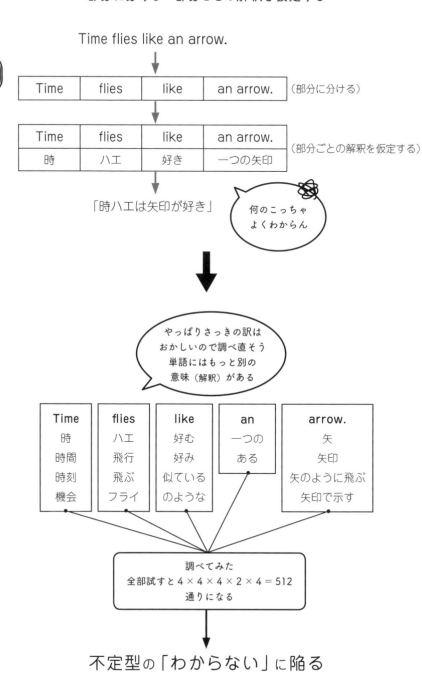

・**不定型の「わからない」→全体の文脈を仮定する→部分それぞれの解釈を限定する**

この場合できることは、部分部分のそれぞれの解釈（の幅）を限定する（絞り込む）こと。部分間の関係を考え、すべての部分を統合する文脈を仮定すること。この2つを繰り返しながら、全体を評価してよりよい解釈の組み合わせを探す。

外国語の例で言えば、部分の解釈（単語それぞれの意味）と、それを統合した全体の文意は相互依存している。つまり単語の意味がわからないと文の意味もわからないが、一方で全体として何についての文章かという文脈（コンテクスト）〈72〉が決まらないと、どのように解釈してよいのか、個々の単語の意味をどれにすればいいかも決まらない。

この段階での方針は、複雑さを手に負える範囲に制限しながら作業を進めることである。例えば先にありえない意味や組み合わせを排除しておく（解釈の幅を限定）とともに、全体としての意味や文脈を仮定することで、あり得る解釈を制限する。同時に組み合わせの数が多くなっても挫折しないように、紙に書き出すなど、脳だけでなく外部記録を活用する。

〈72〉広義には、文脈（コンテクスト）には、単語や文（時には表情やしぐさの場合もある）を理解するための前提となるすべてが含まれる。単語や表情を特定の意味で理解する時には、我々は（ほとんどの場合無自覚だが）それに対応した文脈を同時に選んでいる。

不定型の「わからない」に対処する

全体の文脈を仮定する→部分それぞれの解釈を限定する

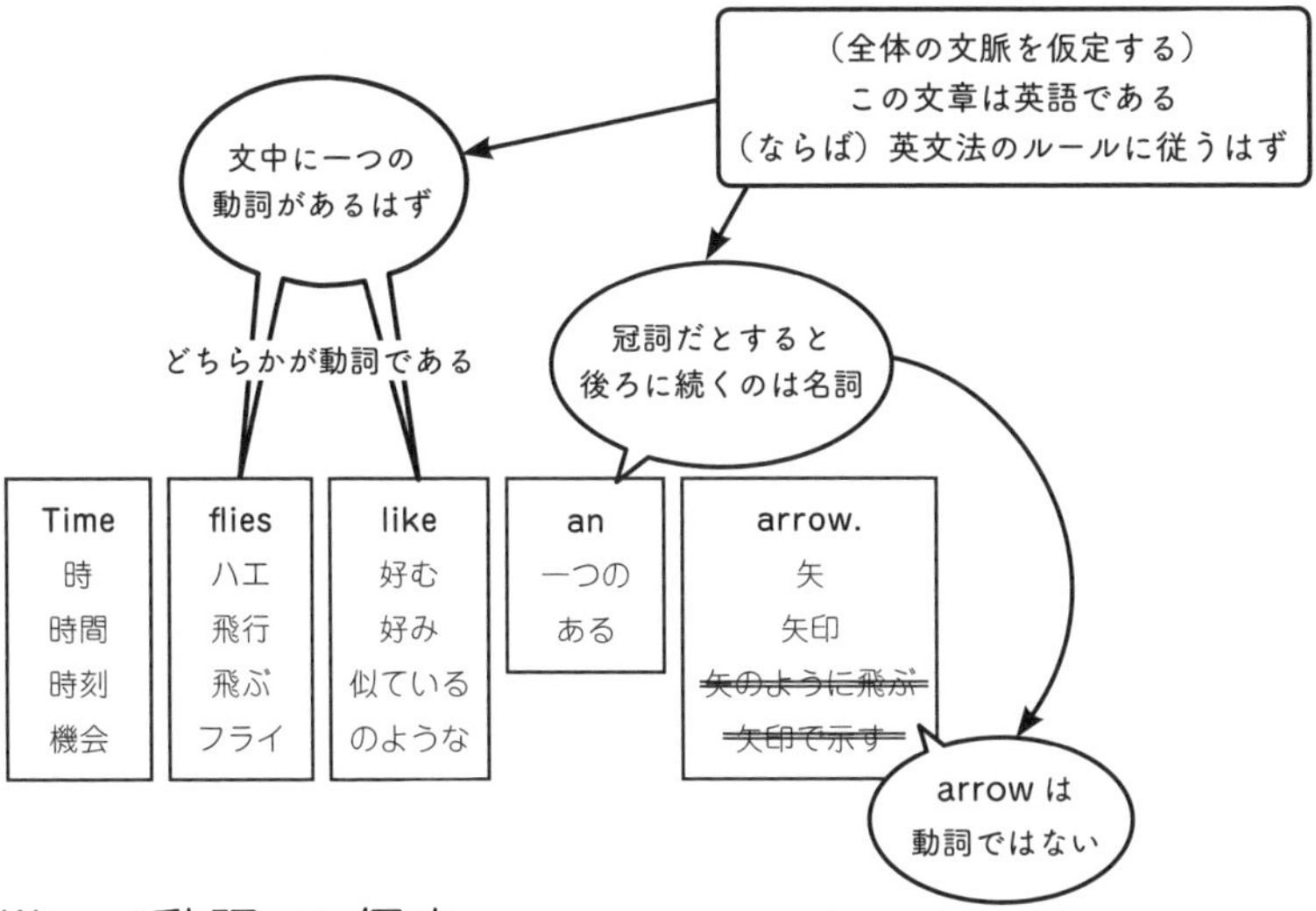

文中に一つの動詞があるはず
どちらかが動詞である
冠詞だとすると後ろに続くのは名詞

arrowは動詞ではない

likeが動詞だと仮定（解釈を限定）すると

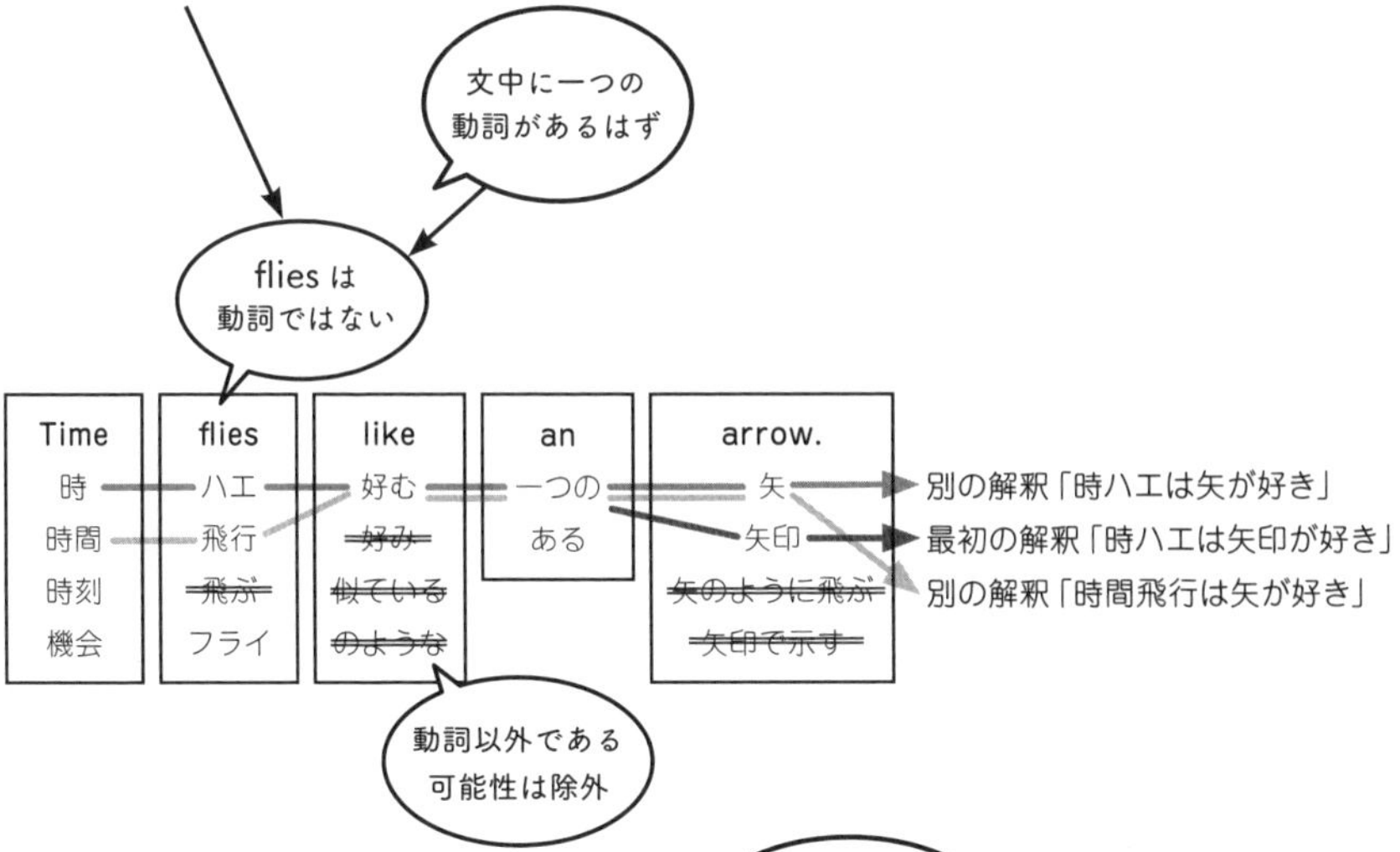

文中に一つの動詞があるはず
fliesは動詞ではない

別の解釈「時ハエは矢が好き」

最初の解釈「時ハエは矢印が好き」

別の解釈「時間飛行は矢が好き」
動詞以外である可能性は除外

どれも文法的には正しい

けれどやっぱり何のこっちゃよくわからん（どこかおかしい）

↓

不能型の「わからない」に陥る

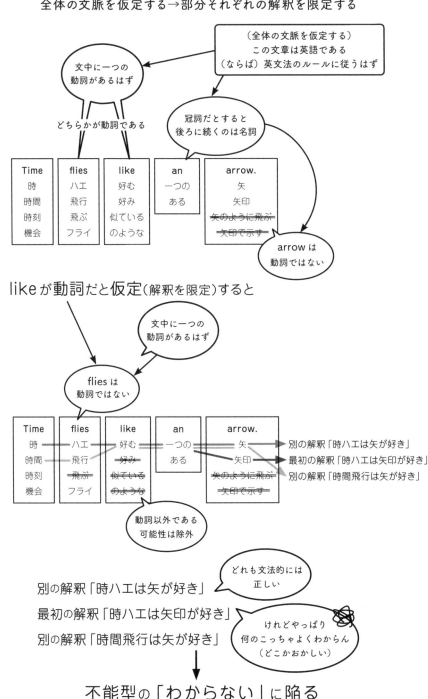

・不能型の「わからない」→「とりあえずの理解」を手放しやり直す

解釈はできたが不整合や矛盾する部分が残っており、すんなり理解できたとは言えない段階では、一見手戻りに見えるが、作り上げてきた解釈（とりあえずの理解）を一度壊してやり直す必要がある。

そのために、不定型に対する対応では文脈を仮定し解釈を限定することに心砕いたが、それとは反対に、一度手に入れた「とりあえずの理解」を手放し、導入した文脈を変更して別の解釈を作り直す。

そして、全体として矛盾や不整合のない解釈（理解）となるよう、文脈の選び直しと解釈の作り直しを繰り返していく。

一度手に入れた「わかった」という感じを手放し、再び「わからない」状態に身を投じることは苦痛を伴うが、「不能型」の「わからない」を克服するためには、手にした解釈をあえて投げ捨てることが必要になる。

つまり解釈の幅と多様性を再び導入し、現在の理解を揺らし、解体した上で再建する作業となる。

こうした解体と再建を繰り返すことによって、我々の理解はこれまで達し得なかった領域に進み得る。

不能型の「わからない」に対処する

「とりあえずの理解」を手放しやり直す

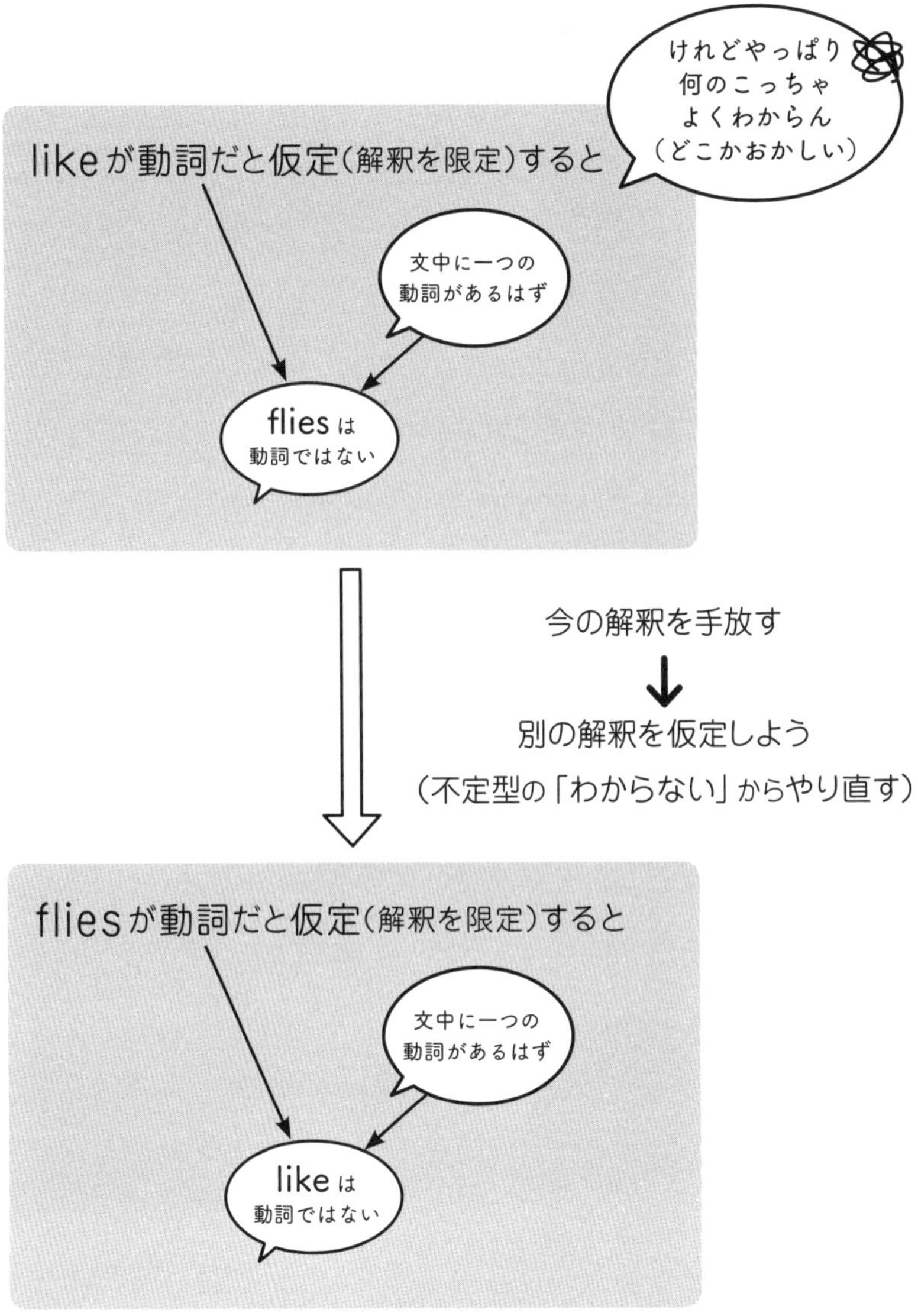
けれどやっぱり
何のこっちゃ
よくわからん
（どこかおかしい）
likeが動詞だと仮定（解釈を限定）すると
文中に一つの
動詞があるはず
fliesは
動詞ではない
今の解釈を手放す
別の解釈を仮定しよう
（不定型の「わからない」からやり直す）
fliesが動詞だと仮定（解釈を限定）すると
文中に一つの
動詞があるはず
likeは
動詞ではない

・もう一度不定型の「わからない」→仮定を一つずつ変える

齟齬や矛盾が残るために、今の解釈を手放し、もう一度不定型の「わからない」に戻る場合も、まったくのゼロからやり直すわけではない。不定型の「わからない」への対処のコツは、全体の文脈を仮定して解釈の幅を限定することで、組み合わせ爆発を抑制することだった。したがって、解釈のやり直しの基本方針は次のようになる。すなわち、すべての仮定を一斉にいじるのではなく、他の仮定はそのままに、一つの仮定だけをまずは変えて試してみる。こうすることで、解釈に再び幅と多様性を導入するとしても、扱いきれない羽目に陥らぬように、最低限の幅と多様性に留めるのである。

左の例では「この文の動詞にあたる単語はlikeである」という仮定を一つだけ取り上げ、それを「この文の動詞にあたる単語はfliesである」に変え、他の仮定は変えずにそのままで考え直してみた。

仮定の中には、変える余地のあるもの（大きいもの）もあれば、ほとんど変える余地のないもの（小さいもの）もある。左の例では「この文章は英語である（ならば英文法のルールに従うはず）」は、変える余地の小さい仮定だ。

まとめると、解釈をやり直す場合のコツは、仮定の変えやすさに着目し、変えやすいものから一つずつ変更してみることである。こうすることで解釈の多様性を扱いきれる範囲に制限しながら、異なる解釈を探す作業をできるだけ楽なものにするのである。

もう一度

不定型の「わからない」に対処する

仮定を一つずつ変える

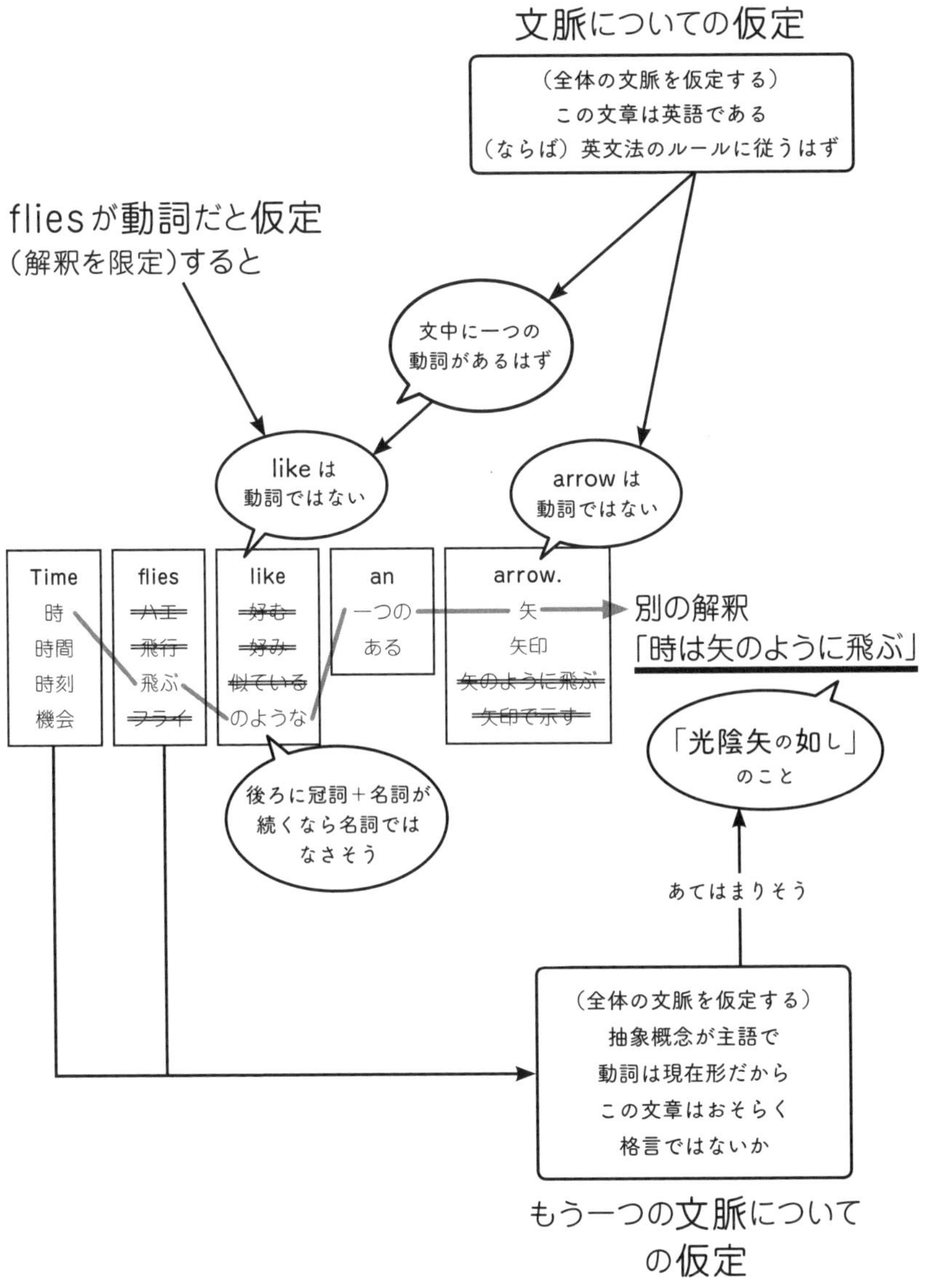

「わからない」に向かい合う

独学者にとって最大の不安であり、実際にも立ちはだかる困難は「わからない時に質問できる人がいない」ことである。

日常生活の多くの場面では、わからないことは回避可能である（「わからない」は日常生活ではしばしば拒絶の言葉であることを思い出そう）。イソップ寓話の「あのブドウは酸っぱい」というキツネのように「あんなものわかったところで意味ない」とうそぶいて無視を決め込むこともできる。

しかし学ぶことは、現時点では理解できないものに挑むことを含んでいる。わからないものを回避し続けて、**自分が知っていること、慣れ親しんでいることの内をぐるぐる巡るだけでは、何一つ学ぶことがない**だろう。あなたは相も変わらず元のまま、今いる場所を一歩も動くことがない。「わからない」に直面することは、知らないことに挑む以上、避けられない。未知との遭遇の多くは快適なものではない。時には自分の無知と無能を痛感し、自己嫌悪に陥ることもあるだろう。「わからない」状態に踏みとどまるのは決して楽なことではない。

例えば我々が難しい本を読むのをあきらめ、その本を放り出すのは、それ以上「わからない」状態に付き合うことに耐えられなくなるためだ。

しかし独学者には「わからない」状態からの脱出を導くガイドは用意されていない。多くは一人で「わからない」ことに向かい合い、克服しなくてはならないだろう。

「わからない」ルートマップは、すべてを解決するわけではないが、「わからない」状態の中で、自分が進んでいるのか戻っているのか、どちらを向いているのかさえわからず、無用な混乱に消耗する人をいくらか助けてくれる。

自分がどのような状態にあり、その状態を脱するために今できることは何であるかを知る手掛かりを与えてくれるものである。

「わからない」に飛び込むことで得られるもの

人にとって「わからない」状態は耐え難いことだが、何かを学ぶことは「わからない」ことと向かい合い、付き合っていくことである。

学習から利益を得られる人は、何度でもこの「わからない」に飛び込んでいける人、そうすることで「わからない」について耐性を身に付けた人だ。

そして実は「わからない」状態に対する耐性は、自分で考えることの副産物でもある。

誰かの完成された思考を追いかけるのではなく、自身で物事を考えてみれば「わからない」状態に陥るのはよくあることだからだ。

「正解探し」が大好きな（意地悪な言い方をすれば正解から外れるのが怖い）学習者は、ここでつまずく。彼らは、例えばドリルのような反復練習を好む。こうした学習法は、努力を費やせば費やした分だけ、確実に結果が得られるからだ。しかし考えることには、そうした保証はない。

自分を作り変えながら進むには

いくらか学び続けると気付くことだが、学習には、今持っている知識や技能を基に新たなものを積み増していく段階と、既に持っているものの少なくとも一部（時には大部分）を一旦壊し、新たに作り直していく段階とがある。

積み増ししている間は、これこそが何かを学ぶことに他ならないように思えて、知識や技能が「増加」することに自信すら感じる。それ以外の学びがあることに思い至らない。だがそうした「量的拡大」は行き詰まる時がやってくる。

また、通俗的な解説書や入門書に見られる「わかりやすい」解説は、難しい部分を省略していたり、日常的な感覚やたとえ話で説明できる部分だけを取りあげるものが多い。複雑なものを理解する時には、こうして最初に触れた解説やそれによって得られた理解の前提を取り壊して新しく築き直す必要が出てくる。

独学者の学びにおいてもある程度以上高度な知識を学ぶためには、自分を作り変えながらでないと読めないような書物と格闘するなど、「わからない」ことから逃げずに挑むしかない段階が必ずやってくる。こうした本当の意味での難問に挑めば、何度もそれまでの理解を手放し、作り直す必要が出てくる。つまり「わかったつもり」を繰り返し壊さなくてはならない〈73〉。

「わかったつもり」を壊すと当然「わからない」状態にいったん戻る。

ここで感じる、〈今私は危機に陥っており無事では済まないかもしれない〉という不安と恐れは本物だ。この窮状から逃げずくぐり抜けた時、あなたは確かに元のあなたではなくなっているだろう。これまでに避けて通ってこられたのなら、ようやくその機会が来たのだ。「わからない」と付き合う心の準備ができたなら、ここで提示した小さな地図（わからないルートマップ）はきっと、あなたの役に立つだろう。

〈73〉「わかったつもり」は一種の安定状態であり、この状態を壊すことはもちろん、今の自分の理解が不十分であると自覚すること自体、ひどく難しい。逆に言えば、矛盾や齟齬に行き当たり苦しむことは、この安定状態を脱する絶好の機会であり、自分の理解を一段進めるリソースですらある。（参考）西林克彦『わかったつもり　読解力がつかない本当の原因』（光文社新書、2005）

技法54

違う解き方

解いた自分を資源とする

この技法は、問題演習などの効果を高めるのに使える技法である。

⓪まずは問題を解いてみる

既に一度（あるいは何度か）解いたことのある問題なら、そのまま①へ進む。

初めて解く問題の場合は、解き終えるまで（あるいは解けずにあきらめるまで）の時間を計っておく。解けなかった問題は、一度模範解答を読んでおく。

①もう一度解く

解き方を覚えている（と自分では思っている）間に、もう一度同じ問題を解いてみる。

もう一度解く

まったく同じ条件ではやる気が出ない場合は、1回目にかかった半分の時間で解くことを目標にするとよい。

二度目なので（あるいは模範解答を読んだ後なので）、その問題が解けることは確実にわかっている。それどころか解き方のうち、少なくとも一つは知っている。解けないかもしれないという心配がなく、心に余裕があるので、一度目では気付かなかったアイデアやアプローチを思いつける可能性がある。

②思考を実況中継しながら解く

その次は時間制限とは別の重り（ウェイト）をつけて挑もう。

脳が情報を処理するための認知資源は有限である。今度はこれに制約をつける。問題を解く間、自分がどんなことを考えているかを、口で言いながら解いていくのだ。後で聞き返せるように録音しておくとよい（→技法52「シンクアラウド」、622ページ）。

・・・
・・・
えーと、証明したいことは
AとBが等しいってことだから
これが言えるためには何が成り
立てばいいかというと……

思考を実況中継しながら解く

③誰かに説明する

ヒトは言葉を交わし、仲間に指示し、意思を伝えることで社会を作る生き物だ。誰かに伝え、また誰かから伝えられる情報は、それだけでも優先順位がいくらか高まる。これを利用しない手はない。

つまり自分で問題を解く代わりに誰か相手に教えるのだ。相手の理解度が表情や発言からフィードバックされるので、相手がわかるよう努めることで、自分で問題を解く場合よりも高い負荷と効果が得られる。

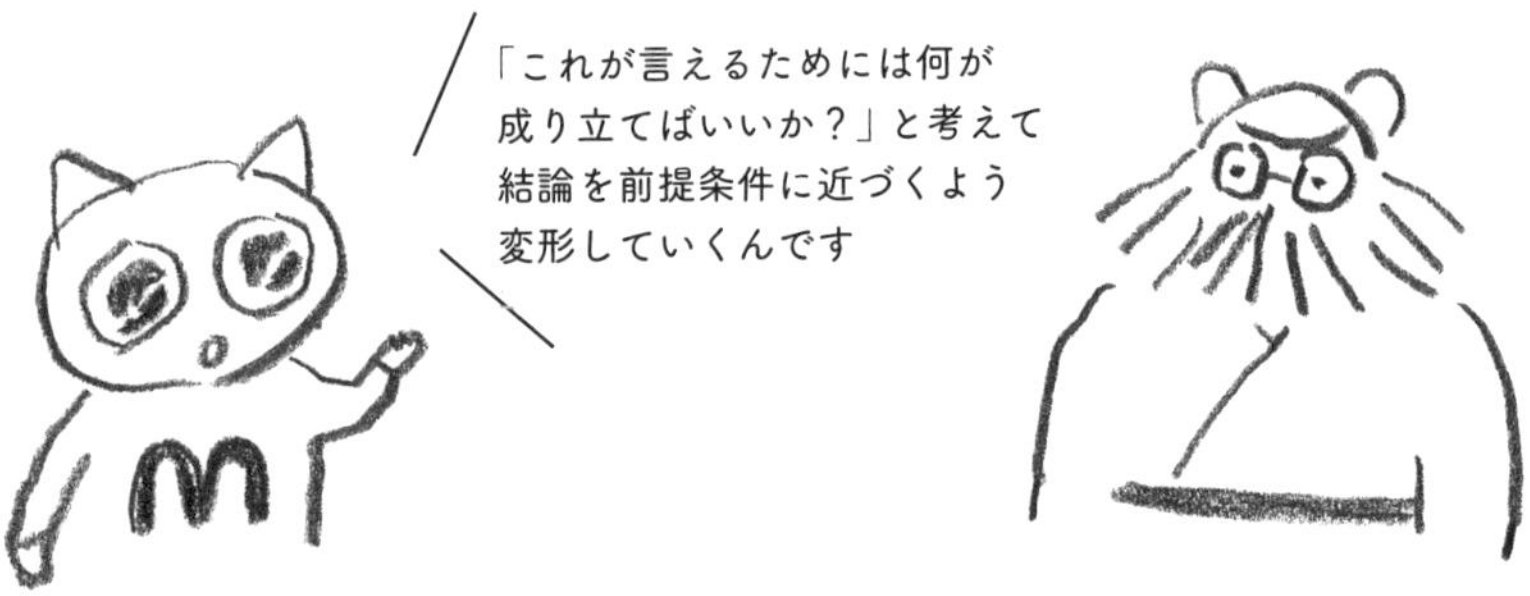
「これが言えるためには何が成り立てばいいか？」と考えて結論を前提条件に近づくよう変形していくんです

④自分に説明する

教える相手が常に得られるとは限らない。その場合はいつものように、独学者は、教師と生徒の一人二役を務める。つまり自分相手に教えてみるのである。

思考をつぶやきながら行う言語化は、録音を聞き返してみるとわかるように、かなり行きつ戻りつするし脱線もする、おおむね筋道立っていないものだ。自分で聞き返してもわかりやすいものではない。

次はこれを〈清書〉しよう。自分がどう解いたかを、誰かに教えるかのようにわかりやすくまとめ直してみるのである。ノートを左右に二分し、教師としての発言と生徒としての発言で、教える過程を書き出していくと、独学の真骨頂、教師と生徒の一人二役が実現する。生徒役としては、教師役の不十分な説明に容赦なくツッコミを入れること。

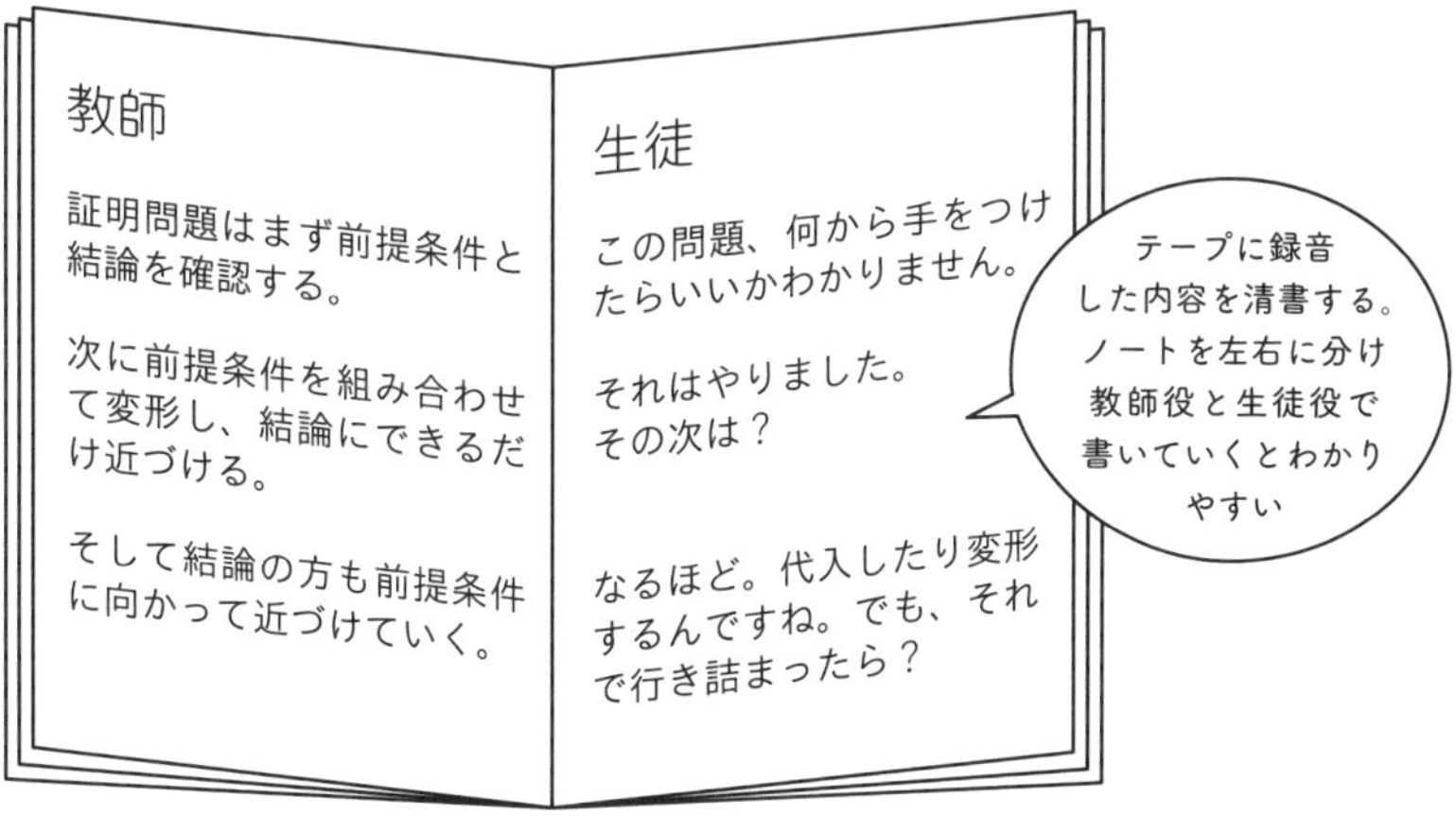
教師
証明問題はまず前提条件と結論を確認する。

次に前提条件を組み合わせて変形し、結論にできるだけ近づける。

そして結論の方も前提条件に向かって近づけていく。

生徒
この問題、何から手をつけたらいいかわかりません。

それはやりました。その次は？

なるほど。代入したり変形するんですね。でも、それで行き詰まったら？

テープに録音した内容を清書する。ノートを左右に分け教師役と生徒役で書いていくとわかりやすい

同じ刺激に飽きず、繰り返すための工夫

繰り返すことの重要性は誰もが知っているが、実際に繰り返す人は驚くほど少ない。これはヒトという生き物の仕様でもある。ヒトは同じ刺激には飽きるように、そして常に新しい刺激に注意が向くようにできているのだ。でないと、我々の祖先が過ごした状況では、他の動物に襲われたりしても対応できず、自然の中で生き残れなかっただろう。

しかし、我々は、祖先が扱ったことのないようなタイプの込み入った情報を扱い、理解し、記憶しようとしている。同じ刺激に飽きるのが仕様ならば、違う刺激に見えるよう偽装するしかない。

簡単なのは、次の4つの方法だ。

・時間をあける

これが最も知られた方法だろう。例えば問題集を一冊解き終えた後、最初から解き直せば、再び同じ問題をやる時までには随分な時間が経過している。最初に解いた時の印

象や記憶は薄れており、同じ問題にもいくらか新鮮な気持ちで挑めるかもしれない。

・時間制限を使う

より強力なのは、すぐに繰り返すことだ。これはヒトの仕様により強く逆らうことになるために、実行には工夫を要する。

例えば解くのに10分かかった問題を、二度目は5分で解いてみる。これだけで同じ問題を解くことが、まるで違った体験になる。

もちろん速度と正確さを高める絶好の機会でもある。実のところ、二度目であっても半分の時間で解くことは難しい。だからこそ、二度目は、同じ問題を解いても、まったく新たなチャレンジになる。したがって制限時間内に解けなくても落ち込む必要はない。しかし悔しがるくらいの方が、そしていくらか焦ったほうが、モチベーションの低下は避けられる。

・「中途半端はイヤ」という性質を利用する

人間は、一度やりかけたことは最後までやりたくなる性質を持っている（↓オヴシアンキーナー効果、104ページ）。これは利用できる。

例えば教科書を3回読もうと思うなら、1回目はすべて読まずに、少しでいいからとところどころ読まずに飛ばしておく。2回目も別のところを飛ばす。最終回だけ、どこも飛ばさず読むのである。

・**場所を変える**

ヒトもまた環境に左右される生き物である。同じことを繰り返すのも、場所が違えば別の体験になる。外国にまで出かけなくても、椅子をいつもの場所から1mずらすだけでも、（バカらしいが）意外と違う。

また同じ場所で学び続けることは、記憶を特定の場所に依存したものにする危険がある。様々な場所で学ぶことで、そうした場所への依存を避けることができる。

解けるかどうかわからない難問こそ解き直せ

解き直しは、問題集を解くような普通の学習にも効果的だが、解き直すことにはそれ以上の意義と目的がある。それは、自分の問題解決を「教材」として、他からは決して得られないあなただけの知恵を引き出すことだ。

ヒトは自分がやった問題解決であっても、そのすべてを理解してはいない。問題を解いている最中、あなたの認知資源のほとんどは問題に注がれていて、自分が実際は何を考え何をしていたかには、あまり注意が払われていない。そのため、後から自分が何をしていたか、どんな手順で考えていたかなど、思い出そうとしても難しい場合が多い。また、投じた努力の意義と意味、自分自身の内に生まれたインスピレーションの含意などを理解するには、誰でも少なくない時間がかかる。

もう一度同じ問題を解くことは、自分が問題解決に使った、しかし自分でも気付いていない方略（→技法48「PQRST法」、574ページ）や、ほとんど無意識に頼っている技法を発見する機会を与える。そして難問であればあるほど、その効果は大きい。

問題集や入学試験の問題には、必ず正しい解答がただ一つだけある。これはかなり強い制約だ。解答が複数あったり、与えられた条件で解けない問題ならば、問題の不備として入試当局は謝罪し、解答にかかわらず全員正解にするほどである。

しかし教室や学校を離れると、我々が解くべき問題の多くは、そもそも解決があることさえ約束されていない。解決があるとしても、今度は一つに限られるのは稀で、技術者やデザイナーは、数多くのトレードオフを考慮に入れながら、あり得る解決のうちどれを選ぶかという、さらに難しい問題に向かうことになる。

忘れてならないのは、我々が現在手にできる知識や知見は、かつて誰かがそうした問題に挑み、何とか解決にこぎつけた問題解決の成れの果てであることだ。

独学とは、そうした人類の知的遺産に我々をつなぐことだと言った。そして独学者もまた学び続けていれば、まだ誰も本当には解いていない問い、あるいは自分にとって避けようがない問題に挑むことになる。

問題を解き直してきた経験は、こうした難問に対した時、独学者にとって大きな助けとなるはずである。

1978年にチューリング賞〈74〉を受賞した、計算科学者ロバート・W・フロイドは、恒例の受賞者による記念講演のなかで、問題解決を職業とする者にとって最も価値のある「ある種の技術」を紹介している。ソフトウェアに関わる重要な複数の分野で、例えば構文解析の理論、プログラミング言語の意味論、プログラムの自動検証、プログラムの自動合成、アルゴリズムの解析等の確立など、数多くの業績を上げた（言い換えれば、数多くの本質的な問題を解いてきた）フロイドが得た知恵は次のようなものだ。

「やっかいなアルゴリズムの設計を行ったときに味わった私自身の経験では、ある種の技術が自分の能力を高めるために非常に役立った。すなわち、意欲をそそる問題を一つ解いた後で、そのときの『洞察』だけを頼りにして、同じ問題を再び最初から解く。こ

赤摂也訳**『ACMチューリング賞講演集』**
（共立出版、1989）

の過程を解ができるかぎり明解かつ直接的になるまで繰り返す。そうして同様な問題を解くための、一般性があり、しかもそれがあれば与えられた問題に最も効果的な方法ではじめから接近できるというようなルールを探し出す。そのようなルールは永久に価値のあるものになることが多い」〈75〉

〈74〉計算機科学分野で革新的な功績を残した人物に年に一度、国際的なコンピュータ科学の学会ACM（Association for Computing Machinery）から贈られる賞であり、この分野で世界最高の権威を持つ賞とされている。

〈75〉赤攝也訳『ACMチューリング賞講演集』（共立出版、1989）、162頁。

第15章

自分の独学法を生み出す

無知くんと親父さんの対話15

独学者として人生を歩む

無知くん：たのもう、たのもう、今日はお別れを言いに来ました。

親父さん：そうか、達者でな。

無知くん：もっと余韻を！　……親父さんのところで、独学について、いろいろ学びました。なんとお礼を言ってよいものやら。

親父さん：お互い勝手なことを言い合っただけのような気もするが、何かを学んだ気がするなら、そうなんだろう。

無知くん：今までは独学者とは名ばかりで、なんでもかんでも親父さんに教えてもら

いました。おかげで、少しは本が読めるようになりましたし、難しいものを読んでも投げ出さず、図書館で知りたいことを調べることもできるようになりましたし、それからそれから……。

親父さん：で、まだ何か聞きたいことがあるのか？

無知くん：ええ、いろいろ学んだとは思うんですが、僕は少しでも賢くなったんでしょうか？

親父さん：なるほど、ファウストみたいな問い〈76〉だな。では、悪魔のように答えるとするか。以前のお前さんなら、「賢くなったと思うのですがどうでしょう？」と切り出してダメ出しをくらっていただろう。

無知くん：きっとそうでしょうね。

親父さん：能力の低い奴ほど、根拠なく自分の実力を過大評価し楽観的になる。心理学ではダニング＝クルーガー効果〈77〉と言うが、学生だと授業を聞いて、あるいは教科書をチラ見して、「これくらいわかる、楽勝だ」と思って、後でろくに思い出せもしない。社会人だと、これくらいできるだろうと踏んで、締切直前になってこんなはずではとあたふたすることになる。頭の悪い自分に耐えがたいから見栄を張り、自分の実力に向き合わないからやるべきことを回避し続け、そのあげく、さっぱりできるようにならないか

〈76〉ゲーテ著／相良守峯訳『ファウスト 第一部』（岩波文庫、1991）。主人公のファウスト博士は、哲学、法学、医学、神学の四学部すべてにおいて学問を究めたものの、「自分はそれを学ぶ以前と比べて、これっぽっちも利口になっていない」と嘆き、その無限の知識欲求を満たしきれないこと、そして人間の有限性に失望しているところから、この物語は始まる。

〈77〉J.Kruger, D.Dunning (1999) "Unskilled and unaware of it: How difficulties in recognizing one's own incompetence lead to inflated self-assessments." Journal of Personality and Social Psychology, USA, 77(6), 1121–1134.

ら、と学ぶことに苦手意識を持ち続け、イソップ童話の「あのブドウは酸っぱい」というキツネのように学ぶことや知識の価値を否定し、最後には人の勉強まで邪魔するようになる。

無知くん：独学していると、何人もそういう人が「無駄だ」とか「お前には無理だ」と言ってきました。

親父さん：逆にできる奴は、自分の能力の限界をわきまえているから、できることとできないことを切り分ける。何もかもやるのは不可能だと見切って、捨てるものは捨て、重要なことに注力する。そして有限のリソースを有効利用しようと工夫する。

無知くん：肝に銘じます。

親父さん：今日はまた、ずいぶん殊勝だな。

無知くん：ええ。おかげさまで独学者として独り立ちする決心がつきました。

親父さん：「落雷が落ちた」みたいな言い回しだが、まあ死なない程度に頑張れ。

無知くん：それで最後に、これさえあれば独学者として一生食うに困らない秘訣を教えてください。

親父さん：まだ聞くんかい。独学は金儲けじゃないから食うに困らんかどうかわからんが、まぁ厄介払いの駄賃に、いくつか言葉を言ってやろう。

無知くん：待ってました！

親父さん：何度か言ってきたが、独学をやめるのも続けるのも、また何をどう学ぶかも、みんな自分勝手に決められる。すべての長所短所はここからやってくる。**そして学ぶことは、つまるところ自分を変えることだ。昨日知らなかったことを一つ知れば、また新しいスキルを身に付ければ、わずかであれ人が変わる。**

無知くん：正直何も変わらないんだったらやってられません。

親父さん：まあな。そして自分が変わったら、これまでうまくやっていたやり方も最適ではなくなるかもしれん。

無知くん：勉強法を変えなきゃならないってことですか？

親父さん：いつかそんな日がやってくるかもしれんということだ。成果も出ないうちに効果を感じられないからといって、いろんなやり方に手を出すとどうしようもないが。自分の変化を自覚し、効果を測定し、必要ならやり方を変更して、その全部の結果に責任を負うのが独学者だ。自分ですべてを決め、実行したのだから、誰かのせいにするわけにもいかん。

無知くん：責任重大ですね。

親父さん：まあ気楽に行け。賭けられているのは、つまり失敗しても棒に振るのは、

〈78〉**牧野富太郎**（まきのとみたろう、1862-1957）小学校を中退して独力で植物学を学ぶ。1884年上京して東京大学植物学教室に出入りし、1888年には『日本植物志図篇』を刊行。日本初の国際的な学名となった新種ヤマトグサを見つけるなど、多くの新種を同定し発表、命名した植物は2500種以上にのぼり、日本を代表する植物分類学者である。一方、一時期植物学教室の出入りをさし止められ、『大日本植物志』の刊行も妨害を受け中断するなど、周囲との軋轢や学内からの圧力に苦しめられる学問人生であった。

高々お前の人生だ。

無知くん：人ごとだと思って。

親父さん：実際、人ごとだしな。そして独学などと言われなくても、いろいろ考えては試し、失敗したらやり直すことは、生きていく限り誰でもやっていることだろう。これも前に言ったが、多くの独学は挫折する。だが安心しろ、独学が途絶えても人生まで終わるわけじゃない。独学は自分の意志一つで始められる。何度挫折しても、やりたきゃまた始めればいいだけの話だ。

無知くん：はい！

親父さん：牧野富太郎〈78〉や南方熊楠、あるいはライプニッツやルソー〈79〉のような、独学の先人たちから学び知るべきは、機会や環境が与えられなかったとしても、時に無慈悲に奪われたとしても、人は学ぶことをやめられないということだ。大げさに言えば、人が書物を焼き、学者を埋め、知を見捨てても、知の方は人を手放さなかった。いつか越えられないと思える壁にぶつかったなら、思い出すといい。**お前が知を拒まぬ限り、知もお前を受け入れる。**その機会や条件が整わなくても、人はいつでも学び始めることができるのだと。

〈79〉ジャン・ジャック・ルソー（Jean - Jacques Rousseau, 1712-1778）
スイス生まれのフランスの思想家、文学者。ルソーの人生は逃亡の連続だった。父はジュネーブの総評議会のメンバーであったが、退役軍人との喧嘩でジュネーブから逃亡し、ルソーはその後孤児同然となって育つ。職を転々とした後、自身もジュネーブを離れ放浪生活に入った。ヴィラン男爵夫人の愛人となり、膨大な書物を読破、知的生活の基盤を作る。アカデミーの懸賞論文に当選、パリに出てディドロらと親しくなり『百科全書』に参加、『政治経済論』『新エロイーズ』で一躍時の人となるが、ディドロら百科全書派たちとは次第に絶交するにいたった。その後公刊した『社会契約論』『エミール』は発禁処分を受け、逮捕を避けて逃亡生活に入る。スイスでは村人の迫害を受け、イギリスではヒュームと仲違いするなど、どこにも落ち着くことができなかった。

技法55

メタノート

自分という学習資源

①専用のノート（メタノート）を用意する

問題演習や学習内容を書くためのノートとは別に、独学の中で得られた気付きを記録する専用のノートを用意する。これは自分の学習を一つ高い視点（メタレベル）から眺めて、感じたこと考えたことなどを記録するためのものである。

ノートは、厚めの紙のノートでも、クラウドに置いたデータに携帯端末経由で書き込むのでも構わない。いずれにせよ常に携帯して、時間をあけずに書けるようにしておく。

②気付いたことをメタノートに記録する

メタノートに書き込むのはいつでもいい。学習中や学習の合間、そして学習を振り返った際に思ったこと気付いたことを、記入した日時とともに書き留める。

最初は特に書くことがないと思っても、ノートをつけ始めてしばらくすると、以前は気付かなかった事柄や自分の思考の変化などに気付くようになる（自分の学習をメタ視点で見る感度が上がっていく）。

特に学習が順調にいってない時（理由はわからないがいつもと違ってうまくいかない、気分が乗らない、何かわからないが問題があるように感じるなど）は、頭の中だけで考えず（悩まず）、メタノートに感じたことを（愚痴や不安など何でも）順不同で書き出していくといい。

③折に触れ読み返し、思いついたことを書き加えていく

メタノートは、自分の学習を振り返るだけでなく、学習法やセルフコントロールなど学習を支える工夫を改善し、また新たに生み出す重要な資源となる。

独学のアイデアを書き留める

頭の中だけで思考する代わりに、思いついた事項を図にする。

技法53「わからないルートマップ」
の基になった最初のメモ。
「わからないと戦う技術」を
「情報を増やす」と「情報を減らす」

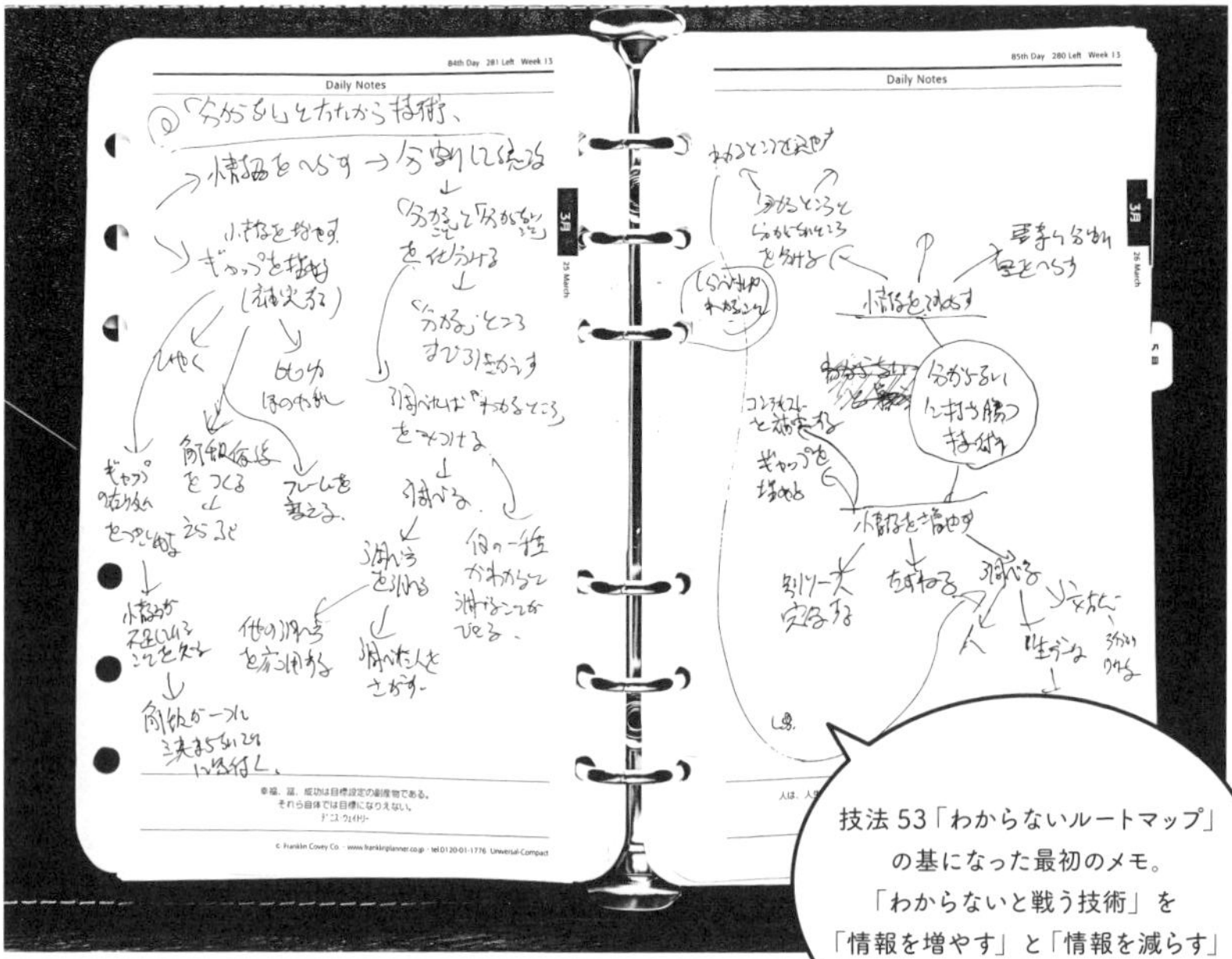
の両面から考えている

独学を振り返る

振り返りの中で、自分に合った方法や必要なものが分析され、
オリジナルな方法が生まれていく。

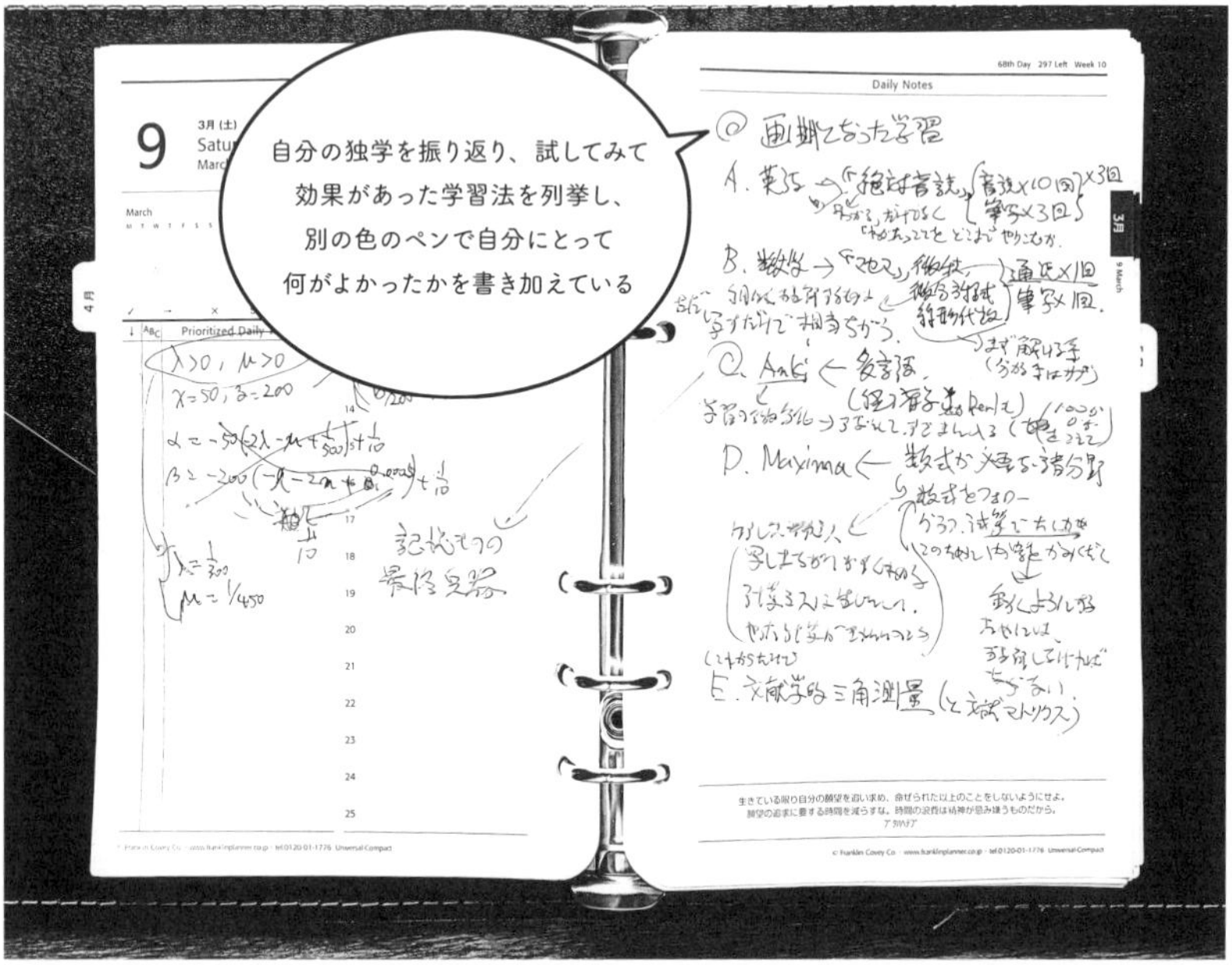

自分の独学を振り返り、試してみて
効果があった学習法を列挙し、
別の色のペンで自分にとって
何がよかったかを書き加えている

読書猿のメタノート（アナログ版）

独学のアイデアをみがく

同じアイデアについて繰り返しメタノートに書くうちに、
それを具体化したり、別のアイデアを生み出す。

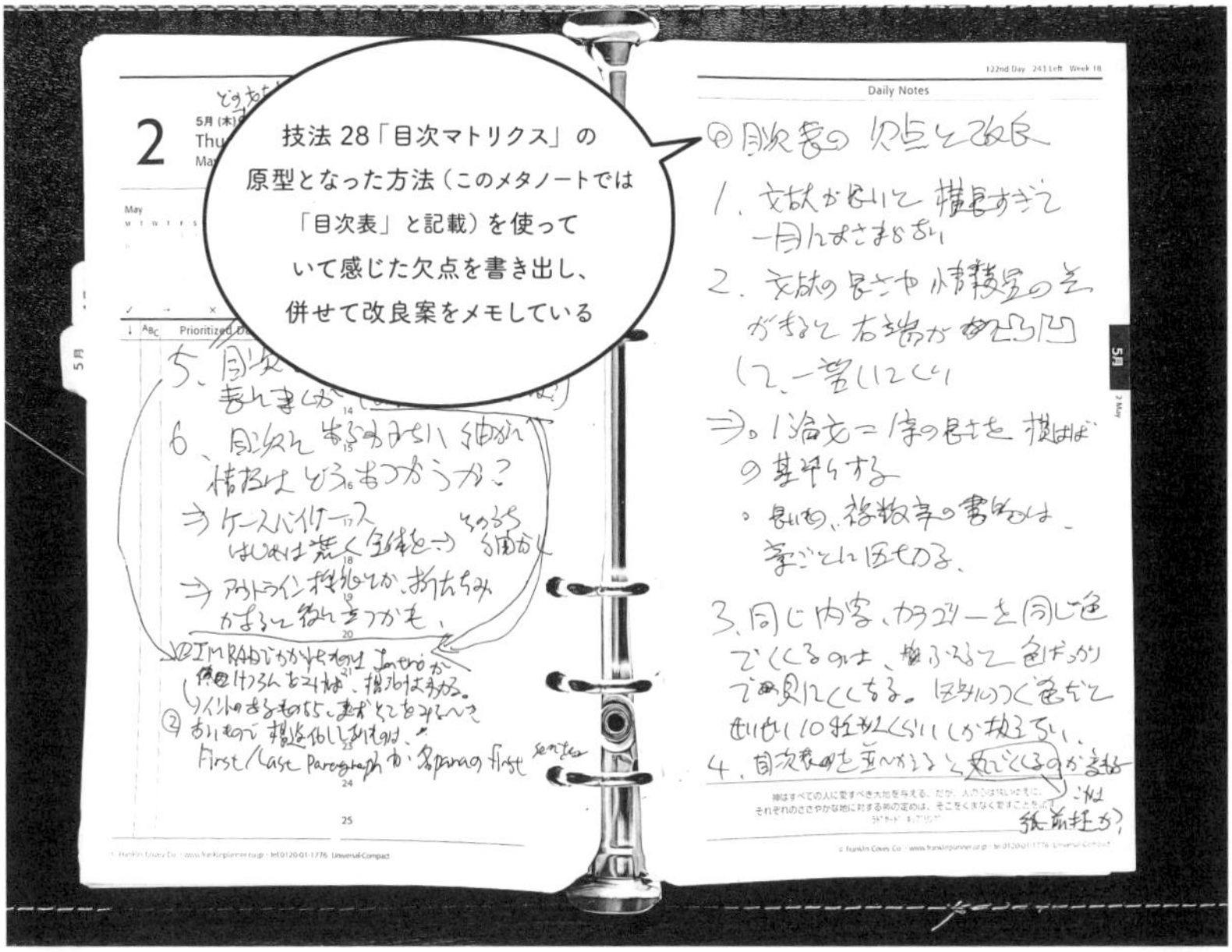
技法 28「目次マトリクス」の原型となった方法（このメタノートでは「目次表」と記載）を使っていて感じた欠点を書き出し、併せて改良案をメモしている

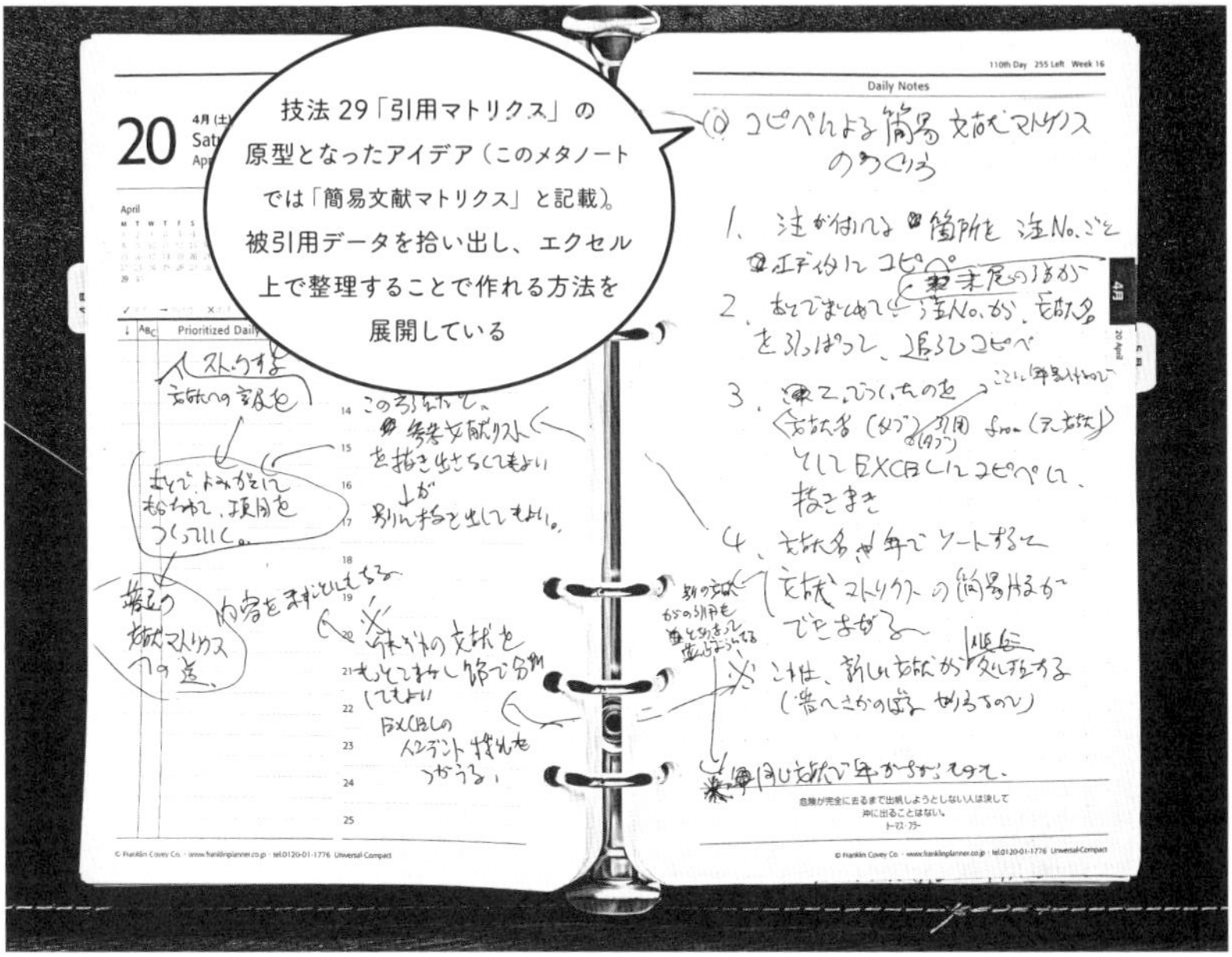
技法 29「引用マトリクス」の原型となったアイデア（このメタノートでは「簡易文献マトリクス」と記載）。被引用データを拾い出し、エクセル上で整理することで作れる方法を展開している

メタレベルから眺める必要性

何か特定のやり方を自分で選択し、そのやり方に従って行動するには、メタ認知が必要になる。

というのも自分が今実行していることがやり方に沿っているのかどうかを不断に確認し、自分の認知と行動を修正しなければならないからだ。

ここまでできるようになった独学者は、さらに先に進むことができる。すなわち自分で開発したやり方で学んでいくことだ。ここにおいて、目的と教材だけでなく、方法においても外から与えられたものから離れ、人は完全な独学者になる。

学ぶこととは、自分がそれまで知らなかったことやできなかったことに挑むこと、向かい合うことである。教え導く者を求めがたい独学では、その難所も行き詰まりも、自身の力と工夫で越えなくてはならない。自分を己の師としなくてはならない。メタノートはそのための技法である。

独学者は、他の学習者に比べて、多くの側面で不利な境遇に置かれている。自分の怠け心を咎めるのも、わからないという壁にぶつかって立ち直るのも、他から助けを得られるとは限らず、多くは自分自身でなんとかしなければならない。

それでも一つ、独学者が有利なことがある。それは、自らの学び方について世界でただ一人、自分が責任を負うことだ。責任を負うのが自分だけだからこそ、そのやり方を自由に変えることができる。

この自由はもちろん、恣意に流れる危険と隣り合わせだ。コントロールしているつもりが、本来向かい合うべきものから逃げ続けているだけ、ということも起こり得る。だからこそ、自身の学びを一段高いところから眺める視座が必要だ。

あなた自身の『独学大全』を作ろう

独学者も、最初は見よう見まねで誰かの方法を取り入れるところから始める。

しかし、いずれは自分に合わせた方法を自分で作ることになる。なぜなら、学ぶことは必然的に自分を変えることになるからだ。自身の学び方について改訂していかない独学者は、いずれは行き詰まる運命にある。自分のやり方を生み出すには、まず試行し、それを振り返り、自分に合わせて調整し、手直しすることが不可欠だ。

こうして独学者は独自の学習者になっていく。

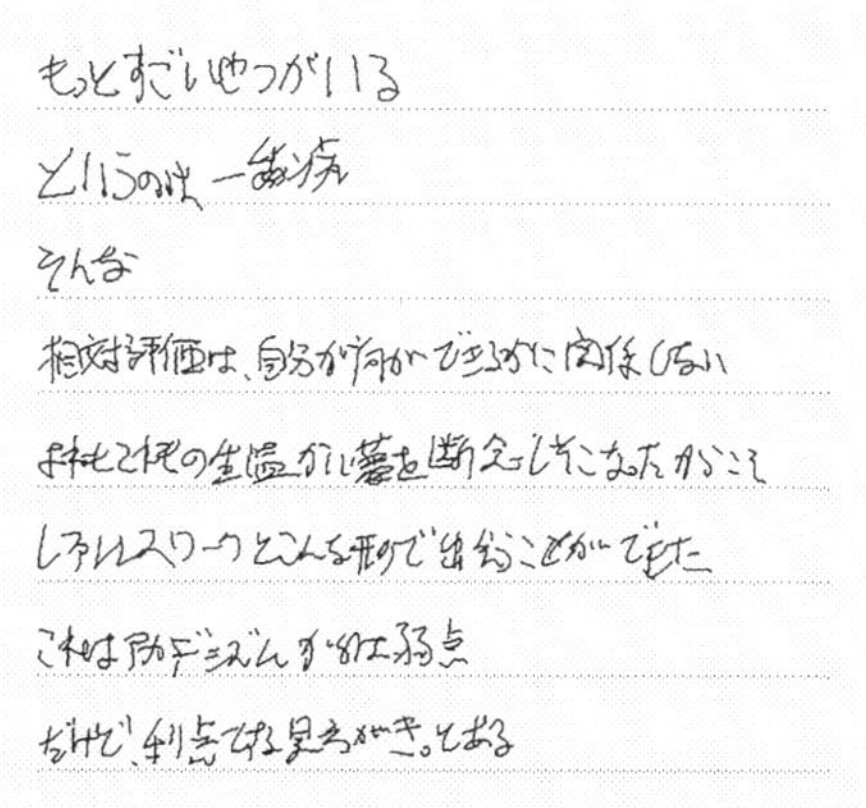

「愚痴」を書いたメタノート

著者が、とある専門研究者の仕事に打ちのめされた日に書いたメタノート。独学はいつも順風満帆とはいかない。悩みごとや愚痴も書き出せば、アイデアや動機付けに役立つ独学の資源と化する。

我々は、才能についても経験についても他と異なるユニークな存在だ。あなたより優れた学習者はいくらもいるが、あなたと同じ学習者はいない。

加えて、他の独学者との違いは、あなたが学べば学ぶほど広がっていく。学びを重ねれば重ねるほど、あなたは独自の者になっていく。

学び方を学ぶ際に最も参考になる教材は、学習者自身とその経験である。真摯に学べば、そして壁にぶつかれば、必ずや独学者は何かを思い考える。

実践の場で生じる気付きは、多くはネガティブな形で現れる。例えば作業中や作業が中断した時などに浮かぶ疑問、思考が壁にぶつかり、あるいは暗礁に乗り上げて行き詰まった際に漏れる嘆き。これらは皆、その意味するところを掘り下げることで、あなただけの学習資源となる。あなただけに合った方法は、ここから生まれる。

こうして独学者は、日々の学習の中で、自分が学びたいものを学ぶと同時に、学び方についても学んでいく。

書き続けられていくメタノートは、これまで独学のガイドを務めてきた本書を増補改訂するものであり、むしろあなたがこれから綴っていく、あなた自身の『独学大全』の一部となる。

第4部

独学の「土台」を作ろう

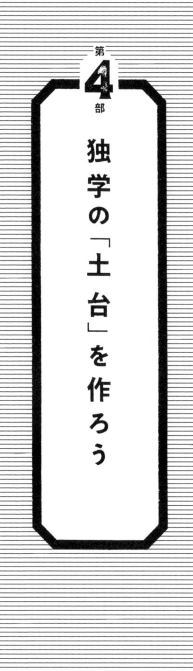

〈あらゆるものを学ぶ土台になる力〉

第3部までで、独学の道具の紹介は終わった。

しかし道具は使われてこそ道具である。第4部では付録として、本書に出てくる技法をどのように組み合わせて使うことができるかを、独学者視点のショート・ストーリーの形で紹介する。

3つの物語ではそれぞれ国語、外国語、数学について独学する事例を取り上げている。

これら3つを選んだのは、これから独学を広げていくにあたって、基礎となり前提ともなるものであるからだ。**生まれてから長年慣れ親しんでいる第一言語を満足に扱えないようでは、自分一人で読み書きを通じて独学することは難しい。そして外国語と数学を学ぶことは、学術情報をはじめとして、利用可能な学習資源の範囲を拡大する。**

このことをもう少し説明してみよう。

かつて外国語の文献を入手するには、かなりの時間と費用が必要だった。洋書を買うには（洋書店の書棚になければ）カタログだけを頼りに注文する必要があった。品物は海の向こうから船便で何カ月もかけて到着し、費用は元の値段の何倍もかかった。こうした洋書入手の困難さが、学術研究のプロ（専門家）とアマチュア（好学者）を分かつ第一の障壁ですらあった。

今日でもこの格差は完全に解消されたわけではない。しかしインターネットの登場以降、様々な面で変化が生じた。まずオンライン書店の普及は洋図書の入手に要するコストと時間をかなり小さくした。海外の古書店に注文することも容易になった。

また著作権切れの古い資料が世界中でアーカイヴされ公開されるようになった。研究論文についてもネット経由で無料で入手可能なフリーアクセス文献が全体の3割を超えるようになった。おそらく最後まで残る障壁は、我々の外国語読解能力という時代がやってきたのだ。

英語は今日、かつてのラテン語、フランス語、ドイツ語に代わって学術コミュニケーションにおけるリンガ・フランカ〈1〉(国際共通語)となっている。最新の研究成果は英語で発表されるだけでなく、それらを選び集め編纂した論文集から教科書・専門事典まで、まずは英語で整備されることが多い。これらには、独学者にとって重要な探しものの道具(レファレンスツール)も含まれる。つまり、英語をいくらか読み書きできるだけで、レファレンスツールの選択肢は格段に広がり、調査の効率と範囲は大きく改善される。

英語以外の外国語も同様に、独学者に使える武器を増やす。

例えば各国のナショナル・ライブラリー(一国の図書館の中で中央機関にあたる図書館)は、イ

〈1〉リンガ・フランカ(lingua franca)異なる言語を使う人達の間で意思伝達手段として使われる言語。「フランク語」、「フランク王国の言葉」を意味するイタリア語に由来する。中世以降の地中海沿岸の港で通商用に使われた、イタリア語を土台に、フランス語・ギリシア語・アラビア語などの混じった混成語をこう呼んだことから、転じて、共通の母語を持たない集団内において意思疎通に使われている言語のことを指すようになった。

ンターネットを介して海外からの質問・レファレンス依頼についても対応している。我々は今日、自宅にいながら、あるいは携帯端末を通じて出先から、世界中の図書館の支援を受けることができるのだ。例えば本書で紹介した参考文献のいくつかは、アメリカ議会図書館、フランス国立図書館等へのメールレファレンス〈2〉を通じて得られたものだ。

以上が、外国語を学ぶことが独学（者）を助けると考える理由である。

そして、同様のことが、数学についても言える。数学は、ほとんどの自然科学と多くの社会科学そしてかなりの人文科学で用いられる学術言語である。数理モデルや統計的手法の強力さは分野を超えて知れ渡っており、数学的手法の適用範囲は今後も広がりこそすれ狭まることは考えにくい。数学を学ぶことで理解でき利用できる文献、学習資源は格段に広がる。

念のため申し添えるなら、3つのショート・ストーリーはあくまで、独学の各段階でどんな技法が使えるのかを示した例であって、国語を（あるいは外国語を、数学を）学ぶ場合に行うべき、独学の「お手本」ではない。

「ショート」・ストーリーゆえに、登場する独学者たちは、あまり長く迷ったり、途中ですっかりあきらめてしまったりはしないけれど、必ずしも最短コースを進むわけでもない。彼らは独学の天才でもなければ、達人でもない。これまで自分が知らなかったことに挑み、試みなかったことに挑戦する、平凡な独学者に過ぎない。

独学には本来、決まったルートはない。独学者が進むのは、その人だけのオリジナルの道行きだ。同じものを学ぶ場合でも、直面する制約や利用できる時間その他のリソースは、独学者が置かれた状況や積み重ねてきた経験によって様々であるはずだし、来る者を歓迎してあらかじめ舗装され掃き清められた道など、独学者には望むべくもない。

つまり独学者は、自分だけの制約と渡り合いながら、学習のリソースをやりくりしながら、進むべきルートを探しながら、試行錯誤を重ねて、歓迎されざる門をくぐり、道なき道を行く。

踏みつけた足跡の連なりだけが、独学者が今いる場所と、かつていた場所からどれだけ自身が前に進んだかを教えてくれる。それでも道なき道を行く不安をいくらかでも軽減するために、第4部で紹介する3つの物語は役に立つだろう。

最初に思い定めた通りに事が進まないのがむしろ普通であること、迷ったときや行き詰まったときにも苦境を脱する手段は存在すること、何度でもやり直すことができること、そしてあなたの方があきらめぬ限り知はあなたを見放したりはしないこと。

これらを知ることは、この身一つで知の世界を渡っていく独学者を励まし支えてくれるはずである。

〈2〉日本の図書館もメールレファレンスを行っている。各国の中央図書館および各都道府県立の図書館のメールレファレンス先のリストは以下にまとめられている。
https://readingmonkey.blog.fc2.com/blog-entry-789.html

国語独学の骨法

1 読めないことを自覚する

我々が生まれてこの方使い続けている言語を母語（mother tongue）と言う。

普段、聞いたり話したりして使っている、読み書きさえもしている言葉なので、不足を感じることは少ない。

それゆえ、母語を学ぶにあたり、最も困難なのは、その必要性を認めることである。

聞いたり話したりすることと違って、文字を読み書きすることは人間の仕様にない。ヒトという生き物にとってたった数千年前にようやく獲得した新しいスキルだ。文字が発明された後も、ほとんどの時代と地域で、長い間、読み書きはごく限られた人たちの独占物だった。

学校教育が行き渡った社会でも、読み書きの基本的な識字能力は有していながら、文法的正確さや語彙に欠け、書かれた言葉を扱うのに困難がある機能的非識字者が少なからず存在することが知られている。

機能的非識字の成人は、書き言葉をうまく扱えない。書面を通じた指示に従うこと、マニュアルを見て製品の使い方やトラブルへの対処の仕方を調べること、電車やバスの時刻表を理解すること、そしてもちろん、書物から知識を学ぶこと、自分の考えを言葉にして書き出すことなども難しい。

機能的非識字とまでいかなくとも、書き言葉を理解する能力は個人差が大きい。

もともと話し言葉と書き言葉は（共通するところも多いが）、言文一致運動がわざわざ行われたことからもわかるように、ほとんど別の言語として長らく取り扱われてきた。

日常会話の語彙も、そして取り扱う話題の範囲も、書かれた言葉のそれらとは同じではない。日常会話に不自由しないから自分の日本語は完全であると考える人は、その外にある言葉の広がりを知らない人だと言える。

書き言葉は、時間と労力を費やして学ぶべきものであり、また学ぶ価値があるものである。とりわけ独学者にとっては、リターンの大きい学習投資になるだろう。

与えられた教材を学習するだけなら、例えば教育動画などを利用することで、読み書き能力の不足をある程度補うこともできる。しかし誰かに用意してもらった教材を超えて独学を進めるためには、どうしても書き言葉を扱うスキルが要る。それも高ければ高いほど、アクセスできる学習資源は拡大し、活用できる学習スキルの幅と質は改善され（本書で紹介したスキルの多くは書くことに基づくものだ）、独学がより楽により効率的に行えるだけでなく、挫折することが減り、総じてより多くより深く学ぶことができるようになる。

ではどうすれば母語の不足を自覚し、学び直す動機付けを得ることができるのか。

それには、不足を感じる機会を作ること、そこから逃げずに直面することである。例えば難しい本を読んで、読めない理由を他責せず（著者の書き方が悪いなどと人のせいにはしないで、後述の「4　チャリティーの原理」を参照）、自己の言語技術を捉え直す機会とするのだ。後段のショート・ストーリーに登場する古の現代文参考書のような、読解にいたる思考を理詰めで説明したものも有用である。

しかし、不足を自覚してもなお、母語はあまりに日常的にありふれていて、改めて学ぼうとすれば、何から取り掛かっていいか、そもそも何を目指して学べばよいかわかりにくい。

以下では、母語の不足を自覚した上で、学び直すために何をすればいいか、その勘どころと考え方をいくつか紹介しよう。

2　おなじみ同士の言葉・概念の組み合わせを蓄える

書き言葉を理解する段階で、最初の関門となるものは、概念を理解すること、そして自分でも概念を使って考えることができるようになることだ。概念とは、思考によって把握され、言語によって表現されたものである。そして概念を使った思考こそシステム2の真骨頂である。

概念を使わない思考は、個別の経験に縛られる。概念を使えるようになることで、自分の感覚や経験と必ずしも重ならない他人の思考や理論を、自分が置かれた状況に適用することができるようになる。概念は、個別の出来事・事象に共通するものを抽出することで作られるが、概念を使うことで現実の一側面を切り出したり、類似したものを引き出して、比較することができるようになる。つまり概念は、現実をよく見るためのレンズとなり、測ったり比較するための測定器にもなる。

およそ何事かを論じるということは、自分の経験をただ並べて例示するだけでなく、テーマやトピックと関連した複数の概念を組み合わせて主張を作り、その主張をデータや論理で支えることである（↓技法33「トゥールミン・モデル」、440ページ）。頭の中に、適切な組み合わせを作るだけの概念の蓄えがなければ、自分で何かを論じることはもちろん、他の人が論じたことを吟味することも難しい。

そして重要なのは、言葉や概念をただ覚えるのでなく、どのような言葉／概念同士が組み合わされるかを知ることだ。

言葉はもともと、他の言葉と結びついて、考えや出来事を表す。そして、それぞれの言葉には、それと共によく使われる言葉がある。

例えば「雨」という言葉は、「雲」や「傘」や「濡れる」といった言葉と繰り返し使われ、結びついてきた（現実に雨は雲や傘や濡れることと関連があるので当然だ）。我々は、これまでの経験から現実における関係を知るだけでなく、読んできたものの中で、それらの言葉が共に使われるのに何度も遭遇している。こうして我々は「傘」と聞けば／読めば、自ずと「雨」のことを連想するようになっている。

どの言葉・概念も、多くの言葉・概念との間にそうしたおなじみ同士の関係を持っている。言葉は、そうしたおなじみ同士の関係のネットワークで互いに結び付けられていると言える。

抽象的な概念にも、こうしたおなじみ同士の組み合わせがある。抽象的な思考を表したり、抽象的な文章を読んで理解しようとする時、そして抽象的に物事を考える時、我々はこうした概念の組み合わせを呼び出し、その助けを借りている。我々の中に蓄えられた、概念のネットワークが豊かになればなるほど、我々の思考は速く強く、そしてしなやかになる。

本書で繰り返してきたことだが、我々は一人で考えているのではない。言葉や概念を使うことは、その言葉・概念を使ってきた（そうして鍛え上げてきた）先人の思考を、いくらか借りて考えることだ〈1〉。言葉を理解し、自らも発することの基盤となる、こうした言葉の組み合わせを我々はどのように知り、また身に付ければよいか。

様々な分野の読書によって、というのがオーソドックスな答えだが、そもそもこうした組み合わせをいくらか知らないと、多くの書物は「こむずかしく」感じられ、取り付く島もないように見えるはずである。

幸いなことに、読書が不足しがちで現代文の読解に苦労する人たちのために、日本語現代文のための単語集がいくつも出版されている。イラストたっぷりに見た目の華やかなものが多いが、言葉を扱うのに必要な正確さと誠実さを備えたものを選ぶなら、コンパクトな手軽なものでは伊原勇一『現代文単語げんたん』（いい

伊原勇一、土井諭、柴田隆行
『現代文単語げんたん』
（いいずな書店、2016）

ずな書店、2016)が、もう少しボリュームのあるものでは有坂誠人『MD現代文・小論文』(朝日出版社、1998)が推奨できる。

3 論理はそもそも対話である

言葉(概念)とその結びつきを蓄積していくのと同時に、書き言葉を扱うために身に付けるべきもう一つの力がある。

それは、書いてあることを手がかりに、書いてないことを推測できる力だ。

これはもちろん、書いてないことを自分の想像で「埋めて」しまうこと、文意を汲む代わりにただ自分の期待や願望を押し付けてしまうことではない。この推測の力を活用できて初めて、文字として現に書かれていることだけを拾い上げるパターン・マッチングを超えた、本当の意味での読解が始められる。

この力をエンターテイメントの軸として示して見せるジャンルに推理小説がある。

同じ証言や証拠を手にしながら、探偵たちはこの力で、うすぼんやりした警官や相棒には見えない事

有坂誠人、伊藤博和、大澤真幸編著
『MD現代文・小論文』
(朝日出版社、1998)

〈1〉古代ギリシアから西洋世界に受け継がれた論拠の典型パターンをトポスと言う。クルティウスはこの語を文学的な典型イメージにも拡大して適用している。我々が言う「おなじみ同士の言葉の組み合わせ」もまたトポスだとも言える。

件の真相を推論（推理）する。

探偵の推理は当然、あてずっぽうでもなければ、単なる直感によるものでもない。その証拠に探偵は、どうやって結論にたどり着いたか、その推理の道筋を一つひとつ説明することができる。時には相棒や警官から、それぞれの推論について質問や異議が出されるが、探偵はそれらにも同じく筋道立てて反論できる。これが論理の力である。

実は、質問や異議に対して応答するという部分が本質的である。論理的思考とは本来、こうした対話を通じた相互吟味を基に、場合によっては先取りして、構築されるものであるからだ。

ここから次の教訓が引き出せる。書き言葉を理解する時にも、その理解の道筋を一つひとつ説明できるか、そしてその説明に対して他人から質問されたり異論が出された時に筋道立てて反論できるか、と検討することで論理的に考える能力は培われる。

相手がいない時も説明を試み、反論や質問を想定することが、言語を扱うスキルを底上げする。

参考書として、国語教師が描き論理学者が監修した仲島ひとみ（著）、野矢茂樹（監修）『それゆけ！論理さん』（筑摩書房、2018）を、問題集として、三森ゆりか『徹底つみ上げ式 子どものための論理トレーニング・プリント』（PHP研究所、2005）を挙げておこう。

仲島ひとみ著／野矢茂樹監修
『大人のための学習マンガ それゆけ！論理さん』（筑摩書房、2018）

4 チャリティーの原理 Principle of Charity

最後に、他人の言葉を理解する上でいつも大前提として働きながら、自覚されることの少ないものを一つ紹介しよう。

これを取り上げる理由は、熟達した読み手や聞き手はほとんど無自覚にこれを用いているが、読むことにつまづく人（そして国語や現代文という科目をバカにする人）の多くがうまく使えていない、まさに言語理解の骨法にあたるものであるからだ。

チャリティーの原理とは、ざっくり言えば、相手が言っていることをできる限り「正しい」「筋が通ったもの」として解釈しようという原則Principle〈2〉を言う。書き言葉であれば、その文章がうまく理解できなかった時には、相手の書き方が悪いのではなく自分の解釈の方がおかしいと考え直せ、という方針になる。

なぜこのチャリティーの原理は必要かつ重要なのか。

一つは、我々が陥りがちな硬直した一語一義の制約を解除するためである。

三森ゆりか**『徹底つみ上げ式 子どものための論理トレーニング・プリント』**（PHP研究所、2005）

〈2〉こうしたことからPrinciple of charityは「寛容の原則」「寛大の原理」「善意の原理」「思いやりの原理」などと訳される。哲学者のクワインやその弟子デイビットソンの根本的翻訳の議論で用いられたことで有名だが、古くはユダヤ教のタルムード（Arachin 5）に「人は理由なく物事を言うことはない」というラビ・メイルの言葉がある。

読めない人の典型は、自分が知っている単語に条件反射的に動かされてしまい、その言葉がどのような文の中で、そしてどのような文脈の中で、使われているかを考慮せず、注意も払わない人だ。

こうした人は、単語にはいつも決まった固定された意味があるものとして考え、疑わず読んでいく。しかし文章で鍵となる言葉や概念は、辞書にある意味からいくらか離れ、独特のニュアンスを帯びたり、独特の意味を担うことが少なくない。一語一義に無自覚であれこだわりが強い読み手は、ここでつまづく。

実はこの思い込みは、幼少期に周囲の人が話すのを聞いて単語の意味を学ぶ際に必要となるものだ。こうした日常会話からの学びには正解を教えてくれる教師はいないし、話し手も必ずしも文法通りに話さない。「一語一義」という制約をかけないと、あまりに多くの解釈の組み合わせが生じてしまい、手に負えなくなるのだ（↓技法53「わからないルートマップ」、628ページ）。

しかし、書き言葉を読みこなすためには、この制約は時に障害となる。

「一語一義」という壁を越えるためには、文章に登場する個々の語の意味を、自分の知っている（あるいは辞書に載っている）意味と機械的に対応させるのではなく、文章の中で特有の意味を持つように理解する必要がある。それには、それぞれの文ができるだけ整合的になるように解釈を目指す必要がある。これはチャリティーの原理そのものだ。

もう一つ、チャリティーの原理が役立ち、また必要となるのは、必ずしも論理的とは言えない文章を読む場合である。

実のところ我々が目にする書き言葉は、一分の隙もないほど論理的であることは多くない。あるいは論理に破綻はないものの、主張を支える証拠が十分でなくただ少数の事例が挙げられるだけだったり、主張を支える前提や条件のすべてが明示されていなかったりする。

よく言えば自身の論理的思考に自信と愛着を持っている人、悪く言えば「論理病」とでも言うべき「非論理的なものが存在すること自体許せない」石頭の持ち主は、時に国語という科目を蔑む。というのも、国語科では、論理的必然性を満たさない文章についても扱い、いかようにもあり得る作者や登場人物の気持ちを問う問題までも出すからだ。

しかし国語科が論理的必然性を満たさない文章を扱うのは理由がある。それは、我々が出会う言葉が、そして我々がなしうる主張が、多くの場合、論理的必然性を持つに至らず、蓋然的なものにとどまるからだ。

我々は必ずしも／常に正しいとは限らない場合であっても、できるだけよい考えになるよう努めた上で、主張しなければならない（↓技法33「トゥールミン・モデル」、440ページ）。また必ずしも／常に正しいとは限らない、いくつかの主張を理解し比較して、まだましなものを選ぶ必要がある。

そのためには、それぞれの言葉や文が、できるだけ整合的になるように解釈する必要がある。チャリティーの原理は、必ずしも正しいとは限らない言葉や主張を扱い、やり取りをするしかない我々が、お互い依拠し求める原理なのである。

ある独学者の記録　国語

プロフィール

- 今まで国語を勉強したことがない高校生
- 現代文は勘やセンスでやるものと思っているが自分の勘はいつも当たらない
- 読書はあまりしない

現代文で赤点

「お前さあ、日本語なんて毎日喋っているんだから何もしなくても勘で解けるとか不埒なこと思ってね？　間違いにさ、方向性がねえの。サイコロ振ってるのとおんなじ。手の施しようがないね。間違いにもルールとかロジックとか何か法則性みたいなものがあれば、まだ修正してやれっけど、お前のはバラバラ。何も考えてない、考えたくないってことだけは、もうビンビン伝わってくんの」

右手の指の間でペンをくるくる回しながら、ヒゲ村の毒舌は止まることなく続く。うちの高校で一番やる気がない教師だ。おまけに口が悪い。担当は国語。世が世なら、あちこちで恨みを買って動画をネットに上げられ一発で炎上しそうだが、不思議とそういう話は聞かない。

放課後の教室で、こいつと差し向かいでいるのは、俺が唯一、ヒゲ村の現代文のテストで赤点を食らったからだ。

「俺のお易しいテストで、赤点取っていったのは、何を隠そう、お前が初めて」

「す、すみません」

「誰でも50点以上は取れるように工夫に工夫を重ねたあの日々と、爪に火を点して貯めた、なけなしの勤労意欲を返せ」

「返せるものなら……」

「よく言った！　これより本補習を自習とする」

「いい加減な」

「ただし、追試は60点以上厳守な。自力で頑張れ」

「それ、職務放棄では？」

「正直、少しだけ心が痛む。だが、これは教育的配慮だとなんとか自分を言い聞かせた。言ったろ、ちっとは考えろって。考えることは誰も代われんの。まあ、ヒントはやるよ。テストってのは、国語は特にそうだけど、コミュニケーションなわけ。出題者が親切に出したパスを、そう何本も気付かずスルーされたら、いやんなるぜ。まあ難しく考えず、ゲームをクリアするみたいにやってみな」

と言ってヒゲ村は、黒くてぶ厚い本をよこした。

「ど、く、が、く、大全?」

困りごと索引

本を読んでみたら教師なしで/自分で勉強する方法が色々書いてある。あのおっさん、本気で補習を自習させる気かよ。

こんな分厚い本を読まなきゃならないのか、とうんざりしていたら、付箋がついている。そのページを開くと「困りごと索引」と書いてあった。勉強していて困ってることがあったら、ここを見て、該当のページを読めばいいらしい。意外に親切だな、普段本なんて読まないけど、今時の本ってこんな感じなんだろうか。

「この本が分厚すぎて心が折れそうと思ったら……掬読(↓技法35、470ページ)へ、だって」

要は、必要なところだけ読めばいいってことだな。今やってることじゃんか。でも、今の状態というと、自分が何に困っているかもよくわからない。どうすればいい?

「自分が何をどこまで知っているかわからなかったら……可能の階梯(↓技法2、74ページ)へ」

なるほど、できることをとにかく書き出していけば、何ができないか段々わかってくるらしい。

本を読むのは……今やってるとおり全然できないわけじゃないな。ただテストで「〜の気持ちを答えなさい」みたいなことを聞かれると、何をどう答えたらいいかわからなくなる。そんなの読み手が感じることって、人それぞれだろ。正解なんてあるのか。大体、何でそんなことテストで聞くんだ？ もっと客観的というか、誰でも確かめられること、例えば「と」の文字が何回出てきますか、とかさ。国語の問題になるのかは疑問だけど。とにかくどう答えるのが正しいのか全然わからなくなって、それで面倒になって、えいやといつも勘で選ぶことになる。それが駄目だったのか。

ヒゲ村はえーと……「ルール」とか「ロジック」とか言ってたけど、国語に法則なんてあるのか？ わからん。わからん。

レファレンスカウンター

次の日の放課後、俺は図書館へ行ってみた。

家に帰って読んだんだが、『独学大全』には「わからない時は悩むより調べる」とあった。そして、自分で調べ方がわからない時は図書館へ相談しろともあったからだ。一応、職員室に寄ってヒゲ村にそう言うと、

「現代文」についての可能の階梯

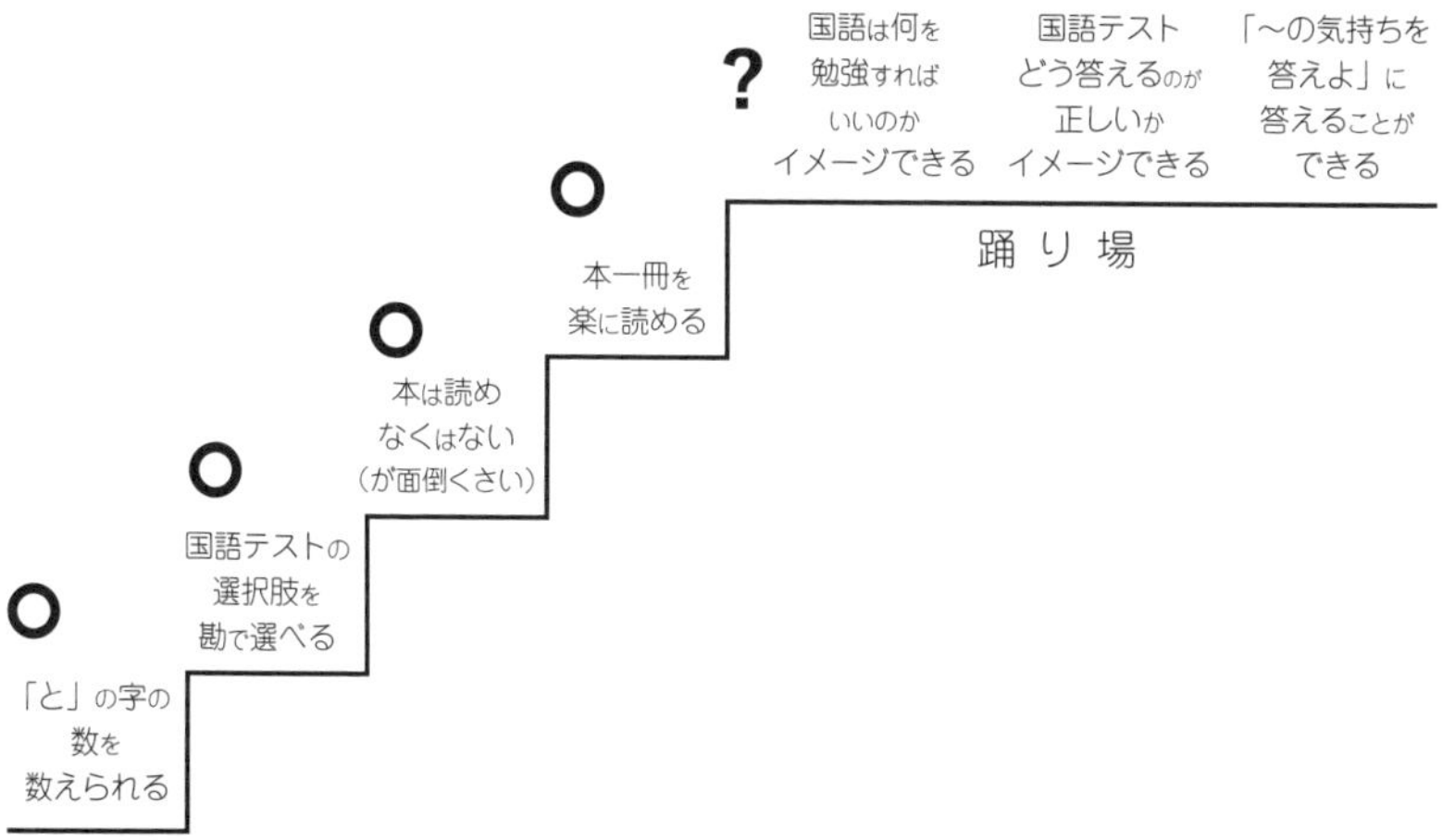

「ほう。まあ、頑張ってこい。図書館についたらレファレンスカウンターってとこに行くんだぞ」

とサムズアップ(thumbs-up)して送り出してくれたが、厄介払いされたような気持ちになった。

それで俺は今、図書館のレファレンスカウンターにいる。エプロンを着けた、丸いメガネの親切そうな図書館の人が対応してくれる。

「なるほど、国語の現代文ですか。実は、中高生が現役で使ってるような参考書って図書館ではあまり所蔵してないんですよ」

「そうなんですか」

あてが外れて、俺はわかりやすく落ち込んだ。

「いやいや、全然ないわけじゃないです。最近は、昔学んだ教科書や参考書で学び直したいって人も多くて、往年の名参考書みたいなものは一般書で復刊することもあるので。現代文についてもいろいろ出てます。例えばこれ、ちくま学芸文庫の高田瑞穂の『新釈現代文』〈3〉。『名指導書で読む　筑摩書房なつかしの高校国語』〈4〉というのもありますね。うん、もう少し網羅的に探してみましょうか」

丸メガネさんは、カウンターに置いたコンピュータを操作して、結果が出たと、ディスプレイを見えるようにこちらに向けてくれた。

「これは国立国会図書館オンライン〈5〉というホームページ。インターネットが使えるなら家のパソコンでも、君が持ってるスマホでも使えます。国会図書館は知ってるかな。納本制度といって日本で出版された書物はすべて国会図書館に収めることになってるんです。つまりルール的には、日本で出たすべての書物が国会図書館にはあることになりますね。この国立国会図書館オンラインは、国会図書館の蔵書を検索できるんです。今は詳細検索というのを使って、分類のところに『Y35』と入力して検索しました[6]。『Y35』というのはですね、国会図書館独自の分類コードで『高等学校参考書・大学受験書・大学入学案内／国語』を表します。これで日本で出版された高校国語の参考書の全部がリストアップされているはずなんですが」

「3000件以上ありますよ！」

「古文や漢文も混ざっていますから。タイトルに『現代文』を含むものだけを抽出しましょう」

「これでも400件以上あります」

「まあ、その全部をうちの図書館で所蔵してるわけじゃないんですが。ちょっと見てみましょうか。……ああ、これは復刊じゃないけど、うちにも所蔵してます。『現代文解釈の基礎』[7]と言うんですけど」

「どういう本なんですか？」

〈3〉高田瑞穂『新釈 現代文』（ちくま学芸文庫、2009）
〈4〉筑摩書房編集部編『名指導書で読む 筑摩書房 なつかしの高校国語』（ちくま学芸文庫、2011）
〈5〉https://ndlonline.ndl.go.jp/
〈6〉技法24「書誌」の分類コード表（325ページ）を参照。
〈7〉遠藤嘉基、渡辺実『現代文解釈の基礎 着眼と考え方』（中央図書出版社、1998）

「日本語の文章を読むというのは、具体的に何をどうやることなのか、わかりやすく、しかもコンパクトに書いてある本。一言で言えば、現代文は誰でも100点取れることがわかる本というか」

「それ、そういうの探してました！」

「じゃあ、借りていきますか？　絶版で買おうと思うと大変なんですよ。こういう本こそ文庫になって復刊すればいいのにね」

文章の大事なところ

借りて帰った『現代文解釈の基礎』を少し読んでみたが、確かにコンパクトにまとまっているし、説明はシンプルでわかりやすい。ネットで検索すると古本の値段がすごいことになってる。レビューもやたら持ち上げているのが多い。実際、よい参考書なのだろうと思う。

ただ俺にはあまり時間がない。この本は借り物で2週間で返却しないといけない。とりあえず返す前に全ページをスマホで撮影すればいいかと思ったが、追試もある。「伝説の参考書を手に入れた！」と効果音が鳴っておしまいならこれでいいが、ヒゲ村の「ちっとは考えろ」という宿題は終わっていないような気がする。

ヒゲ村が貸してくれた『独学大全』で、「この本が分厚すぎて心折れそう」と思った時、「困りごと索引」が教えてくれたのは「掬読」というやり方だった。本というのは、最初のページから一字一句読むものだと思っていたが、これは大事なところを拾い出して読むという方法だ。

これに倣って（時間がないという理由で）『現代文解釈の基礎』の前半の「文学的な文章」は飛ばして、論説文なんかを扱った後半「論理的な文章」のところだけを読むことにした。

読んでいくと、「論理的な文章」では文章の中で何が重要かを知ることが大事だと言う。当たり前だけど、これは「掬読」というやり方に書いてあったことと同じだと思った。

例えば著者が繰り返しているもの、何度も出てくる言葉は、それだけ著者が重要だと思っている証拠だ。同じ言葉でなくても、言い換えたり、類義語を使うのも繰り返しの一種だと言う。あと「それは～」と指示語を使うのも、指示語のところと、指示語が指すところと最低でも2回同じことについて述べているので、これも一種の繰り返しだ。

あとは「要するに」とか「つまり」という言葉で、これまでの話をまとめてかかるなら、そこも重要なはずだ。

文章を読むというのは、どこも同じ調子で読んでいけばいいわけじゃなくて、こういう重要なところとそうでないところを見分ける必要があるらしい。そして、どの言葉や文が重要かそうでないかは、ちゃんと理由があって、見分けるためのサインもあるらしい。

遠藤嘉基、渡辺実**『現代文解釈の基礎 着眼と考え方』**
（中央図書出版社、1998）

きっと知っている人にとっては当たり前の話なんだろうけど、当たり前のことがちゃんと説明してあるのはよい本だと思う。

忘れないように、今のを図に書いてみた（→技法49「プレマップ&ポストマップ」、582ページ）。

論説文の読解に必要なこと

『現代文解釈の基礎』では、語句→文→段落→文章全体という順番に、積み上げ式で読解の方法を説明している。

『現代文解釈の基礎』によると、論理的な文章を読む最終目標は、「結論」が何で、その「結論」が正しいことを示す「論拠」が何かをわかることだ。

世の中の文章すべて、何が「結論」で何がその「論拠」か、線を引くなり囲むなりしてくれればいいんだが、そんな文章を出題すると誰もが100点を取れる。だからテストに出ない。ではどうするか。

・文章全体から段落へ

何が「結論」で何が「論拠」か知るためには、文章全体の構成を考える。あ

『現代文解釈の基礎』のポストマップ

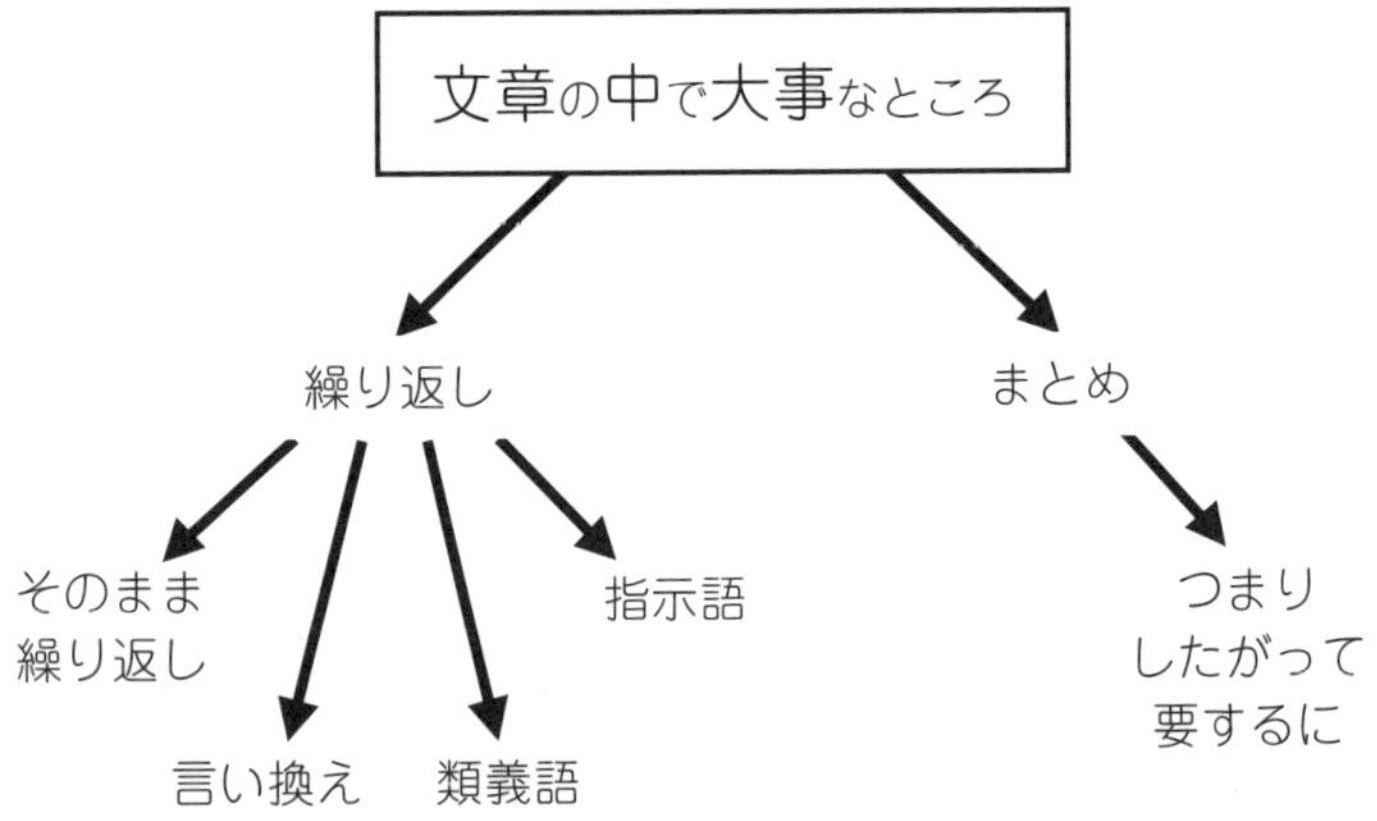

る程度以上長いまとまりのある文章は、いくつかの段落からできている。この段落同士の関係がわかれば、文章全体の構成がわかり、どこが大事な結論で、どこがそれを支えるための論拠かもわかる。段落同士の関係を掴むには、段落ごとに何が書いてあるかを間違えず、つかむ必要がある。

・段落から文へ

じゃあ、一つひとつの段落を理解するには何をすればいいか。

段落には、その段落が何について述べた文章か、その中心になる題目（テーマ）がある。そして題目（テーマ）について著者がどう考えるかを示す解釈（主張）がある。段落の中で題目（テーマ）を見つけるには、いくつかの手がかりがあると『現代文解釈の基礎』は言う。

①一つは繰り返される語句。繰り返すくらいだから、どうでもいいことではない、むしろ大事なものだから何度も段落の中に登場するのだと考えられる。しかし同じ言い回しばかりを使いまわしていては魅力がないから②類義語や③言い換えを使って、そっくりそのままでないひねった繰り返しが取られることも多い。

いずれにせよ、そのままの形でも形を変えていても、繰り返されているものが大事で、題目（テーマ）である可能性が高い。

次に題目（テーマ）に対して、その解釈（主張）をどう見つければいいか。これは題目（テーマ）についての著者の考えを述べたものだから、題目（テーマ）を含む文を見ていく。題目（テーマ）は繰り返されるものだから、題目（テーマ）を含む文も複数出てくるはず。それらを比べて、一番重要そうなのがその段落が言う解釈（主張）だ。題目（テーマ）について、いくつか事例を挙げて論じた後、事例の意味をまとめた文章などは、メインの解釈（主張）である可能性が高い。

・文から語句へ

　じゃあ、一つひとつの文を理解するには何をすればいいか。まずどの文にも、主語と述語があるからそれをつかむ。しかし日本語の文だと修飾語に重点がある場合があるらしい。例えば「人間は考えることにおいて尊い」という文の主語は「人間は」、述語は「尊い」だけど、重点は「考えることにおいて」にあるという。重要なことは形を変えても繰り返されるので、「人間は疑うことにおいて尊い」というのが他に出てくれば、この「疑うこと」は先の「考えること」の言い換えだとわかる。むしろ、この「疑う」は先の「考える」に引き寄せて理解しないといけないんだと。

　こうして「論理的な文章」に必要なことを図にまとめてみた。

論理的な文章の理解に必要なこと（ポストマップ）

- 文章の論旨の理解
  - 文章全体を段落に区切る
  - 段階ごとに要旨をつかむ
    - 段落の理解
      - 題目（テーマ）
        - 繰り返される語句
        - 類義語
        - 言い換え
        - （語句の理解）
          - 著者自身の説明
          - 指示語の内容
          - 類義語
          - 対義語
      - 解釈（主張）
        - 題目について述べられていること
        - 一文一文ごとの解釈のうち最も重要なもの
        - 文の理解
          - 主語と述語 ― その文の内容の範囲
          - 重要な修飾語 ― 文の中心点になることも
          - 語句の理解
            - 指示語の内容
            - 言い換えの内容
            - 類義語
            - 対義語
  - 各段落の相互関係＝全体構成を整理
  - 構成を通して結論を論拠に支えられた形でつかむ
    - 結論は？
    - その論拠は？

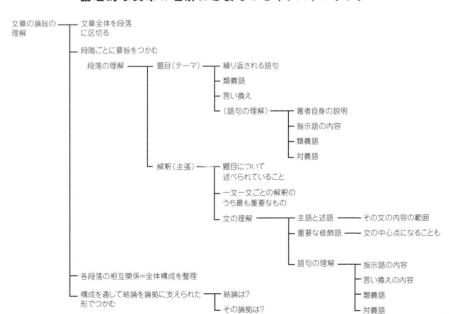

小説の何を読み取ればいいのか？

まだ少しだけ時間が残ったので、『現代文解釈の基礎』の前半にある、文学的な文章の理解についても読んでみた。

小説のような文学的な文章を読むには、次の4つのステップを踏むことになるという。

①主人公を理解する
②登場人物の関係を理解する
③構成を調べる
④全体の主題を捉える

このうち、「1　主人公を理解する」と「2　登場人物の関係を理解する」は対になっていて、作業としては、ほとんど同じことをやるらしい。

・内面の直接的表現

主人公を理解することは、つまるところ主人公の内面を理解することだ。

小説の中には、主人公の内面を直接書き表しているもの／ところもある。この場合は、そこを見つければいい。けれど、これだと多くの人にわかるので、テストにはあまり出ない（誰でも解ける問題になってしまうから）。それに、大抵のちゃんとした小説は、主人公の内面を直接書いたとしても、それ以外のやり方でも書くことで説得力を持たせるものらしい。

・平素の様子の描写

これは主人公の元々の性格を説明するものだ。これをやっておくと、何か事件があって、主人公がいつもと違う行動や反応をした時、主人公の内面が変化したことがはっきりする。主人公の内面の変化は、小説を理解するのにとても大切だと言う。

・外面的条件（年齢・身分・容貌・財産など）の説明

これは元々の主人公の性格や平素の行動の原因になるものだ。性格の背景としてこれらが描かれると、そうした性格であることの説得力が増す。

・一つひとつの発言や行動

これらは主人公が遭遇する事件や状況によって変化する。

小説を理解するのに必要なこと（ポストマップ）

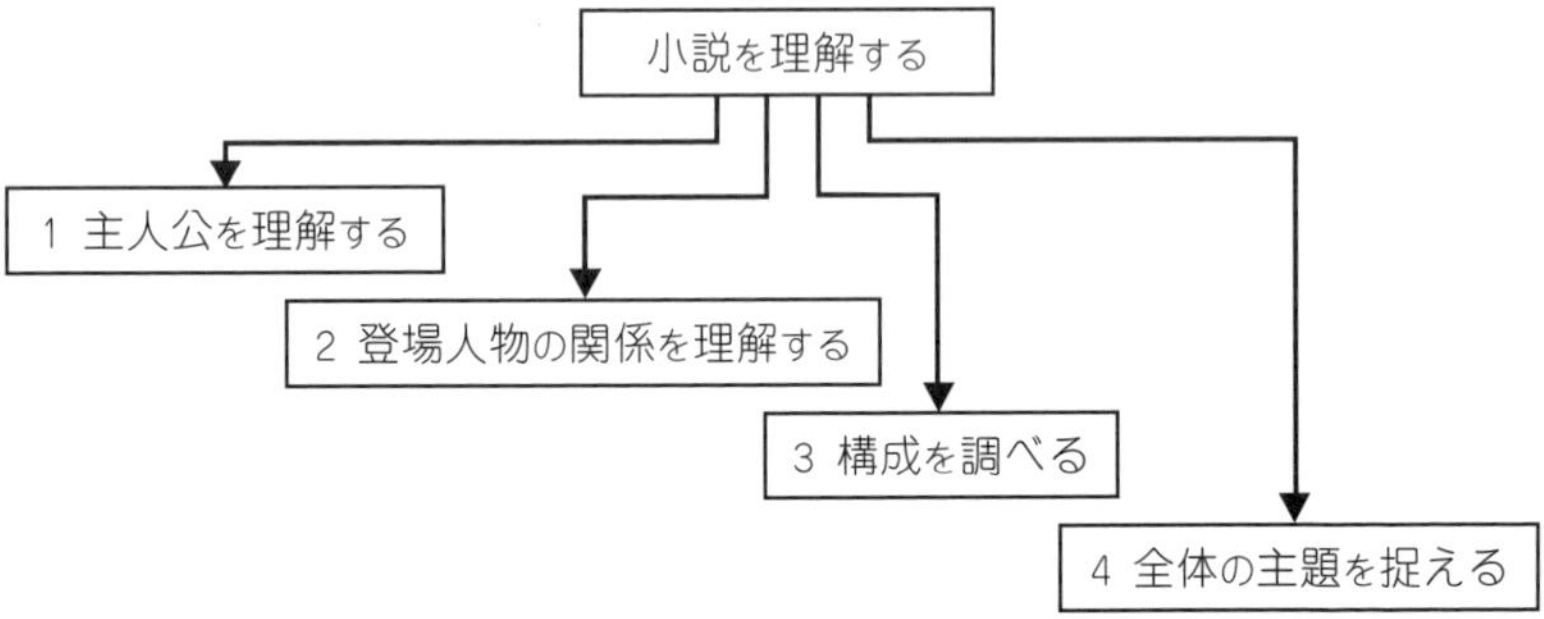

	内面の直接的な表現	平素の様子の描写	外面的条件の説明	一つひとつの発言や行動
1 主人公を理解する	主人公の内面を直接に語る言葉	主人公の平素の様子を述べた部分	主人公の外面的条件（年齢・身分・容貌・財産など）	主人公の一つひとつの発言や行動
2 登場人物の関係を理解する	相手に対する感情を直接に語る言葉	相手に対する平素の態度を述べた部分	相手との外面的な関係（年齢や身分の上下関係など）	相手に対する一回一回の発言や態度

「平素の様子」と比較すると、その変化がわかる。

なぜ「内面の変化」が大事かと言えば、小説は物語を描くもので、そして物語は時間的に変化するものだから。つまり小説が描いているのは、何かの変化だ。

けれどテストに出せるぐらいの文章の分量だと、その中で扱える変化は、主人公の内面の変化くらいしかない。これが国語のテストで主人公の内面が重要な理由だ。

ここのところを図に書くと下のようになる。

補習としてのプレゼン

これでいいのか、よくわからないが、気付いたこともある。

国語のテストでよく「下線部の『それ』が指すものは何か答えよ」みたいなのがあって、あれは一体何の意味があるのかと思っていたけど、指示語を使うというのは、実は形を変えた繰り返しなんだ。そして繰り返しは、そこが重要だというサインだ。

ひょっとすると、「下線部の『それ』が指すものは何か答えよ」というのは、「文章を理解するのに、

内面の変化がわかるポイント（ポストマップ）

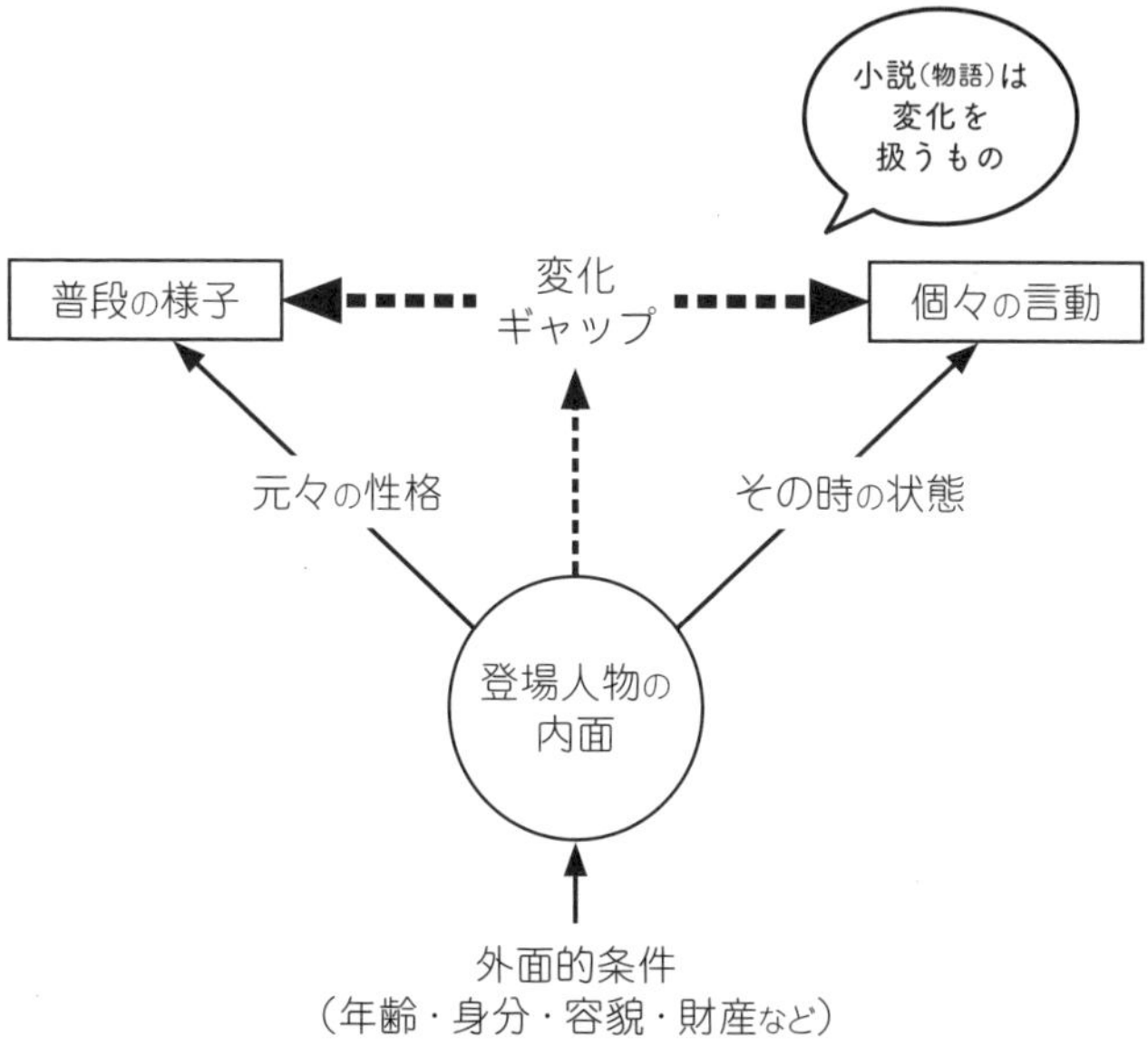

ここは大事なポイントの一つだぞ」と出題者が教えてくれているのかもしれない。

数学で難しすぎる問題をテストに出すには、解答の途中の折り返し地点のところを、問題の中の小問題にすると数学教師が言ってた気がする。その問題だけでも解けば部分点になる。そしてその問題が解ければ、難しい問題も途中まで解いたことになって、あと何をすればいいかもわかるようになってる。つまり小問題は大きな問題を解くためのヒントになっているという。

「下線部の『それ』が指すものは何か答えよ」というのも、問題の形をしたヒントだったんじゃないか。わざわざ質問を設定するぐらいには全体の理解にとって大事なところのはずだし、文章全体の理解をジグソーパズルだとすると、「下線部の『それ』」を答えることで、大事なところのピースが一つ埋まるのだ。


「……以上が、『現代文解釈の基礎』を読んでまとめたことです」

ヒゲ村に、これまで描いた図を見せながら説明した。

ニヤニヤして聞いていたヒゲ村は、俺が話し終えるとパチパチパチとわざとらしい拍手を3回した。

「お前さあ、『現代文解釈の基礎』の後半と前半、どっちも最初の章しか読んでないだろ」

「うっ。図にまとめたりしてたら、時間がなくなって」

「まあ、いいや。『テストはコミュニケーション』ってところには自力でたどり着いたようだし。で、追試の自信はどうなんだ?」

「まあまあ、です。多分」

自分なりに掴んだものはある気はするんだけど、何しろまとめるのに時間を使って、他の準備はしてない。

「現文で赤点とっていった奴も初めてだが、補習でプレゼンやった者も初めてだぜ」

「それはヒゲ村の、いえ、先生のリクエストで」

「期待してるってこった。筆記具以外はしまえ。これから、なけなしの勤労意欲をつぎこんだ問題を配る」

使った技法

・困りごと索引
・技法35 掬読
・技法2 可能の階梯
・技法49 プレマップ&ポストマップ

用いた学習資源

・図書館のレファレンスカウンター
・国立国会図書館オンライン

登場した書籍

・高田瑞穂『新釈 現代文』（ちくま学芸文庫、2009）
・筑摩書房編集部編『名指導書で読む 筑摩書房 なつかしの高校国語』（ちくま学芸文庫、2011）
・遠藤嘉基、渡辺実『現代文解釈の基礎 着眼と考え方』（中央図書出版社、1998）

英語（外国語）独学の骨法

1 ロンブ・カトーの分数式

外国語の習得は、かなりの部分が身体訓練に属する。繰り返し継続しなければ、トレーニングを中断してしまえば、そのスキルはサビつき、せっかく習得したものも時間経過と共にしだいに失われていく。

外国語学習の第一の骨法は、毎日続けることだ。これ以上に効果的で決定的なものはない。

多くの場合、我々は日常生活の中で、習得できるほどの濃度で外国語に接する機会を持たない。だからこそ意識して、そうした状況を作り続けなくてはならない。

しかし、独学者が毎日続けることを邪魔する様々な要因がある。

外国語学習でとりわけ問題となるのが、学習者のモチベーションをへし折る

ロンブ・カトー

（Kató Lomb、1909 - 2003）

ハンガリーの翻訳者・通訳者。大学で物理学と化学を学んだ後、生活のため、英語を皮切りに数多くの言語を習得。自身の語学学習法にautolexia（自分で読むこと）、autographia（自分で書くこと）、autologia（自分で話すこと）と、そのすべてにギリシア語由来のauto（自分）をつけて呼ぶほどの根っからの独学者（autodidact）であった。

様々な雑音だ。

一つは「そんなものを学んでも無駄だ」という学習内容についての雑音である。「ネイティブスピーカーはそんな発音をしない、そんな表現を使わない」といったものが代表だ。インターネットでコーパスを検索できる、発音についても集合知が活用できる、そうしてその発言のウソが容易に確認できる時代に、そんなマウンティングが可能だと思うのは余程の迂闊か知的に不誠実な人間であるから、「ただお前の知的水準では使えないだけ」と無視すればいい。

もう一つは、「そんなやり方は時間の無駄」という学習方法に関する雑音である。「○○のやり方でないとダメ」と言いたがる者については、ありもしない「マナー」を捏造して金を稼ぐ輩を「マナー講師」と呼ぶことになぞらえ、「学習マナー講師」とここでは呼んでおこう。学習マナー講師こそ、学習へのモチベーションを傷つけ、続けることを阻害する独学の仇敵である。

学習内容と学習方法、どちらについても上記のような雑音が気になりだしたら、独学によって11もの外国語を学び飯の種にまでしたロンブ・カトーの教訓を思い出そう。

ロンブから学ぶべき最初の点は、彼女のとった方法が第二言語の学習法として必ずしも最善なものでないことだ。独学者として、彼女が利用可能な学習資源は、時間についても資金についても教材についても限られていた。それでも、結果として通訳者として食えるだけの実力を身に付け成果を上げたのは、彼女の方法が最善であったというより、彼女にとって持続可能であったためだ。

大学では自然科学を学んだロンブは、外国語学習の成果に直結する要因を、次ページのような分数式にまとめている。

　分子にあるRáfordított időは学習に「費やした時間」であり、motivációはそのまま学習の「モチベーション」である。この二つが大きいほどeredmény「成果」は上がる。これに対して分母にあるgátlásは「抑制・阻害」を意味するハンガリー語だが(英訳もinhibitionである)、邦訳者の米原万里はこれを「羞恥心」と訳している(『わたしの外国語学習法』ちくま学芸文庫、230頁)。語学学習者が抱えがち、陥りがちな「間違うことの恐怖」などがこれにあたるが、論理的な基盤を失うまいと母国語にしがみつき、新しく学ぶ言語の構造に移行できないことなども含んでいる。

　言語に関して「正しさ」に敏感なのはヒトという生き物の仕様である。ヒトは、言語の些細な違いを、相手が仲間かよそ者かを判定するシグナルの一つとして用いてきた。そのため、ちょっとしたイントネーションや言葉遣いの違いを敏感に察知し、感情をかきたてられるようにできている。しかしその矛先が自分に向いてしまうと、我々は言葉を発すること自体を、心配のあまり回避するようになる。この恐怖が高じれば、ついには学ぶこと自体をやめてしまうことになる。

　このことを身をもって知るために、そうして生じる抑制が学習成果の最大の妨害者であると理解するゆえに、ロンブは自身が間違えることについて実に大らかな態度を

費やした時間　　モチベーション

$$\frac{\text{Ráfordított idő} + \text{motiváció}}{\text{gátlás}} = \text{eredmény}$$

抑制・阻害　　成果

Lomb Kató (1970) “ÍGY TANULOK NYELVEKET: Egy tizenhat nyelvu tolmács feljegyzései”, Gondolat, 63.

とる。自分に甘いからではなく、学習が成果を上げるには何が必要で何を避けなくてはならないかを俯瞰しながら、ロンブは意識的／戦略的に誤りを甘受するのである。

ロンブ・カトーの分数式は、一独学者の経験則の域を出ないものだが、学習を促進する要因と阻害する要因を分子分母に配して一括して捉える点で、ジョン・B・キャロルの学習時間モデル〈8〉とも共通点を持つ。何より、成果に直結する要因に「やり方」が含まれない点が、学習マナー講師を含む様々な雑音から、外国語学習者を守ってくれる。

語学学習に必要なのは最善の方法ではなく、学習者が燃やす小さな灯火が絶えぬよう守護してくれるガーディアンである。

2 挫折なき塗り壁式学習法

モチベーションを維持しながら続けていくことこそ肝要であると確認した上で、これを外国語学習の具体策に落とし込んでいこう。

〈8〉J.B.Carroll (1963) "A model of school learning." Teachers College Record, 64(8), 723-733.
学習率＝学習に費やされた時間／学習に必要な時間＝学習機会×学習持続力／(課題への適性×授業の質×授業理解力)

読者の中には外国語学習に挑み途中でやめてしまった経験を持つ人がいるかもしれない。実のところ、語学テキストはある制約のために学習者を挫折させやすい。紙面が限られるために必要な知識を、忘れようがないくらいしつこく同じ事項を何度も書くような余裕は、普通語学テキストには許されない。その結果として、前から順に読んでいく学習者に、一度学んだことは決して忘れない記憶力を要求してしまっている。余程の天才か、何度でも繰り返し戻って自力で飽きず繰り返すことのできる学習鉄人でもないと、語学テキストを独力で完修することは容易ではない。

何の教授もテキストもなしに未知の外国語に挑まねばならなかった杉田玄白らの挑戦を崖登りにたとえるなら、語学テキストを前から順に学習することは、踊り場のない階段を延々と上っていくことと似ている。以下に紹介する塗り壁式学習法は、上っているのかわからぬくらい傾斜のゆるいスロープを上っていくことに相当する。

塗り壁はその特性上、一度に分厚く塗ることができない。一気に厚みが増えると、その自重で崩れてしまうからだ。したがって塗り壁は、全体を何度も何度も薄く塗り続けることで作られる。

外国語学習では、例えば次のような順で学んでいく。

①まず、文字とその発音をチェックする

これには、外来語や固有名詞をその言語の文字で書いたものを使う。

つまり綴りと発音の関係に集中するため、読み＝意味である単語に、最初は取り掛かる。

②文法の前に単語を眺める

例えば、マイナー言語に強い白水社のニューエクスプレス・シリーズには、巻末にその本で取り上げた単語集がついている。数百個の単語を一度に覚えるのは骨だが、この段階では覚え切らなくてよい。またその言語で頻出の綴りの短い単語から優先するとよい。

この時必要なだけ（つまり忘れたら／単語の読み方がわからなかったら）発音ルールを再チェックする。

③テキストの会話や基本文を全部読んでいく

単語のかなりの部分が、少なくとも初見ではなくなっているはずなので、いきなり読むよりは、いくらかましである。

文法事項は必要なだけ（説明を読まないと例文の意味がわからない場合だけ）文法をチェックする。

④文法解説をちゃんと読みながらテキストをもう一度読む

⑤一通り覚え理解してからの、ダメ押し。1章ごとに10回音読し3回筆写する。そしてこれを一冊につき3周すれば、このテキストを完了する

山田恵子
『ニューエクスプレス 古典ヘブライ語』
（白水社、2012）

挫折しないコツは、焦れるくらいの〈薄さ〉で重ねていくことだ。言い換えると、知りたいという欲望を追い越さない程度の、もっと学びたいところをガマンする、といった分量を毎日繰り返すのである。

3 子ども辞典と事典はツールであり教材である

初級のテキストを塗り壁式で仕上げたら、子ども向けの最も易しい辞書なら使える程度にはなっているだろう。完成を待つ必要はない。できるだけ早い時期に、学んでいる言語で書かれた子ども用の辞典と事典を手に入れておく。

辞典や事典は、独学のツールであると同時に、最良の学習教材ともなる書物だ。

辞典や事典のそれぞれの項目は、どんな短編小説よりも短くすぐに読み通せる。しかも扱う内容は多岐にわたり、およそすべての分野を一通り網羅している知識の宝庫だ。これを読まない手はない。

英語なら、イラスト入りのMy First Picture Dictionaryあたりが、英語圏の幼児が初めて文字を読む頃に出会う辞書にあたる。絵と単語だけじゃなく、ちょっとしたフレーズや短文の説明も入っていて飽きにくい。ページ数も子どもの手に余らぬ

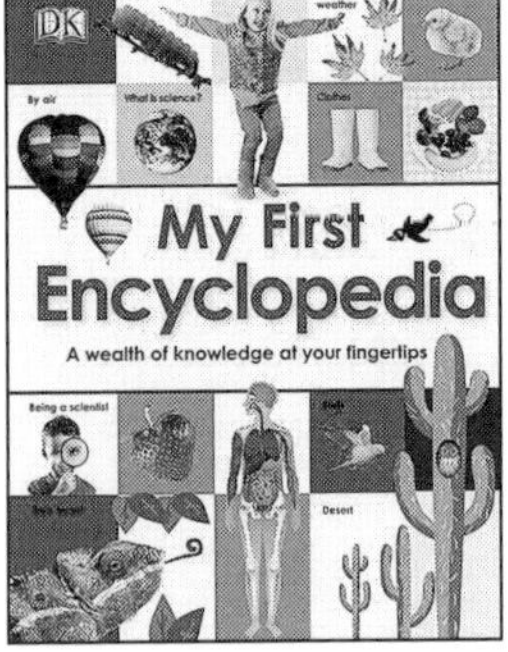

My First Encyclopedia
(DK Children, 2013)

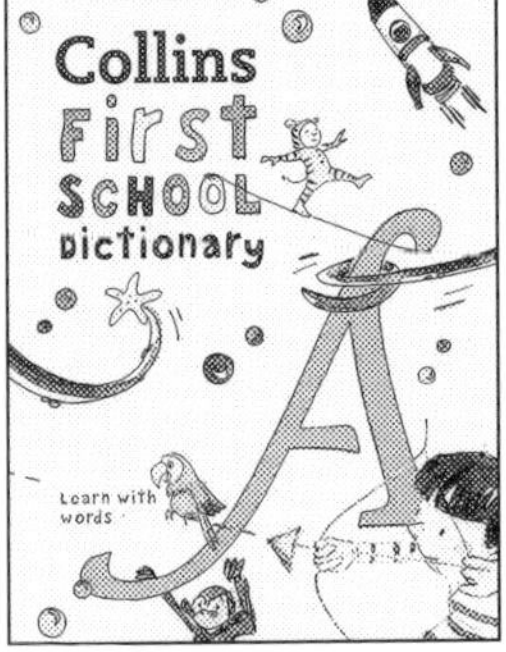

First School Dictionary : Illustrated dictionary for ages 5+ (Collins, 2018)

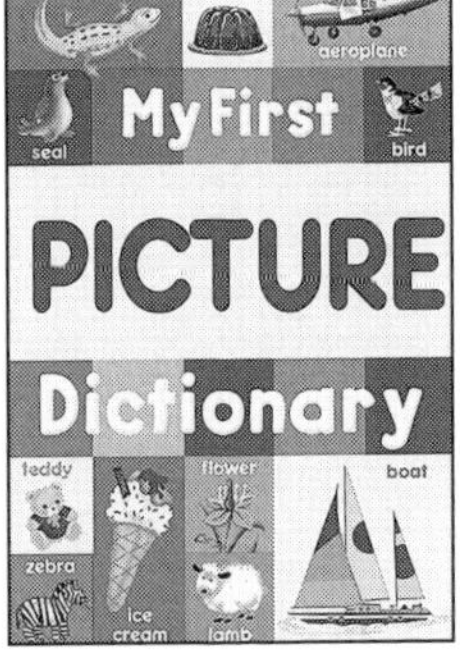

My First Picture Dictionary
(Brown Watson, 2019)

ように薄いのもよい。辞書を完読したという経歴を積むのにもってこいである。

これが読めれば、次にDK Children's Illustrated DictionaryやCollins First School Dictionaryのような英語圏の5～10歳ぐらいを対象にしたものがある。収録語数も増えて、写真と英文での定義付きだ。物品をあらわす名詞だけでなく、基本的な動詞や形容詞も載っている。中学・高校で英語をちゃんと学んだ人は、このレベルから始めてもいけるだろう。

その次は、DK My First Encyclopediaという事典になる。フルカラーの写真と図解が満載の読む百科事典だが、ここまで行けば、簡単な本なら、どんどん読めるようになる。

このやり方が使えるのは無論、英語だけではない。メジャーな言語なら、大抵の場合、子ども用の辞書や事典は手に入る。例えばドイツ語だと、Das große Kinderlexikon〈9〉やDas grosse Kinderlexikon Grundschulwissen〈10〉、フランス語だとMa Première Encyclopédie

〈9〉Das große Kinderlexikon (2011) German: DK Verlag Dorling Kindersley.

Children's Illustrated Dictionary（DK Children, 2014）

Larousse〈11〉や Mon premier Larousse des pourquoi〈12〉などがある。

4 会話、スモールトークを超えて

最後に会話について触れておこう。

無人島では言葉はいらない。我々がどうしても言葉を話さなくてはならなくなるのは、自分一人ではどうしようもなくて誰かに何か頼みたい時だ。

したがって最低限の会話は、例えば英語で言えば、次のようなものになる。

Hello.　（で呼び止めて）
Please.　（で頼み込んで）
Thank you.　（でお礼を言って別れる）

この最低限も極まる極小英会話をカレル・チャペックの『山椒魚戦争』〈13〉にちなんでサラマンダーEnglishと呼ぼう。はっきり言って人間未満のレベルだが、団体旅行でなら用が足りる。ほんの少しだけ人間味を加えれば、

Excuse me.　（で呼び止めて）
Can I have~?　（で頼み込んで）
Thank you.　（でお礼を言って別れる）

となる。これ以上のことは『旅の指さし会話帳』シリーズに頼るという割り切り方だ。
しかし人間扱いしてもらうためには、さらなる何かがいる。これを英語ではsmall talkと言う。辞書には「light conversation（軽い会話）; chitchat（雑談、世間話）」とある。同義語として「banter（気さくな会話、冗談の言い合い）、chatter（むだ話）、gossip（うわさ話）」と解説されているが、我々は、普段改めて伝えるべき内容を含まないような会話のやり取り（＝small talk）をしながら、相手の人柄を推し量り、人間関係の距離を調整している。スモールトークは情報伝達ではなく、人間関係の構築自体を目的にした、言葉のやり取りだと言える。

〈10〉Das große Kinderlexikon Grundschulwissen (2009) German: DK Verlag Dorling Kindersley.
〈11〉Azam, J. (2017). Ma première encyclopédie Larousse.
〈12〉Laure Cambournac, Françoise de Guibert, Mon Premier Larousse des Pourquoi ? (2019) France: Larousse.
〈13〉カレル・チャペック著『山椒魚戦争』。邦訳は複数あり、例えば栗栖継訳（早川書房、１９９８）、小林恭二、大森望 訳（小学館、１９９４）など。

Carolyn GrahamのJazz Chantsシリーズは、よく使われるフレーズを基に作られたリズミカルなミニソング（チャンツ）を聞き歌いながら、日本人（だけではないが）が苦手な英語のストレス（強弱）とリズムを、やや大げさにしつつＪＡＺＺのリズムにのって練習することで自然と吸収できるようにしたものだが、このシリーズの一冊にSmall Talk: More Jazz Chantsというものがある。人間同士の会話を成り立たせるコアフレーズを扱ったもので、会話を学ぶなら最初に触れるべき教材である。

会話の大部分は定番フレーズでできている。英語の代入なしフレーズ（'Excuse me.' 'Pardon me.'などのように会話内容に応じて自分で単語を代入したりする必要はないもの）については、Common American Phrases in Everyday Contextsが、'Could you ~ ?'のように、話す内容／目的・機能に応じて言葉の代入・入れ替えが必要な定型パターンについてはFunction in Englishが便利である。後者のタイトル中の「Function」は話す目的を意味していて、「同意する」「あやまる」「礼を言う」といった目的別の言い回しを１４０種類のFunctionごとにまとめている。それぞれのFunctionごとに、通常・フォーマル・インフォーマルの3ケースでの使い方を示した会話の仕方を示しているところが価値が高い。

さて、こうした書物から得られるものはお決まりの言葉であり、会話をなんと

Jon Blundell、Jonathan Higgens、Nigel Middlemiss
Function in English
（Oxford University Press, 2009）

Richard A. Spears **Common American Phrases in Everyday Contexts, 3rd Edition**（McGraw Hill, 2011）

Carolyn Graham **Small Talk: More Jazz Chants® Student Book**
（Oxford University Press, 1986）

か成り立たせてくれ、会話する者を人間扱いすべき存在にまでしてくれるが、これはすなわち「誰でもいい誰か」止まりということでもある。

　では、決まり文句の応酬以上の、中身のある会話へと進むには？　自ら考えた（他の人は初めて聞くことになる）中身のある話を練り上げ、効果的に話す技術は、古代レトリック以来の伝統がある。レトリックは現在ではもっぱら文彩を扱うものへと縮小されているが、本来弁論術としての伝統を継承する分野にはパブリック・スピーチがある。英語では、Stephen Lucas の The Art of Public Speaking が、アメリカの大学で最も使われるこの分野の定番教科書である。Jess K. Alberts の Human Communication in Society は広くコミュニケーションを扱った教科書だがレトリックやパブリック・スピーチについてもページを割いている。

Stephen E. Lucas
The Art of Public Speaking, 13th Edition
（McGraw Hill, 2020）

ある独学者の記録 英語

プロフィール
・大卒後すぐ就職し8年目
・何度も英語学習にチャレンジして挫折した経験あり
・特に特技も取り柄もないというコンプレックスと焦りあり

新しい「勉強本」

仕事帰りの電車の中、見上げた先の車内広告によれば、また新しい英会話教室ができたという。振り返ると吊り広告にはビジネス誌の「英語をやり直そう」特集。目にとまってしまうのは、自分のコンプレックスのせいだとわかってる。

取り柄もなければ特技もない。可も不可もない経歴、面白みのない性格。周期的に焦りを感じては、本屋で目に付いた勉強本や英語本をつかんでレジに向かい、線を引き付箋を貼り、数週間後には手に取ることもなくなって、部屋の隅に置いた段ボール箱の中に積み上げられる。二、三度、自分を追い込もうと、不相応に高い教材を買ったこともあったけど、結果は同じだった。

「……今日は、食べて帰ろうかな」

不用意にいつものネガティブ思考を巡らせたせいで、自室でコンビニ飯する気をなくしていた。一つ手前の駅で降りて、少しは長居できる駅ビルの中のファミレスにしようと思った。

一つ手前の駅は、駅ビル内に出る改札の向かい側に書店がある。店先に出たワゴンはいつも一押しの新刊書を積んでいる。

「なんだ、また新しい勉強本か」

落ち込んだ気持ちに新たな燃料を投じられたように感じ、そうつぶやいていた。

一言で言うと、景気の悪そうな本だった。いきなり独学は挫折するのが普通だ、と書いてある。

「これならうまくいく」といい気分にすらさせてくれない。そして、やめるのも再開するのも自由だ、やりたくなったらまた始めればいい、とある。

「無責任な」

その度に、挫折した者の内側には、暗く重いものが積み重なっていくというのに。

学びの動機付けマップ

この本はこう続いていた。何度も挫折したにもかかわらず、また学ぶことに戻ってきたのはなぜか？　その「にもかかわらず」の足元に、自分が学ぼうとする動機の核が埋まっている、と（↓対話1「学ぶことをやめない理由は何か」、56ページ）。

考えたこともなかった。繰り返し買い求めた勉強本、それを隠すように突っ込んだ段ボールの箱は、自己嫌悪のタネではあっても、学ぶことを動機付けるための資源（リソース）であるとは思ってもみなかった。

自分の「にもかかわらず」はどこにあるのだろう？　そもそもなぜ英語なのか？　みんなが大切だ、必要だと言うから？　学生時代、頭を低くして嵐が通り過ぎるのを待つみたいに、なるべく努力せず必要最低限の点が得られればと逃げ回ってたというのに。

ぐるぐる思いを巡らせていると、「きっと、あれだ」と思い出すことがあった。学生時代、卒業論文の資料がうまく集まらず途方に暮れていたある日、その春に卒業した先輩を学食で見かけた。いつになくうつむきがちに歩いていた自分に声をかけ、「いやあ、高い買い物しちゃって。ここ、安いし、会社から近いんで」と言い訳しながら、席をすすめてくれた。

「ふーん、なるほどねえ。じゃあ、悩める君に魔法使いを紹介しようか。英語でメールを書いたことは？……ないか。じゃ、こんな感じでどうかな。あとは自分で調べてわかってること、集めた論文のタイトルなんかを箇条書きで付け加えたらいい」

そう言って、サラサラと（当時の自分にはそう見えた）例文を紙ナプキンに書いて、立ち上がり、

「さあて、企業戦士に戻らねば。じゃあ、運がよければまた会おう。このガンジー定食、夏は最高なんだけど、そうそう連食したい代物じゃないからね」

先輩が教えてくれたメールアドレスは、ニューヨークにある図書館のものだった。

1週間後、10本もの論文を添付した電子メールが返ってきた。あの時、辞書と翻訳エンジンの助けを借りて必死で読んだ英語論文の内容はよく覚えていないけれど、海の向こうから思いもかけない速さで助けがやってきたこと、その扉を開けてくれた人のこと、これが多分、私の「にもかかわらず」だ。

手帳を開き、自分にだけわかるように「先輩、NYPL、メール」と書いた。

「英語」についての学びの動機付けマップ

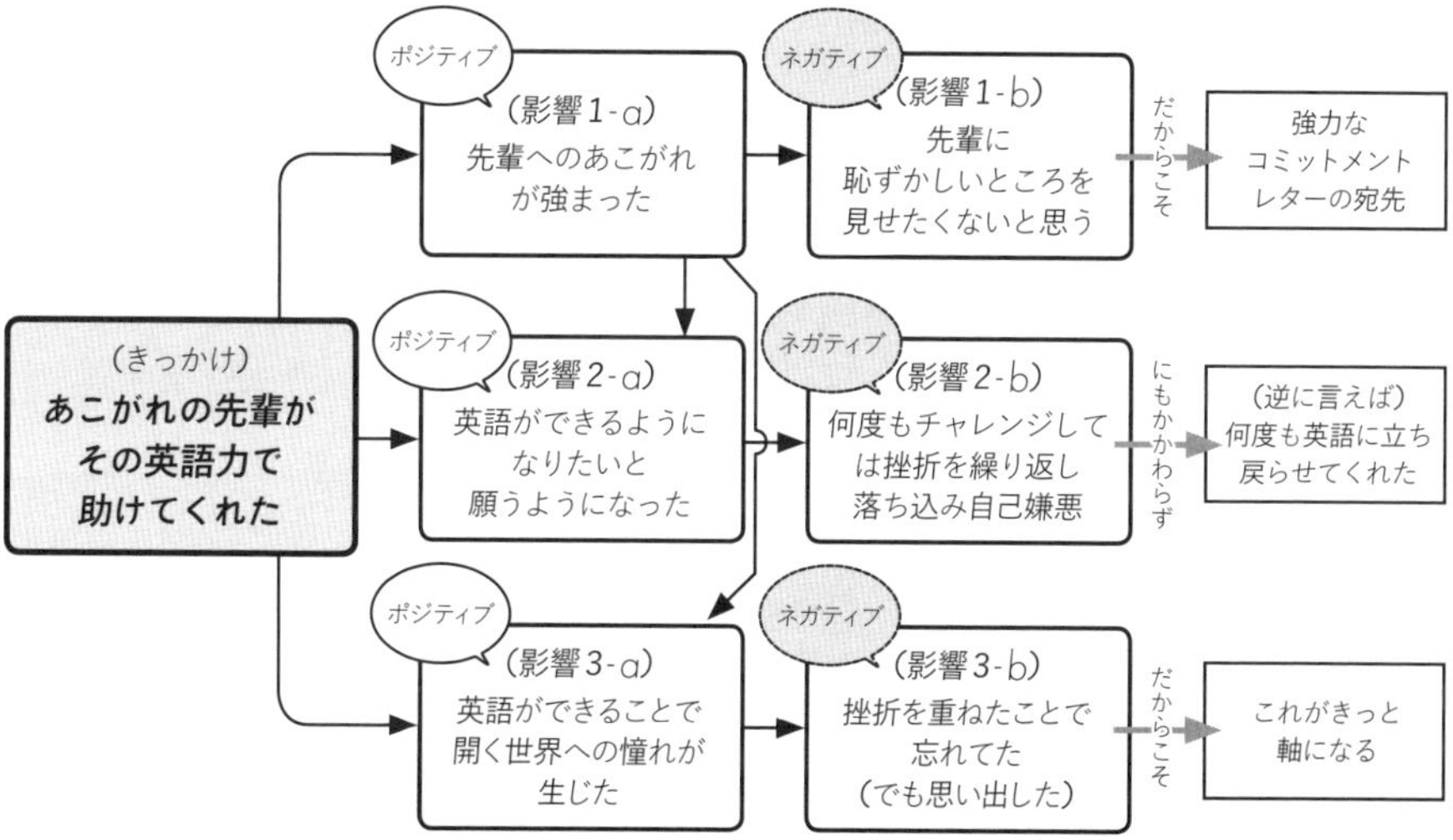

それから、私の「にもかかわらず」が与えた影響を考えた。「直接的な影響」は、英語ができる人に憧れた、ということだろう。次に「間接的な影響」を考える。憧れたのは、ただあの人にだけでなく、英語という「扉」の向こうにあるものに憧れたんじゃないか。そして、このどちらも、私にとって多分「よい」ものだ。途中で挫折し、墨を飲んだような気持ちに何度もなったけど、繰り返し学ぶことに連れ戻してくれたのだから（↓技法1「学びの動機付けマップ」、60ページ）。

「間接的な影響」を書き出していて、気付いたことがある。多分、私は、英語自体を学びたいというより、そうすることで開く「向こう側」が知りたいんだ、ということ。

そのためには何をすればいいんだろう。何度か通ってやめてしまった英会話学校は……違う気がする。どうすれば、あの時と、もう一度同じことができるだろうか。そして開きかけた扉の向こうへ、もっと入っていけるだろうか。

どこから来てどこへ行くのか

とにかく、今の現状と、ぼんやりとした目標みたいなものを線でつないでみた（↓技法3「学習ルートマップ」、82ページ）。

今の自分の英語力は、せいぜい大学を受験した時のレベルだろう。まるで知らないわけではないけれど、使い物になるには程遠い。

目標の方も書いてみた。ぼんやりとしているが、自分の知識を増やすために英語を道具として使えるレベルという感じにした。

この間をどうつないでいくかを考えないといけない。

少し考えて「大学受験レベルの英語」では、少し曖昧すぎる気がしてきた。「英語での調べもの」に関して、今の自分が何ができて何ができないか書いた方が、埋めるべきギャップがはっきりするだろう。そこで次のように目標の方を書き直した。

情けないことに、Wikipediaの長い記事（何千語以上）になると、読んでいて途中で挫折してしまうのだ。でも「英語での調べもの」を目標（ゴール）にするなら、逃げずにここをスタートにすべきだろう。

スタートとゴールの間のギャップを埋めるために、易しいものから難しいものへ、いくつかのステップを書いては消すことを繰り返し、最後には下のような図になった。

いろいろ考えて「短い英文から次第に長い英文へ」向かうルートと、「長い英文に読書技術で対処するルート」の二本立てで行くことにした。

スキミング（Skimming、→技法35「掬読」、470ページ）は知ってはいたけれど、

ぼんやりした目標を書いてみる（学習ルートマップ）

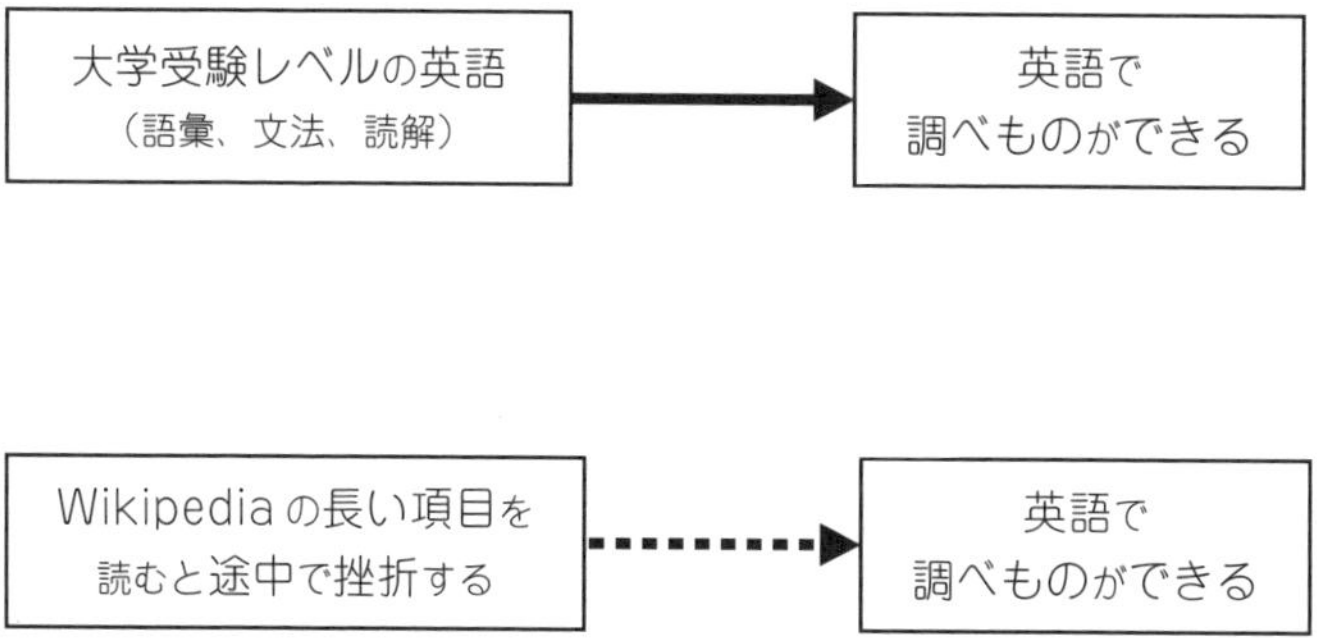
大学受験レベルの英語
（語彙、文法、読解）
英語で
調べものができる
Wikipediaの長い項目を
読むと途中で挫折する
英語で
調べものができる

自分が英語を読む時に積極的に使ったことはなかった。今回、できれば習慣化したい。

「短い英文から次第に長い英文へ」には、易しい事典（Simple English Wikipedia〈14〉）から、次第に一つの記事が長いものへ順番に並べた。

やってみて、もっと細かくギャップを埋める必要があるかもしれない。その時は、またルートマップを修正しよう。

時間を生み出す

やることは大まかにだが決まった。次はこれをやるための時間をどうするかだ。

毎日の予定を書き込んでる手帳を引っ張りだした。ちょうど見開き2ページに1週間のスケジュールを書くタイプだ。これに、まず起床時刻と就寝時刻のところに線を引いた。あと、思い出せるだけ、食事や、仕事以外の用事や行動を書き込んだ（↓技法6「行動記録表」、110ページ）。これで大まかにだが、使える時間がどこにあるかがわかるはず。

学習ルートマップ ver.2

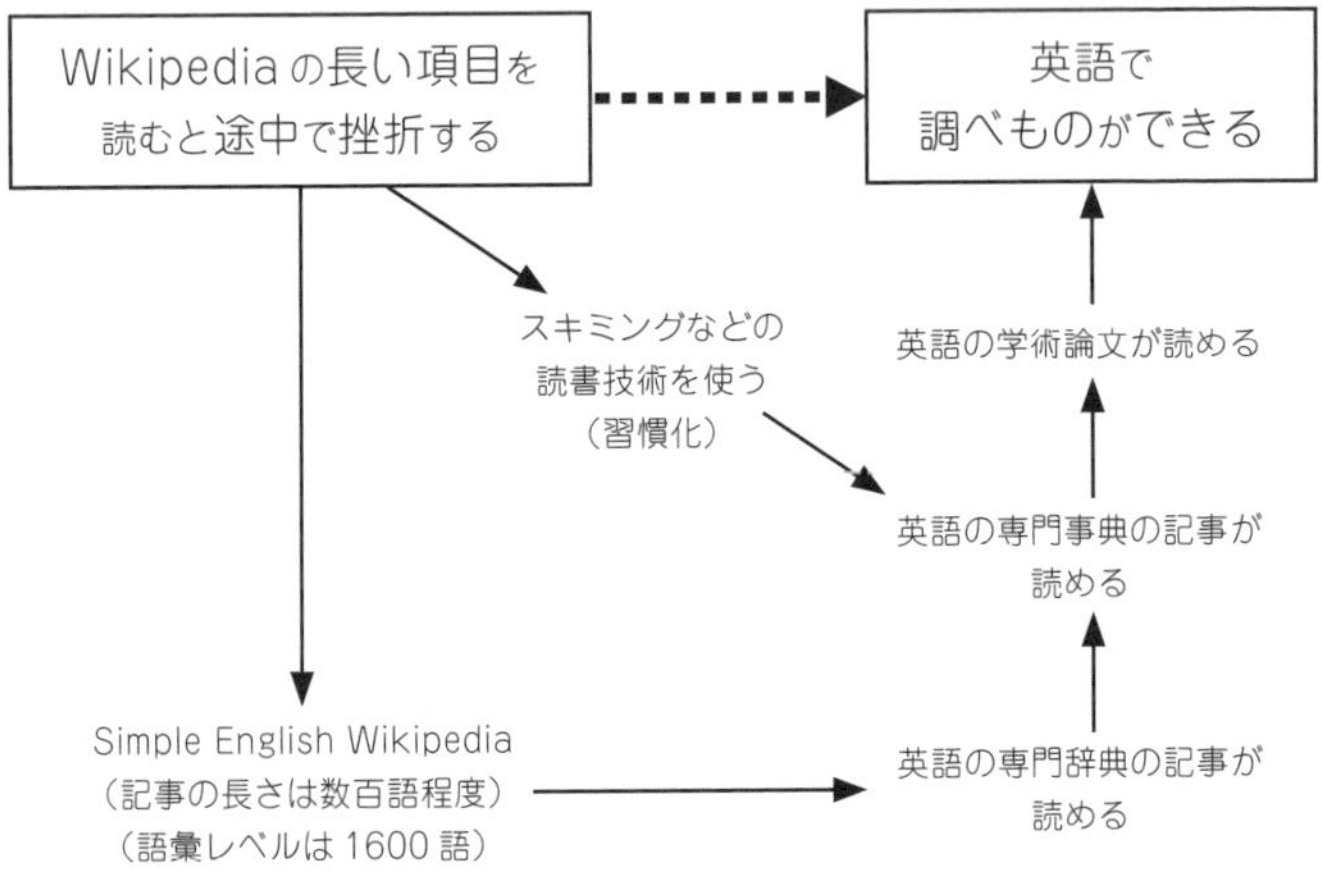
Wikipediaの長い項目を読むと途中で挫折する
英語で調べものができる
スキミングなどの読書技術を使う（習慣化）
英語の学術論文が読める
英語の専門事典の記事が読める
Simple English Wikipedia（記事の長さは数百語程度）（語彙レベルは1600語）
英語の専門辞典の記事が読める

「やっぱり大きいのは通勤時間かな。土日の使い方は……うう、再考しよう」

通勤は電車だけど、朝、乗換駅までの40分間は座れなくてもスマホぐらいは見れる。乗換後は無理だな。イヤホンで音を聴くぐらいなら、まあ、なんとかできそう（音声教材があればいいんだけど）。ケータイの音声読み上げ機能が使えないか試してみよう。使えれば、改めて音声を用意しなくて済むし（↓技法7「グレー時間クレンジング」、118ページ）。

〈14〉https://simple.wikipedia.org/wiki/Main_Page

行動記録表で「使える時間」を探す

	月	火	水	木	金	土	日
4:00							
5:00	起床・朝食	起床・朝食	起床・朝食	起床・朝食	起床・朝食		
6:00	出発	出発	出発	出発	出発		
7:00							
8:00	出社	出社	出社	出社	出社		起床
9:00							朝食
10:00						起床	
11:00						朝昼食	
12:00	昼食	昼食	昼食	昼食	昼食		
13:00							昼食
14:00							
15:00							
16:00							
17:00							
18:00						夕食	
19:00							夕食
20:00		退社		退社	退社		
21:00	退社		退社				
22:00	夕食	帰宅	夕食	帰宅	帰宅		
23:00	帰宅	夕食	帰宅	夕食	夕食		
0:00	就寝	就寝		就寝			就寝
1:00			就寝			就寝	
2:00					就寝		

―通勤時間

―仕事

Simple English Wikipediaを読む／聴く

学習ルートマップの中で一番易しく、最初に取り組むと決めたSimple English Wikipediaの中から読む記事を探した。

Simple English Wikipediaのトップページには、「Selected article」というお勧めの記事が掲載されている。独学最初の日、紹介されていた記事は「Le Spectre de la Rose（薔薇の精）〈15〉」というバレエの演目についてのものだった。ちょうどよいことに、日本語ウィキペディアにも短いが記事がある項目で、しかもSimple English Wikipediaの記事の終わりには、「Listen to this article」という囲みがあった。英語学習者が多く利用しているSimple English Wikipediaでは、いくつかの記事をボランティアが読み上げた音声ファイルが提供されている。これは助かる。経験上、機械合成の音声よりも、人間が読み上げたものを聴く方がわかりやすく、疲れにくいと思っていたので。

読み上げ音声ファイルがついた記事の一覧はWikipedia:Spoken articles〈16〉で見れる。最初は、このSpoken articlesに挙げられた記事から読むことにした。どれもSelected articleに挙がったことがあるような、Simple English Wikipediaにしては長い記事が多いので大変だが、日本語ウィキペディアにも記事がある項目が多いのはプラスだ。

そこでまず①Spoken articlesで見つけた記事について、②日本語ウィキペディアで（そこになければコトバンクなどの他の事典で）該当の記事を読んでから、③Simple English Wikipediaの記事を読み、④（乗換後の満員電車では）③で読んだ記事の音声を聴くこと等を、朝の通勤時間に割り当てた。

①～③は乗換前に済まさないといけないので、一種の限読（↓技法37、488ページ）だが、時間内に読み終えなくてはならないことは集中につながったと思う。

刻読と音読

帰りの電車では、朝に読んだSimple English Wikipediaの記事を読み直し（聞き直し）た。

夕食後、ファミレスで、今日の記事をGoogle ドキュメントに貼り付け、わからないところや面白い表現だな（英語ではこう言うのか）と思ったところは、Google ドキュメントの上でマーカーを引き、調べたことをComment機能で注釈をつける（↓技法41「刻読」、512ページ）形で残すことにした。

知らない単語や表現は、携帯のアプリであるAnkiに入れておき、イヤホンもつけられない隙間時間に復習することにしたが、この入力はサボりがちになり、土日に未入力の分をまとめて入力する羽目に

〈15〉1911年、バレエ・リュス（ロシア・バレエ団）に初演された1幕もののバレエ。ヴァーツラフ・ニジンスキーが薔薇の精を、タマーラ・カルサヴィナが少女を踊り、バレエ・リュスの人気演目の一つとなった。現在も、世界中のバレエ団のレパートリーとして上演されている。

〈16〉https://simple.wikipedia.org/wiki/Wikipedia:Spoken_articles

なった（やり方を再考する必要あり）。
内容が理解できたら、帰宅して、入浴後、今日読んだ記事を音読した（ファミレスでは声を出せないので）。
発音がわからないところは調べ直し、スムーズにできるまで音読（↓技法39、502ページ）を繰り返した。

こういう作業を毎日Simple English Wikipediaの一つの記事について行っていった。調べきれない時や、理解できないところが残った時も、日が変われば新しい記事に取り組んだ（土日を使って、やりきれなかったところをカバーする時もあったけど、完全にはできなかった）。

Googleドキュメントのファイル名は「取り組んだ日付＋記事のタイトル」にした。こうすることでいつどの記事を読んだのか記録が積み上がっていく（↓技法12「ラーニングログ」、160ページ）。これを毎日続けるモチベーションにした。

Googleドキュメントを使った刻読

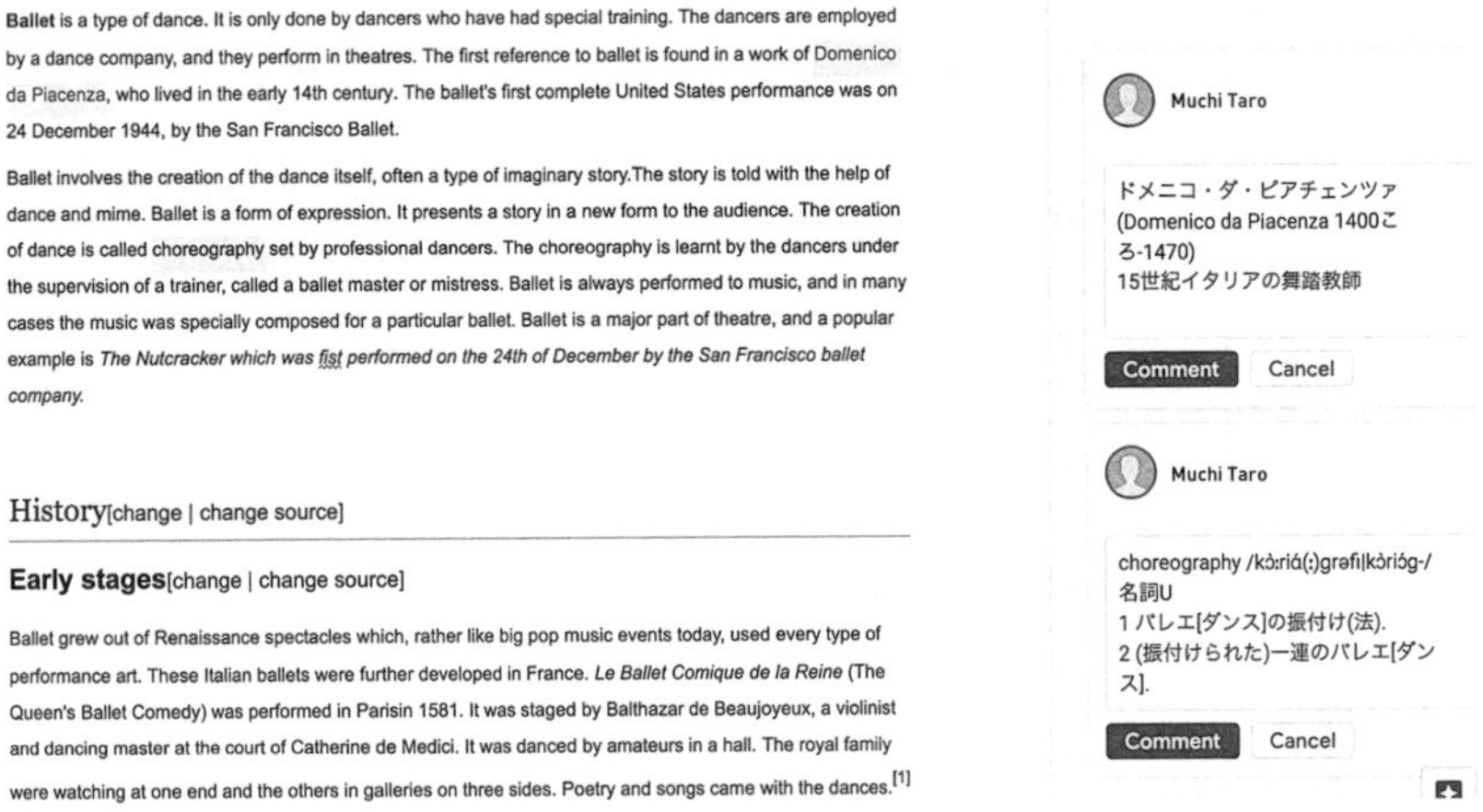

Ballet is a type of dance. It is only done by dancers who have had special training. The dancers are employed by a dance company, and they perform in theatres. The first reference to ballet is found in a work of Domenico da Piacenza, who lived in the early 14th century. The ballet's first complete United States performance was on 24 December 1944, by the San Francisco Ballet.

Ballet involves the creation of the dance itself, often a type of imaginary story.The story is told with the help of dance and mime. Ballet is a form of expression. It presents a story in a new form to the audience. The creation of dance is called choreography set by professional dancers. The choreography is learnt by the dancers under the supervision of a trainer, called a ballet master or mistress. Ballet is always performed to music, and in many cases the music was specially composed for a particular ballet. Ballet is a major part of theatre, and a popular example is *The Nutcracker which was fist performed on the 24th of December by the San Francisco ballet company.*

History[change | change source]

Early stages[change | change source]

Ballet grew out of Renaissance spectacles which, rather like big pop music events today, used every type of performance art. These Italian ballets were further developed in France. *Le Ballet Comique de la Reine* (The Queen's Ballet Comedy) was performed in Parisin 1581. It was staged by Balthazar de Beaujoyeux, a violinist and dancing master at the court of Catherine de Medici. It was danced by amateurs in a hall. The royal family were watching at one end and the others in galleries on three sides. Poetry and songs came with the dances.[1]

Muchi Taro
ドメニコ・ダ・ピアチェンツァ
(Domenico da Piacenza 1400ころ-1470)
15世紀イタリアの舞踏教師
Comment Cancel

Muchi Taro
choreography /kɔ̀ːriɑ́(ː)grəfi|kɔ̀riɔ́g-/
名詞U
1 バレエ[ダンス]の振付け(法).
2 (振付けられた)一連のバレエ[ダンス].
Comment Cancel

挫折不可能な方法

Simple English Wikipediaを読んで聞くことを2週間続けてみて、まだまだ修正は必要だろうけど、基本的には「これでいける」という自信がついてきた。完全主義にならず、読み終わらなくても毎日新しい記事に向かうのが結果的にはよかった。帰りが遅かった次の日や調子が悪い日は、わざと短い記事を選んだのも挫折せずに済んだ理由の一つだと思う（逆に「今日はちょっと長い記事に挑戦しよう」と思った日の方がやり残しが出て悔やんだ）。

けれど、一方で「ここまでは以前もできたじゃない。この後にしくじったのよ」という心の声が、日に日に大きくなるのも感じていた。

多分ここが、独学を続けて目標に到達できるか、それとも今度も途中でうまくいかなくなって何となくフェードアウトしてしまうかの分岐点だ。

ここで私は、今回の独学を始めてからずっと考えていた「賭け」に出た。

「ご無沙汰しております。

この度、少々思うところがあって、英語の勉強を再開しました。

これまで何度も挫折したことがあって、その度『自分には続ける才能がない』『努力できるという能力は持って生まれたもの』だと自分に言い訳してきました。

今回はあきらめたくありません。

けれど、自分が弱い人間であることは、これまでの経験で痛感しています。

そこで折り入ってお願いしたいことがあってメールいたしました。

ある本で読んだ『コミットメントレター（↓技法13「ゲートキーパー」、172ページ）』というやり方があるのですが、その受取先を先輩にお願いしたいのです。

私からその週に勉強する計画を書いてただ送るだけです。

お返事も、読んでいただくことも、不要です。ただ『宛先』になっていただきたいのです。

いきなりわけのわからないお願いですが、聞いていただけないでしょうか。

よろしくお願いいいたします」


メールを送信した途端、心臓が早鐘を打つみたいになった。

ベッドに突っ伏して、足をバタバタさせていると、メールの着信音が鳴った。

「わっはっは。面白いこと始めたね。時差があるから、すぐに返事はできないこともあるけど、喜んで『宛先』になろう。極寒の地から、愛を込めて」

メールに添付されていたのはオーロラの写真だった。

「時差？　極寒？　え、先輩、いったい今どこに？」

学習ルートマップを描き直す

背水の陣（？）というか、独学やめるか人生やめるかの二択にまで自分を追い込んだので、前に描いた学習ルートマップを、ちゃんと具体的な書名を入れて描き直すことにした。

自分が少しは知っているのは学生時代に学んだ経済学なので、経済学の辞書（Dictionary）と事典（Encyclopedia）を一冊ずつ選んだ。

Routledge Dictionary of Economics〈17〉は、1ページ2段組700ページくらいの版を重ねた経済用語辞典で、一つの項目が5～10行、人物記事でも20～30行で、Simple English Wikipediaよりも短いくらい。これから経済記事を読む時にも活用できるだろうと思って、一番簡潔なものを選んだ。

〈17〉Donald Rutherford (2012) Routledge Dictionary of Economics (3rd Edition), UK: Routledge.

学習ルートマップ ver.3

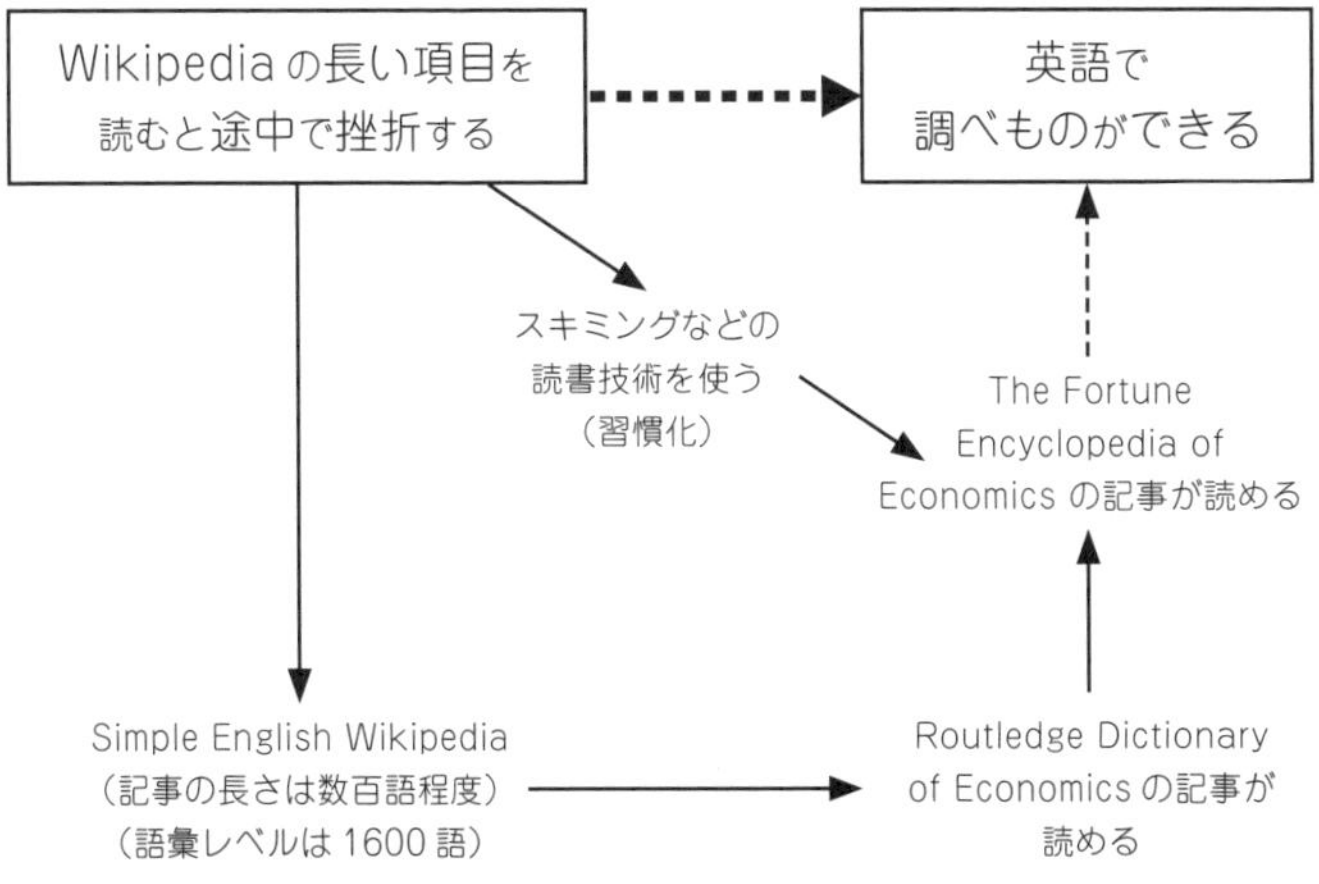
Wikipediaの長い項目を読むと途中で挫折する
英語で調べものができる
スキミングなどの読書技術を使う（習慣化）
The Fortune Encyclopedia of Economics の記事が読める
Simple English Wikipedia（記事の長さは数百語程度）（語彙レベルは1600語）
Routledge Dictionary of Economics の記事が読める

The Fortune Encyclopedia of Economics〈18〉は、こちらも1頁2段組の900ページ弱の一冊ものの経済学事典だ。専門事典となると複数巻ある大部なものが主力だけど自分で持つのは（値段も置き場所も）大変だし、普段使いできるエントリーモデルと思って選んだ。こちらは小さくとも事典なので、辞書と違って一つの記事は数ページにわたる。論文よりは短いが、複数のパラグラフで構成された、ちゃんとした文章を読むことになる。当面の目標は、この事典を使えるようになることだ。

〈18〉David R. Henderson ed.(1993) The Fortune Encyclopedia of Economics, Warner Books.

使った技法

- 対話1 学ぶのをやめない理由は何か
- 技法1 学びの動機付けマップ
- 技法3 学習ルートマップ
- 技法6 行動記録表
- 技法7 グレー時間クレンジング
- 技法37 限読
- 技法39 音読
- 技法12 ラーニングログ
- 技法13 ゲートキーパー

用いた学習資源

- Simple English Wikipedia（https://simple.wikipedia.org）
- Simple English Wikipedia Spoken articles（https://simple.wikipedia.org/wiki/Wikipedia:Spoken_articles）
- 日本語ウィキペディア（https://ja.wikipedia.org）

登場した書籍

- Donald Rutherford (2012) Routledge Dictionary of Economics (3rd Edition), UK: Routledge
- David R. Henderson ed.(1993) The Fortune Encyclopedia of Economics, Warner Books

数学独学の骨法

1 数学にネイティブスピーカーはいない

数学は、ほぼすべての自然科学と大半の社会科学、そしてかなりの人文科学で用いられる、最も成功した人工言語である。

証明というスタイルで表現内容の正当化を標準化したこの言語は、時代や文化を超えて知見を伝える力と、自然言語で扱い難い事柄を表現し推論する力によって、知的世界の境界を押し広げる一翼を担ってきた。

今後、数学が活用される分野・領域は、広がることはあっても狭まることは考えにくい。

これを学習者の観点から見れば、数学を「読み書き」できることで、どの言語にも増してアクセスできる知的資源が拡大すると言える。

加えて言えば、英語のような自然言語と違い、人工言語たる数学には、母語としてそれを使う人、ネイティブスピーカーがいない。生まれたときから第一言語として英語を使ってきた人たちに、第二言語として学んできた後発の学習者が伍することは容易なことではない。しかし数学ならば、才能の差は（時に非情なほど）あるとしても、誰もが意識的にトレーニングを積んで身に付けることができる。自然言語のような生まれによるアドバンテージはないというだけでも、この強力な言語を学ぶ意義の一つになる。

2 想像力を止め、手を動かす

しかし数学は難しい。そう考えて、多くの人が尻込みする。

数学の難しさの一部は、その強力さの裏返しでもある。

数学が扱う対象あるいは導いてくれる世界は、しばしば日常的な感覚や普通に想像できる範囲を超えている。こうして数学には「わからない」というイメージがついてまわるため、数学の入門書や一般向けの案内書は、数学が何を扱っているか、そして何をやっているのかを門外漢の読者が〈イメージ〉できるように、日常的な感覚や想像力に結びつけることができるように、図やたとえ話なども使って、何とか伝えようと努める。

しかし日常的なイメージや想像できるものとかけ離れている対象や世界を扱えるからこそ数学は役に立つ。数学を使って導き出された結果が、時に我々の直感や感覚と食い違うからこそ、我々の直感や感覚（本書で使ってきた言葉ではシステム1）だけでは解けない問題を解くことができる。

数学の難しさの一部はおそらく、学んでいる数学自体にあるというより、学ぶ者の日常の感覚や想像力に拘泥する頭の硬さにある。言い換えれば、自分の思い込みや外から持ち込んだイメージでもって解釈することで何とか「わかったつもり」になれていたが、学習が進むと、そうした思い込みやイメージでは追いつけなくなり「わからなくなる」のである。

これは人類の多くが、かくも長い間マイナスの数や虚数を受け入れられなかったのと同じ理由であるから、同情の余地はある。

数学の難しさ、わからなさの一因が明らかになったことで、取るべき方策は決まる。

自分の持つ思い込みやイメージでは理解できなくなったら、拘泥せず、一旦そこから離れること。「これは日常に出会うことで言うと何だろう」といちいち日常に引きずり下ろすことを停止すること。

それから数学書の中に明記してある定義や定理に戻り、（頭の中だけでは論理の詳細が追えなくなるので）推論のルールに虚心に従うために手を動かす。そして、まずはそれらが導いた結果を尊重し、観察する。その際、式の展開が大変なら、数式処理システム（Computer algebra system）を使うのも一つの手だ。具体的な数値をあてはめ、いくつかの例を作るのもよい。

数学の強力さの根源の一つは、我々の直感や感覚から離脱しても、誤らず迷わず推論が続けられるように、作られているところにある。日常の感覚や想像力から離れる手立てや、その際に足がかりになる定義や遵守すべき推論ルールは、必ずどこかに明記されている。

わからなくなったら、日常に回帰するのでなく、数学の中に留まること。

3 理解は遅れてやって来る

数学では、教科書よりも易しい入門書は、2つのタイプに分けられる。

一つは、その数式で何をやってるかわからない、イメージが湧かないという人向けの解説本。これを〈わかる〉系の数学入門書と呼ぼう。

もう一つは、イメージがどうのと構ってられない、もっと切羽詰まった人向けのもの。例えば試験があるから、とにかく問題が解けないと困る人向けの本。受験参考書や「単位がとれる」みたいなタイトルがついている、こちらを〈解ける〉系の数学入門書と呼んでおく。

先に触れたとおり、数学が「わからない」と思う人は多い。これをニーズと捉え返すと、一般向けに提供される数学入門書の主力は〈わかる〉系になりがちである。

しかし解説されてわかった気になっても、自分で数学に触れる機会がないと、理解といっても「お話」レベルに終わってしまう。さらに言えば、その「わかった（つもり）」は比較的速やかに忘れられてしまう類のものである。

後に残る度合いで言えば、〈解ける〉系の数学入門書の方がましである。なぜなら問題を解けるようになるためには、いやでも数学に触れなくてはならず、それも多くの場合、反復練習まで必要になるからである。

語学のアナロジーで言えば、外国語の単語を見て瞬時に思い出せないと、段々読むのが面倒になる。単語を思い出したり、辞書を引くのに頭を費やすと、内容を理解するのに回せる／使える認知資源が少なくなって理解度も落ちてしまう。

これと同様のことが数学でも生じる。頻出の式展開や計算の仕方に四苦八苦して認知資源を消耗すると、理解に回せる分が減る。逆に、〈解ける〉系の数学入門書で反復練習によって、こうした式展開や計算を自動化できるくらいになっておくと、認知資源をあまり消耗せず、理解のために必要な分を確保できるご利益がある。

つまり〈解ける〉ようになったことで、〈わかる〉ための余裕が生まれる。こうして数学では、しばしば理解は遅れてやって来る。

ただし、なんとか〈解ける〉ようになったけれど〈わかる〉方が追いついてこない状態は、あまり気持ちのよいものではない。また理解が浅く知識の関連付けが弱いと、解いたことのある問題は解けても応用が利かなかったり、テストが終わってニーズがなくなると急速に忘れたりもする。

〈解ける〉けれど〈わかる〉に至らないもやもやを、理解へ向かうモチベーションにつなげることが望ましい。

〈わかる〉系数学入門書で息継ぎをしながら、〈解ける〉系数学入門書で力をつけ、先へ進もう。

4 数学書は「終わり」から書かれている

数学書は普通、定理とその証明を積み重ねるスタイルで書かれている。

これは長い間、知的信頼を得てきたスタイルだが、「易しく書かれた」と自称する数学入門書の多くが「証明を省いた」とわざわざ断りを入れるくらいに、とっつきにくさの点でも類を見ないものである。

このスタイルがわかりにくい理由の一つは、我々が物事を経験する順序や、我々が慣れ親しんだ出来事の始まりから終わりに向かう物語叙述などに対して、定理とその証明の積み重ねで構成される順序がほぼ正反対であるからである。

例えば、我々がなんとかしたい厄介事に遭遇した場合(問題解決)を考えてみよう。決まった解決法がない場合は、うまくいきそうなことをあれこれ試した後、すべての場合に効果があるわけではないが簡単な場合やある特殊なケースでうまくいく手が見つかり、その手をなんとかして、より広いケースで使えるように段々に一般化していき、最終的には抽象的だが汎用性のある形にまとめ直す、といった段階を踏むことになる。

定義や公理から始め、主だった成果を定理として、それら定義・公理から証明によって導き出していく数学書のスタイルでは、問題解決の順序では最終的に到達した「抽象的だが汎用性のある形」が中心となり、最初にあった個別の厄介事は、せいぜい最後の方にそれぞれの定理の例として扱われるのが関の山である。しかも、定理という「抽象的だが汎用性のある形」を導き出すために、さらに抽象的で、それだけではなんのために存在するのかわからない定義や公理から、書き始められる（定義や公理の意義は、全体を通して理解することで最後に明らかになる）。つまり具体から抽象へ向かう、我々の経験の順序を基準に取れば、数学書の叙述順は「逆立ち」しているのである。

しかし、ここまでわかれば対策は明らかである。数学書の叙述を再度「ひっくり返す」ことを試せばよいのだ。

例えば、その定理が何に使えるか、つまりどんな問題の解決に役立つかを示す例や練習問題を先に見ておく。自分が学んでいることがどこに行き着くのか知りたくなったら、途中で何度でも立ち戻ればいい。

今学んでいる数学書にあまりよい例がないなら、他の本へ寄り道することも考える。これには数学についての事典、本書で紹介した文献探索の方法、そして目次マトリクス（↓技法28、384ページ）が役に立つだろう。

数学についての事典としては、大定番の『岩波 数学辞典（第4版）』（岩波書店、2007）の他に、大学の数学までをわかりやすく解説した『岩波 数学入門辞典』（岩波書店、2005）、フルカラーの図解と要を得た解説で定評のあるドイツのdtv-Atlasシリーズの翻訳『カラー図解 数学事典』（共立出版、2012）、諸科学での数学の応用を網羅した『現代数理科学事典 第2版』（丸善、2009）、事典というより

日本数学会編
『岩波 数学辞典 第4版』
（岩波書店、2007）

数学全般の手引書を目指し評価を得たThe Princeton Companion to Mathematicsの邦訳『プリンストン数学大全』（概念の定義だけでなく、その背景にある発想と歴史についての解説が有益）などが推薦できる。

同様に、そもそもこの定理がいつ誰によって、より正確にはどんな課題や問題意識を抱えた者によって、作られたかを知ることは、「具体から抽象」という順で理解するために役に立つかもしれない。つまり、寄り道先に数学史を加えるのだ。

例えばハイラー、ヴァンナー『解析教程』（シュプリンガー・フェアラーク東京、1997→丸善出版、2012）は、数学史を大胆に組み込み、解析学（微分積分学）が発展していった実際の歴史に沿う形で構成された異色の教科書である。微分積分が今のような形に整備される前の特殊な問題から始め、後になって個々ばらばらの解決策を不要にする一般的な形で微分積分学が誕生し、さらに従来の直感的に理解しやすいやり方がどのような問題に突きあたり、それを乗り越えるために厳密化・抽象化されていくかという流れを追いかける。初心者にはとっつきにくい現在のようなスタイルの数学書が必要とされた理由もまた理解できるだろう。

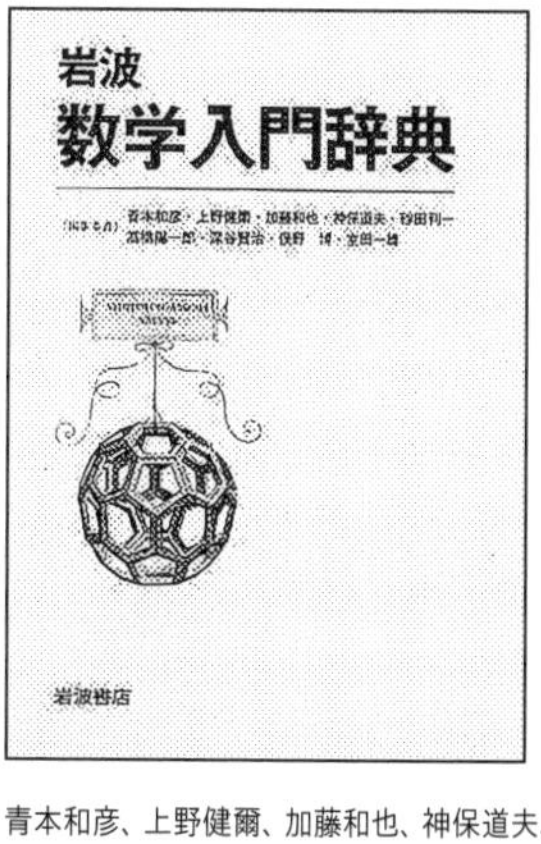

青本和彦、上野健爾、加藤和也、神保道夫、砂田利一、高橋陽一郎、深谷賢治、俣野博、室田一雄編著**『岩波 数学入門辞典』**（岩波書店、2005）

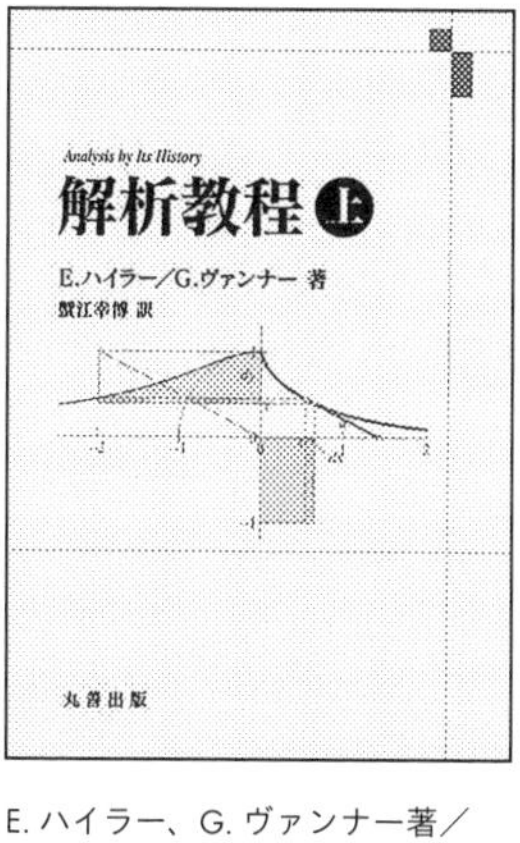

E. ハイラー、G. ヴァンナー著／蟹江幸博訳**『解析教程・上』**（丸善出版、2012）

5 証明の読み書き（リテラシー）を身に付ける

今一度、証明のことを考えよう。

数学で書かれた書物に挫折する者は、証明のところで挫折する。

多くの人は証明を追いかけることが好きでなく、できれば避けて通りたいと思っており、かなりの場合、実際に避ける。数学を頻繁に使う分野を学ぶ者すらしばしば証明を読み飛ばし、教える者さえも証明に関して出題することを避ける傾向がある。

しかし、ここではあえて、証明の意義に注目し、希望が持てる考え方を示そう。

定義や先に証明された定理を出発点に、あとは推論ルールだけを使って定理を証明するという数学のフォーマルなやり方のおかげで、そうした図抜けた天才たちのひらめきも、超人的努力者が長い時間汗をかいて確かめた成果も、人類が共有する数学の知識の中に組み込まれ、永遠の生命を得ることになる。そして凡人である我々にも、その正しさと意義が何とかフォロー可能になる（同じように思いつくことは無理だとしても）。このことが数学に他にはない強力さを与えている。

そして証明さえ読めれば、数学で書かれた書物を読むことができ、そうした強力な知識にアクセスできる。独習することだって可能になる。

数学の証明について、その読み書きを学ぶために、うってつけの書物がある。ダニエル・ソロー『証明の読み方・考え方：数学的思考過程への手引』（共立出版、1985）〈19〉。

この書物ではまず、数学の証明で何がどれだけ省略されて、追いかけるのが難しくなるのかを説明する。そして自分で証明を書けるようになることが、証明を読む力を身に付ける、遠回りのようだが最短の道であることが示される。

数学の証明は、周囲の地形まで示す地図や道順を過不足なく伝えるロードマップのようなものではなく、むしろ〈しおり〉（書物のページにはさむ栞ではなく、語源となった枝折り、山歩きする者がどちらに進んだのかを枝を折って目印にするもの）に近い。実際に歩いてみないと（また実際に歩ける人でないと）、〈枝折り〉だけを見て実際の道程を再現することは難しいのだ。

そこで『証明の読み方・考え方』では、数学の証明で使われる手法と証明を組み立てる時の数学者の考え方を分類して、いわば証明の構文のようなものを示し、それぞれがどんな場合に使うことができるか、使うべきであるかを解説していく（同書で扱われる証明の「構文」については735ページの表を参照）。つまり証明の書き手として最低限必要な知識を学ぶ。

そして返す刀で読み手として、証明の「構文」をどう把握するかを示し、証明の読解力を養成しようとする。

ダニエル・ソロー著／安藤四郎、西村康一、島孝治、川村昌雄訳
『証明の読み方・考え方―数学的思考過程への手引―』
（共立出版、1985）

〈19〉原書は版を重ねており、最新版は Daniel Solow (2013) How to Read and Do Proofs: An Introduction to Mathematical Thought Processes (6th Edition), USA: Wiley.

初学者にとってとりわけ重要なのは、証明が実際に書かれる際には、登り終えた後のはしごのごとく取り外されてしまう、証明から取り除かれ省略されてしまう部分である。背理法や帰納法のような名の知られた証明法の前に、基本的すぎて名前を与えられていない基本中の基本が、forward-backward method（前進後退法）と名付けられ、説明される。完成された証明は、与えられた条件から証明すべき結論へと進む方向（forward前進）で記述されるが、証明しようとする者のアタマの中では、証明すべき結論から条件の方へ向かって言わば〈迎えにいく〉（backward後退）プロセスが存在する。この後ろ向きのプロセスがあればこそ、条件から進むにつれて検討すべき試行錯誤を爆発的に増やす〈枝分かれ〉を刈り込み、効率的に証明の道筋を探すことができるのである。

しかし失敗した試行錯誤とともに、この〈迎えにいく〉プロセスは、完成された証明からは通常取り除かれる。

数学書の証明を読んでいて、時々「確かにこれで証明になっているけど、自分じゃこんなやり方思いつかない」と絶望的にさせられる（あるいは「天下り的だ」と悪態をつかれる）場合、実は証明のバックステージで働いているのが〈迎えにいく〉プロセスなのである。

多くの数学者の頭の中では無意識／無自覚に行われてしまう、当たり前すぎる探索プロセスであるが、これを意識することで、数学の証明は天才のものから、再び人間の領域に戻ってくる。

証明法のまとめ

証明法	適用する場合	仮定すること	導くこと	証明の進め方
前進後退法	最初の試みとして，または，Bが以下に挙げる特殊な形でないとき	A	B	Aから前向きに推論し，また，Bに抽象過程を適用して，後戻りする
対偶法	Bが「…でない」の形のとき	NOTB	NOTA	NOTBから前進，NOTAから後退
背理法	Bが「…でない」の形か， 上の二つでうまくいかないとき	Aおよび NOTB	ある矛盾	AとNOTBから，前向きに推論して，矛盾を導く
構成法	Bが「存在する」という限定詞を含むとき	A	求める対象が存在する	与えられた性質をもつ対象を推測，構成し，それが要求を満たすことを証明する
抽出法	Bが「すべての」という限定詞を含むとき	A 抽出した対象がある性質をもつ	要求されたことが成り立つ	仮定Aと，抽出した対象のもつ性質から，前進後退法により，要求されたことが成り立つことを示す
帰納法	Bが，n_0以上のすべての整数nに対し$P(n)$が成り立つ，という形のとき	$P(n)$が成り立つ	$P(n_0)$が成り立つ $P(n+1)$が成り立つ	まず，nにn_0を代入して，成り立つことを示す。次に，nに対する帰納法の仮定を用いて，$n+1$のとき成り立つことを示す
特殊化	Aが「すべての」という限定詞を含むとき	A	B	仮定Aを，後退過程に現れた，ある特別な対象の場合に特殊化して推論を進める
一意性の証明1	Bが「…であるものは一つだけである」の形のとき	そういうものが二つある， A	その二つは一致する	Aと，対象のもつ性質から前進，二つのものが等しいことから後退
一意性の証明2	上に同じ	異なるものが二つある， A	ある矛盾	Aから，二つのものの性質と，二つが異なることを用いて，前向きに推論する
部分否定法	Bが，「CまたはD」の形のとき	AとNOTC （または，AとNOTD）	D （またはC）	AとNOTCから前進，Dから後退 （または，AとNOTDから前進，Cから後退）
最大最小の証明1	Bが，「$\max S \leqq x$」（または「$\min S \geqq x$」）の形のとき	sがSに属する， A	$s \leqq x$， （または，$s \geqq x$）	仮定Aと，sがSに属することから前向きに推論し，後退過程も用いる
最大最小の証明2	Bが，「$\max S \geqq x$」（または「$\min S \leqq x$」）の形のとき	A	$s \geqq x$， （または，$s \leqq x$）となるSの要素sが存在	仮定Aを用い，構成法により，求めるSの要素sを見つける

［注：最大最小の証明では，実数の集合Sは最大値，最小値をもつものと仮定している］

ダニエル・ソロー『証明の読み方・考え方』（共立出版、1985）103頁 表4 証明法のまとめ

ある独学者の記録 数学

プロフィール

・高校時代、文系コースを選んで数学を捨てていた私立大学の新入生
・第一志望には受からず滑り止めだった大学の経済学部に入学した
・数学をやる必要に迫られて「何からやったらいいのだろう」と途方に暮れている

「……どうしてこんなことに」

第一志望から第三志望まではみんな落ちた。試験日程が違う大学の経済学部だけが受かった（浪人したかったけど無理だった）。

入った学部には受験で数学を選択しなかった入学者のための数学のクラスがあって、今日はその一回目だった。いきなり全然ついていけなかった。それどころか何がわかってないのかすら、わからない。

現状を描く

今の状態を、学習ルートマップ（↓技法3、82ページ）にしてみた。

スタート「数学何ができる／できないのかもよくわからない」とゴール「経済学を学ぶのに困らない数学」だけを描いた。

可能の階梯を作る

何から始めたらよいのか。

まずはできることを書き出して、易しいことから並べて、可能の階梯（↓技法2、74ページ）というのを作ってみる。

掛け算の九九は大丈夫　↓　分数の計算はできる　↓

一次方程式は解ける　↓　……　二次方程式の解の公式

「数学」についての学習ルートマップ

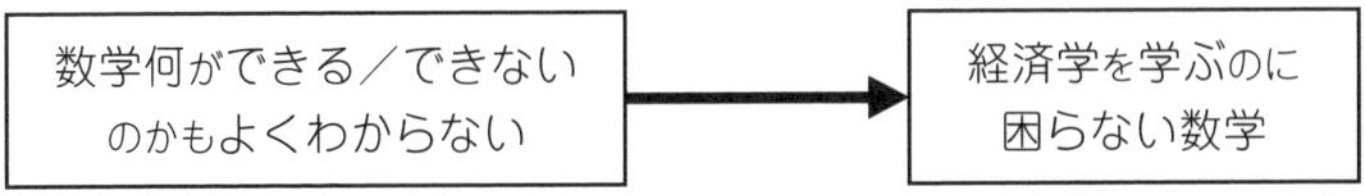

「数学」についての可能の階梯

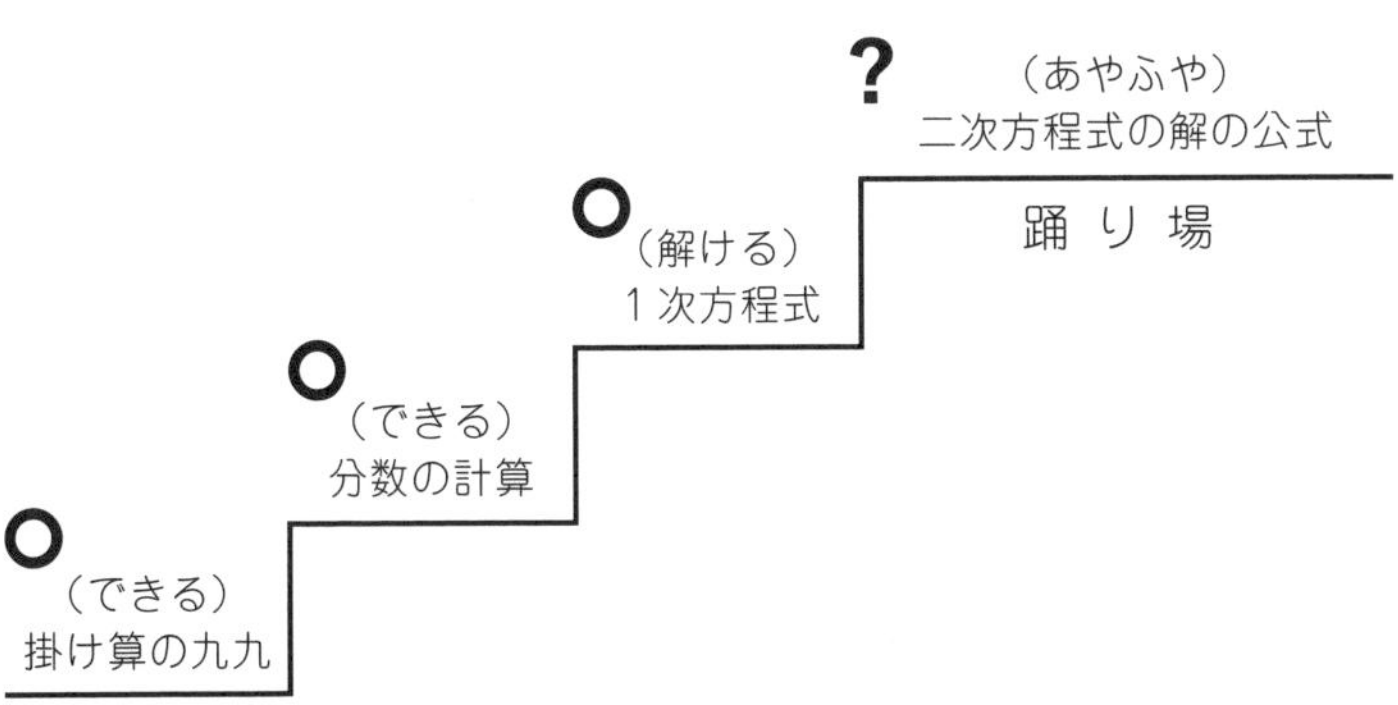

は怪しい(よく覚えてない)。

検索すると、二次方程式の解の公式は、中学3年で一度習い、高校1年でもう一度習うらしい〈20〉。

「中3って、そこからか……」

最低でも高校1年の数学からやり直さないといけないらしい。それも、できるだけ速く。

でも、何をやればいいんだろう? 問題集? 参考書?

「一番薄い問題集」にやる気をそがれる

駅前の本屋の参考書コーナーで、一冊で高校数学をすべてカバーするもののうち、一番薄い問題集を探してきた。

薄ければ、それだけ速くやり終えられるだろうという単純な考えからだった。

結論から言うと、これがよくなかった。既に一通り高校数学を学び終えた人が、問題を解く練習をするためのものだったらしく、簡単な解説はついているので解ける問題は解けるのだが、どうしてもわからない問題がところどころ、本当を言うと結構出てくる。

時間がないという思いがあって、後ろ髪ひかれながら、わからない問題は捨てて先へ進んだのだが、どこまでわかっているのかわかっていないのか、それがわからなくなってくる。

「やらなきゃ」と焦る気持ちは大きくなるものの、掛けた時間と労力の分進んでいるという感覚が得られなくて、辛くなった。こうして1週間もしないうちに次第に勉強する気持ちがなくなってきた。

1／100プランニング

解けないと進まない（進んだ気がしない）のが問題集なら、とにかく進むのは講義とか授業だろう。
最初、ネットの授業動画を見ようかと思ったが、全体量がはっきりしてやった分だけ残りが減る方が今の自分にはやる気が出るように思った。

1／100プランニング（↓技法4、94ページ）には、全体量を100分の1にしてみること、そのために具体的に書籍を決めて、ページ数を割り出すことを勧めている。

そこで講義付きの参考書を探してみた。

図書館の検索（OPAC）ではうまく見つけられなかったので、「高校数学　講義付き」というキーワードでGoogleで探すと、『長岡先生の授業が聞ける高校数学の教科書』〈21〉という本を見つけた。ネット書店のレビューもまあまあよくて、「数学やり直したい」みたいなブログ記事にも、繰り返し紹介されている。

長岡亮介『**考える大人の学び直しシリーズ 長岡先生の授業が聞ける高校数学の教科書**』（旺文社、2011）数学Ⅰ篇、122頁

〈20〉【数学編　理数編】高等学校学習指導要領（平成30年告示）解説 http://www.mext.go.jp/component/a_menu/education/micro_detail/__icsFiles/afieldfile/2019/03/28/1407073_05_1_1.pdf

〈21〉長岡亮介『長岡先生の授業が聞ける高校数学の教科書：数学Ⅰ・A・Ⅱ・B「数列・ベクトル」・Ⅲ・C「行列・曲線・確率分布」』（旺文社、2011）

この本は、元々は高校数学のすべての教科書（数学Ⅰ、数学A、数学Ⅱ、数学B、数学Ⅲ、数学C）6冊分を一冊にまとめ、これに著者の講義を録音した音声ファイルと詳しい解答集がついたものらしい。講義を聞きながら、本体を読んでいくようだ。

本体は984ページ、解答集のPDFファイルは582ページ、そして講義音声のMP3ファイルは約106時間分ある。100分の1より少しずれるが、毎日1時間講義を聞きながら本を読めば106日で一通り終わることになる。

元は教科書なので例題や練習問題も少しついているが、これは別時間をとってやることにして、講義を聞いて本を読み進める方を優先することにした。

2つのペースメーカー

とりあえずの目標と全体の量が決まったので、塗りつぶしタイプのラーニングログ（↓技法12、160ページ）を作った。

数学Ⅰの「第1章　数と式」の§1整式の1．整式をやり終えたら、そこを塗りつぶす。進んだ分だけ、こうして表を塗りつぶしていくことで、進み具合がはっきりする。

この表のおかげで『長岡先生の授業が聞ける高校数学の教科書』は順調に進んだ。進んでいるのが視覚化できると、不安は減ってやる気が増した。

講義音声は聞けば聞くだけ進むので、よいペースメーカーになった。元は教科書を合本したものなので、本を読むだけだと少し無味乾燥に感じたが、講義の方は本の内容をただ読み上げるのでなく、内容に軽重付けてポイントになる部分を重点的に説明してくれる。集中力が切れて聞き逃した時は、すぐに聞き直すことができるのもよかった。教科書の一つの節は数分から十数分くらいの講義なので、ちょっとした時間があれば聞くことができた。

聞くだけではわからないところ

この講義はわかりやすいけれど、何しろ数学なので、聞くだけでは理解できないところが結構あった。

特に定理の証明などは耳から聞くだけではピンと来ない。聞いた時はわかったつもりになっても、後で思い出せなかったりする。これだと最初の二次方程式の解の公式と同じことになると感じた。

『独学大全』には、筆写（→技法43、528ページ）というのが出てきて、

『長岡先生の授業が聞ける高校数学の教科書』のラーニングログ

数学Ⅰ															
第1章　数と式	§1	1	2	3	§2	1	2	3							
第2章　方程式と不等式	§1	1	2	3	4	§2	1	2	3						
第3章　2次関数	§1	§2	探求												
第4章　図形と計量	§1	1	2	§2	1	2	§3	1	2	§4	1				
数学A															
第1章　集合と論理	§1	1	2	§2	1	2									
第2章　順列と組合せ	§1	1	2	3	探求	§2	1	2	§3	1	2				
第3章　確率	§1	1	2	§2	1	2	§3	1							
第4章　平面図形	§1	1	2	§2	1	2	3								
数学Ⅱ															
第1章　式と証明	§1	1	2	§2	1	2	3								
第2章　複素数と方程式	§1	1	2	§2	1	探求									
第3章　図形と式	§1	1	2	3	4	§2	1	2	探求	§3	1	2			
第4章　三角関数	§1	1	2	3	4	5	§2	1	2	3					
第5章　指数関数と対数関数	§1	1	2	§2	1	2	3								
第6章　微分法と積分法	§1	1	2	§2	1	2	3	4	探求	§3	1	2	3	発展	発展

これは「理解するための注意力を調達する方法」だとある。聞いただけでは、よくわからなかったところは、ノートに書き写すことにした。確かに写すだけでも、理解度は全然違ってくる。

余弦定理の証明についてノートを作る

さらに書き写すだけではわからないところも出てくる。その時は鈴木式6分割ノート（↓技法45、546ページ）のやり方をアレンジして（簡略化とも言う）取り入れ、次のように取り組んだ。

①わからなかったところをコピーする

②疑問点やわからないところに線を引き、調べる

語句や用語、定義や定理でわからないもののうち、大抵のものはテキストの前の方に書いてあることが多かった（つまり自分が覚えてなくてわからない）。この場合は、テキストのどこに載っているかを探して、それもコピーした。講義で解説があったものは、それも聞き取って書き加えた。

テキスト内で解決がつかなければ他の本とか事典なんかで調べるのだろうけど、この本ではそういうことは、ほとんどなかった。

ただ、ここでちょっと困ったことがあった。『長岡先生の授業が聞ける高校数学の教科書』は、元々

は6冊に分かれていた教科書の合本（一冊にしたもの）なので、目次も索引も6冊ごとにばらばらになっている。例えば「余弦定理」は数学Ⅰのところで出てきたことを覚えてないと、6冊全部の目次か索引を見なくてはいけない。

解決策としては、索引は書き写して一つにまとめて並べ直し、総合索引を自分で作った。

③コピーしたテキストの内容を、自分の言葉で説明してみる

しっかりした文章でなく、ポイントを箇条書きにしたり、それを矢印で結んで図にする形で書いた。すぐに思いつかない時は、まずシンクアラウド（↓技法52、622ページ）をやった。まずは思いついた順に声に出してみて、なんとか口頭で説明しようと挑戦し、それを後からまとめ直すことにした。

④何も見ずにテキストの内容を書けるだけ書き出してみる

例えば定理の証明なら、何も見ずに、自分で証明を再生してみる。

余弦定理を証明するには、方針としては、鋭角三角形なら出っ張ったところを、鈍角三角形なら凹んだところ（図で言うとどちらも網掛けしてある部分）をなんとかして直角三角形を作り、それから**三平方の定理を使うとよい**。

それには辺cの長さから、点Cのx座標（$b\cos A$、これは三角比の定義から導ける）を引くか足すかす

ればいい。

なので $BH=|c-b\cos A|$

出っ張りや凹んだところ（網掛け部分）の直角三角形BHCの辺a（BC）と辺CHと辺BHについて、三平方の定理を使って式を作り、これを整理すると余弦定理が導ける。

⑤最後に、テキストを見ながら、④で書いたことに赤ペンを入れて修正した

問題を解く、解き直す

最初は、先に進む（ペースをつかむ）のを優先して、問題はあまり解かないできたけれど、毎日ちゃんとやれるようになると、問題を解く気になってきた（余裕が出てきたのだと思う）。

そこで、次のようなやり方で取り組んだ。

鈴木式6分割ノートを数学に応用

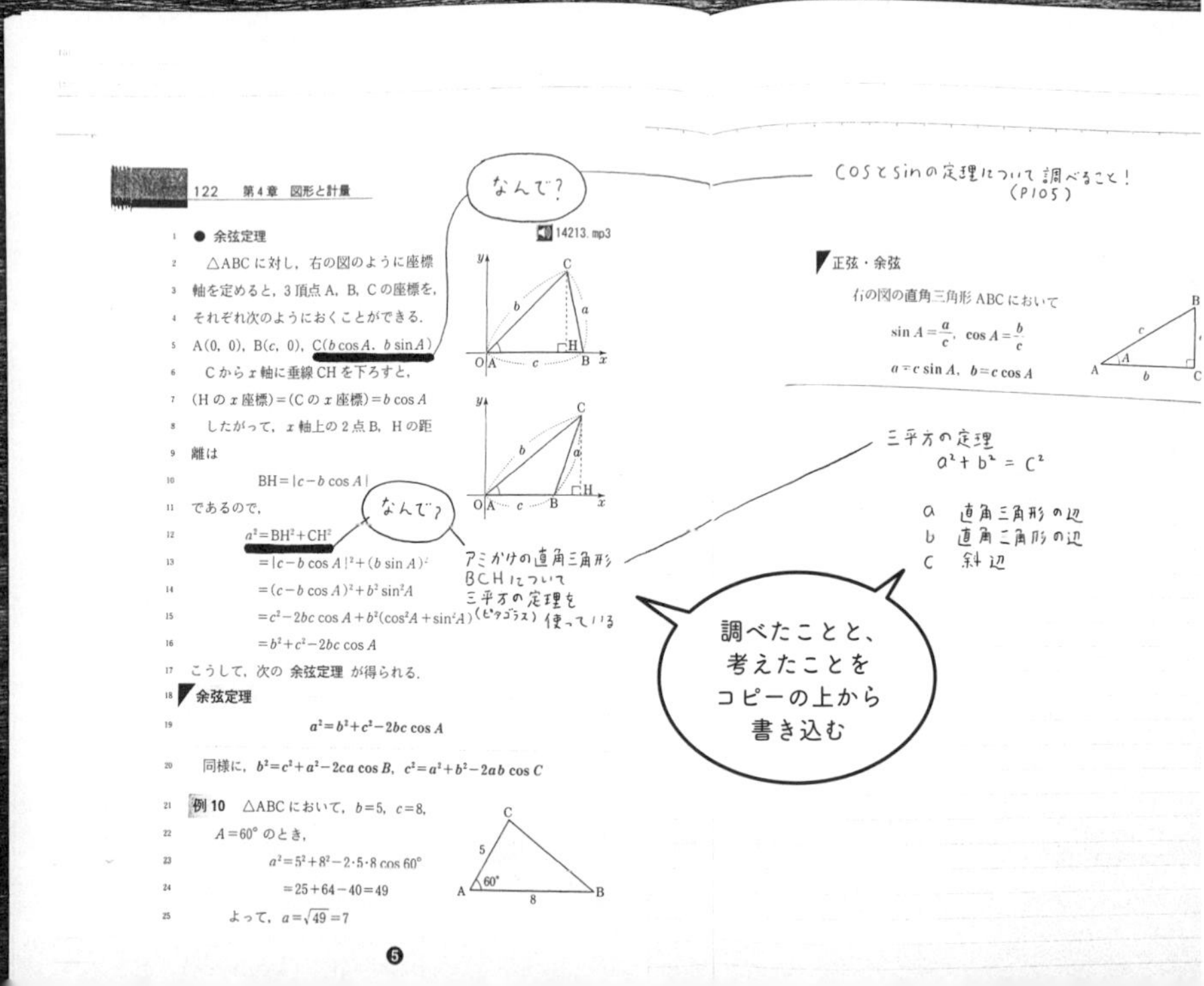

122 第4章 図形と計量
なんで？
cosとsinの定理について調べること！（P105）
● 余弦定理
14213.mp3
△ABCに対し，右の図のように座標軸を定めると，3頂点A，B，Cの座標を，それぞれ次のようにおくことができる．
A(0, 0)，B(c, 0)，C(b cos A, b sin A)
Cからx軸に垂線CHを下ろすと，
(Hのx座標)=(Cのx座標)=b cos A
したがって，x軸上の2点B，Hの距離は
BH=|c−b cos A|
であるので，
なんで？
a²=BH²+CH²
=|c−b cos A|²+(b sin A)²
=(c−b cos A)²+b² sin²A
=c²−2bc cos A+b²(cos²A+sin²A)
=b²+c²−2bc cos A
アミかけの直角三角形BCHについて三平方の定理を（ピタゴラス）使っている
こうして，次の 余弦定理 が得られる．
余弦定理
a²=b²+c²−2bc cos A
同様に，b²=c²+a²−2ca cos B，c²=a²+b²−2ab cos C
例10 △ABCにおいて，b=5，c=8，A=60° のとき，
a²=5²+8²−2·5·8 cos 60°
=25+64−40=49
よって，a=√49=7
正弦・余弦
右の図の直角三角形ABCにおいて
sin A=a/c，cos A=b/c
a=c sin A，b=c cos A
三平方の定理
a²+b²=c²
a 直角三角形の辺
b 直角三角形の辺
c 斜辺
調べたことと、考えたことをコピーの上から書き込む
5

長岡亮介『長岡先生の授業が聞ける高校数学の教科書：数学Ⅰ・A・Ⅱ・B「数列・ベクトル」・Ⅲ・C「行列・曲線・確率分布」』（旺文社、2011）数学Ⅰ篇p.12から

①問題を見て自力で解けそうか判断する

判断のポイントは次のように決めた。

・どんな知識（公式、解法）を使って解けばいいか、自分の言葉で言うことができるか

・その知識を使うとして、まず何から始めればいいか、自分の言葉で言うことができるか

両方とも言えたなら解けそうな問題と判断した。

②解けそうな問題ならば、解いてみる

解くことができたら、問題集の解説を読む。自分の解答と、問題集の解答が同じなら、次の問題へ進む。自分の解答と、問題集の解答が違うところがあれば、自分の解答に赤ペンを入れた。

また①で言えた「解くのに必要な知識」と「まず何から始めるか」が、正しかったかどうかも、赤ペンで記入した。

そして、もう一度、何も見ずに問題を解いてみた（↓技法54「違う解き方」、642ページ）。

③途中で行き詰まり、解くことができなかったら、解答を見る

まず、①で予想した「解くのに必要な知識」と「まず何から始めるかについての判断」が正しかったかどうかを確認した。

そして、「他に必要な知識やアプローチがなかったか」を確認した。他に必要な知識や自分では思いつかなかったアプローチがわかったら、改めて問題に戻って解き直した。自分のミスが原因で行き詰まったのがわかったら、そこから戻って問題の続きを解いてみた。

④解けそうにない問題ならば、解答を読む

その際は、まず解くのに必要な知識が何かを確認した。次に、その知識を使って解くためには、まず何から始めるかを確認した。

最後に、問題集の解答にある、必要な知識と解きはじめだけを使って、自力で同じ問題が解けるか、もう一度、自力で問題を解くことにした。

学習ルートマップを描き直す

『長岡先生の授業が聞ける高校数学の教科書』が半分くら

問題演習のフローチャート（学習ルートマップの応用）

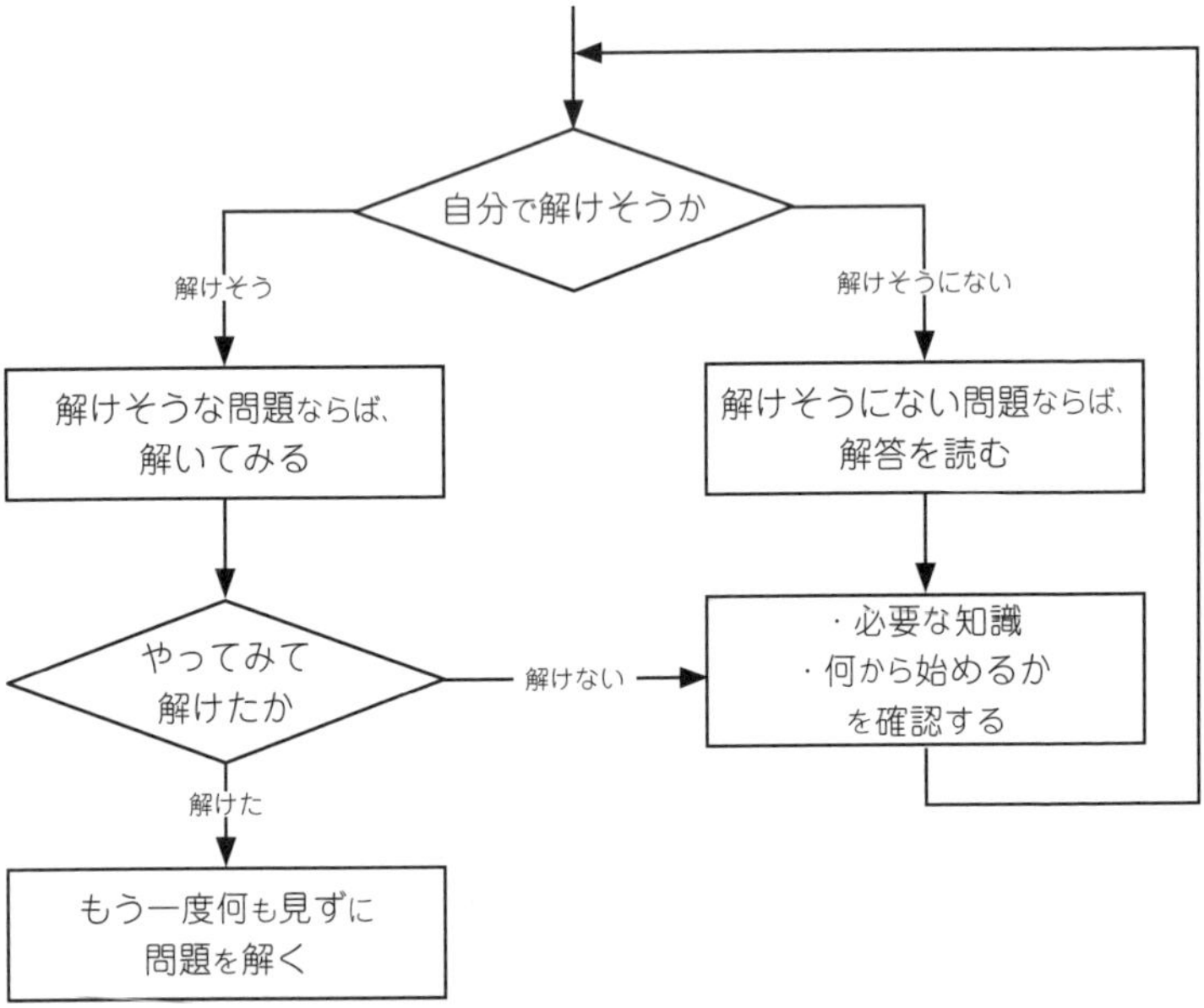

い（数Ⅱがもうすぐ終わるところまで）進んだところで、次の本を探した。

「高校数学　経済数学」で検索すると、経済学で使う数学に特化して、高校数学のレベルから学習できる『改訂版　経済学で出る数学』という本を見つけたので、この機会に、今までの経過を振り返り、これから取り組む教材を決めて学習ルートマップ（↓技法3、82ページ）を描き直してみた。

学習ルートマップで振り返る

何ができるかできないかもよくわからない状態から、可能の階梯（↓技法2、74ページ）を使って、中学3年〜高校1年ぐらいのところからやり直さなくてはならないことがわかった。

それで（焦りから）一番薄い問題集を探してやってみたが、できるところとできないところがまだらになってモチベーションが上がらず、一回挫折した。

その後、毎日決まった時間、『長岡先生の授業が聞ける高校数学の教科書』を開き、講義音声を聞くことをペースメーカーにして、ようやく学習が進みだした。数学Ⅰ、数学A、数学Ⅱととりあえずやり終えられそうだ。

『改訂版　経済学で出る数学』は1次関数から始まっているので、多分、今切り替えてもやっていけるかもしれない。『改訂版　経済学で出る数学』をやりながら、わからないところは『長岡先生の〜』に戻る手もある（『長岡先生の〜』の講

尾山大輔、安田洋祐編著**『[改訂版]経済学で出る数学　高校数学からきちんと攻める』**（日本評論社、2013）

義の最初でも、すべてを最初からやるのでなく、自分が弱いところがあれば、そこから始めてもよい、とあった)。

『改訂版　経済学で出る数学』だけでやっていくとなると、講義音声のようなペースメーカーがない。なので塗りつぶしタイプのラーニングログを続けてやろうと思う。

他に、テキストを読み上げて(↓技法39「音読」、502ページ)、スマホで録音したものを聞く手もあるかもしれない。

学習ルートマップ Ver.2

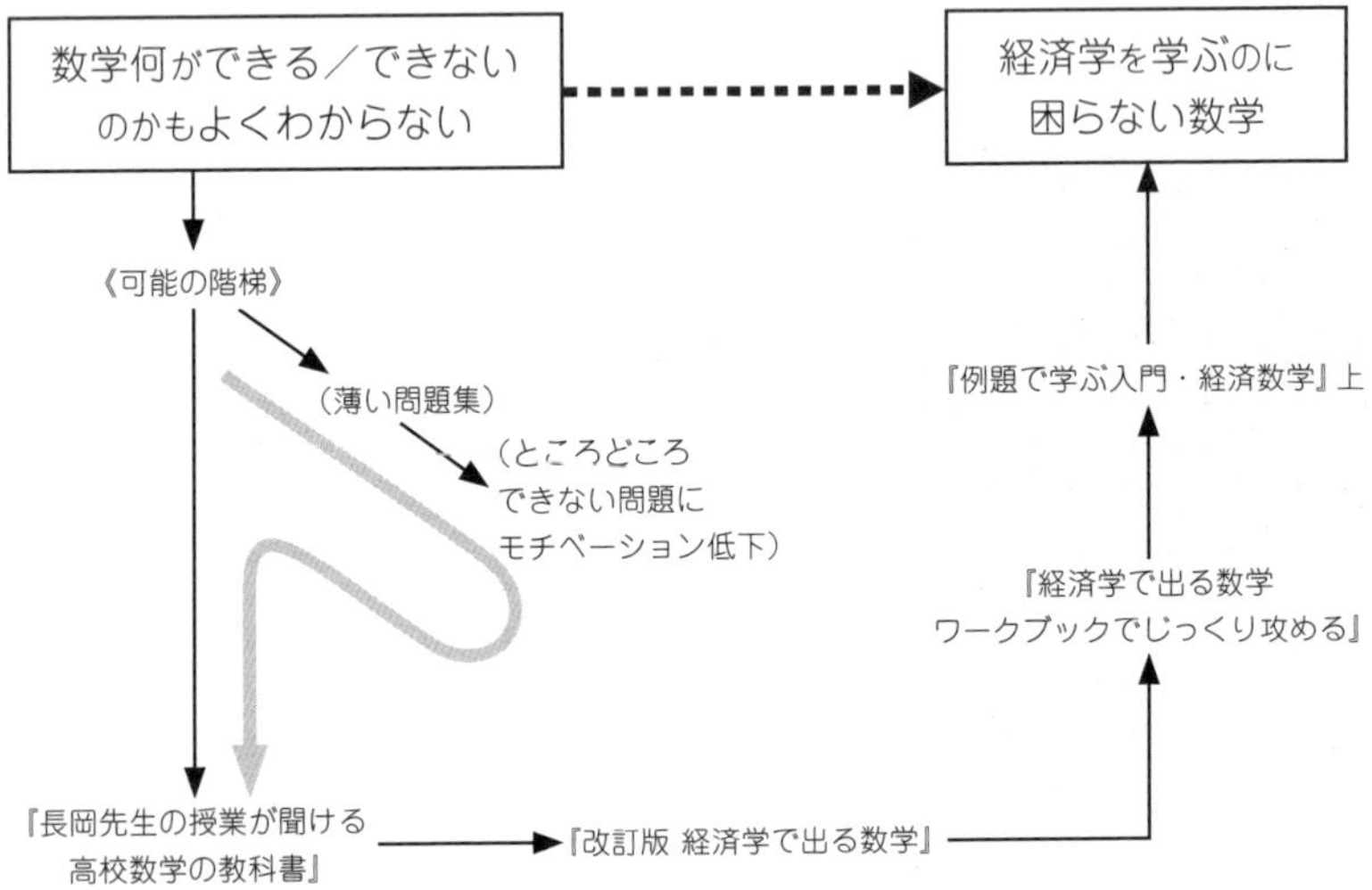

使った技法

・技法3 学習ルートマップ
・技法2 可能の階梯
・技法4 1/100プランニング
・技法12 ラーニングログ
・技法43 筆写
・技法52 シンクアラウド
・技法54 違う解き方
・技法39 音読

用いた学習資源

・【数学編　理数編】高等学校学習指導要領（平成30年告示）解説
http://www.mext.go.jp/component/a_menu/education/micro_detail/__icsFiles/afieldfile/2019/03/28/1407073_05_1_1.pdf

登場した書籍

・（薄い問題集）
・長岡亮介『長岡先生の授業が聞ける高校数学の教科書：数学Ⅰ・A・Ⅱ・B「数列・ベクトル」・Ⅲ・C「行列・曲線・確率分布」』（旺文社、2011）
・尾山大輔、安田洋祐編著『改訂版 経済学で出る数学 高校数学からきちんと攻める』（日本評論社、2013）

個人的な事柄を書くことを許されたので、本書の成立について述べたい。

最初の著作『アイデア大全』の刊行後、独学についての本を書いてほしいという依頼を、本書の担当編集者の田中氏から頂いた。メールをもらってすぐ書き上げた目次は、ボリュームの関係で最終的に切り詰める必要はあったが、基本的には本書と変わっていない。

本書は、表向きにはすべての独学者のために書かれた手引書だが、個人的には自分がどのように巨人の肩に乗っているか、その上でどのように知的営為を行っているかを記した書物である。読んだ人に著者と同じことができること、言い換えれば「読書猿する」ことができるようになることを企図している。その意味で本書は、読書猿の主著というより、読書猿そのものと言ってよい。


この書物の中で、独学は孤学ではないと繰り返し述べてきた。

私の独学は、最初は図書館によって、その後加えてインターネットによって、支えられてきた。両者は、独力では決して出会うこともなかった文献や貴重な資料に、そして無数の先人たちが重ねてきた知的営為に、何度も出会う機会を与えてくれた。

私にとって独学は、そうした無数の知的営為につながり、支えられ、考えることに他ならない。今、書き終えたこの書物が、そうした知の営みがこれまで確かに存続してきたことを伝え、本書を読んだ人たちが新たにこれに加わるよう誘うものになっていることを願ってやまない。

独学がそうであるように、独学についての本書も、著者一人の力で出来上がったものではない。

まずこの書物で紹介した、たくさんの技法やその元になったアイデアを開発してくれた先人たち。彼らがその労苦と成果を書き残してくれたことで、我々はそれらを外部足場(scaffold)として活用し、自らの知的営為を支えることができる。彼らの多くが独学者としてその知的営為を行ったことも、我々を繰り返し勇気付けるだろう。

図書館とインターネットから受けた支援で言えば、ニューヨーク公共図書館について、特にその名を記しておきたい。かつてチェスター・カールソンのコピー機の発明を、亡命中のクロード・レヴィ=ストロースの『親族の基本構造』の執筆を、サポートしたこの図書館は、新型コロナウイルス感染症の影響で書架へのアクセスすらままならぬ中、日本からの典拠調査のメール・レファレンスにも迅速な回答をくれた。


また完成まで3年以上の時間を要したこの書物に対して、この間、インターネットを通じてたくさんの励ましの声、待ち望んでいることを伝えるメッセージをお寄せいただいた。お待たせしたことをお詫びするとともに、感謝の意を表したい。

類書を大きく上回るボリュームとなった本書の完成には、コスト的にもデザイン的にも物理的にも、最後までぎりぎりの調整が必要だった。多くの方のご尽力とご支援に感謝したい。

そして最後に妻に感謝を。あなたがいなければ、本書を書き終えることはおろか、書き始めることすらできなかっただろう。

2020年9月

読書猿

索　引

い

う

き

く

け

さ

そ

た

ち

つ

て

な

に

ぬ

ね

の

は

へ

ほ

ま

み

む

め

も

や

ゆ

よ

を

写真提供、引用元一覧

・104ページ　マリア・オヴシアンキーナー
©Archives of the History of American Psychology (Psychology's Feminist Voices: http://www.feministvoices.com/maria-rickers-ovsiankina/)

・128ページ　トマト型キッチンタイマー
Author: Erato/CC BY-SA 3.0/GNU Free Documentation License

・147ページ　デイヴィッド・プレマック
©University of Pennsylvania (https://www.sas.upenn.edu/~premack/About.html)

・164ページ　航海日誌
Auther: JoJan/CC BY-SA 3.0/GNU Free Documentation License

・178ページ　林達夫
写真提供：平凡社

・219ページ　川喜田二郎
写真提供：共同通信社

・260ページ　ユージン・ガーフィールド
Attribution: Science History Institute/CC BY-SA 3.0

・344ページ　bookstack
©fzant

・351ページ　レイ・ブラッドベリ
Author: Alan Light/CC BY 2.0

・435ページ　スキナー箱に鳩を入れるバラス・スキナー
©Sam Falk/Science Source

・463ページ　大般若経転読法要
写真提供：わかやま新報

・464ページ　パピルスの巻物
©jgroup

・465ページ　シナイ写本
©Jochen Schlenker/robertharding /amanaimages

・510ページ　角筆
写真提供：大阪市文化財協会

・510ページ　角筆文字
写真提供：神奈川県立金沢文庫／所蔵者：称名寺

・518ページ　南方熊楠の抜き書き
写真提供／所蔵：南方熊楠顕彰館

・557ページ　直筆のレーニンノート
©Marxists Internet Archive (Lenin Internet Archive: https://www.marxists.org/archive/lenin/works/1914/cons-logic/)

・696ページ　ロンブ・カトー
©Daily News Hungary (https://dailynewshungary.com/fantastic-hungarians-who-speak-at-least-10-languages/)

［著者］

読書猿（どくしょざる）
ブログ「読書猿 Classic: between/beyond readers」主宰。「読書猿」を名乗っているが、幼い頃から読書が大の苦手で、本を読んでも集中が切れるまでに20分かからず、1冊を読み終えるのに5年くらいかかっていた。
自分自身の苦手克服と学びの共有を兼ねて、1997年からインターネットでの発信（メルマガ）を開始。2008年にブログ「読書猿Classic」を開設。ギリシア時代の古典から最新の論文、個人のTwitterの投稿まで、先人たちが残してきたありとあらゆる知を「独学者の道具箱」「語学の道具箱」「探しものの道具箱」などカテゴリごとにまとめ、独自の視点で紹介し、人気を博す。現在も昼間はいち組織人として働きながら、朝夕の通勤時間と土日を利用して独学に励んでいる。
『アイデア大全』『問題解決大全』（共にフォレスト出版）はロングセラーとなっており、主婦から学生、学者まで幅広い層から支持を得ている。本書は3冊目にして著者の真骨頂である「独学」をテーマにした主著。なお、「大全」のタイトルはトマス・アクィナスの『神学大全』（Summa Theologiae）のように、当該分野の知識全体を注釈し、総合的に組織した上で、初学者が学ぶことができる書物となることを願ってつけたもの。

ブログ
https://readingmonkey.blog.fc2.com/

ツイッター
https://twitter.com/kurubushi_rm

独学大全
――絶対に「学ぶこと」をあきらめたくない人のための55の技法

2020年9月28日　第1刷発行
2022年11月11日　第14刷発行

著　者――読書猿
発行所――ダイヤモンド社
〒150-8409　東京都渋谷区神宮前6-12-17
https://www.diamond.co.jp/
電話／03·5778·7233（編集）　03·5778·7240（販売）

ブックデザイン―吉岡秀典（セプテンバーカウボーイ）
DTP、図版作成―エヴリ・シンク
イラスト――塩川いづみ
手書き文字―須山奈津希
撮影――木村文平
図版作成――二ノ宮 匡（ニクスインク）
校正――鷗来堂
製作進行――ダイヤモンド・グラフィック社
印刷――勇進印刷
製本――ブックアート
編集担当――田中怜子

ISBN 978-4-478-10853-6